U0216134

吉林人民出版社

简体字本二十六史

魏书

卷一——卷四一

（一）

［北齐］魏收 撰

仲伟民等 标点

目　　录

魏书卷一
帝纪第一

序　纪

成帝　毛　节帝　贷　庄帝　观
明帝　楼　安帝　越　宣帝　推寅
景帝　利　元帝　俟　和帝　肆
定帝　机　僖帝　盖　威帝　侩
献帝　邻　圣武帝　诘汾
始祖神元帝　力微　文帝　沙漠汗
章帝　悉鹿　平帝　绰　思帝　弗
昭帝　禄官　桓帝　猗㐌　穆帝　猗卢
太祖平文帝　郁律　惠帝　贺傉
炀帝　纥那　烈帝　翳槐　昭成帝
什翼犍

昔黄帝有子二十五人，或内列诸华，或外分荒服；昌意少子，受封北土，国有大鲜卑山，因以为号。其后，世为君长，统幽都之北广漠之野，畜牧迁徙，射猎为业，淳朴为俗，简易为化，不为文字，刻木纪契而已，世事远近，人相传授，如史官之纪录焉。黄帝以土德王，北俗谓土为托，谓后为跋，故以为氏。其裔始均，入仕尧世，逐女魃于弱水之北，民赖其勤。帝舜嘉之，命为田祖。

爰历三代，以及秦汉，獯鬻、猃狁、山戎、匈奴之属，累代残暴作害中州。而始均之裔，不交南夏，是以载籍无闻焉。

积六十七世，至成皇帝讳毛立，聪明武略，远近所推，统国三十六，大姓九十九，威振北方，莫不率服。崩。

节皇帝讳贷立，崩。

庄皇帝讳观立，崩。

明皇帝讳楼立，崩。

安皇帝讳越立，崩。

宣皇帝讳推寅立。南迁大泽，方千余里，厥土昏冥沮洳。谋更南徙，未行而崩。

景皇帝讳利立，崩。

元皇帝讳俟立，崩。

和皇帝讳肆立，崩。

定皇帝讳机立，崩。

僖皇帝讳盖立，崩。

威皇帝讳侩立，崩。

献皇帝讳邻立。时有神人言于国曰:“此土荒遐,未足以建都邑,宜复徙居。”帝时年衰老,乃以位授子。

圣武皇帝讳诘汾。献帝命南移,山谷高深,九难八阻,于是欲止。有神兽,其形似马,其声类牛,先行导引,历年乃出,始居匈奴之故地。其迁徙策略,多出宣、献二帝,故人并号曰“推寅”,盖俗云“钻研”之义。初,圣武帝尝率数万骑,田于山泽,欻见辎軿自天而下。既至,见美妇人,侍卫甚盛。帝异而问之,对曰:“我,天女也,受命相偶。”遂同寝宿。旦,请还,曰:“明年周时,复会此处。”言终而别,去如风雨。及期,帝至先所田处,果复相见。天女以所生男授帝,曰:“此君之子也,善养视之,子孙相承,当世为帝王。”语讫而去。子,即始祖也。故时人谚曰:“诘汾皇帝无妇家,力微皇帝无舅家。”帝崩。

始祖神元皇帝讳力微立。生而英睿。

元年,岁在庚子。先是,西部内侵,国民离散,依于没鹿回部大人窦宾。始祖有雄杰之度,时人莫测,后与宾攻西部,军败,失马步走,始祖使人以所乘骏马给之。宾归,令其部内求与马之人,当加重赏,始祖隐而不言。久之,宾乃知,大惊,将分国之半以奉始祖,始祖不受,乃进其爱女。宾犹思报恩,固问所欲。始祖请率所部北居长川,宾乃敬从。积十数岁,德化大洽,诸旧部民咸来归附。

二十九年,宾临终,戒其二子,使谨奉始祖。其子不从,乃阴谋为逆。始祖召杀之,尽并其众,诸部大人,悉皆款服。控弦上马二十余万。

三十九年,迁于定襄之盛乐。夏四月,祭天,诸部君长皆来助祭,唯白部大人观望不至,于是征而戮之。远近肃然,莫不震慑。始祖乃告诸大人曰:“我历观前世匈奴、蹋顿之徒,苟贪财利,抄掠边民,虽有所得,而其死伤不足相补,更招寇仇,百姓涂炭,非长计也。”于是与魏和亲。

四十二年，遣子文帝如魏，且观风土。魏景元二年也。

文皇帝讳沙漠汗，以国太子留洛阳，为魏宾之冠。聘问交市，往来不绝。魏人奉遗金帛缯絮，岁以万计。始祖与邻国交接，笃信推诚，不为倚伏，以要一时之利，宽恕任真，而遐迩归仰。魏、晋禅代，和好仍密。始祖春秋已迈，帝以父老求归，晋武帝具礼护送。

四十八年，帝至自晋。

五十六年，帝复如晋。其年冬，还国。晋遗帝锦、罽、缯、彩、绵、绢诸物，咸出丰厚，车牛百乘。行达并州，晋征北将军卫瓘，以帝为人雄异，恐为后患，乃密启晋帝，请留不遣。晋帝难于失信，不许。瓘复请以金锦赂国之大人，令致间隙，使相危害。晋帝从之，遂留帝。于是，国之执事及外部大人，皆受瓘货。

五十八年，方遣帝。始祖闻帝归，大悦，使诸部大人诣阴馆迎之。酒酣，帝仰视飞鸟，谓诸大人曰："我为汝曹取之。"援弹飞丸，应弦而落。时国俗无弹，众咸大惊，乃相谓曰："太子风彩被服，同于南夏，兼奇术绝世，若继国统，变易旧俗，吾等必不得志，不若在国诸子，习本淳朴。"咸以为然。且离间素行，乃谋危害，并先驰还。始祖问曰："我子既历他国，进德何如？"皆对曰："太子才艺非常，引空弓而落飞鸟，是似得晋人异法怪术，乱国害民之兆。惟愿察之。"自帝在晋之后，诸子爱宠日进，始祖年逾期颐，颇有所惑，闻诸大人之语，意乃有疑。因曰："不可容者，便当除之。"于是，诸大人乃驰诣塞南，矫害帝。既而始祖甚悔之。帝身长八尺，英姿环伟，在晋之日，朝士英俊多与亲善，雅为人物归仰。后乃追谥焉。

其年，始祖不豫。乌丸王库贤，亲近任势，先受卫瓘之货。故欲沮动诸部；因在庭中砺钺斧，诸大人问欲何为，答曰："上恨汝曹谗杀太子，今欲尽收诸大人长子杀之。"大人皆信，各各散走。始祖寻崩。凡飨国五十八年，年一百四岁。太祖即位尊为始祖。

章皇帝讳悉鹿立，始祖之子也。诸部离叛，国内纷扰。飨国九年而崩。

平皇帝讳绰立，章帝之少弟也。雄武有智略，威德复举。

七年，匈奴宇文部大人莫槐为其下所杀，更立莫槐弟普拨为大人。帝以女妻拨子丘不勤。帝飨国七年而崩。

思皇帝讳弗立，文帝之少子也。聪哲有大度，为诸父兄所重。政崇宽简，百姓怀服。飨国一年而崩。

昭皇帝讳禄官立，始祖之子也。分国为三部：帝自以一部居东，在上谷北，濡源之西，东接宇文部，以文帝之长子桓皇帝讳猗㐌统一部，居代郡之参合陂北。以桓帝之弟穆皇帝讳猗卢统一部，居定襄之盛乐故城。自始祖以来，与晋和好，百姓乂安，财畜富实，控弦骑士四十余万。是岁，穆帝始出并州，迁杂胡北徙云中、五原、朔方。又西渡河击匈奴、乌桓诸部。自杏城以北八十里，迄长城原，夹道立碣，与晋分界。

二年，葬文帝及皇后封氏。初，思帝欲改葬，未果而崩。至是，述成前意焉。晋成都王司马颖遣从事中郎田思，河间王司马颙遣司马靳利，并州刺史司马腾遣主簿梁天，并来会葬。远近赴者二十万人。

三年，桓帝度漠北巡，因西略诸国。

四年，东部未耐娄大人倍斤入居辽东。

五年，宇文莫廆之子逊昵延朝贡。帝嘉其诚款，以长女妻焉。

七年，桓帝至自西略，诸降附者二十余国。凡积五岁，今始东还。

十年，晋惠帝为成都王颖逼留在邺。匈奴别种刘渊反于离石，自号汉王。并州刺史司马腾来乞师，桓帝率十余万骑，帝亦同时大举以助之，大破渊众于西河、上党。会惠帝还洛，腾乃辞师。桓帝与腾盟于汾东而还。乃使辅相卫雄、段繁，于参合陂西累石为亭，树碑以记行焉。

十一年，刘渊攻司马腾，腾复乞师。桓帝以轻骑数千救之，斩渊将綦母豚。渊南走蒲子。晋假桓帝大单于，金印紫绶。

是岁，桓帝崩。帝英杰魁岸，马不能胜。常乘安车，驾大牛，牛角容一石。帝曾中蛊，呕吐之地仍生榆木。参合陂土无榆树，故世人异之，至今传记。帝统部凡十一年。后定襄侯卫操树碑于大邗城，以颂功德。子普根代立。

十二年，賨人李雄，僭帝号于蜀，自称大成。

十三年，昭帝崩。徒何大单于慕容廆遣使朝贡。

是岁，羯胡石勒与晋马牧帅汲桑反。

穆皇帝天姿英特，勇略过人，昭帝崩后，遂总摄三部，以为一统。

元年，刘渊僭帝号，自称大汉。

三年，晋并州刺史刘琨遣使，以子遵为质。帝嘉其意，厚报馈之。白部大人叛，入西河，铁弗刘虎举众于雁门以应之，攻琨新兴、雁门二郡。琨来乞师，帝使弟子平文皇帝将骑二万，助琨击之，大破白部。次攻刘虎，屠其营落。虎收其余烬，西走度河，窜居朔方。晋怀帝进帝大单于，封代公。帝以封邑去国悬远，民不相接，乃从琨求句主陉北之地。琨自以托附，闻之大喜，乃徙马邑、阴馆、楼烦、繁畤、崞五县之民于陉南，更立城邑，尽献其地，东接代郡，西连西河、朔方，方数百里。帝乃徙十万家以充之。刘琨又遣使乞师救洛阳，帝遣步骑二万助之。晋太傅、东海王司马越辞以洛中饥馑，师乃还。是年，刘渊死，子聪僭立。

四年，刘琨牙门将邢延据新兴叛，招引刘聪。帝遣军讨之，聪退走。

五年，刘琨遣使乞师以讨刘聪、石勒。帝以琨忠义，矜而许之。会聪遣其子粲袭晋阳，害琨父母，而据其城。琨来告难，帝大怒，遣长子六修、桓帝子普根，及卫雄、范班、姬澹等为前锋，帝躬统大众二十为后继。粲惧,焚辎重,突围遁走。纵骑追之,斩其将刘儒、刘丰、简令、张平、邢延,伏尸数百里。琨来拜谢,帝以礼待之。琨固请进军,帝曰:“吾不早来,致卿父母见害,诚以相愧。今卿已复州境,然吾远来,士马疲弊,且待终举。贼矣可尽乎?”馈琨马牛羊各千余,车令百乘,又面动锐戍之而还。

是年,晋雍州刺史贾匹、京兆太守阎鼎,以晋怀帝为刘聪所执,共立怀帝兄子秦王业为太子,于长安称行台。帝复戒严,与琨更克大举。命琨自列晋行台,部分诸军。帝将遣十万骑从西河鉴谷南出,晋军从蒲坂东度,会于平阳,就食聪粟,迎复晋帝。事不果待。

六年,城盛乐以为北都,修故平城以为南都。帝登平城西山,观望地势,乃更南百里,于灅水之阳黄瓜堆,筑新平城,晋人谓之小平城。使长子六修镇之,统领南部。

七年,帝复与刘琨约期会于平阳。会石勒擒王浚,国有匈奴杂胡万余家,多勒种类,闻勒破幽州,乃谋为乱,欲以应勒。发觉,伏诛。讨聪之计,于是中止。

八年,晋愍帝进帝为代王,置官属,食代、常山二郡。帝忿聪、勒之乱,志欲平之。先是,国俗宽简,民未知禁。至是,明刑峻法,诸部民多以违命得罪。凡后期者,皆举部戮之,或有室家相携而赴死所。人问何之,答曰:“当往就诛”。其威严伏物,皆此类也。

九年,帝召六修,六修不至。帝怒,讨之,失利,乃微服民间,遂崩。普根先守外境,闻难来赴,攻六修,灭之。卫雄、姬澹率晋人及乌丸三百余家,随刘遵南奔并州。普根立月余而薨。普根子始生,桓帝后立之。其冬,普根子又薨。

是年,李雄遣使朝贡。

平文皇帝讳郁律立,惠帝之子也。姿质雄壮,甚有威略。

元年,岁在丁丑。

二年,刘虎据朔方,来侵西部,帝逆击,大破之,虎单骑迸走。其从弟路孤率部落内附,帝以女妻之。西兼乌孙故地,东吞勿吉以西,控弦上马,将有百万。刘聪死,子粲僭立,为其将靳准所杀,渊族子曜僭立。帝闻晋愍帝为曜所害,顾谓大臣曰:“今中原无主,天其资我乎?”刘曜遣使请和,帝不纳。

是年,司马睿僭称大位于江南。

三年,石勒自称赵王,遣使乞和,请为兄弟。帝斩其使以绝之。

四年,私署凉州刺史张茂遣使朝贡。

五年,僭晋司马睿遣使韩畅加崇爵服,帝绝之。治兵讲武,有平南夏之意。桓帝后以帝得众心,恐不利于己子,害帝,遂崩,大人死者数十人。天兴初,尊曰太祖。

惠皇帝讳贺傉立,桓帝之中子也。以五年为元年。未亲政事,太后临朝,遣使与石勒通和,时人谓之女国使。

二年,司马睿死,子绍僭立。

四年,帝始临朝。以诸部人情未悉款顺,乃筑城于东木根山,徙都之。

是年,张茂死,兄寔子骏立,遣使朝贡。

五年,帝崩。

是年,司马绍死,子衍僭立。

炀皇帝讳纥那立,惠帝之弟也。以五年为元年。

三年,石勒遣石虎率骑五千来寇边部,帝御之于句注陉北,不利,迁于大宁。时烈帝居于舅贺兰部,帝遣使求之。贺兰部帅蔼头,拥护不遣。帝怒,召宇文部,并势击蔼头。宇文众败,帝还大宁。

四年,石勒擒刘曜。

五年,帝出居于宇文部。贺兰及诸部大人共立烈帝。

烈皇帝讳翳槐立,平文之长子也。以五年为元年。石勒遣使求和。帝遣弟昭成皇帝如襄国,从者五千余家。

二年,石勒僭立,自称大赵王。

五年，勒死，子大雅僭立。慕容廆死，子元真代立。

六年，石虎废大雅，僭立。李雄死，兄子班立。雄子期，杀班自立。

七年，蔼头不修臣职，召而戮之，国人复贰。炀帝自宇文部还入，诸部大人复奉之。

炀皇帝复立，以七年为后元年。烈帝出居于邺，石虎奉第宅、伎妾、奴婢、什物。

三年，石虎遣将李穆，率骑五千，纳烈帝于大宁。国人六千余落叛炀帝，炀帝出居于慕容部。

烈皇帝复立，以三年为后元年。城新盛乐城，在故城东南十里。一年而崩。

昭成皇帝讳什翼犍立，平受之次子也。生而奇伟，宽仁大度，喜怒不形于色。身长八尺，隆准龙颜，立发委地，卧则乳垂至席。烈帝临崩，顾命曰："必迎立什翼犍，社稷可安。"烈帝崩，帝弟孤乃自诣邺奉迎，与帝俱还。事在《孤传》。十一月，帝即位于繁畤之北，时年十九，称建国元年。

是岁，李雄从弟寿杀期僭立，自号曰汉。

二年春，始置百官，分掌众职。东自涉貊，西及破洛那，莫不款附。夏五月，朝诸大人于参合陂，议欲定都灅源川，连日不决，乃从太后计而止。语在《皇后传》。娉慕容元真妹为皇后。

三年春，移都于云中之盛乐宫。

四年秋九月，筑盛乐城于故城南八里。皇后慕容氏崩。冬十月，刘虎寇西境。帝遣军逆讨，大破之，虎仅以身免。虎死，子务桓立，始来归顺，帝以女妻之。十二月，慕容元真遣使朝贡，并荐其宗女。

五年夏五月，幸参合陂。秋七月七日，诸部毕集，设坛埒，讲武驰射，因以为常。八月，还云中。

是年秋，司马衍死，弟岳僭立。

六年秋八月，慕容元真遣使请荐女。

是年，李寿死，子势僭立，遣使朝贡。

七年春二月，遣大人长孙秩迎后慕容氏元真之女于境。夏六月，皇后至自和龙。秋七月，慕容元真遣使奉聘，求交婚，帝许之。九月，以烈帝女妻之。其年，司马岳死，子聃僭立。

八年，慕容元真遣使朝贡。

是年，张骏私署假凉王。

九年，石虎遣使朝贡。

是年，张骏死，子重华代立。

十年，遣使诣邺观衅。

是年，司马聃擒李势。张重华遣使朝贡。

十一年，慕容元真死，子儁代立。

十二年，西巡至河而还。

是年，石虎死，子世立。世兄遵，杀世自立。遵兄鉴，杀遵自立。

十三年，魏郡人冉闵杀石鉴，僭立。

十四年，帝曰："石胡衰灭，冉闵肆祸，中州纷梗，莫有匡救。吾将亲率六军，廓定四海。"乃敕诸部，各率所统，以俟大期。诸大人谏曰："今中州大乱，诚宜进取，如闻豪强并起，不可一举而定。若或留连，经历岁稔，恐无永逸之利，或有亏损之忧。"帝乃止。

是岁，氐苻健僭称大位，自号大秦。

十五年，慕容儁灭冉闵，僭尊号。

十六年，慕容儁遣使朝贡。

是年，张重华死，子曜灵立。重华庶兄祚，杀曜灵而自立，称凉公。

十七年，遣使于慕容儁。张祚复称凉王，置百官，遣使朝贡。

十八年，太后王氏崩。

是年，苻健死，子生僭立。羌姚襄自称大将军、大单于。张瓘、宋混杀张祚，立重华少子玄靖，称凉王。

十九年春正月，刘务桓死，其弟阏头立，潜谋反叛。二月，帝西巡，因而临河，使人招喻，阏头从命。冬，慕容儁来请婚，许之。

二十年夏五月，慕容隽奉纳礼币。

是年，苻坚杀苻生而僭立。姚襄为苻眉所杀。

二十一年，阏头部民多叛，惧而东走。渡河，半济而冰陷，后众尽归阏头兄子悉勿祈。初，阏头之叛，悉勿祈兄弟十二人在帝左右，尽遣归，欲其自相猜离。至是，悉勿祈夺其众。阏头穷而归命，帝待之如初。

二十二年春，帝东巡，至于桑乾川。三月，慕容儁遣使朝贡。夏四月，帝还云中。悉勿祈死，弟卫辰立。秋八月，卫辰遣子朝贡。

二十三年夏六月，皇后慕容氏崩。秋七月，卫辰来会葬，因而求婚，许之。

是岁，慕容儁死，了子暐立，遣使致赙。

二十四年春，卫辰遣使朝聘。

是年，司马聃死，衍子千龄僭立。

二十五年，帝南巡，至君子津。冬十月，行幸代。十一月，慕容暐荐女备后宫。

二十六年冬十月，帝讨高车，大破之，获万口，马牛羊百余万头。

是年，张重华弟天锡杀玄靖而自立。

二十七年春，车驾还云中。冬十一月，讨没歌部，破之，获牛马羊数百万头。

二十八年春正月，卫辰谋反，东渡河。帝讨之，卫辰惧而遁走。冬十二月，苻坚遣使朝贡。

是岁，司马千龄死，弟弈僭立。

二十九年夏五月，遣燕凤使苻坚。

三十年冬十月，帝征卫辰。时河冰未成，帝乃以苇絙约澌，俄然冰合，犹未能坚，乃散苇于上，冰草相结，如浮桥焉。众军利涉，出其不意，卫辰与宗族西走，收其部落而还，俘获生口及马牛羊数十万头。

三十一年春，帝至自西伐，班赏各有差。

三十二年正月，帝南幸君子津。冬十月，幸代。

三十三年冬十一月，征高车，大破之。

是年，苻坚擒慕容暐。

三十四年春，长孙斤谋反，伏诛。斤之反也，拔刃向御座，太子献明皇帝讳寔格之，伤胁。夏五月，薨，后追谥焉。秋七月，皇孙讳生，大赦。

是年，司马弈臣桓温，废弈为海西公，立睿子昱。

三十五年，司马昱死，子昌明僭立。

三十六年夏五月，遣燕凤使苻坚。

三十七年，帝征卫辰，卫辰南走。

三十八年，卫辰求援于苻坚。

三十九年，苻坚遣其大司马苻洛率众二十万，及朱彤、张蚝、邓羌诸道来寇，侵逼南境。冬十一月，白部、独孤部御之，败绩。南部大人刘库仁走云中。帝复遣库仁率骑十万逆战于石子岭，王师不利。帝时不豫，群臣莫可任者，乃率国人避于阴山之北。高车杂种尽叛，四面寇钞，不得刍牧，复度漠南。坚军稍退，乃还。十二月，至云中。旬有二日，帝崩，时年五十七。太祖即位，尊曰高祖。

帝雅性宽厚，智勇仁恕。时国中少缯帛，代人许谦盗绢二匹，守者以告，帝匿之，谓燕凤曰："吾不忍视谦之面，卿勿泄言，谦或惭而自杀，为财辱士，非也。"帝尝击西部叛贼，流矢中目。贼破之后，诸大臣执射者，各持锥刀欲屠割之。帝曰："彼各为其主，何罪也。"乃释之。

是岁，苻坚灭张天锡。

史臣曰：帝王之兴也，必有积德、累功、博利，道协幽显，方契神祇之心。有魏掩迹幽方，世居君长，淳化育民，与时无竞。神元生自天女，桓穆勤于晋室。灵心人事，夫岂徒然？昭成以雄杰之姿，包君子之量，征伐四克，威被荒遐，乃立号改都，恢隆大业。终于百六十载，光宅区中。其原固有由矣。

魏书卷二
帝纪第二

太祖道武帝 珪

太祖道武皇帝，讳珪，昭成皇帝之嫡孙，献明皇帝之子也。母曰献明贺皇后。初因迁徙，游于云泽，既而寝息，梦日出室内，寤而见光，自牖属天，歘然有感。以建国三十四年七月七日，生太祖于参合陂北。其夜复有光明。昭成大悦，群臣称庆，大赦，告于祖宗。保者以帝体重倍于常儿，窃独奇怪。明年，有榆生于埋胞之坎，后遂成林。弱而能言，目有光曜，广颡大耳，众咸异之。年六岁，昭成崩。苻坚遣将内侮，将迁帝于长安，既而获免。语在《燕凤传》。坚军既还，国众离散。坚使刘库仁、刘卫辰分摄国事。南部大人长孙嵩及元他等，尽将故民南依库仁，帝于是转幸独孤部。

元年，葬昭成皇帝于金陵，营梓宫，木柹尽生成林。帝虽冲幼，而嶷然不群。库仁常谓其子曰："帝有高天下之志，兴复洪业，光扬祖宗者，必此主也。"

二年，冬十月，苻坚败于淮南。

是月，慕容文等杀库仁，库仁弟眷摄国部。

八年，慕容暐弟冲僭立。姚苌自称大单于、万年秦王。慕容垂僭称燕王。

九年，库仁子显杀眷而代之，乃将谋逆。商人王霸知之，履帝足于众中，帝乃驰还。是时，故大人梁盖盆子六眷为显谋主，尽知其计，密使部人穆崇驰告。帝乃阴结旧臣长孙犍、元他等。秋八月，乃幸贺兰部。其日，显果使人求帝，不及。语在《献明太后传》。

是岁，鲜卑乞伏国仁私署大单于。苻坚为姚苌所杀，子丕僭立。

登国元年春正月戊申，帝即代王位，郊天，建元，大会于牛川。复以长孙嵩为南部大人，以叔孙普洛为北部大人。班爵叙勋，各有差。

二月，幸定襄之盛乐，息众课农。

三月，刘显自善无南走马邑，其族奴真率所部来降。

夏四月，改称魏王。

五月，车驾东幸陵石。护佛侯部帅侯辰、乙弗部帅代题叛走，诸将追之。帝曰："侯辰等世修职役，虽有小愆，宜且忍之。当今草创，人情未一，愚近者固应趑趄，不足追也。"

秋七月己酉，车驾还盛乐。代题复以部落来降，旬有数日，亡奔刘显。帝使其孙倍斤代领部落。是月，刘显弟肺泥率骑掠奴真部落，既而率以来降。初，帝叔父窟咄为苻坚徙于长安，因随慕容永，永以为新兴太守。

八月，刘显遣弟亢泥迎窟咄，以兵随之，来逼南境。于是诸部骚动，人心顾望。帝左右于桓等，与诸部人谋为逆以应之。事泄，诛造谋者五人，余悉不问。帝虑内难，乃北逾阴山，幸贺兰部，阻山为固。遣行人安同、长孙贺使于慕容垂以征师。垂遣使朝贡，并令其子贺驎帅步骑以随同等。

冬十月，贺驎军未至而寇已前逼。于是，北部大人叔孙普洛等十三人及诸乌丸亡奔卫辰。帝自弩山迁幸牛川，屯于延水南，出代谷，会贺驎于高柳，大破窟咄。窟咄奔卫辰，卫辰杀之。帝悉收其众。

十二月，慕容垂遣使朝贡，奉帝西单于印绶，封上谷王。帝不纳。

是岁,慕容垂僭称皇帝于中山,自号大燕。苻丕死,苻登自立于陇东。姚苌称皇帝于长安,自号大秦。慕容冲为部下所杀。慕容永僭立。

二年春正月,班赐功臣长孙嵩等七十三人,各有差。

二月,帝幸宁川。

夏五月,遣行人安同征兵于慕容垂。垂使子贺驎率众来会。六月,帝亲征刘显于马邑南,追至弥泽,大破之。显南奔慕容永,尽收其部落。

秋八月,帝至自伐显。

冬十月癸卯,幸濡源,遣外朝大人王建使于慕容垂。

十一月,遂幸赤城。

十有二月,巡松漠,还幸牛川。

三年春二月,帝东巡。

夏四月,幸东赤城。

五月癸亥,北征库莫奚。六月,大破之,获其四部杂畜十余万。渡弱落水,班赏将士,各有差。

秋七月庚申,库莫部帅鸠集遗散,夜犯行宫,纵骑扑讨,尽杀之。其月,帝还赤城。

八月,使九原公元仪使于慕容垂。

冬十月,慕容垂遣使朝贡。

十有二月辛卯,车驾西征,至女水,讨解如部,大破之,获男女杂畜十数万。

是岁,乞伏国仁死,弟乾归立,私署河南王。

四年春正月甲寅,袭高车诸部落,大破之。

二月癸巳,至女水,讨叱突邻部,大破之。戊戌,贺染干兄弟率诸部来救,与大军相遇,逆击走之。

夏四月，行还赤城。

五月，陈留公元虔使于慕容垂。

冬十月，垂遣使朝贡。

是岁，氐吕光自称三河王，遣使朝贡。

五年春三月甲申，帝西征，次鹿浑海，袭高车袁纥部，大破之，虏获生口、马牛羊二十余万。慕容垂遣子贺驎率众来会。

夏四月丙寅，行幸意辛山，与贺驎讨贺兰、纥突邻、纥奚诸部落，大破之。

六月，还幸牛川。卫辰遣子直力鞮寇贺兰部，围之。贺讷等请降，告困。

秋七月丙子，帝引兵救之，至羊山，直力鞮退走。

八月，还幸牛川，遣秦王觚使于慕容垂。

九月壬申，讨叱奴部于囊曲河，大破之。

冬十月，迁云中，讨高车、豆陈部于狼山，破之。

十有一月，纥奚部大人库寒举部内属。

十有二月，纥突邻大人屈地鞬举部内属。帝还次白漠。

六年春二月，幸纽垤川。

三月，遣九原公元仪、陈留公元虔等西讨黜弗部，大破之。

夏四月，祠天。

六月，慕容贺驎破贺讷于赤城。帝引兵救之，驎退走。

秋七月壬申，讲武于牛川，行还纽垤川。慕容垂止元觚而求名马，帝绝之。乃遣使于慕容永，永使其大鸿胪慕容钧奉表劝进尊号。其月，卫辰遣子直力鞮出棝杨塞，侵及黑城。

九月，帝袭五原，屠之。收其积谷，还纽垤川，于棝杨塞北树碑记功。

冬十月戊戌，北征蠕蠕，追之，及于大碛南床山下，大破之，班赐从臣各有差。其东西二部主匹候跋及缊纥提，斩别帅屋击于。事具《蠕蠕传》。

十有一月戊辰，还幸纽垤川。戊寅，卫辰遣子直力鞮寇南部。己卯，车驾出讨。壬午，大破直力鞮军于铁歧山南，获其器械辎重、牛羊二十余万。戊子，自五原金津南渡河。辛卯，次其所居悦跋城，卫辰父子奔遁。壬辰，诏诸将追之，擒直力鞮。

十有二月获卫辰尸，斩以徇，遂灭之。语在《卫辰传》。卫辰少子屈丐，亡奔薛干部。车驾次于盐池，自河已南，诸部悉平。簿其珍宝畜产，名马三十余万匹，牛羊四百余万头。班赐大臣各有差。收卫辰子弟宗党无少长五千余人，尽杀之。山胡酋大幡颓、业易于等率三千余家降附，出居于马邑。

是岁，起河南宫。

七年春正月，幸木根山，遂次黑盐池。飨宴群臣，觐诸国贡使。北之美水。

三月甲子，宴群臣于水滨，还幸河南宫。西部泣黎大人茂鲜叛走，遣南部大人长孙嵩追讨，大破之。

夏五月，班赐诸官马牛羊各有差。

秋八月，行幸漠南，仍筑巡台。

冬十有二月，慕容永遣使朝贡。

是岁，皇子讳生。

八年春正月，帝南巡。

二月，幸羖羊原，赴白楼。

三月，车驾西征侯吕邻部。

夏四月，至苦水，大破之。

五月，还幸白楼。慕容垂讨慕容永于长子。

六月，车驾北巡。永来告急，遣陈留公元虔、将军庾岳率骑五万，东度河救之。破类拔部帅刘曜等，徙其部落。元虔等因屯秀容，慕容垂遂围长子。

秋七月，车驾临幸新坛。庚寅，宴群臣，仍讲武。先是，卫辰子屈丐奔薛干部，征之不送。

八月，帝南征薛干部帅太悉佛于三城，会其先出击曹覆，帝乘虚屠其城，获太悉佛子珍宝，徙其民而还。太悉佛闻之，来赴不及，遂奔姚兴。

九月，还幸河南宫。

是岁，姚苌死。

九年春三月，帝北巡。使东平公元仪屯田于河北五原，至于棝杨塞外。

夏五月，田于河东。

秋七月，还幸河南宫。

冬十月，蠕蠕社仑等率部落西走。事具《蠕蠕传》。

是岁，姚苌子兴僭立，杀苻登。慕容垂灭永。

十年春正月，太悉佛自长安还岭北，上郡以西皆应之。

夏五月，幸盐池。

六月，还幸河南宫。

秋七月，慕容垂遣其子宝来寇五原，造舟收谷。帝遣右司马许谦征兵于姚兴，东平公元仪徙据朔方。

八月，帝亲治兵于河南。

九月，进师，临河筑台告津，连旌沿河东西千里有余。是时，陈留公元虔五万骑在东，以绝其左，元仪五万骑在河北，以承其后，略阳公元遵七万骑塞其中山之路。

冬十月辛未，宝烧船夜遁。

十一月己卯，帝进军济河。乙酉夕，至参合陂。丙戌，大破之。语在《宝传》。生擒其陈留王绍、鲁阳王倭奴、桂林王道成、济阴公尹国、北地王世子鍾葵、安定王世子羊儿以下文武将吏数千人，器甲辎重、军资杂财十余万计。于俘虏之中，擢其才识者贾彝、贾闰、晁崇等与参谋议，宪章故实。班赏大臣将校各有差。

十有二月，还幸云中之盛乐。

皇始元年春正月，大蒐于定襄之虎山，因东幸善无北陂。

三月，慕容垂来寇桑乾川。陈留公元虔先镇平城，时征兵未集，虔率麾下邀击，失利，死之。垂遂至平城西北，逾山结营，闻帝将至，乃筑城自守。疾甚，遂遁走，死于上谷。子宝匿丧而还，至中山乃僭立。

夏六月癸酉，遣将军王建等三军，讨宝广宁太守刘亢泥，斩之，徙其部落。宝上谷太守慕容普邻，捐郡奔走。丁亥，皇太后贺氏崩。是月，葬献明太后。

秋七月，左司马许谦上书，劝进尊号。帝始建天子旌旗，出入警跸，于是改元。

八月庚寅，治兵于东郊。己亥，大举讨慕容宝。帝亲勒六军四十余万，南出马邑，逾于句注，旌旗骆驿二千余里，鼓行而前，民屋皆震，别诏将军封真等三军，从东道出袭幽州，围蓟。

九月戊午，次阳曲，乘西山，临观晋阳。命诸将引骑围胁，已而罢还。宝并州牧辽西王农大惧，将妻子弃城夜出，东遁，并州平。初建台省，置百官，封公侯、将军、刺史、太守，尚书郎已下悉用文人。帝初拓中原，留心慰纳，诸士大夫诣军门者，无少长，皆引入赐见，存问周悉，人得自尽，苟有微能，咸蒙叙用。己未，诏辅国将军奚牧略地晋川，获慕容宝丹阳王买得等于平陶城。

冬十月乙酉，车驾出井陉，使冠军将军王建、左军将军李栗五万骑先驱启行。

十有一月庚子朔，帝至真定。自常山以东，守宰或捐城奔窜，或稽颡军门，唯中山、邺、信都三城不下。别诏征东大将军东平公仪五万骑南攻邺，冠军将军王建、左军将军李栗等攻信都，军之所行，不得伤民桑枣。戊午，进军中山。己未，引骑围之。帝谓诸将曰："朕量宝不能出战，必当凭城自守，偷延日月，急攻则伤士，久守则费粮，不如先平邺、信都，然后还取中山，于计为便。若移军远去，宝必散众求食民间，如此，则人心离阻，攻之易克。”诸将称善。丁卯，车驾幸鲁口城。

是岁，司马昌明死，子德宗僭立，遣使朝贡。吕光僭称天王，号大凉，遣使朝贡。

二年春正月己亥朔，大飨群臣于鲁口。慕容宝遣其左卫将军慕容腾寇博陵，杀中山太守及高阳诸县令长，抄掠租运。是时，信都未下。庚申，乃进军。壬戌，引骑围之。其夜，宝冀州刺史宜都王慕容凤逾城奔走，归于中山。癸亥，宝辅国将军张骧、护军将军徐超率将吏已下举城降。宝闻帝幸信都，乃趣博陵之深泽，屯滹沱水，遣弟贺麟寇杨城，杀常山守兵三百余人。宝悉出珍宝及宫人，招募郡县，群盗无赖者多应之。

二月己巳，帝进幸杨城。丁丑，军于钜鹿之柏肆坞，临滹沱水。其夜，宝悉众犯营，燎及行宫，兵人骇散。帝惊起，不及衣冠，跣出击鼓。俄而，左右及中军将士稍稍来集。帝设奇陈，列烽营外，纵骑冲之。宝众大败，斩首万余级，擒其将军高长等四千余人。戊寅，宝走中山，获其器仗辎重数十万计。宝尚书闵亮、秘书监崔逞、太常孙沂、殿中侍御史孟辅等并降。降者相属，赐拜职爵各有差。平原徐超聚众反于畔城，诏将军奚辱捕斩之。并州守将封真率其种族与徒何为逆，将攻刺史元延，延讨平之。是时，柏肆之役远近流言，贺兰部帅附力眷、纥突邻部帅匿物尼、纥奚部帅叱奴根，聚党反于阴馆。南安公元顺率军讨之，不克，死者数千。诏安远将军庾岳总万骑，还讨叱奴根等，灭之。

三月己酉，车驾次于卢奴。宝遣使求和，请送元觚，割常山以西奉国，乞守中山以东。帝许之。已而，宝背约。辛亥，车驾次中山，命诸将围之。是夜，宝弟贺麟将妻子出走西山。宝见贺麟走，恐先据和龙，壬子夜，遂将其妻子及兄弟宗族数千骑北遁。宝将李沈、王次多、张超、贾归等来降。遣将军长孙肥追之，至范阳，不及受还。城内共立慕容普邻为主。

夏四月，帝以军粮未断，乃诏征东大将军东平公元仪罢邺围，徙屯钜鹿，积租杨城。普邻出步卒六千余人，伺间犯诸屯兵，诏将军长孙肥等轻骑挑之。帝以虎队五千横截其后，斩首五千，生虏七百人，宥而遣之。

夏五月庚子，大赏功臣。帝以中山城内为普邻所胁，而大军迫之，欲降无路，乃密招喻之。甲辰，曜兵扬威以示城内，命诸军罢围南徙，以待其变。甲寅，以东平公元仪为骠骑大将军、都督中外诸军事、衮豫雍荆徐扬六州牧、左丞相，封卫王。襄城公元题进封为王。

秋七月，普邻遣乌丸张骧率五千余人出城求食，寇常山之灵寿，杀害吏民。贺麟自丁零中入于骧军，因其众复入中山，杀普邻而自立。帝还幸鲁口，遣将军长孙肥一千骑袭中山，入其郛而还。

八月丙寅朔，帝自鲁口进军常山之九门。时大疫，人马牛多死。帝问疫于诸将，对曰："在者才十四五。"是时，中山犹拒守，而饥疫并臻，群下咸思还北。帝知其意，因谓之曰："斯固天命，将若之何！四海之人，皆可与为国，在吾所以抚之耳，何恤乎无民！"群臣乃不敢复言。遣抚军大将军略阳公元遵袭中山。芟其禾菜，入郛而还。

九月，贺麟饥穷，率三万余人出寇新市。甲子晦，帝进军讨之。太史令晁崇奏曰："不吉。"帝曰："其义云何？"对曰："昔纣以甲子亡，兵家忌之。"帝曰："纣以甲子亡，周武不以甲子胜乎？"崇无以对。

冬十月丙寅，帝进军新市，贺麟退阻泒水，依渐洳泽以自固。甲戌，帝临其营，战于义台坞，大破之，斩首九千余级。贺麟单马走西山，遂奔邺，慕容德杀之。甲申，其所署公卿、尚书、将吏、士卒降者二万余人。其将张骧、李沈、慕容文等先来降，寻皆亡还。是日，复获之，皆赦而不问。获其所传皇帝玺绶、图书、府库、珍宝，簿列数万。班赐功臣及将士各有差。中山平。乙酉，襄城王题薨。丁亥，遣三万骑赴卫王仪，将以攻邺。

是岁，鲜卑秃发乌孤私署大单于、西平王。

天兴元年春正月，慕容德走保滑台，仪克邺，收其仓库，诏赏将士各有差。仪追德至于河，不及而还。庚子，车驾自中山行幸常山之真定，次赵郡之高邑，遂幸于邺。民有老不能自存者，诏郡县赈恤之。帝至邺，巡登台榭，遍览宫城，将有定都之意。乃置行台，以龙骧将军日南公和跋为尚书，与左丞贾彝率郎吏及兵五千人镇邺。车驾自邺还中山，所过存问百姓，诏大军所经州郡，复赀租一年，除山东民租赋之半。车驾将北还，发卒万人治直道，自望都铁关凿恒岭至代五百余里。帝虑还后山东有变，乃置行台于中山，诏左丞相、守尚书令、卫王仪镇中山，抚军大将军略阳公元遵镇勃海之合口。右军将军尹国先督租于冀州，闻帝将还，谋反，欲袭信都。安南将军长孙嵩执送，斩之。辛酉，车驾发自中山，至于望都尧山。徙山东六州民吏及徙何、高丽杂夷三十六万，百工伎巧十万余口，以充京师。车驾次于恒山之阳。博陵、勃海、章武群盗并起，略阳公元遵等讨平之。广川太守贺卢杀冀州刺史王辅，驱勒守兵抄掠阳平、顿丘诸郡，遂南渡河，奔慕容德。

二月，车驾自中山幸繁畤宫，更选屯卫。诏给内徙新民耕牛，计口受田。

三月，离石胡帅呼延铁、西河胡帅张崇等，聚党数千人叛。诏安远将军庾岳讨平之。渔阳群盗库傉官韬聚众反，诏中坚将军伊谓讨之。徵左丞相、卫王仪还京师，诏略阳公遵代镇中山。

夏四月壬戌，进遵封常山王，南安公元顺进封毗陵王，征虏将军历阳公穆崇为太尉，安南将军钜鹿公长孙嵩为司徒。帝祠天于西郊，麾帜有加焉。广平太守辽西公元意烈谋反，于郡赐死，原其妻子。鄜城屠各董羌、杏城卢水郝奴、河东蜀薛榆、氐帅苻兴，各率其种内附。

六月丙子，诏有司议定国号。群臣曰："昔周秦以前，世居所生之土，有国有家，及王天下，即承为号。自汉以来，罢侯置守，时无世继。其应运而起者，皆不由尺土之资。今国家万世相承，启基云代。

臣等以为，若取长远，应以代为号。”诏曰：“昔朕远祖，总御幽都，控制遐国，虽践王位，未定九州。逮于朕躬，处百代之季，天下分裂，诸华乏主。民俗虽殊，抚之在德。故躬率六军，扫平中土，凶逆荡除，遐迩率服。宜仍先号，以为魏焉。布告天下，咸知朕意。”

秋七月，迁都平城，始营宫室，建宗庙，立社稷。渔阳乌丸库傉官韬复聚党为寇。诏冠军将王建讨平之。

八月，诏有司正封畿，制郊甸，端径术，摽道里，平五权，较五量，定五度。遣使循行郡国，举奏守宰不法者，亲览察黜陟之。

九月，乌丸张骧子超收合亡命，聚党三千余家，据勃海之南皮，自号征东大将军、乌丸王，抄掠诸郡。诏将军庾岳讨之。

冬十月，起天文殿。

十有一月辛亥，诏尚书吏部郎中邓渊典官制，立爵品，定律吕，协音乐；仪曹郎中董谧撰郊庙、社稷、朝觐、飨宴之仪；三公郎中王德定律令，申科禁；太史令晁崇造浑仪，考天象；吏部尚书崔玄伯总而裁之。

闰月，左丞相、骠骑大将军卫王仪及诸王公卿士，诣阙上书曰：“臣等闻宸极居中，则列宿齐其晷；帝王顺天，则群后仰其度。伏惟陛下德协二仪，道隆三五。仁风被于四海，盛化塞于大区；泽及昆虫，恩沾行苇，讴歌所属，八表归心；军威所及，如风靡草；万姓颙颙，咸思系命。而躬履谦虚，退身后己，宸仪未彰，衮服未御，非所以上允皇天之意，下副乐推之心。宜光崇圣烈，示轨宪于万世。臣等谨昧死以闻。”帝三让乃许之。十有二月己丑，帝临天文殿。太尉、司徒进玺绶，百官咸称万岁。大赦，改年。追尊成帝已下及后号谥。乐用《皇始》之舞。诏百司议定行次，尚书崔玄伯等奏从土德，服色尚黄，数用五，未祖辰腊，牺牲用白，五郊立气，宣赞时令，敬授民时，行夏之正。徙六州二十二郡守宰、豪杰、吏民二千家于代都。

是岁，兰汗杀慕容宝而自立，宝子盛杀汗僭立。慕容德自称燕王。

二年春正月甲子，初祠上帝于南郊。以始祖神元皇帝配，降坛视燎，成礼而反。乙丑，曲赦京师，始制三驾之法。庚午，车驾北巡，分命诸将大袭高车，大将军、常山王遵等三军从东道出长川，镇北将军高凉王乐真等七军从西道出牛川，车驾亲勒六军从中道自駮髯水西北。

二月丁亥朔，诸军同会，破高车杂种三十余部，获七万余口，马三十余万匹，牛羊百四十余万。骠骑大将军、卫王仪督三万骑别从西北绝漠千余里，破其遗进七部，获二万余口，马五万余匹，牛羊二十余万头，高车二十余万乘，并服玩诸物。还次牛川及薄山，并刻石记功，班赐从臣各有差。庚戌，征虏将军庾岳破张超于勃海。超走平原，为其党所杀。以所获高车众起鹿苑，南因台阴，北距长城，东包白登，属之西山，广轮数十里，凿渠引武川水注之苑中，疏为三沟，分流宫城内外。又穿鸿雁池。

三月己未，车驾至自北伐。甲子，初令《五经》群书各置博士，增国子太学生员三千人。是月，氐人李辩叛，慕容德求援于邺行台尚书和跋。跋轻骑往应之，克滑台，收德宫人府藏；又破德桂林王镇及郎吏将士千余人。丙子，遣建义将军庾真、越骑校尉奚斤讨库狄部帅叶亦干、宥连部帅窦羽泥于太浑川，破之。库狄勤支子沓亦干率其部落内附。真等进破侯莫陈部，获马牛羊十余万头，追殄遗进，入大峨谷。中山太守仇儒亡匿赵郡，推群盗赵准为主，号使持节征西大将军，冀青二州牧、钜鹿公仇儒为准长史，聚党扇惑。诏中领军长孙肥讨平之。

夏四月，前清河太守傅世聚党千余家，自号抚军将军。五月癸亥，征虏将军庾岳讨破之。

秋七月，起天华殿。辛酉，大阅于鹿苑，飨赐各有差。陈郡、河南流民万余口内徙，遣使者存劳之。姚兴遣众围洛阳，司马德宗将辛恭靖请救。

八月，遣太尉穆崇率骑六千往赴之。增启京师十二门，作西武库。除州郡民租赋之半。辛亥，诏礼官备撰众仪，著于新令。范阳人卢溥，聚众海滨，称使持节、征北大将军、幽州刺史，攻掠郡县，杀幽州刺史封沓干。慕容盛辽西太守李朗，举郡内属。西河胡帅护诸于、丁零帅翟同、蜀帅韩砻，并相率内附。

冬十月，太庙成，迁神元、平文、昭成献明皇帝神主于太庙。

十有二月甲午，慕容盛征虏将军、燕郡太守高湖率户三千内属。辛亥，诏材官将军和突讨卢溥。天华殿成。

是岁，吕光立其子绍为天王，自称太上皇。光死，太子纂杀绍僭立。秃发乌孤死，弟鹿孤代立，遣使朝贡。

三年春正月戊午，和突破卢溥于辽西，生获溥及其子焕，传送京师，轘之。癸亥，有事于北郊。分命诸官循行州郡，观民风俗，察举不法。赐群臣布帛各有差。

二月丁亥，诏有司祀日于东郊。始耕籍田。壬寅，皇子聪薨。

三月戊午，立皇后慕容氏。是月，穿城南渠通于城内，作东西鱼池。

夏四月，姚兴遣使朝贡。

五月戊辰，诏谒者仆射张济使于姚兴。己巳，车驾东巡，遂幸涿鹿，遣使者以太牢祠帝尧、帝舜庙。西幸马邑，观灅源。

秋七月壬子，车驾还宫。起中天殿及云母堂、金华室。

十有一月，高车别帅敕力犍率九百余落内属。

十有二月乙未，诏曰："世俗谓汉高起于布衣而有天下，此未达其故也。夫刘承尧统，旷世继德，有蛇龙之徵，致云彩之应，五纬上聚，天人俱协，明革命之主，大运所锺，不可以非望求也。然狂狡之徒所以颠蹶而不已者，诚惑于逐鹿之说，而迷于天命也。故有踵覆车之轨，蹈衅逆之踪，毒甚者倾州郡，害微者败邑里，至乃身死名颓，殃及九族，从乱随流，死而不悔，岂不痛哉！《春秋》之义，大一统之美，吴、楚僭号，久加诛绝，君子贱其伪名，比之尘垢。自非继圣载德，天人合会，帝王之业，夫岂虚应。历观古今，不义而求非望者，徒丧其保家之道，而伏刀锯之诛。有国有家者，诚能推废兴之有期，审天命之不易，察徵应之潜授，杜竞逐之邪言，绝奸雄之僭肆，思多福于止足，则几于神智矣。如此，则可以保荣禄于天年，流余庆于后世。夫然，故祸悖无缘而生，兵甲何因而起？凡厥来世，勖哉戒之，可不慎欤！”

时太史屡奏天文错乱，帝亲览经占，多云改王易政，故数革官号，一欲防塞凶狡，二欲消灾应变。已而虑群下疑惑，心谤腹非，丙申，复诏曰：“上古之治，尚德下名，有任而无爵，易治而事序，故邪谋息而不起，奸慝绝而不作。周姬之末，下凌上替，以号自定，以位制禄，卿世其官，大夫遂事，阳德不畅，议发家陪，故衅由此起，兵由此作。秦、汉之弊，舍德崇侈，能否混杂，贤愚相乱，庶官失序，任非其人。于是，忠义之道寝，廉耻之节废，退让之风绝，毁誉之议兴，莫不由乎贵尚名位，而祸败及之矣。古置三公，职大忧重，故曰“待罪宰相”，将委任责成，非虚宠禄也。而今世俗，佥以台辅为荣贵，企慕而求之。夫此职司，在人主之所任耳，用之则重，舍之则轻。然则官无常名，而任有定分。是则所贵者至矣，何取于鼎司之虚称也？夫桀、纣之南面，虽高而可薄；姬旦之为下，虽卑而可尊。一官可以效智，荜门可以垂范。苟以道德为实，贤于覆餗蔀家矣。故量己者，令终而义全；昧利者，身陷而名灭。利之与名，毁誉之疵竞；道之与德，神识之家宝。是故，道义治之本，名爵治之末。名不本于道，不可以为宜；爵无补于时，不可以为用。用而不禁，为病深矣。能通其变，不失其正者，其惟圣人乎？来者诚思成败之理，察治乱之由，鉴殷、周之失，革秦、汉之弊，则几于治矣。”

是岁，乞伏乾归为姚兴所破。李皓私署凉州牧、凉公。

四年春正月，高车别帅率其部三千余落内附。

二月丁亥，命乐师入学习舞，释菜于先圣、先师。丁酉，分命使者循行州郡，听察辞讼，纠劾不法。

三月，帝亲渔，荐于寝庙。

夏四月辛卯，罢邺行台。诏有司明扬隐逸。

五月，起紫极殿、玄武楼、凉风观、石池、鹿苑台。

秋七月，诏镇远将军、衮州刺史长孙肥步骑二万，南徇许昌、彭城。诏赐天下镇戍将士布帛各有差。

冬十二月辛亥，诏征西大将军、常山王遵等，率众五万讨破多兰部帅木易于，材官将军和突率骑六千袭黜弗、素古延等诸部。集博士、儒生，比众经文字，义类相从凡四万余字，号曰《众文经》。

是岁，慕容盛死，宝弟熙僭立。吕光弟子隆杀纂自立。卢水胡沮渠蒙逊私署凉州牧、张掖公。蒙逊及李皓并遣使朝贡。

五年春正月丁丑，慕容熙遣将寇辽西。虎威将军宿沓干等拒战，不利，弃令支而还。帝闻姚兴将寇边，庚寅，大简舆徒，诏并州诸军积谷于平阳之乾壁。戊子，材官将军和突破黜弗、素古延等诸部，获马三千余匹，牛羊七万余头。辛卯，蠕蠕社仑遣骑救素古延等，和突逆击，破之于山南河曲，获铠马二千余匹，班师，赏赐将士各有差。

二月癸丑，征西大将军、常山王遵等至安定之高平，木易于率数千骑与卫辰、屈丐弃国遁走，追至陇西瓦亭，不及而还。获其辎重库藏，马四万余匹，骆驼、牦牛三千余头，牛、羊九万余口。班赐将士各有差。徙其民于京师。沙门张翘自号无上王，与丁零鲜于次保聚党常山之行唐。

夏四月，太守楼伏连讨斩之。

五月，姚兴遣其弟安北将军、义阳公平率众四万来侵，平阳乾壁为平所陷。

六月，治兵于东郊，部分众军，诏镇西大将军、毗陵王顺、长孙肥等三将六万骑为前锋。秋七月戊辰朔，车驾西讨。八月乙巳，至于柴壁，平固守，进军围之，姚兴悉举其众来救。甲子，帝渡蒙沉，逆击兴军，大破之。冬十月，平赴水而死，俘其余众三万余人。语在《兴传》。获兴征虏将军、尚书右仆射狄伯支，越骑校尉唐小方，积弩将军姚梁国，建忠将军雷星、康官，北中郎将康猥，平从弟伯禽已下、四品将军已上四十余人。获先亡臣王次多、靳勤，并斩以徇。兴频使请和，帝不许。群臣劝进平蒲坂，帝虑蠕蠕为难。戊申，班师。

十有一月，车驾次晋阳。徵相州刺史庾岳为司空。遣左将军莫题，讨上党群盗秦颇、丁零翟都于壶关。丁丑，上党太守捕颇，斩之，都走林虑。

十有二月辛亥，至自西征。蠕蠕社仑犯塞。诏常山王遵追之，不及而还。越勤莫弗率其部万余家内属，居五原之北。

是岁，秃发鹿孤病死，弟傉檀统任，遣使朝贡。

六年春正月辛未，朔方尉迟部别帅率万余家内属，入居云中。

夏五月，大简舆徒，将略江淮，平荆扬之乱。

秋七月，镇西大将军、司隶校尉、毗陵王顺有罪，以王还第。戊子，车驾北巡。筑离宫于豺山，纵士校猎，东北逾罽岭，出参合、代谷。

九月，行幸南平城，规度灅南，面夏屋山，背黄瓜堆，将建新邑。辛未，车驾还宫。

冬十月，起西昭阳殿。乙卯，立皇子讳嗣为齐王，加车骑大将军，位相国；绍为清河王，加征南大将军；熙为阳平王；曜为河南王。封故秦敏王子夔为豫章王，陈留王子右将军悦为朱提王。丁巳，诏将军伊谓率骑二万北袭高车。司马德宗遣使朝贡。

十有一月庚午，伊谓大破高车。

是年，岛夷桓玄废其主司马德宗而自立，僭称大楚。

天赐元年春正月，遣离石护军刘托率骑三千袭蒲子。三月丙寅，擒姚兴宁北将军、泰平太守衡谭，获三千余口。初限县户不满百罢之。

夏四月，诏尚书郎中公孙表使于江南，以观桓玄之衅也。值玄败而还。蠕蠕社仑从弟悦伐大那等谋杀社仑而立大那。发觉，来奔。

五月，置山东诸冶，发州郡徒谪造兵甲。

秋九月，帝临昭阳殿，分置众职，引朝臣文武，亲自简择，量能叙用，制爵四等，曰“王、公、侯、子”，除“伯、男”之号；追录旧臣，加以封爵，各有差。

是秋，江南大乱，流民襁负而奔淮北，行道相寻。

冬十月辛巳，大赦，改元，筑西宫。

十有一月，上幸西宫，大选朝臣，令各辩宗党，保举才行，诸部子孙失业赐爵者二千余人。

十有二月戊辰，车驾幸豺山宫。

是岁，岛夷刘裕起兵诛桓玄。

二年春二月癸亥，车驾还宫。

夏四月，车驾有事于西郊，车旗尽黑。

是岁，司马德宗复僭立。慕容德死，兄子超僭立。

三年春正月甲申，车驾北巡，幸豺山宫，校猎，至屋孤山。

二月乙亥，幸代园山，建五石亭。

三月庚子，车驾还宫。

夏四月庚申，复幸豺山宫。占授著作郎王宜弟造《兵法孤虚立成图》三百六十时。遂登定襄角史山，又幸马城。甲午，车驾还宫。是月，蠕蠕寇边，夜召兵，将旦，贼走，乃罢。

六月，发八部五百里内男丁筑灅南宫，门阙高十余丈，引沟穿池，广苑囿，规立外城，方二十里，分置市里，经涂洞达。三十日罢。

秋七月，太尉穆崇薨。

八月甲辰，行幸豺山宫，遂至青牛山。丙辰，西登武要北原，观九十九泉，造石亭，遂之石漠。

九月甲戌朔，幸漠南盐池。壬午，至漠中，观天盐池。度漠，北之吐盐池。癸巳，南还长川。丙申，临观长陂。

冬十月庚申，车驾还宫。

四年春二月，封皇子修为河间王，处文为长乐王，连为广平王，黎为京兆王。

夏五月，北巡。自参合陂东过蟠羊山，大雨，暴水流辎重数百乘，杀百余人。遂东北逾石漠，至长川，幸濡源。常山王遵有罪赐死。

秋七月，车驾自濡源西幸参合陂。筑北宫垣，三旬而罢，乃还宫。

八月，幸豺山宫。是月，诛司空庾岳。

冬十有一月，车驾还宫。

是岁，慕容宝养子高云杀熙自立。赫连屈丐自称大单于、大夏天王。

五年春正月，行幸豺山宫，遂如参合陂，观渔于延水，至宁川。

三月，姚兴遣使朝贡。

是岁，皇孙讳焘生。

六年夏，帝不豫。初，帝服寒食散，自太医令阴羡死后，药数动发，至此逾甚。而灾变屡见，忧懑不安，或数日不食，或不寝达旦。归咎群下，喜怒乖常，谓百僚左右人不可信，虑如天文之占，或有肘腋之虞。追思既往成败得失，终日竟夜独语不止，若旁有鬼物对扬者。朝臣至前，追其旧恶，皆见杀害；其余或以颜色变动，或以喘息不调，或以行步乖节，或以言辞失措。帝皆以为怀恶在心，变见于外，乃手自殴击，死者皆陈天安殿前。于是，朝野人情各怀危惧，有司懈怠，莫相督摄，百工偷劫，盗贼公行；巷里之间，人为希少。帝亦闻之，曰："朕纵之使然，待过灾年，当更清治之尔。"

秋七月，慕容支属百余家，谋欲外奔，发觉，伏诛，死者三百余人。

八月，卫王仪谋叛，赐死。

冬十月戊辰，帝崩于天安殿，时年三十九。永兴二年九月甲寅，上谥宣武皇帝，葬于盛乐金陵，庙号太祖。泰常五年，改谥曰道武。

史臣曰：晋氏崩离，戎羯乘衅，僭伪纷纠，豺狼竞驰。太祖显晦安危之中，屈伸潜跃之际，驱率遗黎，奋其灵武，克剪方难，遂启中原，朝拱人神，显登皇极。虽冠履不暇，栖遑外土，而制作经谟，咸存长世。所谓大人利见，百姓与能，抑不世之神武也。而屯厄有期，祸生非虑，将人事不足，岂天实为之。呜呼！

魏书卷三
帝纪第三

太宗明元帝 嗣

太宗明元皇帝讳嗣，太祖长子也，母曰刘贵人，登国七年生于云中宫。太祖晚有子，闻而大悦，乃大赦天下。

帝明睿宽毅，非礼不动，太祖甚奇之。天兴六年，封齐王，拜相国，加车骑大将军。

初，帝母刘贵人赐死，太祖告帝曰："昔汉武帝将立其子，而杀其母，不令妇人后与国政，使外家为乱。汝当继统，故吾远同汉武，为长久之计。"帝素纯孝，哀泣不能自胜，太祖怒之。帝还宫，哀不自止，日夜号泣。太祖知而又召之。帝欲入，左右曰："孝子事父，小杖则受，大杖避之。今陛下怒盛，入或不测，陷帝于不义。不如且出，待怒解而进，不晚也。"帝惧，从之，乃游行逃于外。

天赐六年冬十月，清河王绍作逆，太祖崩。帝入诛绍。壬申，即皇帝位，大赦，改年为永兴元年。追尊皇妣为宣穆皇后。公卿大臣先罢归第不与朝政者，悉复登用之。诏南平公长孙嵩、北新侯安同对理民讼，简贤任能，彝伦攸叙。

闰十月丁亥，朱提王悦谋反，赐死。诏都兵将军、山阳侯奚斤巡行诸州，问民疾苦，抚恤穷乏。

十有二月戊戌，封卫王仪子良为南阳王，阴平公元烈进爵为王，高凉王乐真改封平阳王。己亥，帝始居西宫，御天文殿，蠕蠕犯塞。

是岁,乞伏乾归据金城自称秦王。高云为海夷冯跋所灭,跋僭号,自称大燕天王。

二年春正月甲寅朔,诏南平公长孙嵩等北伐蠕蠕。平阳民黄苗等,依汾自固,受姚兴官号。并州刺史元六头讨平之。

二月癸未朔,诏将军于栗磾领步骑一万镇平阳。

夏五月,长孙嵩等自大漠还,蠕蠕追围之于牛川。壬申,帝北伐,蠕蠕闻而遁走。车驾还幸参合陂。

秋七月丁巳,立马射台于陂西,仍讲武教战。乙丑,车驾至自北伐。

八月,章武民刘牙聚众反,山阳侯奚斤讨平之。

九月甲寅,葬太祖宣武皇帝于盛乐金陵。

冬十有二月辛巳,诏将军周观率众诣西河离石,镇抚山胡。

是岁,司马德宗将刘裕灭慕容超于广固。

三年春二月戊戌,诏曰:"衣食足,知荣辱。夫人饥寒切己,唯恐朝夕不济,所急者温饱而已,何暇及于仁义之事乎?王教之多违,盖由于此也。非夫耕妇织,内外相成,何以家给人足矣?其简宫人非所当御及执作伎巧,自余悉出以配鳏民。"己亥,诏北新侯安同等,持节循行并、定二州及诸山居杂胡、丁零,问其疾苦,察举守宰不法,其冤穷失职、强弱相陵、孤寒不能自存者,各以事闻。昌黎、辽东民二千余家内属。

三月己未,诏侍臣常带剑。

夏四月戊寅,河东蜀民黄思、郭综等,率营部七百余家内属。五月丁卯,车驾谒金陵于盛乐。己巳,昌黎王慕容伯儿谋反,伏诛。

六月,姚兴遣使来聘。西河胡张贤等率营部内附。

秋七月戊申,赐卫士酺三日、布帛各有差。辛酉,赐附国大人锦罽衣服各有差。

八月戊寅,诏将军、束州侯尉古真统兵五千镇西境太洛城。

冬十二月甲戌，蠕蠕斛律宗党吐觝于等百余人内属。甲午，诏南平公长孙嵩、任城公嵇拔、白马侯崔玄伯等坐朝堂，录决囚徒，务在平当。

四年春二月癸未，登虎圈射虎。赐南平公长孙嵩等布帛各有差。

夏四月乙未，宴群臣于西宫，使各献直言。

秋七月己巳朔，东巡。置四厢大将，又放十二时，置十二小将。以山阳侯奚斤、元城侯元屈行左右丞相。己卯，大狝于石会山。戊子，临去畿陂观渔。庚寅，至于濡源。西巡，幸北部诸落，赐以缯帛。

八月庚戌，车驾还宫。壬子，幸西宫，临板殿，大飨群臣将吏，以田猎所获赐之，命民大酺三日。乙卯，赐王公以下至宿卫将士布帛各有差。

冬十有一月乙丑，赐宗室近属南阳王良已下至于缌麻之亲布帛各有差。

十有二月丁巳，车驾北巡，至长城而还。

是年，乞伏乾归为兄子公府所杀，子炽盘立。沮渠蒙逊自称河西王。

五年春正月己巳，大阅畿内男子十二以上悉集。己卯，幸西宫。颉拔大渠帅四十余人诣阙奉贡，赐以缯帛锦罽各有差。乙酉，诏诸州六十户出戎马一匹。庚寅，大阅于东郊，部署将帅。以山阳侯奚斤为前军，众三万；阳平王熙等十二将，各一万骑，帝临白登，躬自校览焉。

二月戊申，赐平王熙及诸王、公、侯、将、士布帛各有差。庚戌，幸高柳川。甲寅，车驾还宫。癸丑，穿鱼池于北苑。庚午，姚兴遣使来聘。诏分遣使者，巡求隽逸，其豪门强族为州闾所推者，及有文武才干，临疑能决，或有先贤世胄、德行清美、学优义博、可为人师者，各令诣京师，当随才叙用，以赞庶政。

夏四月，河东民薛相率部内属。乙巳，上党民劳聪、士臻群聚为盗，杀太守令长，相率外奔。乙卯，车驾西巡。诏前军奚斤等先行，讨越勤部于跋那山。

夏五月乙亥，行幸云中旧宫之大室。丙子，大赦天下。西河张外、建兴王绍，自以所犯罪重，不敢解散。庚戌，遣元城侯元屈等率众三千镇并州。乙卯，诏会稽公刘洁、永安侯魏勤等率众三千镇西河。

六月，西幸五原，校猎于骨罗山，获兽十万。濩泽刘逸自号征东将军、三巴王，王绍为署置官属，攻逼建兴郡。元屈等讨平之。

秋七月己巳，还幸薄山。帝登观太祖游幸刻石颂德之处，乃于其旁起石坛而荐飨焉。赐从者大酺于山下。奚斤等破越勤倍泥部落于跋那山西，获马五万匹，牛二十万头，徙二万余家于大宁，计口受田。河西胡曹龙、张大头等各领部拥众二万人，来入蒲子，逼胁张外于研子垒。外惧，给以牛酒，杀马盟誓，推龙为大单，奉美女良马于龙。丙戌，车驾自大室西南巡诸部落，赐其渠帅缯帛各有差。遂南次定襄大落城，东逾十岭山，田于善无川。

八月癸卯，车驾还宫。癸丑，奚斤等班师。甲寅，帝临白登，观降民，数军实。曹龙降，执送张外，斩之。辛未，赐征还将士牛、马、奴婢各有差。置新民于大宁川，给农器，计口受田。丁丑，幸豺山宫。癸未，车驾还宫。

冬十月丁巳，将军元屈、会稽公刘洁、永安侯魏勤等，击吐京叛胡，失利，洁被伤，勤死之。

十一月癸酉，大飨于西宫。姚兴遣使朝贡，来请进女，帝许之。

神瑞元年春正月辛酉，以祯瑞频集，大赦，改元。辛巳，幸繁畤。赐王公已下至于士卒、百工布帛各有差。

二月戊戌，车驾还宫。是月，赫连屈子入寇河东蒲子，杀掠吏民，三城护军张昌等要击走之。庚戌，幸豺山宫。西河胡曹成、吐京民刘初原攻杀屈子所置吐京护军及其守三百余人。乙卯，起丰宫于平城东北。

夏五月辛酉，车驾还宫。

六月，司马德宗冠军将军、太山太守刘研弟，辅国将军、领东平太守阳平赵鸾，广威将军、平昌太守罗卓，斗城屠各帅张文兴等，率流民七千余家内属。河西胡酋刘遮、刘退孤率部落等万余家渡河内属。戊申，幸豺山宫。丁亥，车驾还宫。

秋八月戊子，诏马邑侯元陋孙使于姚兴。辛丑，遣谒者悦力延抚慰蠕蠕，于什门招谕冯跋。诏平南将军、相州刺史尉古真与司马德宗太尉刘裕相闻，使博士王谅假平南参军将命焉。姚兴遣使来聘。

冬十一月壬午，诏使者巡行诸州，校阅守宰资财，非自家所赍，悉簿为赃。诏守宰不如法，听民诣阙告言之。

十二月丙戌朔，蠕蠕犯塞。丙申，帝北伐蠕蠕。河内人司马顺宰自号晋王。太守讨捕，不获。

是岁，秃发傉檀为乞伏炽磐所灭。

二年春正月丙辰，车驾至自北伐。赐从征将士布帛各有差。

二月丁亥，大飨于西宫。赐附国大、渠帅朝岁首者缯帛金罽各有差。司马德宗琅邪太守刘朗，率二千余家内属。庚子，河西胡刘云等，率数万户内附。甲辰，立太祖庙于白登之西。

三月，诏曰："刺史、守宰，率多逋慢，前后怠惰，数加督罚，犹不悛改。今年赀调悬违者，谪出家财充之，不听徵发于民。"河西饥胡屯聚上党，推白亚栗斯为盟主，号大将军，反于上党，自号单于，称建平元年，以司马顺宰为之谋主。

夏四月，诏将军公孙表等五将讨之。河南流民二千余家内属。众废栗斯而立刘虎，号率善王。司马德宗遣使朝贡。己卯，车驾北巡。

五月丁亥，次于参合东，幸大宁。丁未，田于四岬山。

六月戊午，幸去畿陂，观渔。辛酉，次于濡源，筑立蜂台。射白熊于颓牛山,获之。丁卯,幸赤城。亲见长老,问民疾苦,复租一年。南次石亭,幸上谷,问百年,访贤俊,复田租之半。壬申,幸涿鹿,登桥山,观温泉,使使者以太牢祠黄帝庙。至广宁,登历山,祭舜庙。

秋七月,还宫,复所过田租之半。

九月,阙有差。河南流民前后三千余家内属。京师民饥,听出山东就食。

冬十月壬子,姚兴使散骑常侍、东武侯姚敞,尚书姚泰,送其西平公主来,帝以后礼纳之。辛酉,行幸沮洳城。癸亥,车驾还宫。丙寅,诏曰:"古人有言,百姓足则君有余,未有民富而国贫者也。顷者以来,频遇霜旱,年谷不登,百姓饥寒,不能自存者甚众,其出布帛仓谷以赈贫穷。"

十有一月丁亥,幸犲山宫。庚子,车驾还宫。

泰常元年春正月甲申,行幸犲山宫。戊子,车驾还宫。

三月己丑,长乐王处文薨。常山民霍季自言名载图谶,持一黑石以为天赐玉印,诳惑聚党,入山为盗。州郡捕斩之。

夏四月壬子,大赦,改元。庚申,河间王修薨。

六月丁巳,车驾北巡。

秋七月甲申,帝自白鹿陂西行,大狝于牛川。登釜山,临殷繁水而南,观于九十九泉。戊戌,车驾还宫。

九月戊午,前并州刺史叔孙建等大破山胡。刘虎渡河东走,至陈留,为从人所杀,司马顺宰等皆死。司马德宗相刘裕溯河伐姚泓,遣其部将王仲德为前锋,从陆道至梁城。衮州刺史尉建畏懦,弃州北渡,王仲德遂入滑台。诏将军叔孙建等渡河,耀威滑台,斩尉建于城下。

冬十月壬戌,幸犲山宫。徒何部落库傉官斌先降,后复叛归冯跋。骁骑将军延普渡濡水讨击,大破之,斩斌及冯跋幽州刺史、渔阳公库傉官昌,征北将军、关内侯库傉官提等首,生擒库傉官女生,缚送京师。幽州平。

十一月甲戌，车驾还宫，筑蓬台于北苑。十二月，南阳王良薨。是岁，姚兴卒，子泓立。

二年春二月丙午，诏曰："九州之民，隔远京邑，时有壅滞，守宰至不以闻。今东作方兴，或有贫穷失农务者。其遣使者巡行天下，省诸州，观民风俗，问民疾苦，察守宰治行。诸有不能自申，皆因以闻。"辛酉，司马德宗荥阳守将傅洪，遣使诣叔孙建，请以虎牢降，求军赴接，德宗谯王司马文思遣使王良诣阙上书，请军讨刘裕。诏司徒长孙嵩率诸军邀击刘裕，战于畔城，更有负捷。帝诏止诸军，不克。

夏四月丁未，榆山丁零翟蜀率营部遣使通刘裕。冯跋使人王特儿等通于司马德宗，章武太守捕特儿等，囚送京师。丁巳，幸高柳。壬戌，车驾还宫。

五月，汝南民胡哗等万余家相率内属。乙未，司马德宗齐郡太守王懿来降。车驾西巡，至于云中，遂济河，田于大漠。

秋七月，作白台于城南，高二十丈。司马顺之入常山，流言惑众，称受天帝命年，二十五，应为人君，遂聚党于封龙山。赵郡大盗赵德执送京师，斩之。

八月，刘裕灭姚泓。

九月癸酉，司马德宗平西将军、荆州刺史司马休之，息谯王文思，章武王子司马国璠、司马道赐，辅国将军温楷，竟陵内史鲁轨，荆州治中韩延之、殷约，平西参军桓谧、桓璲及桓温孙道子，勃海刁雍，陈郡袁式等数百人来降。姚泓匈奴镇将姚成都，与弟和都举镇来降。

冬十月己酉，诏司徒长孙嵩等还京师，遣叔孙建镇邺。癸丑，豫章王夔薨。

十有一月，司徒长孙嵩等诸军至乐平。诏嵩遣娥清、周几等，与叔孙建讨西山丁零翟蜀、洛支等，悉灭余党而还。复州租税。

十有二月己酉，诏河东、河内有姚泓子弟播越民间，能有送致京师者,赏之。庚申,田于西山。癸亥,车驾还宫。氐豪徐骇奴、齐元子等,拥部落三万于雍,遣使内附。诏将军王洛生及河内太守杨声等西行以应之。壬申,幸大宁长川。姚泓尚书、东武侯姚敞,敞弟镇远将军僧光,右将军姚定世,自洛来奔。

是年,李皓卒,子歆立,遣使朝贡。

三年春正月丁酉朔,帝自长川诏护高车中郎将薛繁,高车、丁零十二部大人众北略,至弱水,降者二千余人,获牛马二万余头。河东胡、蜀五千余家相率内属。

三月,司马德宗遣使来贡。庚戌,幸西宫,以范阳去年水,复其租税。

夏四月己巳,徙冀、定、幽三州徒何于京师。

五月丙午,诏叔孙建镇广阿。壬子,车驾东巡,至于濡源及甘松。遣征东将军长孙道生、给事黄门侍郎奚观,率精骑二万袭冯跋。又命骁骑将军延普,自幽州北趋辽西为声势,帝自突门岭待之。道生至龙城,徙其民万余家而还。

六月乙酉,车驾西返。

秋七月戊午,至于京师。

八月,雁门、河内大雨水,复其租税。

九月甲寅,诏诸州调民租,户五十石,积于定、相、冀三州。

冬十月戊辰,筑宫于西苑。

是岁,司马德宗卒,弟德文僭位。赫连屈丐僭称皇帝。

四年正月壬辰朔,车驾临河,大蒐于犊渚。癸卯,车驾还宫。

三月癸丑,筑宫于蓬台北。司马德文宁朔将军、平阳太守、匈奴护军薛辩及司马楚之、司马顺明、司马道恭,并遣使请降。

夏四月庚辰,车驾有事于东庙,远藩助祭者数百国。辛巳,南巡,幸雁门。赐所过无出今年租赋。

五月庚寅朔,观渔于灅水。己亥,车驾还宫。复所过一年租。

六月，司马德文建威将军、河西太守、冯翊羌酋党道子遣使内属。

秋八月辛未，东巡，遣使祭恒岳。甲申，车驾还宫，所过复一年田租。

九月，筑宫于白登山。

冬十有二月癸亥，西巡，至云中，逾白道，北猎野马于辱孤山。至于黄河，从君子津西渡，大狩于薛林山。

五年春正月丙戌朔，自薛林东还，至于屋窦城，飨劳将士，大酺二日，班禽兽以赐之。己亥，车驾还宫。

三月丙戌，南阳王意文薨。

夏四月，河西屠各帅黄大虎、羌酋不蒙娥等，遣使内附。丙寅，起灅南宫。

五月乙酉，诏曰："宣武皇帝体道得一，天纵自然，大行大名未尽美，非所以光扬洪烈，垂之无穷也。今因启纬图，始睹尊号，天人之意，焕然著明，其改'宣'曰'道'，更上尊谥曰'道武皇帝'，以彰灵命之先启，圣德之玄同。告祀郊庙，宣于八表。"庚戌，淮南侯司马国璠、池阳侯司马道赐等谋反，伏诛。

六月丙寅，行幸翳犊山。

秋七月丁酉，西至于五原。丁未，幸云中大室，赐从者大酺。

八月癸亥，车驾还宫。

闰月甲午，阴平王烈薨。

冬十有一月，诏骁骑将军延普城乾城。

十有二月丁亥，杏城羌酋狄温子率三千余家内附。

是岁，刘裕废杀其主司马德文，僭自称皇帝，号宋。李歆为沮渠蒙逊所灭，歆弟恂自立于敦煌。

六年春正月辛未，行幸公阳。

二月，调民二十户输戎马一匹，大牛一头。

三月甲子，阳平王熙薨。乙亥，制六部民，羊满百口输戎马一匹。发京师六千人筑苑，起自旧苑，东包白登，周回三十余里。

夏六月乙酉，北巡至蟠羊山。

秋七月，西巡，猎于柞山，亲射虎，获之，遂至于河。

八月庚子，大狝犊渚。

九月庚戌，车驾还宫。壬申，刘裕遣使朝贡。

冬十月己亥，行幸代。

十有二月丙申，西巡狩，至于云中。

是岁，沮渠蒙逊灭李恂。

七年春正月甲辰朔，自云中西行，幸屋窦城。赐从者大酺三日、蕃渠帅于缯帛各有差。

二月丙戌，车驾还宫。赐从者布帛各有差，大飨于西宫。

三月乙丑，河南王曜薨。

夏四月甲戌，封皇子焘为泰平王。焘，字佛厘，拜相国，加大将军；丕为乐平王，加车骑大将军；弥为安定王，加卫大将军；范为乐安王，加中军大将军；健为永昌王，加抚军大将军；崇为建宁王，加辅国大将军；俊为新兴王，加镇军大将军；献怀长公主子嵇敬，封长乐王，拜大司马、大将军。初，帝素服寒食散，频年动发，不堪万机。

五月，诏皇太子临朝听政。是月，泰平王摄政。刘裕卒，子义符僭立。

秋九月，诏假司空奚斤节，都督前锋诸军事，为晋兵大将军、行扬州刺史，交址侯周几为宋兵将军、交州刺史，安固子公孙表为吴兵将军、广州刺史，前锋伐刘义符。乙巳，幸灅南宫，遂如广宁。己酉，诏泰平王率百国以法驾田于东苑，车乘服物皆以乘舆之副。辛亥，筑平城外郭，周回三十二里。辛酉，幸桥山，遣使者祠黄帝、唐尧庙。因东幸幽州，见耆年，问其所苦，赐爵号。分遣使者循行州郡，观察风俗。

冬十月甲戌，车驾还宫，复所过田租之半。奚斤伐滑台，不克。

帝怒，议亲南讨，为其声援。壬辰，车驾南巡，出自天门关，逾恒岭。四方蕃附大人，各率所部从者五万余人。

十有一月，泰平王亲统六军出镇塞上，安定王弥与北新公安同居守。丙午，曲赦司州殊死已下。刘义符东郡太守王景度弃滑台走。诏成皋侯元苟儿为兖州刺史，镇滑台。

十有二月，遣寿光侯叔孙建等，率众自平原东渡，徇下青、兖诸郡。刘义符兖州刺史徐琰闻渡河，弃守走。叔孙建遂东入青州。司马爱之、秀之先聚党济东，皆率众来降。

八年正月丙辰，行幸邺，存恤民俗。司空奚斤既平兖、豫，还围虎牢，刘义符守将毛德祖距守，不下。河东蜀薛定、薛辅率五千余家内属。蠕蠕犯塞。

二月戊辰，筑长城于长川之南，起自赤城，西至五原，延袤二千余里，备置戍卫。

三月乙巳，帝田于邺南韩陵山，幸汲郡，至于枋头。乙卯，济自灵昌津，幸陈留、东郡。乙丑，济河而北，西之河内，造浮桥于冶坂津。

夏四月丁卯，幸成皋城，观虎牢。而城内乏水，悬绠汲河。帝令连舰上施轒辒，绝其汲路，又穿地道以夺其井。遂至洛阳，观《石经》。蛮王梅安率渠帅数千人来贡方物。

闰月己未，还幸河内，北登太行，幸高都。虎牢溃，获刘义符冠军将军、司州刺史、观阳伯毛德祖，冠军司马、荥阳太守翟广，建威将军窦霸，振武将军姚勇错，振威将军吴宝之，司州别驾姜元兴，治中窦温。士众大疫，死者十二三。辛酉，帝还至晋阳。班赐从官，王公已下逮于厮贱，无不沾给。

五月庚寅，还次雁门。皇太子率留台王公迎于句注之北。庚寅，车驾至自北巡。

六月己亥，太尉、宜都公穆观薨。丙辰，北巡，至于参合陂，游于蟠羊山。

秋七月，幸三会屋侯泉，诏皇太子率百官以从。

八月，幸马邑，观于灅源。九月乙亥，车驾还宫。诏司空奚斤还京师，昌平侯娥清、交址侯周几等镇枋头。刘义符颍川太守李元德窃入许昌，诏周几击之，元德遁走。几平许昌，还军枋头。

冬十月癸卯，广西宫，起外垣墙，周回二十里。

十有一月己巳，帝崩于西宫，时年三十二。遗诏以司空奚斤所获军实赐大臣，自司徒长孙嵩已下至士卒各有差。

十有二月庚子，上谥曰明元皇帝，葬于云中金陵，庙称太宗。

帝礼爱儒生，好览史传。以刘向所撰《新序》、《说苑》于经典正义多有所阙，乃撰《新集》三十篇，采诸经史，该洽古义，兼资文武焉。

史臣曰：太祖英雄，北驱朔漠，末年内多衅隙。明元抱纯孝之心，逢枭镜之祸，权以济事，危而获安，隆基固本，内和外辑，以德见宗，良无愧也。

魏书卷四上
帝纪第四上

世祖太武帝 焘

魏收书《太宗纪》，亡史馆旧本。《帝纪》第三卷上有白签云：“此卷是魏澹史。”案《隋书·魏澹传》，澹之义例，多与魏收不同。其一曰，讳皇帝名，书太子字，四曰诸国君皆书曰卒。今此卷书封皇子焘为泰平王，焘，字佛厘；姚兴、李皓、司马德宗、刘裕皆书卒。故疑为澹史。又案，《北史》、《高氏小史》、《修文殿御览·皇王部》，皆钞略魏收书，其间事及日有此《纪》所不载者。《北史》本纪逐卷后论，全用魏收史臣语，而微加增损；惟论明元，即与此纪史臣语全不同。故知非魏收史明矣。《崇文总目》有魏澹书一卷，今亦亡矣。岂此篇乎？

“泰常七年四月，封皇子焘为泰平王。五月，诏皇太子临朝听政。是月，泰平王摄政。”重复不成文。其年九月、十月，再书泰平王；明年五月、七月，再书皇太子。前后乖戾。今据此《纪》，无立泰平王为皇太子事。《世祖纪》云：四月，封泰平王；五月，为监国，亦不言曾立为皇太子。此《纪》初诏听政，便云皇太子，后更称泰平王。惟《北史》泰常七年五月立泰平王焘为皇太子，临朝听政。《小史》、《御览》亦无立皇太子事，而自临朝听政后，悉称皇太子。彼盖出魏收史，故与此不同。《隋书》称《魏澹书》甚简要，不应如此重复乖戾。疑此卷虽存，亦残缺脱误。

世祖太武皇帝讳焘，太宗明元皇帝之长子也，母曰杜贵嫔。天赐五年，生于东宫，体貌瑰异，太祖奇而悦之，曰："成吾业者，必此子也。"泰常七年四月，封泰平王；五月，为监国。太宗有疾，命帝总摄百揆，聪明大度，意豁如也。八年十月壬申，即皇帝位，大赦天下。十有二月，追尊皇妣为密皇后，进司徒长孙嵩爵为北平王，司空奚斤为宜城王，蓝田公长孙翰为平阳王，其余普增爵位各有差。于是，除禁锢，释嫌怨，开仓库，赈穷乏，河南流民相率内属者甚众。

始光元年春正月丙寅，安定王弥薨。

夏四月甲辰，东巡，幸大宁。

秋七月，车驾还宫。

八月，蠕蠕率六万骑入云中，杀掠吏民，攻陷盛乐宫。赭阳子尉普文率轻骑讨之，虏乃退走。诏平阳长孙翰等击蠕蠕别帅，破之，杀数千人，获马万余匹。语在《蠕蠕传》。

九月，大简舆徒，治兵于东郊，部分诸军五万骑，将北讨。

冬十有二月，遣平阳王长孙翰等讨蠕蠕。车驾次祚山，蠕蠕北遁，诸军追之，大获而还。

是年，刘义符为其臣徐羡之等所废杀，立义符弟义隆。

二年春正月己卯，车驾至自北伐，以其杂畜班赐将士各有差。二月，慕容渴悉邻反于北平，攻破郡治，太守与守将击败之。

三月丙辰，尊保母窦氏曰保太后。丁巳，以北平王长孙嵩为太尉，平阳王长孙翰为司徒，宜城王奚斤为司空。庚申，营故东宫为万寿宫，起永安、安乐二殿，临望观、九华堂，初造新字千余，诏曰："在昔帝轩，创制造物，乃命仓颉因鸟兽之迹以立文字。自兹以降，随时改作，故篆、隶、草、楷，并行于世。然经历久远，传习多失其真，故令文体错谬，会义不惬，非所以示轨则于来世也。孔子曰，名不正则事不成，此之谓矣。今制定文字，世所用者，颁下远近，永为楷式。"

夏四月，诏龙骧将军步堆、谒者仆射胡觐使于刘义隆。

五月，诏天下十家发大牛一头，运粟塞上。

秋九月，永安、安乐二殿成。丁卯，大飨以落之。

冬十月，治兵于西郊。癸卯，车驾北伐。平阳王长孙翰等绝漠追之，蠕蠕北走。事具《蠕蠕传》。

是年，赫连屈丐死，子昌僭立。

三年春正月壬申，车驾至自北伐。班军实以赐将士，行、留各有差。乞伏炽磐遣使朝贡，请讨赫连昌。

二月，起太学于城东，祀孔子，以颜渊配。

夏五月辛卯，中山公元纂进爵为王，南安公元素复先爵常山王。

六月，幸云中旧宫，谒陵庙，西至五原，田于阴山，东至和兜山。

秋七月，筑马射台于长川，帝亲登台观走马，王公诸国君长驰射，中者赐金锦缯絮各有差。

八月，车驾还宫。刘义隆遣使朝贡。帝以屈丐既死，诸子相攻。九月，遣司空奚斤率义兵将军封礼、雍州刺史延普袭蒲坂，宋兵将军周几率洛州刺史于栗磾袭陕城。

冬十月丁巳，车驾西伐，幸云中，临君子津。会天暴寒，数日冰结。

十有一月戊寅，帝率轻骑二万袭赫连昌。壬午，至其城下，徙万余家而还。语在《昌传》。至祚山，班所虏获以赐将士各有差。奚斤未至蒲坂，昌守将赫连乙升弃城西走。昌弟助兴守长安，乙升复与助兴自长安西走安定。奚斤遂入蒲坂。

十有二月，诏斤西据长安。秦雍氐、羌皆叛昌，诣斤降。武都氐主杨玄，及沮渠蒙逊等皆遣使内附。

四年春正月乙酉，车驾至自西伐，赐留台文武生口、缯帛、马、牛各有差。从人在道多死，其能到都者才十六七。己亥，行幸幽州。赫连昌遣其弟平原公定，率众二万向长安。帝闻之，乃遣就阴山伐木，大造攻具。

二月,车贺还宫。

三月丙子,遣高凉王礼镇长安。诏执金吾桓贷造桥于君子津。丁丑,广平王连薨。

夏四月丁未,诏员外散骑常侍步堆、谒者仆射胡观等使于刘义隆。是月,治兵讲武,分诸军,司徒长孙翰、廷尉长孙道生、宗正娥清三万骑为前驱,常山王素、太仆丘堆、将军元太毗步兵三万为后继,南阳王伏真、执金吾桓贷、将军姚黄眉步兵三万部攻城器械,将军贺多罗精骑三千为前候。

五月,车驾西讨赫连昌。辛巳,济君子津。三城胡酋鹊子相率内附。帝次拔邻山,筑城舍辎重,以轻骑三万先行。戊戌,至于黑水。帝亲祈天,告祖宗之灵而誓众焉。

六月甲辰,昌引众出城,大破之。事在《昌》传。昌将麾下数百骑西南走,奔上邽,诸军乘胜追至城北,死者万余人,临阵杀昌弟、河南公满及其兄子蒙逊。会日暮,昌尚书仆射问至拔城,夜将昌母出走。乙巳,车驾入城,虏昌群弟及其诸母、姊妹、妻妾、宫人万数,府库、珍宝、车旗、器物不可胜计,擒昌尚书王买、薛超等及司马德宗将毛修之、秦雍人士数千人,获马三十余万匹,牛羊数千万。以昌宫人及生口、金银、珍玩布帛班赉将士各有差。昌弟平原公定拒司空奚斤于长安城,娥清率骑五千讨之,西走上邽。辛酉,班师。留常山王素、执金吾桓贷镇统万。

秋七月己卯,筑坛于祚岭,戏马驰射,赐射中者金锦缯絮各有差。蠕蠕寇云中,闻破赫连昌,惧而还走。

八月壬子,车驾至自西伐,饮至策勋,告于宗庙,班军实以赐留台百寮各有差。

九月丁酉,安定民举城归降。

冬十有一月,以氐王杨玄为都督荆、梁、益、宁四州诸军事、假征南大将军、梁州刺史、南秦王。

十有二月,行幸中山。守宰贪污免者十数人。癸卯,车驾还宫,复所过田租之半。

神䴥元年春正月，以天下守令多行非法，精选忠良悉代之。辛未，京兆王黎薨。

二月，改元。赫连昌退屯平凉。司空奚斤进军安定，将军丘堆为昌所败，监军侍御史安颉出战，擒昌。昌余众立昌弟定为王，走还平凉。

三月癸酉，诏侍中古弼迎赫连昌。辛巳，弼等以昌至于京师。司空奚斤追定于平凉马髦岭，为定所擒。丘堆先守辎重在安定，闻斤败，弃甲东走蒲坂。帝闻大怒，诏安颉斩堆。

夏四月，赫连定遣使朝贡，帝诏谕之。壬子，西巡。戊午，田于河西，大赦天下。南秦王杨玄遣使朝贡。

六月丁酉，并州胡酋卜田谋反，伏诛，余众不安。诏淮南公王倍斤镇虑虒，抚慰之。甲寅，行幸长川。

秋七月，车驾还宫。

八月，东幸广宁，临观温泉。以太牢祭黄帝、尧、舜庙。蠕蠕大檀遣子将万余骑入塞。事具《蠕蠕传》。上郡休屠胡酋金崖率部内属。

九月，车驾还宫。上洛巴渠泉午触等万余家内附。

冬十月甲辰，北巡。壬子，田于牛川。刘义隆淮北镇将王仲德遣步骑二千余入寇济阳、陈留。是月，车驾还宫。

闰月辛巳，义隆又遣将王玄谟、兖州刺史竺灵秀步骑二千人寇荥阳，将袭虎牢。豫州遣军逆击走之。上郡屠各隗诘归率万余家内属。定州丁零鲜于台阳、翟乔等二千余家叛入西山，劫掠郡县。州军讨之，失利。诏镇南将军、寿光侯叔孙建击之。

十月一月，行幸河西，大校猎。

十月二月甲申，车驾还宫。

是岁，皇子讳晃生。乞伏炽盘死，子暮末僭立。沮渠蒙逊遣使朝贡。

二年春正月，赫连定弟、酒泉公隽自平凉来奔。丁零鲜于台阳等归罪，诏赦之。

二月，上党李禹聚众杀太守，自称无上王，署置将帅。河内守将击破之，禹亡走入山，为人执送，斩之。

夏四月，治兵于南郊。刘义隆遣使朝贡。庚寅，车驾北伐，以太尉、北平王长孙嵩，卫尉、广陵公楼伏连留守京师，从东道与长孙翰等期会于贼庭。

五月丁未，次于沙漠，舍辎重，轻骑兼马至栗水。蠕蠕震怖，焚烧庐舍，绝迹西走。事具《蠕蠕传》。是月，赫连定来侵统万，东至侯尼城而还。

秋七月，车驾东辕。至黑山，校数军实，班赐王公、将士各有差。

八月，帝以东部高车屯已尼陂，诏左仆射安原率骑万余讨之。事具《蠕蠕传》。

冬十月，振旅凯旋于京师，告于宗庙。列置新民于漠南，东至濡源，西暨五原、阴山，竟三千里。诏司徒、平阳王长孙翰，尚书令刘洁，左仆射安原，侍中古弼镇抚之。

十有一月，西巡狩，田于河西，至祚山而还。

三年春正月庚子，车驾还宫。壬寅，大赦天下。癸卯，行幸广宁，临温泉，作《温泉之歌》。

二月丁卯，司徒、平阳王长孙翰薨。戊辰，车驾还宫。

三月壬寅，进会稽公赫连昌为秦王。癸卯，云中、河西敕勒千余家叛，尚书令刘洁追灭之。帝闻刘义隆将寇边，乃诏冀、定、相三州造船三千艘，简幽州以南戍兵，集于河上以备之。

夏四月甲子，行幸云中。敕勒万余落叛走，诏尚书封铁追讨灭之。

五月戊戌，诏曰："夫士之为行，在家必孝，处朝必忠，然后身荣于时，名扬后世矣。近遣尚书封铁翦除亡命，其所部将士有尽忠竭节以殒躯命者，今皆追赠爵号；或有蹈锋履难以自效者，以功次进位；或有故违军法私离幢校者，以军法行戮。夫有功蒙赏，有罪受诛，国之常典，不可暂废。自今以后，不善者可以自改。其宣敕内外，咸使闻知。”

六月，诏平南大将军、假丹阳王太毗屯于河上，以司马楚之为安南大将军、琅邪王，屯颍川。

秋七月己亥，诏曰：“昔太祖拨乱，制度草创，太宗因循，未遑改作，军国官属，至乃阙然。今诸征镇将军、王公仗节边远者，听开府辟召，其次增置吏员。”庚子，诏大鸿胪卿杜超假节都督冀、定、相三州诸军事、行征南大将军、太宰，进爵为王，镇邺，为诸军节度。

八月，清河群盗杀太守。刘义隆将到彦之自清水入河，溯流西行。帝以河南兵少，诏摄四镇。乃治兵，将西讨。丙寅，到彦之遣将渡河，攻冶坂。冠军将军安颉督诸军击破之，斩首五千余级，投水死者甚众。甲戌，行幸南宫，猎于南山。戊寅，诏征西大将军长孙道生屯于河上。

九月己丑，赫连定遣弟谓以代寇鄜城。平西将军、始平公隗归等率诸军讨之，擒贼将王卑，杀万余人，谓以代遁走。癸卯，立密皇太后庙于邺。甲辰，行幸统万，遂征平凉。

冬十月庚申，到彦之、王仲德沿河置守，还保东平。乙亥，冠军将军安颉济河攻洛阳，丙子，拔之，擒度隆将二十人，斩首五千级。时河北诸军会于七女津，彦之恐军南度，遣将王蟠龙溯流欲盗官舡，征南大将军杜超等击破斩之。辛巳，安颉平虎牢，义隆司州刺史尹冲坠城死。

十有一月乙酉，车驾至平凉。先是，赫连定将数万人东御于鄜城，留其弟上谷公社于、广阳公度洛孤城守。帝至平凉，登北原，使赫连昌招谕之，社于不降。诏安西将军古弼等击安定，攻平凉。定闻之，弃鄜城，入于安定，自率步骑三万从鹑觚原将救平凉，与弼相遇，弼击之，杀数千人，乃还走。诏诸军四面围之。甲午，寿光侯叔孙建、汝阴公长孙道生济河，到彦之、王仲德从清入济，东走青州。义隆兖州刺史竺灵秀弃须昌，南奔湖陆。丁酉，定乏水，引众下原。

诏武卫将军丘眷击之,定众大溃,死者万余人。定中重创,单骑遁走。获定弟、丹阳公乌视拔,武陵公秃骨及公侯百余人。是日,诸将乘胜进军,遂取安定。定从兄东平公乙升弃城奔长安,劫掠数千家,西奔上邽。戊戌,叔孙建大破竺灵秀于湖陆,杀获五千余人。己亥,帝幸安定,获乞伏炽磐质子及定车旗,簿其生口、财畜,班赐将士各有差。庚子,帝自安定还临平凉,遂掘堑围守之。行幸纽城,安慰初附,赦秦雍之民,赐复七年。定陇西守及将士数千人来降。辛丑,冠军将军安颉率诸军攻滑台,琅邪王司马楚之破刘义隆将于长社。沮渠蒙逊遣使朝贡。壬寅,封寿光侯叔孙建为丹阳王。

十有二月丁卯,定弟社于度洛孤面缚出降,平凉平,收其珍宝。定长安、临晋、武功守将皆奔走,关中平。壬申,车驾东还。留巴东公延普等镇安定。

是岁,冯跋死,弟文通僭立。

四年春正月壬午,车驾次于木根山,大飨群臣,赐布帛各有差。丙申,刘义隆将檀道济、王仲德从清水救滑台。丹阳王叔孙建、汝阴公长孙道生拒之。道济等不敢进。是月,乞伏慕末为赫连定所灭。

二月辛酉,安颉、司马楚之平滑台,擒义隆将朱修之、李元德及东郡太守申谟。癸酉,车驾还宫,饮至策勋,告于宗庙,赐留台百官各有差,战士赐复十年。丁丑,行幸南宫。定州民饥,诏启仓以赈之。义隆将檀道济、王仲德东走,诸将追之,至历城而还。

三月庚戌,冠军将军安颉献义隆俘万余人,甲兵三万。

夏五月庚寅,行幸云中。

六月,赫连定北袭沮渠蒙逊,为吐谷浑慕璝所执。

闰月乙未,蠕蠕国遣使朝献。诏散骑侍郎周绍使于刘义隆。

秋七有月己酉,行幸河西,起承华宫。

八月乙酉,沮渠蒙逊遣子安周入侍。吐谷浑慕璝遣使奉表,请送赫连定。己丑,以慕璝为大将军、西秦王。

九月癸丑,车驾还宫。庚申,加太尉长孙嵩柱国大将军,特进、左光禄大夫崔浩为司徒，征西大将军长孙道生为司空。癸亥，诏兼太常李顺，持节拜河西王沮渠蒙逊为假节，加侍中，都督凉州及西域羌戎诸军事、行征西大将军、太傅、凉州牧、凉王。壬申，诏曰："顷逆命纵逸，方夏未宁，戎车屡驾，不遑休息。今二寇摧殄，士马无为，方将偃武修文，遵太平之化，理废职，举逸民，拔起幽穷，延登儁刈，昧旦思求，想遇师辅，虽殷宗之梦板筑，罔以知也。访诸有司，咸称范阳卢玄、博陵崔绰、赵郡李灵、河间邢颍、勃海高允、广平游雅、太原张伟等，皆贤儁之胄，冠冕州邦，有羽仪之用。《诗》不云乎'鹤鸣九皋，声闻于天，'庶得其人，任之政事，共臻邕熙之美。《易》曰：'我有好爵，吾与尔縻之。'如玄之比，隐迹衡门，不耀名誉者，尽敕州郡，以礼发遣。"遂徵玄等及州郡所遣，至者数百人，皆差次叙用。

冬十月戊寅，诏司徒崔浩改定律令。行幸漠南。

十一月丙辰，北部敕勒莫弗库若于率其部数万骑，驱鹿数百万，诣行在所。帝因而大狩以赐从者，勒石漠南，以记功德。宜城王奚斤，坐事降爵为公。

十二月丁丑，车驾还宫。

延和元年春正月丙午，尊保太后为皇太后，立皇后赫连氏，立皇子讳(晃)为皇太子，谒于太庙，大赦，改年。己巳，诏曰："朕以眇身，获奉宗庙。思阐洪基，廓清九服，遭值季运，天下分崩。是用屡征，罔或宁息。自始光至今，九年之间，戎车十举，群帅文武，荷戈被甲，栉风沐雨，蹈履锋刃，与朕均劳。赖神祇之助，将士宣力用能，摧折强竖，克翦大憝。兵不极武，而二寇俱灭；师不违律，而遐方以宁。加以时气和洽，嘉瑞并降，遍于郡国，不可胜纪。岂朕一人独应此佑，斯亦群后协同之所致也。公卿因兹，稽诸天人之会，请建副贰。夫庆赏之行，所以褒崇勋旧，旌显贤能，以永无疆之休。其王公将军以下，普增爵秩，启国承家，修废官，举儁逸，蠲除烦苛，更定科制，务从轻约，除故革新，以正一统。群司当深思效绩，直道正身，立功立事，无或懈怠，称朕意焉。"二月丙子，行幸南宫。

三月丁未,追赠夫人贺氏为皇后。壬申,西秦王吐谷浑慕璝送赫连定于京师。

夏五月,大简舆徒于南郊,将讨冯文通。刘义隆遣使朝贡。

六月庚寅,车驾伐和龙。诏尚书左仆射安原等屯于漠南,以备蠕蠕。辛卯,兼散骑常侍邓颖使于刘义隆。

秋七月己未,车驾至濡水。庚申,遣安东将军、宜城公奚斤发幽州民及密云丁零万余人运攻具,出南道,俱会和龙。帝至辽西,文通遣其侍御史崔聘奉献牛酒。己巳,车驾至和龙,临其城。文通石城太守李崇、建德太守王融十余郡来降,发其民三万人穿围堑以守之。是月,筑东宫。

八月甲戌,文通使数万人出城挑战,昌黎公元丘与河间公元齐击破之,死者万余人。文通尚书高绍率万余家保羌胡固。己卯,车驾讨绍。辛巳,斩之。诏平东将军贺多罗攻文通带方太守慕容玄于猴固,抚军大将军、永昌王健攻建德,骠骑大将军、乐平王丕攻冀阳,皆拔之,虏获生口,班赐将士各有差。

九月乙卯,车驾西还。徙营丘、成周、辽东、乐浪、带方、玄菟六郡民三万家于幽州,开仓以赈之。

冬十月癸酉,车驾至濡水。吐谷浑慕璝遣使朝贡。

十月一月乙已,车驾至自伐和龙。

十有二月巳丑,冯文通长乐公崇及其母弟朗、朗弟邈以辽西内属。文通遣将封羽围辽西。

先是,辟召贤良,而州郡多逼遣之。诏曰:“朕除伪平暴,征讨累年,思得英贤,缉熙治道,故诏州郡搜扬隐逸,进举贤俊。古之君子,养志衡门,德成业就,才为世使。或雍容雅步,三命而后至;或栖栖遑遑,负鼎而自达。虽徇尚不同,济时一也。诸召人皆当以礼申谕,任其进退,何逼遣之有也!此刺史、守宰宣扬失旨,岂复光益,乃所以彰朕不德。自今以后,各令乡闾推举,守宰但宣朕虚心求贤之意。既至,当待以不次之举,随才文武,任之政事。其明宣敕,咸使闻知。”

是年，秃发傉檀子保周弃沮渠蒙逊来奔，以保周为张掖公。

二年春正月乙卯，抚军大将军永昌、王健督诸军救辽西。丙寅，以乐安王范为假节、加侍中、都督秦、雍、泾、梁、益五州诸军事、卫大将军、仪同三司，镇长安。

二月庚午，诏兼鸿胪卿李继，持节假冯崇车骑大将军、辽西王，承制听置尚书已下。赐崇功臣爵秩各有差。征西将军金崖与安定镇将延普及泾州刺史狄子玉争权构隙，举兵攻普，不克，退保胡空谷，驱掠平民，据险自固。诏散骑常侍、平西将军、安定镇将陆俟讨获之。壬午，行幸河西。诏兼散骑常侍宋宣使于刘义隆。丙申，冯崇母弟朗来朝。

三月，司马德宗骠骑将军司马元显子天助来降。壬子，车驾还宫。

夏五月己亥，行幸山北。

六月，遣抚军大将军、永昌王健，尚书左仆射安原，督诸军讨和龙。将军楼勃别将五千骑围瓦城，文通守将封羽以城降，收其民三千余家。辛巳，诏乐安王范发秦雍兵一万人，筑小城于长安城内。

秋八月，辽西王冯崇上表，求说降其父，帝不听。

九月，刘义隆遣使朝贡，奉驯象一。戊午，诏兼大鸿胪卿崔赜，持节拜征虏将军杨难当为征南大将军、仪同三司，封南秦王。

冬十月，南秦王杨难当率众围汉中。

十有一月甲寅，车驾自山北还宫。

十有二月己巳，大赦天下。辛未，幸阴山之北。陇西休屠王弘祖率众内属。金崖既死，部人立崖从弟当川领其众。诏兼散骑常侍卢玄使于刘义隆。

是岁，沮渠蒙逊死，以其子牧犍为车骑将军，改封河西王。

三年春正月乙未，车驾次于女水，大飨群臣，班赐各有差。戊戌，冯文通遣其给事黄门侍郎伊臣乞和，帝不许。丙辰，金当川反。

杨难当克汉中,送雍州流民七千家于长安。

二月丁卯,蠕蠕吴提奉其妹,并遣其异母兄秃鹿傀及左右数百人朝贡,献马二千匹。戊寅,诏曰:“朕承统之始,群凶纵逸,四方未宾,所在逆僭。蠕蠕陆梁于漠北,铁弗肆虐于三秦。是以旰食忘寝,抵掌扼腕,期在扫清逋残,宁济万宇。故频年屡征,有事西北,运输之役,百姓勤劳,废失农业,遭离水旱,致使生民贫富不均,未得家给人足,或有寒穷不能自赡者,朕甚愍焉。今四方顺轨,兵革渐宁,宜宽徭赋,与民休息。其令州郡县隐括贫富,以为三级,其富者租赋如常,中者复二年,下穷者复三年。刺史守宰当务尽平当,不得阿容以罔政治。明相宣约,咸使闻知。”辛卯,车驾还宫。

三月甲寅,行幸河西。闰月甲戌,秦王赫连昌叛走。丙子,河西候将格杀之,验其谋反,群弟皆伏诛。己卯,车驾还宫。彭城公元粟进爵为王。辛巳,冯文通遣尚书高颙上表称蕃,诏徵其侍子。戊子,金当川率其众围西川侯彭文晖于阴密。

夏四月乙未,诏征西大将军、常山王素讨当川。丁未,行幸河西。壬戌,获当川,斩之于长安以徇。

六月甲辰,车驾还宫。辛亥,抚军大将军、永昌王健,司空、汝阴公长孙道生,侍中古弼,督诸军讨和龙,芟其禾稼,徙民而还。

秋七月辛巳,东宫成,备置屯卫三分西宫之一。壬午,行幸美稷,遂至隰城,命诸军讨山胡白龙于西河。九月戊子,克之,斩白龙及其将帅,屠其城。

冬十月癸巳,蠕蠕国遣使朝贡。甲午,破白龙余党于五原。诏山胡为白龙所逼及归降者,听为平民。诸与白龙同恶,斩数千人,虏其妻子,班赐将士各有差。

十有一月,车驾还宫。

十有二月甲辰,行幸云中。

太延元年春正月壬午,降死刑已下各一等。癸未,出太祖、太宗宫人,令得嫁。甲申,大赦,改年。

二月庚子，蠕蠕、焉耆、车师诸国各遣使朝献。诏长安及平凉民徙在京师，其孤老不能自存者，听还乡里。丁未，车驾还宫。

三月癸亥，冯文通遣大将渴烛通朝献，辞以子疾。

夏五月庚申，进宜都公穆寿为宜都王，汝阴公长孙道生为上党王，宜城公奚斤为恒农王，广陵公楼伏连为广陵王，本官各如故。遣使者二十辈使西域。甲戌，行幸云中。

六月甲午，诏曰："顷者寇逆消除，方表渐晏，思崇政化，敷洪治道，是以屡诏有司，班宣恩惠，绥理百揆。群公卿士师尹牧守，或未尽导扬之美，致令阴阳失序，和气不平，去春小旱，东作不茂。忧勤克己，祈请灵祇，上下咸秩。岂朕精诚有感，何报应之速？云雨震洒，流泽沾渥。有鄙妇人持方寸玉印，诣潞县侯孙家，既而亡去，莫知所在。玉色鲜白，光照内映，印有三字，为龙鸟之形，要妙奇巧，不类人迹，文曰'旱疫平'。推寻其理，盖神灵之报应也，朕用嘉焉。比者已来，祯瑞仍臻，所在甘露流液，降于殿内；嘉瓜合蒂，生于中山；野木连理，殖于魏郡，在先后载诞之乡；白燕集于盛乐旧部，玄鸟随之，盖有千数；嘉禾频岁合秀于恒农，白雉、白兔并见于勃海，白雉三只又集于平阳太祖之庙。天降嘉贶，将何德以酬之？所以内省惊震，欣惧交怀，其令天下大酺五日，礼报百神，守宰祭界内名山大川，上答天意，以求福禄。"丙午，高丽、鄯善国并遣使朝献。戊申，诏骠骑大将军、乐平王丕等五将，率骑四万，东伐文通。

秋七月，田于棝杨。己卯，丕等至于和龙，徙男女六千口而还。

八月丙戌，遂幸河西。粟特国遣使朝献。

九月甲戌，车驾还宫。

冬十月癸卯，尚书左仆射安原谋反，伏诛。甲辰，行幸定州，次于新城宫。

十有一月乙丑，行幸冀州。己巳，校猎于广川。丙子，行幸邺，祀密太后庙。诸所过，对问高年，褒礼贤俊。

十有二月甲申，诏曰："操持六柄，王者所以统摄；平政理讼，公卿之所司存；劝农平赋，宰民之所专急；尽力三时，黔首之所克济。

各修其分,谓之有序。今更不然,何以为治?越职侵局,有紊纲纪;上无定令,民知何从?自今以后,亡匿、避难、羁旅他乡,皆当归还旧居,不问前罪。民相杀害,牧守依法平决,不听,私辄报者,诛及宗族。邻伍相助,与同罪。州、郡、县不得妄遣吏卒,烦扰民庶。若有发调,县宰集乡邑三老计赀定课,裒多益寡,九品混通,不得纵富督贫,避强侵弱。太守覆检能否,核其殿最,列言属州。刺史明考优劣,抑退奸吏,升进贞良,岁尽举课上台。牧守荷治民之任,当宣扬恩化,奉顺宪典,与国同忧。直道正身,肃居官次,不亦善乎?”癸卯,遣使者以太牢祀北岳。

二年正月甲寅,车驾还宫。

二月戊子,冯文通遣使朝贡,求送侍子,帝不许。壬辰,遣使者十余辈诣高丽、东夷诸国,诏谕之。

三月丙辰,刘义隆遣使朝贡。辛未,平东将军娥清、安西将军古弼,率精骑一万讨冯文通,平州刺史元婴又率辽西将军会之。文通迫急,求救于高丽。高丽使其大将葛蔓卢,以步骑二万人迎文通。甲戌,以阙镇虎牢。

夏四月甲申,皇子小儿、苗儿并薨。

五月乙卯,冯文通奔高丽。戊午,诏散骑常侍封拨使高丽,徵送文通。丁卯,行幸河西。赫连定之西也,杨难当窃据上邽。

秋七月庚戌,诏骠骑大将军、乐平王丕等,督河西高平诸军讨之。诏散骑侍郎、广平子游雅等使于刘义隆。

八月丁亥,遣使六辈使西域。帝校猎于河西。诏广平公张黎发定州七郡一万二千人通莎泉道。甲辰,高车国遣使朝献。

九月庚戌,骠骑大将军、乐平王丕等至略阳,难当奉诏摄上邽守。高丽不送文通,遣使奉表,称当与文通俱奉王化。帝以高丽违诏,议将击之,纳乐平王丕计而止。

冬十有一月己酉,行幸棝杨,驱野马于云中,置野马苑。

闰月壬子,车驾还宫。乙丑,颍川王提改封武昌王。河西王沮渠牧犍遣使朝贡。

是岁，吐谷浑慕璝死。

三年春正月癸未，征东大将军、中山王纂薨。戊子，太尉、北平王长孙嵩薨。乙巳，镇南大将军、丹阳王叔孙建薨。

二月乙卯，行幸幽州。存恤孤老，问民疾苦。还幸上谷，遂至代。所过复田租之半。高丽、契丹国并遣使朝献。

三月丁丑，以南平王浑为镇东大将军、仪同三司，镇和龙。己卯，舆驾还宫。癸巳，龟兹、悦般、焉耆、车师、粟特、疏勒、乌孙、渴槃陁、鄯善诸国，各遣使朝献。丁酉，刘义隆遣使朝贡。

夏五月己丑，诏曰："方今寇逆消殄，天下渐晏。比年以来，屡诏有司班宣惠政，与民宁息。而内外群官及牧守令长，不能忧勤所司，纠察非法，废公带私，更相隐置，浊货为官，政存苟且。夫法之不用，自上犯之。其令天下吏民得举告守令不如法者。"丙申，行幸云中。

秋七月戊子，使抚军大将军、永昌王健，司空、上党王长孙道生，讨山胡白龙余党于西河，灭之。

八月甲辰，行幸河西。

九月甲申，车驾还宫。丁酉，遣使者拜西秦王慕璝弟慕利延为镇西大将军、仪同三司，改封西平王。

冬十月癸卯，行幸云中。

十有一月壬申，车驾还宫。甲申，破洛那、者舌国各遣使朝献，奉汗血马。

是岁，河西王沮渠牧犍出子封坛来朝。

四年春三月庚辰，鄯善王弟素延耆来朝。癸未，罢沙门年五十已下。江阳王根薨。是月，高丽杀冯文通。

夏五月戊寅，大赦天下。丙申，行幸五原。

秋七月壬午，车驾北伐。事具《蠕蠕传》。

冬十月乙丑，大飨六军。

十二月丁巳，车驾至自北伐。上洛巴泉蕇等相率内附。诏兼散骑常侍高雅使刘义隆。

五年春正月庚寅，行幸定州。

三月丁卯，诏卫大将军、乐安王范遣雍州刺史葛那取上洛，刘义隆上洛太守镡长生弃郡走。辛未，车驾还宫。庚寅，以故南秦王世子杨保宗为征南大将军、秦州牧、武都王，镇上邽。

夏四月丁酉，鄯善、龟兹、疏勒、焉耆诸国遣使朝献。

五月丁丑，治兵于西郊。癸未，遮逸国献汗血马。

六月甲辰，车驾西讨沮渠牧犍。侍中、宜都王穆寿辅皇太子决留台事。大将军、长乐王嵇敬，辅国大将军、建宁王崇二万人屯漠南，以备蠕蠕。

秋七月己巳，车驾至上郡属国城，大飨群臣，讲武马射。壬午，留辎重，分部诸军：抚军大将军、永昌王健，尚书令、钜鹿公刘洁诸军，与常山王素二道并进，为前锋；骠骑大将军、乐平王丕，太宰、阳平王杜超，督平凉、鄜城诸军为后继。

八月甲午，永昌王健获牧犍牛马畜产二十余万。牧犍遣弟董来率万余人拒战于城南，望尘退走。丙申，车驾至姑臧，牧犍兄子祖逾城来降，乃分军围之。

九月丙戌，牧犍兄子万年率麾下来降。是日，牧犍与左右文武五千人面缚军门，帝解其缚，待以藩臣之礼，收其城内户口二十余万，仓库珍宝不可称计。进张掖公秃发保周爵为王，与龙骧将军穆黑、安远将军源贺分略诸郡，杂人降者亦数十万。牧犍弟、张掖太守宜得烧仓库，西奔酒泉；乐都太守安周南奔吐谷浑。遣镇南将军奚眷讨张掖，遂至酒泉。牧犍弟、酒泉太守无讳及宜得复奔晋昌。使弋阳公元洁守酒泉，镇北将军封沓讨乐都，掠数千家而还。班赐将士各有差。戊子，蠕蠕犯塞，遂至七介山，京师大骇。皇太子命上党王长孙道生等拒之。事具《蠕蠕传》。

冬十月辛酉，车驾东还。徙凉州民三万余家于京师，留骠骑大将军、乐平王丕，征西将军贺多罗镇凉州。癸亥，遣张掖王秃发保周谕诸部鲜卑，保周因率诸部叛于张掖。

十有一月乙巳，刘义隆遣使朝献，并献驯象一。是月，高丽及粟特、渴盘陁、破洛那、悉居半诸国，各遣使朝献。

十有二月壬午，车驾至自西伐，饮至策勋，告于宗庙。杨难当寇上邽，镇将元勿头击走之。

是岁，鄯善、龟兹、疏勒、焉耆、高丽、粟特、渴盘陁、破洛那、悉居半等国，并遣使朝贡。

魏书卷四下
帝纪第四下

世祖太武帝
恭宗景穆帝 晃

太平真君元年春正月己酉，沮渠无讳围酒泉。辛亥，分遣侍臣巡行州郡，观察风俗，问民疾苦。壬子，无讳诱执弋阳公元洁。

二月己巳，诏假通直常侍邢颖使于刘义隆。发长安五千人浚昆明池。

三月，酒泉陷。

夏四月庚辰，无讳寇张掖，秃发保周屯于删丹。丙戌，诏抚军大将军、永昌王健等督诸军，讨保周。

五月辛卯，行幸北部。乙巳，无讳复围张掖，不克，退还。丙辰，车驾还宫。

六月丁丑，皇孙讳浚生，大赦，改年。

秋七月，行幸阴山。己丑，永昌王健至番禾，破保周，保周遁走。丙申，皇太后窦氏崩于行宫。癸丑，保周自杀，传首京师。

八月甲申，无讳降，送弋阳公元洁及诸将士。

九月壬寅，车驾还宫。

冬十有一月丁亥，行幸山北。

十二月，车驾还宫。

是岁，州镇十五民饥，开仓赈恤。以河南王曜子羯儿为河间王，后改封略阳王。

二年春正月癸卯，拜沮渠无讳为征西大将军、凉州牧、酒泉王。甲辰，行幸温泉。

二月壬戌，车驾还宫。

三月辛卯，葬惠太后于崞山。庚戌，新兴王俊、略阳王羯儿有罪，并黜为公。辛亥，封蠕蠕郁久间乞列归为朔方王，沮渠万年为张掖王。

夏四月丁巳，刘义隆遣使朝贡。庚辰，诏镇南将军、南阳公奚眷征酒泉。

五月辛卯，行幸山北。

秋八月辛亥，诏散骑侍郎张伟等使刘义隆。行幸河西。

九月戊戌，抚军大将军、永昌王健薨。

冬十有一月庚子，镇南将军奚眷平酒泉，获沮渠天周、臧嗟、屈德，男女四千口。

十有二月甲戌，车驾还宫。丙午，刘义隆遣使朝贡。

三年春正月甲申，帝至道坛，亲受符箓，备法驾，旗帜尽青。语在《释老志》。

三月壬寅，北平王长孙颓有罪，削爵为侯。

夏四月，无讳走渡流沙，据鄯善。李皓孙宝据敦煌，遣使内附。

五月，行幸阴山之北。

闰月，刘义隆龙骧将军裴方明、梁州刺史康祖寇南秦。南秦王杨难当败，奔于上邽。

六月丙戌，难当朝于行宫。先是，起殿于阴山之北，殿始成而难当至，因名曰广德焉。

秋七月丙寅，诏安西将军、建兴公古弼，督陇右诸军及殿中虎贲与武都王杨保宗等从祁山南入；征西将军、淮阳公皮豹子与琅邪王司马楚之等，督关中诸军从散关西入，俱会仇池；郁林公司马文思为征南大将，进爵谯王，督洛豫诸军事南趣襄阳；征南将军、东安公刁雍东趣广陵，邀方明归路。

冬十月己卯，封皇子伏罗为晋王，翰为秦王，谭为燕王，建为楚王，余为吴王。

十有二月辛巳，侍中、太保、襄城公卢鲁元薨。丁酉，车驾还宫。李宝遣使朝贡，以宝为镇西大将军、开府仪同三司、沙州牧，封敦煌公。

四年春正月己巳，征西将军皮豹子等大破刘义隆将于乐乡，擒其将王奂之、王长卿等，强玄明、辛伯奋弃下辨遁走，追斩之，尽虏其众。庚午，行幸中山。

二月丙子，车驾至于恒山之阳，诏有司刊石勒铭。是月，克仇池。

三月庚申，车驾还宫。壬戌，乌洛侯国遣使朝贡。

夏四月，武都王杨保宗谋反，诸将擒送京师。诸氐、羌复推保宗弟文德为主，围仇池。丁酉，大赦天下。己亥，行幸阴山。

五月，将军古弼大破诸氐，解仇池围。

六月庚寅，诏曰："朕承天子民，忧理万国，欲令百姓家给人足，兴于礼义。而牧守令宰不能助朕宣扬恩德，勤恤民隐，至乃侵夺其产，加以残虐，非所以为治也。今复民赀赋三年，其田租岁输如常。牧守之徒，各厉精为治，劝课农桑，不听妄有徵发。有司弹纠，勿有所纵。"癸巳，大阅于西郊。

秋九月辛丑，行幸漠南。甲辰，舍辎重，以轻骑袭蠕蠕，分军为四道。事具《蠕蠕传》。镇北将军封沓亡入蠕蠕。

冬十一月，将军皮豹子等，追破刘义隆将于浊水。甲子，车驾至于朔方。诏曰："朕承祖宗重光之绪，思阐洪基，恢隆万世。自经营天下，平暴除乱，扫清不顺，二十年矣。夫阴阳有往复，四时有代谢。授子任贤，所以休息；优隆功臣，式图长久，盖古今不易之令典也。其令皇太子副理万机，总统百揆。诸朕功臣，勤劳日久，皆当以爵归第，随时朝请，飨宴朕前，论道陈谟而已，不宜复烦以剧职。更举贤俊，以备百官。主者明为科制，以称朕心。”

十二月辛卯，车驾至自北伐。

五年春正月壬寅，皇太子始总百揆。侍中、中书监、宜都王穆寿，司徒、东郡公崔浩，侍中、广平公张黎，侍中、建兴公古弼，辅太子以决庶政。诸上书者皆称臣，上疏仪与表同。戊申，诏曰：“愚民无识，信惑妖邪，私养师巫，挟藏谶记、阴阳、图纬、方伎之书。又沙门之徒，假西戎虚诞，生致妖孽。非所以壹齐政化，布淳德于天下也。自王公已下至于庶人，有私养沙门、师巫及金银工巧之人在其家者，皆遣诣官曹，不得容匿。限今年二月十五日，过期不出，师巫、沙门身死，主人门诛。明相宣告，咸使闻知。”庚戌，诏曰：“自顷以来，军国多事，未宣文教，非所以整齐风俗，示轨则于天下也。今制：自王公已下至于卿士，其子息皆诣太学；其百工、伎巧、驺卒子息，当习其父兄所业，不听私立学校；违者师身死，主人门诛。”

二月辛未，中山王辰等八将，以北伐后期，斩于都南。癸酉，骠骑大将军、乐平王丕薨。庚辰，行幸卢阙。

三月戊戌，大会于那南池。遣使者四辈使西域。甲辰，车驾还宫。癸丑，诏征西大将军、司空、上党王长孙道生镇统万。

夏四月乙亥，侍中、太宰、阳平王杜超为帐下所杀。

五月丁酉，行幸阴山之北。

六月，北部民杀立义将军、衡阳公莫孤，率五千余落北走。追击于漠南，杀其渠帅，余徙居冀、相、定三州为营户。西平王吐谷浑慕利延杀其兄子纬代。是月，纬代弟叱力延等来奔，乞师。以叱力延为归义王。

秋七月癸卯，东雍州刺史沮渠秉谋叛，伏诛。

八月乙丑，田于河西。壬午，诏员外散骑常侍高济使于刘义隆。晋王伏罗督高平、凉州诸军讨吐谷浑慕利延。

九月，帝自河西至马邑，观于崞川。己亥，车驾还宫。丁未，行幸漠南。

冬十月癸未，晋王伏罗大破慕利延，慕利延走奔白兰。慕利延从弟伏念、长史鵗鸠梨、部大崇娥等率其部一万三千落内附。

十一月，刘义隆遣使朝贡。

十二月，粟特国遣使朝贡。丙戌，车驾还宫。

六年春正月辛亥，车驾行幸定州。引见长老，存问之。诏兼员外散骑常侍宋愔使刘义隆。

二月，遂西幸上党，观连理树于泫氏。西至吐京，讨徙叛胡，出配郡县。

三月庚申，车驾还宫。诏诸有疑狱，皆付中书，以经义量决。是月，酒泉公郝温反于杏城，杀守将王幡。县吏盖鲜率宗族讨温，温弃城走，自杀，家属伏诛。

夏四月庚戌，征西大将军、高凉王那等，讨吐谷浑慕利延于阴平白兰。诏秦州刺史、天水公封敕文击慕利延兄子什归于枹罕，散骑常侍、成周公万度归乘传发凉州以西兵袭鄯善。

六月壬辰，车驾北巡。什归闻军将至，弃城夜遁。

秋八月丁亥，封敕文入枹罕，分徙千家还上邽。壬辰，度归以轻骑至鄯善，执其王真达以诣京师。帝大悦，厚待之。车驾幸阴山之北，次于广德宫。诏发天下兵，三分取一，各当戒严，以须后命。徙诸种杂人五千余家于北边。令民北徙畜牧至广漠，以饵蠕蠕。壬寅，高凉王那军到曼头城，慕利延驱其部落西渡流沙。那急追。故西秦王慕璝世子被囊逆军拒战，那击破之，被囊轻骑遁走，中山公杜丰精骑追之，度三危，至雪山，生擒被囊、什归及炽磐子成龙，送于京师。慕利延遂西入于阗国。

九月，卢水胡盖吴聚众反于杏城。冬十月戊子，长安镇副将元纥率众讨之，为吴所杀。吴党遂盛，民皆渡渭奔南山。于是，诏发高平敕勒骑赴长安，诏将军叔孙拔乘传领摄并、秦、雍兵屯渭北。

十有一月，高凉王那振旅还京师。己未，遣那及殿中尚书、安定公韩茂，率骑屯相州之阳平郡，发冀州民造浮桥于碻磝津。盖吴遣其部落帅白广平西掠新平，安定诸夷酋皆聚众应之，杀汧城守将。吴遂进车李闰堡，分兵掠临晋巴东。将军章直与战，大败之，兵溺死于河者三万余人。吴又遣兵西掠至长安，将叔孙技与战于渭北，大破之，斩首三万余级。庚申，辽东王窦漏头薨。河东蜀薛永宗聚党，盗官马数千匹，驱三千余人入汾曲，西通盖吴，受其位号。秦州刺史、金城公周鹿观率众讨之，不克而还。庚午，诏殿中尚书、扶风公元处真，尚书、平阳公慕容嵩二万骑讨薛永宗；诏殿中尚书乙拔率五将三万骑讨盖吴；西平公寇提三将一万骑讨吴党白广平。盖吴自号天台王，署置百官。辛未，车驾还宫。选六州兵勇猛者二万人，使永昌王仁、高凉王那分领，为二道，各一万骑，南略淮泗以北，徙青徐之民以实河北。癸未，车驾西巡。

七年春正月戊辰，车驾次东雍州。庚午，围薛永宗营垒。永宗出战，大败，六军乘之，永宗众溃。永宗男女无少长赴汾水死。辛未，车驾南幸汾阴。庚辰，帝临戏水。盖吴退走北地。

二月丙戌，幸长安，存问父老。丁亥，幸昆明池。丙申，幸周至，诛叛民耿青、孙温二垒与盖吴通谋者。军次陈仓，诛散关氐害守将者。还幸雍城，田于岐山之阳。北道诸军乙拔等，大破盖吴于杏城，吴弃马遁走。永昌王仁至高平，擒刘义隆将王章，略金乡、方与，迁其民五千家于河北。高凉王那至济南东平陵，迁其民六千余家于河北。

三月，诏诸州坑沙门，毁诸佛像。徙长安城工巧二千家于京师。车驾旋轸，幸洛水，分军诛李闰叛羌。是月，金城边冏、天水梁会反，据上邽东城。秦州刺史封敕文击之，斩冏，众复推会为帅。

夏四月甲申，车驾至自长安。戊子，邺城毁五层佛图，于泥像中得玉玺二，其文皆曰“受命于天，既寿永昌”，其一刻其旁曰“魏所受汉传国玺”。

五月癸亥，安丰公闾根率骑诣上邽，与敕文讨梁会。会走汉中。盖吴复聚杏城，自号秦地王，假署山民，众旅复振。于是，遣永昌王仁、高凉王那，督北道诸军同讨之。

六月甲申，发定、冀、相三州兵二万人屯长安南山诸谷，以防越逸。丙戌，发司、幽、定、冀四州十万人筑畿上塞围，起上谷，西至于河，广袤皆千里。

秋八月，盖吴为其下人所杀，传首京师。永昌王仁平其遗烬。高凉王那破盖吴党白广平，生擒屠各路那罗于安定，斩于京师。复略阳公羯儿王爵。

八年春正月，吐京胡阻险为盗。诏征东将军、武昌王提，征南将军、淮南王他讨之，不下。山胡曹仆浑等渡河西，保山以自固，招引朔方诸胡。提等引军讨仆浑。

二月己卯，高凉王那等自安定讨平朔方胡，因与提等合军，共攻仆浑，斩之，其众赴险死者以万数。癸未，行幸中山，颁赐从官文武各有差。高阳易县民不从官命，讨平之，徙其余烬于北地。

三月，河西王沮渠牧犍谋反，伏诛。徙定州丁零三千家于京师。

夏五月，车驾还宫。

六月，西征诸将扶风公元处真等八将坐盗没军资，所在虏掠赃各千万计，并斩之。

八月，卫大将军、乐安王范薨。

冬十月，侍中中书监、宜都王穆寿薨。

十二月，鄯善、遮逸国并遣子朝献。晋王伏罗薨。

九年春正月，刘义隆遣使朝贡。氐杨文德受义隆官号，守葭芦城，招诱武都、阴平五部氐民。诏仇池镇将皮豹子讨之，文德弃城南走，擒其妻子僚属。义隆白水太守郎启玄率众救文德，豹子逆击，大破之，启玄、文德走还汉中。宕昌羌酋梁瑾慈遣使内附，并贡方物。

二月癸卯，行幸定州。山东民饥，启仓赈之，罢塞围作。遂西幸上党，诛潞叛民二千余家，徙西河离石民五千余家于京师。诏于壶关东北大王山，累石为三封，又斩其北凤皇山南足以断之。

三月,车驾还宫。

夏五月甲戌,以交趾公韩拔为假节、征西将军、领护西戎校尉、鄯善王,镇鄯善,赋役其民,比之郡县。

六月辛酉,行幸广德宫。丁卯,悦般国遣使,求与王师俱讨蠕蠕,帝许之。

秋八月,诏中外诸军戒严。

九月乙酉,治兵于西郊。丙戌,上幸阴山。是月,成周公万度归千里驿上,大破焉耆国,其王鸠尸卑那奔龟兹。

冬十月辛丑,恒农王奚斤薨。癸卯,以婚姻奢靡、丧葬过度,诏有司更为科限。癸亥,大赦天下。

十有二月,诏成周公万度归,自焉耆西讨龟兹。皇太子朝于行宫,遂从北讨。至于受降城,不见蠕蠕,因积粮城内,留守而还。北平王长孙敦坐事降爵为公。

十年春正月戊辰朔,帝在漠南,大飨百僚,班赐有差。甲戌,北伐。

二月,蠕蠕渠帅尔绵他拔等率其部落千余家来降,蠕蠕吐贺真恐惧远遁。事具《蠕蠕传》。

三月,遂搜于河西。庚寅,车驾还宫。

夏五月庚寅,行幸阴山。

秋七月,浮图沙国遣使贡献。

九月,阅武碛且,遂北伐。事具《蠕蠕传》。

冬十月庚子,皇太子及群官奉迎于行宫。壬午,大飨,班赐所获及布帛各有差。

十有一月,龟兹、疏勒、破洛那、员阔诸国,各遣使朝献。

十有二月戊申,车驾至自北伐。己酉,以平昌公元托真为中山王。

十一年春正月乙酉,行幸洛阳。所过郡国,皆亲对高年,存恤孤寡。以高凉王那为仪同三司。

二月甲午,大搜于梁川。皇子真薨。是月,大治宫室,皇太子居于北宫。车驾遂征悬瓠,益遣使者安慰境外之民,其不服者诛之。永昌王仁大破刘义隆将刘坦之、程天祚于汝东,斩坦之,擒天祚。

夏四月癸卯,舆驾还宫,赐从者及留台郎吏已上生口各有差。

六月己亥,诛司徒崔浩。辛丑,北巡阴山。

秋七月,义隆遣其辅国将军萧斌之率众六万寇济州,刺史王买得弃州走,斌之遂入城,仍使宁朔将军王玄谟西攻滑台。诏枋头镇将、平南将军、南康公杜道儁助守衮州。

八月癸亥,田于河西。癸未,治兵于西郊。

九月辛卯,舆驾南伐。癸巳,皇太子北伐,屯于漠南,吴王余留守京都。庚子,曲赦定、冀、相三州死罪已下,发州郡兵五万分给诸军。

冬十月癸亥,车驾止枋头,诏殿中尚书长孙真率骑五千自石济渡,备玄谟遁走。乙丑,车驾济河。玄谟大惧,弃军而走,众各溃散,追蹑斩首万余级,器械山积。帝遂至东平。萧斌之弃济州,退保历城。乃命诸将分道并进,使征西大将军、永昌王仁自洛阳出寿春,尚书长孙真趋马头,楚王建趋鍾离,高凉王那自青州趋下邳,车驾自印道。

十有一月辛卯,至于邹山,刘义隆鲁郡太守崔邪利率属城降。使使者以太牢祀孔子。壬子,次于彭城,遂趋盱眙。頞盾国献师子一。

十有二月丁卯,车驾至淮。诏刈雚苇,汎筏数万而济。义隆盱眙守将臧质闭门拒守,将军胡崇之等率众二万援盱眙。燕王谭大破之,枭崇之等斩首万余级,淮南皆降。是月,永昌王仁攻悬瓠,拔之,获义隆守将赵淮,送京师斩之。过定项城,及淮西,大破义隆将刘康祖,斩之,并虏将军胡盛之、王罗汉等,传致行宫。癸未,车驾临江,起行宫于瓜步山。永昌王仁自历阳至于江西,高凉王那自山阳至于广陵,诸军皆同日临江,所过城邑,莫不望尘奔溃,其降者不可胜数。甲申,义隆使献百牢,贡其方物,又请进女于皇孙,以求和好。帝以师婚非礼,许和而不许婚,使散骑侍郎夏侯野报之。诏皇孙为书致马通问焉。

正平元年春正月丙戌朔,大会群臣于江上,班赏各有差。文武受爵者二百余人。丁亥,舆驾北旋。是月,破洛那、罽宾、迷密诸国各遣使朝献。

二月戊寅,车驾济河。癸未,次于鲁口。皇太子朝于行宫。

三月己亥,车驾至自南伐,饮至策勋,告于宗庙。以降民五万余家分置近畿。赐留台文武所获军资生口各有差。

夏五月壬寅,大赦。

六月壬戌,改年。车师国王遣子入侍。诏曰:"夫刑纲太密,犯者更众,朕甚愍之。有司其案律令,务求厥中。自余有不便于民者,依比增损。"诏太子少傅游雅、中书侍郎胡方回等改定律制。略阳王羯儿,仪同三司、高凉王那有罪赐死。戊辰,皇太子薨。壬申,葬景穆太子于金陵。

秋七月丁亥,行幸阴山。省诸曹吏员三分之一。

九月癸巳,车驾还宫。

冬十月庚申,行幸阴山。刘义隆遣使朝贡。诏殿中将军郎法佑使于义隆。己巳,司空、上党王长孙道生薨。

十有二月丁丑,车驾还宫。封皇孙讳浚为高阳王。寻以皇孙世嫡,不宜在藩,乃止。封秦王翰为东平王,燕王谭为临淮王,楚王建为广阳王,吴王余为南安王。

二年春正月庚辰朔,南来降民五千余家于中山谋叛,州军讨平之。冀州刺史、张掖王沮渠万年与降民通谋,赐死。

三月甲寅,帝崩于永安宫,时年四十五。秘不发丧,中常侍宗爱矫皇后令,杀东平王翰,迎南安王余入而立之,大赦,改元为永平,尊皇后赫连氏为皇太后。

三月辛卯，上尊谥曰太武皇帝，葬于云中金陵，庙号世祖。

夏六月，刘义隆将檀和之寇济州，梁坦及鲁安生军于京索，庞萌、薛安都寇弘农。

秋七月，征南将军、安定公韩元兴讨之。和之退梁坦，安生亦走。

八月，冠军将军封礼率骑二千从洹津南渡，赴弘农。

九月，司空高平公儿乌干屯潼关，平南将军、昌黎公元辽屯河内。

冬十月丙午朔，余为宗爱所贼。殿中尚书长孙渴侯与尚书陆丽迎立皇孙，是为高宗焉。

帝生不逮密太后，及有所识，言则悲恸，哀感傍人，太宗闻而嘉叹。暨太宗不豫，衣不释带。性清俭率素，服御饮膳取给而已。不好珍丽，食不二味。所幸昭仪、贵人，衣无兼彩。群臣白帝更峻京邑城隍，以从《周易》设险之义，又陈萧何壮丽之说。帝曰："古人有言，在德不在险。屈丐蒸土筑城，而朕灭之，岂在城也？今天下未平，方须民力，土功之事，朕所未为，萧何之对，非雅言也。"每以财者军国之本，无所轻费，至赏赐，皆是死事勋绩之家，亲戚爱宠，未曾横有所及。临敌，常与士卒同在矢石之间，左右死伤者相继，而帝神色自若，是以人思效命，所向无前。命将出师，指授节度，从命者无不制胜，违爽者率多败失。性又知人，拔士于卒伍之中，惟其才效所长，不论本末，兼甚严断，明于刑赏。功者赏不遗贱，罪者刑不避亲，虽宠爱之，终不亏法。常曰："法者，朕与天下共之，何敢轻也。"故大臣犯法，无所宽假。雅长听察，瞬息之间，下人无以措其奸隐。然果于诛戮，后多悔之。司徒崔浩既死之后，帝北伐，时宣城公李孝伯疾笃，传者以为卒也。帝闻而悼之，谓左右曰："李宣城可惜。"又曰："朕向失言，崔司徒可惜，李宣城可哀。"褒贬雅意，皆此类也。

恭宗景穆皇帝讳晃，太武皇帝之长子也，母贺夫人。延和元年春正月丙午，立为皇太子，时年五岁。明慧强识，闻则不忘。及长，好读经史，皆通大义，世祖甚奇之。世祖东征和龙，诏恭宗录尚书事；西征凉州，诏恭宗监国。初，世祖之伐河西也，李顺等咸言姑臧无水草，不可行师。恭宗有疑色。及车驾至姑臧，乃诏恭宗曰："姑臧城东西门外涌泉合于城北，其大如河，自余沟渠流入泽中，其间乃无燥地。泽草茂盛，可供大军数年。人之多言，亦可恶也。故有此敕，以释汝疑。"恭宗谓宫臣曰："为人臣不实若此，岂是忠乎？吾初闻有疑，但帝决行耳。几误人大事，言者复何面见帝也。"

真君四年，恭宗从世祖讨蠕蠕，至鹿浑谷，与贼相遇，虏惶怖，部落扰乱。恭宗言于世祖曰："今大军卒至，宜速进击，奄其不备，破之必矣。"尚书令刘洁固谏，以为尘盛贼多，出至平地，恐为所围，须军大集，然后击之可也。恭宗谓洁曰："此尘之盛，由贼恇扰，军人乱故，何有营上而有地尘？"世祖疑之，遂不急击，蠕蠕远遁。既而获虏候骑，世祖问之，对曰："蠕蠕不觉官军卒至，上下惶惧，引众北走，经六七日，知无追者，始乃徐行。"世祖深恨之，自是恭宗所言军国大事，多见纳用，遂知万机。

初，恭宗监国，曾令曰："《周书》言：'任农以耕事，贡九谷；任圃以树事，贡草木；任工以余材，贡器物；任商以市事，贡货贿；任牧以畜事，贡鸟兽；任嫔以女事，贡布帛；任衡以山事，贡其材；任虞以泽事，贡其物。'其制，有司课畿内之民，使无牛家以人牛力相贸，垦殖锄耨。其有牛家与无牛家一人种田二十二亩，偿以私锄功七亩，如是为差，至与小、老无牛家种田七亩，小、老者偿以锄功二亩。皆以五口下贫家为率。各列家别口数，所劝种顷亩，明立簿目。所种者于地首标题姓名，以辨播殖之功。"又禁饮酒、杂戏、弃本沽贩者。垦田大为增辟。

正平元年六月戊辰，薨于东宫，时年二十四。庚午，册曰："呜呼！惟尔诞资明睿，岐嶷夙成。正位少阳，克荷基构。宾于四门，百揆时叙；允厘庶绩，风雨不迷。宜享无疆，隆我皇祚，如何不幸，奄焉殂殒，朕用悲恸于厥心。今使使持节兼太尉张黎、兼司徒窦瑾奉策，即柩赐谥曰'景穆'，以显昭令德。魂而有灵，其尚嘉之。"高宗即位，追尊为景穆皇帝，庙号恭宗。

史臣曰：世祖聪明雄断，威灵杰立，藉二世之资，奋征伐之气，遂戎轩四出，周旋险夷。扫统万，平秦陇，翦辽海，荡河源；南夷荷掟，北蠕削迹，廓定四表，混一戎华，其为功也大矣。遂使有魏之业，光迈百王，岂非神睿经纶，事当命世。至于初则东储不终，末乃衅成所忽。固本贻防，殆弗思乎？恭宗明德令闻，夙世殂夭，其戾园之悼欤？

魏书卷五
帝纪第五

高宗文成帝 濬

高宗文成皇帝，讳濬，恭宗景穆皇帝之长子也。母曰闾氏，真君元年六月，生于东宫。帝少聪达，世祖爱之，常置左右，号世嫡皇孙。年五岁，世祖北巡，帝从在后，逢虏帅桎一奴，欲加其罚。帝谓之曰："奴今遭我，汝宜释之。"帅奉命解缚。世祖闻之，曰："此儿虽小，欲以天子自处。"意奇之。既长，风格异常，每有大政，常参决可否。正平二年十月戊申，即皇帝位于永安前殿，大赦，改年。

兴安元年冬十月，以骠骑大将军元寿乐为太宰、都督中外诸军事、录尚书事；尚书长孙渴侯为尚书令，加仪同三司。

十有一月丙子，二人争权，并赐死。癸未，广阳王建薨。临淮王谭薨。甲申，皇妣薨。太尉张黎、司徒古弼，以议不合旨，黜为外都大官。平南将军、宋子侯周忸进爵乐陵王，南部尚书、章安子陆丽为平原王，文武各加位一等。壬寅，追尊景穆太子为景穆皇帝，皇妣为恭皇后；尊保母常氏为保太后。陇西屠各王景文叛，诏统万镇将、南阳王惠寿讨平之。

十有二月戊申，祔葬恭皇后于金陵。乙卯，初复佛法。丁巳，以乐陵王周忸为太尉，平原王陆丽为司徒，镇西将军杜元宝为司空。保达、沙猎国各遣使朝献。戊寅，建业公陆俟进爵东平王，广平公杜遗进爵为王。癸亥，诏以营州蝗，开仓赈恤。甲子，太尉、乐陵王周忸有罪,赐死。濮阳公闾若文进爵为王。

二年春正月辛巳,司空杜元宝进爵京兆王。广平王杜遗薨。尚书仆射、东安公刘尼进爵为王。封建宁王崇子丽为济南王。癸未,诏与民杂调十五。丙戌,尚书、西平公源贺进爵为王。

二月己未,司空、京兆王杜元宝谋反,伏诛。建宁王崇、崇子济南王丽,为元宝所引,各赐死。乙丑,发京师五千人穿天渊池。是月,刘义隆子劭杀其父而自立。

三月壬午,尊保太后为皇太后。安丰公闾虎皮进爵为河间王。乙未,疏勒国遣使朝献。

夏五月乙酉,行幸崞山。辛卯,还宫。是月,刘劭弟骏杀劭而自立。

闰月乙亥,太皇太后赫连氏崩。

秋七月辛亥,行幸阴山。濮阳王闾若文,征西大将军、永昌王仁谋反。乙丑,赐仁死于长安,若文伏诛。己巳,车驾还宫。是月,筑马射台于南郊。

八月辛未,渴槃陁国遣使朝贡。戊戌,诏曰:"朕以眇身,纂承大业。惧不能宣慈惠和,宁济万宇,夙夜竞竞,若临渊谷。然即位以来,百姓晏安,风雨顺序,边方无事,众瑞兼呈,不可称数。又于苑内获方寸玉印,其文曰'子孙长寿',群公卿士咸曰'休哉'!岂朕一人克臻斯应,实由天地祖宗降佑之所致也。思与兆庶共兹嘉庆,其令民大酺三日,诸殊死已下各降罪一等。"九月壬子,阅武于南郊。

冬十有一月辛酉,行幸信都、中山,观察风俗。

十有二月,诛河间鄚民为贼盗者,男年十五以下为生口,班赐从臣各有差。甲午,车驾还宫。库莫奚、契丹、罽宾等十余国各遣使朝贡。复北平公长孙敷王爵。

兴光元年春正月乙丑,以侍中、河南公伊馛为司空。

二月甲午,帝至道坛,登受图箓。礼毕,曲赦京师,班赏各有差。

夏六月丙寅，行幸阴山。

秋七月庚子，皇子讳弘生。辛丑，大赦，改年。

八月甲戌，赵王深薨。乙亥，车驾还宫。乙丑，皇叔虎头龙头薨。

九月庚申，库莫奚国献名马，有一角，状如麟。是月，闭都城门，大索三日，获奸人亡命数百人。

冬十有一月，北镇将房杖击蠕蠕，虏其将豆浑与句等，获马千余匹。戊戌，行幸中山，遂幸信都。

十有二月丙子，还幸灵丘，至温泉宫。庚辰，车驾还宫。出于、叱万单国各遣使朝献。

太安元年春正月辛酉，奉世祖、恭宗神主于太庙。车骑大将军、乐平王拔有罪，赐死。

二月癸未，武昌王提薨。

三月己亥，诏曰："今始奉世祖、恭宗神主于太庙，又于西苑遍秩群神。朕以大庆飨赐百僚，而犯罪之人独即刑戮，非所以子育群生，矜及众庶。夫圣人之教，自近及远。是以周文刑于寡妻，至于兄弟，以御家帮。化苟从近，恩亦宜然。其曲赦京师死囚已下。"

夏六月壬戌，诏名皇子曰讳弘，曲赦京城，改年。癸酉，诏曰："夫为治者，因宜以设官，举贤以任职。故上下和平，民无怨谤。若官非其人，奸邪在位，则政教陵迟，至于凋薄。思明黜陟，以隆治道。今遣尚书穆伏真等三十人，巡行州郡，观察风俗。入其境，农不垦殖，田亩多荒，则徭役不时，废于力也。耆老饭蔬食，少壮无衣褐，则聚敛烦数，匮于财也。闾里空虚，民多流散，则绥导无方，疏于恩也。盗贼公行，劫夺不息，则威禁不设，失于刑也。众谤并兴，大小嗟怨，善人隐伏，佞邪当途，则为法混淆，昏于政也。诸如此比，黜而戮之。善于政者，褒而赏之。其有阿枉不能自申，听诣使告状，使者检治。若信清能，众所称美，诬告以求直，反其罪。使者受财，断察不平，听诣公车上诉。其不孝父母，不顺尊长，为吏奸暴，及为盗贼，各具以名上。其容隐者，以所匿之罪罪之。"是月，遮逸国遣使朝贡。戊寅，帝畋于犊倪山。甲申,还宫。

秋七月丙辰,行幸河西。

八月丁亥,车驾还宫。

冬十月,波斯、疏勒国并遣使朝贡。庚午,以辽西公常英为太宰,进爵为王。

二年春正月乙卯,立皇后冯氏。

二月丁巳,立皇子讳弘为皇太子,大赦天下。丁零数千家亡匿井陉山,聚为寇盗,诏定州刺史许宗之、并州刺史乞佛成龙讨平之。

夏六月,羽林郎于判、元提等谋逆,伏诛。

秋八月甲申,畋于河西。是月,平西将军、渔阳公尉眷北击伊吾,克其城,大获而还。

九月辛巳,河东公闾毗、零陵公闾纥并进爵为王。

冬十月甲申,车驾还宫。甲午,曲赦京师。

十有一月,尚书、西平王源贺改封陇西王。呎哒、普岚国并遗使朝献。刘骏濮阳太守姜龙驹、新平太守杨伯伦,各弃郡率吏民来降。

三年春正月壬戌,畋于崞山。戊辰,还宫。粟特、于阗国各遣使朝贡。徵渔阳公尉眷,拜太尉,进爵为王,录尚书事。

夏五月庚申,畋于松山。己巳,还宫。封皇弟新成为阳平王。

六月癸卯,行幸阴山。

八月,畋于阴山之北。己亥,还宫。

冬十月,将东巡。诏太宰常英起行宫于辽西黄山。

十有一月,蛮王文虎龙率千余家内附。

十有二月,以州镇五蝗,民饥,使使者开仓以赈之。是月,于阗、扶余等五十余国各遣使朝献。

四年春正月丙午朔,初设酒禁。乙卯,行幸广宁温泉宫,遂东巡平州。庚午,至于辽西黄山宫,游宴数日,亲对高年,劳问疾苦。

二月丙子，登碣石山，观沧海，大飨群臣于山下，班赏进爵各有差。改碣石山为乐游山，筑坛记行于海滨。戊寅，南幸信都，畋游于广川。

三月丁未，观马射于中山。所过郡国赐复一年。丙辰，车驾还宫。起太华殿。乙丑，东平王陆俟薨。

夏五月壬戌，诏曰："朕即阼至今，屡下宽大之旨，蠲除烦苛，去诸不急，欲令物获其所，人安其业。而牧守百里，不能宣扬恩意，求欲无厌，断截官物以入于己，使课调悬少。而深文极墨，委罪于民。苟求免咎，曾不改惧。国家之制，赋役乃轻，比年已来，杂调减省；而所在州郡，咸有逋悬，非在职之官绥导失所，贪秽过度，谁使之致？自今常调不充，民不安业，宰民之徒，加以死罪。申告天下，称朕意焉。"

六月丙申，畋于松山。

秋七月庚午，行幸河西。

九月乙巳，还宫。辛亥，太华殿成。丙寅，飨群臣，大赦天下。

冬十月甲戌，北巡。至阴山，有故冢毁废，诏曰："昔姬文葬枯骨，天下归仁。自今有穿毁填陇者斩之。"刘骏将殷孝祖修两城于清水东，诏镇西将军、天水公封敕文等击之。辛卯，车驾次于车轮山，累石记行。十一月，诏征西将军皮豹子等三将三万骑助击孝祖。车驾度漠，蠕蠕绝迹远遁，其别部乌朱贺頞、库世頞率众来降。

十有二月，征东将军、中山王托真薨。

五年春正月己巳朔，征西将军皮豹子略地至高平，大破孝祖，斩获五千余级。

二月己酉，侍中、司空、河南公伊馛薨。

三月庚寅，曲赦京师死罪已下。

夏四月乙巳，封皇弟子推为京兆王。

五月，居常国遣使朝献。

六月戊申，行幸阴山。

秋八月庚戌，遂幸云中。壬戌，还宫。

九月戊辰，诏曰："夫褒赏必于有功，刑罚审于有罪，此古今之所同，由来之常式。牧守莅民，侵食百姓，以营家业，王赋不充，虽岁满去职，应计前逋，正其刑罪。而主者失于督察，不加弹正，使有罪者优游获免，无罪者妄受其辜，是启奸邪之路，长贪暴之心，岂所谓原情处罪，以正天下。自今诸迁代者，仰列在职殿最，案制治罪。克举者加之爵，宠有愆者肆之刑戮，使能否殊贯，刑赏不差。主者明为条制，以为赏楷。"仪同三司、敦煌公李宝薨。

冬十有二月戊申，诏曰："朕承洪业，统御群有，思恢政化，以济兆民。故薄赋敛以实其财，轻徭役以纾其力，欲令百姓修业，人不匮乏。而六镇、云中、高平、二雍、秦州，偏遇灾旱，年谷不收。其遣开仓廪以赈之。有流徙者，谕还桑梓，欲市籴他界，为关傍郡，通其交易之路。若曲司之官，分职不均，使上恩不达于下，下民不赡于时，加以重罪，无有攸纵。"

和平元年春正月甲子朔，大赦，改元。庚午，诏散骑常侍冯阐使于刘骏。

二月，卫将军、乐安王良督东雍、吐京、六壁诸军，西趣河西；征西将军皮豹子等督河西诸军，南趋石楼，以讨河西叛胡。

夏四月戊戌，皇太后常氏崩于寿安宫。

五月癸酉，葬昭太后于广宁鸣鸡山。

六月甲午，诏征西大将军、阳平王新成等，督统万、高平诸军出南道；南郡公李惠等督凉州诸军出北道，讨吐谷浑什寅。崔浩之诛也，史官遂废，至是复置。河西叛胡诣长安首罪，遣使者安慰之。

秋七月乙丑，刘骏遣使朝贡。壬午，行幸河西。

八月，西征诸军至西平，什寅走保南山。

九月，诸军济河追之，遇瘴气，多有疫疾，乃引军还，获畜二十余万。庚午，舆驾还宫。

冬十月，居常王献驯象三。

十有一月，诏散骑侍郎卢度世、员外郎朱安兴使于刘骏。

二年春正月乙酉，诏曰："刺史牧民，为万里之表。自顷每因发调，逼民假贷，大商富贾，要射时利，旬日之间，增赢十倍。上下通同，分以润屋。故编户之家，困于冻馁；豪富之门，日有兼积。为政之弊，莫过于此。其一切禁绝，犯者十疋以上皆死。布告天下，咸令知禁。"

二月辛卯，行幸中山。丙午，至于邺，遂幸信都。

三月，刘骏遣使朝贡。舆驾所过，皆亲对高年，问民疾苦。诏民年八十以上，一子不从役。灵丘南有山，高四百余丈，乃诏群官仰射山峰，无能逾者。帝弯弓发矢，出山三十余丈过山南二百二十步，遂刊石勒铭。是月，发并、肆州五千人治河西猎道。辛巳，舆驾还宫。

夏四月乙未，侍中、征东大将军、河东王闾毗薨。

五月癸未，诏南部尚书黄卢头、李敷等，考课诸州。

秋七月戊寅，封皇弟小新成为济阴王，加征东大将军，镇平原；天赐为汝阴王，加征南大将军，镇虎牢；万寿为乐浪王，加征北大将军，镇和龙；洛侯为广平王。壬午，行巡山北。

八月戊辰，波斯国遣使朝献。丁丑，舆驾还宫。

冬十月，诏假员外散骑常侍游明根、员外郎昌邑侯和天德，使于刘骏。博陵之深泽、章武之束州，盗杀县令，州军讨平之。广平王洛侯薨。

三年春正月壬午，以车骑大将军、东郡公乙浑为太原王。癸未，乐浪王万寿薨。

二月癸酉，畋于崞山，遂观渔于旋鸿池。

三月甲申，刘骏遣使朝贡。高丽、蓰王、契啮、思厌于师、疏勒、石那、悉居半、渴槃陁诸国，各遣使朝献。

夏六月庚申，行幸阴山。诏将军陆真讨雍州叛氐仇傉檀等，平之。

秋七月壬寅,幸河西。

九月壬辰,征西大将军、常山王素薨。

冬十月丙辰,诏曰:“朕承洪绪,统御万国,垂拱南面,委政群司,欲缉熙治道,以致宁一。夫三代之隆,莫不崇尚年齿。今选举之官,多不以次,令班白处后,晚进居先。岂所谓彝伦攸叙者也?诸曹选补,宜各先尽劳旧才能。”是月,诏员外散骑常侍游明根,员外郎昌邑侯和天德使于刘骏。

十有一月壬寅,舆驾还宫。

十有二月乙卯,制战陈之法十有余条。因大傩耀兵,有飞龙、腾蛇、鱼丽之变,以示威武。戊午,零陵王闾拔薨。

四年春三月乙未,赐京师民年七十以上太官厨食,以终其年。皇子胡仁薨,追封乐陵王。乙巳,诏曰:“朕宪章旧典,分职设官,欲令敷扬治化,缉熙庶绩。然在职之人,皆蒙显擢,委以事任,当厉己竭诚,务省徭役,使兵民优逸,家给人赡。今内外诸司、州镇守宰,侵使兵民,劳役非一。自今擅有召役,逼雇不程,皆论同枉法。”

夏四月癸亥,上幸西苑,亲射虎三头。

五月壬辰,侍中、渔阳王尉眷薨。壬寅,行幸阴山。

秋七月壬午,诏曰:“朕每岁以秋日闲月,命群官讲武平壤。所幸之处,必立宫坛,糜费之功,劳损非一。宜仍旧贯,何必改作也。”

八月丙寅,遂畋于河西。诏曰:“朕顺时畋猎,而从官杀获过度,既殚禽兽,乖不合围之义。其敕从官及典围将校,自今已后,不听滥杀。其畋获皮肉,别自颁赉。”壬申,诏曰:“前以民遭饥寒,不自存济,有卖鬻男女者,尽仰还其家。或因缘势力,或私行请托,共相通容,不时检校,令良家子息仍为奴婢。今仰精究,不听取赎,有犯加罪。若仍不检还,听其父兄上诉,以掠人论。”

九辛巳,车驾还宫。

冬十月,以定、相二州陨霜杀稼,免民田租。是月,诏员外散骑常侍游明根、骁骑将军昌邑子娄内近、宁朔将军襄平子李五鳞使于刘骏。

十有二月辛丑，诏曰："名位不同，礼亦异数，所以殊等级，示轨仪。今丧葬嫁娶，大礼未备，贵势豪富，越度奢靡，非所谓式昭典宪者也。有司可为之条格，使贵贱有章，上下咸序，著之于令。"壬寅，诏曰："夫婚姻者，人道之始。是以夫妇之义，三纲之首；礼之重者，莫过于斯。尊卑高下，宜令区别。然中代以来，贵族之门多不率法，或贪利财贿，或因缘私好，在于苟合，无所选择，令贵贱不分，巨细同贯，尘秽清化，亏损人伦。将何以宣示典谟，垂之来裔？今制皇族、师傅、王公侯伯及士民之家，不得与百工、伎巧、卑姓为婚，犯者加罪。"

五年春正月丁亥，封皇弟云为任城王。

二月，诏以州镇十四去岁虫、水，开仓赈恤。

夏四月癸卯，顿丘公李峻，进爵为王。

闰月戊子，帝以旱故，减膳责躬。是夜，澍雨大降。

五月庚申，刘骏死，子子业僭立。

六月丁亥，行幸阴山。

秋七月辛丑，北镇游军大破蠕蠕。壬寅，行幸河西。

九月辛丑，车驾还宫。

冬十月，琅邪王司马楚之薨。

十有二月，南秦王杨难当薨。吐呼罗国遣使朝献。

六年春正月丙申，大赦天下。

二月丁丑，行幸楼烦宫。高丽、蓰王、对曼诸国各遣使朝献。

三月戊戌，相州刺史、西平郡王吐谷浑权薨。乙巳，车驾还宫。

夏四月，破洛那国献汗血马，普岚国献宝剑。

五月癸卯，帝崩于太华殿，时年二十六。六月丙寅，上尊谥曰文成皇帝，庙号高宗。八月，葬云中之金陵。

史臣曰:世祖经略四方,内颇虚耗。既而国衅时艰,朝野楚楚。高宗与时消息,静以镇之,养威布德,怀缉中外。自非机悟深裕,矜济为心,亦何能若此!可谓有君人之度矣。

魏书卷六
帝纪第六

显祖献文帝 弘

显祖献文皇帝，讳弘，高宗文成皇帝之长子也，母曰李贵人。兴光元年秋七月，生于阴山之北。太安二年二月，立为皇太子。聪睿机悟，幼而有济民神武之规，仁孝纯至，礼敬师友。

和平六年夏五月甲辰，即皇帝位，大赦天下。尊皇后曰皇太后。车骑大将军乙浑矫诏杀尚书杨保年、平阳公贾爱仁、南阳公张天度于禁中。戊申，侍中、司徒、平原王陆丽自汤泉入朝，浑又杀之。己酉，以侍中、车骑大将军乙浑为太尉、录尚书事，东安王刘尼为司徒，尚书左仆射和其奴为司空。壬子，以淮南王他为镇西大将军、仪同三司，镇凉州。

六月，封繁阳侯李嶷为丹阳王，征东大将军冯熙为昌黎王。乙丑，诏曰："夫赋敛烦则民财匮，课调轻则用不足，是以十一而税，颂声作矣。先朝榷其轻重，以惠百姓。朕承洪业，上惟祖宗之休命，夙兴待旦，惟民之恤，欲令天下同于逸豫。而徭赋不息，将何以塞烦去苛，拯济黎元者哉！今兵革不起，畜积有余，诸有杂调，一以与民。"

秋七月癸巳，太尉乙浑为丞相，位居诸王上，事无大小，皆决于浑。

九月庚子，曲赦京师。丙午，诏曰："先朝以州牧亲民，宜置良佐，故敕有司，班九条之制，使前政选吏，以待俊乂，必谓铨衡允衷，朝纲应叙。然牧司宽堕,不祗宪旨,举非其人,愆于典度。今制:“刺史守宰到官之日,仰自举民望忠信,以为选官,不听前政共相干冒。若简任失所,以罔上论。”是月,刘子业征北大将军、义阳王刘昶自彭城来降。

冬十月,征阳平王新成、京兆王子推、济阴王小新成、汝阴王天赐、任城王云入朝。

是岁,刘子业叔父彧杀子业僭立。

天安元年春正月乙丑朔,大赦,改年。

二月庚申,丞相、太原王乙浑谋反,伏诛。乙亥,以侍中元孔雀为濮阳王,侍中陆定国为东郡王。

三月庚子,以陇西王源贺为太尉。辛丑,高宗文成皇帝神主祔于太庙。辛亥,帝幸道坛,亲受符录,曲赦京师。高丽、波斯、于阗、阿袭诸国遣使朝献。

秋七月辛亥,诏诸有诈取爵位,罪特原之,削其爵职;其有祖、父假爵号货赇以正名者,不听继袭。诸非劳进超迁者,亦各还初;不以实闻者,以大不敬论。

九月,刘彧司州刺史常珍奇以悬瓠内属。己酉,初立乡学,郡置博士二人、助教二人、学生六十人。刘彧徐州刺史薛安都以彭城内属,彧将张永、沈攸之击安都。诏北部尚书尉元为镇南大将军,都督诸军事,镇东将军、城阳公孔伯恭为副,出东道,救彭城;殿中尚书、镇西大将军、西河公元石,都督荆、豫、南雍州诸军事,给事中、京兆侯张穷奇为副,出西道,救悬瓠。

冬十月,曹利、肜曷国各遣使朝献。

十有一月壬子,刘彧兖州刺史毕众敬遣使内属。

十有二月己未,尉元军次于秺,彧将周凯、张永、沈攸之相继退走。皇弟安平薨。

是岁,州镇十一旱,民饥,开仓赈恤。

皇兴元年春正月癸巳，尉元大破张永、沈攸之于吕梁东，斩首数万级，冻死者甚众，获刘彧秦州刺史垣恭祖、羽林监沈承伯。永、攸之单骑走免。获军资器械不可胜数。刘彧遣使朝贡。庚子，东平王道符谋反于长安，杀副将驸马都尉万古真、巨鹿公李恢、雍州刺史鱼玄明。丙午，诏司空、平昌公和其奴，东阳公元丕等讨道符。丁未，道符司马段太阳攻道符，斩之，传首京师。道符兄弟皆伏诛。

闰月，以顿丘王李峻为太宰。刘彧青州刺史沈文秀、冀州刺史崔道固并遣使请举州内属，诏平东将军长孙陵，平南将军、广陵公侯穷奇赴援之。

二月，诏使持节、都督诸军事、征南大将军慕容白曜督骑五万次于碻磝，为东道后援。济阴王小新成薨。高丽、库莫奚、具伏弗、郁羽陵、日连、匹黎尔、于阗诸国，各遣使朝贡。刘彧东平太守申纂戍无盐，遏绝王使，诏征南大将慕容白曜督诸军以讨之。

三月甲寅，克之。沈文秀、崔道固复叛归刘彧。白曜回师讨之，拔彧肥城、垣苗、麋沟三戍。

夏四月，白曜攻升城，戍主房崇吉遁走。

秋八月，白曜攻历城。丁酉，行幸武州山石窟寺。戊申，皇子讳(宏)生，大赦，改年。

九月壬子，高丽、于阗、普岚、粟特国各遣使朝献。丁巳，进冯翊公李白爵梁郡王。是月，诏赐六镇贫人布，人三匹。

冬十月癸卯，田于那男池。濮阳王孔雀坐怠慢，降爵为公。

二年春二月癸未，田于西山，亲射虎豹。崔道固及刘彧梁邹戍主、平原太守刘休宾举城降。是月，徐州群盗司马休符自称晋王，将军尉元讨平之。

三月，白曜进围东阳。戊午，刘彧遣使朝贡。

夏四月辛丑，以南郡公李惠为征南大将军、仪同三司、都督关右诸军事、雍州刺史，进爵为王。高丽、库莫奚、契丹、具伏弗、郁羽陵、日连、匹黎尔、叱六手、悉万丹、阿大何、羽真侯、于阗、波斯国各遣使朝献。

五月乙卯，田于崞山，遂幸繁畤。辛酉，还宫。

六月庚辰，以河南辟地，曲赦京师殊死以下。以昌黎王冯熙为太傅。

秋九月辛亥，封皇叔桢为南安王，长寿为城阳王，太洛为章武王，休为安定王。

冬十月辛丑，上田于冷泉。

十有一月，以州镇二十七水旱，开仓赈恤。

十有二月甲午，诏曰："顷张永迷扰，敢拒王威，暴骨原隰，残废不少。死生冤痛，朕甚愍焉。天下民一也，可敕郡县，永军残废之士，听还江南；露骸草莽者，收瘗之。"是月，悉万丹等十余国，各遣使朝贡。

三年春正月乙丑，东阳颓，虏沈文秀。戊辰，司空、平昌公和其奴薨。

二月，蠕蠕、高丽、库莫奚、契丹国各遣使朝献。己卯，以上党公慕容白曜为都督青、齐、东徐三州诸军事、征南大将军、开府仪同三司、青州刺史，进爵济南王。

夏四月壬辰，刘彧遣使朝贡。丙申，名皇子曰讳宏，大赦天下。丁酉，田于崞山。

五月，徙青州民于京师。

六月辛未，立皇子讳宏为皇太子。

秋七月，蠕蠕国遣使朝贡。

冬十月，侍中、太宰、顿丘王李峻薨。

十有一月，吐谷浑别帅白杨提度汗率户内附。襄城公韩颓进爵为王。

四年春正月，诏州镇十一民饥，开仓赈恤。

二月，以东郡王陆定国为司空。高丽、库莫奚、契丹各遣使朝献。吐谷浑拾寅不供职贡，诏使持节、征西大将军、上党王长孙观讨之。广阳王石侯薨。

三月丙戌，诏曰："朕思百姓病苦，民多非命，明发不寐，疚心疾首。是以广集良医，远采名药，欲以救护兆民。可宣告天下，民有病者，所在官司遣医就家诊视，所须药物，任医量给之。"

夏四月辛丑，大赦天下。戊申，长孙观军至曼头山，大破拾寅，拾寅与麾下数百骑宵遁。拾寅从弟豆勿来及其渠帅匹娄拔累等率所领降附。

五月，封皇弟长乐为建昌王。

六月，刘彧遣使朝贡。

秋八月，群盗入彭城，杀镇将元解愁，长史勒兵灭之。蠕蠕犯塞。

九月丙寅，舆驾北伐，诸将俱会于女水，大破虏众。事具《蠕蠕传》。司徒、东安王刘尼坐事免。壬申，车驾至自北伐，饮至策勋，告于宗庙。

冬十月，诛济南王慕容白曜、高平王李敷。

十有一月，诏弛山泽之禁。

十有二月甲辰，幸鹿野苑、石窟寺。阳平王新成薨。

五年春三月乙亥，诏曰："天安以来，军国多务，南定徐方，北扫遗虏。征戍之人，亡窜非一，虽罪合刑书，每加哀宥。然宽政犹水，逋逃遂多。宜申明典刑，以肃奸伪。自今诸有逃亡之兵及下代守宰浮游不赴者，限六月三十日，悉听归首，不首者，论如律。"诏假员外散骑常侍邢佑使于刘彧。

夏四月，西部敕勒叛，诏汝阴王天赐、给事中罗云讨之。云为敕勒所袭杀，死者十五六。北平王长孙敷薨。

六月丁未，行幸河西。

秋七月丙寅，遂至阴山。

八月丁亥，车驾还宫。帝雅薄时务，常有遗世之心，欲禅位于叔父京兆王子推。语在《任城王云传》。群臣固请,帝乃止。丙午,册命太子曰:“昔尧舜之禅天下也,皆由其子不肖。若丹朱、商均能负荷者,岂搜扬仄陋而授之哉?尔虽冲弱,有君人之表,必能恢隆王道,以济兆民。今使太保、建安王陆馛,太尉源贺持节奉皇帝玺绶,致位于尔躬。其践升帝位,克广洪业,以光祖宗之烈,使朕优游履道,颐神养性,可不善欤?”丁未,诏曰:“朕承洪业,运属太平,淮贷率从,四海清晏。是以希心玄古,志存澹泊。躬览万务,则损颐神之和;一日或旷,政有淹滞之失。但子有天下,归尊于父;父有天下,传之于子。今稽协灵运,考会群心,爰命储宫,践升大位。朕方优游恭己,栖心浩然,社稷乂安,克广其业,不亦善乎?百官有司,其祗奉胤子,以答天休。宣布宇内,咸使闻悉。”于是群公奏曰:“昔三皇之社,澹泊无为,故称皇。是以汉高祖既称皇帝,奠其父为太上皇,明不统天下。今皇帝幼冲,万机大政,犹宜陛下总之。谨上尊号太上皇帝。”乃从之。己酉,太上皇帝徙御崇光宫,采椽不斫,土阶而已。国之大事,咸以闻。

承明元年,年二十三,崩于永安殿,上尊谥曰献文皇帝,庙号显祖,葬云中金陵。

史臣曰:聪睿夙成,兼资能断,其显祖之谓乎?故能更清漠野,大启南服。而早怀厌世之心,终致宫闱之变,将天意哉!

魏书卷七上
帝纪第七上

高祖孝文帝 宏

高祖孝文皇帝，讳宏，显祖献文皇帝之长子，母曰李夫人。皇兴元年八月戊申，生于平城紫宫，神光照于室内，天地氛氲，和气充塞。帝生而洁白，有异姿，襁褓岐嶷，长而渊裕仁孝，绰然有君人之表。显祖尤爱异之。三年夏六月辛未，立为皇太子。

五年秋八月丙午，即皇帝位于太华前殿，大赦，改元延兴元年。丁未，刘彧遣使朝贡。

九月壬戌，诏在位及民庶，直言极谏。有利民益治，损政伤化，悉心以闻。壬午，青州高阳民封辩自号齐王，聚党千余人，州军讨灭之。高丽民奴久等相率来降，各赐田宅。

冬十月丁亥，沃野、统万二镇敕勒叛。诏太尉、陇西王源贺追击，至枹罕，灭之，斩首三万余级；徙其遗迸于冀、定、相三州为营户。庚寅，以征东大将军、南安王桢为假节、都督凉州及西戎诸军事、领护西域校尉、仪同三司，镇凉州。朔方民曹平原招集不逞，破石楼堡，杀军将。刘彧将垣崇祖率众二万，自郁洲寇东兖州，屯于南城固。十有一月，刺史于洛侯讨破之，崇祖还郁洲。妖贼司马小君聚众反于平陵，齐州刺史、武昌王平原讨擒之。

十有二月乙酉，以驸马都尉穆亮为赵郡王。壬辰，诏访舜后，获东莱郡民妫苟之，复其家毕世，以彰盛德之不朽。复前濮阳王孔雀本封。辛丑，赵郡王穆亮徙封长乐王。

二年春正月乙卯，统万镇胡民相率北叛。诏宁南将军、交址公韩拔等追灭之。大阳蛮酋桓诞率户内属，拜征南将军，封襄阳王。曲赦京师及河西，南至秦泾，西至枹罕，北至凉州诸镇。诏假员外散骑常侍邢佑使于刘彧。

二月乙巳，诏曰："尼父禀达圣之姿，体生知之量，穷理尽性，道光四海。顷者淮、徐未宾，庙隔非所，致令祠典寝顿，礼章殄灭，遂使女巫妖觋，淫进非礼，杀生鼓舞，倡优媟狎，岂所以尊明神敬圣道者也？自今已后，有祭孔子庙，制用酒脯而已，不听妇女合杂，以祈非望之福，犯者以违制论。其公家有事，自如常礼。牺牲粢盛，务尽丰洁。临事致敬，令肃如也。牧司之官，明纠不法，使禁令必行。"蠕蠕犯塞。太上皇帝次于北郊，诏诸将讨之。虏遁走。其别帅阿大干率千余落来降。东部敕勒叛奔蠕蠕，太上皇帝追之，至石碛，不及而还。壬子，高丽国遣使朝贡。

三月，太上皇帝至自北讨。戊辰，以散骑常侍、驸马都尉万安国为大司马、大将军，封安城王。庚午，车驾耕于藉田。石城郡获曹平原，送京师斩之。连川敕勒谋叛，徙配青、徐、齐、兖四州为营户。

夏四月庚子，诏工商杂伎，尽听赴农。诸州郡课民益种菜果。辛亥，刘彧遣使朝贡。癸酉，诏沙门不得去寺，浮游民间，行者仰以公文。是月，刘彧死，子昱僭立。

五月丁巳，诏军警给玺印、传符，次给马印。

六月，安州民遇水雹，丐租赈恤。丙申，诏曰："顷者州郡选贡，多不以实，硕人所以穷处幽仄，鄙夫所以超分妄进，岂所谓旌贤树德者也。今年贡举，尤为猥滥。自今所遣，皆门尽州郡之高，才极乡闾之选。"

闰月壬子，蠕蠕寇敦煌，镇将尉多侯击走之。又寇晋昌，守将薛奴击走之。戊午，行幸阴山。

秋七月，光州民孙晏等聚党千余人叛，通刘昱，刺史叔孙璝讨平之。辛丑，高丽国遣使朝贡。壬寅，诏州郡县各遣二人才堪专对者，赴九月讲武，当亲问风俗。

八月丙辰，百济国遣使奉表，请师伐高丽。辛酉，地豆于、库莫奚国遣使朝贡，吕亭国遣使献蜀马。河西费也头反，薄骨律镇将击走之。

九月辛巳，车驾还宫。戊申，统万镇将、河间王闾虎皮坐贪残赐死。己酉，诏以州镇十一水，丐民田租，开仓赈恤。又诏流迸之民，皆令还本，违者配徙边镇。

冬十月，蠕蠕犯塞，及于五原。十有一月，太上皇帝亲讨之，将度漠袭击。蠕蠕闻军至，大惧，北走数千里。以穷寇远遁，不可追，乃止。丁亥，封皇叔略为广川王。壬辰，分遣使者巡省风俗，问民疾苦。帝每月一朝崇光宫。

十有二月庚戌，诏曰："《书》云：'三载一考，三考黜陟幽明。'顷者已来，官以劳升，未久而代，牧守无恤民之心，竞为聚敛，送故迎新，相属于路，非所以固民志，隆治道也。自今牧守温仁清俭、克己奉公者，可久于其任。岁积有成，迁位一级。其有贪残非道、侵削黎庶者，虽在官甫尔，必加黜罚。著之于令，永为彝准。"诏以代郡事同丰沛，代民先配边戍者皆免之。

三年春正月庚辰，诏员外散骑常侍崔演使于刘昱。丁亥，改崇光宫为宁光宫。戊戌，太上皇帝还至云中。是月，相州执送妖人荣永安于京师，斩之。诏赦其支党。

二月戊申，高丽、契丹国并遣使朝贡。癸丑，诏牧守令长，勤率百姓，无令失时。同部之内，贫富相通。家有兼牛，通借无者，若不从诏，一门之内终身不仕。守宰不督察，免所居官。戊午，太上皇帝至自北讨，饮至策勋，告于宗庙。死王事者复其家。诏畿内民从役死事者，郡县为迎丧，给以葬费。甲戌，诏县令能静一县劫盗者，兼治二县，即食其禄；能静二县者，兼治三县，三年迁为郡守；二千石能静二郡，上至三郡，亦如之，三年迁为刺史。

三月壬午，诏诸仓囤谷麦充积者，出赐贫民。

夏四月戊申，诏假司空、上党王长孙观等讨吐谷浑拾寅。壬子，契丹国遣使朝贡。诏以孔子二十八世孙鲁郡孔乘为崇圣大夫，给十户以供洒埽。

六月甲子，诏曰："往年县召民秀二人，问以守宰治状，善恶具闻，将加赏罚。而赏者未几，罪者众多。肆法伤生，情所未忍。今特垂宽恕之恩，申以解网之惠。诸为民所列者，特原其罪，尽可贷之。"

秋七月，诏河南六州之民，户收绢一匹，绵一斤，租三十石。乙亥，行幸阴山。蠕蠕寇敦煌，镇将乐洛生击破之。事具《蠕蠕传》。刘昱遣将寇缘淮诸镇，徐州刺史、淮阳公尉元击走之。

八月巳酉，高丽、库莫奚国并遣使朝献。庚申，帝从太上皇帝幸河西。拾寅谢罪请降，许之。

九月辛巳，车驾并还宫。乙亥，刘昱遣使朝贡。己亥，诏曰："自今京师及天下之囚，罪未分判，在狱致死无近亲者，公给衣衾棺椟葬埋之，不得曝露。"辛丑，诏遣使者十人循行州郡，检括户口。其有仍隐不出者，州、郡、县、户主并论如律。库莫奚国遣使朝献。

冬十月，太上皇帝亲将南讨，诏州郡之民，十丁取一以充行，户收租五十石，以备军粮。悉万斤国遣使朝献。武都王反，攻仇池。诏长孙观仍回师讨之。

十有一月戊寅，诏以河南七州牧守多不奉法，致新邦之民莫能上达，遣使者观风察狱，黜陟幽明。其有鳏寡孤独贫不自存者，复其杂徭，年八十已上，一子不从役；力田孝悌，才器有益于时，信义著于乡闾者，具以名闻。癸巳，太上皇帝南巡，至于怀州。所过问民疾苦，赐高年、孝悌力田布帛。

十有二月庚戌，诏关外苑囿听民樵采。壬子，蠕蠕犯边，柔玄镇二部敕勒叛应之。癸丑，沙门慧隐谋反，伏诛。

是岁，州镇十一水旱，丐民田租，开仓赈恤。相州民饿死者二千八百四十五人。吐谷浑部内羌民钟岂渴干等二千三百户内附。

是年，妖人刘举自称天子，齐州刺史、武昌王原捕斩之。

四年春正月丁丑，侍中、太尉、陇西王源贺以病辞位。辛巳，粟特国遣使朝献。

二月甲辰，太上皇帝至自南巡。辛亥，吐谷浑拾寅遣子费斗斤入侍，并献方物。辛未，禁断寒食。

三月丁亥，诏员外散骑常侍许赤虎使于刘昱。高丽、吐谷浑、曹利诸国各遣使朝贡。

夏五月甲戌，蠕蠕国遣使朝贡。

六月乙卯，诏曰："朕应历数开一之期，属千载光熙之运，虽仰严诲，犹惧德化不宽，至有门房之诛。然下民凶戾，不顾亲戚，一人为恶，殃及合门。朕为民父母，深所愍悼。自今已后，非谋反、大逆、干纪、外奔，罪止其身而已。今德被殊方，文轨将一，宥刑宽禁，不亦善乎？"阔悉国遣使朝贡。

秋七月庚午，高丽国遣使朝献。己卯，曲赦仇池。癸巳，蠕蠕寇敦煌，镇将尉多侯大破之。

八月庚子，吐谷浑国遣使朝献。戊申，大阅于北郊。

九月，以刘昱内相攻战，诏将军元兰等五将三万骑，及假东阳王丕为后继，伐蜀汉。丙子，契丹、库莫奚、地豆于、诸国各遣使朝献。

冬十月庚子，刘昱遣使朝贡。

十有一月，分遣侍臣循河南七州，观察风俗，抚慰初附。戊寅，吐谷浑国遣使朝献。

是岁，州镇十三大饥，丐民田租，开仓赈之。

十有二月，诏西征吐谷浑兵在句律城初叛军者斩，次分配柔玄、武川二镇，斩者千余人。

五年春二月庚子，高丽国遣使朝献。癸丑，诏定考课，明黜陟。

闰月戊午，吐谷浑国遣使朝献。

夏四月丁丑，龟兹国遣使朝献。癸未，诏天下赋调，县专督集，牧守对检送京师，违者免所居官。诏禁畜鹰鹞，开相告之制。

五月丁酉，契丹、库莫奚国各遣使献名马。丙午，诏员外散骑常侍许赤虎使于刘昱。丁未,幸武州山。辛酉,幸车轮山。

六月庚午,禁杀牛马。壬申,曲赦京师死罪,遣备蠕蠕。

秋八月丁卯,高丽、吐谷浑、地豆于诸国遣使朝献。

九月癸卯,洛州人贾伯奴、豫州人田智度聚党千余人,伯奴称恒农王,智度称上洛王,夜攻洛州。州郡击之,斩伯奴于缑氏,执智度送京师。

冬十月,蠕蠕国遣使朝献。太上皇帝大阅于北郊。

十有二月丙寅,建昌王长乐改封安乐王。己丑,城阳王长寿薨。庚寅,刘昱遣使朝贡。

承明元年春二月,蠕蠕、高丽、库莫奚、波斯诸国并遣使朝贡。是月,司空、东郡王陆定国坐事免官爵为兵。

夏五月,冀州武邑民宋伏龙聚众自称南平王。郡县捕斩之。蠕蠕国遗使南贡。

六月甲子,诏中外戒严,分京师见兵为三等,第一军出,遣第一兵,二等兵亦如之。辛未,太上皇帝崩。壬申,大赦,改年。大司马、大将军、安城王万安国坐矫诏杀神部长奚买奴于苑中,赐死。戊寅,征西大将军、安乐王长乐为太尉、尚书左仆射、南平公;目辰为司徒,进封宜都王;南部尚书李䜣为司空。尊皇太后为太皇太后,临朝称制。

秋七月甲辰,追尊皇妣李贵人为思皇后。以汝阴王天赐为征西大将军、仪同三司。高丽、库莫奚国并遣使朝贡。濮阳王孔雀有罪赐死。

八月甲子,诏曰:"朕猥承前绪,纂戎洪烈,思隆先志,缉熙政道。群公卿士,其各勉厥心,匡朕不逮。诸有便民利国者,具状以闻。"壬午,蠕蠕国遣使朝贡。甲申,以长安二蚕多死,丐民岁赋之半。

九月丁亥,曲赦京师。高丽、库莫奚、契丹诸国并遣使朝献。癸丑,宕昌、悉万斤国并遣使朝贡。

冬十月丁巳，起七宝永安行殿。乙丑，进征西大将军、假东阳王元丕爵为正王。己未，诏曰："朕纂承皇极，照临万方，思阐遐风，光被兆庶。使朝有不讳之音，野无自蔽之响，畴咨帝载，询及刍荛。自今已后，群官卿士下及吏民，各听上书，直言极谏，勿有所隐。诸有便宜，益治利民，可以正风俗者，有司以闻。朕将亲览，与三事大夫论其可否，裁而用之。"辛未，舆驾幸建明佛寺，大宥罪人。济南公罗拔进爵为王。

十有一月，蠕蠕国遣使朝贡。戊子，以太尉、安乐王长乐为定州刺史，京兆王子推为青州刺史，司空李䜣为徐州刺史，并开府仪同三司。

太和元年春正月乙酉朔，诏曰："朕夙承宝业，惧不堪荷，而天贶具臻，地瑞并应，风和气畹，天人交协。岂朕冲昧所能致哉？实赖神祇七庙降福之助。今三正告初，祇感交切，宜因阳始，协典革元。其改今号为太和元年。"辛亥，诏曰："今牧民者，与朕共治天下也。宜简以徭役，先之劝奖，相其水陆，务尽地利，使农夫外布，桑妇内勤。若轻有征发，致夺民时，以侵擅论。民有不从长教，堕于农桑者，加以罪刑。"起太和、安昌二殿。己酉，秦州略阳民王元寿聚众五千余家，自号为冲天王。云中饥，开仓赈恤。

二月丙寅，汉川民泉会、谭酉等相率内属，处之并州。辛未，秦、益二州刺史、武都公尉洛侯讨破元寿，获其妻子，送京师。癸未，高丽、契丹、库莫奚国各遣使朝献。

三月庚子，征征西大将军、雍州刺史、东阳王丕为司徒。丙午，诏曰："朕政治多阙，灾眚屡兴。去年生疫，死伤太半，耕垦之利，当有亏损。今东作既兴，人须肄业。其敕在所，督课田农，有牛者加勤于常岁，无牛者倍庸于余年。一夫制治田四十亩，中男二十亩。无令人有余力，地有遗利。"库莫奚、契丹国各遣使朝献。

夏四月丙寅，蠕蠕国遣使朝贡。丁卯，幸白登山。壬申，幸崞山。乐安王良薨。诏复前东郡王陆定国官爵。

五月乙酉，车驾祈雨于武州山，俄而澍雨大洽。蠕蠕国遣使朝贡。

秋七月壬辰，侍中、开府仪同三司、青州刺史、京兆王子推薨。庚子，定三等死刑。己酉，太和、安昌二殿成，起朱明、思贤门。是月，刘昱死，弟准僭立。

八月壬子，大赦天下。丙子，诏曰："工商皂隶，各有厥分，而有司纵滥，或染清流。自今户内有工役者，推上本部丞，已下准次而授。若阶藉元勋、以劳定国者，不从此制。"戊寅，刘准遣使朝贡。

九月癸未，蠕蠕国遣使朝贡。乙酉，诏群臣定律令于太华殿。辛卯，高丽国遣使朝贡。庚子，起永乐游观殿于北苑，穿神渊池。车多罗、西天竺、舍卫、叠伏罗诸国，各遣使朝贡。

冬十月癸酉，宴京邑耆老年七十已上，于太华殿，赐以衣服。是月，库莫奚、契丹国各遣使朝献。又诏七十已上一子不从役。龟兹国遣使朝献。刘准葭芦戍主杨文度遣弟鼠袭陷仇池。丙子，诛徐州刺史李䜣。库莫奚、契丹国各遣使朝贡。

十有一月癸未，诏征西将军、广川公皮欢喜，镇西将军梁丑奴，平西将军杨灵珍等，率众四万讨杨鼠。乙酉，吐谷浑国遣使朝献。丁亥，怀州民伊祁苟初自称尧后应王，聚众于重山。洛州刺史冯熙讨灭之。

闰月，欢喜等军到建安，杨鼠弃城南走。癸亥，粟提婆国遣使朝献。庚子，诏员外散骑常侍李长仁使于刘准。

十有二月壬寅，欢喜攻陷葭芦，斩文度，传首京师。甲辰，员阔、吐谷浑国并遣使朝贡。丁未，诏以州郡八水旱蝗，民饥，开仓赈恤。以安定王休为仪同三司。

二年春正月丁巳，封昌黎王冯熙第二子始兴为北平王。戊午，吐谷浑遣使朝献。

二月丁亥，行幸代之汤泉。所过问民疾苦，以宫人赐贫民无妻者。戊戌，蠕蠕国遣使朝献。癸卯，车驾还宫。

三月丙子,以河南公梁弥机为宕昌王。

夏四月甲申,幸崞山。丁亥,还宫。己丑,刘准遣使朝贡。京师旱。甲辰,祈天灾于北苑,亲自礼焉。减膳,避正殿。丙午,澍雨大洽。曲赦京师。

五月,诏曰:“婚娉过礼,则嫁娶有失时之弊;厚葬送终,则生者有糜费之苦。圣王知其如此,故申之以礼数,约之以法禁。乃者,民渐奢尚,婚葬越轨,致贫富相高,贵贱无别。又皇族、贵戚及士民之家,不惟氏族,下与非类婚偶。先帝亲发明诏,为之科禁,而百姓习常,仍不肃改。朕今宪章旧典,祗案先制,著之律令,永为定准。犯者以违制论。”

六月己丑,幸鹿野苑。庚子,皇叔若薨。

秋七月戊辰,龟兹国遣使献名驼七十头。刘准遣将寇仇池,阴平太守杨广香击走之。

八月,分遣使者考察守宰,问民疾若。丙戌,诏罢诸州禽兽之贡。丁亥,勿吉国遣使朝献。九月丙辰,曲赦京师。龟兹国遣使献大马、名驼、珍宝甚众。

冬十月壬辰,诏员外散骑常侍郑羲使于刘准。

十有一月庚戌,诏曰:“悬爵于朝,而有功者必縻其赏;悬刑于市,而有罪者必罹其辜。斯乃古今之成典,治道之实要。诸州刺史,牧民之官,自顷以来,遂各怠慢,纵奸纳赂,背公缘私,致令盗并兴,侵劫兹甚,奸宄之声屡闻朕听。朕承太平之运,属千载之期,思光洪绪,惟新庶绩。亦望蕃翰群司敷德宣惠,以助冲人,共成斯美。幸克己复礼,思愆改过,使寡昧无愧于祖宗,百姓见德于当世。有司明为条禁,称朕意焉。”

十有二月癸巳,诛南郡王李惠。

是岁,州镇二十余水旱,民饥,开仓赈恤。

三年春正月癸丑,坤德六合殿成。庚申,诏罢行察官。

二月辛巳,帝、太皇太后幸代郡温泉。问民疾苦,鳏贫者以宫女妻之。己亥，还宫。壬寅，乾象六合殿成。

三月甲辰，曲赦京师。戊午，吐谷浑、高丽国各遣使朝献。

夏四月壬申，刘准遣使朝献。癸未，乐良王乐平薨。辛卯，蠕蠕国遣使朝献。丙申，幸崞山。己亥，还宫。庚子，淮阳公尉元进爵为王。吐谷浑国遣使献牦牛五十头。雍州刺史、宜都王目辰有罪赐死。

五月丁巳，帝祈雨于北苑，闭阳门。是日，澍雨大洽。辛酉，诏曰："昔四代养老，问道乞言。朕虽冲昧，每尚其美。今赐国老各衣一袭，绵五斤，绢、布各五匹。"

六月辛未，以雍州民饥，开仓赈恤。起文石室灵泉殿于方山。

秋七月壬寅，诏宫人年老及疾病者，免之。八月壬申，诏群臣直言尽规，靡有所隐。乙亥，幸方山，起思远佛寺。丁丑，还宫。

九月壬子，以侍中、司徒、东阳王丕为太尉；侍中、尚书右仆射、赵郡公陈建为司徒，进爵魏郡王；侍中、尚书、河南公苟颓为司空，进爵河东王；侍中、尚书、太原公王睿进爵中山王；侍中、尚书、陇东公张佑进爵新平王。己未，定州刺史安乐王长乐有罪，征诣京师，赐死。庚申，陇西王源贺薨。高丽、吐谷浑、地豆于、契丹、库莫奚、龟兹诸国各遣使朝献。

冬十月己巳朔，大赦天下。

十有一月癸卯，赐京师贫穷、高年、疾患不能自存者衣服布帛各有差。癸丑，进假梁郡公元嘉爵为假王，督二将出淮阴；陇西公元琛三将出广陵，河东公薛虎子三将出寿春。蠕蠕率骑十余万南寇，至塞而还。

十有二月，粟特、州逸、河龚、叠伏罗、员阔、悉万斤诸国各遣使朝贡。

是年，岛夷萧道成废其主刘准而僭立，自号曰齐。

四年春正月癸卯，乾象六合殿成。洮阳羌叛，枹罕镇将讨平之。陇西公元琛等攻克萧道成马头戍。乙卯，广川王略薨。雍州氐齐男王反，杀美阳令，州郡捕斩之。丁巳，罢畜鹰鹞之所，以其地为报德佛寺。戊午,襄城王韩颓有罪,削爵徙边。萧道成徐州刺史崔文仲寇淮北,陷茬眉戍。

二月,遣尚书游明根率骑二千南讨。癸巳,诏曰:"朕承乾绪,君临海内,夙兴昧旦,如履薄冰。今东作方兴,庶类萌动,品物资生,膏雨不降,岁一不登,百姓饥乏,朕甚惧焉。其敕天下,祀山川群神及能兴云雨者,修饰祠堂,荐以牲璧。民有疾苦,所在存问。"

三月丙午,诏车骑大将军冯熙督众迎还假梁郡王嘉等诸军。乙卯,蠕蠕国遣使朝贡。

四月己卯,幸廷尉、籍坊二狱,引见诸囚。诏曰:"廷尉者,天下之平,民命之所悬也。朕得惟刑之恤者,仗狱官之称其任也。一夫不耕,将或受其馁;一妇不织,将或受其寒。今农时要月,百姓肆力之秋,而愚民陷罪者甚众。宜随轻重决遣,以赴耕耘之业。"辛巳,幸白登山。甲申,赐天下贫人,一户之内无杂财谷帛者,廪一年。

五月丙申朔,幸火山。壬寅,还宫。

六月丁卯,以澍雨大洽,曲赦京师。以绸绫绢布百万匹,及南伐所俘赐王公已下。

秋七月辛亥,行幸火山。壬子,改作东明观。诏会京师耆老,赐锦彩、衣服、几杖、稻米、蜜、面,复家人不徭役。悉万斤国遣使朝贡。

闰月丁亥,幸虎圈,亲录囚徒,轻者皆免之。壬辰,顿丘王李钟葵有罪,赐死。萧道成角城戍主请举城内属。八月丁酉,诏徐州刺史、假梁郡王嘉赴接之。又遣平南将军郎大檀三将出朐城,将军白吐头二将出海西,将军元泰二将出连口,将军封匹三将出角城,镇南将军贺罗出下蔡。甲辰,幸方山。戊申,幸武州山石窟寺。庚戌,还宫。乙卯,诏诸州置冰室。萧道成梁州刺史崔慧景遣长史裴叔保率众寇武兴,关城氐帅杨鼠击破之,叔保还南郑。

九月,萧道成汝南太守常元真、龙骧将军胡青苟率户内属。乙亥,思义殿成。壬午,东明观成。戊子,诏曰:"隆寒雪降,诸在徽缧及转输在都或有冻馁,朕用愍焉。可遣侍臣诣廷尉狱及有囚之所,周巡省察,饥寒者给以衣食,桎梏者代以轻锁。"假梁郡王嘉破萧道成将卢绍之、玄元度于朐山，其下蔡戍主弃城遁走。

冬十月丁未，诏昌黎王冯熙为西道都督，与征南将军桓诞出义阳；镇南将军贺罗自下蔡东出钟离。兰陵民桓富杀其县令，与昌虑桓和北连太山群盗张和颜等，聚党保五固，推司马朗之为主。诏淮阳王尉元等讨之。

是岁，诏以州镇十八水旱，民饥，开仓赈恤。

五年春正月己卯，车驾南巡。丁亥，至中山。亲见高年，问民疾苦。

二月辛卯朔，大赦天下，赐孝悌、力田、孤贫不能自存者谷帛有差；免宫人年老者还其所亲。丁酉，车驾幸信都，存问如中山。癸卯，还中山。己酉，讲武于唐水之阳。庚戌，车驾还都。沙门法秀谋反，伏诛。南征诸将击破萧道成游击将军桓康于淮阳。道成豫州刺史垣崇祖寇下蔡，昌黎王冯熙击破之。假梁郡王嘉大破道成将，俘获三万余口送京师。

三月辛酉朔，车驾幸肆州。癸亥，讲武于云水之阳。所经考察守宰，加以黜陟。己巳，车驾还宫。诏曰："法秀妖诈乱，常妄说符瑞，兰台御史张求等一百余人，招结奴隶，谋为大逆。有司科以族诛，诚合刑宪。且矜愚重命，犹所弗忍。其五族者，降止同祖；三族，止一门；门诛，止身。"

夏四月己亥，行幸方山。建永固石室于山上，立碑于石室之庭；又铭太皇太后终制于金册，又起鉴玄殿。壬子，以南俘万余口班赐群臣。甲寅，诏曰："时雨不沾，春苗萎悴。诸有骸骨之处，皆敕埋藏，勿令露见。有神祇之所，悉可祷祈。"任城王云薨。

五月庚申朔，诏曰："乃者边兵屡动，劳役未息，百姓因之，轻陷刑网，狱讼烦兴，四民失业。朕每念之，用伤怀抱。农时要月，民须肆力。其敕天下，勿使有留狱久囚。"壬戌，邓至国遣使朝贡。庚午，青州主簿崔次恩聚众谋叛，州军击之，次恩走郁洲。

六月甲辰，中山王睿薨。戊午，封皇叔简为齐郡王，猛为安丰王。

秋七月甲子，萧道成遣使朝贡。辛酉，蠕蠕别帅他稽率众内附。甲戌，班乞养杂户及户籍之制五条。

九月庚子，阅武于南郊，大飨群臣。萧道成使车僧朗以班在刘准使殷灵诞之后，辞不就席。刘准降人解奉君，刃僧朗于会中。诏诛奉君等。乙亥，封昌黎王冯熙世子诞为南平王。兖州斩司马朗之，传首京师。

冬十月癸卯，蠕蠕国遣使朝贡。

十有二月癸巳，诏以州镇十二民饥，开仓赈恤。

六年春正月甲戌，大赦天下。

二月辛卯，诏曰："灵丘郡土既褊瘠，又诸州路冲，官私所经，供费非一。往年巡行，见其劳瘁，可复民租调十五年。"癸巳，白兰王吐谷浑翼世以诬罔伏诛。乙未，诏曰："萧道成逆乱江淮，戎旗频举，七州之民既有征运之劳，深乖轻徭之义，朕甚愍之。其复常调三年。"戊申，地豆于国遣使朝贡。癸丑，赐王公已下清勤著称者谷帛有差。

三月庚辰，行幸虎圈。诏曰："虎狼猛暴，良肉残生，取捕之日，每多伤害，既无所益，损费良多，从今勿复捕贡。"辛巳，幸武州山石窟寺，赐贫老者衣服。壬午，幸方山。是月，萧道成死，子赜僭立。

夏四月甲辰，赐畿内鳏寡孤独不能自存者粟帛有差。

六月，蠕蠕国遣使朝贡。

秋七月，发州郡五万人治灵丘道。

八月癸未朔，分遣大使巡行天下遭水之处，丐民租赋，贫俭不自存者，赐以粟帛。庚子，罢山泽之禁。

九月辛酉，以氐杨后起为武都王。

冬十有一月乙卯，吐谷浑国遣使朝贡。

十有二月丁亥，诏曰："朕以寡薄，政缺平和，不能仰缉纬象，蠲兹六沴。去秋淫雨，洪水为灾，百姓嗷然。朕用嗟愍，故遣使者循方赈恤。而牧守不思利民之道，期于取办。爱毛反裘，甚无谓也。今课督未入及将来租算，一以丐之。有司勉加劝课，以要来穰，称朕意焉。”

七年春正月庚申，诏曰：“朕每思知百姓之所疾苦，以增修宽政，而明不烛远，实有缺焉。故具问守宰苛虐之状于州郡使者、秀孝、计掾，而对多不实，甚乖朕虚求之意，宜案以大辟，明罔上必诛。然情犹未忍，可恕罪听归。申下天下，使知后犯无恕。”丁卯，诏青、齐、光、东徐四州之民，户运仓粟二十石，送瑕丘、琅邪，复租算一年。

三月甲戌，以冀、定二州民饥，诏郡县为粥于路以食之。又弛关津之禁，任其去来。

夏四月庚子，幸崞山，赐所过鳏寡不能自存者服、粟、帛。壬寅，车驾还宫。

闰月癸丑，皇子生，大赦天下。

五月戊寅朔，幸武州山石窟佛寺。

六月，定州上言，为粥给饥人，所活九十四万七千余口。

秋七月丁丑，帝、太皇太后幸神渊池。甲申，幸方山。诏假员外散骑常侍李彪、员外郎兰英使于萧赜。济南王罗拔改封赵郡王。

九月壬寅，诏曰：“朕承祖宗，夙夜惟惧，然听政之际，犹虑未周。至于案文审狱，思闻己过。自今群官奏事，当献可替否，无或面从，俾朕之过，彰于远近”。冀州上言，为粥给饥民，所活七十五万一千七百余口。

冬十月戊午，皇信堂成。

十有一月辛丑，萧赜遣使朝贡。

十有二月癸丑，诏曰：“淳风行于上古，礼化用乎近叶。是以夏殷不嫌一族之婚，周世始绝同姓之娶，斯皆教随时设，治因事改者也。皇运初基，中原未混，拨乱经纶，日不暇给，古风遗朴，未遑厘改，后遂因循，迄兹莫变。朕属百年之期，当后仁之政，思易质旧，式昭惟新。自今悉禁绝之，有犯以不道论。”庚午，开林虑山禁，与民共之。诏以州镇十三民饥,开仓赈恤。

八年春正月,诏陇西公元琛、尚书陆睿为东西二道大使,褒善罚恶。

二月,蠕蠕国遣使朝献。

夏四月甲寅,幸方山。戊午,车驾还宫。庚申,行幸旋鸿池,遂幸崞山。丁卯,还宫。

五月己卯,诏赈赐河南七州戍兵。甲申,诏员外散骑常侍李彪、员外郎兰英使于萧赜。

六月丁卯,诏曰:"置官班禄,行之尚矣。《周礼》有食禄之典,二汉著受俸之秩。逮于魏晋,莫不聿稽往宪,以经纶治道。自中原丧乱,兹制中绝,先朝因循,未遑厘改。朕永鉴四方,求民之瘼,夙兴昧旦,至于忧勤。故宪章旧典,始班俸禄。罢诸商人,以简民事。户增调三匹、谷二斛九斗,以为官司之禄。均预调为二匹之赋,即兼商用。虽有一时之烦,终克永逸之益。禄行之后,赃满一匹者死。变法改度,宜为更始,其大赦天下,与之惟新。"戊辰,武州水泛滥,坏民居舍。

秋七月乙未,行幸方山石窟寺。

八月甲辰,诏曰:"帝业至重,非广询无以致治;王务至繁,非博采无以兴功。先王知其如此,故虚己以求过,明恕以思咎。是以谏鼓置于尧世,谤木立于舜庭,用能耳目四达,庶类咸熙。朕承累圣之洪基,属千载之昌运,每布遐风,景行前式。承明之初,班下内外,听人各尽规以补其阙。中旨虽宣,允称者少。故变时法,远遵古典,班制俸禄,改更刑书。宽猛未允,人或异议,思言者莫由申情,求谏者无因自达,故令上明不周,下情壅塞。今制:百辟卿士,工商吏民,各上便宜;利民益治,损化伤政,直言极谏,勿有所隐,矜令辞无烦华,理从简实。朕将亲览,以知世事之要,使言之者无罪,闻之者足以为戒。"

九月甲午,萧赜遣使朝贡。戊戌,诏曰:"俸制已立,宜时班行,其以十月为首,每季一请。"于是内外百官,受禄有差。

冬十月,高丽国遣使朝贡。萧赜双城戍主王继宗内属。

十有一月乙未,诏员外散骑常侍李彪、员外郎兰英使于萧赜。

十有二月,诏以州镇十五水旱,民饥。遣使者循行,问所疾苦,开仓赈恤。

九年春正月戊寅,诏曰:"图谶之兴,起于三季,既非经国之典,徒为妖邪所凭。自今图谶、秘纬及名为《孔子闭房记》者,一皆焚之,留者以大辟论。又诸巫觋假称神鬼,妄说吉凶,及委巷诸卜非坟典所载者,严加禁断。"癸未,大飨群臣于太华殿,班赐皇诰。

二月己亥,制皇子封王者、皇孙及曾孙绍封者、皇女封者,岁禄各有差。以广阳王建第二子嘉绍建后,为广阳王。乙巳,诏曰:"昔之哲王,莫不博采下情,勤求箴谏,建设旌鼓,询纳刍荛。朕班禄删刑,虑不周允,虚怀谠直,思显洪猷。百司卿士及工商吏民,其各上书极谏,靡有所隐。"

三月丙申,宕昌国遣使朝贡。封皇弟禧为咸阳王,干为河南王,羽为广陵王,雍为颍川王,勰为始平王,详为北海王。

夏四月癸丑,幸方山。甲寅,还宫。

五月,高丽国及萧赜并遣使朝贡。

六月辛亥,幸方山,遂幸灵泉池。丁巳,还宫。

秋七月丙寅朔,新作诸门。癸未,遣使拜宕昌王梁弥机兄子弥承为其国王。戊子,幸鱼池,登青原冈。甲午,还宫。

八月己亥,行幸弥泽。甲寅,登牛头山。庚申,诏曰:"数州灾水,饥馑荐臻,致有卖鬻男女者。天之所谴,在予一人,而百姓无辜,横罹艰毒,朕用殷忧夕惕,忘食与寝。今自太和六年已来,买定、冀、幽、相四州饥民良口者尽还所亲,虽娉为妻妾,遇之非理,情不乐者亦离之。"甲子,还宫。

冬十月丁未,诏曰:"朕承乾在位,十有五年,每览先王之典,经纶百氏,储畜既积,黎元永安。爰暨季叶,斯道陵替,富强者并兼山泽，贫弱者望绝一廛。致令地有遗利，民无余财，或争亩畔以亡身，或因饥馑以弃业。而欲天下太平，百姓丰足，安可得哉？今遣使者，循行州郡，与牧守均给天下之田，还受以生死为断，劝课农桑，兴富民之本。”戊申，高丽、吐谷浑国并遣使朝贡。辛酉，侍中、司徒、魏郡王陈建薨。诏员外散骑常侍李彪、尚书郎公孙阿六头使萧赜。

十有二月乙卯，侍中、淮南王他为司徒。蠕蠕犯塞，诏任城王澄率众讨之。

是年，京师及州镇十三水旱伤稼。宕昌、高丽、吐谷浑等国并遣使朝贡。

魏书卷七下
帝纪第七下

高祖孝文帝 宏

十年春正月癸亥朔，帝始服衮冕，朝飨万国。壬午，蠕蠕犯塞。

二月甲戌，初立党、里、邻三长，定民户籍。

三月丙申，蠕蠕国遣使朝贡。庚申，萧赜遣使朝贡。

夏四月辛酉朔，始制五等公服。甲子，帝初以法服御辇，祀于西郊。癸酉，幸灵泉池。戊寅，国驾还宫。是月，高丽、吐谷浑国并遣使朝贡。

六月辛酉，幸方山。己卯，名皇子曰恂，大赦天下。

秋七月戊戌，幸方山。

八月乙亥，给尚书五等品爵已上朱衣、玉佩、大小组绶。

九月辛卯，诏起明堂、辟雍。

冬十月癸酉，有司议依故事，配始祖于南郊。

十有一月，议定州郡县官，依户给俸。

十有二月壬申，蠕蠕犯塞。癸未，勿吉国遣使朝贡。乙酉，诏以汝南、颍川大饥，丐民田租，开仓赈恤。

十有一年春正月丁亥朔，诏定乐章，非雅者除之。

二月甲子，诏以肆州之雁门及代郡民饥，开仓赈恤。

夏四月己未，吐谷浑国遣使朝贡。

五月壬辰，幸灵泉池，遂幸方山。癸巳，南平王浑薨。甲午，车驾还宫。诏复七庙子孙及外戚缌服已上，赋役无所与。诏南部尚书公孙文庆、上谷张伏千率众南讨舞阴山。阙高丽、吐谷浑国遣使朝贡。

六月辛巳，秦州民饥，开仓赈恤。癸未，诏曰："春旱至今，野无青草。上天致谴，实由匪德。百姓无辜，将罹饥馑。寤寐思求，罔知所益。公卿内外股肱之臣，谋猷所寄，其极言无隐，以救民瘼。

秋七月己丑，诏曰："今年谷不登，听民出关就食。遣使者造籍，分遣去留，所在开仓赈恤。"

八月壬申，蠕蠕犯塞，遣平原王陆睿讨之。事具《蠕蠕传》。庚辰，大议北伐，进策者百有余人。辛巳，罢山北苑，以其地赐贫民。悉万斤国遣使朝献。

九月庚戌，诏曰："去夏以岁旱民饥，须遣就食，旧籍杂乱，难可分简，故依局割民，阅户造籍，欲令去留得实，赈贷平均。然乃者以来，犹有饿死衢路，无人收识。良由本部不明，籍贯未实，廪恤不周，以至于此。朕猥居民上，闻用慨然。可重遣精检，勿令遗漏。"

冬十月辛未，诏罢起部无益之作，出宫人不执机杼者。甲戌，诏曰："乡饮礼废，则长幼之叙乱。孟冬十月，民闲岁隙，宜于此时导以德义。可下诸州，党里之内，推贤而长者，教其里人，父慈、子孝、兄友、弟顺、夫和、妻柔。不率长教者，具以名闻。"

十有一月丁未，诏罢尚方锦绣绫罗之工，四民欲造，任之无禁。其御府衣服、金银、珠玉、绫罗、锦绣，太官杂器，太仆乘具，内库弓矢，出其太半，班赉百官及京师士庶，下至工商皂隶，逮于六镇戍士，各有差。戊申，诏曰："朕惟上政不明，令民陷身罪戾。今寒气劲切，杖捶难任。自今月至来年孟夏，不听拷问罪人。又岁既不登，民多饥窘，轻系之囚，宜速决了，无令薄罪久留狱犴。"

十有二月，诏秘书丞李彪、著作郎崔光改析国记，依纪传之体。

是岁，大饥，诏所在开仓赈恤。

十有二年春正月辛巳朔，初建五牛旌旗。乙未，诏曰："镇戍流徙之人，年满七十，孤单穷独，虽有妻妾而无子孙，诸如此等，听解名还本。诸犯死刑者，父母、祖父母年老，更无成人子孙，旁无期亲者，具状以闻。”

二月壬戌，高丽国遣使朝献。

三月丁亥，宕冒国遣使朝献。中散梁众保等谋反，伏诛。

夏四月，高丽、吐谷浑国并遣使朝贡。萧赜将陈显达等寇边。甲寅，诏豫州刺史元斤率众御之。甲子，大赦天下。乙丑，幸灵泉池。丁卯，遂幸方山。己巳，还宫。陈显达攻陷醴阳，左仆射、长乐王穆亮率骑一万讨之。

五月丁酉，诏六镇、云中、河西及关内郡，各修水田，通渠溉灌。壬寅，增置彝器于太庙。

六月甲寅，宕昌国遣使朝贡。

秋七月己丑，幸灵泉池，遂幸方山。己亥，还宫。

八月甲子，勿吉国贡楛矢、石砮。

九月，吐谷浑、宕昌国遣使朝贡。甲午，诏曰：“日月薄蚀，阴阳之恒度耳。圣人惧人君之放怠，因之以设诫，故称‘日蚀修德，月蚀修行’。乃癸巳夜，月蚀尽。公卿已下，宜慎刑罚，以答天意。”丁酉，起宣文堂、经武殿。癸卯，侍中、司徒、淮南王他薨。吐谷浑、宕昌、武兴诸国为各遣使朝贡。

闰月甲子，帝观筑圆丘于南郊。乙丑，高丽国遗使朝贡。辛未，幸灵泉池。癸酉，还宫。

十有一月，诏以二雍、豫三州民饥，开仓赈恤。梁州刺史、临淮王提坐贪纵，徙配北镇。

十有二月，蠕蠕伊吾戍主高羔子率众三千以城内附。以侍中、安丰王猛为开府仪同三司。

十有三年春正月辛亥，车驾有事于圆丘。于是初备大驾。乙丑，兖州民王伯恭聚众劳山，自称齐王。东莱镇将孔伯孙讨斩之。戊辰，萧赜遣众寇边，淮阳太守王僧俊击走之。

二月壬午，高丽国遣使朝献。庚子，引群臣访政道得失损益之宜。

三月甲子，吐谷浑国遣使朝献。夏州刺史章武王彬以贪赇削封。

夏四月丁丑，诏曰："升楼散物，以赉百姓，至使人马腾践，多有毁伤，今可断之，以本所费之物，赐穷老贫独者。"丁亥，幸灵泉池，遂幸方山。己丑，还宫。吐谷浑国遣使朝贡。州镇十五大饥，诏所在开仓赈恤。

五月庚戌，车驾有事于方泽。

六月，汝阴王天赐、南安王桢并坐赃贿免为庶人。高丽国遣使朝贡。

秋七月甲辰，阴平国遣使朝贡。丙寅，幸灵泉池，与群臣御龙舟，赋诗而罢。立孔子庙于京师。

八月乙亥，诏兼员外散骑常侍邢产、兼员外散骑侍郎侯灵绍使于萧赜。戊子，诏诸州镇有水田之处，各通溉灌，遣匠者所在指授。中尺国遣使朝贡。

九月丁未，吐谷浑、武兴、宕昌诸国各遣使朝献。出宫人以赐北镇人贫鳏无妻者。

冬十月甲申，高丽国遣使朝贡。

十有一月己未，安丰王猛薨。

十有二月丙子，侍中、司空、河东王苟颓薨。甲午，萧赜遣使朝贡。己亥，以尚书令尉元为司徒，左仆射穆亮为司空。

是岁，蠕蠕别帅叱吕勤率众内附。

十有四年春正月乙丑，行幸方山。

二月辛未，行幸灵泉池。壬申，还宫。戊寅，初诏定起居注制。己卯，诏遣侍臣循行州郡，问民疾苦。三月壬申，吐谷浑、宕昌、武兴、阴平诸国并遣使朝贡。

夏四月，地豆于频犯塞。甲戌，征西大将军、阳平王颐击走之。

甲午，诏兼员外散骑常侍邢产、兼员外散骑侍郎苏季连使于萧赜。

五月己酉，库莫奚犯塞，安州都将楼龙儿击走之。沙门司马惠御自言圣王，谋破平原郡，擒获伏诛。

秋七月甲辰，诏罢都牧杂制。丙午，行幸方山。丙辰，遂幸灵泉池。高丽国遣使朝贡。

八月丙寅朔，车驾还宫。辛卯，宕昌国遣使朝贡。诏议国之行次。

九月癸丑，太皇太后冯氏崩。壬戌，高丽国遣使朝贡。诏听蕃镇曾经内侍者，前后奔赴。

冬十月戊辰，诏曰："自丁荼苦，奄逾晦朔。仰遵遗旨，祖奠有期。朕将亲侍龙舆，奉诀陵隧。诸常从之具，悉可停之。其武卫之官，防侍如法。"癸酉，葬文明太皇太后于永固陵。甲戌，车驾谒永固陵。群臣固请公除，帝不许。己卯，车驾谒永固陵。庚辰，帝居庐，引见群僚于太和殿。太尉、东阳王丕等据权制固请，帝引古礼往复，群臣乃止。语在《礼志》。京兆王太兴有罪，免官削爵。诏曰："公卿屡依金册遗旨，中代权式，请过葬即吉。朕思遵远古，终三年之制，依礼，既虞卒哭。此月二十一日授服，以葛易麻。既衰服在上，公卿不得独释于下。故于朕之授服，变从练礼，已下复为节降，斟酌今古，以制厥衷，且取遗旨速除之一端，粗申臣子罔极之巨痛。"癸未，诏曰："朕远遵古式，欲终三年之礼。百辟群官，据金册顾命，将夺朕心，从先朝之制。朕仰惟金册，俯自推省，取诸二衷，不许众议，以衰服过期，终四节之慕。又奉圣训，聿修诰旨，不敢暗嘿自居，以旷机政。庶不愆遣令之意，差展哀慕之情。普下州镇，长至三元，绝告庆之礼。"甲申，车驾谒永固陵。辛卯，诏曰："群官以万机事重，请求听政，朕仰祗遗命，亦思无怠。但哀慕缠绵，心神迷塞，未堪自力以亲政事。近侍先掌机衡者，皆谋猷所寄，且可任之，如有疑事，当时与论决。"

十有一月甲寅，曰："垂及至节，感慕崩摧，凡在臣列，谁不哽切。内外职人先朝班次及诸方杂客，冬至之日，尽听入临。三品已上衰服者，至夕复临，其余，唯旦临而已。其拜哭之节，一依别仪。”丁巳，萧赜遣使朝贡。

十有二月壬午，诏依准丘井之式，遣使与州郡宣行条制，隐口漏丁，即听附实。若朋附豪势，陵抑孤弱，罪有常刑。

十五年春正月丁卯，帝始听政于皇信东室。初分置左右史官。吐谷常国遣使朝贡。

二月乙亥，枹罕镇将长孙百年请讨吐谷浑所置洮阳、泥和二戍，许之。己丑，萧赜遣使朝贡。

三月甲辰，车驾谒永固陵。己酉，悉万斤等五国遣使朝贡。

夏四月癸亥，帝始进蔬食。乙丑，谒永固陵。自正月不雨，至于癸酉。有司奏祈百神，诏曰：“昔成汤遇旱，齐景逢灾，并不由祈山川而致雨，皆至诚发中，澍润千里。万方有罪，在予一人。今普天丧恃，幽显同哀，神若有灵，犹应未忍安飨，何宜四气未周，便欲祀事。唯当考躬责己，以待天谴。”甲戌，诏员外散骑常侍李彪、尚书郎公孙阿六头使于萧赜。己卯，经始明堂，改太庙。

五月己亥，议改律令，于东明观折疑狱。乙卯，百年攻洮阳、泥和二戍，克之，俘获三千余人，诏悉免归。高丽国遣使朝献。丙辰，诏造五辂。六月丁未，济阴王郁以贪残赐死。

秋七月乙丑，谒永固陵。规建寿陵。戊寅，吐谷浑国遣使朝贡。己卯，诏议祖宗，以道武为太祖。乙酉，车驾巡省京邑，听讼而还。

八月壬辰，议养老，又议肆类上帝、禋于六宗之礼，帝亲临决。诏郡国有时物可以荐宗庙者，贡之。戊戌，移道坛于桑乾之阴，改曰崇虚寺。己亥，诏诸州举秀才，先尽才学。乙巳，亲定禘祫之礼。丁巳，议律令事，仍省杂祀。

九月辛巳，萧赜遣使朝贡。壬午，吐谷浑、高丽、宕昌、邓至诸国并遣使朝献。

冬十月庚寅，车驾谒永固陵。是月，明堂、太庙成。

十有一月丁卯，迁七庙神主于新庙。乙亥，大定官品。戊寅，考诸牧守。诏假通直散骑常侍李彪、假散骑侍郎蒋少游使萧赜。丙戌，初罢小岁贺。丁亥，诏二千石考在上上者，假四品将军，赐乘黄马一匹；上中者，五品将军；上下者，赐衣一袭。

十有二月壬辰，迁社于内城之西。癸巳，颁赐刺史已下衣冠。以安定王休为太傅，齐郡王简为太保。帝为高丽王琏举哀于城东行宫。己酉，车驾迎春于东郊。辛亥，诏简选乐官。

十有六年春正月戊午朔，飨群臣于太华殿。帝始为王公兴，悬而不乐。已未，宗祀显祖献文皇帝于明堂，以配上帝。遂升灵台，以观云物；降居青阳左个，布政事。每朔，依以为常。辛酉，始以太祖配南郊。壬戌，诏定行次，以水承金。甲子，诏罢祖裸疑。乙丑，制诸远属非太祖子孙及异姓为王，皆降为公，公为侯，侯为伯，子男仍旧，皆除将军之号。戊辰，帝临思义殿，策问秀孝。丙子，始以孟月祭庙。

二月戊子，帝移御永乐宫。庚寅，坏太华殿，经始太极。辛卯，罢寒食飨。壬辰，幸北部曹，历观诸省，巡省京邑，听理冤讼。甲午，初朝日于东郊，遂以为常。丁酉，诏祀唐尧于平阳，虞舜于广宁，夏禹于安邑，周文于洛阳。丁未，改谥宣尼曰文圣尼父，告谥孔庙。

三月丁卯，巡省京邑。癸酉，省西郊郊天杂事。乙亥，车驾初迎气南郊，自此为常。辛巳，以高丽王琏孙云为其国王。萧赜遣使朝贡。是月，高丽、邓至国并遣使朝贡。

四月丁亥朔，班新律令，大赦天下。癸巳，契啮国遣使朝贡。甲寅，幸皇宗学，亲问博士经义。

五月癸未，诏群臣于皇信堂，更定律条，流徒限制，帝亲临决之。

六月己丑，高丽国遣使朝贡。甲辰，诏曰："务农重谷，王政所先；劝率田畴，君人常事。今四气休序，时泽注滂润，宜用天分地，悉力东亩。然京师之民，游食者众，不加督劝，或芸耨失时。可遣明使检察劝惰以闻。"

秋七月庚申，吐谷浑世子贺虏头来朝。壬戌，诏曰："王者设官分职，垂拱责成，振纲举纲，众目斯理。朕德谢知人，岂能一见鉴识，徒乖为君委授之义。自今选举，每以季月，本曹与吏部铨简。"甲戌，诏兼员外散骑常侍宋弁、兼员外散骑侍郎房亮使于萧赜。

八月庚寅，车驾初夕月于西郊，遂以为常。辛卯，高丽国遣使朝贡。乙未，诏阳平王颐、左仆射陆睿督十二将七万骑北讨蠕蠕。丙午，宕昌王梁弥承来朝。司徒尉元以老逊位。己酉，以尉元为三老，游明根为五更。又养国老、庶老。将行大射之礼，雨，不克成。癸丑，诏曰："文武之道，自古并行，威福之施，必也相藉。故三、五至仁，尚有征伐之事；夏殷明睿，未舍兵甲之行。然则天下虽平，忘战者殆，不教民战，可谓弃之。是以周立司马之官，汉置将军之职，皆所以辅文强武，威肃四方者矣。国家虽崇文以怀九服，修武以宁八荒，然于习武之方，犹为未尽。今则训文有典，教武阙然。将于马射之前，先行讲武之式，可敕有司豫修场埒。其列阵之仪，五戎之数，别俟后敕。"

九月甲寅朔，大序昭穆于明堂，祀文明太皇太后于玄室。辛未，帝以文明太皇太后再周忌日，哭于陵左，绝膳二日，哭不辍声。辛巳，武兴王杨集始来朝。

冬十月乙酉，邓至国遣使朝献。己亥，以太傅、安定王休为大司马、特进，冯诞为司徒。甲辰，诏以功臣配飨太庙。丙午，高丽国遣使朝献。庚戌，太极殿成，大飨群臣。

十有一月乙卯，依古六寝，权制三室，以安昌殿为内寝，皇信堂为中寝，四下疑为外寝。

十有二月，赐京邑老人鸠杖。是月，萧赜遣使朝贡。

十有七年春正月壬子朔，帝飨百僚于太极殿。乙丑，诏曰："夫骏奔入觐，臣下之常式；锡马赐车，君人之恒惠。今诸边君蕃胤，皆虔集象魏，趋锵紫庭。贡飨既毕，言旋无远。各可依秩赐车旗衣马，务令优厚。其武兴、宕昌，各赐锦缯纩一千；吐谷浑世子八百。邓至世子,虽因缘至都,亦宜赍及,可赐三百。命数之差,皆依别牒。”诏兼员外散骑侍郎刘承叔使于萧赜。乙亥,勿吉国遣使朝献。丙子,以吐谷浑伏连筹为其国王。庚辰,蠲大司马、安定王休,太保、齐郡王简朔望之朝。

二月乙酉,诏赐议律令之官各有差。己丑,车驾始籍田于都南。

三月戊辰,改作后宫。帝幸永兴园,徙御宣文堂。吐谷浑国遣使朝献。

夏四月戊戌,立皇后冯氏。是月,萧赜征虏将军、直阁将军、蛮酋田益宗率部落四千余户内属。

五月乙卯,宕昌、阴平、契丹、库莫奚诸国,并遣使朝献。壬戌,宴四庙子孙于宣文堂,帝亲与之齿,行家人之礼。甲子,帝临朝堂,引见公卿已下,决疑政,录囚徒。丁丑,以旱撤膳。襄阳蛮酋雷婆思等率一千三百余户内徙,居于太和川。

六月丙戌,帝将南伐,诏造河桥。己丑,诏免徐、南豫、陕、岐、东徐、洛、豫七州军粮。丁未,讲武。乙巳,诏曰:“六职备于周经,九列炳于汉晋,务必有恒,人守其职。比百秩虽陈,事典未叙。自八元树位,躬加省览,远依往籍,近采时宜,作《职员令》二十一卷。事迫戎期,未善周悉。虽不足纲范万度,永垂不朽,且可释滞目前,厘整时务。须待军回,更论所阙,权可付外施行。其有当局所疑而令文不载者,随事以闻,当更附之。”立皇子恂为皇太子。戊申,高丽国遣使朝献。

秋七月癸丑,以皇太子立,诏赐民为人后者爵一级,为公士;曾为吏属者爵二级,为上造;鳏寡孤独不能自存者,人粟五斛。戊午,中外戒严。是月,萧赜死,孙昭业僭立。

八月乙酉,三老、山阳郡公尉元薨。丙戌,车驾类于上帝,遂临尉元丧。丁亥,帝辞永固陵。己丑,车驾发京师南伐,步骑百余万。太尉丕奏请以宫人从,诏曰:“临戎不语内事,宜停来请。”壬寅,车驾至肆州,民年七十已上,赐爵一级。路见眇跛者停驾亲问,赐衣食终身。戊申,幸并州。亲见高年,问所疾苦。

九月壬子，诏兼员外散骑常侍高聪、兼员外散骑侍郎贾祯使于萧昭业。丁巳，诏以车驾所经伤民秋稼者，亩给谷五斛。戊辰，济河，诏洛、怀、并、肆所过四州之民，百年以上假县令，九十以上赐爵三级，八十以上赐爵二级，七十以上赐爵一级；鳏寡孤独不能自存者粟人五斛、帛二匹；孝悌廉义、文武应求者，皆以名闻。又诏厮养之户，不得与士民婚；有文武之才、积劳应进者，同庶族例，听之。庚午，幸洛阳，周巡故宫基趾。帝顾谓侍臣曰："晋德不修，早倾宗祀，荒毁至此，用伤朕怀。"遂咏《黍离》之诗，为之流涕。壬申，观洛桥，幸太学，观石经。乙亥，邓至王像舒彭遣子旧诣阙朝贡，并奉表，求以位授旧，诏许之。丙子，诏六军发轸。丁丑，戎服执鞭，御马而出，群臣稽颡于马前，请停南伐，帝乃止。仍定迁都之计。

冬十月戊寅朔，幸金墉城。诏征司空穆亮与尚书李冲、将作大匠董爵经始洛京。己卯，幸河南城。乙酉，幸豫州。癸巳，次于石济。乙未，解严，设坛于滑台城东，告行庙以迁都之意。大赦天下。起滑台宫。又诏京师及诸州从戎者，赐爵一级，应募者，加二级，主将加三级。癸卯，幸邺城。乙巳，诏安定王休率从官迎家于代京，车驾送于漳水上。初，帝之南伐也，起宫殿于邺西。十有一月癸亥，宫成，徙御焉。

十有二月戊寅，巡省六军。庚寅，阴平国遣使朝贡。乙未，诏隐恤军士，死亡、疾病务令优给。

十有八年春正月丁未朔，朝群臣于邺宫澄鸾殿。丁巳，高丽国遣使朝献。癸亥，车驾南巡。诏相、兖、豫三州：百年以上，假县令，九十以上，赐爵二级，七十以上，赐爵一级；孤老鳏寡不能自存者，赐粟五石、帛二匹；孝悌廉义、文武应求者，皆以名闻。戊辰，经殷比干之暮，祭以太牢。乙亥，幸洛阳西宫。

二月乙丑，行幸河阴，规建方泽之所。丙申，河南王干徙封赵郡，颍川王雍徙封高阳。壬寅，车驾北巡。癸卯，济河。萧昭业遣使朝贡。甲辰，诏天下喻以迁都之意。

闰月癸亥，次句注陉南，皇太子朝于蒲池。壬申，至平城宫。癸酉，临朝堂，部分迁留。甲戌，谒永固陵。

三月庚辰，罢西郊祭天。壬辰，帝临太极殿，谕在代群臣以迁移之略。

夏五月乙亥，诏罢五月五日、七月七日飨。

六月己巳，诏兼员外散骑常侍卢昶、兼员外散骑侍郎王清石使于萧昭业。

秋七月乙亥，以宋王刘昶为大将军。壬午，侍中、大司马、安定王休薨。辛卯，高丽国遣使朝贡。壬辰，车驾北巡。戊戌，谒金陵。辛丑，幸朔州。是月，岛夷萧鸾杀其主萧昭业，立昭业弟昭文。

八月癸卯，皇太子朝于行宫。甲辰，行幸阴山，观云川。丁未，幸阅武台，临观讲武。癸丑，幸怀朔镇。己未，幸武川镇。辛酉，幸抚冥镇。甲子，幸柔玄镇。乙丑，南还所过，皆亲见高年，问民疾苦，贫窘孤老赐以粟帛。丙寅，诏六镇及御夷城人，年八十以上而无子孙兄弟，终身给其廪粟；七十以上家贫者，各赐粟十斛。又诏诸北城人，年满七十以上及废疾之徒，校其元犯，以准新律，事当从坐者，听一身还乡，又令一子扶养，终命之后，乃遣归边；自余之处，如此之犯，年八十以上皆听还。戊辰，车驾次旋鸿池。庚午，谒永固陵。辛未，还平城宫。

九月壬申朔，诏曰："三载考绩，自古通经；三考黜陟，以彰能否。今若待三考然后黜陟，可黜者不足为迟，可进者大成赊缓。是以朕今三载一考，考即黜陟，欲令愚滞无妨于贤者，才能不壅于下位。各令当曹考其优劣，为三等。六品以下，尚书重问；五品以上，朕将亲与公卿论其善恶。上上者迁之，下下者黜之，中中者守其本任。"壬午，帝临朝堂，亲加黜陟。壬辰，阴平王杨炅来朝。

冬十月甲辰，以太尉、东阳王丕为太傅。

戊申，亲告太庙，奉迁神主。辛亥，车驾发平城宫。壬戌，次于中山之唐湖。乙丑，分遣侍臣巡问民所疾苦。己巳，幸信都。庚午，诏曰："比闻缘边之蛮，多有窃掠，致有父子乖离，室家分绝，既亏和气，有伤仁厚。方一区宇，子育万姓，若苟如此，南人岂知朝德哉？可诏荆、郢、东荆三州勒敕蛮民，勿有侵暴。”是月，萧鸾废杀其主萧昭文而僭立。

十有一月辛未朔，诏冀、定二州民：百年以上假以县令，九十以上赐爵三级，八十以上赐爵二级，七十以上赐爵一级；鳏寡孤独不能自存者，赐以谷帛；孝义廉贞、文武应求者具以名闻。丁丑，车驾幸邺。甲申，经比干之墓，伤其忠而获戾，亲为吊文，树碑而刊之。己丑，车驾至洛阳。萧鸾雍州刺史曹虎据襄阳请降。

十有二月辛丑朔，遣行征南将军薛真度督四将出襄阳，大将军刘昶出义阳，徐州刺史元衍出钟离，平南将军刘藻出南郑。壬寅，革衣服之制。癸卯，诏中外戒严。戊申，优复代迁之户租赋三岁。巳酉，诏王、公、侯、伯、子、男开国食邑者：王食半，公三分食一，侯伯四分食一，子男五分食一。辛亥，车驾南伐。丁卯，诏郢、豫二州之民：百龄以上假县令，九十以上赐爵三级，八十以上赐爵二级，七十以上赐爵一级；孤寡鳏老不能自存者赐以谷帛；缘路之民，复田租一岁；孝悌廉义、文武应求，具以名闻。戊辰，车驾至悬瓠。己巳，诏寿阳钟离马头之师所获男女之口皆放还南。

十有九年春正月辛未朔，朝飨群臣于悬瓠。癸酉，诏禁淮北之民不得侵掠，犯者以大辟论。甲戌，檄喻萧鸾。丙子，鸾龙阳县开国侯王朗自涡阳来降。壬午，讲武于汝水之西，大赉六军。丙申，平南将军王肃频破萧鸾将，擒其宁州刺史董峦。己亥，车驾济淮。

二月甲辰，幸八公山，路中雨甚，诏去盖，见军士病者，亲隐恤之。戊申，车驾巡淮而东，民皆安堵，租运属路。壬子，高丽国遣使朝献。丙辰，车驾至钟离。戊午，军士擒萧鸾三千卒。帝曰：“在君为君，其民何罪。”于是免归。辛酉，车驾发钟离，将临江水。司徒冯诞薨。壬戌，乃诏班师。丁卯，遣使临江，数萧鸾杀主自立之罪恶。

三月戊寅，幸邵阳。戊子，太师冯熙薨。乙未，半幸邳。邓至国遣使朝贡。

夏四月庚子，车驾幸彭城。辛丑，帝为太师冯熙举哀于行在所。丁未，曲赦徐、豫二州，其运漕之士，复租赋三年。辛亥，诏赐百岁以上假县令，九十以上赐爵三级，八十以上赐爵二级，七十以上赐爵一级；孤寡老疾不能自存者，赐以谷帛，德著丘园者具以名闻。萧鸾民降者，给复十五年。癸丑，幸小沛，遣使以太牢祭汉高祖庙。己未，行幸瑕丘，遣使以太牢祠岱岳。诏宿卫武官增位一级。庚申，行幸鲁城，亲祠孔子庙。辛酉，诏拜孔氏四人、颜氏二人为官。诏衮州刺史举部内士人才堪军国及宰治行，具以名闻。又诏赐衮州民爵及粟帛如徐州。又诏选诸孔宗子一人，封崇圣侯，邑一百户，以奉孔子之祀。又诏兖州为孔子起园柏，修饰坟垅，更建碑铭，褒扬圣德。戊辰，行幸碻磝。太和庙成。

五月己巳，城阳王鸾赭阳失利，降为定襄县王。广州王谐薨。庚午，迁文成皇后冯氏神主于太和庙。甲戌，行幸滑台。丙子，次于石济。庚辰，皇太子朝于平桃城。高丽、吐谷浑国并遣使朝贡。癸未，车驾至自南伐，告于太庙。甲申，减闲官禄以裨军国之用。乙酉，行饮至之礼，班赐有差。甲午，皇太子冠于庙。

六月己亥，诏不得以北俗之语言于朝廷，若有违者，免所居官。辛丑，诏复军士从驾渡淮者，租赋三年。癸卯，诏皇太子赴平城宫。壬子，诏济州、东郡、荥阳及河南诸县车驾所经者，百年以上赐假县令，九十以上赐爵三级，八十以上赐爵二级，七十以上赐爵一级；孤老鳏寡不能自存赐以谷帛，孝悌廉义、文武应求者具以名闻。癸丑，诏求天下遗书，秘阁所无、有裨益时用者，加以优赏。乙卯，曲赦梁州，复民田租三岁。丙辰，诏迁洛之民，死葬河南，不得还北。于是代人南迁者，悉为河南洛阳人。戊午，诏改长尺大斗，依《周礼》制度，班之天下。

八月甲辰，幸西宫，路见坏冢露棺，驻辇殣之。乙巳，诏选天下武勇之士十五万人为羽林、虎贲，以充宿卫。丁巳，诏诸从兵从征被伤者，皆听还本。金墉宫成。甲子，引群臣历宴殿堂。

九月庚午，六宫及文武尽迁洛阳。丙戌，行幸邺。丁亥，诏曰：

"诸有旧墓,铭记见存,昭然为时人所知者,三公及位从公者去墓三十步,尚书令仆、九列十五步,黄门、五校十步,各不听垦殖。"壬辰,遣黄门郎以太牢祭比干之墓。乙未,车驾还宫。

冬十月甲辰,曲赦相州。民百年以上假郡守,九十以上假县令,八十以上赐爵三级,七十以上赐爵二级;孤老痼疾不能自存者,赐以谷帛。丙辰,车驾至自邺。辛酉,诏州郡诸有士庶经行修敏、文思遒逸,才长吏治、堪干政事者,以时发遣。壬戌,诏诸州牧精品属官,考其得失,为三等之科以闻,将亲览而升降焉。诏徐、兖、光、南青、荆、洛六州,纂严戎备,应须赴集。

十有一月,行幸委粟山。议定圆丘。甲申,有事于圆丘。丙戌,大赦天下。

十有二月乙未朔,引见群臣于光极堂,宣示品令,为大选之始。辛酉,骠骑大将军、司州牧、咸阳王禧为长兼太尉,前南安王桢复本封,以特进、广陵王羽为征东大将军、开府仪同三司、青州刺史。甲子,引见群臣于光极堂,班赐冠服。

二十年春正月丁卯,诏改姓为元氏。壬辰,改封始平王勰为彭城王,以定襄县王鸾复封城阳王。

二月辛丑,帝幸华林,听讼于都亭。壬寅,诏自非金革,听终三年丧。丙午,诏畿内七十以上暮春赴京师,将行养老之礼。庚戌,幸华林,听讼于都亭。癸丑,诏介山之邑,听为寒食,自余禁断。

三月丙寅,宴群臣及国老、庶老于华林园。诏曰:"国老黄者以上,假中散大夫、郡守,耆年以上假给事中、县令,庶老直假郡县,各赐鸠杖、衣裳。"丁丑,诏诸州中正各举其乡之民望,年五十以上守素衡门者,授以令长。

夏四月甲辰,广州刺史薛法护南叛。

五月丙子,诏曰:"农惟政首,稷实民先,澍雨丰洽,所宜敦励。其令畿内严加课督,惰业者申以楚挞,力田者具以名闻。"丙戌,初营方泽于河阴,遣使者以太牢祭汉光武及明、章三帝陵。又诏汉、魏、晋诸帝陵,各禁方百步不得樵苏践蹋。丁亥,车驾有事于方泽。

七月,废皇后冯氏。戊寅,帝以久旱,咸秩群神;自癸未不食,至于乙酉。是夜,澍雨大洽。丁亥,诏曰:“炎阳爽节,秋零卷澍,在予之责,实深悚栗,故辍膳三晨,以命上诉。灵鉴诚款,曲流云液。虽休勿休,宁敢愆怠。将有贤人湛德,高士凝栖,虽加铨采,未能招致。其精访幽谷,举兹贤彦,直言极谏,匡予不及。又邪佞毁朝,固唯治蠹;贪夫窃位,大政以亏。主者弹劾不肖,明黜盗禄。又法为治要,民命尤重,在京之囚,悉命条奏,朕将亲案,以时议决。又疾苦六极,人神所矜,宜时访恤,以拯穷废。鳏寡困乏不能自存者,明加矜恤,令得存济。又轻徭薄赋,君人常理,岁中恒役,具以状闻。又夫妇之道,生民所先,仲春奔会,礼有达式,男女失时者以礼会之。又京民始业,农桑为本,田稼多少,课督不,具以状言。”

八月壬辰朔,幸华林园,亲录囚徒,咸降本罪二等,决遣之。戊戌,车驾幸嵩高。甲寅,还宫。丁巳,南安王桢薨。幸华林园,听讼。

九月戊辰,车驾阅武于小平津。癸酉,还宫。丁亥,将通洛水入谷,帝亲临观。

冬十月戊戌,以代迁之士皆为羽林、虎贲。司州之民,十二夫调一吏,为四年更卒,岁开番假,以供公私力役。己酉,曲赦京师。

十有一月乙酉,复封前汝阴王天赐孙景和为汝阴王,前京兆王太兴为西河王。

闰月丙辰,右将军元隆大破汾州叛胡。

十有二月甲子,以西北州郡旱俭,遣侍臣循察,开仓赈恤。乙丑,开盐池之禁,与民共之。丙寅,废皇太子恂为庶人。丁卯,告太庙。戊辰,置常平仓。恒州刺史穆泰等在州谋反,遣行吏部尚书、任城陵王澄案治之。乐陵王思誉坐知泰阴谋不告,削爵为庶人。

二十有一年春正月丙申,立皇子讳恪为皇太子。赐天下为父后者爵一级。己亥,遣兼侍中张彝、崔光,兼散骑常侍刘藻,巡方省察,问民疾苦,黜陟守宰,宣扬风化。乙巳,车驾北巡。

二月壬戌，次于太原。亲见高年，问所不便。乙丑，诏并州士人年六十已上，假以郡守。先是，定州民王金钩讹言惑众，自称应王。丙寅，州郡捕斩之。癸酉，车驾至平城。甲戌，谒永固陵。癸未，行幸云中。

三月庚寅，车驾至自云中。辛卯，谒金陵。乙未，车驾南巡。己酉，次离石。叛胡归罪，宥之。甲寅，诏汾州民：百年以上假县令，九十以上赐爵三级，八十以上赐爵二级，七十以上赐爵一级。丙辰，车驾次平阳，遣使者以太牢祭唐尧。

夏四月庚申，幸龙门，遣使者以太牢祭夏禹。癸亥，行幸蒲坂，遣使者以太牢祭虞舜。戊辰，诏修尧、舜、夏禹庙。辛未，行幸长安。壬申，武兴王杨集始来朝。乙亥，亲见高年，问所疾若。丙子，遣侍臣分省县邑，赈赐谷帛。戊寅，幸未央殿、阿房宫，遂幸昆明池。癸未，大将军、宋王刘昶薨。丙戌，遣使者以太牢祀汉帝诸陵。

五月丁亥朔，卫大国遣使朝贡。己丑，车驾东旋，泛渭入河。庚寅，诏雍州士人：百年以上假华郡太守，九十以上假荒郡，八十以上假华县令，七十以上假荒县；庶老以年各减一等，七十以上赐爵三级；其营船之夫，赐爵一级，孤寡鳏贫、穷疴废疾，各赐帛二匹、谷五斛，其孝友德义、文学才干，悉卯贡举。壬辰，遣使者以太牢祭周文王于酆，祭武王于镐。癸卯，遣使祭华岳。

六月庚申，车驾至自长安。壬戌，诏冀、定、瀛、相、济五州发卒二十万，将以南讨。癸亥，司空穆亮逊位。丁卯，部分六师，以定行留。

秋七月甲午，立昭仪冯氏为皇后。戊辰，以前司空穆亮为征北大将军、开府仪同三司、冀州刺史。甲寅，帝亲为群臣讲丧服于清徽堂。

八月丙辰，诏中外戒严。壬戌，立皇子愉为京兆王，怿为清河王，怀为广平王。壬申，行幸河南城。甲戌，讲武于华林园。庚辰，车驾南讨。

九月丙申，诏曰："哀贫恤老，王者所先，鳏寡六疾，尤宜矜愍。

可敕司州洛阳之民，年七十已上无子孙，六十以上无期亲，贫不自存者，给以衣食；及不满六十而有废痼之疾，无大功之亲穷困无以自疗者，皆于别坊遣医救护，给医师四人，豫请药物以疗之。”丁酉，诏河南尹李崇讨梁州叛羌，受征西源怀节度。辛丑，帝留诸将攻赭阳，引师而南。癸卯，至宛城，夜袭其郛，克之。丁未，车驾发南阳，留太尉、咸阳王禧、前将军元英攻之。己酉，车驾至新野。

冬十月丁巳，四面进攻不克，诏左右军筑长围以守之。乙亥，追废贞皇后林氏为庶人。

十有一月甲午，萧鸾前军将军韩秀方、弋阳太守王副之、后军将军赵祖悦等十五将来降。丁酉，大破贼军于沔北，获其将军王伏保等。于是民皆复业，九十以上假以郡守，六十五以上假以县令。新野民张暑栅万余家，拒守，不下。十有二月庚申，破之，俘斩万余。丁卯，诏流徒之囚，皆勿决遣，有登城之际，令其先锋自效。庚午，车驾临沔，遂巡沔东还。戊寅，车驾还新野。己卯，亲行营垒，隐恤六军。萧鸾将王昙粉等万余人寇南青州黄郭戍，戍主崔僧渊击破之，悉虏其众。以齐郡王子琛绍河间王若后。高昌国遣使朝贡。

二十有二年春正月癸未朔，朝飨群臣于新野行宫。丁亥，拔新野，获萧鸾辅国将军、新野太守刘忌，斩之于宛。戊子，鸾湖阳戍主蔡道福弃城遁走。辛卯，鸾赭阳戍主成公期、军主胡松弃城遁走。壬辰，鸾辅国将军、舞阴戍主黄瑶起及直阁将军、台军主鲍举南乡太守席谦相寻遁走，瑶起、鲍举为军人所获送。庚戌，行幸南阳。

二月乙卯，进攻宛北城。甲子，拔之。鸾冠军将军、南阳太守房伯玉面缚出降。庚午，车驾幸新野。辛未，诏以穰民首归大顺终始若一者，给复三十年，标其所居曰“归义乡”，次降者给复十五年。

三月壬午朔，大破鸾平北将军崔惠景、黄门郎萧衍军于邓城，斩获首虏二万有余。庚寅，行幸樊城，观兵襄沔，耀武而还。曲赦二荆、鲁阳郡。镇南将军王肃攻鸾义阳。鸾遣将裴叔业寇涡阳。乙未，诏将军郑思明、严虚敬、宇文福等三军继援。辛丑，行幸湖阳。乙未，次比阳。戊申，诏荆州诸郡之民，初降次附，复同穰县。辛亥，行幸悬瓠。

夏四月甲寅，从征武直之官进位三阶，文官二级，外官一阶。庚午，发州郡兵二十万人，限八月中旬集悬瓠。赵郡王干薨。

五月丙午，诏在征身丧者，四品已下及卑兼之职给帛有差。

六月庚申，诏诸王将士战没皆加优赠。

秋七月壬午，诏曰："朕以寡德，属兹靖乱，实赖群英，凯清南夏，宜约躬赏效，以劝茂绩。后之私府，便可损半；六宫嫔御，五服男女，常恤恒供，亦令减半；在戎之亲，三分省一。"是月，萧鸾死，子宝卷僭立。

八月辛亥，皇太子自京师来朝。壬子，萧宝卷奉朝请邓学拥其齐兴郡内属。敕勒树者相率反叛。诏平北将军、江阳王继都督北讨诸军事以讨之。壬午，高丽国遣使朝献。

九月己亥，帝以萧鸾死，礼不伐丧，乃诏反旆。庚子，仍将北伐叛虏。丙午，车驾发悬瓠。

冬十月己酉朔，曲赦二豫殊死已下，复民田租一岁。

十有一月辛巳，幸邺。

十有二月甲寅，以江阳王继定敕勒，乃诏班师。

二十有三年春正月戊寅朔，朝群臣，以帝疾瘳上寿，大飨于澄鸾殿。壬午，幸西门豹祠，遂历漳水而还。萧宝卷遣太尉陈显达寇荆州。癸未，诏前将军元英讨之。乙酉，车驾发邺。戊戌，至自邺。庚子，告于庙社。癸卯，行饮至策勋之礼。甲辰，大赦天下。太保、齐郡王简薨。

二月辛亥，以长兼太尉、咸阳王禧为正太尉。癸亥，以中军大将军、彭城王勰为司徒，复乐陵王思誉本封。癸酉，显达攻陷马圈戍。

三月庚辰，车驾南伐。癸未，次梁城。甲申，以顺阳被围危急，诏振武将军慕容平城率骑五千赴之。丙戌，帝不豫，司徒、彭城王勰侍疾禁中，且摄百揆。丁酉，车驾至马圈。诏镇南大将军、广阳王嘉断均口，邀显达归路。戊戌，频战破之。其夜，显达及崔惠景、曹虎等宵遁。己亥，收其戎资亿计，班赐六军。诸将追奔及于汉水，斩获及赴水而死者十八九，斩宝卷左军将军张于达等。贼将蔡道福、成公期率数万人弃顺阳遁走。庚子，帝疾甚，车驾北次谷塘原。甲辰，诏赐皇后冯氏死。诏司徒勰征太子于鲁阳践阼。诏以侍中、护军将军、北海王详为司空公，镇南将军王肃为尚书令，镇南大将军、广阳王嘉为尚书左仆射，尚书宋弁为吏部尚书，与侍中、太尉公禧，尚书右仆射、任城王澄等六人辅政。顾命宰辅曰："粤尔太慰、司空、尚书令、左右仆射、吏部尚书，惟我太祖丕丕之业，与四象齐茂，累圣重明，属鸿历于寡昧。兢兢业业，思纂乃圣之遗踪。迁都嵩极，定鼎河瀍，庶南荡瓯吴，复礼万国，以仰光七庙，俯济苍生。困穷早灭，不永乃志。公卿其善毗继子，隆我魏室，不亦善欤？可不勉之！"夏四月丙午朔，帝崩于谷塘原之行宫，时年三十三。秘讳至鲁阳发哀，还京师。上谥曰孝文皇帝，庙曰高祖。五月丙申，葬长陵。

帝幼有至性，年四岁，显祖曾患痈，帝亲自吮脓。五岁受禅，悲泣不能自胜。显祖问帝，帝曰："代亲之感，内切于心。"显祖甚叹异之。文明太后以帝聪圣，后或不利于冯氏，将谋废帝。乃于寒月，单衣闭室，绝食三朝，召咸阳王禧，将立之，元丕、穆泰、李冲固谏，乃止。帝初不有憾，唯深德丕等。抚念诸弟，始终曾无纤介，惇睦九族，礼敬俱深。虽于大臣持法不纵，然性宽慈，每垂矜舍。进食者曾以热羹伤帝手，又曾于食中得虫秽之物，并笑而恕之。宦者先有谮帝于太后，太后大怒，杖帝数十，帝默然而受，不自申明。太后崩后，亦不以介意。听览政事，莫不从善如流。哀矜百姓，恒思所以济益。天地、五郊、宗庙二分之礼，常必躬亲，不以寒暑为倦。尚书奏案，多自寻省。百官大小，无不留心，务于周洽。每言："凡为人君，患于不均，不能推诚御物，苟能均诚，胡越之人亦可亲如兄弟。"常从容谓史官曰："直书时事，无讳国恶。人君威福自己，史复不书，将何所惧。"南北征巡，有司奏请治道，帝曰："粗修桥梁，通舆马便止，不须去草划令平也。"凡所修造，不得已而为之，不为不急之事损民力也。巡幸淮南，如在内地，军事须伐民树者，必留绢以酬其直，民稻粟无所伤践。诸有禁忌禳厌之方，非典籍所载者，一皆除罢。雅好读书，手不释卷。《五经》之义，览之便讲，学不师受，探其精奥。史传百家，无不该涉。善谈庄老，尤精释义。才藻富赡，好为文章、诗、赋、铭、颂，有兴而作。有大文笔，马上口授，及其成也，不改一字。自太和十年已后，诏册皆帝之文也。自余文章，百有余篇。爱奇好士，情如饥渴。待纳朝贤，随才轻重，常寄以布素之意。悠然玄迈，不以世务婴心。又少而善射，有膂力。年十余岁，能以指弹碎羊髆骨。及射禽兽，莫不随所志毙之。至年十五，便不复杀生，射猎之事悉止。性俭素，常服浣濯之衣，鞍勒铁木而已。帝之雅志，皆此类也。

史臣曰：有魏始基代朔，廓平南夏，辟壤经世，咸以威武为业，文教之事，所未遑也。高祖幼承洪绪，早著睿圣之风。时以文明摄事，优游恭已，玄览独得，著自不言，神契所标，固以符于冥化。及躬总大政，一日万机。十许年间，曾不暇给，殊途同归，百虑一致，至夫生民所难行，人伦之高迹，虽尊居黄屋，尽蹈之矣。若乃钦明稽古，协御天人，帝王制作，朝野轨度，斟酌用舍，焕乎其有文章，海内生民咸受耳目之赐。加以雄才大略，爱奇好士，视下如伤，役己利物，亦无得而称之。其经纬天地，岂虚谥也。

魏书卷八
帝纪第八

世宗宣武帝 恪

世宗宣武皇帝，讳恪，高祖孝文皇帝第二子。母曰高夫人，初梦为日所逐，避于床下，日化为龙，绕己数匝，寤而惊悸，既而有娠。太和七年闰四月，生帝于平城宫。二十一年正月甲午，立为皇太子。

二十三年夏四月丁巳，即皇帝位于鲁阳，大赦天下。帝居谅暗，委政宰辅。五月丙子朔，高丽国遣使朝贡。六月乙卯，分遣侍臣巡行郡国，问民疾苦，考察守令，黜陟幽明，文武应求、道著丘园者，皆加褒礼。戊辰，追尊皇妣曰文昭皇后。秋八月戊申，遵遗诏，高祖三夫人已下悉归家。癸丑，宫臣增位一级。癸亥，南徐州刺史沈陵南叛。冬十月辛未，邓至国王象舒彭来朝。丙戌，车驾谒长陵。丁酉，有事于太庙。十有一月，幽州民王惠定聚众反，自称明法皇帝，刺史李肃捕斩之。是岁，州镇十八水，民饥，分遣使者开仓赈恤。高丽国遣使朝献。

景明元年春正月壬寅，车驾谒长陵。乙巳，大赦，改年。丁未，肃宝卷豫州刺史裴叔业以寿春内属，骠骑大将军、彭城王勰帅车骑十万赴之。二月戊戌，复以彭城王勰为司徒。宝卷将胡松、李居士率众万余屯宛，陈伯之水军溯淮而上，以逼寿春。夏四月丙申，彭城王勰、车骑将军王肃大破之，斩首万数。己亥，皇弟恌薨。

五月甲寅，以北镇大饥，遣兼侍中杨播巡抚赈恤。六月丙子，司徒、彭城王勰进位大司马，车骑将军王肃加开府仪同三司。癸未，大阳蛮酋田育丘等率户内附。

秋七月，宝卷又遣陈伯之寇淮南。庚子，吐谷浑国遣使朝献。八月乙酉，彭城王勰破伯之于肥口。乙未，高丽国遗使朝贡。

九月乙丑，东豫州刺史田益宗破宝卷将吴子阳、邓元起于长风。齐州民柳世明聚众反。

冬十月丁卯朔，车驾谒长陵。庚寅，齐、兖二州讨世明，平之。丁亥，改授彭城王勰为司徒、录尚书事。甲午，诏寿春置兵四万人。

十有一月己亥，荆州刺史桓道进攻宝卷下笮戍，拔之，降者二千余户。丁巳，阳平王颐薨。

是岁，十七州大饥，分遣使者，开仓赈恤。是冬，岛夷萧衍起兵东下，伐其主萧宝卷。

二年春正月丙申朔，车驾谒长陵。庚戌，帝始亲政。遵遗诏听司徒、彭城王勰以王归第。太尉、咸阳王禧进位太保，司空，北海王详为大将军、录尚书事。丁巳，引见群臣于太极前殿，告以览政之意。辛酉，高丽国遣使朝献。壬戌，以太保、咸阳王禧领太尉，大将军、广陵王羽为司徒。诏曰："朕幼承宝历，艰忧在疚，庶事不亲，风化未洽。今始览政务，义协惟新，思使四方风从率善，可分遣大使，黜陟幽明。"

二月庚午，宿卫之官进位一级。甲戌，大赦天下。三月乙未朔，诏曰："比年以来，连有军旅，役务既多，百姓凋弊。宜时矜量，以拯民瘼。正调之外，诸妨害损民，一时蠲罢。"辛亥，诏曰："诸州刺史不亲民事，缓于督察，郡县稽逋，旬月之间，才一览决。淹狱久讼，动延时序，百姓怨嗟，方成困弊。尚书可明条制，申下四方，令日亲庶事，严勒守宰，不得因循，宽怠亏政。"壬戌，诏曰："治尚简静，任贵应事。州府佐史，除板稍多，方成损弊，无益政道。又京师百司，僚局殷杂，官有闲长者，亦同此例。苟非称要，悉从蠲省。"青、齐、徐、兖四州大饥，民死者万余口。是月，萧衍立宝卷弟南康王宝融为主，年号中兴，东赴建业。

夏五月壬子，广陵王羽薨。壬戌，太保、咸阳王禧谋反，赐死。六月丁亥，考诸州刺史，加以黜陟。

秋七月乙巳，蠕蠕犯塞。乙未，东豫州刺史田益宗破萧宝卷将黄天赐于赤亭。辛酉，大赦天下。壬戌，车骑将军、仪同三司王肃薨。

九月丁酉，发畿内夫五万人筑京师三百二十三坊，四旬而罢。己亥，立皇后于氏。乙卯，免寿春营户为扬州民。

冬十月丁卯，吐谷浑国遣使朝献。辛未，萧宝卷零陵戍主华候率户内属。十有一月丙申，以骠骑大将军穆亮为司空。丁酉，大将军、北海王详为太傅、领司徒。壬寅，改筑圆丘于伊水之阳。乙卯，仍有事焉。十二月，高丽国遣使朝贡。是月，宝卷直后张齐杀其主宝卷，降萧衍，衍克建业。

三年春二月戊寅，诏曰："自比阳旱积时，农民废殖，寤言增愧，在予良多。申下州郡，有骸骨暴露者，悉可埋瘗。"

三月，鲁阳蛮反。萧宝卷弟建安王宝夤来降。夏四月，诏抚军将军李崇讨鲁阳反蛮。是月，萧衍又废其主宝融而僭立，自称曰梁。闰月丁巳，司空穆亮薨。

五月，扬州小岘戍主党法宗袭萧衍大岘戍，破之，擒其龙骧将军邾菩萨，送之京师。秋七月癸酉，于阗国遣使朝献。诏加文官从征显达宿卫者二阶，闲散者一阶。

八月癸卯，萧宝融镇南大将军、江州刺史陈伯之遣使请降。乙卯，以前太傅、平阳公丕为三老。

九月丁巳，车驾行幸邺。丁卯，诏使者吊殷比干墓。戊寅，阅武于邺南。庚辰，武兴国世子杨绍先遣使朝献。

冬十月庚子，帝亲射，远及一里五十步，群臣勒铭于射所。甲辰，车驾还宫。

十有一月己卯，诏："京洛兵芜，岁逾十纪。先皇定鼎旧都，惟新魏历，翦扫榛荒，创兹云构，鸿功茂绩，规模长远。今庙社乃建，宫极斯崇，便当以来月中旬，蠲吉徙御。仰寻遗意，感庆交衷。既礼盛周宣《斯干》之制，事高汉祖壮丽之仪，可依典故，备兹考告，以称遐迩，人臣之望。”

十有二月戊子，诏曰：“民本农桑，国重蚕籍，粢盛所凭，冕织攸寄。比京邑初基，耕桑暂缺，遗规往旨，宜必祗修。今寝殿显成，移御维始，春郊无远，拂羽有辰。便可表营千亩，开设宫坛，秉耒援筐，躬劝亿兆。”壬寅，飨群臣于太极前殿，赐布帛有差，以初成也。甲辰，扬州破萧衍将张嚣之，斩级二千。

是岁，疏勒、罽宾、婆罗捺、乌苌、阿喻陁、罗婆、不仑、陁拔罗、弗波女提、斯罗、哒舍、伏耆奚那太、罗盘、乌稽、悉万斤、朱居盘、诃盘陁、拨斤、厌味、朱沴洛、南天竺、持沙那斯头诸国，并遣使朝贡。河州大饥，死者二千余口。

四年春正月乙亥，车驾籍田于千亩。梁州氐杨会反。诏行梁州事杨椿、左将军羊祉讨之。

三月己巳，皇后先蚕于北郊。庚辰，扬州破萧衍将于阴山，斩其龙骧将军吴道爽等数千级。

夏四月癸未朔，以萧宝夤为镇东将军、东扬州刺史，封丹阳郡开国公、齐王。庚寅，南天竺国献辟支佛牙。戊戌，诏曰：“酷吏为祸，绵古同患；孝妇淫刑，东海燋壤。今不雨十旬，意者其有冤狱乎？尚书鞫京师见囚，务尽听察之理。”己亥，帝以旱，减膳彻悬。辛丑，澍雨大洽。

五月甲戌，杨椿、羊祉大破反氐，斩首数千级。

六月壬午朔，封皇弟悦为汝南王。丙戌，发冀、定、瀛、相、并、济六州二万人、马千匹，增配寿春。

秋七月乙卯，三老、平阳公丕薨。庚午，诏还收盐池利以入公。辛未，以彭城王勰为太师。

八月庚子，以吏部尚书元英假镇南将军，攻萧衍义阳。勿吉国贡楛矢。辛丑，行幸河南城离宫。

冬十有一月壬子，扬州大破萧衍军，斩其徐州刺史潘伷怜，擒司马明素。己未，以武兴国世子杨绍先为其国王。癸亥，诏尚书左仆射源怀抚劳代都、北镇，随方拯恤。乙亥，镇南将军元英大破萧衍将吴子阳于白沙，擒斩千数。十有二月庚寅，诏镇南将军李崇讨东荆反蛮。丙申，诏曰："先朝制立轨式，庶事惟允。但岁积人移，物情乖惰。比或擅有增损，废坠不行；或守旧遗宜，时有舛妨；或职分错乱，互相推委。其下百司，列其疑阙，速以奏闻。"癸卯，萧衍梁州刺史平阳县开国侯翟远、徐州刺史永昌县开国侯陈虎牙降。

正始元年春正月庚戌，江州刺史、曲江公陈伯之破萧衍将赵祖悦于东关。丙辰，东荆州刺史杨大眼大破群蛮樊季安等。丙寅，大赦，改年。

二月戊子，萧衍将姜庆真袭陷寿春外郭，州军击走之。丁酉，扬州统军刘思祖大破衍众于邵阳，擒其冠军将军、邵阳县开国侯张惠绍、骁骑将军祁阳县开国男赵景悦等十将，斩获数千级。三月壬申，元英破衍将王僧炳于樊城。

夏四月辛卯，高丽国遣使朝献。五月丁未朔，太傅、北海王详以罪废为庶人。

六月，以旱，彻乐减膳。癸巳，诏曰："朕以匪德，政刑多舛，阳旱历旬，京甸枯瘁，在予之责，夙宵疚怀。有司可循案旧典，祇行六事：囹圄冤滞，平处决之；庶尹废职，量加修举；鳏寡困穷，在所存恤；役赋殷烦，咸加蠲省；贤良谠直，以礼进之，贪残佞谀，时加屏黜；男女怨旷，务令媾会。称朕意焉。"甲午，帝以旱亲荐享于太庙。戊戌，诏立周旦、夷齐庙于首阳山。庚子，以旱，见公卿已下，引咎责躬。又录京师见囚，殊死已下皆减一等，鞭杖之坐，悉皆原之。

秋七月癸丑，萧衍角城戍主柴庆宗以城来降。李崇大破诸蛮帅樊素安。

八月丙子，元英破萧衍将马仙琕于义阳。诏洛阳令有大事听面敷奏。乙酉，元英攻义阳，拔之，擒送萧衍冠军将军蔡灵恩等十余将。辛卯，英又大破衍将，仍清三关。丁酉，封元英为中山王。戊戌，西羌宋万率户四千内附。

九月丙午，诏缘淮南北所在镇戍，皆令及秋播麦，春种粟稻，随其土宜，水陆兼用，必使地无遗利，兵无余力，比及来稔，今公私俱济也。又诏诸州蠲停徭役，不得横有征发。甲子，诏中山王英所执萧衍冠军将军、监司州事蔡灵恩等随才擢叙。乙丑，萧衍霍州刺史田道龙、义州刺史张宗之遣使内附。蠕蠕犯塞，诏左仆射源怀讨之。

冬十月乙未，诏断群官白衣募吏。

十有一月戊午，诏曰："古之哲王，创业垂统，安民立化，莫不崇建胶序，开训国胄，昭宣《三礼》，崇明四术，使道畅群邦，风流万宇。自皇基徙构，光宅中区，军国务殷，未遑经建，靖言思之，有惭古烈。可敕有司，依汉、魏旧章，营缮国学。"

十有二月丙子，以苑牧公田分赐代迁之户。己卯，诏群臣议定律令。己亥，行幸伊阙。

闰月癸卯朔，萧衍行梁州事夏侯道迁据汉中来降，假尚书邢峦镇西将军率众以赴之。乙丑，骠骑大将军、高阳王雍为司空，尚书令、广阳王嘉加仪同三司。

二年春正月丙子，以宕昌国世子梁弥博为其国王。邓至国遣使朝贡。

二月，梁州氐反，绝汉中运路。刺史邢峦频大破之。

夏四月己未，城阳王鸾薨。乙丑，诏曰："任贤明治，自昔通规，宣风赞务，实惟多士。而中正所铨，但存门第，吏部彝伦，仍不才举。遂使英德罕升，司务多滞，不精厥选，将何考陟？八座可审议往代贡士之方，擢贤之体，必令才学并申，资望兼致。"丙寅，以仇池氐叛，诏光禄大夫杨椿假平西将军，率众以讨之。邢峦遣统军王足西伐，频破萧衍诸军，遂入剑阁，执衍辅国将军范始男，送京师。

五月辛巳，氐贼□虎率众降。

六月己丑，诏曰："先朝勋臣，或身罹谴黜，子孙沉滞；或宦途失次，有替旧流，因而弗采，何以奖劝？言念前绩，情有亲疏，宗及庶族，祖曾功绩可纪，而无朝官，有官而才堪优引者，随才铨授。”甲寅，萧衍冠军将军李畋等置营始平郡东，涪水之北。王足逆击败之，斩衍冠军将军张汤、辅国将军马市、宁朔将军李当、姜见祖、辅国将军冯文豪、龙骧将军何营之等。甲子，诏尚书李崇、太府卿于忠、散骑常侍游肇、谏议大夫邓羡，崇、忠使持节并兼侍中，羡兼黄门，俱为大使，纠断外州畿内，其守令之徒咎失彰露者，即便施决，州镇重职，听为表闻。乙丑，萧衍冠军将军王景胤、辅国将军鲁方达等攻竹亭，王足大破之，斩其辅国将军王明达、龙骧将军张方炽。丁卯，扬州刺史薛真度大破萧衍将王超宗，俘斩三千级。戊辰，萧衍将鲁方达屯戍新城，足又遣统军卢祖迁等击败之，斩衍冠军将军杨伯仁、宁朔将军任安定。

秋七月甲戌，诏曰：“朕纂驭宝历，于今七载，德泽未敷，鉴不烛远。人之冤瘼，所在犹滋，而纠察之狱，未畅于下。贤愚靡分，皂白均贯，非所以革民耳目，使善恶励心。今分遣大使，省方巡检，随其愆负与风响相符者，即加纠黜，以明雷霆之威，以申旄轩之举。因以观风辨俗，采访功过，褒赏贤者，纠罚淫慝，理穷恤弊，以构朕心。”戊子，王足击破萧衍军，斩其龙骧将军喻增晖、宁朔将军库保寿、辅国将军鲁天惠、建武将军王文标。王足逼涪城，壬辰，萧衍巴西太守庾域，冠军将军、统军主李畋等逆战，足击破之，俘斩千数。

八月壬寅，诏中山王英南讨襄、沔。庚戌，王足遣统军纪洪雅、卢祖迁等攻破衍军，斩其秦、梁二州刺史鲁方达等十五人。壬子，王足又遣统军卢祖迁等击破衍军，斩其都督、冠军将军、梓潼县开国子王景胤、刘达等二十四将军。甲寅，扬州击衍将姜庆真于羊石，破之。是月，衍沔东太守田青喜率郡七、县三十一、户万九十内附。

九月己巳，扬州刺史元嵩击破衍湘州刺史杨公则等，斩获数千。

冬十有一月戊辰朔，武兴国王杨绍先叔父集起谋反，诏光禄大夫杨椿讨之。王足围涪城，益州诸郡戍降者十二三，民送编籍者五万余户。既而足引军而退。

十有二月庚申，又诏骠骑大将军源怀慎，令讨武兴反氐。

三年春正月丁卯朔，皇子生，大赦天下。壬申，梁、秦二州刺史邢峦连破氐贼，克武兴。萧衍冀州刺史桓和入寇南青州，州军击走之。秦州民王智等聚众二千，自号王公，寻推秦州主簿吕苟儿为主，年号建明。己卯，杨集起兄弟相率降。

二月丙辰，诏曰："昔虞戒面从，昌言屡进；周任谏辅，王阙必箴。朕仰缵鸿基，伏膺宝历，思康庶绩，一日万几。是以侧望忠言，虚求谠直。而良策弗进，规画无闻，岂所谓弼谐元首，匡救不逮者乎？可诏王公已下，其有嘉谋深图、直言忠谏、利国便民、矫时厉俗者，咸令指事陈奏，无或依违。"戊午，诏右卫将军元丽等讨吕苟儿。乙丑，平南将军陈伯之破萧衍徐州刺史昌义之于梁城。是月，衍将萧昞率众五万寇淮阳。

三月己巳，以戎旅大兴，诏罢诸作。己卯，诏荆州刺史赵怡、平南将军奚康生赴淮阳。乐良王长命坐杀人，赐死，国除。戊子，名皇子曰昌。庚寅，平南将军、曲江县开国公陈伯之自梁城南奔。

夏四月乙未，诏罢盐池禁。甲辰，诏遣使者巡慰北边酋庶。庚戌，以中山王英为征南将军，都督杨、徐二道诸军事，指授边将。萧衍江州刺史王茂先寇荆州，屯于河南城，诏平南将军杨大眼讨之。辛酉，大破之，斩其辅国将军王花，首虏二千余。进攻河南城，茂先逃溃，追奔至于汉水，拔其五城。将军宇文福略衍司州，俘获千余口而还。

五月乙丑朔，诏尚书拯义阳初附之户。丙寅，诏曰："掩骼埋胔，古之令典；顺辰修令，朝之恒式。今时泽未降，春稼已旱。或有孤老馁疾，无人赡救，因以致死，暴露沟堑者，洛阳部尉依法棺埋。"壬申，萧衍将张惠绍入寇，陷宿豫。乙亥，衍将萧容陷梁城。辛巳，衍将韦睿陷合肥城。壬午，诏尚书元遥率众南讨。癸未，以秦、陇未平，诏征西将军于劲节度诸军。己丑，衍将又陷羊石、霍丘二城。六月辛丑，又陷小岘戍。乙巳，安西将军元丽大破秦贼，斩贼帅王智五人，枭首六千。丁未，假平南将军奚康生破萧衍将张惠绍，斩其徐州刺史宋黑。丁巳，诏尚书邢峦出讨徐、兖。

秋七月丙寅，衍将桓和寇孤山，陷固城。庚辰，元丽大破秦贼，降吕苟儿及其王公三十余人。秦、泾二州平。戊子，中山王英大破衍徐州刺史王伯敖于阴陵，斩其将二十五人，首虏五千有余。己丑，诏发定、冀、瀛、相、并、肆六州十万人以济南军。

八月壬寅，安东将军邢峦破萧衍将桓和于孤山，斩首万余级。将军元恒别克固城，斩衍冠军将军桓方庆。统军毕祖朽别克蒙山，斩衍龙骧将军矫道仪等，斩贼及赴沂死者四千余人。兖州平。己酉，诏平南将军、安乐王诠督后发诸军，以赴淮南。壬戌，曲赦泾、秦、岐、凉、河五州。

九月癸酉，邢峦大破衍军于宿豫，斩其大将蓝怀恭等四十余人。张惠绍弃宿、豫，萧昞弃淮阳南走，追斩数万级。徐州平。己丑，中山王英大破衍军于淮南，衍中军大将军、临川王萧宏，尚书右仆射柳淡，徐州刺史昌义之等弃梁城，沿淮东走。追奔次于马头，衍冠军将军、戍主朱思远弃城宵遁，擒送衍将四十余人，斩获士卒五万有余。英遂攻钟离。高丽国遣使朝贡。萧衍遣将士卒三万寇义阳。丁酉，夜遁走，郢州刺史娄悦追击破之。戊申，蠕蠕国遣使朝贡。乙未，征虏将军赵遐大破衍众于涗城桑坪。

十有一月甲子，帝为京兆王愉、清河王怿、广平王怀、汝南王悦讲《孝经》于式乾殿。庚寅，诏曰："往岁陇右扇逆，合境不民。其中犹有卒能自守，无豫衅乱。疾风知劲，良在可嘉。尚书可甄量报赏，以表诚义。"是月，梁州再破反獠。

四年春二月丙午，吐谷浑、宕昌国并遣使朝献。

己未，勿吉国贡楛矢。三月丙子，叠伏罗国遣使朝贡。

夏四月戊戌，钟离大水。中山王英败绩而还。壬寅，吐谷浑、鸠磨罗、阿拔磨拔切磨勒、悉万斤诸国，并遣使朝献。

夏六月己丑朔，诏曰："高祖德格两仪，明并日月，播文教以怀远人，调礼学以旌俊造，徙县中区，光宅天邑，总霜露之所均，一姬卜于洛涘，戎缮兼兴，未遑儒教。朕纂承鸿绪，君临宝历，思模圣规，述遵先志。今天平地宁，方隅无事，可敕有司，准访前式，置国子，立太学，树小学于四门。"丙午，萧衍龙骧将军、冯翊太守宇文子生等七郡相率内附。丁未，社兰达那罗、舍弥、比罗直诸国，并遣使朝献。

秋八月辛卯，契丹国遣使朝献。己亥，中山王英、齐王萧宝夤坐钟离败退，并除名为民。庚子，库莫奚、宕昌、吐谷浑诸国，遣使朝献。辛丑，敦煌民饥，开仓赈恤。

九月己未，诏曰："朕秉历承天，履年将纪，徙正宫极，岁浃归余。台懿茂亲，祗勤已久，列司英彦，庸绩未酬。非所谓有功见知，赏以时及。其以司空、高阳王雍为太尉，尚书令、广阳王嘉为司空，百官悉进位一级。"庚申，夏州长史曹明谋反，伏诛。甲子，开斜谷旧道。疏勒、车勒阿驹、南天竺、婆罗等诸国，遣使朝献。丙戌，司州民饥，开仓赈恤。

闰月甲午，禁大司马门不得车马出入。

冬十月丁巳，高丽、半社、悉万斤、可流伽、比沙、疏勒、于阗等诸国，并遣使朝献。丁卯，皇后于氏崩。戊辰，疏勒国遣使朝贡。庚午，淮阳太守安乐以城南叛。辛未，吠哒、波斯、渴盘陁、渴文提不那、杖忸杖提等诸国，并遣使朝献。乙酉，葬顺皇后于永泰陵。

十有一月丁未，禁河南畜牝马。自碣石至于剑阁，东西七千里，置二十二都尉。己酉，阿与陁、呵罗盘、陁跋吐罗诸国，并遣使朝献。

十有二月戊午，诏兵士钟离没落者，复一房田租三年。辛酉，特那杖提、莎钵离、阿失勒摩致钵诸国，遣使朝贡。甲子，蠕蠕、高车民他莫孤率部来降。丁丑，钵仑、波利伏、佛胄善、乾达诸国，遣使朝贡。

永平元年春正月戊戌，颍川太守五神念奔于萧衍。二月辛未，勿吉、南天竺国并遣使朝献。

三月戊子，皇子昌薨。己亥，斯罗、阿陁、比罗、阿夷义多、婆那伽、伽师达、于阗诸国，并遣使朝献。丙午，以去年旱俭，遣使者所在周恤。

夏四月，阿伏至罗国遣使朝机。五月癸未，高丽国遣使朝献。辛卯，帝以旱故，减膳撤悬。

六月壬申，诏曰："慎狱重刑，著于往诰。朕御兹宝历，明鉴未远，断决烦疑，实有攸愧。可依洛阳旧图，修听讼观，农隙起功，及冬令就。当与王公卿士亲临录问。"癸酉，高车国遣使朝贡。

秋七月辛卯，高车、契丹、汗畔、罽宾诸国，并遣使朝献。甲午，以夫人高氏为皇后。乙未，诏曰："察狱以情，审之五听，枷杖小大，各宜定准。然比廷尉、司州、河南、洛阳、河阴及诸狱官，鞫讯之理，未尽矜恕，掠拷之苦，每多切酷，非所以祇宪量衷、慎刑重命者也。推滥究枉，良轸于怀。可付尚书精检枷杖违制之由，断罪闻奏。"

八月癸亥，冀州刺史、京兆王愉据州反。乙丑，假尚书李平镇北梯将军、行冀州事以讨之。丁卯，大赦，改年。庚午，吐谷浑、库莫奚国并遣使朝贡。

九月辛巳朔，李平大破元愉于草桥。丙戌，复前中山王英本封。壬辰，蠕蠕国遣使朝贡。定州刺史、安乐王诠大破元愉于信都北。戊戌，杀侍中、太师、彭城王勰。辛丑，诏赦冀州民杂工役为元愉所诖误者，其能斩获逆党，别加优赏。癸卯，李平克信都，元愉北走，斩其所署冀州牧韦超、右卫将军睦雅、尚书仆射刘子直、吏部尚书崔朏等。统军叔孙头执愉送信者。群臣请诛愉，帝弗许，诏送京师。冀州平。庚子，郢州司马彭珍、治中督荣祖等谋叛，潜引萧衍众入义阳，郢州刺史娄悦击走之。诏将军胡季智、屈祖等南赴义阳。三关戍主侯登阳凤省等以城南叛，娄悦婴城固守。遣中山王英督步骑三万以赴之。

冬十月丁巳，诏复故北海王详本封，葬以王礼。豫州彭城人白早生杀刺史司马悦，据城南叛，萧衍遣将齐荀仁等四将以助之。诏尚书邢峦行豫州事，督将军崔暹率骑讨之。丙子，邢峦大破早生及苟仁军于鲍口。丁丑，前宿豫戍主成安乐子景俊杀宿豫戍主严仲贤，以城南叛。

十有一月庚寅，诏安东将军杨椿率众四万攻宿豫。十有二月己未，邢峦克悬瓠，斩白早，生擒齐苟仁等，俘萧衍卒三千余人，分赐王公已下。癸亥，中山王英破衍将于楚城，擒衍宁朔将军张疑等。郢州刺史娄悦破衍将马仙埤于金山。壬申，汉东峦民一万七千户相率内附。丙子，高丽国遣使朝献。

是岁，高昌国王曲嘉遣其兄子，私署左卫将军孝亮奉表来朝，因求内徙，乞师迎接。

二年春正月，萧衍遣王神念寇南兖。诏辅国将军长孙稚假平南将军为都督，率统军邴虬等五军以讨之。丁亥，胡密、步就磨、忸密、盘是、悉万斤、辛豆那、越拔忸诸国，并遣使朝献。壬辰，吠哒、薄知国遣使来朝，贡白象一。乙未，高昌国遣使朝贡。丙申，中山王英进逼萧衍长薄戍。戊戌，宵溃，杀伤千数。丁酉，拔武阳关，擒衍云骑将军、松滋县开国侯马广，冠军将军、迁陵县开国子彭瓮生，骁骑将军、当阳县开国伯徐元季等二十六将，俘获七千余人。进攻黄岘、西关。衍将马仙琕弃西关，李元履弃黄岘，遁走。是月，泾州沙门刘慧汪聚众反。诏华州刺史奚康生讨之。

二月乙卯，诏曰："比军役频兴，仗多毁败，在库戎器，见有无几。安不忘危，古人所戒；五兵之器，事须充积。经造既殷，非众莫举。今可量造四万人杂仗。"

三月癸未，磨豆罗、阿曜社、苏突阇、地伏罗诸国，并遣使朝献。

夏四月己酉，诏以武川镇饥，开仓赈恤。甲子，诏曰："圣人济世，随物污隆，或正或权，理无恒在。先朝以云驾甫迁，嵩基始构。河洛民庶，徙旧未安；代来新宅，尚不能就。伊阙西南，群蛮填聚；沔阳贼城，连邑作戍；蠢尔愚巴，心未纯款。故暂抑造育之仁，权缓肃奸之法。今京师天固，与昔不同。杨郢荆益，皆悉我有；保险诸蛮，罔不归附；商洛民情，诚倍往日。唯樊襄已南，仁乖道政，被拘隔化，非民之咎。而无赖之徒,轻相劫掠,屠害良善,离人父兄。衍之为酷,实亦深矣。便可放彼掠民,示其大惠,舍此残贼,未令之愆。并敕缘边州镇,自今已后,不听境外寇盗,犯者罪同境内。若州镇主将,知容不纠,坐之如律。”

五月,高丽国遣使朝献。辛丑,帝以旱故,减膳彻悬,禁断屠杀。甲辰,幸华林都亭,亲录囚徒,犯死罪已下降一等。

六月,高昌国遣使朝献。辛亥,诏曰:“江海方同,车书宜一,诸州轨辙,南北不等。今可申敕四方,使远近无二。”

秋七月癸未,契丹国遣使朝献。八月丁未,邓至国遣使朝献。戊申,以邓至国世子像览蹄为其国王。高昌、勿吉、库莫奚诸国,并遣使朝献。

九月辛巳,封故北海王子颢为北海王。壬午,诏定诸门闼名。冬十月癸丑,以司空、广阳王嘉为司徒。庚午,郢州献七宝床,诏不纳。十有一月甲申,诏禁屠杀含孕,以为永制。己丑,帝于式乾殿为诸僧、朝臣讲《维摩诘经》。

十有二月,诏曰:“五等诸侯,比无选式。其同姓者出身:公正六下,侯从六上,伯从六下,子正七上,男正七下。异族出身:公从七上,侯从七下,伯正八上,子正八下,男从八上。清修出身:公从八下,侯正九上,伯正九下,子从九上,男从九下。可依此叙之。”叠伏罗、弗菩提、朝陁咤、波罗诸国,并遣使朝献。

三年春二月丙午,高昌、邓至国并遣使朝献。壬子,秦州沙门刘光秀谋反,州郡捕斩之。癸亥,秦州陇西羌杀镇将赵俊,阻兵反叛,州军讨平之。

三月丙戌,皇子生,大赦天下。高丽、吐谷浑、宕昌诸国,并遣使朝献。

夏四月,平阳郡之离昌、襄陵二县大疫,自正月至此月,死者二千七百三十人。五月丁亥,诏以冀、定二州旱俭,开仓赈恤。

六月壬寅,诏重求遗书于天下。丁卯,名皇子曰讳诩。

闰月己亥，吐谷浑、高丽、契丹诸国，各遣使朝贡。秋七月己未，吐谷浑国遣使朝贡。八月己卯，勿吉国遣使朝贡。九月壬寅，乌苌、伽秀、沙尼诸国，并遣使朝献。丙辰，高车别帅可略汗等率众一千七百内属。

冬十月辛卯，中山王英薨。丙申，诏曰："朕乘乾御历，年周一纪，而道谢击壤，教惭刑厝。至于下民之茕鳏疾苦，心常愍之。此而不恤，岂为民父母之意也。可敕太常，于闲敞之处，别立一馆，使京畿内外疾病之徒，咸令居处。严敕医署，分师疗治，考其能否，而行赏罚。虽龄数有期，修短分定，然三疾不同，或赖针石，庶秦扁之言，理验今日。又经方浩博，流传处广，应病投药，卒难穷究。更令有司，集诸医工，寻篇推简，务存精要，取三十余卷，以班九服，郡县备写。布下乡邑，使知救患之术耳。"戊戌，高车、龟兹、难地、那竭、库莫奚等诸国，并遣使朝献。十有二月己卯，高丽、比沙杖国遣使朝献。辛巳，江阳王继坐事除名。甲申，诏于青州立高祖庙。殿中侍御史王敞谋反，伏诛。

四年春正月丁巳，汾州刘龙驹聚众反。诏谏议大夫薛和率众讨之。甲子，阿悦陁、不数罗国并遣使朝献。

二月壬午，青、齐、徐、兖四州民饥甚，遣使赈恤。三月癸卯，婆比幡弥、乌苌、比地、乾达诸国并遣使朝献。壬戌，司徒、广阳王嘉薨。

夏四月，琅邪民王万寿斩萧衍辅国将军、琅邪东莞二郡太守刘晰首，以朐山来降。徐州刺史卢昶遣琅邪戍主傅文骥率众据之。甲戌，薛和大破山胡。萧衍遣其镇北将军张稷及马仙埤寇朐山。诏卢昶率众赴之。

五月己亥，迁代京铜龙置天渊池。丙辰，诏禁天文之学。

六月乙亥，乾达、阿婆罗、达舍、越伽使密、不流沙诸国，并遣使朝献。秋七月辛酉，吐谷浑、契丹国并遣使朝献。八月辛未，阿婆罗、达舍、越伽使密、不流沙等诸国并遣使朝献。癸巳，勿吉国献楛矢。

九月甲寅，萧衍九山戍主苟仁以戍来降。呎哒、朱居盘、波罗、莫伽陁、移婆仆罗、俱萨罗、舍弥、罗乐陁等诸国，并遣使朝献。冬十月丁丑，婆比幡弥、乌苌、比地、乾达等诸国，并遣使朝献。十有一月甲午，宕昌国遣使朝献。己亥，诏李崇、奚康生等治兵寿春，以分朐山之寇。戊申，难地、伏罗国并遣使朝献。朐城陷，卢昶大败而还。

十有二月壬申，诏曰："进善退恶，治之通规，三载考察，政之明典。正始二年以来，于今未考，功过难齐，宁无升降？从景明二年至永平四年，通考以闻。"戊子，大罗汗、婆来伽国遣使朝献。

延昌元年春正月乙巳，以频水旱，百姓饥弊，分遣使者，开仓赈恤。戊申，疏勒国遣使朝献。丙辰，以车骑大将军、尚书令高肇为司徒公，光禄大夫、清河王怿为司空，司州牧、广平王怀进号骠骑大将军、仪同三司。

二月辛卯朔，渴盘陁国遣使朝献。甲午，州郡十一大水，诏开仓赈恤。以京师谷贵，出仓粟八十万石以赈贫者。己未，安乐王诠薨。

夏四月，诏以旱故，食粟之畜皆断之。丁卯，诏曰："迁京嵩县，年将二纪，虎闱阙唱演之音，四门绝讲诵之业，博士端然，虚禄岁祀，贵游之胄，叹同子衿，靖言念之，有兼愧慨。可严敕有司，国子学孟冬使成，太学、四门明年暮春令就。"戊辰，以旱，诏尚书与群司鞫理狱讼，诏河北民就谷燕、恒二州。辛未，诏饥民就谷六镇。丁丑，帝以旱故，减膳撤悬。癸未，诏曰："肆州地震，陷裂死伤甚多。言念毁没，有酸怀抱。亡者不可复追，生病之徒宜加疗救。可遣太医、折伤医，并给所须之药，就治之。"乙酉，大赦，改年。诏立理诉殿、申讼车，以尽冤穷之理。

五月辛卯，疏勒及高丽国并遣使朝献。丙午，诏天下有粟之家，供年之外，悉贷饥民。自二月不雨，至于是晦。六月壬申，澍雨大洽。戊寅，通河南牝马之禁。己卯，诏曰："去岁水灾，今春炎旱，百姓饥馁，救命靡寄，虽经蚕月，不能养绩。今秋输将及，郡县期于责办，尚书可严勒诸州，量民资产，明加检校，以救艰弊。"庚辰，诏出太仓粟五十万石以赈京师及州郡饥民。

秋七月，吐谷浑、契丹国并遣朝献。八月壬戌，吐谷浑国遣使朝贡。丁亥，勿吉国贡楛矢。

冬十月乙亥，立皇子讳诩为皇太子。是月，𠯋哒、于阗、高昌及库莫奚诸国，并遣使朝献。

十有一月丙申，诏曰："朕运承天休，统御宸宇，太子体藉灵明，肇建宫华，明两既孚，三善方洽，宜泽均率壤，荣泛庶胤。其赐天下为父后者，爵一级；孝子、顺孙、廉夫、节妇旌表门闾，量给粟帛。"

十有二月己巳，诏守宰为御史所弹遇赦免者及考在中第，皆代之。

二年春正月戊戌，帝御申讼车，亲理冤讼。高丽国遣使朝献。二月丙辰朔，赈恤京师贫民。甲戌，以六镇大饥，开仓赈赡。己卯，太尉、高阳王雍进位太保。庚辰，萧衍郁州民徐玄明等斩送衍镇北将军、青冀二州刺史张稷首，以州内附。诏前南兖州刺史樊鲁率众赴之。闰二月辛丑，以苑牧之地赐代迁民无田者。癸卯，定奴良之制，以景明为断。

三月丙寅，高昌国遣使朝献。是春，民饥饿死者数万口。夏四月庚子，以绢十五万匹赈恤河南郡饥民。

五月，寿春大水，遣平东将军奚康生等步骑数千赴之。高丽国遣使朝献。六月乙酉，青州民饥，诏使者开仓赈恤。甲午，曲赦扬州。辛亥，帝御申讼车，亲理冤讼。是夏，州郡十三大水。

秋八月辛卯，诏曰："顷水旱互侵，频年饥俭，百姓窘弊，多陷罪辜，烦刑之愧，朕用惧矣。其杀人、掠卖人、群强盗首，及虽非首而杀伤财主，曾经再犯公断道路劫夺行人者，依法行决，自余恕死。徒流已下各准减降。"庚戌，𠯋哒、于阗、盘陁及契丹、库莫奚诸国，并遣使朝献。

九月丙辰，以贵族豪门崇习奢侈，诏尚书严立限级，节其流宕。是月，勿吉、吐谷浑、邓至国并遣使朝贡。

冬十月，诏以恒、肆地震，民多死伤，蠲两河一年租赋。十有二月丙戌，丐洛阳、河阴二县租赋。乙巳，诏以恒、肆地震，民多离灾，其有课丁没尽、老幼单辛、家无受复者，各赐廪以接来稔。高丽国遣使朝献。

三年春二月乙未，诏曰："肆州秀容郡敷城县、雁门郡原平县，并自去年四月以来，山鸣地震，于今不已。告谴彰咎，朕甚惧焉，祗畏兢兢，若临渊谷。可恤瘼宽刑，以答灾谪。"

三月，三关别将李世哲大破群蛮，斩萧衍龙骧将军文思之、文天生。

夏四月，青州民饥。辛巳，开仓赈恤。乙巳，上御申讼车，亲理冤讼。

六月，南荆州刺史桓叔兴大破萧衍军于九山，斩其虎旅将军、新丰县开国子蔡令孙，冠军将军席世兴，贞义将军蓝次孙。秋七月丙子，勿吉国遣使朝贡。八月甲申，帝临朝堂，考百司而加黜陟。九月，吐谷浑、契丹、勿吉诸国，并遣使朝贡。

冬十月庚辰，诏骁骑将军马义舒慰谕蠕蠕。库莫奚国遣使朝贡。十有一月庚戌，南天竺、佐越费实诸国，并遣使朝献。辛亥，诏司徒高肇为大将军、平蜀大都督，步骑十万西伐。益州刺史傅竖眼出巴北，平南将军羊祉出涪城，安西将军奚康生出绵竹，抚军将军甄琛出剑阁。乙卯，以中护军元遥为征南将军、东道都督，镇遏梁楚。丁巳，幽州沙门刘僧绍聚众反，自号净居国明法王。州郡捕斩之。甲戌，高丽国遣使朝献。十有二月庚寅，诏立明堂。

四年春正月甲寅，帝不豫。丁巳，崩于式乾殿，时年三十三。二月甲戌朔，上尊谥曰宣武皇帝，庙号世宗。甲午，葬景陵。

帝幼有大度，喜怒不形于色。雅性俭素。初，高祖欲观诸子志尚，乃大陈宝物，任其所取，京兆王愉等皆竞取珍玩，帝唯取骨如意而已。高祖大奇之。庶人恂失德，高祖谓彭城王勰曰："吾固疑此儿有非常志相，今果然矣。"乃立为储贰。雅爱经史，尤长释氏之义，每至讲论，连夜忘疲。善风仪，美容貌，临朝渊默，端严若神，有人君之量矣。

史臣曰：世宗承圣考德业，天下想望风化，垂拱无为，边徼稽服。而宽以摄下，从容不断，太和之风替矣。比夫汉世，元、成、安、顺之俦欤？

魏书卷九
帝纪第九

肃宗孝明帝 诩

肃宗孝明皇帝，讳诩，世宗宣武皇帝之第二子，母曰胡充华。永平三年三月丙戌，帝生于宣光殿之东北，有光照于庭中。延昌元年十月乙亥，立为皇太子。四年春正月丁巳夜，即皇帝位。戊午，大赦天下。己未，征下西讨东防诸军。庚申，诏太保、高阳王雍入居西柏堂，决庶政，又诏任城王澄为尚书令，百官总己以听于二王。己巳，勿吉、达盘、地豆和、尼步伽、拔但、佐越费实等诸国遣使朝献。

二月庚辰，尊皇后高氏为皇太后。辛巳，司徒高肇至京师，以罪赐死。萧衍宁州刺史任太洪率众寇关城，益州长史成兴孙击破之。癸未，太保、高阳王雍进位太傅、领太尉，司空、清河王怿为司徒，骠骑大将军、广平王怀为司空。己亥，尊胡充华为皇太妃。宕昌国遣朝献。

三月甲辰朔，皇太后出俗为尼，徙御金墉。丙辰，诏进宫臣位一级。先是，萧衍于浮山堰淮，规为扬徐之害，诏平南将军杨大眼讨之。乙丑，进文武群官位一级。

夏四月，梁州刺史薛怀古破反氐于沮水。五月甲寅，南秦州刺史崔暹击破氐贼，解武兴围。六月，沙门法庆聚众反于冀州，杀阜城令，自称大乘。秋七月癸卯，蠕蠕国遣使朝献。丁未，诏假右光禄大夫元遥征北大将军，攻讨法庆。宕昌国遣使朝献。

八月乙亥，领军于忠矫诏杀左仆射郭祚、尚书裴植，免太傅、领太尉、高阳王雍官，以王还第。丙子，尊皇太妃为皇太后。己卯，吐谷浑国遣使朝献。庚辰，萧衍定州刺史田超秀率众三千请降。戊子，帝朝皇太后于宣光殿，大赦天下。己丑，司徒、清河王怿进位太尉，司空、广平王怀为太尉、领司徒，骠骑大将军、任城王澄为司空。庚寅，车骑大将军于忠为尚书令，特进崔光为车骑大将军，并仪同三司。壬辰，复前江阳王继本国，以济南王彧复先封，为临淮王。群臣奏请皇太后临朝称制。

九月乙巳，皇太后亲览万机，诏曰："高祖革礼成治，遗泽在民。世宗纂承丕业，圣德昭远。朕以冲孺，属当宝图，洪基至重，若履冰薄。王公百辟群牧庶官，皆受遇先朝，宠荣自昔，宜各勉祟，共康世道，戮力竭诚，以匡辅不逮。其有怀道丘园、昧迹板筑、山栖谷饮、舒卷从时者，宜广戋帛，缉和鼎饪。有能谠言直谏、济世益时者，在所以闻，当待以不次之位。孝子、顺孙、义夫、节妇，表其门闾，以彰厥美。高年、孤独不能自存者，赡以粟帛。若因饥失业，夭属流离，或卖鬻男女以为仆隶者，各听归还。比冀方未肃，徐城寇扰，将统久劳，士卒疲弊，并遣抚慰，赐以衣马。缘边州镇，固捍之劳，朔方酋庶，北面所委，亦令劳赉，以副其心。其有先朝旧事寝而不举、顷来便习不依轨式者，并可疏闻，当加览裁。若益时利治，不拘常制者，自依别例。其明相申约，称朕意焉。"甲寅，征北元遥破斩法庆及渠帅百余人，传首京师。安定王变薨。庚申，高昌、库莫奚、契丹诸国并遣使朝献。萧衍将赵祖悦袭据硖石。癸亥，诏定州刺史崔亮假镇南将军，率诸将讨之。冀州刺史萧宝夤为镇东将军，次淮堰。戊辰，邓至国遣使朝贡。

冬十月庚午朔，勿吉国贡楛矢。壬午，高丽、吐谷浑国并遣使朝献。乙酉，以安定公胡国珍为中书监、仪同三司。甲午，萧衍弘化太守杜桂举郡内属。十有二月辛丑，以高阳王雍为太师。己酉，镇南崔亮破祖悦，遂围硖石。丁卯，帝、皇太后谒景陵。高车国遣使朝献。

熙平元年春正月戊辰朔，大赦，改年。荆沔都督元志大破萧衍军,斩其恒农太守王世定等。以吏部尚书李平为镇军大将军、兼尚书右仆射,为行台,节度讨硖石诸军。二月乙巳,镇东萧宝夤大破衍将于淮北。癸亥,初听秀才对策,第居中上已上,叙之。乙丑,镇南崔亮、镇军李平等克硖石,斩衍豫州刺史赵祖悦,传首京师,尽俘其众。是月,吐谷浑、宕昌、邓至诸国并遣朝贡。

三月辛未,以扬州刺史李崇为骠骑将军、仪同三司。壬辰,以硖石俘虏分赐百僚。夏四月戊戌,以瀛州民饥,开仓赈恤。高昌、阴平国并遣使朝献。

五月丁卯朔,诏曰:"炎旱积辰,苗稼萎悴,比虽微澍,犹未沾洽,晚种不纳,企望尤劳,在予之责,思自兢厉。尚书可厘恤狱犴,察其淹枉,简量轻重,随事以闻,无使一人怨嗟,增伤和气。土木作役,权皆休罢,劝农省务,肆力田畴。庶嘉泽近降,丰年可必。"萧衍衡州刺史张齐寇益州,复以傅竖眼为刺史以讨之,频破贼军,斩其将任太洪首。庚午,诏放华林野兽于山泽。丙戌,吐谷浑遣使朝献。

秋七月庚午,重申杀牛之禁。丙子,诏兵士征硖石者复租赋一年。傅竖眼大破张齐,齐遁走。乙酉,高昌国遣使献。八月乙巳,以侍中、中书监、仪同三司、安定郡开国公胡国珍为都督雍泾岐华东秦豳六州诸军事、骠骑大将军、开府仪同三司、雍州刺史。丙午,诏曰:"先贤列圣,道冠生民,仁风盛德,焕乎图史。暨历数永终,迹随物变,陵隧杳蔼,鞠为茂草,古帝诸陵,多见践藉。可明敕所在,诸有帝王坟陵,四面各五十步勿听耕稼。"宕昌国遣使朝贡。

九月丁丑,淮堰破,萧衍缘淮城戍村落十余万口,皆漂入于海。十有二月癸巳,诏洛阳、河阴及诸曹杂人年七十已上、鳏寡贫困不能自存,及年虽少而痼疾长废、穷若不济者,研实具列以闻。

二年春正月,大乘余贼复相聚结,攻瀛州。刺史宇文福讨平之。甲戌,大赦天下。戊子,勿吉国遣使朝贡。庚寅,诏遣大使巡行四方,问疾若,恤孤寡,黜陟幽明。又诏:"选曹用人,务在得才,广求栖遁,共康治道。州镇城隍,各令严固。斋会聚集,纠执妖喧。囹圄皆令造屋，桎梏务存轻小。工巧浮进，不得隐藏。绢布缯彩，长短合式。偷窃军阶，亦悉沙汰。籍贯不实，普使纠案，听自归首，逋违加罪。”诏中尉元匡考定权衡。癸丑，地伏罗、罽宾国并遣使朝献。

二月庚子，契丹、邓至、宕昌诸国并遣使朝献。丁未，封御史中尉元匡为东平王。三月甲戌，吐谷浑国遣使朝献。丁亥，太保、领司徒、广平王怀薨。夏四月甲午，高丽、波斯、疏勒、吠哒诸国并遣使朝献。丁酉，诏京尹所统，百年以上赐大郡板，九十以上赐小郡板。戊申，以中书监、开府仪同三司胡国珍为司徒公，特进、汝南王悦为中书监、仪同三司。乙卯，皇太后幸伊阙石窟寺，即日还宫。安定王超改封北平王。

五月辛酉，诏曰：“扬州硖石、荆山、新淮、鄚城兵士战没者，追给敛财，复一房五年；若无妻子，复其家一人二年。身被三疮，赏一阶，虽一疮而四体废落者，亦同此赏。”庚辰，重申天文之禁，犯者以大辟论。”乙酉，邓至国遣使朝贡。

秋七月乙丑，地伏罗、罽宾国并遣使朝献。乙亥，中书监、仪同三司、汝南王悦坐杀人免官，以王还第。己巳，车驾有事于太庙。

八月戊戌，宴太祖以来宗室年十五以上于显阳殿，申家人之礼。己亥，诏庶族子弟年未十五，不听入仕。诏曰：“皇魏开基，道迈周汉，蝉连二都，德盛百祀。虽帝胤蕃衍，亲贤并茂，而犹沉屈素履，巾褐衡门，非所谓广命戚族，翼屏王室者也。今可依世近远，叙之列位。”庚子，诏咸阳、京兆二王子女，还附属籍。壬寅，吐谷浑国遣使朝献。丁未，诏侍中、太师、高阳王雍入居门下，参决尚书奏事。己酉，契丹国遣使朝贡。

九月辛酉，吐谷浑国遣使朝贡。丙寅，诏曰：“察讼理冤，实维政首；躬亲听览，民信所由。比日谅闇之中，治纲未振，狱犴繁广，嗟诉骤闻，虽曰司存，每多诬壅。曾是寡德，实深矜慨。自今月望，当暂出城闉，亲纳滞枉。主者可宣诸近远，咸使闻知。”是月，城青、齐、兖、泾、平、营、肆七州所治东阳、历城、瑕丘、平凉、肥如、和龙、九原七城。

冬十月庚寅，以幽、冀、沧、瀛四州大饥，遣尚书长孙稚，兼尚书邓羡、元纂等巡抚百姓，开仓赈恤。丁酉，年吕国贡楛矢。戊戌，以光州饥弊，遣使赈恤。乙卯，诏曰："北京根旧，帝业所基，南迁二纪，犹有留住。怀本乐故，未能自遣。若未迁者，悉可听其仍停，安堵永业。门才术艺、应于时求者，自别征引，不在斯例。周之子孙，汉之吉刘族，遍于海内，咸致蕃衍，岂拘南北千里而已哉。"

十有一月甲子，萧衍平西将军、巴州刺史牟汉宠遣使请降。十有二月丁未，蠕蠕国遣使朝贡。

神龟元年春正月甲子，诏以氐酋杨定为阴平王。丙寅，以特进、江阳王继为骠骑大将军、仪同三司。壬申，诏曰："朕冲昧抚运，政道未康，民之疾若，弗遑纪恤，夙宵矜慨，鉴寐深怀，眷彼百龄，悼兹六极。京畿：百年以上给大郡板，九十以上给小郡板，八十以上给大县板，七十上给小县板；诸州百姓：百岁以上给小郡板，九十以上给上县板，八十以上给中县板、鳏寡孤独不能自存者，赐粟五斛、帛二匹。"庚辰，诏以杂役之户或冒入清流，所在职人皆五人相保，无人任保者夺官还役。乙酉，加特进、汝南王悦仪同三司。秦州羌反。幽州大饥，民死者三千七百九十九人，诏刺史赵邕开仓赈恤。

二月戊申，哌哒、高丽、勿吉、吐谷浑、宕昌、疏勒、久末陀、末久半诸国，并遣使朝献。己酉，诏以神龟表瑞，大赦改年。东益州氐反。蠕蠕国遣使朝贡。

三月辛酉，以尚书右仆射于忠为仪同三司。辛巳，仪同三司、尚书右仆射于中薨。南秦州氐反，遣龙骧将军崔袭持节喻之。吐谷浑国遣使朝贡。

夏四月丁酉，司徒胡国珍薨。甲辰，江阳王继改封京兆王。辛亥，舍摩国遣使朝献。五月，高丽、高车、高昌诸国，并遣使朝贡。自正月不雨，至于六月辛卯，澍雨乃降。

秋七月，河州民却铁忽聚众反，自称水池王。诏行台源子恭讨之。闰月戊戌，吐谷浑国遣使朝贡。甲辰，开恒州银山之禁，与民共之。丁未,波斯、疏勒、乌苌、龟兹诸国,并遣使朝献。

八月癸丑朔,诏曰:"朕冲昧纂历,未闲政道,皇太后殷忧在疚,始览万几。故狱犴淹枉,百姓冤弊,言念繁刑,思存降省,京师见囚殊死以下可悉减一等。"丁巳,诏曰:"顷年以来,戎车频动,服制未终,夺哀从役。罔极之痛弗申,鞠育之恩靡报,非所谓敦崇至道者也。自今虽金革之事,皆不得请起居丧。"甲子,勿吉国遣使朝贡。铁忽相率降于行台源子恭。

九月癸未朔,以右光禄大夫刘腾为卫将军、仪同三司。戊申,皇太后高氏崩于瑶光寺。冬十月丁卯,以尼礼葬于北邙。

十有二月辛未,诏曰:"民生有终,下归兆域,京邑隐赈,口盈亿万,贵贱攸凭,未有定所,为民父母尤宜存恤。今制乾脯山以西,拟为九原。"

二年春正月丁亥,诏曰:"朕以冲眇,纂承宝位,夙夜惟寅,若涉渊海。赖皇太后慈仁,被以夙训。自临朝践极,岁将半纪,天平地成,四海宁乂。天道高远,巍巍难名,犹以㧑挹自居,称号弗备,非所以崇奉坤元,允协亿兆者也。宜遵旧典,称诏宇内,以副黎蒸元元之望。"是月,改葬文昭皇太后高氏。

二月乙丑,齐郡王佑薨。庚午,羽林千余人焚征西将军张彝第,欧伤彝,烧杀其子始均。吐谷浑、宕昌国并遣使朝贡。乙亥,大赦天下。丁丑,诏求直言,诸有上书者,听密封通奏。壬寅,诏曰:"农要之月,时泽弗应,嘉谷未纳,三麦枯悴。德之无感,叹惧兼怀。可敕内外,依旧雩祈,率从祀典。察狱理冤,掩胔埋骼。冀、瀛之境,往经寇暴,死者既多,白骨横道,可遣专令收葬。赈穷恤寡,救疾存老,准访前式,务令周备。"

三月甲辰,澍雨大洽。

夏四月乙丑,𠯋哒国遣使朝贡。

五月戊戌,以司空、任城王澄为司徒,骠骑大将军、仪同三司、京兆王继为司空。

秋八月已未，御史中尉、东平王匡，坐事削除官爵。辛未，以左光禄大夫皇甫集为征西将军、仪同三司。

九月庚寅，皇太后幸嵩高山。癸巳，还宫。瀛州民刘宣明谋反，事觉，伏诛。

冬十有一月乙酉，蠕蠕莫缘梁贺侯豆率男女七百人来降。十有二月癸丑，司徒、任城王澄薨。庚申，大赦天下。诏除淫祀，焚诸杂神。

是岁，高丽王云死，以世子安为其国王。

正光元年春正月乙酉，诏曰："建国纬民，立教为本；尊师崇道，兹典自昔。来岁仲阳，节和气润，释奠孔颜，乃其时也。有司可豫缮国学，图饰圣贤，置官简牲，择吉备礼。"夏四月丙辰，诏尚书长孙稚巡抚北藩，观察风俗。

五月辛巳，诏曰："朕以寡薄，运膺宝图，虽未明求衣，惕惧终日，而暗昧多阙，炎旱为灾，在予之愧，无忘寝食。今刑狱繁多，囹圄尚积，宜敷仁惠，以济斯民。八座可推鞠见囚，务申枉滥。"癸未，诏曰："攘灾招应，修政为本，民乃神主，实宜率先。刺史守令与朕共治天下，宜哀矜勿喜，视民如伤。况今炎旱历时，万姓凋弊，而不抚恤穷冤，理决庶狱。可严敕州郡，善加绥隐，务尽聪明，加之祗肃，必使事允人神，时致灵应。其赋役不便于民者，具以状闻，便当蠲罢。"

秋七月丙子，侍中元义、侍中刘腾奉帝幸前殿，矫皇太后诏曰："魏有天下，弈叶重光。高祖孝文皇帝，以英圣驭天，徙京定鼎。世宗宣武皇帝，以睿明承业，廓宁区夏，而鸿勋未半，早已登遐。乃令车书弗同，鲸寇尚炽。幼主稚弱，夙纂宝历，曾是宗佑，莫克祗奉。朕所以敬顺群请，临朝总政。帝年以长，久思退身，所以往岁殷勤，具陈情旨，百官内外，已照此怀。而佥尔众意，苦见勤夺，僶俯从事，以迄于兹。自此春来，先疾屡发，药石摄疗，莫能善瘳，夏首及今，数加动剧，便不堪日厘万务，巨细兼省。帝齿周星纪，识学逾跻，日就月将，人君道茂，足以抚绥万邦，谐决百揆。朕当率前志，敬逊别宫，远惟复子明辟之义，以自绥养。实望群公逮于黎庶，深鉴斯理，如此则上下休嘉，天地清晏，魏道熙隆，人神庆悦，不其善欤?”乃幽皇太后于北宫，杀太傅、领太尉、清河王怿，揔勒禁旅，决事殿中。辛卯，帝加元服，大赦，改年。内外百官进位一等。

八月甲寅，相州刺史、中山王熙举兵欲诛义、腾，不果，见杀。九月壬辰，蠕蠕主阿那瑰来奔。戊戌，以太师、高阳王雍为丞相，加后部羽葆、鼓吹、班剑四十人。冬十月乙卯，以骠骑大将军、仪同三司、汝南王悦为太尉公。

十有一月己亥，诏曰：“蠕蠕世雄朔方，擅制漠裔，邻通上国，百有余载。自神鼎南底，累纪于兹，虔贡虽违，边燧静息，凭心象魏，潜款弥纯。今其主阿那瑰属离时难，邦分亲析，万里远驰，庇命有道。悲同申、伍，忠孝足矜。方存兴灭之师，以隆继绝之举。宜且优以宾礼，期之立功，疏爵胙土，大启河岳。可封朔方郡开国公蠕蠕王食邑一千户，锡以衣冕，加以轺车，禄恤仪卫，同乎戚蕃。”

十有二月壬子，诏曰：“蠕蠕王阿那瑰遭离寇祸，远来投庇，邦分众析，犹无定主，而永怀北风，思还绥集。启诉情切，良用愍然。夫存亡恤败，自古通典。可差国使及彼前后三介，与阿那瑰相随；并敕怀朔都督，简锐骑二千，躬自率护，送达境首，令观机招纳。若彼候迎，家锡筐篚车马之属，务使优隆，礼饯而返；如不容受，任听还阙。其行装资遣，付尚书量给。”辛酉，以司空、京兆王继为司徒公。

二年春正月，南秦州氐反。二月庚戌，假光禄大夫邴虬抚军将军以讨之。癸亥，车驾幸国子学，讲《孝经》。三月庚午，帝幸国子学祠孔子，以颜渊配。甲午，右卫将军奚康生于禁内将杀元义，不果，为义矫害。以仪同三司刘腾为司空公。

夏四月庚子，司徒、京兆王继进位太保。壬寅，车骑大将军、仪同三司崔光为司徒公。萧衍义州刺史文僧明率众内属。

五月辛巳，南荆州刺史桓叔兴自安昌南叛。乙酉，乌苌国遣使朝贡。闰月丁巳，居密、波斯国并遣使朝贡。六月己巳，高昌国遣使朝贡。癸巳，勿吉国遣使朝贡。

秋七月癸丑，诏曰："时泽弗降，禾稼形损，在予之责，夙宵震惧。虽克躬撤降，仍无招感。有司可修案旧典，祗行六事：囹犴淹枉，随速鞫决；庶尹废职，量加修厉；鳏独困穷，在所存恤；役赋烦民，戊加蠲省；贤良谠直，以时升进；贪残邪佞，即就屏黜；男女怨旷，务令会偶。庶革止愆违，有弭灾沴。"

八月己巳，伏罗国遣使朝贡。蠕蠕后主郁久闾俟匿伐来奔怀朔镇。

十有一月乙未朔，高昌国遣使朝贡。戊申，卫大将军、仪同三司皇甫集薨。癸丑，侍中、车骑大将军侯刚加仪同三司。

十有二月甲戌，诏司徒崔光、安丰王延明等议定服章。庚辰，以东益、南秦氐反，诏中军将军、河间王琛讨之，失利。

三年春正月辛亥，帝耕籍田。夏四月庚辰，以高车国主覆罗伊匐为镇西将军、西海郡开国公、高车王。

六月己巳，诏曰："朕以冲昧，夙纂宝历，不能祗奉上灵，感延和气，致令炎旱频岁，嘉雨弗洽，百稼焦萎，晚种未下，将成灾年，秋稔莫觊。在予之责，忧惧震怀。今可依旧，分遣有司，驰祈岳渎及诸山川百神能兴云雨者，尽其虔肃，必令感降，玉帛牲牢，随应荐享。上下群官，侧躬自厉，理冤狱，止土功，减膳撤悬，禁止屠杀。"

秋七月壬子，波斯、不汉、龟兹诸国遣使朝贡。冬十月己巳，吐谷浑国遣使朝国贡。

十有一月乙巳，车驾有事于圆丘。丙午，诏曰："治历明时，前王茂轨，考辰正律，弈代通规。是以北平革定于汉年，杨伟草筭于魏世。自皇运肇基，典章犹缺，推步晷曜，未尽厥理。先朝仍世，每所慨然。至神龟中，始命儒官，改创疏踳，回度易宪，始会璇衡。今天正斯始，阳煦将开，品物初萌，宜变耳目，所谓魏虽旧邦，其历维新者也。便可班宣内外，号曰《正光历》。又首节嘉辰，获展丘禘，神人交和，理契幽显，思与亿兆共此维新，可大赦天下。"

十有二月癸酉，以左光禄大夫皇甫度为仪同三司。乙酉，以车骑大将军、尚书右仆射元钦为仪同三司，太保、京兆王继为太傅，司徒崔光为太保。丁亥，以牧守妄立碑颂，辄兴寺塔；第宅丰侈，店肆商贩；诏中尉端衡，肃厉威风，以见事纠劾。七品、六品，禄足代耕，亦不听锢贴店肆，争利城市。

四年春二月壬辰，追封故咸阳王禧为敷城王，京兆王愉为临洮王，清河王怿为范阳王，以礼加葬。丁丑，河间王琛、章武王融，并以贪污削爵除名。己卯，以蠕蠕主阿那瑰率众犯塞，遣尚书左丞元孚兼尚书，为北道行台，持节喻之。蠕蠕后主俟匿代来朝京师。宕昌国遣使朝贡。司空刘腾薨。

夏四月，阿那瑰执元孚，驱掠畜牧北遁。甲申，诏骠骑大将军、尚书令李崇，中军将军、兼尚书右仆射元纂，率骑十万讨蠕蠕，出塞三千余里，不及而还。

秋七月辛亥，诏曰："达尊斯在，齿预一焉，崇敬黄耇，先代通训。故方叔以元老处位，充国缘自强见留。虽七十致仕，明乎典故，然以德尚壮，许其絷维。今庶僚之中，或年迫悬车，循礼宜退。但少收其力，老弃其身，言念勤旧，眷然未忍。或戴白在朝，未当外任；或停私历纪，甫受考级。如此之徒，虽满七十，听其莅民，以终常限。或新解郡县，或外佐始停，已满七十，方求更叙者，吏部可依令不奏。其有高名俊德、老成髦士、灼然显达、为时所知者，不拘斯例。若才非秀异，见在朝官，依令合解者，可给本官半禄，以终其身。使辞朝之叟，不恨归于闾巷矣。"

八月己巳，诏曰："狂蠢肆暴，陵窃北垂。虽军威时接，贼徒偃遁，然獯虐所过，多离其祸。言念斯弊，有轸深怀。可敕北道行台，遣使巡检，遭寇之处，饥馁不粒者，厚加赈恤，务令存济。"戊寅，诏曰："朕以眇暗，忝承鸿绪，因祖宗之基，托王公之上，每鉴寐属虑，思康亿兆。比雨旱愆时，星运舛错，政理阙和，灵只表异，永寻夕惕，载悉于怀。宜诏百司，各勤厥职，诸有鳏寡穷疾冤滞不申者，并加厘恤。若孝子顺孙、廉贞义节、才学超异、独行高时者，具以言上，朕将亲览，加以旌命。”癸未，追复故范阳王怿为清河王。

九月丁酉，库莫奚国遣使朝献。诏侍中、太尉、汝南王悦入居门下，与丞相、高阳王雍参决尚书奏事。冬十有一月丙申，赵郡王谧薨。丁酉，太保崔光薨。

十有二月，萧衍遣将寇边，诏假征南将军崔延伯讨之。以太尉、汝南王悦为太保。徐州刺史、北海王颢坐贪污，削除官爵。

五年春正月辛丑，车驾有事于南郊。闰二月癸巳，哌哒国遣使朝贡。

三月，沃野镇人破落汗拔陵聚众反，杀镇将，号真王元年。诏临淮王彧为镇军将军，假征北将军，都督北征诸军事以讨之。夏四月，高平酋长胡琛反，自称高平王，攻镇以应拔陵。别将卢祖迁击破之，琛北遁。

五月临淮王彧败于五原，削除官爵。壬申，诏尚书令李崇为大都督，率广阳王渊等北讨。

六月，秦州城人莫折太提据城反，自称秦王，杀刺史李彦。诏雍州刺史元志讨之。南秦州城人孙掩、张长命、韩祖香据城反，杀刺史崔游以应太提。太提遣城人卜朝袭克高平，杀镇将赫连略、行台高元荣。太提寻死，子念生代立，僭称天子，号年天建，置立百官。丁酉，大赦。

秋七月甲寅，诏吏部尚书元修义兼尚书仆射，为西道行台，率诸将西讨。戊午，复河间王琛、临淮王彧本封。都督崔暹失利于白道。大都督李崇率众还平城，坐长史祖莹截没军资，免除官爵。丁丑，念生遣其都督杨伯年、樊元、张良等攻仇鸠、河池二戍，东益州刺史魏子建遣将尹祥、黎叔和击破之，斩樊元首，杀贼千余人。是月，凉州幢帅于菩提、呼延雄执刺史宋颖，据州反。念生遣其兄高阳王天生下陇东寇。

八月甲午，元志大败于陇东，退守岐州。丙申，诏曰：“赏贵宿劳，明主恒德；恩沾旧绩，哲后常范。太祖道武皇帝应期拨乱，大造区夏；世祖太武皇帝纂戎丕绪，光阐王业，躬率六师，扫清逋秽。诸州镇城人，本充牙爪，服勤征旅，契阔行间，备尝劳剧。逮显祖献文皇帝自北被南，淮海思乂，便差割强族，分卫方镇。高祖孝文皇帝远遵盘庚，将迁嵩洛，规遏北疆，荡辟南境，选良家酋腑，增戍朔垂，戎捍所寄，实惟斯等。先帝以其诚效既亮，方加酬锡，会宛郢驰烽，朐泗告警，军旗频动，兵连积岁，兹恩仍寝，用迄于今，怨叛之兴，颇由于此。朕叨承乾历，抚驭宇宙，调风布政，思广惠液，宜追述前恩，敷兹后施。诸州镇军贯，元非犯配者，悉免为民，镇改为州，依旧立称。此等世习干戈，率多劲勇，今既甄拔，应思报效。可三五简发，讨彼沙陇。当使人齐其力，奋击先驱，妖党狂丑，必可荡涤。冲锋斩级，自依恒赏。”丁酉，南秀容牧子于乞真反，杀太仆卿陆延。别将尔朱荣讨平之。戊戌，莫折念生遣都督窦双攻盘头郡。东益州刺史魏子建遣将窦念祖讨之，斩双，擒斩千余人。

九月壬申，诏尚书左仆射、齐王萧宝夤为西道行台大都督，率征西将军、都督崔延伯，又诏复抚军将军、北海王颢官爵为都督，并率诸将西讨。乙亥，帝幸明堂，饯宝夤等。是月，萧衍遣将裴邃、虞鸿袭据寿春外城，刺史长孙稚击走之，邃退屯黎浆。诏河间王琛总众援之。衍又遣将寇淮阳，诏秘书监、安乐王鉴率众讨之。吐谷浑主伏连筹兵讨凉州，于菩提弃城走，追斩之，城民赵天安复推宋颖为刺史。

冬十月，营州城人刘安定、就德兴据城反，执刺史李仲遵。城人王恶儿斩安定以降。德兴东走，自号燕王。胡琛遣其将宿勤明达寇豳、夏、北华三州。壬午，诏都督、北海王颢率诸将讨之。

十有一月戊申，莫折天生攻陷岐州，执都督元志及刺史裴芬之。高平人攻杀卜朝，共迎胡琛。十有二月壬辰，诏太傅、京兆王继为太师、大将军，率诸将讨之。吠哒、契丹、地豆于、库莫奚诸国，并遣使朝贡。汾州正平、平阳山胡叛逆。诏复征东将军章武王融封爵，为大都督，率众讨之。山南行台东益州刺史魏子建招降南秦氐民，复六郡十二戍，又斩贼王韩祖香。南秦贼王张长命畏逼，乃告降于萧宝夤。是月,莫折念生遣兵攻凉州,城人赵天安复执刺史以应之。

孝昌元年春正月庚申,徐州刺史元法僧据城反,害行台高谅,自称宋王,号年天启,遣其子景仲归于萧衍。衍遣其将胡龙牙、成景俊、元略等,率众赴彭城。诏秘书监,安乐王鉴回师以讨之。鉴于彭城南击元略,大破之,尽俘其众;既而不备,为法僧所败。衍遣其豫章王综入守彭城,法僧拥其僚属、守令、兵戍及郭邑士女万余口南入。诏镇军将军、临淮王彧,尚书李宪为都督,卫将军、国子祭酒、安丰王延明为东道行台,复仪同三司李崇官爵,为东道大都督,俱讨徐州。崇以疾不行。癸亥,萧宝夤、崔延伯大破秦贼于黑水,斩获数万,天生退走,入陇西,泾岐及陇东悉平。以太师、大将军、京兆王继为太尉,余官如故。

二月,以领军将军元义为骠骑大将军、仪同三司。诏追复乐良王长命本爵,以其子忠绍之。侍中、特进、卫大将军穆绍为仪同三司。戊戌,大赦。壬辰,莫折念生遣都督杨鲊、梁下辩、姜齐等攻仇池郡城,行台、东益州刺史魏子建遣将盛迁击破之,斩下辩、齐等首。壬寅,诏曰:“劝善黜恶,经国茂典。其令每岁一终,郡守列令长,刺史列守相,以定考课,辩其能否。若有滥谬,以考功失衷论。”是月,齐州魏郡民房伯和聚众反。会赦,乃散。

三月己巳,诏太尉、西道都督、京兆王继班师。壬申,诏曰:“丞相高阳王,道德渊广,明允笃诚,仪形太阶,垂风下国,实所以予违汝弼,致治责成,宜班新制,宣之遐迩。其州郡先上司徒公文,悉可改上相府施行,符告皆亦如之。”甲戌,诏曰:“选众而举,其来自昔。朕缵承大业,综理万几,求贤致治,心焉若渴。知人则哲,振古所难。宜博访公卿,采兹声实。可令第一品以下、五品以上,人各荐其所知,不限素身居职。必使精辩器艺,具注所能,然后依牒简擢,随才收叙。庶济济之美,无替往时;謇謇之直,有申兹岁。”萧衍遣其北梁州长史锡休儒、司马鱼和、上庸太守姜平洛等入寇直城,梁州刺史傅竖眼遣息敬绍率众拒击,大破之,擒斩三千余人,休儒等走还魏兴。是月，齐州清河民崔畜杀太守董遵，广川民傅堆执太守刘莽反，青州刺史、安乐王鉴讨平之。是月，破落汗拔陵别帅王也不卢等攻陷怀朔镇。

夏四月，萧衍益州刺史萧渊猷遣将樊文炽、萧世澄等率众围小剑戍。益州刺史邴虬遣子子达、行台魏子建遣别将淳于诞拒击之。辛卯，皇太后复临朝摄政，引群臣面陈得失。诏曰："朕以寡昧，夙承天历，茫若涉海，罔知所济；实凭宗社降佑之灵，庶勉幼志，以康世道。而神龟之末，权臣擅命，元义、刘腾阴相影响，遂使皇太后幽隔后宫，太傅、清河王无辜致害，相州刺史、中山王熙横被夷灭，右卫将军、奚康生仍见诛剪。从此已后，无所畏忌，恣诸侵求，任所与夺。无君之心，积习稍久；不臣之迹，缘事弥彰。蔽耳目之明，专生杀之柄，天下为之不康，四郊由兹多垒。此而可忍，孰不可怀！虽屡经赦宥，未容致之于法，犹宜辨正，以谢朝野。腾身既往，可追削爵位。义之罪状，诚合徽缨，但以宗枝舅戚，特加全贷，可除名为民。"壬辰，征西将军、都督崔延伯大败于泾川，战殁。

五月戊辰，淳于诞等大破萧衍军，俘斩万计，擒萧世澄等十一将，文炽仅以身免，走成都。戊子，骠骑大将军、仪同三司李崇薨。

六月癸未，大赦，改年。诏文武之官，从军二百日，文官优一级，武官优二级。蠕蠕主阿那瑰率众大破拔陵，斩其将孔雀等。诸将逼彭城，萧综夜潜出降，萧衍诸将奔退，众军追蹑，免者十一二。

秋八月癸酉，诏断远近贡献珍丽，违者免官。柔玄镇人杜洛周率众反于上谷，号年真王，攻没郡县，南围燕州。戊子，莫折念生遣都督杜黑儿、杜光等攻仇池郡。行台魏子建遣将成迁击破之，斩杜光首。

九月乙卯，诏减天下诸调之半。丙辰，诏左将军、幽州刺史常景为行台，征虏将军元谭为都督，以讨洛周。辛酉，诏曰："追功表德，为善者劝。祖宗功臣，勒铭王府；而子孙废替，沦于凡民，爵位无闻，迁流有失。颍川名守，重泉令宰，惠风美政，结于民心，而犹同常品，未蒙褒陟，非所谓爱及甘棠、彝伦攸叙者也。其功臣名将为先朝所知，子孙屈塞不见齿叙，牧守令长声称卓然者，皆仰有司具以名闻。朕将振彼幽滞，用阐治风。"壬戌，诏百官五品已上，各举所知。辛未，曲赦南、北两秦州。

冬十月，蠕蠕国主阿那瑰遣使朝贡。是月，吐谷浑国复讨赵天安，降之。河州长史元永平、治中孟宾等推哌哒使主高徽行州事，而前刺史梁钊子景进攻杀之，景进又自行州事。

冬十有一月辛亥，诏曰："大孝荣亲，著之昔典，故安平耄耋，诸子满朝。自今诸有父母年八十以上者，皆听居官禄养，温情朝夕。"时四方多事，诸蛮复反。

十有二月壬午，诏曰："高祖以大明定功，世宗以下武宁乱，声溢朔南，化清中宇，业盛隆周，祚延七百。朕幼龄纂历，夙驭鸿基，战战兢兢，若临渊谷。暗于治道，政刑未孚，权臣擅命，乱我朝式。致使西秦跋扈，朔漠构妖；蠢尔荆蛮，氛埃不息。孔炽甚于泾阳，出军切于细柳。而师旅盘桓，留滞不进，北淯通悬危，南阳告急，将亏荆、沔之地，以致蹙国之忧。今茅毂扼腕，爪牙叹愤，并欲摧挫封豕，剿截长蛇，使人神两泰，幽明献吉。朕将躬驭六师，扫荡逋秽。其配衣六军，分隶熊虎，前驱后队，左翼右师，必令将帅雄果，军吏明济，粮仗车马，速度时须。其有失律亡军、兵戍逃叛、盗贼劫掠、伏窜山泽者，免其往咎，录其后效，别立募格，听其自新，广下州郡，令赴军所。今先讨荆蛮，疆理南服；戈旗东指，扫平淮外。然后奋七萃于西戎，腾五牛于北狄；躬抚乱离之若，面恤饥寒之患。尔乃还跸嵩宇，饮至庙庭，沉璧河洛，告成泰岱，岂不盛欤！百官内外、牧守军宰，宜各肃勤，用明尔职。"山胡刘蠡升反，自称天子，置官僚。是月，以临淮王彧为征南大将军，率众讨鲁阳蛮。

二年春正月庚戌，封广平王怀庶长子、太常少卿诲为范阳王。壬子，以太保、汝南王悦领太尉。是月，都督元谭次于军都，为洛周所败。五原降户鲜于修礼反于定州，号鲁兴元年。诏左光禄大夫长孙稚为使持节、假骠骑将军、大都督、北讨诸军事，与都督河间王琛率将讨之。

二月甲申，帝、皇太后临大夏门，亲览冤讼。是月，叠伏罗国遣使朝贡。

三月庚子，以骠骑大将军、徐州刺史、安丰王延明为仪同三司。追复中山王熙本爵，子叔仁绍之。甲寅，西部敕勒斛律洛阳反于桑乾，西与河西牧子通连。别将尔朱荣击破之。

夏四月，大赦天下。癸巳，以侍中、车骑大将军、城阳王徽为仪同三司。朔州城人鲜于阿胡、库狄丰乐据城反。丁未，都督李琚次于苏城之北，又为洛周所败，琚战没。戊申，以骠骑大将军、开府、齐王宝夤为仪同三司。北讨都督、河王琛、长孙稚失利，奔还，诏免琛、稚官爵。库莫奚国遣使朝贡。五月丁未，车驾将北讨，内外戒严。前给事黄门侍郎元略自萧衍还朝，封义阳王。以丞相、高阳王雍为大司马，吏部尚书、广阳王渊为骠骑大将军、仪同三司，寻为大都督，率都督、章武王融北讨修礼。戊申，燕州刺史崔秉率众弃城南走中山。乙丑，以安西将军、光禄大夫宗正珍孙为都督，讨汾州反胡。

六月己巳，曲赦齐州。绛蜀陈双炽聚众反，自号始建王。曲赦平阳、建兴、正平三郡。诏假镇西将军、都督长孙稚讨双炽，平之。丙子，义阳王略改封东平王。卫大将军、西道都督元恒芝为车骑大将军、仪同三司。戊寅，诏复京兆王继本封江阳王。戊子，诏曰："自运属艰棘，历载于兹，烽驿交驰，旌鼓不息。祖宗盛业，危若缀旒，社稷鸿基，殆将沦坠。朕威德不能遐被，经略无以及远，俾令苍生罹此涂炭，何以苟安黄屋，无愧黔黎。今便避居正殿，蔬餐素服；当亲自招募，收集忠勇。其有直言正谏之士，敢决徇义之夫，二十五日悉集华林东门，人别引见，共论得失。班告内外，咸使闻知。"乙未，以卫将军、东平王略为左光禄大夫、仪同三司。

秋七月丙午，杜洛周遣其别帅曹纥真寇掠幽州。行台常景遣都督于荣邀于粟园，大破之，斩纥真，获三十余级，牛驴二万余头。戊申，恒州陷，行台元纂奔冀州。甲子，萧衍将元树、湛僧珍等寇寿春。

八月丙子，进封广川县开国公元部为常山王，以骠骑大将军、东道行台、临淮王彧为仪同三司。戊寅,帝幸南石窟寺,即日还宫。戊子,进散骑常侍、御史中尉、武城县开国公讳子攸为长乐王。都督伊瓮生讨巴,失利,战殁。癸巳,贼帅元洪业斩鲜于修礼,请降,为贼党葛荣所杀。都督尔朱荣于肆州执刺史尉庆宾,令其从叔羽生统州事。

九月辛亥,葛荣败都督、广阳王渊、章武王融于博野白牛逻,融殁于阵。荣自称天子,号曰齐国,年称广安。甲申,常景又破洛周,斩其武川王贺拔文兴、别帅侯莫陈升,生擒男女四百口,牛驴五千余头。就德兴攻陷平州,杀刺史王买奴。是月,莫折天生请降,萧宝夤使行台左丞崔士和入据秦州。天生复叛,送士和于胡琛,杀之。

冬十有一月戊戌,杜洛周攻陷幽州,执刺史王延年及行台常景。丙午,税京师田租,亩五升;借赁公田者,亩一升。闰月,税市人出入者各一钱,店舍为五等。齐州平原民刘树、刘苍生聚众反,州军破走之,刘树奔萧衍。衍将原树逼寿春,扬州刺史李宪力屈,以城降之。初留州、郡、县及长史、司马、戍主副质子于京师。衍又遣将攻逼新野,诏都督魏承祖讨之。诏曰:"顷旧京沦覆,中原丧乱,宗室子女,属籍在七庙之内,为杂户滥门所拘辱者,悉听离绝。"

三年春正月甲戌,以司空公皇甫度为司徒,仪同三司萧宝夤为司空,车骑将军、北海王颢为车骑大将军、仪同三司。徐州民任道棱聚众反,袭据萧城以叛。州军讨平之。辛巳,葛荣陷殷州,刺史崔楷固节死之,遂东围冀州。甲申,诏峻铸钱之制。萧宝夤、元恒芝大败于泾州,大陇都督、南平王仲冏,小陇都督高聿并相寻退散,东秦州刺史潘义渊以汧城降贼。高平虏贼逼岐州,城人执刺史魏兰根,以城应之。豳州刺史毕祖晖、行台羊深并奔退,祖晖于阵殁。北海王颢寻亦败走。贼帅胡引祖据北华州以应之。贼帅比干骐驎入据豳州。曲赦关西及正平、平阳、建兴。戊子,以司徒皇甫度为太尉。己丑,以四方未平,诏内外戒严,将亲出讨。辛卯,萧衍将湛僧珍围东豫州。诏散骑常侍元炜为都督以讨之。是月,衍又遣将彭群、王辩等率众数万逼琅邪，诏青州、南青二州讨之。

二月丁酉，诏曰："关陇遭罹寇难，燕赵贼逆凭陵，苍生波流，耕农靡业，加诸转运，劳役已甚，州仓储实，无宜悬匮，自非开输赏之格，何以息漕运之烦。凡有能输粟入瀛、定、岐、雍四州者，官斗二百斛赏一阶；入二华州者，五百石赏一阶。不限多少，粟毕授官。"虏贼据潼关。丁未，追复故东平王匡爵，改封济南王。庚申，东郡民赵显德反，杀太守裴烟，自号都督，立其兄子为太守。诏都督李叔仁讨之。是月，萧衍将成景隽寇彭城。诏员外常侍崔孝芬为行台，率将击走之。

三月甲子，诏将西讨，中外戒严。虏贼走，复潼关。戊辰，诏将回驾北讨，诏金紫光禄大夫源子邕为大都督，讨葛荣。辛未，齐州广川民刘钧执清河太守邵怀，聚众反，自署大行台。清河民房须自署大都督，屯据昌国城。

夏四月，别将元斌之讨东郡，斩显德。己酉，蠕蠕国遣使朝贡。六月，蠕蠕国遣使朝贡。是月，诏都督李叔仁讨刘钧，平之。

秋七月，陈郡民刘获、郑辩反于西华，号年天授，州军讨平之。相州刺史、安乐王鉴据州反。己丑，大赦天下。是月，青州刺史、彭城王劭，南青州刺史胡平，遣将斩萧衍将彭群首，俘获二千余人。

八月，都督源子邕、李轨、裴衍攻邺。丁未，斩鉴，相州平。仍令子邕等讨葛荣。

九月辛卯，东豫州刺史元庆和以城南叛。戊子，蠕蠕国遣使朝贡。秦州城民杜粲杀莫折念生，自行州事。南秦州城民辛琛自行州事，遣使归罪。

冬十月戊申，曲赦恒农已西，河北、正平、平阳、邵郡及关西诸州。辛亥，以卫将军、讨虏大都督尔朱荣为车骑将军、仪同三司。甲寅，雍州刺史萧宝夤据州反，自号曰齐，年称隆绪。诏尚书右仆射长孙稚讨之。

十有一月己丑，葛荣攻陷冀州，执刺史元孚，逐出居民，冻死者十六七。十有二月戊申，都督源子邕、裴衍与葛荣战败于阳平东北漳水曲，并战殁。是月，杜粲为骆超所杀，超遣使归罪。

武泰元年春正月癸亥，以北海王颢为骠骑大将军、开府仪同三司、相州刺史。乙丑，定州为杜洛周所陷，执刺史杨津。瀛州刺史元宁以城降于洛周。皇女生，秘言皇子。丙寅，大赦，改元。丙子，长孙稚平潼关。丁丑，雍州城人侯终德相率攻宝夤，宝夤携南阳公主及子与百余骑渡渭而走。雍州平。

二月，以长孙稚为车骑大将军、开府仪同三司、雍州刺史、兼尚书仆射、西道行台。群盗烧劫巩县以西，关口以东，公路涧以南。诏武卫将军李神轨为都督，讨平之。癸丑，帝崩于显阳殿，时年十九。

甲寅，皇子即位，大赦天下。皇太后诏曰："皇家握历受图，年将二百，祖宗累圣，社稷载安。高祖以文思先天，世宗以下武经世，股肱惟良，元首穆穆。及大行在御，重以宽仁，奉养率由，温明恭顺。朕以寡昧，亲临万国，识谢涂山，德惭文母。属妖逆递兴，四郊多故。实望穹灵降佑，麟趾众繁。自潘充华有孕椒宫，冀诞储两，而熊罴无兆，维虺遂彰。于时直以国步未康，假称统胤，欲以底定物情，系仰宸极。何图一旦，弓剑莫追，国道中微，大行绝祀。皇曾孙故临洮王宝晖世子钊，体自高祖，天表卓异，大行平日养爱特深，义齐若子，事符当璧。及翊日弗愈，大渐弥留，乃延入青蒲，受命玉几。暨陈衣在庭，登策靡及，允膺大宝，即日践阼。朕是用惶惧忸怩，心焉靡洎。今丧君有君，宗佑惟固，宜崇赏卿士，爰及百辟，凡厥在位，并加陟叙。内外百官文武、督将征人，遭艰解府，普加军功二阶；其禁卫武官，直阁以下、直从以上及主帅，可军功三阶；其亡官失爵，听复封位。谋反大逆削除者，不在斯限。清议禁锢，亦悉蠲除。若二品以上不能自受者，任授儿弟。可班宣远迩，咸使知之。"乙卯，幼主即位。仪同三司、大都督尔朱荣抗表请入奔赴，勒兵而南。是月，杜洛周为葛荣所并。

三月癸未，葛荣攻陷沧州，执刺史薛庆之，居民死者十八九。甲申，上尊谥曰孝明皇帝，乙酉，葬于定陵，庙号肃宗。

夏四月戊戌，尔朱荣济河。庚子，皇太后、幼主崩。

史臣曰：魏自宣武已后，政纲不张。肃宗冲龄统业，灵后妇人专制，委用非人，赏罚乖舛。于是衅起四方，祸延畿甸，卒于享国不长。抑亦沦胥之始也，呜呼！

魏书卷一〇
帝纪第一〇

敬宗孝庄帝 子攸

孝庄皇帝，讳子攸，彭城王勰之第三子，母曰李妃。肃宗初以勰有鲁阳翼卫之勋，封武城县开国公，幼侍肃宗书于禁内。及长，风神秀慧，姿貌甚美。拜中书侍郎、城门校尉、兼给事黄门侍郎，雅为肃宗所亲待，长直禁中。迁散骑常侍、御史中尉。

孝昌二年八月，进封长乐王。转侍中、中军将军。三年十月，以兄彭城王劭事，转为卫将军、左光禄大夫、中书监，实见出也。

及武泰元年春二月，肃宗崩，大都督尔朱荣将向京师，谋欲废立，以帝家有忠勋，且兼民望，阴与帝通，荣乃率众来赴。

夏四月丙申，帝与兄弟夜北渡河。丁酉，会荣于河阳。戊戌，南济河，即帝位。以兄彭城王劭为无上王，弟霸城公子正为始平王。以荣为使持节、侍中、都督中外诸军事、大将军、尚书令、领军将军、领左右，封太原王。己亥，百僚相率，有司奉玺绂，备法驾，奉迎于河梁。庚子，车驾巡河，西至陶渚。荣以兵权在已，遂有异志，乃害灵太后及幼主，次害无上王劭、始平王子正，又害丞相高阳王雍、司空公元钦、仪同三司元恒芝、仪同三司东平王略、广平王悌、常山王邵、北平王超、任城王彝、赵郡王敏、中山王叔仁、齐郡王温，公卿已下二千余人。列骑卫帝，迁于便幕。既而荣悔，稽颡谢罪。语在《荣传》。

辛丑，车驾入宫，御太极殿，诏曰："太祖诞命应期，龙飞燕代，累世重光，载隆帝绪。冀欲阐兹洪业，永在无穷。岂图多难，遘兹百六，致使妖悖四起，内外竞侵；朝无恤政之臣，野多怨酷之士，实由女主专朝，致兹颠覆。孝明皇帝大情冲顺，深存隐忍，奄弃万国，众用疑焉。苟求胡出，入守神器，凡厥有心，莫不解体。太原王荣世抱忠孝，功格古今，赴义晋阳，大会河洛，乃推翼朕躬，应兹大命。德谢少康，道愧前绪，猥以眇身，君临万国，如涉渊海，罔知所济。可大赦天下，改武泰为建义元年。从太原王督将军士，普加五阶；在京文官两阶，武官三级。复天下租役三年。"

壬寅，太原王尔朱荣上表，请追谥无上王为皇帝。余死于河阴者，诸王、刺史赠三司，三品者令仆，五品者刺史，七品以下及民郡、镇。诸死者子孙，听立后，授封爵。诏从之。癸卯，以前太尉公、江阳王继为太师、司州牧；骠骑大将军、开府仪同三司、相州刺史、北海王颢为太傅、开府，仍刺史；平东将军、光禄大夫、清渊县开国侯李延实为太保，进封阳平王，寻转太傅；安南将军、并州刺史元天穆为太尉公，封上党王；侍中、车骑大将军、仪同三司杨椿为司徒公；车骑大将军、仪同三司、顿丘郡开国公穆绍为司空公，领尚书令，进爵为王；使持节、车骑大将军、雍州刺史、上党公长孙稚为骠骑大将军、开府仪同三司，进爵为王，寻改封冯翊王；中军将军、殿中尚书元谌为仪同三司、尚书左仆射，封魏郡王；中军将军、给事黄门侍郎元瑱为东海王；金紫光禄大夫、广陵王恭为仪同三司。甲辰，追复故广阳王渊、故乐安王鉴爵。通直散骑常侍、敷城王坦为咸阳王，谏议大夫元贵平为东莱王，直阁将军元肃为鲁郡王，秘书郎中元晔为长广王，冯翊郡开国公源绍景复先爵陇西王，扶风郡开国公冯冏、东郡公陆子彰、北平公长孙悦并复其先王爵，以北平王超还复为安定王。丁未，诏内外解严。庚戌，封大将军尔朱荣次子义罗为梁郡王。诏蠕蠕主阿那瑰赞拜不名，上书不称臣。

是月，汝南王悦、北海王颢、临淮王彧，前后奔萧衍。郢州刺史元愿达据城南叛。

五月丁巳朔，加大将军尔朱荣北道大行台。以尚书右仆射元罗为东道大使，征东将军、光禄勋元欣副之，巡方黜陟，先行后闻。辛酉，大将军尔朱荣还晋阳，帝饯于邙阴。丙寅，诏曰："自孝昌之季，法令昏泯，怀忠守素，拥隔莫申，深怨宿憾，控告靡所。其有事在通途，横被疑异，名例无爽，枉见排抑，或选举不平，或赋役烦苛，诸如此者，不可具说。其有诉人经公车注不合者，悉集华林东门，朕当亲理冤狱，以申积滞。"己巳，齐州郡民贾皓聚众反，夜袭州城，会明退走。乙亥，晋州刺史樊子鹄克唐州，斩刺史崔元珍、行台郦恽，传首京师。壬午，诏求德行、文艺、政事强直者，县令、太守、刺史皆叙其志业，具以表闻。得三人以上，县令、太守、刺史赏一阶；举非其人，亦黜一阶。又以旧叙军勋不过征虏，自今以后宜依前式以上，余阶积而为品。其从舆驾北来之徒，不在此例。悉不听破品受阶，破阶请帛。先是，萧衍遣其将曹义宗寇荆州。癸未，以中军将军、吏部尚书费穆为使持节、都督南征诸军事，节度荆州刺史王罴以讨之。

六月丁亥朔，追封兄真定县开国公子直为陈留王。庚寅，以镇军将军、金紫光禄大夫李虔为车骑大将军、仪同三司、特进。辛卯，南荆州刺史李志据城南叛。通直散骑常侍高乾邕及弟等，率合流民，起兵于齐州之平原，频破州军。诏东道大使元欣喻旨，乃降。

是月，葛荣饥，使其仆射任褒率车三万余乘南寇，至沁水。癸卯，以高昌王世子光为平西将军、瓜州刺史，袭爵秦临县开国伯、高昌王。太尉公、上党王天穆为大都督、东北道诸军事，率都督宗正珍孙、奚毅、贺拔胜、尔朱阳都等讨任褒。帝以寇难未夷，避正殿，责躬撤膳。又班募格，收集忠勇。其有直言正谏之士，敢决徇义之夫，陈国家利害之谋，赴君亲危难之节者，集华林园，面论事。幽州平北府主簿河间邢杲，率河北流民十余万户反于青州之北海，自署汉王，号年天统。戊申，以征东将军、金紫光禄大夫李叔仁为车骑大将军、仪同三司，率众讨之。诏直寝纪业持节募新免牧户，有投名效力者授九品官。己酉，诏诸有私马仗从戎者，职人优两大阶，亦授实官；白民出身，外优两阶，亦授实官。若武艺超伦者，虽无私马，亦依前条；虽不超伦，但射槊翘关一艺而胆略有施者，依第出身外，特优一大阶，授实官；若无姓第者，从八品出身，阶依前加，特授实官。辛亥，诏曰："朕当亲御六戎，扫静燕代。大将军、太原王尔朱荣率精甲十万为左军；上党王天穆总众八万，为前军；司徒公杨椿勒兵十万，为右军；司空公穆绍统卒八万为后军。"是月，葛荣众退屯相州之北。

秋七月丁巳，诏从四品以上从征者，不得优阶，正四品者优一阶。军级从三品以上从征，四品者优一大阶。正五品以下，还依前格。若有征阶十余，计入四品、三品。限授五阶。巳未，诏前试守东郡太守唐景宣为持节、都督，于东郡召募侨居流民二千人，渡河随便为栅，准望台军。是月，齐献武王于邺西北慰喻葛荣别帅称王者七人，众万余，降之。乙丑，加大将军尔朱荣柱国大将军、录尚书事。辛巳尚书奏断百官公给衣冠、剑佩、绶舄。壬子，光州人刘举聚众数千反于濮阳，自称皇武大将军。是月，高平镇人万俟丑奴僭称大位，署置百官。是月，临淮王彧自江南还朝。

八月，太山太守羊侃据郡引萧衍将军王僧辩攻兖州。甲辰，诏大都督宗正珍孙率南广州刺史、都督郑先护讨刘举于濮阳，破平之。以侍中、骠骑大将军、临淮王彧为仪同三司。是月，葛荣率众围相州。

九月乙丑，诏太尉公、上党王天穆讨葛荣，次于朝歌之南。己巳，以征东将军、齐州刺史元欣为沛郡王。壬申，柱国大将军尔朱荣率骑七万讨葛荣于滏口，破擒之，余众悉降。冀、定、沧、瀛、殷五州平。乙亥，以平葛荣，大赦天下，改为永安元年。辛巳，以柱国大将军、太原王尔朱荣为大丞相、都督河北畿外诸军事，以荣子平昌郡开国公文殊、昌乐郡公文畅并进爵为王，以司徒公杨椿为太保，城阳王徽为司徒。

冬十月丁亥，尔朱荣槛送葛荣于京师。帝临阊阖门，荣稽颡谢罪，斩于都市。丙申，以抚军将军、太常卿、太原王世子菩提为使持节、骠骑大将军、开府仪同三司。丁酉，以冀州之长乐、相州之南赵、定州之博陵、沧州之浮阳、平州之辽西、燕州之上谷、幽州之渔阳七郡各万户，增封太原王尔朱荣为太原国。戊戌，又加荣太师。庚戌，以侍中、镇南将军、太原郡开国公于晖兼尚书左仆射，为行台，与齐献武王讨羊侃。壬子，太师、江阳王继薨。癸丑，以胶东县开国侯李侃希复其祖爵南郡王。是月，车骑大将军、仪同三司李叔仁讨邢杲于潍水，失利而还。大都督费穆大破萧衍军，擒其将曹义宗，槛送京师。萧衍以北海王颢为魏主，号年孝基，入据南兖之铚城。

十有一月戊午，以无上王世子韶为彭城王，陈留王子宽为陈留王，宽弟刚为浮阳王，刚弟质为林虑王。癸亥，齐献武王、行台于晖，与徐兖行台崔孝芬、大都督刁宣大破羊侃于瑕丘，侃奔萧衍。兖州平。戊寅，以上党王天穆为大将军、开府，世袭并州刺史。封前将军、太中大夫元凝为东安王。

十有二月庚子，诏行台于晖回师讨邢杲，次于历下。

是岁，葛荣余党韩楼复据幽州反。

二年春正月甲寅，于晖所部都督彭乐率二千余骑北走于韩楼，乃班师。

二月癸未朔，诏诸禁卫之官从戎有功及伤夷者，赴选先叙。甲午，尊皇考为文穆皇帝，庙号肃祖，皇妣为广穆皇后。燕州民王庆祖聚众于上党，自称为王。柱国大将军尔朱荣讨擒之。壬寅，诏散骑常侍、济阴王晖业兼行台尚书，督都督李德龙、丘大千镇梁国。

三月壬戌，诏大将军、上党王天穆与齐献武王讨邢杲。

夏四月癸未，迁肃祖文穆皇帝及文穆皇后神主于太庙。内外百僚，普泛加一级。曲赦畿内，死罪至流人减一等，徒刑以下悉免。庚子，诏太原王尔朱荣下将士并泛加二级。辛丑，上党王天穆、齐献武王大破刑杲于齐州之济南，杲降，送京师，斩于都市。元颢攻陷考城，执行台元晖业、都督丘大千。

五月壬寅朔，元颢克梁国。丁巳，以抚将军、前徐州刺史杨昱为使持节、镇东将军、东南道大都督，率众镇荥阳；尚书仆射尔朱世隆镇虎牢；侍中尔朱世承镇崿岅。辛酉，诏私马仗从戎优阶授官。壬戌，又诏募士一依征葛荣。甲子，又诏职人及民出马优阶各有差。乙丑，内外戒严。癸酉，元颢陷荥阳，执杨昱，尔朱世隆弃虎牢遁还。甲戌，车驾北巡，乙亥，幸河内。丙子，元颢入洛。丁丑，进封城阳县开国公元祉为平原王，安昌县开国侯元鸷为华山王，并加仪同三司。戊寅，行台崔孝芬、大都督刁宣破元颢后军都督侯暄于梁国，斩之，擒其卒三千人。以侍中、车骑将军、尚书右仆射尔朱世隆为使持节、行台仆射、本将军、相州刺史，镇邺城，以便宜从事。又诏上党百年以下、九十以上板三品郡，八十以上四品郡，七十以上五品郡。太原王尔朱荣会车驾于长子，即日反旆。上党王天穆北渡，会车驾于河内。

六月己丑，仪同三司费穆为颢所害。壬寅，克河内，斩太守元袭、都督宗正珍孙。

秋七月戊辰，都督尔朱兆、贺拔胜从硖石夜济，破颢子冠受及安丰王延明军，元颢败走。庚午，车驾入居华林园，升大夏门，大赦天下。以使持节、车骑将军、都督、颍川郡开国公尔朱兆为车骑大将军、仪同三司。诏以前朝勋书多窃冒，宜一切焚弃之，若立效灼然为时所知者，别加科赏；蕃客及边酋翻城降，有勋未叙者，不在焚断之限。北来军士，及随驾文武，诸立义加泛五级；河北执事之官，二级；河南立义及迎驾之官，并中途扈从，亦二级。壬申，以柱国大将军、太原王尔朱荣为天柱大将军，加前后部羽葆、鼓吹。癸酉，临颍县卒江丰斩元颢，传首京师。甲戌，以大将军、上党王天穆为太宰，司徒公、城阳王徽为大司马、太尉公。乙亥，宴劳天柱大将军尔朱荣、上党王天穆及北来督将于都亭，出宫人三百、缯锦杂彩数万匹，班赐有差。又诸州郡遣使奉表行宫者，并加一大阶。丁丑，获元颢弟项，斩于都市。诏受元颢爵赏、阶级，悉追夺之。己卯，以镇东将军、南青州刺史元旭为襄城王，平南将军、南兖州刺史元暹为汝阳王。

闰月辛巳，帝始居宫内。辛卯，以车骑将军、兼吏部尚书杨津为司空。巴州刺史严始欣据州南叛，萧衍遣其将萧玩、张鸿、江茂达等，率众赴援。

八月庚戌朔，诏诸有公私债负，一钱以上巨万以还，悉皆禁断，不得征责。己未，以侍中、太傅李延实为司徒公。丁卯，封瓜州刺史元太荣为东阳王。甲戌，侍中、太保杨椿致仕。乙亥，诏车骑将军、右光禄大夫奚毅板授天柱大将军尔朱荣、太宰天穆下勋及祖父叔伯耆年者牧守有差。

九月，大都督侯渊讨韩楼于苏，破斩之，幽州平。万俟丑奴攻东秦城，陷之，杀刺史高子朗。

冬十月丁丑，以前司空公、丹阳王萧赞为司徒公。

十有一月己卯，就德兴自营州遣使请降。丁亥，诏群官休停在外者，皆令赴阙，程会有差。丙午，以大司马、太尉公、城阳王徽为太保，司徒公、丹阳王萧赞为太尉公，开府仪同三司、雍州刺史长孙稚为司徒公。

十有二月辛亥，萧衍兖州刺史张景邕、荆州刺史李灵起、雄信将军萧进明来降。

三年春正月己丑，益州刺史长孙寿、梁州刺史元俊等，遣将与征巴州都督元景夏讨严始欣，斩之。萧衍都督萧玩、何难尉、陈愁败走，斩玩首，俘获万余人。辛丑，东徐州城民吕文欣、王赦等杀刺史元太宾，据城反。以抚军将军、都官尚书樊子鹄兼右仆射，为行台，督征南将军、都督贾显智，征东将军、徐州刺史严思达以讨之。

二月甲寅，克之。东徐平。

三月，丑奴大行台尉迟菩萨寇岐州，大都督贺拔岳、可朱浑道元大破之。

夏四月丁巳，以侍中、太尉公、丹阳王萧赞为使持节、都督齐济兖三州诸军事、骠骑大将军、开府仪同三司、齐州刺史。丁卯，雍州刺史尔朱天光讨丑奴、萧宝夤于安定，破擒之，囚送京师。甲戌，以关中平，大赦天下。丑奴斩于都市，宝夤赐死于驼牛署。

六月戊午，诏胡民亲属受爵于朝者，黜附编民。哌哒国献师子一。是月，白马龙涸胡王庆云僭称大位于永洛城，署置百官。

秋七月丙子，天光平永洛城，擒庆云，坑其城民一万七千。癸巳，萧衍民革虬、卜汤世率堡聚内附。庚子，车骑大将军、仪同三司李叔仁，坐事除名为民。

九月辛卯，天柱大将军尔朱荣、上党王天穆自晋阳来朝。戊戌，帝杀荣天穆于明光殿，及荣子仪同三司菩提。乃升阊阖门，诏曰："盖天道忌盈，人伦嫉恶，疏而不漏，刑之无舍。是以吕，霍之门，祸谴所伏；梁、董之家，咎征斯在。顷孝昌之末，天步孔艰，女主乱政，监国无主。尔朱荣爰自晋阳，同忧王室，义旗之建，大会盟津，与世乐推，共成鸿业。论其始图，非无劳效；但致远恐泥，终之实难，曾未崇朝，豺声已露。河阴之役，安忍无亲。王公卿士，一朝涂地，宗戚靡遗，内外俱尽。假弄天威，殆危神器.时事仓卒，未遑问罪。寻以葛贼横行，马首南向，舍过责成，用平丑虏。及元颢问鼎，大驾北巡，复致勤王，展力行所。以此论功，且可补过。既位极宰衡，地逾齐、鲁，容养之至，岂复是过？但心如猛火，山林无以供其暴；意等漏卮，江河无以充其溢。既见金革稍宁，方隅渐泰，不推天功，专为已力，与夺任情，臧否肆意，无君之迹，日月以甚。拔发数罪，盖不足称；斩竹书愆，岂云能尽？方复托名朝宗，阴图衅逆，睥睨天居，窥觎圣历。乃有裂冠毁冕之心，将为拔本塞源之事。天既厌乱，人亦悔祸，同恶之臣，密来投告。将而必诛，罪无容舍。又元天穆宗室未属，名望素微，遭逢际会，颇参义举。不能竭其忠诚以奉家国，乃复弃本逐末，背同即异，为之谋主，成彼祸心。是而可忍，孰不可恕！并以伏辜，自贻伊戚。元恶既除，人神庆泰，便可大赦天下。"遣武卫将军奚毅，前燕州刺史崔渊率兵镇北中。

是夜，仆射尔朱世隆、荣妻乡郡长公主，率荣部曲焚西阳门，出屯河阴。己亥，攻河桥，擒毅等于途，害之，据北中城，南逼京邑。诏以骠骑大将军、雍州刺史、广宗郡开国公尔朱天光为侍中、仪同三司，以侍中、司空公，杨津为使持节、督并、肆、燕、恒、云、朔汾、蔚九州诸军事、骠骑大将军、并州刺史、兼尚书令、北道大行台，经略并、肆。庚子，诏诸旧代人赴华林园，帝将亲简叙。以抚军将军、金紫光禄大夫高乾邕为侍中、河北大使，招集骁勇。

冬十月癸卯朔，封安南将军、大鸿胪卿元宝炬为南阳王，大宗正卿、汝阳县开国公元修为平阳王，通直散骑常侍、龙骧将军、新阳县开国伯元诞为昌乐王。复通直散骑常侍、琅邪县开国公。李叔仁官爵，仍为使持节、大都督，以讨世隆。以魏郡王谌徙封赵郡王，谌弟子赵郡王置改封平昌王。仪同三司李虔薨。丁未，班募攻河桥格，赏帛授官各有差。戊申，皇子生，大赦天下，文武百僚泛二级。以平南将军、中书令魏兰根兼尚书左仆射，为河北行台，定、相、殷三州禀兰根节度。乙卯，通直散骑常侍、假平西将军、都督李苗以火船焚河桥，尔朱世隆退走。丙辰，诏大都督、兼尚书仆射、行台源子恭率步骑一万出自西道，行台杨昱领都督李侃希等部募勇士八千往从东路，防讨之。子恭仍镇太行丹谷。世隆至建州，刺史陆希质拒守，城陷，尽屠之，唯希质获免。以中军将军、前东荆州刺史元显恭为使持节、都督晋、建、南汾三州诸军事、镇西将军、晋州刺史、兼尚书左仆射，为征西道行台，节度都督薛善乐、薛修义、裴元俊、薛崇礼、薛憘族等。丁卯，诏以世隆北叛，河内固守，其在城督将文武普加二级，兵士给复三年。壬申，尔朱世隆停建兴之都，尔朱兆自晋阳来会之，共推太原太守、行并州刺史长广王晔为主，大赦所部，号年建明，普泛四级。

徐州刺史尔朱仲远反，率众向京师。十有一月癸酉朔，诏车骑将军、左卫将军郑先护为使持节、大将军、大都督，与都督李侃希赴行台杨昱以讨之。乙亥，以使持节、兼尚书令、西道大行台、司徒公长孙稚为太尉公，侍中、尚书令、骠骑大将军、开府仪同三司、临淮王彧为司徒公。丙子，以骠骑大将军、仪同三司、雍州刺史、广宗郡开国公尔朱天光开府，进爵为王。丁丑，尔朱仲远陷西衮州，执刺史王衍。癸未，以右卫将军贺拔胜为东征都督。壬辰，又以左卫将军、大都督郑先护兼尚书左仆射，为行台，与胜并讨仲远。戊戌，诏罢魏兰根行台，以后将军、定州刺史薛昙尚为使持节、兼尚书，为北道行台，随机召发。行豫州刺史元崇礼杀后行州事阴导和，擅摄豫州。庚子,贺拔胜与仲远战于滑台东,失利,仍奔之。

十有二月壬寅朔,尔朱兆寇丹谷。都督崔伯凤战殁,都督羊文义、史五龙降兆,大都督源子恭奔退。甲辰,尔朱兆、尔朱度律自富平津上,率骑涉渡,以袭京城。事出仓卒,禁卫不守。帝出云龙门。兆逼帝幸永宁佛寺,杀皇子,并杀司徒公、临淮王彧,左仆射、范阳王诲。戊申,元晔大赦天下。尔朱度律自镇京师。甲寅,尔朱兆迁帝于晋阳。甲子,崩于城内三级佛寺,时年二十四。并害陈留五宽。

是月,河西人纥豆陵步蕃、破落韩常大败尔朱兆于秀容。齐州城人赵洛周据西城反,应尔朱兆,刺史、丹阳王萧赞弃城走。南阳太守赵修延执荆州刺史李琰之,自行州事。

中兴二年,谥为武怀皇帝,太昌元年又谥孝庄皇帝,庙号敬宗。十一月,葬于静陵。

史臣曰:魏自孝昌之末,天下淆然,外侮内乱,神器固将无主。庄帝潜思变化,招纳勤王,虽时事孔棘,而卒有四海。猾逆既剪,权强擅命,抑是兆谋运智之秋,劳谦夕惕之日也。未闻长辔之策,遽深负刺之恐,谋谟罕术,授任乖方,猜嫌行戮,祸不旋踵。呜呼!胡丑之为衅也,岂周衰晋末而已哉!至于高祖不祀,武宣享庙,三后降鉴,福禄固不永矣。

魏书卷一一
帝纪第一一

前废帝广陵王 恭
后废帝安定王 朗
出帝平阳王 脩

前废帝，讳恭，字修业，广陵惠王羽之子也，母曰王氏。少端谨，有志度，长而好学，事祖母嫡母以孝闻。正始中，袭爵。延昌中，拜通直散骑常侍。神龟中，进兼散骑常侍。正光二年，正常侍，领给事黄门侍郎。帝以元义擅权，遂称疾不起。久之，因托喑病。五年，执除金紫光禄大夫，加散骑常侍。

建义元年，除仪同三司。王既绝言，垂将一纪，居于龙花寺，无所交通。永安末，有白庄帝者，言王不语将有异图；民间游声，又云有天子之气。王惧祸，逃匿上洛。寻见追蹑，执送京师，拘禁多日，以无状获免。及庄帝崩，尔朱世隆等以元晔疏远，又非人望所推，以王潜默晦身，有过人之量，将谋废立，恐实不语，乃令王所亲申其意，且兼迫胁。王遂答曰："天何言哉！"世隆等大悦。

春二月己巳，晔进至邙南，世隆等奉王东郭之外，行禅让之礼，群臣上表曰："否泰沿时，殷忧启圣，故六飞在御，三石兴符。伏惟陛下运属千龄，智周万物，独昭系象，妙极天人；宝历有归，光宅攸属；而将安独善，不务兼济，灵命徘徊，幽明载伫。伏愿时顺讴谣，念兹宗祏，用舍劳疾，允答人神。"王答曰："自量眇身，是以让执。然王公勤至，不可拒违。今敬承所陈，惟愧弗堪负荷耳。"太尉公尔朱度律奉进玺绶衮冕之服，乃就辂车，百官侍卫，入自建春、云龙门，升太极前殿，群臣拜贺。礼毕，登阊阖门，诏曰："朕以寡薄，抚临万邦，思与亿兆同兹庆泰。可大赦天下，以魏为大魏，改建明二年为普泰元年。其税市及税盐之官，可悉废之。百杂之户，贷赐民名，官任仍旧。天下调绢，四百一匹。内外文武，普泛四阶；合叙未定第者，亦沾级。除名免官者，特复本资，品封依旧。颍川王尔朱兆，彭城王尔朱仲远，陇西王尔朱天光，乐平王尔朱世隆，常山王尔朱度律，车骑大将军、仪同三司、齐献武王，都督斛斯椿下军士，普泛六级。"

庚午，诏曰："朕以眇身，临王公之上，夕惕只怀，若履冰谷。赖七庙之灵，百辟忠诚之举，庶免坠殁。夫三皇称皇，五帝云帝，三代称王，迭冲挹也。自秦之末，竞为皇帝。忘负乘之深殃，垂贪鄙于万叶。予今称帝，已为褒矣！可普告令知。"

是月，镇远将军清河崔祖螭聚青州七郡之众十余万人围东阳。幽州刺史刘灵助起兵于蓟。抚军将军、金紫光禄大夫、兼侍中、河北大使高乾邕，及弟平北将军、通直散骑常侍敖曹率众夜袭冀州，执刺史元嶷，杀监军孙白鹞，共推前河内太守封隆之行州事。

三月癸酉，封长广王晔为东海王。诏太师、骠骑大将军、青州刺史、鲁郡王肃还为太师；特进、车骑大将军、沛郡王欣为太傅、司州牧，改封淮阳王；骠骑大将军、开府仪同三司、徐州刺史、彭城王尔朱仲远，骠骑大将军、仪同三司、雍州刺史、陇西王尔朱天光，并为大将军；柱国大将军、并州刺史、颍川王尔朱兆为天柱大将军；骠骑大将军、仪同三司、左卫将军、大都督、晋州刺史、平阳郡开国公、齐献武王封勃海王，增邑五百户；特进、车骑大将军、清河王亶为仪同三司；侍中、太傅、骠骑大将军、开府仪同三司、尚书令、乐平王尔朱世隆为太保；开府、前司徒公长孙稚为太尉公、录尚书事；侍中、骠骑大将军、开府仪同三司、赵郡王谌为司空公。稚固辞，寻除骠骑大将军、开府仪同三司。丙子，帝引见尚书右仆射元罗及皇宗于显阳殿，劳勉之。丁丑，加骠骑大将军、北华州刺史公孙略仪同三司。己卯，诏右卫将军贺拔胜并尚书一人募伎作及杂户从征者，正入出身，皆授实官，私马者优一大阶。庚辰，以侍中、卫将军、咸阳王坦，卫将军、尚书左仆射、南阳王实炬，侍中、征东将军、平阳王脩，并仪同三司。乙酉，诏简北来及在京二官员外剩置者。己丑，以持节、骠骑将军、泾州刺史贺拔岳为仪同三司、岐州刺史，使持节、车骑大将军、渭州刺史侯莫陈悦为仪同三司、秦州刺史。庚寅，诏天下有德孝仁贤忠义志信者，可以礼召赴阙，不应召者以不敬论。丙申，刘灵助率众次于安国城，定州刺史侯渊破斩之，传首京师。戊戌，以使持节、侍中、车骑大将军斛斯椿，侍中、卫将军元受，并特进、仪同三司。诏曰："顷官方失序，仍令沙汰，定员简，剩已有判决。退下之徒，微变可愍。诸在简下，可特优一级，皆授将军，预参选限，随能补用。"

是春，冠军将军、南青州刺史茹怀朗，使其部将何宝率步骑三千击萧衍守将于琅邪，擒其尚书左仆射、仪同三司、云麾将军、徐兖二州刺史刘相如。

夏四月癸卯，幸华林都亭燕射，班锡有差。太乐奏伎有倡优为愚痴者，帝以非雅戏，诏罢之。壬子，有事于太庙。癸丑，诏以齐献武王为使持节、侍中、都督冀州诸事、骠骑大将军、开府仪同三司、大都督、东道大行台、冀州刺史，骠骑大将军、安定王尔朱智虎为开府仪同三司、肆州刺史。乙卯，以右卫将军贺拔胜、武卫将军大野拔并为仪同三司。己未，帝于显阳殿简试通直散骑常侍、散骑侍郎、通直郎，剩员非才，他转之。癸亥，陇西王尔朱天光大破宿勤明达，擒送京师，斩之。丙寅，以侍中、骠骑大将军尔朱彦伯为司徒公。诏有司不得复租伪梁，罢细作之条，无禁邻国往还。诏员外谏议大夫、步兵校尉、奉车都尉、羽林监、给事中、积射将军、奉朝请、殿中将军、宫门仆射、殿中司马督、治礼郎十一官，得俸而不给力，老合外选者，依常格，其未老欲外选者，听解。其七品以上，朔望入朝，若正员有阙，随才进补。前员外简退优阶者追之，称事简下者，仍优一级。

先是，南阳太守赵修延执刺史李琰之。五月丙子，荆州城民斩修延，送首，还推琰之为刺史。尔朱仲远使其都督魏僧勖等讨崔祖螭于东阳，擒斩之。

六月庚申，齐献武王以尔朱逆乱，始兴义兵于信都，西定殷州，斩其刺史尔朱羽生，命南赵郡太守李元忠为刺史，镇广阿。癸亥，帝临显阳殿，亲理冤讼。戊辰，以使持节、骠骑大将军、开府尔朱弼为仪同三司。

秋七月壬申，尔朱世隆等害前太保杨椿、前司空公杨津及其家。丙戌，司徒公尔朱彦伯以旱逊位。戊子，除彦伯侍中、开府仪同三司。庚寅，以侍中、太保、开府、尚书令、乐平王尔朱世隆为仪同三师，位次上公。

八月庚子，诏陇西王尔朱天光下文武讨宿勤明达者，泛三级。颍川王尔朱兆率步骑二万出井陉，趋殷州，李元忠弃城还信都。丙午，常山王尔朱度律、彭城王尔朱仲远等，率众出抗义旗。

九月丁丑，以侍中、骠骑将军卢同，骠骑大将军杜德，车骑大将军桥宁，并为仪同三司。己卯，以使持节、都督东道诸军事、兼尚书令、东道大行台、彭城王尔朱仲远为太宰。庚辰，加使持节、大将军、都督关中诸军事、兼尚书令、西道大行台、陇西王尔朱天光为大司马。骠骑大将军、青州刺史、开府仪同三司穆绍薨。癸巳，追尊皇考为先帝，皇妣王氏为先太妃，封皇弟永业为高密王，皇子子恕为勃海王。

冬十月壬寅，齐献武王推勃海太守元朗即皇帝位于信都。

二年春三月，齐献武王败尔朱天光等于韩陵。夏四月辛巳，齐献武王与废帝至邙山，使魏兰根慰谕洛邑，且观帝之为人。兰根忌帝雅德，还致毁谤，竟从崔㥄议，废帝于崇训佛寺，而立平阳王脩为帝。帝既失位，乃赋诗曰："朱门久可患，紫极非情玩。颠覆立可待，一年三易换。时运正如此，唯有修真观。"

太昌初，帝殂于门下外省，时年三十五。出帝诏百司赴会，大鸿胪监护丧事，葬用王礼，加以九旒、銮辂、黄屋、左纛，班剑百二十人,二卫,羽林备仪卫。

后废帝,讳朗,字仲哲,章武王融第三子也,母曰程氏。少称明悟。永安二年,为肆州鲁郡王后军府录事参军、仪同开府司马。元晔之建明二年正月戊子,为冀州勃海太守。及齐献武王起义兵,将诛暴逆,乃推戴之。

冬十月壬寅,即皇帝位于信都城西。升坛焚燎,大赦,称中兴元年。文武百官普泛四级。以齐献武王为侍中、丞相、都督中外诸军事、大将军、录尚书事、大行台,增邑三万户;以兼侍中、抚军将军、河北大使高乾邕为侍中、司空公;前平北将军、通直散骑常侍高敖曹为骠骑大将军、仪同三司,冀州刺史以终其身;以前刺史元嶷为仪同三司。己酉,尔朱度律、尔朱仲远、斛斯椿、贺拔胜、贾显智次于阳平,将抗义师,齐献武王纵反间构之,遂与尔朱兆相疑,败散而还。辛亥,齐献武王大破尔朱兆于广阿,虏其卒五千余人。诏将士泛五级,留守者二级。诏征东将军、吏部尚书封隆之为使持节、北道大使,随方处分。

十有一月己巳,诏曰:"王度创开,彝伦方始,反班官秩,不改旧章。而无识之徒,因兹侥幸,谬增军级,虚名显位,皆言前朝所授,理难推抑。自非严为条制,无以防其伪窃。诸有虚增官号,为人发纠,罪从军法。若入格检核无名者,退为平民,终身禁锢。"庚辰,齐献武王率师攻邺城。

是年,南兖城民王乞德逼前刺史刘世明以州降萧衍,衍使其将元树入据谯城。

二年春正月壬午,拔邺,擒刺史刘诞。诏诸将士泛四级,封侯、增邑九十七人,各有差等。癸未,诏曰:"自中兴草昧,典制权舆,郡县之官,率多行、督。假有正者,风化未均。眷彼周余,专为渔猎。朕所以夙兴夜寐,有惕于怀。有司明加纠罚,称朕意焉。"

二月辛亥，上孝庄皇帝谥曰武怀皇帝。甲子，以齐献武王为大丞相、柱国大将军、太师，增封三万户，并前为六万户。

三月丙寅，以齐文襄王起家为骠骑大将军、仪同三司。丙子，以侍中、车骑大将军、尚书左仆射孙腾为骠骑大将军、仪同三司。丁丑，车驾幸邺。乙酉，诏文武家属，自信都赴邺城。

闰月乙未，为安北将军、光禄大夫、博野县开国伯尉景为骠骑大将军、仪同三司。丙申，以卫将军、金紫光禄大夫库狄干为车骑大将军、仪同三司。壬寅，尔朱天光、兆、度律、仲远等屯于洹水之南。癸丑，齐献武王出顿紫陌。庚申，尔朱兆率轻骑三千夜袭邺城，叩西门，不克，退走。壬戌，齐献武王大破尔朱天光等四胡于韩陵，前废帝镇军将军贺拔胜、徐州刺史杜德于陈降。尔朱兆走趣并州，仲远奔东郡，天光、度律将赴洛阳。大都督斛斯椿、贾显智倍道先还。

夏四月甲子朔，椿等据河桥，惧罪自劾，寻擒天光、度律于河桥。西北大行台长孙稚、都督贾显智等率骑入京师，执尔朱世隆、彦伯，斩于都街，囚送天光、度律于齐献武王。辛未，前废帝骠骑大将军、行济州事侯景据城降，仍除仪同三司、兼尚书仆射、南道大行台、济州刺史。甲戌，以车骑将军、尚书右仆射魏兰根为骠骑大将军、仪同三司。乙亥，以车骑大将军、仪同三司、中军大都督高盛兼尚书仆射、北道行台，随机处分。尔朱仲远奔萧衍。青州刺史尔朱弼为其部下冯绍隆所杀，传首京师。丙子，前废帝安东将军辛永，右将军、建州大都督张悦举城降。辛巳，车驾至河阳，逊位于别邸。太昌元年五月，封安定郡王，邑一万户，后以罪殂于门下外省，时年二十。永熙二年，葬于邺西南野马冈。

出帝，讳脩，字孝则，广平武穆王怀之第三子也，母李氏。性沉厚，少言，好武事。始封汝阳县开国公，拜通直散骑侍郎，转中书侍郎。建义初，除散骑常侍，寻迁平东将军、兼太常卿，又为镇东将军、宗正卿。永安三年，封平阳王。普泰初，转侍中、镇东将军、仪同三司、兼尚书右仆射，又加侍中、尚书左仆射。

中兴二年夏四月，安定王自以疏远，未允四海之心，请逊大位。齐献武王与百僚会议，佥谓高祖不可无后，乃共奉王。戊子，即帝位于东郭之外，入自东阳、云龙门，御太极前殿，群臣朝贺。礼毕，升阊阖门。诏曰："否泰相沿，废兴互有。玄天无所隐，精灵弗能谕。大魏统乾，德渐区宇，牢笼九服，旁礴三光。而上天降祸，运踵多杂，礼乐崩沦，宪章漂没。赫赫宗周，剪为戎寇；肃肃清庙，将成茂草。胡羯乘机，肆其昏虐，杀君害王，刳剔海内。竞其吞噬之意，不识醉饱之心。自书契以来，未有若斯者已。大丞相勃海王忠存本朝，精贯白日，爰举义旗，志雪国耻。故广阿之军，貔虎夺气；邺下之师，金汤失险。近者四胡相率，实繁有徒，驱天下之兵，尽华戎之锐。桴鼓暂交，一朝荡灭，元凶授首，大憝斯擒。扬旆济河，扫清伊洛，士民安堵，不失旧章。社稷危而复安，洪基毁而还构。朕以托体宸极，猥当乐推，祗握宝图，承兹大业。得以眇身，托于王公之上，若涉渊水，罔识攸津。思与兆民，同兹嘉庆，可大赦天下。改中兴二年为太昌元年。"诏前御史中尉樊子鹄起复本官，兼尚书左仆射、东南道大行台，都督仪同三司、徐州刺史杜德讨元树。齐献武王上言，建义之家枉为尔朱氏籍殁者，悉皆蠲免。帝以世易，复除齐献武王为大丞相、天柱大将军、太师，世袭定州刺史，增封九万，并前十五万户。庚寅，加齐文襄王侍中、开府仪同，余如故。壬辰，齐献武王还邺，车驾饯别于乾脯山。

五月丙申，前废帝广陵王殂。以太傅、淮阳王欣为太师，封沛郡王；司徒公、赵郡王谌为太保；侍中、骠骑大将军、开府仪同三司、清河王亶仪同三司；使持节、侍中、骠骑大将军、开府仪同三司、司州牧、南阳王宝炬为太尉公；侍中、太保、录尚书事长孙稚为太傅；侍中、骠骑大将军、尚书左仆射元罗仪同三司、尚书令；骠骑大将军、吏部尚书元世俊仪同三司。戊戌，以齐献武王固让，听解天柱大将军，减封五万户，余悉如故。辛丑，以前司空高乾邕复为司空公。乙巳，帝幸华林都亭，宴群臣，班赉有差。羽林队主唐猛突入称庆，帝以猛犯禁卫，杖之，猛辞色有忤，斩之阶下。丁未，诏曰："无侮茕独，事炳前经；惠此鳏寡，声留往册。朕以薄德，作民父母，乃眷元元，寤言增叹。今理运惟新，哀矜伊始，如有孤老疾病、无所衣归者，有司明加隐括，依格赈赡。”又诏曰：“理有一准，则民无觊觎；法启二门，则吏多威福。前主为律，后主为令，历世永久，实用滋章。非所以准的庶品，堤防万物。可令执事之官四品以上，集于都省，取诸条格，议定一途，其不可施用者，当局停记。新定之格，勿与旧制相连。务在约通，通致冗滞。”己酉，以侍中、骠骑大将军、仪同三司、清河王亶为徒公。庚戌，诏曰：“顷西土年饥，百姓流徙，或身倚沟渠，或命悬道路，皆见弃草土，取厌乌鸢。言念于此，有警夜寐。掩骼之礼，诚所庶几；行墐之义，冀亦可勉。其诸有露尸，令所在埋覆。可宣告天下。”乙卯，诏外内解严。

六月癸亥朔，帝于华林园纳讼。丙寅，蠕蠕、㕭哒、高丽、契丹、库莫奚国并遣使朝贡。丁卯，太尉公、司州牧、南阳王宝炬坐事降为骠骑大将军、开府，王如故，归第，令羽林卫守。改谥武怀皇帝曰孝庄。癸酉，蠕蠕、㕭哒国遣使朝贡。戊寅，诏内外百司普泛六级。在京百僚加中兴四级，义师将士并加军泛六级，在邺百官三级，河北同义之州两级，河桥建义者加五级，关西二级。诸受建明、普泰、封爵、泛级、优特之阶，悉追。己卯，帝临显阳殿纳讼。乙酉，高丽、契丹、库莫奚国遣使朝贡。丙戌，以前骠骑大将军、开府仪同三司斛斯椿还为前官。诏曰：“间者，凶权诞恣，法令变常，遂立夷貊轻赋，冀收天下之意，随以箕敛之重，终纳十倍之征，掩目捕雀，何能过此！朕属念蒸黎，无忘寝食，加田桑始事，生业未滋，若顿依常格，或不周展。今岁租调，且两收一丐，来年复旧。”辛卯，以使持节、卫大将军、仪同三司、尚书左仆射贾显度为骠骑大将军、开府仪同三司。

秋七月乙未，诏曰：“顷永安驭运，载育皇储，遂锡泛阶，以申国庆。近经普泰，便尔中追。今罪人既殄，旧章斯复。宜述往旨，用卒前恩。皇子泛二级，悉可还授。文穆庙泛，故宜停寝，若已受者，依例追之。”庚子，以骠骑大将军、开府、南阳王宝炬为太尉公。壬寅，齐献武王率众入自滏口，大都督库狄干入自井陉，讨尔朱兆。乙巳，齐献武王以尔朱天光、尔朱度律送之京师，斩于都市。己酉，以兼尚书左仆射、东南道大行台樊子鹄为仪同三司。庚戌，诏侍中、骠骑将军、左光禄大夫高隆之为使持节、骠骑大将军、仪同三司、兼尚书左仆射、北道行台，率步骑十万趋太行，会齐献武王。隆之解行台，仍为大丞相军司。齐献武王次于武乡，尔朱兆大掠晋阳，北走秀容。并州平。乙卯，帝临显阳殿，亲理冤狱。丙辰，以宗师、东莱王贵平为车骑大将军、仪同三司。是月，夏州徙民郭迁据宥州反，刺史元嶷弃城走。诏行台侯景率齐州刺史尉景、济州刺史蔡俊等攻讨之，城陷，迁奔萧衍。东南道大行台樊子鹄大破萧衍军于谯城，擒其郧王元树及谯州刺史朱文开。

八月壬戌朔，齐文襄王来朝，燕射，班赉部下各有差。丁卯，以西中郎将元宁为高平王。甲戌，以车骑大将军、左光禄大夫李琰之为仪同三司。庚寅，以车骑将军、左光禄大夫崔秉为骠骑大将军、仪同三司。辛卯，以车骑将军、右光禄大夫高岳为骠骑大将军、仪同三司。

九月癸未，以侍中、骠骑大将军、左光禄大夫封津为仪同三司。庚子，帝幸华林都亭，引见元树及公卿百僚蕃使督将等，宴射，班赉各有差。癸卯，燕郡开国公贺拔允进爵为王。乙巳，帝幸都水，南过洛汭、遂至瀍涧。己酉，复田于北原。癸丑，以太师、沛王欣为广陵王，前废帝子勃海王子恕改封沛郡王。甲寅，以侍中、骠骑大将军封阴之、任祥并为仪同三司。以车骑大将军、河南尹元仲景为骠骑大将军、仪同三司。乙卯，车驾谒山陵。丙辰，蠕蠕、高昌国遣使朝贡。庚申，以卫将军、前吏部尚书李神雋、抚军将军、右卫将军娄昭并为骠骑大将军、仪同三司。

冬十月甲子，以使持节、卫将军、光州刺史高仲密为车骑大将军、仪同三司。丁卯，以车骑大将军、左光禄大夫潘蛮为仪同三司。己卯，以车骑大将军、左光禄大夫高琛为特进、骠骑、开府仪同三司。庚寅，以使持节、骠骑将军、肆州刺史刘贵为骠骑大将军、仪同三司。

十有一月甲午，以车骑将军、杨州刺史斛斯敦为骠骑大将军、仪同三司。丁酉，日南至，车驾有事于圆丘。戊戌，朝会百官于太极前殿。甲辰，安定王朗及东海王晔坐事死。乙巳，蠕蠕国遣使朝贡。己酉，以前太尉公、汝南王悦为侍中、大司马、开府。葬灵太后胡氏。

十有二月丙寅，以骠骑大将军、领御史中尉綦儁为仪同三司。乙亥，以侍中、广平王赞为骠骑大将军、开府仪同三司。丁亥，杀大司马、汝南王悦。大赦天下，改太昌为永兴，以太宗号，寻改为永熙元年。

二年春正月庚寅朔，朝飨群臣于太极前殿。甲午，齐献武王自晋阳出讨尔朱兆。丁酉，大破之于赤洪岭，兆遁走，自杀。己亥，车驾幸嵩高石窟灵岩寺。庚子，又幸，散施各有差。庚戌，仪同三司李琰之薨。丁巳，追尊皇考为武穆帝，皇太妃冯氏为武穆后，皇妣李氏为皇太妃。以骠骑将军、前沧州刺史高聿为骠骑大将军、仪同三司。萧衍劳州刺史曹凤、东荆州刺史雷能胜等举城内属。

二月庚申，以使持节、镇东将军、行汾州事张琼为骠骑大将军、仪同三司。辛酉，以司空公高乾邕为使持节、骠骑大将军、开府仪同三司，咸阳王坦为司空公。

三月己丑朔，加骠骑大将军、沧州刺史贾显智开府仪同三司。辛卯，诏以前普解诸行台，今阿至罗相率降款，复以齐献武王为大行台，随机裁处。甲午，以车骑将军、蔚州刺史窦泰为使持节、车骑大将军、开府仪同三司、相州刺史。使持节、骠骑大将军、开府仪同三司、徐州刺史高乾邕坐事赐死。太师、鲁郡王肃薨。戊申，以使持节、都督河渭部三州诸军事、骠骑大将军、世袭河州刺史梁景睿为仪同三司。丁巳，以侍中、太保、司州牧、赵郡王谌为太尉公，加羽葆鼓吹。侍中、太尉公、南阳王宝炬为太尉、开府、尚书令。

夏四月戊辰，诏诸参佐自三府以下爰及外州，皆不得复加常侍及兼两员，虽已授者亦悉追之。是月，青州人耿翔袭据胶州，杀刺史裴粲，通于萧衍。

五月庚寅，诏诸幽枉未申，事经一周已上，悉集华林，将亲览察；脱事已经年，有司不列者，听其人各自陈诉；若事连州郡、由缘淹岁者，亦仰尚书总集以闻。壬寅，以使持节、骠骑大将军、仪同三司、齐州刺史侯渊复为开府仪同三司。乙巳，诏曰："大夫之职，位秩贵显；员外之官，亦为匪贱。而下及胥吏，带领非一，高卑浑杂，有损彝章。自今已后，京官乐为称事小职者，直加散号将军，愿罢卑官者，听为大夫及员外之职，不宜仍前散实参领。其中旨特加者，不在此例。"东徐州城民王早简实等杀刺史崔庠，据州入萧衍。

六月壬申，以骠骑大将军、开府仪同三司、尚书右仆射樊子鹄为青胶大使，督济州刺史、大都督蔡俊讨耿翔。丁丑，以骠骑大将军、前行南衮州事念贤为仪同三司。

秋七月辛卯，以使持节、镇北将军、大都督、泰州刺史万俟普拨为骠骑大将军、仪同三司。壬辰，以太师、司州牧、广陵王欣为大司马、侍中，以太尉公、赵郡王谌为太师，并开府。庚戌，以前司徒公、燕郡王贺拔允为太尉公。

八月乙丑，齐文襄王来朝，帝燕于华林都亭，班赉部下各有差。以骠骑大将军、前南岐州刺史司马子如为仪同三司。戊辰，车驾饯文襄王于河梁，仍济河而返。癸酉，齐献武王上表，固让王爵，不许，请分邑十万户，节降为品，回授勋义，从之。

九月壬子，以散骑常侍、车骑大将军、左光禄大夫崔孝芬为仪同三司。

冬十月癸未，以卫将军、瓜州刺史、泰临县开国伯、高昌王曲子坚为仪同三司，进爵郡王。

十有一月癸巳，持节、征北将军、殷州刺史邸珍为徐州大都督、东道行台仆射，率将讨东徐州。

十有二月丁巳，车驾狩于嵩阳。己巳，遂幸温汤。丁丑，车驾还宫。

三年春正月壬辰，齐献武王讨费也头于河西苦泄河，大破之，获其帅纥豆陵伊利，迁其部落于内地。

二月，东梁州为夷民侵逼，诏使持节、车骑大将军、行东雍州事泉企为东梁州行台、都督以讨之。已未，萧衍假节、豫州刺史、南昌王毛香举城内附，授以持节、安南将军、信州刺史、义昌王。壬戌，大赦天下。丙子，帝亲释奠礼先师。辛巳，幸洪池陂，遂游田。壬午，以卫将军、前徐州刺史元佑为卫大将军、仪同三司，以骠骑将军、左卫将军元斌之为颍昌王。

三月壬寅，以前侍中、车骑大将军李彧为骠骑大将军、仪同三司。

夏四月戊午，契丹国遣使朝贡。辛未，高平王宁坐事降爵为公。丙子，高丽国遣朝贡。

五月丙戌，增置勋府庶子，厢别六百人；又增骑官，厢别二百人；依弟出身，骑官秩比直齐。辛卯，诏曰："大魏得一居宸，乘六驭宇。考风云之所会，宅日月之所中。自北而南，东征西怨，后来其苏，无思不偃。而句吴负险，久遗度外。世祖太武皇帝握金镜以照耀，击玉鼓以铿锵，神武之所牢笼，威风之所辚轹，莫不云彻雾卷，瓦解冰消。长江已北，尽为魏土。顷天步中圮，国纲时屯，凶竖因机，互窥上国，疆埸侵噬，州郡沦胥。乃眷东顾，无忘寝食。自非五牛警旆，七萃按部，何以复文武之旧业，拯涂炭于遗黎？朕将亲总六军，径临彭、汴，一劳永逸，庶保无疆。内外百僚，便可严备；出顿之期，更听后敕。"时帝为斛斯椿、元毗、王思政、魏光等谄佞间阻，贰于齐献武王，托讨萧衍，盛暑征发河南诸州之兵，天下怪恶之。语在《斛斯椿传》。丙申，以使持节、侍中、大司马、开府、司州牧、广陵王欣为左军大都督，太傅、录尚书事长孙稚为中军四面大都督。丁酉，帝幸华林都亭，集京畿都督及军士三千余人，慰勉之。庚子，又幸华林都亭纳讼。壬寅，又以长孙稚为后军大都督。

六月丁卯，大都督源子恭镇胡阳，汝阳王暹守石济，仪同三司贾显智率豫州刺史斛斯寿东趋济州。庚午，吐谷浑国遣使朝贡。丙子，诏曰："顷年以来，天步时阻，干戈不戢，荆棘斯生。或徇节感恩，奋不顾命;或临戎对敌,赴难如归。身首横分,骸骨不敛。勋诚靡录,荣赠莫加。瘖寐矜之,良有嗟悼。可普告内外,所在言列。若无亲近,听故友陈之。尚书检实,随状科赠。庶粗慰冤魂,少申恻隐。”庚辰,以使持节、车骑大将军、中军大都督斛律沙门为开府仪同三司。

秋七月辛巳朔,以镇东将军、前大鸿胪卿、太原王昶特为车骑大将军、仪同三司。己丑,帝亲总六军十余万众次于河桥。以斛斯椿为前军大都督,寻诏椿镇虎牢;又诏荆州刺史贺拔胜赴于行所。胜率所部次于汝水。庚子,以使持节、征西将军、岐州刺史越肱特为仪同三司。丁未,帝为椿等迫胁,遂出于长安。己酉,齐献武王入洛,贺拔胜走还荆州。

八月甲寅,推司徒公、清河王亶为大司马,承制总万几,居尚书省。辛酉,齐献武王西迎车驾。戊辰,制曰:“晦为明始,乱实治基,爰著天道,又符人事。故姬祚中微,践土有勤王之役;刘氏将倾,北军致左袒之举。用能隆此远年,克兹卜世。永熙之季,权佞擅朝,群小是崇,勋贤见害。官缘价以贵贱,狱因货而死生。宗祏飘若缀旒,民命弃如草莽。大丞相位居晋、郑,任属桓、文;兴甲汾、川,问罪伊、洛。群奸畏威,拥迫人主,以自蔽卫,远出秦方。虽车驾流移,未即返御,然权佞将除,天下延颈。魏邦虽旧,其化惟新,思与兆民,同兹更始。可大赦天下。”行台侯景讨荆州,贺拔胜战败,走奔萧衍。

九月癸巳,以卫大将军、河南尹元子思为使持节、行台仆射,使持节、骠骑大将军、开府仪同三司、领军将军娄昭为西道大都督,并率左右侍官西迎车驾。巳酉,椿党毛鸿宾守潼关,齐献武王破擒之。是日,齐献武王东还于洛。是月,东清河人傅晶杀太守韩子捷,据郡反。会赦,乃降。

冬十月戊辰,使持节、骠骑大将军、开府仪同三司、行青州事侯渊克东阳州,斩刺史、东莱王贵平,传首京师。

闰十二月癸巳,帝为宇文黑獭所害,时年二十五。

史臣曰:广陵废于前,中兴废于后,平阳猜惑,自绝宗庙。普泰雅道居多，永熙悖德为甚。是俱亡灭，天下所弃欤！

魏书卷一二
帝纪第一二

孝静帝 善见

孝静皇帝，讳善见，清河文宣王亶之世子也，母曰胡妃。永熙三年，拜通直散骑侍郎。八月，为骠骑大将军、开府仪同三司。出帝既入关，齐献武王奉迎，不克，乃与百僚会议，推帝以奉肃宗之后，时年十一。

冬十月丙寅，即位于城东北，大赦天下，改永熙三年为天平元年。庚午，以太师、赵郡王谌为大司马，以司空、咸阳王坦为太尉，以开府仪同三司高盛为司徒，以开府仪同三司高昂为司空。壬申，有事于太庙。诏曰："安安能迁，自古之明典；所居靡定，往昔之成规。是以殷迁八城，周卜三地，吉凶有数，隆替无恒。事由于变通，理出于不得已故也。高祖孝文皇帝式观乾象，俯协人谋，发自武州，来幸嵩县，魏虽旧国，其命惟新。及正光之季，国步孔棘，丧乱不已，寇贼交侵，俾我生民，无所措手。今远遵古式，深验时事，考龟袭吉，迁宅漳、滏。庶克隆洪基，再昌宝历。主者明为条格，及时发迈。"丙子，车驾北迁于邺。诏齐献武王留后部分。改司州为洛州，以卫大将军、尚书令元弼为骠骑大将军、仪同三司、洛州刺史，镇洛阳。诏从迁之户，百官给复三年，安居人五年。

十有一月，兖州刺史樊子鹄、南青州刺史大野拔据瑕丘反。庚寅，车驾至邺，居北城相州之廨。改相州刺史为司州牧，魏郡太守为魏尹，徙邺旧人西径百里以居新迁之人，分邺置临漳县，以魏郡、林虑、广平、阳丘、汲郡、黎阳、东濮阳、清河、广宗等郡为皇畿。

十有二月丁卯，燕郡王贺拔允薨。庚午，诏内外解严，百司悉依旧章，从容雅服，不得以矛钐从事。丙子，遣侍中封隆之等五人为大使，巡谕天下。丁丑，赦畿内。

闰月，萧衍以元庆和为镇北将军、魏王，入据平濑乡。宇文黑獭既害出帝，乃以南阳王宝炬僭尊号。初置四中郎将，于礓石桥置东中，蒲泉置西中，济北置南中，洛水置北中。

二年春正月，宝炬渭州刺史可朱浑道元拥部来降，齐献武王迎纳之，赈其廪食。己巳，诏以齐献武王为相国，假黄钺，剑履上殿，入朝不趋，余悉如故。王固让不受。乙亥，兼尚书右仆射、东南道行台元晏讨元庆和，破走之。

二月壬午，以太尉、咸阳王坦为太傅，以司州牧、西河王悰为太尉。己丑，前南青州刺史大野拔斩樊子鹄以降，兖州平。戊戌，萧衍司州刺史陈庆之寇豫州，刺史尧雄击走之。

三月辛酉，以司徒高盛为太尉，以司空高昂为司徒，济阴王晖业为司空。齐献武王讨平山胡刘蠡升，斩之。其子南海王复僭帝号，献武王进击，破擒之，及其弟西海王、皇后、夫人已下四百人，并逋逃之人二万余户。辛未，以旱故，诏京邑及诸州郡县收瘗骸骨。是春，高丽、契丹并遣使朝贡。

夏四月，前青州刺史侯梁反，攻掠青、齐。癸未，济州刺史蔡俊讨平之。壬辰，降京师见囚。五月，大旱，勒城门、殿门及省、府、寺、署、坊门浇人，不简王公，无限日，得雨乃止。

六月，元庆和寇南豫州，刺史尧雄大破之。秋七月甲戌，封汝南王悦孙绰为琅邪王。八月辛卯，司空、济阴王晖业坐事免。甲午，发众七万六千人营新宫。

九月，齐献武王以治民之官多不奉法，请选朝士清正者，州别遣一人，问疾若。丁巳，以开府仪同三司、襄城王旭为司空。

冬十月有一月丁未，萧衍将柳仲礼寇荆州，刺史王元击破之。

癸丑，祀圆丘。甲寅，阊阖门灾，龙见并州人家井中。丙寅，诏齐文襄王起家为散骑常侍、骠骑大将军、左光禄大夫、仪同三司、太原郡开国公，食邑三千户。十有二月壬午，车驾狩于邺东。甲午，文武百官量事各给禄。

三年春正月癸卯朔，飨群臣于前殿。戊申，诏百官举士，举不称才者两免之。齐献武王袭宝炬西夏州，克之。诏加齐献武王九锡之礼，侍中元子思敦谕。固让乃止。

二月丁未，萧衍光州刺史郝树以州内附。丁酉，诏加齐文襄王使持节、尚书令、大行台、大都督，以鲜卑，高车酋庶皆隶之。三月甲寅，认开府仪同三司、华山王鸷为大司马。丁卯，阳夏太守卢公纂据郡南叛，大都督元整破之。夏四月丁酉，昌乐王诞薨。

五月癸卯，赐鳏寡孤独贫穷者衣物各有差。丙辰，以录尚书事、西河王悰为司州牧。戊辰，太尉高盛薨。六月辛巳，赵郡王谌薨。

秋七月庚子，大赦天下。萧衍夏州刺史田独鞞、颍川防城都督刘鸾庆并以州内附。八月，并、肆、涿、建四州陨霜，大饥。九月壬寅，以定州刺史侯景兼尚书右仆射、南道行台，节度诸军南讨。丙辰，阳平人路季礼聚众反。幸酉，御史中尉窦泰讨平之。

冬十有一月戊申，诏尚书可遣使巡检河北流移饥人，邢陉、滏口所经之处，若有死尸，即为藏掩。勿使灵台枯骨有感于通梦，广汉露骸时闻于夜哭。侯景攻克萧衍楚州，获刺史桓和。

十有二月，以并州刺史尉景为太保。辛未，遣使者板假老人官，百岁已下各有差。壬申，大司马、清河王亶薨。丁丑，齐献武王自晋阳西讨，次于蒲津。司徒公、大都督高敖曹趋上洛，车骑大将军窦泰入自潼关。癸未，以太傅、咸阳王坦为太师。乙酉，勿吉国遣使朝贡。

是岁，高丽国遣使朝贡。

四年春正月，禁十五日相偷戏。窦泰失利，自杀。丁巳，高敖曹攻上洛，克之，擒宝炬骠骑大将军、洛州刺史梁企。以汝阳王暹为录尚书事。

夏四月辛未，迁七帝神主入新庙，大赦天下，内外百官普进一阶。先是，荥阳人张俭等聚众反于大丑山，通宝炬。壬辰，武卫将军高元盛讨破之。

六月己巳，幸华林园理讼。辛未，诏尚书掩骼埋胔，推录囚徙。壬午，阊阖门灾。先是，萧衍因益州刺史傅和请通好。秋七月甲辰，遣兼散骑常侍李楷、兼吏部郎中卢元明、兼通直散骑常侍李邺使于萧衍。

八月，宝炬、宇文黑獭寇陕州，城陷，刺史李徽伯为黑獭所杀。九月，侍中元子思与其弟子华谋西入，并赐死。闰月乙丑，卫将军、右光禄大夫蒋天乐谋反，伏诛。禁京酤酒。

冬十月，以咸阳王坦为录尚书事。壬辰，齐献武王西讨，至沙苑，不克而还。已酉，宝炬行台宫景寿、都督杨白驹寇洛州，大都督韩延大破之。宝炬又遣其子大行台元季海、大都督独孤如愿逼洛州。刺史、广阳王湛弃城退还，季海、如愿遂据金墉。颍州长史贺若微执刺史田迅西叛，引宝炬都督梁回据城。宝炬又遣其都督赵继宗、右丞韦孝宽等攻陷豫州。

十有一月丙子，以骠骑大将军、仪同三司万俟普为太尉。十有二月甲寅，萧衍遣使朝贡。河间人邢摩纳、范阳人卢仲礼等各聚众反。

是岁，高丽、蠕蠕国并遣使朝贡。

元象元年春正月，有巨象自至砀郡陂中，南兖州获送于邺。丁卯，大赦，改元。大都督贺拔仁攻宝炬南汾州。己卯，拔之，擒其刺史韦子粲。行台任祥率豫州史尧雄等，与大行台侯景、司徒高敖曹、大都督万俟受洛干等，于北豫相会，俱讨颍州。梁回等弃城遁走，颍州平。

二月，豫州刺史尧雄攻扬州，拔之，擒宝炬义州刺史韩显、扬州长史丘岳，送京师。丙辰，遣兼散骑常侍郑伯猷使于萧衍。三月，齐献武王固请解大丞相，诏从之。

夏四月庚寅，曲赦畿内。壬辰，齐献武王还晋阳，请开酒禁。六月壬辰，帝幸华林都堂听讼。是夏，山东大水，虾蟆鸣于树上。

秋七月巳亥，高丽国遣使朝贡。行台侯景、司徒公高敖曹围宝炬将独孤如愿于金墉，宝炬、宇文黑獭并来赴救。大都督库狄干率诸将前驱，齐献武王总众继进。八月辛卯，战于河阴，大破之。斩其大都督、仪同三司寇洛生等二十余人，俘获数万。司徒公高敖曹、大都督李猛、宋显并战没。宝炬留其将长孙子彦守金墉。壬辰，齐献武王济河，子彦弃城走。九月，大都督贺拔仁击邢摩纳、卢仲礼等，破平之。

冬十月，萧衍遣使朝贡。十有一月庚寅，遣陆操使于萧衍。齐献武王来朝。十有二月甲辰，还晋阳。

兴和元年春正月辛酉，以尚书令孙腾为司徒。三月甲寅朔，封常山郡王劭第二子曜为陈郡王。夏五月，齐文襄王来朝。甲戌，立皇后高氏。乙亥，大赦天下。是月，高丽国遣使朝贡。

六月乙酉，以尚书左仆射司马子如为山东黜陟大使，寻为东北道大行台，差选勇士。庚寅，前颍州刺史奚思业为河南大使，简发勇士。丁酉，萧衍遣使朝贡。戊申，开府仪同三司、汝阳王暹薨。

秋七月丁丑，诏以齐献武王为相国、录尚书事、大行台，固辞相国。八月壬辰，兼散骑常侍王元景、兼通直散骑常侍魏收使于萧衍。九月甲子，发畿内民夫十万人城邺城，四十日罢。辛未，曲赦畿内死罪以下各有差。冬十有一月癸亥，以新宫成，大赦天下，改元。八十以上赐绫帽及杖，七十以上赐帛，及有疾废者赐粟帛。筑城之夫，给复一年。

二年春正月壬申，以太保尉景为太傅，以骠骑大将军、开府仪同三司库狄干为太保。丁丑，徙御新宫，大赦，内外百官普进一阶，营构主将别优一阶。

三月己卯，萧衍遣使朝贡。夏五月己酉，西魏行台宫延和、陕州刺史宫元庆率户内属，置之河北，新附赈廪各有差。壬子，遣兼散骑常侍李象使于萧衍。闰月巳丑，封皇子景植为宜阳王，皇弟威为清河王，谦为颍川王。

六月壬子，大司马华山王鸷薨。冬十月丁未，萧衍遣使朝贡。十有二月乙卯，遣兼散骑常侍崔长谦使于萧衍。

是岁，蠕蠕、高丽、勿吉国并遣使朝贡。

三年春二月甲辰，阿至罗出吐拔那浑大率部来降。三月己酉，梁州人公孙贵宾聚众反，自号天王。阳夏镇将讨擒之。夏四月戊申，阿至罗国主副伏罗越居子去宾来降，封为高车王。

六月乙丑，萧衍遣使朝贡。

秋七月，齐文襄王如晋阳。己卯，宜阳王景植薨。八月甲子，遣兼散骑常侍李骞使于萧衍。

冬十月癸卯，齐文襄王自晋阳来朝。先是，诏文襄王与群臣于麟趾阁议定新制。甲寅，班于天下。己巳，发夫五万人筑漳滨堰，三十五日罢。癸亥，车驾狩于西山。十有一月戊寅，还宫。丙戌，以开府仪同三司、彭城王韶为太尉，以度支尚书胡僧敬为司空。

是岁，蠕蠕、高丽、勿吉国并遣使朝贡。

四年春正月丙辰，萧衍遣使朝贡。夏四月丙寅，遣兼散骑常侍李绘使于萧衍。乙酉，以侍中、广阳王湛为太尉，以尚书右仆射高隆之为司徒，以太尉、彭城王韶为录尚书事。丁亥，太傅尉景坐事降为骠骑大将军、开府仪同三司。辛卯，以太保库狄干为太傅，以领军将军娄昭为大司马，封祖裔为尚书右仆射。

五月辛巳，齐献武王来朝，请令百官月一面敷政事，明扬仄陋；纳谏屏邪，亲理狱讼，褒黜勤怠；牧守有愆，节级相坐；椒掖之内，进御以序；后园鹰犬，悉皆放弃。六月还晋阳。丙申，复前侍中、乐浪王忠爵。丁酉,复陈留王景皓、常山王绍宗、高密王永业爵。

秋八月庚戌,以开府仪同三司、吏部尚书侯景为兼尚书仆射、河南行台,随机讨防。冬十月甲寅,萧衍遣使朝贡。齐献武王围宝炬玉壁。十有一月壬午,班师。骠骑大将军、开府仪同三司、青州刺史、西河王悰薨。十有二月辛亥,遣兼散骑常侍阳斐使于萧衍。

是岁,蠕蠕、高丽、吐谷浑国并遣使朝贡。

武定元年春正月壬戌朔,大赦天下,改元。己巳,车驾搜于邯郸之西山。癸酉,还宫。

二月壬申,北豫州刺史高仲密据虎牢西叛。三月,宝炬遣其子突与宇文黑獭率众来援仲密。庚子,围河桥南城。丙午,帝亲纳讼。戊申,齐献武王讨黑獭,战于邙山,大破之,擒宝炬兄子临洮王森、蜀郡王荣宗、江夏王升、巨鹿王阐、谯郡王亮、骠骑大将军、仪同三司、太子詹事赵善、督将参僚等四百余人,俘斩六万余,甲仗、牛马不可胜数。豫、洛二州平。齐献武王追奔至恒农而还。

夏四月,封彭城王韶弟袭为武安王。五月壬辰,以克复虎牢,降天下死罪以下囚。乙未,以吏部尚书侯景为司空。六月乙亥,萧衍遣使朝贡。戊寅,封前员外散骑侍郎元长春为南郡王。

秋八月乙未,以汾州刺史斛律金为大司马。壬午,遣兼散骑常侍李浑使于萧衍。是月,齐献武王召夫五万,于肆州北山筑城,西自马陵戍,东至土隥。四十日罢。

冬十有一月甲午,车驾狩于西山。乙巳,还宫。

是岁,吐谷浑、高丽、蠕蠕国并遣使朝贡。

二年春正月,地豆于国遣使朝贡。二月丁卯,徐州人刘乌黑聚众反。遣行台慕容绍宗讨平之。

三月,萧衍遣使朝贡。以旱故,宥死罪以下囚。丙午,以开府仪同三司孙腾为太保。壬子,以齐文襄王为大将军、领侍中,其文武职事、赏罚众典,询禀之。中书监元弼为录尚书左仆射,司马子如为尚书令，以今上为右仆射。

夏四月，室韦国遣使朝贡。五月甲午，遣散骑常侍魏季景使于萧衍。丁酉，太尉、广阳王湛薨。

秋八月癸酉，尚书令司马子如坐事免。九月甲申，以开府仪同三司、济阴王晖业为太尉。太师、咸阳王坦坐事免，以王还第。

冬十月丁巳，太保孙腾、大司马高隆之各为括户大使，凡获逃户六十余万。十有一月，西河地陷，有火出。甲申，以司徒高隆之为尚书令，以前大司马娄昭为司徒，齐文襄王如晋阳。庚子，车驾有事于圆丘。辛丑，萧衍遣使朝贡。壬寅，齐文襄王从献武王讨山胡，破之，俘获一万余户，分配诸州。

是岁，吐谷浑、高丽、蠕蠕、勿吉国并遣使朝贡。

三年春正月丙申，遣兼散骑常侍李奖使于萧衍。丁未，齐献武王请于并州置晋阳宫，以处配没之口。二月庚申，吐谷浑国奉其从妹以备后庭，纳为容华嫔。

夏五月甲辰，大赦天下。秋七月庚子，萧衍遣使朝贡。冬十月，遣中书舍人尉瑾使于萧衍。乙未，齐献武王请邙山之俘，释其桎梏，配以人间寡妇。

十有二月，以司空侯景为司徒，以中书令韩轨为司空。戊子，以太保孙腾为录尚书事。

是岁，高丽、吐谷浑、蠕蠕国并遣使朝贡。

四年夏五月壬寅，萧衍遣使朝贡。六月庚子，以司徒侯景为河南大行台，应机讨防。秋七月壬寅，遣兼散骑常侍元廓使于萧衍。

八月，移洛阳汉、魏《石经》于邺。齐献武王自邺帅众西伐，文襄王会于晋州。九月，围玉壁以挑之，宝炬、黑獭不敢应。冬十有一月，齐献武王有疾，班师。文襄王如晋阳。

是岁，室韦、勿吉、地豆于、高丽、蠕蠕国，并遣使朝贡。

五年春正月丙午，齐献武王薨于晋阳，秘不发丧。辛亥，司徒侯景反，颍州刺史司马世云以城应之。景入据颍城，诱执豫州刺史高元成、襄州刺史李密、广州史暴显等。遣司空韩轨、骠骑大将军、仪同三司贺拔胜、可朱浑道元、左卫将军刘丰等，帅众讨之。景乃遣使降于宝炬，请师救援。宝炬遣其将李景和、王思政帅骑赴之。思政等入据颍川，景乃出走豫州。乙丑，萧衍遣使朝贡。二月，侯景复背宝炬，归于萧衍。衍署景河南大将军，承制。

夏四月壬申，大将军、齐文襄王来朝。甲午，遣兼散骑常侍李纬使于萧衍。五月丁酉朔，大赦天下。戊戌，以尚书右仆射、襄城王旭为太尉。甲辰，以太原公今上为尚书令，领中书监，余如故，询以政事。以青州刺史尉景为大司马，以开府仪同三司库狄干为太师，以录尚书事孙腾为太傅，以汾州刺史贺仁为太保，以司空韩轨为司徒，以领军将军可朱浑道元为司空，以司徒高隆之录尚书事，以徐州刺史慕容绍宗为尚书左仆射，高阳王斌为右仆射。戊午，大司马尉景薨。

六月，司徒韩轨、司空可朱浑道元等自颍州班师。乙酉，帝为齐献武王举哀于东堂，服缌缞。诏尚书右仆射、高阳王斌兼大鸿胪卿，赴晋阳监护丧事；太尉、襄城王旭兼尚书令，奉诏宣慰。秋七月戊戌，诏赠王假黄钺，使持节、相国、都督中外诸军事、齐王玺绂，辒辌车、黄屋、左纛、前后羽葆、鼓吹、轻车介士，兼备九锡之礼，谥曰献武王。以齐文襄王为使持节、大丞相、都督中外诸军事、录尚书事、大行台、勃海王。壬寅，诏王摄理军国，遣中使敦谕。八月，齐文襄王入朝，固辞丞相，诏复授大将军，余如故。甲申，葬齐献武王于邺城西北，车驾祖于漳滨。

九月，齐文襄王还晋阳。辛酉，萧衍遣其兄子贞阳侯渊明帅众寇徐州，堰泗水于寒山，灌彭城以应侯景。冬十月乙酉，以尚书左仆射慕容绍宗为东南道行台，与骠骑大将军、仪同三司、大都督高岳、潘相乐讨渊明。十有一月，大破之，擒渊明及其二子瑀、道，将帅二百余人,俘斩五万级,冻乏赴水死者不可胜数。十有二月乙亥,萧渊明至阙,帝御阊阖门,让而宥之。岳等回师讨侯景。

是岁,高丽、勿吉国并遣使朝贡。

六年春正月己亥,大都督高岳等于涡阳大破侯景,俘斩五万余人,其余溺死于涡水,水为之不流。景走淮南。己未,齐文襄王来朝,请以寒山获士赐百官及督将等,各有差。

二月己卯,萧衍遣使款阙乞和,并修书吊齐文襄王。文襄王还晋阳。三月癸巳,以太尉、襄城王旭为大司马,以开府仪同三司高岳为太尉。辛亥,以冬春亢旱,赦罪人各有差。

夏四月甲子,吏部令史张永和、青州人崔阔等伪假人官,事觉,纠检,首者六万余人。

秋八月甲戌,以尚书左仆射慕容绍宗为大行台,与太尉高岳、司徒韩轨、大都督刘丰等讨王思政于颍川,引洧水灌其城。

九月乙酉,萧衍遣使贡。

冬十月戊申,侯景济江,推萧衍弟子临贺王正德为主,以攻建业。

是岁,高丽、室韦、蠕蠕、吐谷浑国并遣使朝贡。

七年春正月戊辰,萧衍弟子北徐州刺史、中山侯萧正表以钟离内属,封兰陵郡开国公、吴郡王。三月丁卯,侯景克建业,还以萧衍为主。衍弟子北兖州刺史、定襄侯萧祇,相谭侯萧退来降。衍江北郡国皆内属。

夏四月,大行台慕容绍宗、大都督刘丰遇暴风,溺水死。甲辰,诏以齐文襄王为相国、齐王,绿綟绶,赞拜不名,入朝不趋,剑履上殿,食冀州之勃海、长乐、安德、武邑,瀛州之河间五郡,邑十五万户,余如故。王固让。是月,侯景杀萧衍,立子纲为主。

五月,齐文襄王帅众自邺赴颍川。六月丙申,克颍州,擒宝炬大将军、尚书左仆射、东道大行台、太原郡开国公王思政,颍州刺史皇甫僧显等,及战士一万余人,男女数万口。齐文襄王遂如洛州。秋七月,齐文襄王至自南讨,请宥思政之罪。

八月辛卯,诏立皇子长仁为皇太子。齐文襄王薨于第,秘不发丧。癸巳,大赦天下,内外百官并加二级。甲午,齐王如晋阳。

冬十月癸未,以开府仪同三司、咸阳王坦为太傅。甲午,以开府仪同三司潘相乐为司空。十有二月甲辰,吴郡王萧正表薨。己酉,以并州刺史彭乐为司徒。

是岁,蠕蠕、地豆于、室韦、高丽、吐谷浑国并遣使朝贡。

八年春正月辛酉,帝为齐文襄王举哀于东堂。丁卯,诏赠齐文襄王假黄钺、使持节、相国、都督中外诸军事、齐王玺绶,辒辌车、黄屋、左纛、前后部羽葆、鼓吹、轻车介士,备九锡之礼,谥曰文襄王。戊辰,诏齐王为使持节、丞相、都督中外诸军事、录尚书事、大行台、齐郡王,食邑一万户。甲戌,地豆于、契丹国并遣使朝贡。二月甲申,葬齐文襄王,车驾祖于漳滨。庚寅,以尚书令高隆之为太保。三月庚申,进齐郡王爵为齐王。

夏四月乙巳,蠕蠕遣使朝贡。五月甲寅,诏齐王为相国,总百揆,封冀州之勃海、长乐、安德、武邑,瀛州之河间、高阳、章武,定州之中山、常山、博陵十郡,二十万户,备九锡之礼。以齐国太妃为王太后,王妃为王后。丙辰,诏归帝位于齐国,即日逊于别宫。

齐天保元年五月己未,封帝为中山王,邑一万户;上书不称臣,答不称诏,载天子旌旗,行魏正朔,乘五时副车;封王诸子为县公,邑各一千户;奉绢三万匹,钱一千万,粟二万石,奴婢三百人,水碾一具,田百顷,园一所;于中山国立魏宗庙。

二年十二月己酉,中山王殂,时年二十八。三年二月,奉谥曰孝静皇帝,葬于漳西山岗。其后发之,陵崩,死者六十人。

帝好文学,美容仪。力能挟石师子以逾墙,射无不中。嘉辰宴会,多命群臣赋诗,从容沉雅,有孝文风。齐文襄王嗣事甚忌焉,以大将军中兵参军崔季舒为中书黄门侍郎，令监察动静，小大皆令季舒知。文襄与季舒书曰："痴人复何似？痴势小差未？"帝当与猎于邺东，驰逐如飞。监卫都督乌那罗受工伐从后呼帝曰："天子莫走马，大将军怒。"文襄当侍饮，大举觞曰："臣讳劝陛下酒。"帝不悦，曰："自古无不亡之国，朕亦何用此活！"文襄怒曰："朕！朕！狗脚朕！"文襄使季舒殴帝三拳，奋衣而出。明日，文襄使季舒劳帝，帝亦射焉；赐绢，季舒未敢受，以启文襄。文襄使取一段。帝束百匹以与之，曰："亦一段耳！"

帝不堪忧辱，咏谢灵运诗曰："韩亡子房奋，秦帝鲁连耻；本自江海人，忠义动君子。"常侍侍讲荀济知帝意，乃与华山王大器、元瑾密谋，于宫内为山，而作地道向北城。至千秋门，门者觉地下响动，以告文襄。文襄勒兵入宫，曰："陛下何意反邪！臣父子功存社稷，何负陛下邪！"将杀诸妃嫔，帝正色曰："王自欲反，何关于我？我尚不惜身，何况妃嫔！"文襄下床叩头，大啼谢罪。于是酣饮，夜久乃出。居三日，幽帝于含章堂，大器、瑾等皆见烹于市。

及将禅位于文宣，襄城王旭及司徒潘相乐、侍中张亮、黄门郎赵彦琛等求入奏事。帝在昭阳殿见之，旭曰："五行递运，有始有终。齐王圣德钦明，万姓归仰。臣等昧死闻奏，愿陛下则尧禅舜。"帝便敛容，答曰："此事推挹已久，谨当逊避。"又云："若尔，须作诏书。"侍郎崔劭、裴让之奏云："诏已作讫。"即付杨愔，进于帝，凡十条。书讫，帝曰："将安朕何所？复若为而去？"杨愔对曰："在北城别有馆宇，还备法驾，依常仗卫而去。"帝乃下御座，步就东廊，口咏范蔚宗《后汉书赞》云："献生不辰，身播国屯。终我四百，永作虞宾。"所司奏请发，帝曰："古人念遗簪弊履，欲与六宫别，可乎？"高隆之曰："今天下犹陛下之天下，况在后宫。"乃与夫人、妃嫔已下诀，莫不欷歔掩涕。嫔赵国李氏诵陈思王诗云："王其爱玉体，俱享黄发期。"皇后已下皆哭。直长赵德以故犊车一乘，候于东上阁。帝上车，德超上车持帝。帝肘之曰："朕畏天顺人，授位相国，何物奴，敢逼人！"赵德尚不下。及出云龙门，王公百僚衣冠拜辞，帝曰："今日不减常道乡公、汉献帝。”众皆裴怆，高隆之泣洒。遂入北城下司马子如南宅。及文宣行幸，常以帝自随。帝后封太原公主，常为帝当食以护视焉。竟遇酖而崩。

魏收书《孝静纪》亡，后人补以《北史》，又取《高氏小史》、《修文殿御览》附益之。

魏书卷一三
列传第一

皇　后

神元皇后窦氏
文帝皇后封氏　次妃兰氏
桓帝皇后祁氏
平文皇后王氏
昭成皇后慕容氏
献明皇后贺氏
道武皇后慕容氏
道武宣穆皇后刘氏
明元昭哀皇后姚氏
明元密皇后杜氏　太武惠太后窦氏
太武皇后赫连氏
太武敬哀皇后贺氏
景穆恭皇后郁久闾氏　文成昭太后常氏
文成文明皇后冯氏
文成元皇后李氏

献文思皇后李氏
孝文贞皇后林氏
孝文废皇后冯氏
孝文幽皇后冯氏
孝文昭皇后高氏
宣武顺皇后于氏
宣武皇后高氏
宣武灵皇后胡氏
孝明皇后胡氏
孝静皇后高氏

汉因秦制，帝之祖母曰太皇太后，母曰皇太后，妃曰皇后，余则多称夫人，随世增损，非如《周礼》有夫人、嫔妇、御妻之定数焉。魏、晋相因，时有升降，前史言之具矣。魏氏王业之兆虽始于神元，至于昭成之前，世崇俭质，妃嫱嫔御，率多阙焉，惟以次第为称。而章、平、思、昭、穆、惠、炀、烈八帝，妃后无闻。

太祖追尊祖妣，皆从帝谥为皇后，始立中宫，余妾或称夫人，多少无限，然皆有品次。世祖稍增左右昭仪及贵人、椒房、中式数等，后庭渐已多矣。又魏故事，将立皇后，必令手铸金人，以成者为吉，不成则不得立也。又世祖、高宗缘保母劬劳之恩，并极尊崇之义，虽事乖典礼，而观过知仁。高祖改定内官，左右昭仪位视大司马，三夫人视三公，三嫔视三卿，六嫔视六卿，世妇视中大夫，御女视元士。后置女职，以典内事。内司视尚书令、仆。作司、大监、女侍中三官，视二品。监，女尚书，美人，女史、女贤人、书史、书女、小书女五官，视三品。中才人、供人、中使女生、才人、恭使宫人，视四品。春衣、女酒、女飨、女食、奚官女奴，视五品。

神元皇后窦氏，没鹿回部大人宾之女也。宾临终，诫其二子速侯、回题，令善事帝。及宾卒，速侯等欲因帝会丧为变，语颇漏泄。帝闻之，知其终不奉顺，乃先图之。于是伏勇士于宫中，晨起，以佩刀杀后，驰使告速侯等，言后暴崩。速侯等惊走来赴，因执而杀之。

文帝皇后封氏，生桓、穆二帝，早崩。桓帝立，乃葬焉。高宗初，穿天渊池，获一石铭，称桓帝葬母封氏，远近赴会二十余万人。有司以闻，命藏之太庙。

次妃兰氏，生二子，长子曰蓝，早卒；次子思，帝也。

桓帝皇后祁氏，生三子，长曰普根，次惠帝，次炀帝。平文崩，后摄国事，时人谓之女国。后性猛忌，平文之崩，后所为也。

平文皇后王氏，广宁人也。年十三，因事入宫，得幸于平文，生昭成帝。平文崩，昭成在襁褓，时国有内难，将害诸皇子。后匿帝于裤中，惧人知，咒曰："若天祚未终者，汝便无声。"遂良久不啼，得免于难。昭成初欲定都于灅源川，筑城郭，起宫室，议不决。后闻之，曰："国自上世，迁徙为业。今事难之后，基业未固。若城郭而居，一旦寇来，难卒迁动。"乃止。烈帝之崩，国祚殆危，兴复大业，后之力也。十八年崩，葬云中金陵。太祖即位，配飨太庙。

昭成皇后慕容氏，元真之女也。初，帝纳元真妹为妃，未几而崩。元真复请继好，遣大人长孙秩逆后，元真送于境上。后至有宠，生献明帝及秦明王。后性聪敏多知，沉厚善决断，专理内事，每事多从。初，昭成遣卫辰兄悉勿祈还部落也，后戒之曰："汝还，必深防卫辰，辰奸猾，终当灭汝。"悉勿祈死，其子果为卫辰所杀，卒如后言。建国二十三年崩。太祖即位，配飨太庙。

献明皇后贺氏，父野干，东部大人。后少以容仪选入东宫，生太祖。苻洛之内侮也，后与太祖及故臣吏避难北徙。俄而，高车奄来抄掠，后乘车与太祖避贼而南。中路失辖，后惧，仰天而告曰："国家胤胄，岂止尔绝灭也！惟神灵扶助。"遂驰，轮正不倾，行百余里，至七介山南而得免难。

后刘显使人将害太祖，帝姑为显弟亢埿妻，知之，密以告后，梁眷亦来告难。后乃令太祖去之。后夜饮显，使醉。向晨，故惊厩中群马，显使起视马。后泣而谓曰："吾诸子始皆在此，今尽亡失。汝等谁杀之？"故显不使急追。太祖得至贺兰部，群情未甚归附。后从弟外朝大人悦举部随从，供奉尽礼。显怒，将害后，后夜奔亢埿家，匿神车中三日。亢埿举室请救，乃得免。会刘显部乱，始得亡归。

后后弟染干忌太祖之得人心，举兵围逼行宫，后出谓染干曰："汝等今安所置我，而欲杀吾子也？"染干惭而去。后后少子秦王觚使于燕，慕容垂止之。后以觚不返，忧念寝疾，皇始元年崩，时年四十六，祔葬于盛乐金陵。后追加尊谥，配飨焉。

道武皇后慕容氏，宝之季女也。中山平，入充掖庭，得幸。左丞相卫王仪等奏请立皇后，帝从群臣议，令后铸金人，成，乃立之，告于郊庙。封后母孟为漂阳君。后崩。

道武宣穆皇后刘氏，刘眷女也。登国初，纳为夫人，生华阴公主，后生太宗。后专理内事，宠待有加，以铸金人不成，故不得登后位。魏故事，后宫产子将为储贰，其母皆赐死。太祖末年，后以旧法薨。太宗即位，追尊谥号，配飨太庙。自此后宫人为帝母，皆正位配飨焉。

明元昭哀皇后姚氏，姚兴女也，兴封西平长公主。太宗以后礼纳之，后为夫人。后以铸金人不成，未升尊位。然帝宠幸之，出入居处，礼秩如后焉。是后犹欲正位，而后谦让不当。泰常五年薨，帝追恨之，赠皇后玺绶，而后加谥焉。葬云中金陵。

明元密皇后杜氏，魏郡邺人，阳平王超之妹也。初，以良家子选入太子宫，有宠，生世祖。及太宗即位，拜贵嫔。泰常五年薨，谥曰密贵嫔，葬云中金陵。世祖即位，追尊号谥，配飨太庙。又立后庙于邺，刺史四时荐祀。以魏郡太后所生之邑，复其调役。后甘露降于庙庭。高宗时，相州刺史高闾表修后庙，诏曰："妇人外成，理无独祀；阴必配阳，以成天地。未闻有莘之国，立太姒之飨。此乃先皇所立，一时之至感，非经世之远制，便可罢祀。"

先是，世祖保母窦氏，初以夫家坐事诛，与二女俱入宫。操行纯备，进退以礼。太宗命为世祖保母。性仁慈，勤抚导。世祖感其恩训，奉养不异所生。及即位，尊为保太后，后尊为皇太后，封其弟漏头为辽东王。太后训厘内外，甚有声称。性恬素寡欲，喜怒不形于色，好扬人之善，隐人之过。世祖征凉州，蠕蠕吴提入寇，太后命诸将击走之。真君元年崩，时年六十三。诏天下大临三日，太保卢鲁元监护丧事，谥曰惠，葬崞山，从后意也。初，后当登崞山，顾谓左右曰："吾母养帝躬，敬神而爱人，若死而不灭，必不为贱鬼。然于先朝本无位次，不可违礼以从园陵。此山之上，可以终托。"故葬焉。别立后寝庙于崞山，建碑颂德。

太武皇后赫连氏，赫连屈丐女也。世祖平统万，纳后及二妹俱为贵人，后立为皇后。高宗初崩，祔葬金陵。

太武敬哀皇后贺氏，代人也。初为夫人，生恭宗。神䴥元年薨，追赠贵嫔，葬云中金陵。后追加号谥，配飨太庙。

景穆恭皇后郁久闾氏，河东王毗妹也。少以选入东宫，有宠。真君元年，生高宗。世祖末年薨。高宗即位，追尊号谥。葬云中金陵，配飨太庙。

高宗乳母常氏，本辽西人。太延中，以事入宫。世祖选乳高宗。慈和履顺，有劬劳保护之功。高宗即位，尊为保太后，寻为皇太后，谒于郊庙。和平元年崩，诏天下大临三日，谥曰昭，葬于广宁磨笄山，俗谓之鸣鸡山，太后遗志也。依惠太后故事，别立寝庙，置守陵二百家，树碑颂德。

文成文明皇后冯氏，长乐信都人也。父朗，秦、雍二州刺史、西城郡公，母乐浪王氏。后生于长安，有神光之异。朗坐事诛，后遂入宫。世祖左昭仪，后之姑也。雅有母德，抚养教训。年十四，高宗践极，以选为贵人，后立为皇后。高宗崩，故事：国有大丧，三日之后，御服器物，一以烧焚，百官及中宫皆号泣而临之。后悲叫自投火中，左右救之，良久乃苏。显祖即位，尊为皇太后。丞相乙浑谋逆，显祖年十三，居于谅闇，太后密定大策，诛浑，遂临朝听政。

及高祖生，太后躬亲抚养。是后罢令，不听政事。太后行不正，内宠李弈。显祖因事诛之，太后不得意。显祖暴崩，时言太后为之也。承明元年，尊曰太皇太后，复临朝听政。太后性聪达，自入宫掖，粗学书计。及登尊机，省决万机。高祖诏曰："朕以虚寡，幼篡宝历，仰恃慈明，缉宁四海，欲报之德，正觉是凭。诸鸷鸟伤生之类，宜放之山林。其以此地为太皇太后经始灵塔。"于是，罢鹰师曹，以其地为报德佛寺。太后与高祖游于方山，顾瞻川阜，有终焉之志。因谓群臣曰："舜葬苍梧，二妃不从。岂必远祔山陵，然后为贵哉！吾百年之后，神其安此。"高祖乃诏有司营建寿陵于方山，又起永固石室，将终为清庙焉。太和五年起作，八年而成，刊石立碑，颂太后功德。

太后以高祖富于春秋,乃作《劝戒歌》三百余章,又作《皇诰》十八篇,文多不载。太后立文宣王庙于长安,又立思燕佛图于龙城,皆刊石立碑。太后又制,内属五庙之孙,外戚六亲缌麻,皆受复除。性俭素,不好华饰,躬御缦缯而已。宰人上膳,案裁径尺,羞膳滋味减于故事十分之八。太后尝以体不安,服庵蕳子。宰人昏而进粥,有蝘蜓在焉,后举匕得之。高祖侍侧,大怒,将加极罚,太后笑而释之。

自太后临朝专政,高祖雅性孝谨,不欲参决,事无巨细,一禀于太后。太后多智略,猜忍,能行大事,生杀赏罚,决之俄顷,多有不关高祖者。是以威福兼作,震动内外。故杞道德、王遇、张佑、苻承祖等拔自微阉,岁中而至王公;王睿出入卧内,数年便为宰辅,赏赉财帛以千万亿计,金书铁券,许以不死之诏。李冲虽以器能受任,亦由见宠帷幄,密加锡赉,不可胜数。后性严明,假有宠待,亦无所纵。左右纤介之愆,动加捶楚,多至百余,少亦数十。然性不宿憾,寻亦待之如初,或因此更加富贵。是以人人怀于利欲,至死而不思退。太后曾与高祖幸灵泉池,燕群臣及藩国使人、诸方渠帅,各令为其方舞。高祖帅群臣上寿,太后忻然作歌,帝亦和歌,遂命群臣各言其志,于是和歌者九十人。

太后外礼民望元丕、游明根等,颁赐金帛舆马,每至褒美睿等,皆引丕等参之,以示无私。又自以过失,惧人议己,小有疑忌,便见诛戮。迄后之崩,高祖不知所生。至如李䜣、李惠之徒,猜嫌覆灭者十余家,死者数百人,率多枉滥,天下冤之。

十四年,崩于太和殿,时年四十九。其日,有雄雉集于太华殿。高祖酌饮,不入口五日,毁慕过礼。谥曰文明太皇太后。葬于永固陵,日中而反,虞于鉴玄殿。诏曰:"尊旨从俭,不申罔极之痛;称情允礼,仰损俭训之德。进退思惟,倍用崩感。又山陵之节,亦有成命,内则方丈,外裁掩坎,脱于孝子之心有所不尽者,室中可二丈,坟不得过三十余步。今以山陵万世所仰,复广为六十步。辜负遗旨,益以痛绝。其幽房大小,棺椁质约,不设明器。至于素帐、缦茵、瓷瓦之物,亦皆不置。此则遵先志,从册令,俱奉遗事。而有从有违,未达者或以致怪。梓宫之里，玄堂之内，圣灵所凭，是以一一奉遵，仰昭俭德。其余外事，有所不从，以尽痛慕之情。其宣示远近，著告群司，上明俭诲之善，下彰违命之失。”及卒哭，孝文服衰，近臣从服，三司已下外臣衰服者，变服就练，七品已下尽除即吉。设祔祭于太和殿，公卿已下始亲公事。高祖毁瘠，绝酒肉，不内御者三年。

初，高祖孝于太后，乃于永固陵东北里余，豫营寿宫，有终焉瞻望之志。及。迁洛阳，乃自表瀍西以为山园之所，而方山虚宫至今犹存，号曰“万年堂”云。

文成元皇后李氏，梁国蒙县人，母顿丘王峻之妹也。后之生也，有异于常，父方叔恒言此女当大贵。及长，姿质美丽。世祖南征，永昌王仁出寿春，军至后宅，因得后。及仁镇长安，遇事诛，后与其家人送平城宫。高宗登白楼望见，美之，谓左右曰：“此妇人佳乎？”左右咸曰“然”。乃下台，后得幸于斋库中，遂有娠。常太后後问后，后云：“为帝所幸，仍有娠。”时守库者亦私书壁记之，别加验问，皆相符同。及生显祖，拜贵人。太安二年，太后令依故事，令后具条记在南兄弟及引所结宗兄洪之，悉以付托。临决，每一称兄弟，辄拊胸恸泣，遂薨。后谥曰元皇后，葬金陵，配飨太庙。

献文思皇后李氏，中山安喜人，南郡王惠之女也。姿德婉淑，年十八，以选入东宫。显祖即位，为夫人，生高祖。皇兴三年薨，上下莫不悼惜。葬金陵，承明元年追崇号谥，配飨太庙。

孝文贞皇后林氏，平原人也。叔父金闾，起自阉官，有宠于常太后，官至尚书、平凉公。金闾兄胜为平凉太守。金闾，显祖初为定州刺史；未几，为乙浑所诛，兄弟皆死。胜无子，有二女，入掖庭。后容色美丽，得幸于高祖，生皇子恂。以恂将储贰，太和七年，后依旧制薨。高祖仁恕，不欲袭前事，而禀文明太后意，故不果行。谥曰贞皇后，葬金陵。及恂以罪赐死，有司奏追废后为庶人。

孝文废皇后冯氏，太师熙之女也。太和十七年，高祖既终丧，太尉元丕等表以长秋未建，六宫无主，请正内位。高祖从之，立后为皇后。高祖每遵典礼，后及夫、嫔以下接淑皆以次进。车驾南伐，后留京师。高祖又南征，后率六宫迁洛阳。及后父熙、兄诞薨，高祖为书慰以叙哀情。及车驾还洛，恩遇甚厚。高祖后从重引后姊昭仪至洛，稍有宠，后礼爱渐衰。昭仪自以年长，且前入宫掖，素见待念，轻后而不率妾礼。后虽性不妒忌，时有愧恨之色。昭仪规为内主，谮构百端。寻废后为庶人。后贞谨有德操，遂为练行尼。后终于瑶光佛寺。

孝文幽皇后，亦冯熙女。母曰常氏，本微贱，得幸于熙，熙元妃公主薨后，遂主家事。生后与北平公夙。文明太皇太后欲家世贵宠，乃简熙二女俱入掖庭，时年十四。其一早卒。后有姿媚，偏见爱幸。未几，疾病，文明太后乃遣还家为尼，高祖犹留念焉。

岁余而太后崩。高祖服终，颇存访之，又闻后素疹痊除，遣阉官双三念玺书劳问，遂迎赴洛阳。及至，宠爱过初，专寝当夕，宫人稀复进见。拜为左昭仪，后立为皇后。始以疾归，颇有失德之闻，高祖频岁南征，后遂与中官高菩萨私乱。及高祖在汝南不豫，后便公然丑恣，中常侍双蒙等为其心腹。中常侍剧鹏谏而不从，愤惧致死。

是时，彭城公主，宋王刘昶子妇也，年少嫠居。北平公冯夙，后之同母弟也，后求婚于高祖，高祖许之。公主志不愿，后欲强之。婚有日矣，公主密与侍婢及家僮十余人，乘轻车，冒霖雨，赴悬瓠奉谒高祖，自陈本意，因言后与菩萨乱状。高祖闻而骇愕，未之全信而秘匿之，惟彭城王侍疾左右，具知其事。

此后，后渐忧惧，与母常氏求托女巫，祷厌无所不至，愿高祖疾不起，一旦得如文明太后辅少主称命者，赏报不赀。又取三牲宫中妖祠，假言祈福，专为左道。母常或自诣宫中，或遣侍婢与相报答。高祖自豫州北幸邺，后虑还见治检，弥怀危怖，骤令阉人托参起居，皆赐之衣裳，殷勤托寄，勿使漏泄。亦令双蒙充行，皆其信不。然惟小黄门苏兴寿密陈委曲，高祖问其本末，敕以勿泄。至洛，执问菩萨、双蒙等六人，迭相证举，具得情状。

高祖以疾卧含温室，夜引后，并列菩萨等于户外。后临入，令阉人搜衣中，稍有寸刃便斩。后顿首泣谢，乃赐坐东楹，去御筵二丈余。高祖令菩萨等陈状，又让后曰："汝母有妖术，可具言之。"后乞屏左右，有所密启。高祖敕中侍悉出，唯令长秋卿白整在侧，取卫直刀柱之，后犹不言。高祖乃以绵坚塞整耳，自小语呼整再三，无所应，乃令后言。事隐，人莫知之。

高祖乃唤彭城、北海二王，令入坐，言："昔是汝嫂，今乃他人，但入勿避。"二王固辞，不获命。及入，高祖云："此老妪乃欲白刃插我肋上！可穷问本末，勿有所难。"高祖深自引过，致愧二王。又云："冯家女不能复相废逐，且使在宫中空坐，有心乃能自死，汝等勿谓吾犹有情也。"高祖素至孝，犹以文明太后故，未便行废。良久，二王出，乃赐后辞死决。再拜稽首，涕泣歔欷。令入东房。及入宫后，帝命阉人有所问于后，后骂曰："天子妇，亲面对，岂令汝传也！"高祖怒，敕后母常入，与后杖，常挞之百余乃止。

高祖寻南伐，后留京师。虽以罪失宠，而夫人嫔妾奉之如法，惟令世宗在东宫，无朝谒之事。

高祖疾甚，谓彭城王勰曰："后宫久乖阴德，自绝于天。若不早为之所，恐成汉末故事。吾死之后，可赐自尽别宫，葬以后礼，庶掩冯门之大过。"高祖崩，梓宫达鲁阳，乃行遗诏。北海王详奉宣遗旨，长秋卿白整等入授后药，后走呼不肯引决，曰："官岂有此也，是诸王辈杀我耳！"整等执持，强之，乃含椒而尽。殡以后礼。梓宫次洛南，咸阳王禧等知审死，相视曰："若无遗诏，我兄弟亦当作计去之，岂可令失行妇人宰制天下，杀我辈也。"谥曰幽皇后，葬长陵茔内。

孝文昭皇后高氏，司徒公肇之妹也。父飏，母盖氏，凡四男三女，皆生于东裔。高祖初，乃举室西归，达龙城镇，镇表后德色婉艳，任充宫掖。及至，文明太后亲幸北部曹，见后姿貌，奇之，遂入掖庭，时年十三。

初，后幼曾梦在堂内立，而日光自窗中照之，灼灼而热，后东西避之，光犹斜照不已。如是数夕，后自怪之，以白其父飏，飏以问辽东人闵宗。宗曰："此奇征也，贵不可言。"飏曰："何以知之？"宗曰："夫日者，君人之德，帝王之象也。光照女身，必有恩命及之。女避犹照者，主上来求，女不获已也。昔有梦月入怀，犹生天子，况日照之征。此女必将被帝命，诞育人君之象也。"遂生世宗。后生广平王怀，次长乐公主。

及冯昭仪宠盛，密有母养世宗之意。后自代如洛阳，暴薨于汲郡之共县，或云昭仪遣人贼后也。世宗之为皇太子，三日一朝幽后，后拊念慈爱有加。高祖出征，世宗入朝，必久留后宫，亲视栉沐，母道隆备。其后有司奏请加昭仪号，谥曰文昭贵人，高祖从之。世宗践阼，追尊配飨。

后先葬城西长陵东南，陵制卑局。因就起山陵，号终宁陵，置邑户五百家。肃宗诏曰："文昭皇太后德协坤仪，美符文姒，作合高祖，实诞英圣，而夙世沦晖，孤茔弗祔。先帝孝感自衷，迁奉未遂，永言哀恨，义结幽明。废吕尊薄，礼伸汉代。"又诏曰："文昭皇太后尊配高祖，祔庙定号，促令迁奉，自终及始，太后当主。可更上尊号称太皇太后，以同汉晋之典，正姑妇之礼。庙号如旧。"文昭迁灵榇于长陵兆西北六十步。初开终宁陵数丈，于梓宫上获大蛇长丈余，黑色，头有"王"字，蛰而不动。灵榇既迁，置蛇旧处。

宣武顺皇后于氏，太尉烈弟劲之女也。世宗始亲政事，烈时为领军，总心膂之任，以嫔御未备，因左右讽谕，称后有容德，世宗乃迎入为贵人。时年十四，甚见宠爱，立为皇后，谒于太庙。后静默宽容，性不妒忌。生皇子昌，三岁夭殁。其后暴崩，宫禁事秘，莫能知悉，而世议归咎于高夫人。葬永泰陵，谥曰顺皇后。

宣武皇后高氏，文昭皇后弟偃之女也。世宗纳为贵人，生皇子，早夭，又生建德公主。后拜为皇后，甚见礼重。性妒忌，宫人希得进御。及肃宗即位，上尊号曰皇太后。寻为尼，居瑶光寺，非大节庆，不入宫中。建德公主始五六岁，灵太后恒置左右，抚爱之。神龟元年，太后出觐母武邑君。时天文有变，灵太后欲以后当祸，是夜暴崩，天下冤之。丧还瑶光佛寺，嫔葬皆以尼礼。

初，高祖幽后之宠也，欲专其爱，后宫接御，多见阻遏。高祖时言于近臣，称妇人妒防，虽王者亦不能免，况士庶乎？世宗暮年，高后悍忌，夫人嫔御有至帝崩不蒙侍接者。由是在洛二世，二十余年，皇子全育者，惟肃宗而已。

宣武灵皇后胡氏，安定临泾人，司徒国珍女也。母皇甫氏，产后之日，赤光四照。京兆山北县有赵胡者，善于卜相，国珍问之。胡云：“贤女有大贵之表，方为天地母，生天地主。勿过三人知也。”后姑为尼，颇能讲道。世宗初，入讲禁中。积数岁，讽左右称后姿行，世宗闻之，乃召入掖庭为承华世妇。而椒掖之中，以国旧制，相与祈祝，皆愿生诸王、公主，不愿生太子。唯后每谓夫人等言：“天子岂可独无儿子，何缘畏一身之死，而令皇家不育冢嫡乎？”及肃宗在孕，同列犹以故事相恐，劝为诸计。后固意确然，幽夜独誓云：“但使所怀是男，次第当长子，子生身死，所不辞也。”既诞萧宗，进为充华嫔。

先是，世宗频丧皇子，自以春秋长矣，深加慎护，为择乳保皆取良家宜子者。养于别宫，皇后及充华嫔皆莫得而抚视焉。及肃宗践阼，尊后为皇太妃，后尊为皇太后。临朝听政，犹称殿下，下令行事。后改令称诏，群臣上书曰“陛下”，自称曰“朕”。太后以肃宗冲幼，未堪亲祭，欲傍《周礼》夫人与君交献之义代行祭礼，访寻故式。门下召礼官、博士议，以为不可。而太后欲以帏幔自鄣，观三公行事，重问侍中崔光。光便据汉和熹邓后荐祭故事，太后大悦，遂摄行初祀。

太后性聪悟，多才艺，姑既为尼，幼相依托，略得佛经大义。亲览万机，手笔断决。幸西林园法流堂，命侍臣射，不能者罚之。又自射针孔，中之。大悦，赐左右布帛有差。

先是，太后敕造申讼车，时御焉，出自云龙大司马门，从宫西北入自千秋门，以纳冤讼。又亲策孝秀、州郡计吏于朝堂。太后与肃宗幸华林园，宴群臣于都亭曲水，令王公已下各赋七言诗。太后诗曰："化光造物含气贞。"帝诗曰："恭已无为赖慈英。"王公已下赐帛有差。

太后父薨，百僚表请公除，太后不许。寻幸永宁寺，亲建刹于九级之基，僧尼士女赴者数万人。及改葬文昭高后，太后不欲令肃宗主事，乃自为丧主，出至终宁陵，亲奠遣事，还哭于太机殿，至于讫事，皆自主焉。后幸嵩高山，夫人、九嫔、公主已下从者数百人，升于顶中。废诸淫祀，而胡天神不在其列。

后幸左藏，王公、嫔、主已下从者百余人，皆令任力负布绢，即以赐之，多者过二百匹，少者百余匹。唯长乐公主手持绢二十匹而出，示不异众而无劳也，世称其廉。仪同、陈留公李崇、章武王融，并以所负过多，颠仆于地，崇乃伤腰，融至损脚，时人为之语曰："陈留、章武，伤腰折股；贪人败类，秽我明主。"寻幸阙口温水，登鸡头山，自射象牙簪，一发中之，敕示文武。

时太后得志，逼幸清河王怿，淫乱肆情，为天下所恶。领军元义、长秋卿刘腾等奉肃宗于显阳殿，幽太后于北宫，于禁中杀怿。其后太后从子都统僧敬与备身左右张车渠等数十人谋杀义，复奉太后临朝，事不克，僧敬坐徙边，车渠等死，胡氏多免黜。

后肃宗朝太后于西林园，宴文武侍臣，饮至日夕。义乃起至太后前，自陈外云太后欲害己及腾。太后答云"无此语"。遂至于极昏。太后乃起执肃宗手下堂，言："母子不聚久，今暮共一宿，诸大臣送我入。"太后与肃宗向东北小阁，左卫将军奚康生谋欲杀义，不果。自刘腾死，义又宽怠。太后与肃宗及高阳王雍为计，解义领军。

太后复临朝，大赦，改元。自是朝政疏缓，威恩不立，天下牧守，所在贪婪。郑俨污乱宫掖，势倾海内；李神轨、徐纥并见亲侍。一二年中，位总禁要，手握王爵，轻重在心，宣淫于朝，为四方之所厌秽。

文武解体，所在乱逆，土崩鱼烂，由于此矣。僧敬又因聚集亲族，遂涕泣谏曰："陛下母仪海内，岂宜轻脱如此！"后大怒。自是不召僧敬。

太后自以行不修，惧宗室所嫌，于是内为朋党，防蔽耳目。肃宗所亲幸者，太后多以事害焉。有蜜多道人，能胡语，肃宗置于左右。太后虑其传致消息，三月三日于城南大巷中杀之。方悬赏募贼，又于禁中杀领左右、鸿胪少卿谷会、绍达，并帝所亲也。母子之间，嫌隙屡起。郑俨虑祸，乃与太后计，因潘充华生女，太后诈以为男，便大赦，改年。

肃宗之崩，事出仓卒，时论咸言郑俨、徐纥之计。于是朝野愤叹，太后乃奉潘嫔女言太子即位。经数日，见人心已安，始言潘嫔本实生女，今宜更择嗣君。遂立临洮王子钊为主，年始三岁，天下愕然。及武泰元年，尔朱荣称兵渡河，太后尽召肃宗六宫皆令入道，太后亦自落发。荣遣骑拘送太后及幼主于河阴。太后对荣多所陈说，荣拂衣而起。太后及幼主并沉于河。太后妹冯翊君收瘗于双灵佛寺。出帝时，始葬以后礼而追加谥。

孝明皇后胡氏，灵太后从兄冀州刺史盛之女。灵太后欲荣重门族，故立为皇后。萧宗颇有酒德，专嬖充华潘氏，后及嫔御，并无过宠。太后为肃宗选纳，抑屈人流。时博陵崔孝芬、范阳卢道约、陇西李瓒等女，但为世妇。诸人诉，讼咸见忿责。武泰初，后既入道，遂居于瑶光寺。

孝静皇后高氏，齐献武王之第二女也。天平四年，诏娉以为皇后，王前后固辞，帝不许。兴和初，诏侍中、司徒公孙腾，司空公、襄城王旭，兼尚书令、司州牧、西河王悰，兼太常卿及宗正卿元孝友等，奉诏致礼，并备宫官侍卫，以后驾迎于晋阳之丞相第。五月，立为皇后，大赦天下。齐受禅，降为中山王妃。后降于尚书左仆射杨遵彦。

史臣曰：始祖生自天女，克昌后叶。灵后淫恣，卒亡天下。倾城之戒，其在兹乎？钩弋年稚子幼，汉武所以行权，魏世遂为常制。子贵母死，矫枉之义不亦过哉！高祖终革其失，良有以也。

魏收书《皇后传》亡，后人补以《北史》，又取《高氏小史》及《修文殿御览》附益之。

魏书卷一四
列传第二

神元平文诸帝子孙

上谷公纥罗　建德公婴文
真定侯陆　武陵侯因
长乐王寿乐　望都公颓
曲阳侯素延　顺阳公郁
宜都王目辰　穆帝长子六修
吉阳男比干　江夏公吕
高凉王孤　西河公敦
司徒石　武卫将军谓
淮陵侯大头　河间公齐
扶风公处真　文安公泥

上谷公纥罗，神元皇帝之曾孙也。初从太祖自独孤如贺兰部，招集旧户，得三百家，与弟建议，劝贺讷推太祖为主。及太祖登王位，纥罗常翼卫左右。又从征伐，有大功。纥罗有援立谋，特见优赏。及即帝位，与弟建同日赐爵为公。卒。

子题，少以雄武知名，赐爵襄城公。从征中山，受诏徇下诸郡，抚慰新城，皆安化乐业，进爵为王。击慕容驎于义台，中流矢薨。帝以太医令阴光为视疗不尽术，伏法。

子悉袭，降爵为襄城公。卒，赠襄城王。

建德公婴文，神元皇帝之后也。少明辩，有决断，太宗器之。典出纳诏命，常执机要。世祖践阼，拜护东夷校尉，进爵建德公，镇辽西。卒。

真定侯陆，神元皇帝之后也。世祖时，以武功颇蒙恩遇，拜散骑常侍，赐爵真定侯。卒。

陆曾孙轨，字法寄，稍迁洛阳令。时天下多事，轨惟以深刻遇下，死多酷滥，识者非之。孝静时，邺宫创制，以轨为营构使，除徐州刺史。轨风望既陋，又无学术，虽历名位，时人轻之。卒于州。

武陵侯因，章帝之后也。从太祖平中原，以功封曲逆侯。世祖时，改爵武陵。

长乐王寿乐，章帝之后也。位选部尚书、南安王，改封长乐王。高宗即位，寿乐有援立功，拜太宰、大都督、中外诸军、录尚书事。矜功，与尚书令长孙渴侯争权，并伏法。

望都公颓，昭帝之后也。随太祖平中原，赐爵望都侯。世祖以颓美仪容，进止可观，使迎左昭仪于蠕蠕，进爵为公。卒。

曲阳侯素延，桓帝之后也。以小统从太祖征讨诸部，初定并州，为刺史。太祖之惊于柏肆也，并州守将封窦真为逆，素延斩之。时太祖意欲抚悦新附，悔参合之诛，而素延杀戮过多，坐免官。中山平，拜幽州刺史。豪奢放逸，左迁上谷太守。后赐爵曲阳侯。时太祖留心黄老，欲以纯风化俗，虽乘舆服御，皆去雕饰，咸尚质俭。而素延奢侈过度,太祖深衔之。积其过,因征,坐赐死。

顺阳公郁,桓帝之后也。少忠正亢。直初以羽林中郎内侍,勤干有称。高宗时,位殿中尚书。从高宗东巡临海,以劳赐爵顺阳公。高宗崩,乙浑专权,隔绝内外,百官震恐,计无所出。郁率殿中卫士数百人,从顺德门入,欲诛浑。浑惧,逆出问郁曰:“君入何意?”郁曰:“不见天子,群臣忧惧,求见主上。”浑窘怖,谓郁曰:“今大行在殡,天子谅闇,故未接百官,诸君何疑?”遂奉显祖临朝。后浑心规为乱,朝臣侧目。郁复谋杀浑,为浑所诛。显祖录郁忠正,追赠顺阳王,谥曰简。

宜都王目辰,桓帝之后也。初以羽林郎,从太祖南伐至江。高宗即位,以劳累迁侍中、尚书左仆射,封南平公。乙浑之谋乱也,目辰与兄郁议欲杀浑,事泄被诛,目辰逃隐得免。显祖传位,有定策勋。高祖即位,迁司徒,封宜都王,除雍州刺史,镇长安。目辰性亢直耿介,不为朋党,朝臣咸惮之。然好财利,在州政以贿成。有罪伏法,爵除。

穆帝长子六修,少而凶勃。穆帝五年,遣六修为前锋,与辅相卫雄、范班及姬澹等救刘琨,帝躬统大兵为后继。刘粲惧,焚烧辎重,突围遁走。纵骑追之,杀伤甚众。帝因大猎于寿阳山,陈阅皮肉,山为变赤。及晋怀帝为刘聪所执,穆帝遣六修与桓帝子普根,率精骑助刘琨。初,穆帝少子比延有宠,欲以为后。六修出居新平城,而黜其母。六修有骅骝骏马,日行五百里,穆帝欲取以给比延。后六修来朝,穆帝又命拜比延,六修不从。穆帝乃坐比延于已所乘步辇,使人导从出游。六修望见,以为穆帝,谒伏路左,及至,乃是比延,惭怒而去。召之,不还。穆帝怒,率众伐之。帝军不利。六修杀比延。帝改服微行民间,有贱妇人识帝,遂暴崩。普根先守于外,闻难,率众来赴。攻六修,灭之。

吉阳男比干，太祖族弟也。以司卫监讨白涧丁零有功，赐爵吉阳男。后为南道都将，战没。

江夏公吕，太祖族弟也。从世祖平凉州有功，封江夏公，位外都大官，委以朝政，大见尊重。卒赠江夏王，陪葬金陵。

高凉王孤，平文皇帝之第四子也。多才艺，有志略。烈帝之前元年，国有内难，昭成如襄国。后烈帝临崩，顾命，迎昭成立之，社稷可安。及崩，群臣咸以新有大故，内外未安，昭成在南，来未可果，比至之间，恐生变诈，宜立长君，以镇众望。次弟屈，刚猛多变，不如孤之宽和柔顺。于是大人梁盖等杀屈，共推孤。孤曰："吾兄居长，自应继位。我安可越次而处大业？"乃自诣邺奉迎，请身留为质。石虎义而从之。昭成即位，乃分国半部以与之。薨。

子斤，失职怀怨，构实君为逆，死于长安。太祖时，以孤勋高，追封高凉王，谥曰神武。

斤子真乐，频有战功，后袭祖封。太宗初，改封平阳王。薨。

子礼，袭本爵。高凉王。薨，谥懿王。

子那，袭爵，拜中都大官。骁猛，善攻战。和平初，坐事伏法。显祖即位，追那功，命子纥绍封。薨。

子大曹，性愿直。高祖时，诸王非太祖子孙者，例降爵为公。以大曹先世让国功重，曾祖乐真勋著前朝，改封太原郡公。卒，无子，国除。世宗又以大曹从兄子洪威绍，恭谦好学，为颍川太守，有政绩。孝静初，在颍川聚众应关西，齐献武王遣将讨平之。

礼弟陵，世祖赐爵襄邑男。进爵为子。卒。

子瑰，位柔玄镇司马。

瑰之鸷，字孔雀。容貌魁壮，腰带十围。为羽林队仗副。高祖末,以征讨有功,赐爵晋阳男,累迁领军、畿部都督。武泰元年,尔朱荣至河阴,杀戮朝士。鸷与荣共登高冢俯而观之,自此后与荣合。元颢之逼也,鸷从驾北迎。既到河内,欲入城,鸷奏曰:"河内昼则闭门,夜引驾入,此之意趣,难以测量。本图有在,愿便发迈。"帝从之。前至长子,以尔朱荣赴援,除鸷车骑将军,封华山王。庄帝既杀尔朱荣,荣从子兆为乱,帝欲率诸军亲讨。鸷与兆阴通,乃劝帝曰:"黄河万仞,宁可卒渡。"帝遂自安。及兆入殿,鸷又约止卫兵。帝见逼,京邑破,皆由鸷之谋。

孝静初,入为大司马,加侍中。鸷有武艺,木讷少言,性方厚。每息直省闼,虽暑月不解衣冠。曾于侍中高岳之席,咸阳王坦恃力使酒,陵侮一坐,众皆下之,不敢应答。坦谓鸷曰:"孔雀老武官,何因得王?"鸷即答曰:"斩反人元禧首,是以得之。"众皆失色,鸷怡然如故。兴和三年薨,赠假黄钺、尚书令、司徒公。

子大器,袭爵。后与元瑾谋害齐文襄王,见害。

孤孙度,太祖初赐爵松滋侯,位比部尚书。卒。

子乙斤,袭爵襄阳侯。显祖崇旧齿,拜外都大官,甚见优重。卒。

子平,字楚国,袭世爵松滋侯。以军功,赐艾陵男。卒。

子苌,高祖时袭爵松滋侯,例降侯,赐艾陵伯。苌性刚毅,虽有吉庆事,未当开口而笑。高祖迁都,苌以代尹留镇。除怀朔镇都大将,因别赐苌酒,虽拜饮,而颜色不泰。高祖曰:"闻公一生不笑,今方隔山,当为朕笑。"竟不能得。高祖曰:"五行之气,偏有所不入;六合之间,亦何事不有。"左右见者,无不扼腕大笑。世宗时,为北中郎将,带河内太守。苌以河桥船绠路狭,不便行旅,又秋水泛涨,年常破坏,乃为船路,遂广疑空车从京出者,率令输石一双,累以为岸。桥阔,来往便利,近桥诸郡,无复劳扰,公私赖之。历位度支尚书、侍中、雍州刺史。卒,谥曰成。苌中年以后,官位微达,乃自尊倨,闺门无礼,昆季不穆,性又贪虐,论者鄙之。

苌子子华，字伏荣，袭爵。孝庄初，除齐州刺史。先是，州境数经反逆，邢杲之乱，人不自保。而子华抚集豪右，委之管籥，众皆感悦，境内帖然。而性甚褊急，当其急也，口不择言，手自捶击。长史郑子湛，子华亲友也，见侮骂，遂即去之。子华虽自悔厉，终不能改。在官不为矫洁之行，凡有馈赠者，辞多受少，故人不厌其取。鞠狱讯囚，务加仁恕。齐人树碑颂德。后除济州刺史。

尔朱兆之入洛也，齐州城人赵洛周逐刺史丹阳王萧赞，表济南太守房士达摄行州事。洛周子元显先随子华在济州，邀路改表，请子华复为齐州刺史。子华母房氏，曾就亲人饮食，夜还大吐，人以为中毒，甚忧惧，子华遂掬吐尽啖之，其母乃安。寻以母忧，还都。孝静初，除南兖州刺史。弟子思通使关西，朝廷使右卫将军郭琼收之。子思谓琼仆曰："速可见杀，何为久执国士！"子华谓子思曰："由汝粗疏，令我如此。"以头叩床，涕泣不自胜。子思以手捋须，顾谓子华曰："君恶体气。"寻与子思俱死于门下外省。

子思，字众念。性刚暴，恒以忠烈自许。元天穆当朝权，以亲从荐为御史中尉。先是，兼尚书仆射元顺奏，以尚书百揆之本，至于公事，不应送御史。至子思，奏曰：

案御史令云："中尉督司百僚，治书侍御史纠察禁内。"又云："中尉出行，车辐前驱，除道一里，王公百辟避路。"时经四帝，前后中尉二十许人，奉以周旋，未曾暂废。府寺台省，并从此令。唯肃宗之世，为临兆举哀，故兼尚书左仆射臣顺不肯与名，又不送簿。故中尉臣郦道元举而奏之，而顺复启云："尚书百揆之本，令仆纳言之贵。不宜下隶中尉，送名御史。"寻亦蒙敕，听如其奏。从此迄今，使无准一。

臣初上台，具见其事，意欲申请决议，但以权兼，未宜便尔。日复一日，遂历炎凉。去月朔旦，台移尚书索应朝名帐，而省稽留不送。寻复移催并主吏，忽为尚书郎中裴献伯后注云："案旧事，御史中尉逢台郎于复道，中尉下车执板，郎中车上举手札之。以此而言，明非敌体。”臣既见此，深为怪；旋省二三，未解所以。正谓都省别被新式，改易高祖旧命，即遣移问，事何所依？又获尚书郎中王元旭报，出蔡氏《汉官》，似非穿凿。始知裴、王亦规坏典谟，两人心欲自矫。臣案《汉书·宣秉传》云：诏征秉为御史中丞，与司隶校尉、尚书令俱会殿庭，并专席而坐，京师号之为三独坐。又寻《魏书·崔琰传》、晋文阳□《傅嘏传》，皆云：既为中丞，百僚震悚。以此而言，则中丞不揖省郎，盖已久矣；宪台不属都堂，亦非今日。又寻《职令》云："朝会失时，即加弹纠。"则百官簿帐，应送上台，灼然明矣。又皇太子以下违犯宪制，皆得纠察，则令仆朝名宜付御史，又亦彰矣。不付名至，否臧何验？臣顺专执，未为平通；先朝曲遂，岂是正法？

谨案尚书郎中臣裴献伯、王元旭等，望班士流，早参清宦，轻弄短札，斐然若斯，苟执异端，忽焉至此，此而不纲，将隳朝令。请以见事，免献伯等所居官，付法科处。尚书纳言之本，今仆百揆之要，同彼浮虚，助之乖失，宜明首从，节级其罪。

诏曰："国异政，不可据之古事。付司检高祖旧格，推处得失以闻。"寻从子思奏。仍为元天穆所忿，遂停。元颢之败，封安定县子。孝静时，位侍中而死。

苌弟珍，字金省，袭爵艾陵男。世宗时，曲事高肇，遂为帝宠昵。彭城王勰之死，珍率壮士害之。后卒于尚书左仆射。

平弟长生，位游骑击将军。卒。孝庄时，以子天穆贵盛。赠司空。

天穆，性和厚，美形貌，善射，有能名。年二十，起家员外郎。六镇之乱，尚书令李崇、广阳王深北讨，天穆奉使慰劳诸军。路出秀容，尔朱荣见其法令齐整，有将领气，深相结托，约为兄弟。未几，荣请天穆为行台，朝廷不许，改授别将，令赴秀容。是时，北镇纷乱，所在蜂起，六镇荡然，无复蕃捍，惟荣当职路冲，招聚散亡。天穆为荣腹心，除并州刺史。及荣赴洛，天穆参其始谋，乃令天穆留后，为之继援。庄帝践阼，天穆以荣之眷昵，特除太尉，封上党王，征赴京师。荣之讨葛荣，诏天穆为前军都督，率京师之众以赴之。荣擒葛荣，天穆增封，通前三万户。寻监国史、录尚书事、开府，世袭并州刺史。

初，杜洛周、鲜于修礼为寇，瀛、冀诸州人多避乱南向。幽州前北平府主簿河间邢杲，拥率部曲，屯据鄚城，以拒洛周、葛荣，垂将三载。及广阳王深等败后，杲南渡居青州北海界。灵太后诏流人所在，皆置命属郡县，选豪右为守令以抚镇之。时青州刺史元世俊表置新安郡，以杲为太守，未报。会台申休疑简授郡县，以杲从子子瑶资荫居前，乃授河间太守。杲深耻恨，于是遂反。所在流人先为土人凌忽，闻杲起逆，率来从之，旬朔之间，众逾十万。劫掠村坞，毒害民人，齐人号之为"舔榆贼"。先是，河南人常笑河北人好食榆叶，故因以号之。杲东掠光州，尽海而还，又破都督李叔仁军。诏天穆与齐献武王讨，大破之。杲乃请降，传送京师，斩之。增天穆邑万户。

时元颢乘虚陷荥阳，天穆闻庄帝北巡，自毕公垒北渡，会车驾于河内。尔朱荣以天时炎热，欲还师。天穆苦执不可，荣乃从之。庄帝还宫，加太宰、羽葆、鼓吹，增邑，通前七万户。

天穆以疏属，本无德望，凭藉尔朱，爵位隆极；当时熏灼，朝野倾悚，王公已下每旦盈门，受纳财货，珍宝充积。而宽柔容物，不甚见疾于时。庄帝以其荣党，外示宠敬，诏天穆乘车马出入大司马门。天穆与荣相倚，情寄特甚。荣常以兄礼事之，而尔朱世隆等虽荣子侄，位遇已重，畏惮天穆，俯仰承迎。天穆曾言，世隆之失，荣即加杖，其相亲任如此。庄帝内畏恶之，与荣同时见杀。前废帝初，赠丞相、柱国大将军、雍州刺史，假黄钺，谥曰武昭。

子俨，袭，美才貌。位都官尚书。及齐受禅，闻敕召，假病，遂怖而卒。

西河公敦，平文帝之曾孙也。太祖初，从征，被坚执锐，名冠诸将。后从征中山，所向无前。太宗时，拜中都大官。世祖时，进爵西河公，宠遇弥笃。卒。子拨袭。

司徒石，平文帝之玄孙也。忠勇有胆略，尤善骑射。从世祖南讨，至瓜步。位尚书令，雍州刺史。历比部侍郎、华州刺史，累迁征南大将军。卒，赠司徒公。

武卫将军谓，烈帝之第四子也。宽雅有将略，常从太祖征讨。有功，除武卫将军。后谢老归家。显祖善礼遇之，赐几杖服物，致膳于第。卒，赐秘器。

子乌真，膂力绝人。随太祖征伐，屡有战功，官至巨鹿太守。

子兴都，聪敏刚毅。高宗时，为河间太守，赐爵乐城子。为政严猛，百姓惮之。显祖初，以子丕贵重，进爵乐城侯。谢老归家，显祖益礼之，赐几杖服物，致膳于第。其妻娄氏为东阳王太妃。卒，追赠定州刺史、河间公，谥曰宣。

子提，袭父侯爵。

提弟丕，世祖擢拜羽林中郎。从驾临江，赐爵兴平子。显祖即位，累迁侍中。丞相乙浑谋反，丕以奏闻。诏丕帅元贺、牛益得收浑，诛之。迁尚书令，改封东阳公。高祖时，封东阳王，拜侍中、司待公。

时有诸疑事三百余条，敕丕制决，率皆平允。丕子超生，车驾亲幸其第，特加赏赐。以执心不二，诏赐丕入八议，传示子孙，犯至百，听责数恕之；放其同籍丁口杂使役调，求受复除；若有奸邪人方便谗毁者，即加斩戮。寻迁太尉、录尚书事。时淮南王他、淮阳王尉元、河东王苟颓，并以旧老见礼，每有大事，引入禁中，乘步挽，杖于朝，进退相随。丕、他、元三人，皆容貌壮伟，腰带十围，大耳秀眉，须鬓斑白，百僚观瞻，莫不祗耸。唯苟颓小为短劣，姿望亦不逮之。高祖、文明太后重年敬旧，存问周渥，赐以珍宝。丕声气高朗，博记国事，飨宴之际，恒居坐端，必抗音大言，叙列既往成败，帝后敬纳焉。然谄事要人，骄侮轻贱，每见王睿、苻承祖，常倾身下之。时文明太后为王睿造宅，故亦为丕造甲第。第成，帝后亲幸之，率百官文武飨落焉。使尚书令王睿宣诏，赐丕金印一纽。太后亲造《劝戎歌》辞以赐群官，丕上疏赞谢。太后令曰："臣哉邻哉，邻哉臣哉！君则亡逸于上，臣则履冰于下。若能如此，太平岂难致乎？"及丕妻段氏卒，谥曰恭妃，又特赐丕金券。

高祖、文明太后引见公卿于皇信堂，太后曰："今京师旱俭，欲听饥贫之人出关逐食。如欲给过所，恐稽延时日，不救灾窘；若任其外出，复虑奸良难辨。卿等可议其所宜。"丕议："诸曹下大夫以上，人各将二吏，别掌给过所，州郡亦然，不过三日，给之便讫，有何难也？"高祖从之，四日而讫。丕请立东宫，诏曰："年尚幼小，有何急之？"丕曰："臣年在西夕，思观盛礼，于臣实急。"不许。后例降王爵，封平阳郡公。求致仕，诏不许。

及车驾南伐，丕与广陵王羽留守京师，并加使持节。诏丕、羽曰："留守非贤莫可。太尉年尊德重，位总阿衡；羽朕之懿弟，温柔明断。故使二人留守京邑，授以二节，赏罚在手。其祗允成宪，以称朕心。"丕对曰："谨以死奉诏。"羽对曰："太尉宜专节度，臣但可副贰而已。"高祖曰："老者之智，少者之决，何得辞也？"及高祖还代，丕请作歌，诏许之。歌讫，高祖曰："公倾朕还车，故亲歌述志。今经构既有次第，故暂还旧京，愿后时亦同兹适。"

及高祖欲迁都，临太极殿，引见留守之官大议。乃诏丕等，如有所怀，各陈其志。燕州刺史穆罴进曰："移都事大，如臣愚见，谓为未可。"高祖曰："卿便言不可之理。"罴曰："北有猃狁之寇，南有荆扬未宾，西有吐谷浑之阻，东有高句丽之难。四方未平，九区未定。以此推之，谓为不可。征伐之举，要须戎马，如其无马，事不可克。"高祖曰："卿言无马，此理粗可。马常出北方，厩在此置，卿何虑无马？今代在恒山之北，为九州之外，以是之故，迁于中原。"罴曰："臣闻黄帝都涿鹿，以此言之，古昔圣王不必悉居中原。"高祖曰："黄帝以天下未定，居于涿鹿，既定之后，亦迁于河南。"尚书于果曰："臣诚不识古事，如闻百姓之言，先皇建都于此，无何欲移，以为不可。中原其如是所由拟，数有篡夺。自建邑平城以来，与天地并固，日月齐明。臣虽管见肤浅，性不昭达，终不以恒代之地，而拟伊洛之美。但以安土重迁，物之常性，一旦南移，惧不乐也。”丕曰：“陛下去岁亲御六军讨萧氏，至洛，遣任城王澄宣旨，敕臣等议都洛。初奉恩旨，心情惶越。凡欲迁移，当讯之卜筮，审定吉否，然后可。”高祖谓丕曰：“往在邺中，司徒公诞、咸阳王禧、尚书李冲等，皆欲请龟占移洛吉凶之事。朕时谓诞等曰：昔周邵卜宅伊洛，乃识至兆。今无若斯之人，卜亦无益。然卜者所以决疑，此既不疑，何须卜也。昔轩辕卜兆龟焦，卜者请访诸贤哲，轩辕乃问天老，天老谓为善。遂从其言，终致昌吉。然则至人之量未然，审于龟矣。朕既以四海为家，或南或北，迟速无常。南移之民，朕自多积仓储，不令窘乏。”丕曰：“臣仰奉慈诏，不胜喜舞。”高祖诏群官曰：“卿等或以朕无为移徙也。昔平文皇帝弃背率土，昭成营居盛乐；太祖道武皇帝神武应天，迁居平城。朕虽虚寡，幸属胜残之运，故移宅中原，肇成皇宇。卿等当奉先君令德，光迹洪规。”前怀州刺史青龙、前秦州刺史吕受恩等仍守愚固，帝皆抚而答之，辞屈而退。

帝又将北巡，丕迁太傅、录尚书事。频表固让，诏断表启，就家拜授。及车驾发代，丕留守，诏曰：“中原始构，须朕营视，在代之事，一委太傅。”赐上所乘车马，往来府省。丕雅爱本风，不达新式，至于变俗迁洛，改官制服，禁绝旧言，皆所不愿。高祖知其如此，亦不逼之，但诱示大理，令其不生同异。至于衣冕已行，朱服列位，而丕犹常服列在坐隅。晚乃稍加弁带，而不能修饰容仪。高祖以丕年衰体重，亦不强责。及罢降非太祖子孙及异姓王者，虽较于公爵，而利享封邑，亦不快。疑。

高祖南征，丕表乞少留，思更图后举。会司徒冯诞薨，诏六军反旆。丕又以熙薨于代都，表求銮驾亲临。诏曰：“今洛邑肇构，跂望成劳，开辟暨今，岂有以天子之重，远赴舅国之丧？朕纵欲为孝，其如大孝何？纵欲为义，其如大义何？天下至重，君臣道悬，岂宜苟相诱引，陷君不德？令、仆已下可付法官贬之。”又诏以丕为都督，领并州刺史。后诏以平阳畿甸，改封新兴公。初，李冲又德望所属，既当时贵要,有杖情,疑遂与子超娶冲兄女,即伯尚妹也。丕前妻子隆同产数人,皆与别居。后得宫人,所生同宅共产。父子情因此偏。

丕父子大意不乐迁洛。高祖之发平城,太子恂留于旧京,及将还洛,隆与超等密谋留恂,因举兵断关,规据陉北。时丕以老居并州,虽不预其始计,而隆、超咸以告丕。丕外虑不成,口虽致难,心颇然之。及高祖幸平城,推穆泰等首谋,隆兄弟并是党。丕亦随驾至平城,每于测问,令丕坐观。隆、超与元业等兄弟并以谋逆伏诛。有司奏处孥戮,诏以丕应连坐,但以先许不死之诏,躬非染逆之身,听免死,仍为太原百姓,其后妻二子听随。隆、超母弟及余庶兄弟,皆徙敦煌。丕时年垂八十,犹自平城力载,随驾至洛阳。高祖每遣左右慰勉之,乃还晋阳。

高祖崩,丕自并州来赴。世宗引见之,以丕旧老,礼有加焉。寻敕留洛阳。后宴于华林都亭,特令二子扶侍坐起。丕仕历六世,垂七十年,位极公辅,而还为民庶,然犹心恋京邑,不能自绝人事。寻诏以丕为三老。景明四年薨,年八十二。诏赠左光禄大夫、冀州刺史,谥曰平。

长子隆,先以反诛。隆弟乙升、超,亦同诛。

超弟俊、邕,并有军功。俊封新安县男,邕封泾县男。

淮陵侯大头,烈帝之曾孙也。善骑射,擢为内三郎。从世祖有战功,赐爵。高宗初,封淮陵。性谨密,帝甚重之。位宁北将军,迁右将军。卒,赠高平公,谥曰烈。

河间公齐,烈帝之玄孙也。少雄杰魁岸,世祖爱其勇壮,引侍左右。从征赫连昌,世祖马蹶,贼众逼帝,齐以身蔽捍,决死击贼,贼乃退,世祖得上马。是日微齐,世祖几至危殆。世祖以微服入其城,齐固谏,不许,乃与数人从世祖入。城内既觉,诸门悉闭。世祖及齐等因入其宫中,得妇人裙,系之槊上,世祖乘而上,因此得拔,齐有力焉。赐爵浮阳侯。从征和龙,以功拜尚书,进爵为公。

后与新兴王俊讨秃发保周，坐事免官爵。刘义隆将裴方明陷仇池，世祖复授齐前将军，与建兴公古弼讨之。遂克仇池，威振羌氐。复赐爵河间公，与武都王杨保宗对镇骆谷。时保宗弟文德说保宗闭险自固。有期矣，秦州主簿边因知之，密告齐。齐晨诣保宗，呼曰："古弼至，欲宣诏。"保宗出，齐叱左右，扶保宗上马，驰驿送台。诸氐遂推文德为主，求援于刘义隆。义隆遣将房亮之、苻昭、啖龙等率众助文德。齐击斩杀龙，擒亮之，氐遂平。以功拜内都大官。卒，谥曰敬。

长子陵，袭爵。陵性抗直，天安初，为乙浑所害。

陵弟兰，以忠谨见宠。高祖初，赐爵建阳子。卒于武川镇将。

子志，字猛略。少清辩强干，历览书传，颇有文才。为洛阳令，不避强御，与御史中尉李彪争路，俱入见，面陈得失。彪言："御史中尉避承华车盖，驻论道剑鼓，安有洛阳县令与臣抗衡？"志言："神乡县主，普天之下谁不编户，岂有俯同众官避中尉？"高祖曰："洛阳我之丰沛，自应分路扬镳。自今以后，可分路而行。"及出，与彪折尺量道，各取其半。高祖谓邢峦曰："此儿竟可，所谓王孙公子，不镂自雕。"峦曰："露枝霜条，故多劲节。非鸾则凤，其在本枝也。"

员外郎冯俊，昭仪之弟，恃势恣挝所部里正。志令主吏收系，处刑除官。由此忤旨，左迁太尉主簿。俄为从事中郎。车驾南征，高祖微服观战所，有箭欲犯帝，志以身障之，高祖便得免。矢中志目，因此一目丧明。以志行恒州事。

世宗时，除荆州刺史，还朝。御史中尉王显奏志在州日，抑买良人为婢，兼剩请供。会赦免。肃宗初，兼廷尉卿。后除扬州刺史，赐爵建忠伯。志在州，威名虽减李崇，亦为荆楚所惮。寻为雍州刺史。晚年耽好声伎，在扬州日，侍侧将百人，器服珍丽，冠于一时。及在雍州，逾尚华侈，聚敛无极，声名遂损。

及莫折念生反，诏志为西征都督讨之。念生遣其弟天生屯龙口，与志相持。为贼所乘，遂弃大众，奔还岐州，贼遂攻城。刺史裴芬之疑城人与贼潜通，将尽出之，志不听。城人果开门引贼，锁志及芬之送念生，见害。前废帝初，赠尚书仆射、太保。

扶风公处真，烈帝之后也。少以壮烈闻。位殿中尚书，赐爵扶风公。委以大政，甚见尊礼。吐京胡曹仆浑等叛，招引朔方胡为援。处真与高凉王那等讨灭之。性贪婪，在军烈暴，坐事伏法。

文安公泥，国之疏族也。性忠直壮烈，有智画。太祖厚遇之，赐爵文安公，拜安东将军。卒。

子屈，袭爵。太宗时，居门下，出纳诏命。性明敏，善奏事，每合上旨。赐爵元城侯，加功劳将军，与南平公长孙嵩、白马侯崔玄伯等并决狱讼。太宗东巡，命屈行右丞相，山阳侯奚斤行左丞相，命掌军国，甚有声誉。后吐京胡与离石胡出以兵等叛，置主将校，外引赫连屈丐。屈督会稽公刘洁、永安侯魏勤捍之，勤没于陈，洁坠马，胡执送屈丐，唯屈众犹存。太宗以屈没失二将，欲斩之。时并州刺史元六头荒淫怠事，乃赦屈，令摄州事。屈纵酒，颇废政事。太宗积其前后失，槛车征还，斩于市。

子磨浑，少为太宗所知。元绍之逆也，太宗潜隐于外，磨浑与叔孙俊诈云太宗所在。绍使帐下二人随磨浑往，规为逆。磨浑既得出，便缚帐下诣太宗斩之。太宗得磨浑，大喜，因为羽翼。以勋赐爵长沙公，拜尚书，出为定州刺史。卒。

魏收书《神元平文诸帝子孙列传》亡，后人补以《北史》，又取《高氏小史》附益之。后卷魏收旧史亡者，皆放此。

魏书卷一五
列传第三

昭成子孙

寔君 秦王翰 常山王遵
陈留王虔 毗陵王顺
辽西公意烈 窟咄

寔君者，昭成皇帝之庶长子也。性愚戆，安忍不仁。昭成季年，苻坚遣其行唐公苻洛等来寇南境，昭成遣刘库仁逆战于石子岭。昭成时不胜，不能亲勒众军，乃率诸部避难阴山，度漠北。高车四面寇抄，复度漠南。苻洛军退，乃还云中。

初，昭成以弟孤让国，乃以半部授孤。孤卒，子斤失职怀怨，欲伺隙为乱。是时，献明皇帝及秦明王翰皆先终，太祖年六岁，昭成不豫，慕容后子阏婆等虽长，而国统未定。斤因是说寔君曰："帝将立慕容所生，而惧汝为变，欲先杀汝。是以顷日以来，诸子戎服，夜持兵仗，绕汝庐舍，伺便将发，吾愍而相告。"时苻洛等军犹在君子津，夜常警备，诸皇子挟仗傍徨庐舍之间。寔君视察，以斤言为信，乃率其属尽害诸皇子，昭成亦暴崩。其夜，诸皇子妇及宫人奔告苻洛军，坚将李柔、张蚝勒兵内逼，部众离散。苻坚闻之，召燕凤问其故，以状对坚曰："天下之恶一也。"乃执寔君及斤，轘之于长安西市。

寔君孙勿期，位定州刺史，赐爵林虑侯。卒。子六状，真定侯。

秦明王翰，昭成皇帝第三子。少有高气，年十五便请率骑征讨，帝壮之，使领二千骑。及长统兵，号令严信，周旋征讨，多有克捷。建国十年卒。太祖即位，追赠秦王，谥曰明。

子仪，长七尺五寸，容貌甚伟，美须髯，有算略。少能舞剑，骑射绝人。太祖幸贺兰部，侍从出入。登国初，赐爵九原公。从破诸部，有谋战功。及太祖将图慕容垂，遣仪观衅。垂问仪太祖不自来之意，仪曰："先人以来，世据北土，子孙相承，不失其旧。乃祖受晋正朔，爵称代王，东与燕世为兄弟。仪之奉命，理谓非失。"垂壮其对，因戏曰："吾威加四海，卿主不自见吾，云何非失？"仪曰："燕若不修文德，欲以兵威自强，此乃本朝将帅之事，非仪所知也。"及还，报曰："垂死乃可图，今则未可。"太祖作色问之。仪曰："垂年已暮，其子宝弱而无威，谋不能决。慕容德自负才气，非弱主之臣。衅将内起，是可计之。"太祖以为然，后改封平原公。

太祖征卫辰，仪出别道，获卫辰尸，传首行宫。太祖大喜，徙封东平公，命督屯田于河北，自五原至棝阳塞外，分农稼，大得人心。慕容宝之寇五原，仪摄据朔方，要其还路。及并州平，仪功多，迁尚书令。从围中山。慕容德之败也，太祖以普驎妻周氏赐仪，并其僮仆财物。寻迁都督中外诸军事、左丞相，进封卫王。中山平，复遣仪讨邺，平之。太祖将还代都，置中山行台，诏仪守尚书令以镇之，远近怀附。寻征仪以丞相入辅。又从征高车。仪别从西北破其别部。又从讨姚平，有功，赐以绢布绵牛马羊等。

仪膂力过人，弓力将十石；陈留公虔，矟大称异。时人云："卫王弓，桓王矟。"世祖之初育也，太祖喜，夜召仪入。太祖曰："卿闻夜唤，乃不怪惧乎？"仪曰："臣推诚以事陛下，陛下明察，臣辄自安。忽奉夜诏，怪有之惧实无也。"太祖告以世祖生，仪起拜而歌舞，遂对饮申旦。召群臣入，赐仪御马、御带、缣锦等。

先是，上谷侯岌、张衮，代郡许谦等有名于时，学博今古。初来入国，闻仪待士，先就仪。仪并礼之，共谈当世之务，指画山河，分别城邑，成败要害，造次备举。谦等叹服，相谓曰："平原公有大才不世之略，吾等当附其尾。"

太祖以仪器望，待之尤重，数幸其第，如家人礼。仪矜功恃宠，遂与宜都公穆崇谋为乱，伏武士伺太祖，欲为逆。崇子遂留在伏士中，太祖召之，将有所使。遂留闻召，恐发，逾墙告状，太祖秘而恕之。天赐六年，天文多变，占者云："当有逆臣伏尸流血。"太祖恶之，颇杀公卿，欲以厌当天灾。仪内不自安，单骑遁走。太祖使人追执之，遂赐死，葬以庶人礼。仪十五子。

子纂，五岁，太祖命养于宫中。少明敏，动止有礼，太祖爱之，恩与诸皇子同。世祖践阼，除定州刺史，封中山公，进爵为王，赐步挽几以优异之。纂好酒爱佞，政以贿成。世祖杀其亲嬖人。后悔过修谨，拜内大将军。居官清约简慎，更称廉平。纂于宗属最长，宗室有事，咸京咨焉。薨，谥曰简。

纂弟良，性忠笃。太宗追录仪功，封南阳王，以绍仪后。

良弟干，机悟沉勇，善弓马，少有父风。太宗即位，拜内将军、都将，入备禁中。太宗出游于白登之东北，干以骑从。有双鸱飞鸣于上，太宗命左右射之，莫能中。鸱旋飞稍高，干自请射之，以二箭下双鸱。太宗嘉之，赐御马、弓矢、金带一，以旌其能。军中于是号曰："射鸱都将"。从世祖南巡，进爵新蔡公。高宗即位，拜都官尚书。卒，谥曰昭。

子桢，通解诸方之语，便骑射。世祖时，为司卫监。从征蠕蠕，忽遇贼别部，多少不敌，桢乃就山解鞍放马，以示有伏，贼果疑而避之。高祖初，赐爵沛郡公。后拜南豫州刺史。

大胡山蛮时时钞掠，前后守牧多羁縻而已。桢乃设画，召新蔡、襄城蛮魁三十余人，桢盛武装，于州西为置酒，使之观射。先选左右能射者二十余人，桢自发数箭皆中，然后命左右以次而射，并中。先出一囚犯死罪者，使服军衣，亦参射限，命射不中，桢即责而斩之。蛮魁等伏伎畏威，相视股栗。又预教左右取死囚十人，皆著蛮衣，云是钞贼。桢乃临坐，伪举目瞻天，微有风动。桢谓蛮曰："风气少暴，似有钞贼入境，不过十人，当在西南五十里许。"即命骑追掩，果缚送十人。桢告诸蛮曰："尔乡里作贼如此，合死以不？"蛮等皆叩头曰："合万死。"桢即斩之。乃遣蛮还，并加慰谕。诸蛮大服。自是境无暴掠，淮南之人相率投附者三千余家，置之城东汝水之侧，名曰归义坊。

初，豫州城豪胡丘生数与外交通。及桢为刺史，丘生当有犯，怀恨图为不轨，诈以婚，进城人告云："刺史欲迁城中大家，送之向代。"共谋翻城。城人石道起以事密告桢，速掩丘生并诸预谋者。桢曰："吾不负人，人何以叛？但丘生诳误。若即收掩，众必大惧。吾静以待之，不久自当悔服。"语未讫，而城中三百人自缚诣州门，陈丘生谲诳之罪。丘生单骑逃走，桢恕而不问。后征为都牧尚书。薨，赠侍中、仪同三司，谥简公。有八子。

第五子瑞。初，瑞母尹氏，有娠致伤。后昼寝，梦一老翁具衣冠告之："吾赐汝一子，汝勿忧之。"寤而私喜。又问筮者，筮者曰："大吉。"未几而生瑞，桢以为协梦，故名瑞，字天赐。位太中大夫。卒，赠太常卿。

仪弟烈，刚武有智略。元绍之逆，百僚莫敢有声，惟烈行出外，诈附绍募执太宗。绍信之，自延秋门出，遂迎立太宗。以功进爵阴平王。薨，谥曰熹。子裘袭。

烈弟觚，勇略有胆气。少与兄仪从太祖，侍卫左右。使于慕容垂，垂末年，政在群下，遂止觚以求赂。太祖绝之。觚率左右数十骑，杀其卫将走归。为慕容宝所执，归中山，垂待之逾厚。觚因留心学业，诵读经书数十万言，垂之国人咸称重之。太祖之讨中山，慕容普驎既自立，遂害觚以固众心，太祖闻之哀恸。及平中山，发普驎柩，斩其尸，收议害觚者高霸、程同等，皆夷五族，以大刃锉杀之。乃改葬觚，追谥秦愍王，封子夔为豫章王以绍觚。

常山王遵，昭成子寿鸠之子也。少而壮勇，不拘小节。太祖初，有佐命勋，赐爵略阳公。慕容宝之败也，别率骑七百邀其归路，由是有参合之捷。及平中山，拜尚书左仆射，加侍中，领勃海之合口。及博陵、勃海群盗起，遵讨平之。迁州牧，封常山王。遵好酒。天赐四年，坐醉乱失礼于太原公主，赐死，葬以庶人礼。

子素，太宗从母所生，特见亲宠。少引内侍，频历显官，赐爵尚安公，拜外都大官。世祖初，复袭爵。休屠郁原等叛，素讨之，斩渠率，徙千余家于涿鹿之阳，立平源郡以处之。及平统万，以素有威怀之略，拜假节、征西大将军以镇之。后拜内都大官。高宗即位，务崇宽征，罢诸杂调。有司奏国用不足，固请复之。惟素曰："臣闻百姓不足，君孰与足？"帝善而从之。诏群臣议定皇子名，素及司徒陆丽议曰："古帝王之制名，其体有五：有信、有义、有象、有假、有类。伏惟陛下当盛明之运，应昌发之期，诞生皇子，宜以德命。"高宗从之。素宗属之懿，又年老，帝每引入，访以治国政事。固辞疾归第。雅性方正，居官五十载，终始如一，时论贤之。薨，谥曰康，陪葬金陵，配飨庙庭。

长子可悉陵，年十七，从世祖猎，遇一猛虎，陵遂空手搏之以献。世祖曰："汝才力绝人，当为国立事，勿如此也。"即拜内行阿干。又从平凉州。沮渠茂虔令一骁将与陵相击，两槊皆折。陵抽箭射之，坠马，陵恐其救至，未及拔剑，以刀子戾其颈，使身首异处。世祖壮之，即日拜都幢将，封暨阳子。卒于中军都将。

弟陪斤，袭爵，坐事国除。

陪斤子昭，小字阿倪，尚书张彝引兼殿中郎。高祖将为齐郡王兰举哀，而昭乃作宫悬。高祖大怒，诏曰："阿倪愚骏，谁引为郎！"于是黜彝白衣守尚书，昭遂停废。世宗时，昭从弟晖亲宠用事，稍迁左丞。世宗崩，于忠执政，昭为黄门郎，又曲事之。忠专权擅威，枉陷忠贤，多昭所指导也。灵太后临朝，为尚书、河南尹。聋而佷戾，理务峭急，所在患之。寻出为雍州刺史，在州贪虐，大为人害。后入为尚书，谄事刘腾，进号征西将军。卒，赠尚书左仆射。纳货元义，所以赠礼优越。

昭子玄，字彦道，以节俭知名。庄帝时，为洛阳令。及前废帝即位，玄上表乞葬庄帝，时议善之。后除尚书左丞。出帝即位，以孙腾为左仆射，腾即齐献武王心膂。仗入省，玄依法举劾，当时咸为玄惧。出帝重其强正，封临淄县子。后从帝入关。

昭弟绍，字丑伦，少聪慧。迁尚书右丞。绍断决不避强御。世宗诏令检赵修狱，以修佞幸，因此遂加杖罚，令其致死。帝责绍不重闻。绍曰："修奸佞甚于董贤，臣若不因衅除之，恐陛下复被哀帝之名。"以其言正，遂不罪焉。及出，广平王怀拜绍，贺曰："阿翁乃皇家之正直，虽朱云、汲黯何以仰过。"绍曰："但恨戮之稍晚，以为愧耳。"卒于凉州刺史。

陪斤弟忠，字仙德。少沉厚，以忠谨闻。高祖时。累迁右仆射，赐爵城阳公，加侍中、镇西将军，有翼赞之勤，百僚咸敬之。太和四年，病笃，辞退，养疾于高柳。舆驾亲送都门之外，赐杂采二百匹，群僚侍臣执别者，莫不涕泣。及卒，皆悼惜之。谥曰宣，命有司为立碑铭。有十七子。

子盛，字始兴，袭爵，位谒者仆射。卒。

盛弟寿兴，少聪慧好学。世宗初，为徐州刺史。在官贪虐，失于人心。其从兄侍中晖，深害其能，因谮之于帝。诏尚书崔亮驰驲检覆。亮发日，受晖旨，遂鞭挞三寡妇，令其自诬，称寿兴压己为婢。寿兴终恐不免，乃令其外弟中兵参军薛修义将车十乘，运小麦经其禁之旁，寿兴因逾墙出。修义以大木函盛寿兴，其上加麦，载之而出。遂至河东，匿修义家。逢赦，乃出。见世宗，自陈为晖所谮，世宗亦更无所责。初，寿兴为中庶子时，王显在东宫贱，因公事寿兴杖之三十。及显有宠，为御史中尉，奏寿兴在家每有怨言，诽谤朝廷。因帝极饮无所觉悟，遂奏其事，命帝注可，直付寿兴赐死。帝书半不成字，当时见者亦知非本心，但惧晖等威，不敢申拔。及行刑日，显自往看之。寿兴命笔自作《墓志铭》曰："洛阳男子，姓元名景，有道无时，其年不永。"余文多不载。顾谓其子曰："我棺中可著百张纸，笔两枚，吾欲讼显于地下。若高祖之灵有知，百日内必取显；如遂无知，亦何足恋。”及世宗崩，显寻被杀。寿兴之死，时论亦以为前任中尉弹高阙谗讽所致。灵太后临朝，三公郎中崔鸿上疏理寿兴，诏追雪，赠豫州刺史，谥曰庄。

寿兴弟益生，少亡。

忠弟德，封河间公。卒于镇南将军，赠曹州刺史。

德子悝，颍川太守。卒于光州刺史，谥曰恭。

子嶷，字子仲。出帝初，授兖州刺史。于时城人王奉伯等相扇谋逆，弃城出走，悬门发断嶷要阙而出。诏齐州刺史尉景、本州刺史蔡俊各部在尉士往讨之。嶷返，复任。封濮阳县伯。孝静时，转尚书令，摄选部。嶷虽居重任，随时而已。薨于瀛州刺史，赠司徒公，谥曰靖懿。

忠子晖，字景袭，少沉敏，颇涉文史。世宗即位，拜尚书主客郎。巡省风俗，还，奏事称旨，为给事黄门侍郎。

初，高祖迁洛，而在位旧贵，皆难于移徙，时欲和合众情，遂许冬则居南，夏便居北。世宗颇惑左右之言，外人遂有还北之问，至乃榜卖田宅，不安其居。晖乃请间言事。世宗曰：“先皇迁都之日，本期冬南夏北，朕欲聿遵成诏，故有外人之论。”晖曰：“先皇移都，为百姓恋土，故发冬夏二居之诏，权宁物意耳。乃是当时之言，实非先皇深意。且北来迁人，安居岁久，公私计立，无复还情。陛下终高祖定鼎之业，勿信邪臣不然之说。”世宗从之。再迁侍中，领右卫将军，虽无补益，深被亲宠。凡在禁中要密之事，晖别奉旨藏之于柜，唯晖入乃开，其余侍中、黄门，莫有知者。侍中卢昶亦蒙恩眄，故时人号曰“饿虎将军，饥鹰侍中。”

迁吏部尚书，纳货用官，皆有定价，大郡二千匹，次郡一千匹，下郡五百匹，其余受职各有差，天下号曰“市曹”。出为冀州刺史，下州之日，连车载物，发信都，至汤阴间，首尾相继，道路不断。其车少脂角，即于道上所逢之牛，生截取角，以充其用。晖检括丁户，听其归首，出调绢五万区。然聚敛无极，百姓患之。

肃宗初，征拜尚书左仆射，诏摄吏部选事。上疏曰："臣闻治人之本，实委牧守之官。得其才则政平物理，失其人则讼兴怨结。自非察访善恶，明加贬赏，将何以黜彼贪怠，陟此清勤也？窃以大使巡省，必广迎送之费；御史驰纠，颇回威滥之刑。且暂尔往还，理不委悉，纵有简举，良未平当。愚谓宜令三司、八座、侍中、黄门，各布耳目，外访州镇牧将治人，守令能不。若德教有方，清白独著，宜以名闻，即加褒陟；若治绩无效，贪暴远闻，亦便示牒，登加贬退。如此，则不出庭户，坐知四方，端委垂拱，明赏审罚矣。"又表以"御史之职，鹰鹯是任，必逞爪牙，有所噬搏。若选后生年少、血气方刚者，恐其轻肆劲直，伤物处广。愚谓宜简宿官经事、忠良平慎者为之。"诏付外，依此施行。

后诏晖与任城王澄、京兆王愉、东平王匡，共决门下大事。晖又上书论政要："其一曰，御史之职，务使得贤，必得其人，不拘阶秩，久于其事，责其成功。其二曰，安人宁边，观时而动，须来边将，亡远大之略，贪万一之功。楚梁之好未闻，而蚕妇之怨屡结。斯乃庸人所为，锐于奸利之所致也。平吴之计，自有良图，不在于一城一戍也。又河北数州，国之基本，饥荒多年，户口流散。方今境上兵复征发，即如此日，何易举动。愚谓数年以来，唯宜静边以息占役，安人劝农，惠此中夏。请严敕边将，自今有贼戍求内附者，不听辄遣援接，皆须表闻，违者虽有功，请以违诏书论。三曰，国之资储，唯藉河北。饥馑积年，户口逃散，生长奸诈，因生隐藏，出缩老小，妄注死失。收人租调，割入于己。人困于下，官损于上。自非更立权制，善加检括，损耗之来，方在未已。请求其议，明宣条格。"帝纳之。

晖颇爱文学，招集儒士崔鸿等撰录百家要事，以类相从，名为《科录》，凡二百七十卷。上起伏羲，迄于晋、宋，凡十四代。晖疾笃，表上之。神龟元年卒，赐东园秘器，赠使持节、都督中外诸军事、司空公，谥曰文宪。将葬，给羽葆、班剑、鼓吹二十人，羽林百二十人。

陈留王虔，昭成子纥根之子也。少以壮勇知名。登国初，赐爵陈留公,与卫王仪破黜弗部。从攻卫辰。慕容宝来寇,虔绝其左翼,宝败,垂恚愤来桑乾。虔勇而轻敌,于陈战没。虔姿貌魁杰,武力绝伦。每以常槊细短,大作之犹患其轻,复缀铃于刃下。其弓力倍加常人。以其殊异于世,代京武库常存而志之。虔常临阵,以矟刺人,遂贯而高举。又尝以一手顿矟于地,驰马伪退,敌人争取,引不能出,虔引弓射之,一箭杀二三人,摇矟之徒亡魂而散,徐乃令人取矟而去。每从征讨,常先登陷陈,勇冠当时,敌无众寡,莫敢抗其前者。及薨,举国悲叹,为之流涕。太祖追惜,伤恸者数焉。追谥陈留桓王,配飨庙庭。封其子悦为朱提王。

悦外和内佷。太祖常以桓王死王事,特加亲宠。为左将军,袭封,后为宗师。悦恃宠骄矜,每谓所亲王洛生之徒言曰:"一旦宫车晏驾,吾止避卫公,除此谁在吾前?"卫王仪,美髯,为内外所重,悦故云。初,姚兴之赎狄伯支,悦送之,路由雁门,悦因背诱奸豪,以取其意。后遇事谴,逃亡,投雁门,规收豪杰,欲为不轨,为土人执送,太祖恕而不罪。太宗即位,引悦入侍,仍怀奸计。说帝云:"京师杂人不可保信,宜诛其非类者。又雁门人多诈,并可诛之。"欲以雪其私忿。太宗不从,悦内自疑惧怀刀入侍,谋为大逆。叔孙俊疑之,窃视其怀,有刀,执而赐死。

弟崇,世祖诏令袭桓王爵。崇性沉厚。初,卫王死后,太祖欲敦宗亲之义,诏引诸王子弟入宴。常山王素等三十余人咸谓与卫王相坐,疑惧,皆出逃遁,将奔蠕蠕,唯崇独至。太祖见之,甚悦,厚加礼赐,遂宠敬之,素等于是亦安。久之,拜并州刺史,有政绩。从征蠕蠕,别督诸军出大泽,越涿邪山,威慑漠北。薨,谥曰景王。

子建,袭,降爵为公。位镇北将军、怀荒镇大将。卒。

建子琛,位恒、朔二州刺史。

琛子翌,尚书左仆射。

虔兄颢,性严重少言,太祖常敬之。雅有谋策,从平中山,以功赐爵蒲城侯、平卢太守,特见宠厚,给鼓吹羽仪,礼同岳牧。莅政,以威信著称。居官七年,乃以元易干代颢为郡。时易干子万言得宠于太祖，易干恃其子，轻忽于巅，不告其状，轻骑卒至，排巅坠床而据巅坐。巅不知代已，谓以罪见捕，既而知之，耻其侮慢，谓易干曰："我更满被代，常也；汝无礼见辱，岂可容哉！"遂搏而杀之，以状具闻。太祖壮之。万言累以诉请，乃诏巅输赎。巅乃自请罪，太祖赦之，复免其赎。病卒。

子崘，世祖时，袭父爵。以功除统万镇将。后从永昌王仁南征，别出汝阴。济淮刘义隆将刘康祖屯于慰武亭，以邀军路，师人患之。崘曰："今大风既劲，若令推草车方轨并进，乘风纵烟火，以精兵自后乘之，破之必矣。"从之。斩康祖，传首行宫。高宗即位，除秦州刺史，进爵陇西公。卒，谥定公。

子琛，袭爵。

毗陵王顺，昭成子地干之子也。性疏佷。登国初，赐爵南安公。及太祖讨中山，留顺守京师。柏肆之败，军人有亡归者，言大军奔散，不知太祖所在。顺闻之，欲自立，纳莫题谏，乃止。时贺力眷等聚众作乱于阴馆，顺讨之，不克，乃从留宫自白登南入繁畤故城，阻瀍水为固，以宁人心。太祖善之，进封为王，位司隶校尉。太祖好黄老，数召诸王及朝臣，亲为说之，在坐莫不祗肃，顺独寐欠伸，不顾而唾。太祖怒，废之。以王薨于家。

辽西公意烈，昭成子力真之子也。先没于慕容垂，太祖征中山，弃妻子迎于井陉。及平中原，有战获勋，赐爵辽西公，除广平太守。时和跋为邺行台，意烈性雄耿，自以帝属，耻居跋下，遂阴结徒党，将袭邺，发觉赐死。

子拔干，博知古今。父虽有罪，太祖以拔干宗亲，委之心腹。有计略，屡效忠勤。太宗践阼，除渤海太守，吏人乐之。赐爵武遂子。转平原镇将，得将士心。卒，谥曰灵公。

子受洛，袭，进爵武邑公。卒。

子叱奴，武川镇将。

叱奴子洪超，颇有学涉。大乘贼乱之后，诏洪超持节，兼黄门侍郎绥慰冀部。还，上言："冀土宽广，界去州六七百里，负海险远，宜分置一州，镇遏海曲。"朝议从之，后遂立沧州。卒于北军将、光禄大夫。

意烈弟勃，善射御，以勋赐爵彭城公。卒，陪葬金陵。

长子粟，袭。世祖时，督诸军屯漠南。蠕蠕阙表闻。粟亮直，善驭众，抚恤将士，必与之同劳逸。征和龙，以功进封为王。薨，陪葬金陵。

粟弟浑，少善弓马，世祖嘉之。会有诸方使命，浑射兽三头，发皆中之，举坐咸以为善。及为宰官尚书，颇以骄纵为失，坐事免。徙长社，为人所害。

子库汗，为羽林中郎将。从北巡，有兔起乘舆前，命库汗射之，应弦而毙。世祖悦，赐一金兔以旌其能。高宗起恭宗庙，赐爵阳丰侯。显祖即位，复造高宗庙，拜殿中给事，进爵为公。库汗明于断决，每奉使察行州镇，折狱以情，所历皆称之。秦州父老诣阙乞库汗为刺史者，前后千余人，朝廷许之。未及遣，遇病卒。

子古辰，袭。

昭成子窟咄。昭成崩后，苻洛以其年长，逼徙长安，苻坚礼之，教以书学。因乱随慕容永东迁，永以为新兴太守。刘显之败，遣弟亢埿等迎窟咄，遂逼南界。于是诸部骚动。太祖左右于桓等谋应之，同谋人单乌干以告。太祖虑骇人心，沉吟未发。后三日，桓以谋白其舅穆崇，崇又告之。太祖乃诛桓等五人，余莫题等七姓，悉原不问。太祖虑内难，乃北逾阴山，幸贺兰部，遣安同及长孙贺征兵于慕容垂。贺亡奔窟咄，安同间行遂达中山。慕容垂遣子贺驎步骑六千以随之。安同与垂使人兰纥俱还，达牛川，窟咄兄子意烈捍之。安同乃隐藏于商贾囊中，至暮乃入空井，得免，仍奔贺驎。军既不至，而稍前逼。贺染干阴怀异端，乃为窟咄来侵北部。人皆惊骇，莫有固志。于是北部大人叔孙普洛节及诸乌丸亡奔卫辰。贺驎闻之，遽遣安同、朱谭等来。既知贺驎军近，众乃小定。

太祖自弩山幸牛川。窟咄进屯高柳。太祖复使安同诣贺驎，因克会期。安同还，太祖逾参合，出代北，与贺驎会于高柳。窟咄困迫，望旗奔走，遂为卫辰杀之，帝悉收其众。贺驎别帝，归于中山。

魏书卷一六
列传第四

道武七王

清河王绍　阳平王熙　河南王曜
河间王脩　长乐王处文　广平王连
京兆王黎

道武皇帝十男：宣穆刘皇后生明元皇帝，贺夫人生清河王绍，大王夫人生阳平王熙，王夫人生河南王曜；河间王修、长乐王处文二王，母氏阙；段夫人生广平王连、京兆王黎；皇子浑及聪母氏并阙，皆早薨，无后。

清河王绍，天兴六年封。凶狠险悖，不遵教训。好轻游里巷，劫剥行人，斫射犬豕，以为戏乐。太祖尝怒之，倒悬井中，垂死乃出。太宗常以义方责之，遂与不协，恒惧其为变。

而绍母夫人贺氏有谴，太祖幽之于宫，将杀之，会日暮，未决。贺氏密告绍曰："汝将何以救吾？"绍乃夜与帐下及宦者数人，逾宫犯禁。左右侍御呼曰："贼至！"太祖惊起，求弓刀不获，遂暴崩。明日，宫门至日中不开，绍称诏召百僚于西宫端门前北面而立，绍从门扇间谓群臣曰："我有父，亦有兄，公卿欲从谁也？"王公已下皆惊愕失色，莫有对者。良久，南平公长孙嵩曰："从王。"群臣乃知宫车晏驾，而不审登遐之状，唯阴平公元烈哭泣而去。于是朝野凶凶，人怀异志。肥如侯贺护举烽于安阳城北，故贺兰部人皆往赴之，其余旧部亦率子弟招集族人，往往相聚。绍闻人情不安，乃出布帛班赐王公以下，上者数百匹，下者十匹。

先是，太宗在外，闻变乃还，潜于山中，使人夜告北新侯安同，众皆响应。太宗至城西，卫士执送绍。于是赐绍母子死，诛帐下阉官、宫人为内应者十数人，其先犯乘舆者，群臣于城南都街生脔割而食之。绍时年十六，绍母即献明皇后妹也，美而丽。初，太祖如贺兰部，见而悦之，告献明后，请纳焉，后曰："不可，此过美不善，且已有夫。"太祖密令人杀其夫而纳之，生绍，终致大逆焉。

阳平王熙，天兴六年封。聪达有雅操，为宗属所钦重。太宗治兵于东部，诏熙督十二军校阅，甚得军仪，太宗嘉之，常赐隆厚。后讨西部越勤有功。泰常六年薨，时年二十三。太宗哀恸不已，赐温明秘器，礼物备焉。熙有七子。

长子他，袭爵。身长八尺，美姿貌，性谨厚，武艺过人。从世祖讨山胡白龙于西河，屠其城，别破余党，斩首数千级。改封临淮王，拜镇东将军，寻改封淮南王，除使持节、都督豫洛河南诸军事、镇南大将军、开府仪同三司，镇虎牢。威名甚著。后与武昌王提率并州诸军讨吐京叛胡曹仆浑于河西，平之。拜使持节、前锋大将军、都督诸军事，北讨蠕蠕，破之。运军储于比干城。刘义隆遣将寇边，他从征于悬瓠，破之。拜使持节、都督雍秦二州诸军事、镇西大将军、开府仪同三司、雍州刺史，镇长安。绥抚秦土，得民夷之心。时义隆寇南鄙，以他威信素著，复为虎牢镇都大将。高宗时，转使持节、都督凉州诸军事、镇西大将军，仪同如故。高祖初，入为中都大官，拜侍中，转征西大将军，迁司徒。赐安车几杖，入朝不趋。太和十二年薨，年七十三。时高祖有事宗庙，始荐，闻薨，为之废祭。舆驾亲临，哀恸，诏有司监护丧事，礼赗有加。追赠平东大将军、定州牧，司徒如故。谥曰靖王。他三子。

世子吐万,早卒。赠冠军、并州刺史、晋阳顺侯。

子显,袭祖爵。薨,谥曰僖王。

子世遵,袭。世宗时,拜前军将军、行幽州事、兼西中郎将,又行青州事。寻迁骁骑将军,出为征虏将军、幽州刺史。世遵性清和,推诚化导,百姓乐之。肃宗时,以本将军为荆州刺史。寻加前将军。初在汉阳,复有声迹,后颇行货贿,散费边储,由是声望有损。沔南蛮首及襄阳民望入密信引世遵,请以襄阳内附。世遵表求赴应,朝议从之,诏加世遵持节、都督荆州及沔南诸军事、平南将军,加散骑常侍,余如故。遣洛州刺史伊瓮生,冠军将军、鲁阳太守崔模为别将,率步骑二万受世遵节度。军至汉水,模等皆疑不渡。世遵怒,临之以兵,模乃济。而内应者谋泄,为萧衍雍州刺史所杀,筑门以自固。模焚襄阳邑郭,烧杀数万口。会是夜大风雨雪,模等班师,士卒冻死十二三。世遵及瓮生、模并坐免官。后除散骑常侍、平北将军、定州刺史,百姓安之。孝昌元年,薨于州。赠散骑常侍、征西将军、雍州刺史,谥曰康王。

子敬先,袭。袭历谏议大夫、散骑常侍,领主衣都统。元颢入洛,庄帝北巡。敬先与叔父均等于河梁起义,为颢所害。追赠侍中、车骑大将军、太尉公、定州刺史。

子宣洪,袭。历谏议大夫、光禄少卿。武定中,与元瑾谋反,诛,国除。

世遵弟均,字世平。累迁通直常侍、征虏将军。以河梁立义之功,封安康县开国伯,食邑五百户,除散骑常侍、平东将军。卒,赠使持节、征东将军、青州刺史。出帝时,复赠骠骑大将军、仪同三司、冀州刺史。均六子。

长子忻之,性粗武,幼有气力。释褐定州平北府中兵参军,稍迁尚书右中兵郎。以河渚起义之勋,赐爵东阿侯。初,孝庄之图尔朱荣、元天穆也,忻之密启,临事之日,乞得侍立,手斩二人。及荣之死,百僚入贺,忻之独蒙劳问。庄帝崩于晋阳,忻之内惧。及齐献武王起义河北，忻之奔赴。后废帝时，除散骑常侍、大丞相右长史。出帝初，袭先封安康县开国伯，除抚军将军、北徐州刺史。便道之州，属樊子鹄据瑕丘反，遂于中途遇害。以死王事，追赠使持节、都督定殷二州诸军事、骠骑大将军、司空公、定州刺史，谥曰文贞。

忻之弟庆鸾，武定末，司徒谘议参军。

庆鸾弟庆哲，终于司农少卿，赠中军将军、济州刺史。

均弟禹，容貌魁伟。起家司空参军，转符玺郎、太常丞、镇远将军、东海太守带峒峿戍主。禹颇好内学，每云晋地有福，孝昌末遂诣尔朱荣。建义元年，与荣同入洛。除中军将军、金紫光禄大夫，封鄄城县开国伯，邑五百户，为并州东面大都督，镇乐平。荣死之后，为土民王恶毡起义杀之。后赠征西将军、雍州刺史。

子长渊，袭。武定中，南青州长史。齐受禅，爵例降。

禹弟菩萨，给事中。卒，赠济南太守。

吐万弟钟葵，早卒。

长子法寿，侍御中散，累迁中散大夫。出除龙骧将军、安州刺史。法寿先令所亲微服入境，观察风俗，下车便大行赏罚，于是境内肃然。更满还朝，吏人诣阙诉乞，肃宗嘉之，诏复州任。后征为太中大夫，加左将军。迁平东将军、光禄大夫。建义初，于河阴遇害。赠车骑将军、相州刺史。

子庆始，大司农丞。与父同时见害。赠前将军、广州刺史。

庆始弟庆遵，武定末，瀛州骑府司马。

庆遵弟庆智，美容貌，有几案才。著作佐郎、司徒中兵参军。卒于太尉主簿。

法寿弟法僧，自太尉行参军，稍转通直郎、宁远将军、司徒、司马掾、龙骧将军、益州刺史。素无治干，加以贪虐，杀戮自任，威怒无恒。王贾诸姓，州内人士，法僧皆召为卒伍，无所假纵。于是合境皆反，招引外寇。萧衍遣将张齐率众攻逼，城门昼闭，行旅不通。法僧上表曰："臣忝守遐方，变生虑表，贼众侜张，所在强盛。统内城戍悉已陷没，近州之民亦皆扰叛。唯独州治仅存而已。亡灭之期，非旦则夕。臣自思忖,必是死人,但恐不得谢罪阙庭。既忝宗枝,累辱不浅。若死为鬼,永旷天颜,九泉之下,实深重恨。今募使间行,偷路奔告,若台军速至,犹希全保。哭送使者,不知所言。”肃宗诏曰:“比敕傅竖眼倍道兼行,而犹未达。可更遣尚书郎堪干者一人,驰驲催遣,庶令拔彼倒悬,救兹危急。”竖眼频破张齐,于是获全。征拜光禄大夫,出为平东将军、兖州刺史,转安东将军、徐州刺史。孝昌元年,法僧杀行台高谟,反于彭城,自称尊号,号年天启。大军致讨,法益携诸子,拥掠城内及文武,南奔萧衍。

钟葵弟笃,字阿成,太子右率、北中郎将、抚冥镇将、光禄卿。出除平北将军、幽州刺史。卒,谥曰贞。

长子浩,字洪达,太尉长史。

他弟浑,继叔父广平王连。

浑弟比陵,太延五年,为司空,赐爵牂牁公。除安远将军、怀荒镇大将。卒。

子天琚,袭。高祖时,征虏将军、青州刺史。从驾南征,拜后将军,寻降公为侯,除西中郎将。世祖时,征虏将军、夏州刺史。卒,赠本将军、济州刺史。

子延伯,袭。卒。

河南王曜,天兴六年封。五岁,尝射雀于太祖前,中之,太祖惊叹焉。及长,武艺绝人,与阳平王熙等并督诸军讲武,众咸服其勇。泰常七年,薨,时年二十二。有七子。

长子提,骁烈有父风。世祖时,袭爵,改封颍川王。迎昭仪于塞北,时年十六,有夙成之量,殊域敬焉。后改封武昌,拜使持节、镇东大将军、平原镇都大将。在任十年,大著威名。后与淮南王他平吐京叛胡,迁使持节、车骑大将军、统万镇都大将,赐马百匹,羊千口,甚见宠待。太安元年薨,年四十七,谥曰成王。

长子平原,袭爵。忠果有智略。显祖时,蠕蠕犯塞,从驾击之,平原战功居多，拜假节、都督齐兖二州诸军事、镇南将军、齐州刺史。善于怀抚，边民归附者千有余家。

高祖时，妖贼司马小君，自称晋后，聚党三千余人，屯聚平陵，号年圣君。攻破郡县，杀害长吏。平原身自讨击，杀七人，擒小君，送京师斩之。又有妖人刘举，自称天子，扇惑百姓。复讨斩之。时岁谷不登，齐民饥馑，平原以私米三千余斛为粥，以全民命。北州戍卒一千余人，还者皆给路粮。百姓咸称咏之。州民韩凝之等千余人诣阙颂之，高祖览而嘉叹。及还京师，每岁率诸军屯于漠南，以备蠕蠕。

迁都督雍、秦、梁、益四州诸军事、征南大将军，开府、雍州刺史，镇长安。太和十一年薨，赠以本官，加羽葆、鼓吹，谥曰简王。有五子，长子和，为沙门，舍其子显，以爵让其次弟鉴。鉴固辞，诏许鉴身终之后，令显袭爵，鉴乃受之。

鉴，字绍达。少有父风，颇览书传。沉重少言，宽和好士。拜通直散骑常侍，寻加冠军将军，守河南尹。车驾南伐，以鉴为平南将军。还，除左卫将军，出为征虏将军、齐州刺史。时革变之始，百度惟新，鉴上遵高祖之旨，下采齐之旧风，轨制粲然，皆合规矩。高祖览其所上，嗟美者久之，顾谓侍臣曰："诸州刺史皆能如此，变风易俗，更有何难。"下诏褒美，班之天下，一如鉴所上。

齐人爱咏，咸曰耳目更新。高祖崩后，和罢沙门归俗，弃其妻子，纳一寡妇曹氏为妻。曹氏年齿已长，携男女五人随鉴至历城，干乱政事。和与曹及五子七处受纳，鉴皆顺其意，言无不从。于是狱以贿成，取受狼籍，齐人苦之，鉴治名大损。

世宗初，以本将军转徐州刺史，属徐兖大水，民多饥馑，鉴表加赈恤，民赖以济。先是，京兆王愉为徐州王，既年少，长史卢渊宽以驭下，郡县多不奉法。鉴表曰："梁郡太守程灵虬，唯酒是耽，贪财为事，虐政残民，寇盗并起，黩音悖响，盈于道路，部境呼嗟，佥焉怨酷。梁郡密迩伪畿，丑声易布，非直有点清风，臣恐取嗤荒远。请免所居官,以明刑宪。”诏免灵虬郡,征还京师,于是徐境肃然。

萧衍角城戍主柴庆宗,以城内附,鉴遣淮阳太守吴秦生率兵千余赴之。衍淮阴援军已来断路,秦生屡战破之,乘胜而进,遂克角城。世宗诏鉴曰:“知摧角城,威谋展称,良以欣然。此城襟带淮浒,川路冲要,自昔经算,未能克之,蚁固积纪,每成边害。将军渊规潜运,妙略克宣,辟境克城,功著不日,据要扼喉,津径势阻,可谓勋高三捷,朕甚嘉焉。守御诸宜,善以量度,矜慰之使,寻当别遣。”年四十二薨,赠卫大将军、齐州刺史,王如故,谥曰悼王。

长子伯宗,员外郎。

次仲渊,兰陵太守,并早卒。

仲渊弟季伟,武定中,太尉中兵参军。

和,字善意。鉴薨之后,与鉴子伯宗竞求承袭。尚书令肇奏:“和太和中出为沙门,让爵于鉴。鉴后以和子显年在弱冠,宜承基绪,求逊王爵以归正胤。先朝诏终鉴身,听如其请。鉴既薨逝,和求袭封。谨寻诏旨,听传子显,不许其身。和先让后求,有乖道素,请令伯宗承袭。”世宗诏曰:“和初以让鉴,而鉴还让其子,交让之道,于是乎著。其子早终,可听和袭。”寻拜谏议大夫、兼太子率更令,转通直散骑常侍、兼东中郎将。肃宗时,出为辅国将军、凉州刺史,坐事免。久之,除东郡太守。正光四年薨,赠安东将军、相州刺史。

子谦,字思义,袭爵。后拜前军将军、征蛮都督。庄帝初,于河阴遇害。赠散骑常侍、征东大将军、仪同三司、相州刺史。

子棽,袭,齐受禅,爵例降。

鉴弟荣,字瓮生。高祖时,直寝,从驾征新野。终于羽林监。

荣弟亮,字辟邪。威远将军、羽林监。卒,赠河间太守。

亮弟馗,字道明。太尉府行参军、司徒掾、镇远将军、太仆少卿。出除安西将军、东秦州刺史。建义初,卒于州,赠征东将军、青州刺史。

河间王脩,天赐四年封。泰常元年薨,无子。世祖继绝世,诏河南王曜之子羯儿袭脩爵，改封略阳。后与永昌王健督诸军讨秃发保周于番和，徙张掖民数百家于武威，遂与诸将私自没入。坐贪暴，降爵为公。后统河西诸军袭蠕蠕，致于漠南。仍复王爵，加征西大将军。正平初，有罪赐死。爵除。

长乐王处文，天赐四年封。聪辩夙成。年十四，泰常元年薨。太宗悼伤之，自小敛至葬，常亲临哀恸。陪葬金陵。无子，爵除。

广平王连，天赐四年封。始光四年薨，无子。

世祖继绝世，以阳平王熙之第二子浑为南平王，以继连后，加平西将军。浑好弓马，射鸟，辄历飞而杀之，时皆叹异焉。世祖尝命左右分射，胜者中的，筹满，诏浑解之，三发皆中，世祖大悦。器其艺能，常引侍左右，赐马百匹，僮仆数十人。后拜假节、都督平州诸军事、领护东夷校尉、镇东大将军、仪同三司、平州刺史，镇和龙。在州绥导有方，民夷悦之。徙凉州镇将、都督西戎诸军事、领护西域校尉，赐御马二匹。临镇清慎，恩著凉土。更满还京，父老皆涕泣追送，若违所亲。太和十一年，从驾巡方山，道薨。

子飞龙，袭，后赐名霄。身长九尺，腰带十围，容貌魁伟。雅有风则，贞白卓然，好直言正谏，朝臣惮之。高祖特垂钦重，除宗正卿、右光禄大夫，诏曰："自今奏事，诸臣相称可云姓名，惟南平王一人可直言其封。"迁左光禄大夫。太和十七年薨，赐朝服一具、衣一袭、东园第一秘器、绢千匹。高祖缌衰临霄丧，哀恸左右，宴不举乐。赠卫将军、定州刺史，赐帛五百匹。谥曰安王。子纂袭。

纂亦有誉于时，除恢武将军，进平西将军，领西中郎将，出为安北将军、平州刺史。景明元年薨于平城。

子伯和，袭。永平三年薨，赠散骑侍郎，谥曰哀王。

统卒，赠凉州刺史。

子思略，武定末，瀛州治中。

思略弟叔略，武定中，太尉主簿。

京兆王黎，天赐四年封，神麚元年薨。

子根，袭，改封江阳王，加平北将军。薨，无子，显祖以南平王霄第二子继为根后。

继，字世仁。袭封江阳王，加平北将军。高祖时，除使持节、安北将军、抚冥镇都大将。转都督柔玄、抚冥、怀荒三镇诸军事，镇北将军、柔玄镇大将。入为左卫将军，兼侍中，又兼中领军，留守洛京。寻除持节、平北将军，镇摄旧都。

高车酋帅树者拥部民反叛，诏继都督北讨诸军事，自怀朔已东悉禀继节度。继表："高车顽党，不识威宪，轻相合集，背役逃归。计其凶戾，事合穷极，若悉追戮，恐遂扰乱。请遣使镇别推检，斩愆首一人，自余加以慰喻。若悔悟从役者，即令赴军。"诏从之。于是叛徒往往归顺。高祖善之，顾谓侍臣曰："江阳良足大任也。"车驾北巡，至邺而高车悉降，恒朔清定。继以高车扰叛，频表请罪，高祖优诏喻之。

世宗时，除征虏将军、青州刺史，转平北将军、恒州刺史，入为度支尚书。继在青州之日，民饥馁，为家僮取民女为妇妾，又以良人为婢，为御史所弹，坐免官爵。后大将军高肇伐蜀，世宗以继为平东将军，镇遏徐、扬。世宗崩，班师。

及灵太后临朝，继子叉先纳太后妹，复继尚书、本封，寻除侍中、领军将军，又除特进、骠骑将军，侍中、领军如故。继频表固让，许之。又诏还依前授。太师、高阳王雍，太傅、清河王怿，太保、广平王怀，及门下八座，奏追论继太和中慰喻高车、安辑四镇之勋，增邑一千五百户。继又上表陈让，诏听减户五百。灵太后以子叉姻戚，数与肃宗幸继宅，置酒高会，班赐有加。寻加侍中、骠骑大将军、仪同三司，特进、领军如故。徙封京兆王。

继疾患积年，枕养于家，每至灵太后与肃宗游幸于外时，令扶入,居过禁内。及节庆宴飨,皆力疾参焉。迁司空公,侍中如故。宽和容裕,号为长者。神龟末,子叉得志,转司徒公,仍加侍中。继以蕃王,宿宦旧贵,高祖时历内外显任,意遇已隆。灵太后临朝,入居心膂,兼处门下,历转台司,叉又居权重,荣赫一世。继频表逊位,乞以司徒授崔光。诏遣侍中、安丰王延明,给事黄门侍郎卢同敦劝。继又启固让,转太保,侍中如故,加后部鼓吹,频表陈辞,不许。诏曰:"至节嘉辰,礼有朝庆,亲尊戚老,理宜优异。王位高年宿,可依齐郡王简故事,朝讫引坐,免其拜伏。"转太傅,侍中如故。频让不许,又遣使敦劝,乃受之。

时叉执杀生之柄,威福自己,门生故吏遍于省闼。拜受之日,送者倾朝,当世以为荣,有识者为之致惧。太官给酒膳,供宾客。又诏令乘步挽至殿庭,两人扶侍,礼秩与丞相高阳王相埒。后除使持节、侍中、太师、大将军、录尚书事、大都督,节度西道诸军。及出师之日,车驾临饯,倾朝祖送,赏赐万计。转太尉公,侍中、太师、录尚书、都督并如故。寻诏班师。继启求还复江阳,诏从之。

继晚更贪婪,聚敛无已。牧守令长新除赴官,无不受纳货贿以相托付。妻子各别请属,至乃郡县微吏,亦不得平心选举。凭叉威势,法官不敢纠摘,天下患之。叉黜,继废于家。初,尔朱荣之为直寝也,数以名马奉叉,叉接以恩意,荣甚德之。建义初,复以继为太师、司州牧。永安二年薨,赠假黄钺、都督雍、华、泾、邠、秦、岐、河、梁、益、九州诸军事、大将军、录尚书、大丞相、雍州刺史,王如故。谥曰武烈。

叉,继长子,字伯俊,小字夜叉。世宗时,拜员外郎。灵太后临朝,以叉妹夫,除通直散骑侍郎。叉妻封新平郡君,后迁冯翊郡君,拜女侍中。叉以此意势日盛,寻迁散骑常侍、光禄少卿,领尝食典御,转光禄卿。叉女夭,灵太后诏曰:"叉长女,年垂弱笄,奄致夭丧,悼念兼怀,可赠乡主。"寻迁侍中,余官如故,加领军将军。既在门下,兼总禁兵,深为灵太后所信委。

太傅、清河王怿，以亲贤辅政，参决机事。以叉恃宠骄盈，志欲无限，怿裁之以法。叉轻其为人，每欲斥黜之。叉遂令通直郎宋维告司染都尉韩文殊欲谋逆立怿，怿坐禁止。后穷治无实，怿虽得免，犹以兵卫守于宫西别馆。久之，叉恐怿终为己害，乃与侍中刘腾密谋。灵太后时在嘉福，未御前殿，腾诈取主食中黄门胡玄度、胡定列诬怿，云许度等金帛，令以毒药置御食中以害帝，自望为帝，许度兄弟以富贵。腾以具奏，肃宗闻而信之，乃御显阳殿。腾闭永巷门，灵太后不得出。怿入，遇叉于含章殿后，欲入徽章东阁，叉厉声不听。怿曰："汝欲反邪？"叉曰："元叉不反，正欲缚反人。"叉命宗士及直斋等三十人执怿衣袂，将入含章东省，使数十人防守之。腾称诏召集公卿，议以大逆论，咸畏惮叉，无敢异者。唯仆射游肇执意不同。语在其《传》。叉、腾持公卿议入奏，俄而事可，夜中杀怿。于是假为灵太后辞逊之诏。叉遂与太师高阳王雍等辅政，常直禁中，肃宗呼为姨父。自后专综机要，巨细决之，威振于内外，百僚重迹。

相州刺史、中山王熙抗表起义，以讨叉为名，不果，见诛。叉寻迁卫将军，余如故。后灵太后与肃宗宴于西林园，日暮还宫，右卫将军奚康生复欲图叉，不克而诛。语在其《传》。是后，肃宗徙御徽音殿，叉亦入居殿右。既在密近，曲尽佞媚，以承上旨，遂蒙宠信。出入禁中，恒令勇士持刀剑以自先后，公私行止，弥加威防。叉于千秋门外厂下施木兰槛，有时出入，止息其中，腹心防守，以备窃发，人物求见者，遥对之而已。乃封其子亮平原郡开国公，食邑一千户。及拜，肃宗御南门临观，并赐御马，帛千匹。

初，叉之专政，矫情自饰，劳谦待士，时事得失，颇以关怀，而才术空浅，终无远致。得志之后，便骄愎，耽酒好色，与夺任情。乃于禁中自作别库掌握之，宝充牣其中，又曾卧妇人于食舆，以帕覆之，令人舆入禁内，出亦如之，直卫虽知，莫敢言者。轻薄趣势之徒，以酒色事之，姑姊妇女，朋淫无别。政事怠惰，纲纪不举，州镇守宰，多非其人。于是天下遂乱矣。

从刘腾死后，防卫微缓。叉颇亦自宽，时宿于外，每日出游，留连他邑。灵太后微察知之。叉积习生常，无复虞虑。其所亲谏叉，叉又不纳。正光五年秋，灵太后对肃宗谓群曰："隔绝我母子，不听我往来儿间，复何用我为？放我出家，我当永绝人间，修道于嵩高闲居寺。先帝圣鉴，鉴于未然，本营此寺者正为我今日。"欲自下发。肃宗与群臣大惧，叩头泣涕，殷勤苦请。灵太后声色甚厉，意殊不回。肃宗乃宿于嘉福殿，积数日，遂与太后密谋图叉。肃宗内虽图之，外形弥密，灵太后嗔忿之言，欲得往来显阳之意，皆以告叉。又对叉流涕，叙太后欲出家，忧怖之心。如此密言，日有数四。叉殊不为疑，乃劝肃宗从太后意。于是太后数御显阳，二宫无复禁碍。叉举其亲元法僧为徐州刺史，法僧据州反叛。灵太后数以为言，叉深愧悔。

丞相、高阳王雍虽位重于叉，而甚畏惮，欲进言于肃宗，而事无因。会太后与肃宗南游洛水，雍邀请，车驾遂幸雍第。日晏，肃宗及太后至雍内室，从者莫得而入，遂定图叉之计。后雍从肃宗朝太后，乃进言曰："臣不虑天下诸贼，唯虑元叉。何者？叉总握禁旅，兵皆属之。父率百万之众，虎视京西；弟为都督，总三齐之众。元叉无心则已，若其有心，圣朝将何以抗？叉虽曰不反，谁见其心？而不可不惧。"太后曰："然。元郎若忠于朝廷而无反心，何故不去此领军，以余官辅政？"叉闻之，甚惧，免冠求解。乃以叉为骠骑大将军、仪同三司、尚书令、侍中、领左右。叉虽去兵权，然总任内外，殊不虑有黜废之理也。后叉出宿，遂解其侍中。旦欲入宫，门者不纳。寻除名为民。

初，咸阳王禧以逆见诛，其子树奔萧衍，衍封为郢王。及法僧反叛后，树遗公卿百僚书曰：

魏室不造，奸竖擅朝；社稷阽危，缀旒非譬。元叉险慝狼戾，人伦不齿，属籍疏远，素无问望，特以太后姻娅，早蒙宠擢。曾不怀音，公行反噬，肆兹悖逆，人神同愤。自顷境土所传，皆云：叉狼心虿毒，藉权位而日滋；含忍谄诈，与日月而弥甚。无君之心，非复一日；篡逼之事，旦暮必行。

抑又闻之，夫名以出信，信以制义。山川隐疾，且犹不以名，成师兆乱，巨君不臣，求之史籍，有自来矣。元叉本名夜叉，弟罗实名罗刹，夜叉、罗刹，此鬼食人，非遇黑风，事同飘堕。呜呼魏境，离此二灾。恶木盗泉，不息不饮；胜名枭称，不入不为。况昆季此名，表能噬物，日露久矣，始信斯言。况乃母后幽辱，继主蒙尘，释位挥戈，言谋王室，不在今日，何谓人臣！诸贤或弈世载德，或将相继踵，或受任累朝，或职居机要，或姻戚匪他，或忠义是秉，俯眉逆手，见制凶威。臣节未申，徒有勤悴。

又闻自叉专政，亿兆离德。重以岁时灾厉，年年水旱，牛马殪踣，桑柘焦枯，饥馑相仍，菜色满道，妖灾告谴，人皆叹息。瀍涧西北，羌戎陆梁，泗、汴左右，戍漕流离。加以剖斫忠贤、歼殄宗室，哀彼本邦，一朝横溃。今既率师，将除君侧。区区之怀，庶令冠屦得所，大憝同必诛之戮，魏祀无忽诸之非。

叉为远近所恶如此。

其后，灵太后顾谓侍臣曰："刘腾、元叉昔邀朕索铁券，望得不死，朕赖不与。"中书舍人韩子熙曰："事关杀活，岂计与否。陛下昔虽不与，何解今日不杀？"灵太后怃然。未几，有人告叉及其弟爪谋反，欲令其党攻近京诸县，破市烧邑郭，以惊动内外；先遣其从弟洪业率六镇降户反于定州，又令人勾鲁阳诸蛮侵扰伊阙，叉兄弟为内应。起事有日，得其手书。灵太后以妹婿之故，未忍便决。黄门侍郎李琰之曰："元叉之罪，具腾遐迩，岂容复停，以惑视听。"黄门徐纥趋前欲谏，逡巡未敢。群臣固执不已，肃宗又以为言，太后乃从之。于是叉及弟爪并赐死于家。太后犹以妹故，复追赠叉侍中、骠骑大将军、仪同三司、尚书令、冀州刺史。

叉子亮，袭祖爵。齐受禅，例降。

叉庶长子稚，秘书郎中。叉死之后，遂亡奔萧衍。

叉弟罗，字仲纲，以俭素著称。起家司空参军事，转司徒主簿，领尝食典御、散骑侍郎、散骑常侍。虽父兄贵盛，而虚己谦退，恂恂接物。迁平东将军、青州刺史。叉当朝专政，罗望倾四海。于时才名之士王元景、邢子才、李奖等，咸为其宾客，从游青土。时萧衍遣将寇边，以罗行抚军将军，都督青、光、南青三州诸军事。罢州，入为宗正卿。孝庄初，除尚书右仆射、东道大使。出帝时，迁尚书令，寻除使持节、骠骑大将军、开府仪同三司、梁州刺史。罗既懦怯，孝静初，萧衍遣将围逼，罗以州降。叉死之后，罗逼叉妻，时人秽之。或云其救命之计也。

罗弟爽，字景哲。少而机警，尤为父所宠爱。解褐秘书郎，稍迁给黄门侍郎、金紫光禄大夫。永熙二年卒。赠使持节、都督泾岐秦三州诸军事、卫将军、尚书左仆射、秦州刺史，谥曰懿。

爽子德隆，武定末，太子中庶子。

爽弟蛮，武定末，光禄卿。

爪字景邕，给事中。与兄叉同以罪诛。

继弟罗侯，迁洛之际，以坟陵在北，遂家于燕州之昌平郡。内丰资产，唯以意得为适，不入京师。有宾客往来者，必厚相礼遗。豪据北方，甚有声称。叉权重，以罗侯不乐入仕，就拜昌平太守。正光末，逆贼大俄佛保陷郡，见害。

子景遵，直寝，太常丞。

史臣曰：枭镜为物，天实生之；知母忘父，盖亦禽兽。元绍其人，此之不若乎！阳平以下，降年夭促，英才武略，未显于时。静、简二王，为时称首。鉴既有声，浑亦见器。霄荷遇高祖，继受任太和，苟无其才，名位岂徒及也。叉阶缘宠私，智小谋大，任重才弱，遂乱天下，杀身全祀，不亦幸哉！

魏书卷一七
列传第五

明元六王

乐平王丕　安定王弥　乐安王范
永昌王健　建宁王崇　新兴王俊

明元皇帝七男：杜密皇后生世祖太武皇帝；大慕容夫人生乐平戾王丕；安定殇王弥阙母氏；慕容夫人生乐安宣王范；尹夫人生永昌庄王健建；宁王崇、新兴王俊二王，并阙母氏。

乐平王丕，少有才干，为世所称。太宗以丕长，爱其器度，特优异之。泰常七年封，拜车骑大将军。后督河西、高平诸军，讨南秦王杨难当，军至略阳，禁令齐肃，所过无私，百姓争致牛酒。难当惧，还仇池。而诸将议曰："若不诛豪帅，军还之后，必聚而为寇。又以大众远出，不有所掠，则无以充军实，赏将士。"将从之，时中书侍郎高允参丕军事，谏曰："今若诛之，是伤其向化之心，恐大军一还，为乱必速。"丕以为然。于是绥怀初附，秋毫无犯。

初，冯弘之奔高丽，世祖诏遣送之，高丽不遣，世祖怒，将讨之。丕上疏，以为和龙新定，宜优复之，使广修农殖，以饶军实，然后进图，可一举而灭。帝纳之，乃止。后坐刘洁事，以忧薨。事在《洁传》。谥曰戾王。

子拔，袭爵。后坐事赐死，国除。

丕之薨及日者董道秀之死也，高允遂著《筮论》曰："昔明元末起白台，其高二十余丈，乐平王尝梦登其上，四望无所见。王以问日者董道秀，筮之曰：'大吉'王默而有喜色。后事发，王遂忧死，而道秀弃市。道秀若推六爻以对王曰：'《易》称"亢龙有悔"，穷高曰亢，高而无民，不为善也。'夫如是，则上宁于王，下保于己，福禄方至，岂有祸哉？今舍于本而从其末，咎衅之至不亦宜乎！"

安定王弥，泰常七年封。太宗讨滑台，留守京师。薨，谥殇王，无子，国除。

乐安王范，泰常七年封。雅性沉厚，宽和仁恕。世祖以长安形胜之地，非范莫可任者，乃拜范都督五州诸军事、卫大将军、开府仪同三司、长安镇都大将，高选才能，以为僚佐。范谦恭惠下，推心抚纳，百姓称之。时秦土新罹寇贼，流亡者相继，范请崇易简之治，帝纳之。于是遂宽徭，与人休息。后刘洁之谋，范闻而不告。事发，因疾暴薨。

长子良。世祖未有子，尝曰："兄弟之子犹子也。"亲抚养之。长而壮勇多知，常参军国大计。高宗时，袭王，拜长安镇都大将、雍州刺史，为内都大官。薨，谥曰简王。

永昌王健，泰常七年封。健姿貌魁壮，善弓马，达兵法，所在征战，常有大功。才艺比陈留桓王，而智略过之。从世祖破赫连昌，遂西略至木根山。讨和龙，健别攻拔建德。后平叛胡白龙余党于西河。世祖袭蠕蠕，越涿邪山，车驾还，诏健殿后，蠕蠕万骑追之，健与数十骑击之，矢不虚发，所中皆应弦而毙，遂退。威震漠北。寻从平凉州，健功居多。又讨破秃发保周，自杀，传首京师，复降沮渠无讳。无疾薨，谥曰庄王。

子仁，袭。仁亦骁勇，有父风，世祖奇之。后与濮阳王闾若文谋为不轨，发觉，赐死，国除。

建宁王崇，泰常七年封。拜辅国将军，从讨北虏有功。高宗时，封崇子丽济南王。后与京兆王杜元宝谋逆，父子并赐死。

新兴王俊，泰常七年封。拜镇东大将军。少善骑射，多才艺。坐法削爵为公。俊好酒色，多越法度。又以母先遇罪死，而己被贬削，恒怀怨望，颇有悖心。后事发，赐死，国除。

魏书卷一八
列传第六

太武五王

晋王伏罗　东平王翰　临淮王谭
广阳王建闾　南安王余

太武皇帝十一男：贺皇后生景穆皇帝；越椒房生晋王伏罗；舒椒房生东平王翰；弗椒房生临淮王谭；伏椒房生楚王建；闾石昭仪生南安王余；其小儿、猫儿、虎头、龙头，并阙母氏，皆早薨，无传。

晋王伏罗，真君三年封，加车骑大将军。后督高平、凉州诸军讨吐谷浑慕利延。军至乐都，谓诸将曰："若从正道，恐军声先振，必当远遁；若潜军出其非意，此邓艾擒蜀之计也。"诸将咸难之。伏罗曰："夫将军，制胜万里；择利，专之可也。"遂间道行。至大母桥，慕利延众惊奔白兰，慕利延子拾寅走河曲，斩首五千余级，降其一万余落。八年薨。无子，国除。

东平王翰，真君三年封秦王。拜侍中、中军大将军，参典都曹事。忠贞雅正，百僚惮之。太傅高允以翰年少，作《诸侯箴》以遗之，翰览之大悦。后镇枹罕，以信惠抚众，羌戎敬服。改封东平王。世祖崩，诸大臣等议欲立翰，而中常侍宗爱与翰不协，矫太后令，立南安王余，遂杀翰。

子道符，袭爵中军大将军。显祖践阼，拜长安镇都大将。皇兴元年，谋反，司马段太阳讨斩之，传首京师。

临淮王谭，真君三年封燕王。拜侍中、参都曹事。后改封临淮王。世祖南讨，授中军大将军。先是，刘义隆以邹山险固，有荣胡冢，乃积粮为守御之备。谭率众攻之，获米三十万以供军储。义隆恃淮之阻，素不设备。谭造筏数十，潜军而济，贼众惊溃，遂斩其将胡崇，贼首万余级。薨，谥宣王。

子提，袭。为梁州刺史，以贪纵削除，加罚，徙配北镇。久之，提子员外郎颖免冠请解所居官，代父边戍，高祖不许。后诏提从驾南伐，至洛阳，参定迁都之议。寻卒。以预参迁都功，追封长乡县侯。世宗时，赠雍州刺史。谥曰懿。

提子昌，字法显。好文学，居父母丧，哀号孺慕，悲感行人。世宗时，复封临淮王，未拜而薨。赠齐州刺史，谥曰康王，追封济南。

子彧，字文若，绍封。彧少有才学，时誉甚美。侍中崔光见彧，退而谓人曰："黑头三公，当此人也。"少与从兄安丰王延明、中山王熙，并以宗室博古文学齐名，时人莫能定其优劣。尚书郎范阳卢思道谓吏部清河崔休曰："三人才学，虽无优劣，然安丰少于造次，中山皂白太多，未若济南风流沉雅。"时人为之语曰："三王楚琳琅，未若济南备圆方。"彧姿制闲裕，吐发流靡，琅邪王诵有名人也，见之未尝不心醉忘疲。拜前军将军、中书侍郎。奏郊庙歌辞，时称其美。除给事黄门侍郎。

彧本名亮，字仕明，时侍中穆绍与彧同署，避绍父讳，启求改名。诏曰："仕明风神运吐，常自以比荀文若，可名彧，以取定体相伦之美。"彧求复本封，诏许。复封临淮，寄食相州魏郡。又长兼御史中尉，彧以为伦叙得之，不谢。领军于忠忿，言之朝廷曰："临淮虽复风流可观，而无骨鲠之操。中尉之任，恐非所堪。"遂去威仪，单车而还，朝流之叹息。累迁侍中、卫将军、左光禄大夫、兼尚书左仆射，摄选。

是时，萧衍遣将围逼温汤，进彧以本官为东道行台。会尔朱荣入洛，杀害元氏。彧抚膺恸哭，遂奔萧衍。衍遣其舍人陈建孙迎接，并观彧为人。建孙还报，称彧风神闲俊。衍亦先闻名，深相器待，见彧于乐游园，因设宴乐。彧闻乐声，歔欷，涕泪交下，悲感傍人，衍为之不乐。自前后奔叛，皆希旨称魏为伪，唯彧上表启，常云魏临淮王。衍体彧雅性，不以为责。及知庄帝践阼，彧以母老请还，辞旨恳切。衍惜其人才，又难违其意，遣其仆射徐勉私劝彧曰："昔王陵在汉，姜维相蜀，在所成名，何必本土。"彧曰："死犹愿北，况于生也。"衍乃以礼遣。

彧性至孝，事父母尽礼，自经违离，不进酒肉，容貌憔悴，见者伤之。累除位尚书令、大司马、兼录尚书。

庄帝追崇武宣王为文穆皇帝，庙号肃祖，母李妃为文穆皇后，将迁神主于太庙，以高祖为伯考。彧表谏曰："汉祖创业，香街有太上之庙；光武中兴，南顿立春陵之寝。元帝之于光武，疏为绝服，犹尚身奉子道，入继大宗。高祖之于圣躬，亲实犹子。陛下既纂洪绪，岂宜加伯考之名？且汉宣之继孝昭，斯乃上后叔祖，岂忘宗承考妣，盖以大义斯夺。及金德将兴，宣王受寄，自兹而降，世秉威权。景王意存毁冕，文王心规裂冠，虽祭则魏主，而权归晋室，昆之与季，实倾曹氏。且子元，宣王冢胤，文王成其大业。故晋武继文祖宣，景王有伯考之称。以今类古，恐或非俦。又臣子一例，义彰旧典，禘祫失序，著讥前经。高祖德溢寰中，道超无外。肃祖虽勋格宇宙，犹曾奉贽称臣。穆皇后禀德坤元，复将配享乾位，此乃君臣并筵，嫂叔同室，历观坟籍，未有其事。"

时庄帝意锐，朝臣无敢言者，唯彧与吏部尚书李神俊并有表闻。诏报曰："文穆皇帝勋格四表，道迈百王，是用考循旧轨，恭上尊号。王表云汉太上于香街，南顿于春陵。汉高不因瓜瓞之绪，光武又无世及之德，皆身受符命，不由父祖，别庙异寝，于理何差？文穆皇帝天眷人宅，历数有归，朕忝承下武，遂主神器，既帝业有统，汉氏非伦。若以昔况今,不当移寝,则魏太祖、晋景帝虽王迹已显,皆以人臣而终。岂得与余帝别庙,有阙余序疑。汉郡国立庙者,欲尊高祖之德,使飨遍天下,非关太庙神主,独在外祠荐。汉宣之父,亦非勋德所出,虽不追尊,不亦可乎?伯考之名,自是尊卑之称,何必准古而言非类也。复云君臣同列,嫂叔共室,当以文穆皇帝昔遂臣道,以此为疑。《礼》:'天子元子犹士。'禘祫岂不得同室乎?且晋文、景共为一代,议者云:世限七,主无定数。昭穆既同,明有共室之理。《礼》既有祔,嫂叔何嫌?《礼》,士祖祢一庙,岂无妇舅共室也?若专以共室为疑,容可更议迁毁。"庄帝既逼诸妹之请,此辞意黄门侍郎常景、中书侍郎邢子才所替成也。

又追尊兄彭城王为孝宣皇帝,彧又面谏曰:"陛下中兴,意欲宪章前古,作而不法,后世何观?历寻书籍,未有其事。愿割友于之情,使名器无爽。"帝不从。及神主入庙,复敕百官悉陪从,一依乘舆之式。彧上表,以为爰自中古,迄于下叶,崇尚君亲,褒明功懿,乃有皇号,终无帝名。今若去帝,直留皇名,求之古义,少有依准。又不纳。

尔朱荣死,除彧司徒公。尔朱世隆率部北叛,诏彧防河阴。及尔朱兆率众奄至,彧出东掖门,为贼所获。见兆,辞色不屈,为群胡所殴薨。出帝赠太师、太尉公、雍州刺史。

彧美风韵,善进止,衣冠之下,雅有容则。博览群书,不为章句。所著文藻虽多亡失,犹有传于世者。然居官不能清白,所进举止于亲娅,为识者所讥。无子。

弟孝友,少有时誉,袭爵淮阳王,累迁沧州刺史。为政温和,好行小惠,不能清白,而无所侵犯,百姓亦以此便之。孝静帝宴齐文襄王于华林园,孝友因醉自誉,又云陛下许赐臣能。帝笑曰:"朕恒闻王自道清。"文襄曰:"临淮王雅旨舍罪。"于是君臣俱笑而不罪。

孝友明于政理尝奏表曰:

令制:百家为党族,二十家为闾,五家为比邻。百家之内,有帅二十五,徵发皆免,苦乐不均。羊少狼多,复有蚕食。此之为弊久矣。京邑诸坊，或七八百家，唯一里正、二史，庶事无阙，而况外州乎？请依旧置，三正之名不改，而百家为四闾，闾二比。计族省十二丁，得十二匹赀绢。略计见管之户，应二万余族，一岁出赀绢二十四万匹。十五丁出一番兵，计得一万六千兵。此富国安人之道也。

古诸侯娶九女，士有一妻二妾。《晋令》：诸王置妾八人，郡公侯妾六人。《官品令》：第一、第二品有四妾，第三、第四有三妾，第五、第六有二妾，第七、第八有一妾。所以阴教聿修，继嗣有广。广继嗣，孝也；修阴教，礼也。而圣朝忽弃此数，由来渐久。将相多尚公主，王侯亦娶后族，故无妾媵，习以为常。妇人多幸，生逢今世，举朝略是无妾，天下殆皆一妻。设令人强志广娶，则家道离索，身事迍邅，内外亲知，共相嗤怪。凡今之人，通无准节。父母嫁女，则教之以妒；姑姊逢迎，必相劝以忌。持制夫为妇德，以能妒为女。工自云受人欺，畏他笑我。王公犹自一心，已下何敢二意。夫妒忌之心生，则妻妾之礼废；妻妾之礼废，则奸淫之兆兴。斯臣之所以毒恨者也。请以王公第一品娶八，通妻以备九女；称事二品备七；三品、四品备五；五品、六品则一妻二妾。限以一周，悉令充数，若不充数及待妾非礼，使妻妒加捶挞，免所居官。其妻无子而不娶妾，斯则自绝，无以血食祖父，请科不孝之罪，离遣其妻。

臣之赤心，义唯家国，欲使吉凶无不合礼，贵贱各有其宜，省人帅以出兵丁，立仓储以丰谷食，设赏格以擒奸盗，行典令以示朝章，庶使足食足兵，人信之矣。又冒申妻妾之数，正欲使王侯、将相、功臣子弟，苗胤满朝，传祚无穷，此臣之志也。

诏付有司议奏不同。

孝友又言："今人生为皂隶，葬拟王侯，存没异途，无复节制，崇壮丘垅，盛饰祭仪，邻里相荣，称为至孝。又夫妇之始，王化所先，共食合瓢，足以成礼。而今之富者弥奢，同牢之设，甚于祭槃。累鱼成山，山有林木，林木之上，鸾凤斯存。徒有烦劳，终成委弃，仰惟天意,其或不然。请自兹以后,若婚葬过者,以违旨论,官司不加纠劾,即与同罪。”

孝友在郡积年,以法自守,甚著声称。然性无骨鲠,善事权势,为正直者所讥。齐受禅,爵例降。

昌弟孚,字秀和。少有令誉,侍中游肇、并州刺史高聪、司徒崔光等见孚,咸曰:“此子当准的人物,恨吾徒衰暮,不及见耳。”累迁兼尚书右丞。灵太后临朝,宦者干政,孚乃总括古今名妃贤后,凡为四卷,奏之。迁左丞。

蠕蠕王阿那环既得返国,其人大饥,相率入塞,阿那环上表请台赈给。诏孚为北道行台,诣彼赈恤。孚陈便宜表曰:

皮服之人,未尝粒食。宜从俗因利,拯其所无。昔汉建武中,单于款塞,时转河东米糒二万五千斛、牛羊三万六千头以给之。斯即前代和戎、抚新、柔远之长策也。乞以牸牛产羊糊其口命。且畜牧繁息,是其所便,毛血之利,惠兼衣食。又尚书奏云,如其仍住七州,随宽置之。臣谓人情恋本,宁肯徙内?若依臣请,给赈杂畜,爱本重乡,必还旧土。如其不然,禁留益损。假令逼徙,事非久计。何者?人面兽心,去留难测,既易水草,疴恙将多,忧愁致困,死亡必甚。兼其余类尚在沙碛,脱出狂勃,翻归旧巢,必残掠邑里,遗毒百姓。乱而方塞,未若杜其未萌。又贸迁起于上古,交易行于中世,汉与胡通,亦立关市。今北人阻饥,命悬沟壑,公给之外,必求市易。彼若愿求,宜见听许。

又云:

营大者,不计小名;图远者,弗拘近利。虽戎狄衰盛,历代不同,叛服之情,略可论讨。周之北伐,仅获中规;汉氏外攘,裁收下策。昔在代京,恒为重备,将帅劳止,甲士疲力。前世苦之,计未能致。今天祚大魏,乱亡在彼。朝廷垂天覆之恩,廓大造之德。鸠其散亡,礼送令返。宜因此时,善思远策。

窃以理虽万变，可以一观；来事虽悬，易以往卜。昔汉宣之世，呼韩款塞，汉遣董忠、韩昌领边郡士马，送出朔方，因留卫助。又光武时，亦令中郎将段彬置安集掾史，随单于所在，参察动静。斯皆守吉之元龟，安边之胜策。计今朝廷成功，不减曩时；蠕蠕国弊，亦同畴日。宜准昔成谟，略依旧事。借其所闲地，听使田牧；粗置官属，示相慰抚；严戒边兵，以见保卫。驭以宽仁，縻以久策。使亲不至矫诈，疏不容叛反。今北镇诸将旧常云一人代外逻，因令防察。所谓天子有道，守在四夷者也。

又云：

先人有夺人之心，待降如受强敌。武非专外，亦以防内。若从处分割配，诸州镇辽远，非转输可到，悔叛之情，变起难测。又居人畜业，布在原野，戎夷性贪，见则思盗。防彼肃此，少兵不堪；浑流之际，易相干犯。驱之还本，未必乐去；配州内徙，复不肯从。既其如此，为费必大。

朝廷不许。

孚持白虎幡劳阿那环于柔玄、怀荒二镇间。阿那环众号三十万，阴有异意，遂拘留孚，载以辒车，日给酪一升，肉一段。每集其众，坐孚东厢，称为行台，甚加礼敬。阿那环遂南过至旧京，后遣孚等还，因上表谢罪。有司以孚事下廷尉，丞高谦之云孚辱命；处孚流罪。后拜冀州刺史。孚劝课农桑，境内称为慈父，邻州号曰神君。

先是，州人张孟都、张洪建、马潘、崔独怜、张叔绪、崔丑、张天宜、崔思哲等八家，皆屯保林野，不臣王命，州郡号曰“八王”。孚至，皆请入城，愿致死效力。后为葛荣所陷，为荣所执。兄佑为防城都督，兄子子礼为录事参军，荣欲先害子礼，孚请先死以赎子礼，叩头流血，荣乃舍之。又大集将士，议其死事，孚兄弟各诬己引过，争相为死。又孟都、潘、绍等数百人，皆叩头就法，请活使君。荣曰：“此魏之诚臣义士也。”凡同禁五百人，皆得免。荣卒，还，除冀州刺史。元颢入洛，授孚东道行台、彭城郡王，孚封颢逆书送朝廷，天子嘉之。颢平，封孚万年乡男。

永安末，乐器残缺，庄帝命孚监仪注，孚上表曰：

昔太和中，中书监高闾、太乐令公孙崇修造金石，数十年间，乃奏成功。时大集儒生，考其得失。太常卿刘芳请别营造，久而方就。复召公卿量校合否，论者沸腾，莫有适从。登被旨敕，并见施用。往岁大军入洛，戎马交驰，所有乐器，亡失垂尽。臣至太乐署，问太乐令张乾龟等，云承前以来，置宫悬四箱，簨簴六架。东北架编黄钟之磬十四，虽器名黄钟，而声实夷则，考之音制，不甚谐韵。姑洗悬于东北，太蔟编于西北，蕤宾列于西南，并皆器象差位，调律不和。又有仪钟十四，虚悬架首，初不叩击，今便删废，以从正则。臣今据《周礼》凫氏修广之规，磬氏倨句之法，吹律求声，叩钟求音，损除繁杂，讨论实录，依十二月为十二宫，各准辰次，当位悬设，月声既备，随用击奏，则会还相为宫之义，又得律吕相生之体。今量钟磬之数，各以十二架为定。

奏可。于时搢绅之士，咸往观听，靡不咨嗟叹服而返。太傅、录尚书长孙承业妙解声律，特复称善。

后从出帝入关。

广阳王建闾，真君三年封楚王。后改封广阳王。薨，谥曰简王。

子石侯，袭。薨，谥曰哀王。

子遗兴，袭。薨，谥曰定王。无子。

石侯弟嘉，少沉敏，喜愠不形于色，兼有武略。高祖初，拜徐州刺史，甚有威惠。后封广阳王，以绍建闾后。高祖南伐，诏嘉断均口。嘉违失指授，令贼得免。帝怒，责之曰："叔祖定非世孙，何太不上类也！"及将大渐，遗诏以嘉为尚书左仆射，与咸阳王禧等辅政。迁司州牧，嘉表请于京四面，筑坊三百二十，各周一千二百步，乞发三正复丁，以充兹役，虽有暂劳，奸盗永止。诏从之。拜卫大将军、尚书令，除仪同三司。

嘉好饮酒，或沉醉。在世宗前言笑自得，无所顾忌。帝以其属尊年老，常优容之。与彭城、北海、高阳诸王，每人宴集，极欢弥夜，数加赏赐。帝亦时幸其第。性好仪饰，车服鲜华，既居仪同，又任端首，出入容卫，道路荣之。后迁司空，转司徒。嘉好立功名，有益公私，多所敷奏，帝雅委付之。爱敬人物，后来才俊未为时知者，侍坐之次，转加谈引，时人以此称之。薨，遗命薄葬。世宗悼惜之，赠侍中、太保，谥曰懿烈。

嘉后妃，宜都王穆寿孙女、司空从妹也，聪明妇人。及为嘉妃，多所匡赞，光益家道。

子深，字智远，袭爵。肃宗初，拜肆州刺史。预行恩信，胡人便之，劫盗止息。后为恒州刺史，在州多所受纳，政以贿成，私家有马千匹者必取百匹，以此为恒。累迁殿中尚书，未拜，坐淫城阳王徽妃于氏，为徽表讼，诏付丞相高阳王雍等宗室议决其罪，以王还第。及沃野镇人破六韩拔陵反叛，临淮王彧讨之，失利。诏深为北道大都督，受尚书令李崇节度。时东道都督崔暹败于白道，深上书曰：

边竖构逆，以成纷梗，其所由来，非一朝也。昔皇始以移防为重，盛简亲贤，拥麾作镇，配以高门子弟，以死防遏，不但不废仕宦，至乃偏得复除。当时人物，忻慕为之。

及太和在历，仆射李冲当官任事，凉州土人，悉免厮役；丰沛旧门，仍防边戍。自非得罪当世，莫肯与之为伍。征镇驱使，但为虞候白直，一生推迁，不过军主。然其往世房分留居京者得上品通官，在镇者便为清途所隔。或投彼有北，以御魑魅，多复逃胡乡。乃峻边兵之格，镇人浮游在外，皆听流兵捉之。于是少年不得从师，长者不得游宦，独为匪人，言者流涕。

自定鼎伊洛，边任益轻，唯底滞凡才，出为镇将。转相模习，专事聚敛。或有诸方奸吏，犯罪配边，为之指踪，过弄官府，政以贿立，莫能自改。咸言奸吏为此，无不切齿憎怒。及阿那环背恩，纵掠窃奔，命师追之，十五万众度沙漠，不日而还。边人见此援师，便自意轻中国。尚书令臣崇时节申闻，求改镇为州，将允其愿，抑亦先觉。朝廷未许。而高阙戍主率下失和，拔陵杀之，为逆命，攻城掠地，所见必诛。王师屡北，贼党日盛。此段之举，指望销平。其崔暹只轮不反，臣崇与臣逡巡复路。今者相与还次云中，马首是瞻，未便西迈，将士之情，莫不解体。今日所虑，非止西北，将恐诸镇寻亦如此，天下之事，何易可量。

时不纳其策。

东西部敕勒之叛，朝议更思深言。遣兼黄门侍郎郦道元为大使，欲复镇为州，以顺人望。会六镇尽叛，不得施行。深后上言："今六镇俱叛，二部高车，亦同恶党，以疲兵讨之，不必制敌。请简选兵，或留守恒州要处，更为后图。"

及李崇征还，深专总戎政。拔陵避蠕蠕，南移渡河。先是，别将李叔仁以拔陵来逼，请求迎援，深赴之，前后降附二十万人，深与行台元纂表求恒州北别立郡县，安置降户，随宜赈赉，息其乱心。不从。诏遣黄门郎杨置分散之于冀、定、瀛、三州就食。深谓纂曰："此辈复为乞活矣，祸乱当由此作。"既而鲜于修礼叛于定州，杜洛周反于幽州，其余降户犹在恒州，遂欲推深为主。深乃上书乞还京师，令左卫将军杨津代深为都督，以深为侍中、右卫将军、定州刺史。时中山太守赵叔隆、别驾崔融讨贼失利，台使刘审考核，未讫。会贼逼中山，深乃令叔隆防境。审驰驿还京，云深擅相放纵。城阳王徽与深有隙，因此构之，乃征深为吏部尚书、兼中领军。及深至都，肃宗不欲使徽、深相憾，敕因宴会令相和解。徽衔不已。

后河间王琛等为鲜于修礼所败，乃除深仪同三司、大都督，章武王融为左都督，裴衍为右都督，并受深节度。徽因奏灵太后构深曰："广阳以爱子握兵在外，不可测也。"乃敕章武王等潜相防备。融遂以敕示深，深惧，事无大小，不敢自决。灵太后闻之，乃使问深意状。乃具言曰：

往者元叉执权，移天徙日，而徽托附，无翼而飞。今大明反政，任寄唯重，以徽褊心，衔臣切骨。臣以疏滞，远离京辇，被其构阻，无所不为。然臣昔不在其后，自此以来，翻成陵谷。徽遂一岁八迁，位居宰相；臣乃积年淹滞，有功不录。自徽执政以来，非但抑臣而已，北征之勋，皆被拥塞。将士告捷，终无片赏。虽为表请，多不蒙遂。

前留元标据于盛乐，后被重围，析骸易子，倒悬一隅，婴城二载。贼散之后，依阶乞官，徽乃盘退，不允所请。而徐州下邳戍主贾勋，法僧叛后，暂被围逼，固守之勋，比之未重，乃立得州，即授开国。天下之事，其流一也，功同赏异，不平谓何？又骠骑李崇，北征之日，启募八州之人，听用关西之格。及臣在后，依此科赏，复言北道征者不得同于关西。定襄陵庙之至重，平城守国之要镇，若计此而论，功亦何负于秦、楚？但以嫉臣之故，便欲望风排抑。

然其当途以来，何直退勋而已，但是随臣征者，即便为所嫉。统军袁叔和曾经省诉，徽初言有理。又闻北征隶臣为统，应时变色。复令臣兄子仲显异端讼臣，缉缉翩翩，谋相诽谤。言臣恶者，接以恩颜；称臣善者，即被嫌责。甄琛曾理臣屈，乃视之若仇仇；徐纥颇言臣短，即待之如亲戚。又骠骑长史祖莹，昔在军中，妄增首级，矫乱戎行，蠹害军府，获罪有司，避命山泽。直以谤臣之故，徽乃还雪其罪。臣府司马刘敬，比送降人，既到定州，翻然背叛。贼如决河，岂其能拥？且以臣府参僚，不免身首异处。徽既怒迁，舍其元恶。及胥徒。从臣行者，莫不悚惧。

顷恒州之人，乞臣为刺史，徽乃斐然言不可测。及降户结谋，臣频表启，徽乃因执言此事。及向定州，远彼奸恶，又复论臣将有异志。翻覆如此，欲相陷没。致令国朝遽赐迁代。贼起之由，谁使然也？

徽既优幸，任隆一世，慕势之徒，于臣何有？是故余人摄选，车马填门，及臣居边，宾游罕至。臣近比为虑其为梗，是以孜孜乞赴京阙。属流人举斧，元戎垂翅，复从后命，自安无所，黾勉先驱，不敢辞事。及臣出都，行尘未灭，已闻在后复生异议。言臣将儿自随，证为可疑之兆，忽称此以构乱。悠悠之人，复传音响，言左军臣融、右军臣衍，皆受密敕，伺察臣事。徽既用心如此，臣将何以自安？窃以天步未夷，国难犹梗，方伯之任，于斯为急。徽昔临藩，乃有人誉；及居端右，蔑尔无闻。今求出之为州，使得申其利用。徽若外从所长，臣无内虑之切。脱蒙。阙公私幸甚。

深以兵士频经退散，人无斗情，连营转栅，日行十里。行达交津，隔水而陈。贼修礼常与葛荣谋，后稍信朔州人毛普贤，荣常衔之。普贤昔为深统军，及在交津，深使人谕之，普贤乃有降意。又使录事参军元晏说贼程杀鬼，果相猜贰，葛荣遂杀普贤、修礼而自立。荣以新得大众，上下未安，遂北度瀛州，深便率众北转。荣东攻章武王融，战败于白牛还。深遂退走，趋定州。闻刺史杨津疑其有异志，乃止于州南佛寺。停三日夜，乃召都督毛谥等六七人，臂肩为约，危难之际，期相拯恤。谥疑深意异，乃密告津，云深谋不轨。津遣谥讨深，深走出，谥叫噪追蹑。深与左右行至博陵郡界，逢贼游骑，乃引诣葛荣。贼徒见深，颇有喜者。荣新自立，内恶之，乃害深庄。帝追复王爵，赠司徒公，谥曰忠武。

子湛，字士渊。少有风尚。庄帝初，袭封。孝静初，累迁冀州刺史，所在聚敛，风政不立。入为侍中，后行司州牧。时齐献武王作相，以湛颇有器望，启超拜太尉公。薨，赠假黄钺、大司马、尚书令，谥曰文献。初，湛名位渐重，留连声色，始以婢紫光遗尚书郎中宋游道，后乃私耽，出为冀州，窃而携去。游道大致纷纷，乃云紫光湛父所宠，湛母遗己，将致公文。久乃停息，论者两非之。

湛弟瑾，尚书祠部郎。后谋杀齐文襄，事泄，合门伏法。

湛子法轮，紫光所生也。齐王矜湛覆灭，乃启原之，复其爵土。

南安王余，真君三年封吴王，后改封南安王。世祖暴崩，中常侍宗爱矫皇太后令，迎余而立之，然后发丧。大赦，改年为永平。余自以非次而立，厚赏群下，取悦于众，为长夜之饮，声乐不绝，旬月之间，帑藏空罄。尤好弋猎，出入无度，边方告难。余不恤之，百姓愤惋，而余晏如也。宗爱权恣日甚，内外惮之。余疑爱将谋变，夺其权，爱怒，因余祭庙，夜杀余。高宗葬以王礼，谥曰隐。

魏书卷一九上
列传第七上

景穆十二王上

阳平王新成 京兆王子推
济阴王小新成 汝阴王天赐
乐良王万寿 广平王洛侯

景穆皇帝十四男：恭皇后生文成皇帝；袁椒房生阳平幽王新成；尉椒房生京兆康王子推、济阴王小新成；阳椒房生汝阴灵王天赐；乐良厉王万寿、广平殇王洛侯，母并阙；孟椒房生任城康王云；刘椒房生南安惠王桢、城阳康王长寿；慕容椒房生章武敬王太洛；尉椒房生乐陵康王胡儿；孟椒房生安定靖王休；赵王深早薨，无传，母阙。魏旧太子后庭未有位号，高宗即位，恭宗宫人有子者，并号为椒房。

阳平王新成，太安三年封，拜征西大将军。后为内都大官。薨，谥曰幽。

长子安寿，袭爵。高祖赐名颐。累迁怀朔镇大将，都督三道诸军事，北讨。诏征赴京，勖以战伐之事。对曰："当仰仗庙算，使呼韩同渭桥之礼。"帝叹曰："壮哉王言！朕所望也。"未发，遭母忧，诏遣侍臣以金革敦喻。既殡而发，与陆睿集三道诸将议军途所诣。于是中道出黑山，东道趋士卢河，西道向侯延河。军过大碛，大破蠕蠕。颐入朝，诏曰："王之前言，果不虚也。"后除朔州刺史。及恒州刺史穆泰谋反，遣使推颐为主。颐密以状闻，泰等伏诛，帝甚嘉之。世宗景明六年，薨于青州刺史，谥曰庄王。传国至孙宗胤，肃宗时，坐杀叔父，赐死，爵除。

颐弟衍，字安乐，赐爵广陵侯。位梁州刺史，表请假王，以崇威重。诏曰："可谓无厌求也，所请不合。"转徐州刺史。至州病重，帝敕徐成伯乘传疗。疾差，成伯还，帝曰："卿定名医"，赉绢三千匹。成伯辞，请受一千。帝曰："《诗》云'人之云亡，邦国殄瘁。'以是而言，岂惟三千匹乎？"其为帝所重如此。后所生母雷氏卒，表请解州。诏曰："先君余尊之所厌，礼之明文，季末陵迟，斯典或废。侯既亲王之子，宜从余尊之义，便可大功。"后卒于雍州刺史，谥曰康侯。衍性清慎，所在廉洁，又不营产业，历牧四州，皆有称绩，亡日无敛尸具。子畅。

畅弟融，字叔。融貌甚短陋，骁武过人。庄帝谋杀尔朱荣，以融为直阁将军。及尔朱兆入洛，融逃人间。

衍弟钦，字思若，位中书监、尚书右仆射、仪同三司。钦色尤黑，故时人号为黑面仆射。钦淫从兄丽妻崔氏，为御史中尉封回劾奏，遇赦免。寻除司州牧。钦少好学，早有令誉，时人语曰："皇宗略略，寿安、思若。"及晚年贵重，不能有所匡益，识者轻之。钦曾托青州人高僧寿为子求师，师至，未几逃去。钦以让僧寿。寿性滑稽，反谓钦曰："凡人绝粒，七日乃死，始经五朝，便尔逃遁，去食就信，实有所阙。"钦乃大惭，于是待客稍厚。后除司空公，封巨平县公。于河阴遇害，赠假黄钺、太师、太尉公。

子子孝，字季业。早有令誉。年八岁，司徒崔光见而异之曰："后生领袖，必此人也。"

京兆王子推，太安五年封。位侍中、征南大将军、长安镇都大将。子推性沉雅，善于绥接，秦雍之人，服其威惠。入为中都大官，察狱有称。显祖将禅位于子推，以大臣固谏，乃传高祖。高祖即位，拜侍中、本将军、开府仪同三司、青州刺史。未至，道薨。

子太兴，袭。拜长安镇都大将，以黩货，削除官爵。后除秘书监，还复前爵，拜统万镇将，改封西河。后改镇为夏州，仍以太兴为刺史。除守卫尉卿。初，太兴遇患，请诸沙门行道，所有资财，一时布施，乞求病愈。名曰“散生斋”。及斋后，僧皆四散，有一沙门方云乞斋余食。太兴戏之曰：“斋食既尽，唯有酒肉。”沙门曰：“亦能食之。”因出酒一斗，羊脚一只，食尽犹言不饱。及辞出后，酒肉俱在，出门追之，无所见。太兴遂佛前乞愿，向者之师当非俗人，若此病得差，即舍王爵入道，未几，便愈，遂请为沙门，表十余上，乃见许。时高祖南讨在军，诏皇太子于四月八日为之下发，施帛二千匹。既为沙门，更名僧懿，居嵩山。太和二十二年终。

子昴，字伯晖，袭。薨。

子悰，字魏庆，袭。孝静时，累迁太尉、录尚书事、司州牧、青州刺史。薨于州，赠假黄钺、太傅、司徒公，谥曰文悰。宽和有度量，美容貌，风望俨然，得丧之间，不见于色。性清俭，不营产业，身死之日，家无余财。

昴弟仲景，性严峭。庄帝时，兼御史中尉，京师肃然。每向台，恒驾赤牛，时人号“赤牛中尉”。太昌初，为河南尹，奉法无私。时吏部尚书樊子鹄部下纵横，又为盗窃，仲景密加收捕，悉获之，咸即行决，于是豪贵寒心。出帝将西行，授仲景中军大都督，留京师。齐献武王欲至洛阳，仲景遂弃妻子而遁。

仲景弟暹，字叔照。庄帝初，除南兖州刺史，在州猛暴，多所杀害。元颢入洛，暹据州不屈。庄帝还宫，封汝阳王，迁秦州刺史。先时，秦州城人屡为反复，暹尽诛之，存者十一二。普泰元年，除凉州刺史，贪暴无极。欲规府人及商胡富人财物，诈一台符，诳诸豪等云欲加赏，一时屠戮，所有资财生口，悉没自入。孝静时，位侍中、录尚书事。薨，赠太师、录尚书。

子冲，袭。无子，国绝。

太兴弟遥，字太原。有器望，以左卫将军从高祖南征，赐爵饶阳男。世宗初，遭所生母忧，表请解任，诏以余尊所厌，不许。肃宗初，累迁左光禄大夫，仍领护军，迁冀州刺史。遥以诸胡先无籍贯，奸良莫辨，悉令造籍。又以诸胡设籍，当欲税之，以充军用。胡人不愿，乃共构遥，云取纳金马。御史按验，事与胡同，遥坐除名。遥陈枉不已，敕有司重究，乃披雪，迁右光禄大夫。

时冀州沙门法庆既为祆幻，遂说勃海人李归伯，归伯合家从之，招率乡人推法庆为主。法庆以归伯为十住菩萨、平魔军司、定汉王，自号“大乘”。杀一人为一住菩萨，杀十人为十住菩萨，又合狂药，令人服之，父子兄弟不相知识，唯以杀害为事。于是聚众杀阜城令，破勃海郡，杀害吏人。刺史萧宝夤遣兼长史崔伯驎讨之，败于煮枣城，伯驎战没。凶众遂盛，所在屠灭寺舍，斩戮僧尼，焚烧经像，云新佛出世，除去旧魔。诏以遥为使持节、都督北征诸军事，帅步骑十万以讨之。法庆相率攻遥，遥并击破之。遥遣辅国将军张蚪等帅骑追掩，讨破，擒法庆并其妻尼惠晖等，斩之，传首京师。后擒归伯，戮于都市。

初，遥大功昆弟，皆是恭宗之孙，至肃宗而本服绝，故除遥等属籍。遥表曰：

“窃闻圣人所以南面而听天下，其不可得变革者，则亲也、尊也。四世而缌服穷，五世而袒免，六世而亲属竭矣。去兹以往，犹系之以姓而弗别，缀之以食而弗殊。又《律》云：议亲者，非唯当世之属亲，历谓先帝之五世。谨寻斯旨，将以广帝宗，重盘石。先皇所以变兹事条、为此别制者，太和之季，方有意于吴蜀，经始之费，虑深在初，割减之起，暂出当时也。且临淮王提，分属籍之始，高祖赐帛三千匹，所以重分离。乐良王长命，亦赐缣二千匹，所以存慈眷。此皆先朝殷勤克念，不得已而然者也。古人有言，百足之虫至死不僵者，以其辅已者众。臣诚不欲妄亲太阶，苟求润屋，但伤大宗一分，则天子属籍不过十数人而已。在汉,诸王之子不限多少,皆列土而封,谓之曰侯。至于魏晋,莫不广胙河山,称之曰公者,盖恶其大宗之不固,骨肉之恩疏矣。臣去皇上,虽是五世之远,于先帝便是天子之孙,高祖所以国秩禄赋复给衣食,后族唯给其赋不与衣食者,欲以别外内、限异同也。今诸庙之感,在心未忘;行道之悲,倏然已及。其诸封者身亡之日,三年服终,然后改夺。今朝廷犹在遏密之中,便议此事,实用未安。

诏讨尚书博议以闻。尚书令任城王澄、尚书左仆射元晕奏同遥表。灵太后不从。卒,谥曰宣公。

遥弟恒,字景安。粗涉书史。恒以《春秋》之义,为名不以山川,表求改名芝。历位太常卿、中书监、侍中。后于河阴遇害。赠太傅、司徒公,谥曰宣穆公。

济阴王小新成,和平二年封。颇有武略。库莫奚侵扰,诏新成率众讨之。新成乃多为毒酒,贼既渐逼,便弃营而去。贼至,喜而竞饮,聊无所备。遂简轻骑,因醉纵击,俘馘甚多。后位外都大官。薨,赠大将军,谥曰惠公。

子郁,字伏生,袭。位开府。为徐州刺史,以黩货赐死,国除。

长子弼,字邕明。刚正有文学,位中散大夫。以世嫡应袭先爵,为季父尚书仆射丽因于氏亲宠,遂夺弼王爵,横授同母兄子诞。于是弼绝弃人事,托疾还私第。世宗征为侍中,弼上表固让。入嵩山,以穴为室,布衣蔬食。卒。建义元年,子晖业诉复王爵。永安三年,追赠尚书令、司徒公,谥曰文献。初,弼尝梦人谓之曰:“君身不得传世,封其绍先爵者,君长子绍远也。”弼觉,即语晖业。终如其言。

晖业,少险薄,多与寇盗交通。长乃变节,涉子史,亦颇属文,而慷慨有志节。历位司空、太尉,加特进,领中书监,录尚书事。齐文襄尝问之曰:“比何所披览?”对曰:“数寻伊、霍之《传》,不读曹、马之书。”晖业以时运渐谢,不复图全,唯事饮啖,一日三羊,三日一犊。又尝赋诗云:“昔居王道泰,济济富群英;今逢世路阻,狐兔郁纵横。”齐初，降封美阳县公、开府义同三司、特进。晖业之在晋阳也，无所交通，居常闲暇，乃撰魏藩王家世，号为《辨宗室录》，四十卷，行于世。

晖业弟昭业，颇有学尚，位谏议大夫。庄帝将幸洛南，昭业立于阊阖门外，扣马谏，帝避之而过。后劳勉之。位给事黄门侍郎、卫将军、右光禄大夫。卒，谥曰文侯。

郁弟偃，字仲琁。位太中大夫。卒。

子诞，字昙首。初，诞伯父郁以贪污赐死，爵除。景明三年，诞诉云，伯郁前朝之封，正以年长袭封，以罪除爵；爵由谬袭，袭应归正。诏以偃正元妃息昙首，济阴王嫡孙可听绍封，以纂先绪。诞既袭爵，除齐州刺史。在州贪暴，大为人患，牛马骡驴，无不逼夺；家之奴隶，悉迫取良人为妇。有沙门为诞采药，还而见之，诞曰："师从外来，有何消息？"对曰："唯闻王贪，愿王早代。"诞曰："齐州七万户，吾至来，一家未得三十钱，何得言贪？"后为御史中尉元纂所纠，会赦免。薨，谥曰静王。

子抚，字伯懿，袭。庄帝初，为从兄晖业诉夺王爵。

偃弟丽，字宝掌。位兼宗正卿、右卫将军，迁光禄勋，宗正、右卫如故。时秦州屠各王法智推州主簿吕苟儿为主，号建明元年，置立百官，攻逼州郡。泾州人陈瞻亦聚众自称王，号圣明元年。诏以丽为使持节、都督、秦州刺史，与别驾杨椿讨之。苟儿率众十余万屯孤山，列据诸险，围逼州城。丽出击，大破之，便进军永洛。贼徒逆战，丽夜击走之。行秦州事李韶破苟儿于孤山，乘胜追奔三十里，获其父母妻子，斩贼王五人，其余相继归降。诸城之围，亦悉奔散。苟儿率其王公三十余人诣丽请罪。椿又斩瞻。丽因平贼之势，枉掠良善七百余人。

世宗嘉其功，诏有司不听追检。拜雍州刺史，为政严酷，吏人患之。其妻崔氏诞一男，丽遂出州狱囚死及徒流案未申台者，一时放免。迁冀州刺史，入为尚书左仆射。帝问曰："闻公在州杀戮无理，枉滥非一,又大杀道人。"对曰:"臣在冀州可杀道人二百许人,亦复何多?"帝曰:"一物不得其所,若纳诸隍,况杀道人二百而言不多。"丽脱冠谢,赐坐。卒,谥曰威。

子显和,少有节操,历司徒记室参军。司徒崔光每见之,曰:"元参军风流清秀,容正闲雅,乃宰相之器。"除徐州安东府长史。刺史元法僧叛,显和与战被擒,执手命与连坐。显和曰:"显和与阿翁同源别派,皆是盘石之宗。一朝以地外叛,若遇董狐,能无惭德。"遂不肯坐。法僧犹欲慰喻,显和曰:"乃可死作恶鬼,不能坐为叛臣。"及将杀之,神色自若。建义初,赠秦州刺史。

汝阴王天赐,和平三年封。拜镇南大将军、虎牢镇都大将,后为内都大官。高祖初,殿中尚书胡莫寒简西部敕勒豪富兼丁者,为殿中武士,而大纳财货,简选不平。众怒杀莫寒及高平假镇将奚陵,于是诸部敕勒悉叛。诏天赐与给事中罗云督诸军讨之。前锋敕勒诈降,云信之,副将元伏曰:"敕勒色勋,恐将有变,今不设备,将为所图。"云不从。敕勒轻骑数千袭杀云,天赐仅得自全。后除征北大将军、护匈奴中郎将。累迁怀朔镇大将。坐贪残,恕死,削除官爵。卒,高祖哭于思政观,赠本爵,葬从王礼,谥曰灵王。

子逞,字万安。卒于齐州刺史,谥曰威。

逞子庆和,东豫州刺史。为萧衍将所攻,举城降之。衍以为北道总督、魏王。至项城,朝廷出师讨之,望风退走。衍责之曰:"言同百舌,胆若鼷鼠。"遂徙合浦。

逞弟泛,字普安。自元士稍迁营州刺史。性贪残,人不堪命,相率逐之,泛走平州。后除光禄大夫、宗正卿,封东燕县男。于河阴遇害。

天赐第五子修义,字寿安。涉猎书传,颇有文才,为高祖所知。自元士稍迁左将军、齐州刺史。修义以齐州频丧刺史,累表固辞。诏曰:"修短有命,吉凶由人,何得过致忧惮,以乖维城之寄?违凶就吉，时亦有之。可听更立馆宇。”于是移理东城。

修义为政，宽和爱，人在州四岁，不杀一人，百姓以是追思之。迁秦州刺史。肃宗初，表陈庶人禧、庶人愉等，请宥前愆，赐葬陵域。灵太后诏曰：“收葬之恩，事由上旨，藩岳何得越职干陈！”在州多受纳。累迁吏部尚书。及在铨衡，唯专货贿，授官大小，皆有定价。

时中散大夫高居者，有旨先叙，时上党郡缺，居遂求之。修义私已许人，抑居不与。居大言不逊，修义命左右牵曳之。居对大众呼天唱贼。人问居曰：“白日公庭，安得有贼？”居指修义曰：“此座上者，违天子明诏，物多者得官。京师白劫，此非大贼乎？”修义失色。居行骂而出。后欲邀车驾论修义罪状，左仆射萧宝夤谕之，乃止。

二秦反，假修义兼尚书右仆射、西道行台、行秦州事，为诸军节度。修义性好酒，每饮连日，遂遇风病，神明昏丧，虽至长安，竟无部分之益。元志败没，贼东至黑水，更遣萧宝寅讨之，以修义为雍州刺史。卒于州，赠司空，谥曰文。

子均，位给事黄门侍郎。

乐良王万寿，和平三年封。拜征东大将军，镇和龙。性贪暴，征还，道忧薨。谥曰厉王。

子康王乐平，袭。薨。

子长命，袭。坐杀人赐死，国除。

子忠，萧宗时，复前爵。位太常少卿。出帝泛舟天渊池，命宗室诸王陪宴。忠愚而无智，性好衣服，遂著红罗襦，绣作领，碧绸裤，锦为缘。帝谓曰：“朝廷衣冠，应有常式，何为著百戏衣？”忠曰：“臣少来所爱，情存绮罗，歌衣舞服，是臣所愿。”帝曰：“人之无良，乃至此乎！”

广平王洛侯，和平二年封。薨，谥曰殇。无子，后以阳平幽王第五子匡后之。

匡，字建扶。性耿介，有气节。高祖器之，谓曰："叔父必能仪形社稷，匡辅朕躬，今可改名为匡，以成克终之美。"世宗即位，累迁给事黄门侍郎。茹皓始有宠，百僚微惮之。世宗曾于山陵还，诏匡陪乘，又命皓登车。皓褰裳将上，匡谏止，世宗推之令下，皓恨匡失色。当时壮其忠謇。世宗亲政，除肆州刺史。匡既忤皓，惧为所害，廉慎自修，甚有声绩。迁恒州刺史，征为大宗正卿、河南邑中正。

匡奏亲王及始藩、二藩王妻悉有妃号，而三藩已下皆谓之妻，上不得同为妃名，而下不及五品已上有命妇之号，窃为疑。诏曰："夫贵于朝，妻荣于室，妇女无定，升从其夫。三藩既启王封，妃名亦宜同等。妻者，齐也，理与己齐，可从妃例。"自是三藩五妻名号始定。后除度支尚书。匡表引乐陵、章武之例，求绍洛侯封，诏付尚书议。尚书奏听袭封，以明兴绝之义。

匡与尚书令高肇不平，常无降下之色。时世宗委政于肇，朝廷倾惮，唯匡与肇抗衡。先自造棺，置于听事，意欲舆棺诣阙，论肇罪恶，自杀切谏。肇闻而恶之。后因与太常刘芳议争权量，遂与肇声色。

御史中尉王显奏匡曰：

自金行失御，群伪竞兴，礼坏乐崩，彝伦攸斁。大魏应期，奄有四海。高祖孝文皇帝以睿圣统天，克复旧典。乃命故中书监高闾广旌儒林，推寻乐府，依据《六经》，参诸国志，以黍裁寸，将均周、汉旧章。属云构中迁，尚未云就。高祖睿思玄深，参考经记，以一黍之大，用成分体，准之为尺，宣布施行。

暨正始中，故太乐令公孙崇辄自立意，以黍十二为寸，别造尺度，定律刊钟。皆向成讫，表求观试。时敕太常卿臣芳，以崇造既成，请集朝英。议其得否。芳疑崇尺度与先朝不同，察其作者，于经史复异，推造鲜据，非所宜行。时尚书令臣肇、清河王怿等以崇造乖谬，与《周礼》不同，遂奏臣芳依《周礼》更造，成讫量校，从其善者。而芳以先朝尺度，事合古典，乃依前诏书，以黍刊寸，并呈朝廷，用裁金石。于时议者，多云芳是，唯黄门侍郎臣孙惠蔚与崇扶同。二途参差，频经考议。而尚书令臣肇以芳造。

崇物故之后，而惠蔚亦造一尺，仍云扶。以比崇尺，自相乖背。量省二三，谓芳为得。而尚书臣匡表云刘孙二尺，长短相倾，稽考两律，所庸殊异。言取中黍，校彼二家，云并参差，抑中无所，自立一途，请求议判。当时议者，或是于匡。两途舛驳，未即时定。肇又云，权斛斗尺，班行已久，今者所论，岂喻先旨。宜仰依先朝故尺为定。

自尔以后，而匡与肇历言都座，声色相加，高下失其常伦，噂竞无复彝序。匡更表列，据己十是，云芳十非。又云："肇前被敕旨，共芳营督，规立钟石之名，希播制作之誉。乃凭枢衡之尊，藉舅氏之势，与夺任心，臧否自己。阿党刘芳，遏绝臣事。望势雷同者，接以恩言；依经按古者，即被怒责。虽未指鹿化马，移天徙日，实使蕴藉之士，耸气坐端，怀道之夫，结舌筵次。"又言："芳昔与崇竞，恒言自作，今共臣论，忽称先朝。岂不前谓可行，辄欲自取，后知错谬，便推先朝。殊非大臣之体，深失为下之义。复考校势臣之前，量度偏颇之手，臣必刖足内朝，抱璞人外。"嚣言肆意，彰于朝野。

然匡职当出纳，献替所在，斗尺权度，正是所司。若己有所见，能练臧否，宜应首唱义端，早辨诸惑，何故默心随从，不关一言，见芳成事，方有此语。计芳才学，与匡殊悬，所见浅深，不应相匹。今乃始发，恐此由心，借智于人，规成虚誉。况匡表云："所据铜权，形如古志，明是汉作，非莽别造。"及案《权铭》云："黄帝始祖，德布于虞；虞帝始祖，德布于新。"若莽佐汉时事，宁有铭伪新之号哉？又寻《莽传》云，莽居摄，即变汉制度。考校，二证非汉权明矣。复云："芳之所造，又短先朝之尺。"臣既比之，权然相合。更云："芳尺与千金堰不同。"臣复量比，因见其异。二三浮滥，难可据准。又云："共构虚端，妄为疑似，托以先朝，云非己制。"臣按此欺诈，乃在于匡，不在于芳。

何以言之？芳先被敕，专造钟律，管龠优劣，是其所裁，权斛尺度，本非其事。比前门下索芳尺度，而芳牒报云："依先朝所班新尺，复应下黍，更不增损，为造钟律，调正分寸而已。"检匡造时，在牒后一岁，芳于尔日，匡未共争，已有此牒，岂为诈也？计崇造寸，积黍十二，群情共知。而芳造寸，唯止十黍，亦俱先朝诏书。以黍成寸，首尾历然，宁有辄欲自取之理？肇任居端右，百僚是望，言行动静，必副具瞻。若恃权阿党，诈托先诏，将指鹿化马，徙日移天，即是魏之赵高，何以宰物。肇若无此，匡既诬毁宰相，讪谤明时。岂应谈议之间，便有指鹿之事；可否之际，轻生刖足之言。赵高矫惑，事属衰秦；卞和抱璞，时遇暴楚。何宜以济济之朝，而有斯谤者哉！阻惑朝听，不敬至甚。请以肇、匡并禁尚书，推穷其原，付廷尉定罪。

诏曰"可"。

有司奏匡诬肇，处匡死刑。世宗恕死，降为光禄大夫。又兼宗正卿，出为兖州刺史。匡临发，帝引见于东堂，劳勉之。匡犹以尺度金石之事，国之大经，前虽为南台所弹，然犹许更议，若议之日，愿听臣暂赴。世宗曰："刘芳学高一时，深明典故。其所据者，与先朝尺乃寸过一黍，何得复云先朝之意也？兖州既所执不经，后议之日，何待赴都也。"肃宗初，入为御史中尉。匡严于弹纠，始奏于忠，次弹高聪等免官，灵太后并不许。以违其纠恶之心，又虑匡辞解，欲奖安之，进号安南将军，后加镇东将军。

匡屡请更权衡不已，于是诏曰："谨权审度，自昔令典；定章革历，往代良规。匡宗室贤亮，留心既久，可令更集儒贵，以时验决。必务权衡得衷，令寸龠不舛。"又诏曰："故广平殇王洛侯，体自恭宗，茂年薨殒，国除祀废，不祀忽诸。匡亲同若子，私继岁久，宜树维城，永兹盘石。可特袭王爵，封东平郡王。"匡所制尺度讫，请集朝士议定是非。诏付门下、尚书、三府、九列议定以闻。太师、高阳王雍等议曰："伏惟高祖创改权量已定，匡今新造，微有参差。且匡云所造尺度与《汉志》王莽权斛不殊。又晋中书监荀勖云，后汉至魏，尺长于古四分有余。于是依《周礼》,积黍以起度量,惟古玉律及钟,遂改正之。寻勖所造之尺与高祖所定,毫厘略同。又侍中崔光得古象尺,于时亦准议令施用。仰惟孝文皇帝,德迈前王,睿明下烛,不刊之式,事难变改。臣等参论,请停匡议,永遵先皇之制。”诏从之。

匡每有奏请,尚书令、任城王澄时致执夺,匡刚隘,内遂不平。先所造棺犹在僧寺,乃复修事,将与澄相攻。澄颇知之。后将赴省,与匡逢遇,驺卒相挝,朝野骇愕。澄因是奏匡罪状三十余条,廷尉处以死刑。诏付八座议,特加原宥,削爵除官。三公郎中辛雄奏理之。后特除平州刺史,徙青州刺史,寻为关右都督,兼尚书行台。遇疾,还京。孝昌初,卒,谥曰文贞。后追复本爵,改封济南王。

第四子献,袭。齐受禅,爵例降。

魏书卷一九中
列传第七中

景穆十二王中

任城王云

任城王云，年五岁，恭宗崩，号哭不绝声。世祖闻之而呼，抱之泣曰："汝何知而有成人之意也！"和平五年封，拜使持节、侍中、征东大将军、和龙镇都大将。显祖时，拜都督中外诸军事、中都坐大官，听理民讼，甚收时誉。

延兴中，显祖集群僚，欲禅位于京兆王子惟。王公卿士，莫敢先言。云进曰："陛下方隆太平，临覆四海，岂得上违宗庙，下弃兆民？父子相传，其来久矣，皇魏之兴，未之有革。皇储正统，圣德夙章。陛下必欲割捐尘务，颐神清旷者，冢副之寄，宜绍宝历，若欲舍储，轻移宸极，恐非先圣之意，骇动人情。又，天下是祖宗之天下，而陛下辄改神器，上乖七庙之灵，下长奸乱之道，此是祸福所由。愿深思慎之。"太尉源贺又进曰："陛下今欲外选诸王，而禅位于皇叔者，臣恐春秋蒸尝，昭穆有乱，脱万世之后，必有逆飨之讥。深愿思任城之言。"东阳公元丕等进曰："皇太子虽圣德夙彰，然实冲幼。陛下富于春秋，始览机政，普天景仰，率土傒心，欲隆独善，不以万物为意，其若宗庙何？其若亿兆何？"显祖曰："储宫正统，受终文祖，群公相之，有何不可！"于是传位于高祖。

后蠕蠕犯塞，云为中军大都督，从显祖讨之，遇于大碛。事具

《蠕蠕传》。后仇池氐反，以云为征西大将军，讨平之。除都督徐兖二州缘淮诸军事、征东大将军、开府、徐州刺史。云以太妃盖氏薨，表求解任。显祖不许，云悲号动疾，乃许之。性善抚绥，得徐方之心，为百姓所追恋。送遗钱货，一无所受。显祖闻而嘉之。复拜侍中、中都大官，赐帛千匹、羊千口。

出为冀州刺史，仍本将军。云留心政事，甚得下情，于是合州请户输绢五尺、粟五升，以报云恩。高祖嘉之，迁使持节、都督陕西诸军事、征南大将军、长安镇都大将、雍州刺史。云廉谨自修，留心庶狱，挫抑豪强，群盗息止，州民颂之者千有余人。文明太后嘉之，赐帛千匹。太和五年，薨于州。遗令薄葬，勿受赗襚。诸子奉遵其旨。丧至京师，车驾亲临，哭之哀恸。赠以本官，谥曰康。陪葬云中之金陵。

云长子澄，字道镇。少而好学。及康王薨，澄居丧以孝闻。袭封，加征北大将军。高祖时，蠕蠕犯塞，加澄使持节、都督北讨诸军事以讨之。蠕蠕遁走。又以氐羌反叛，除都督梁益荆三州诸军事、征南大将军、梁州刺史。文明太后引见澄，诫厉之，顾谓中书令李冲曰："此儿风神吐发，德音闲婉，当为宗室领袖。是行使之必称我意。卿但记之，我不妄谈人物也。"

梁州氐帅杨仲显、婆罗、杨卜兄弟及符叱盘等，自以居边地险，世为山狡。澄至州，量彼风俗，诱导怀附。表送婆罗，授仲显循城镇副将，杨卜广业太守，叱盘固道镇副将，自余首帅，各随才而用之，款附者赏，违命加诛。于是仇池帖然，西南款顺。加侍中，赐衣一袭、乘马一匹，以旌其能。后转征东大将军、开府、徐州刺史，甚有声绩。

朝于京师，引见于皇信堂。高祖诏澄曰："昔郑子产铸刑书，而晋叔向非之。此二人皆是贤士，得失竟谁？"对曰："郑国寡弱，摄于强邻，民情去就，非刑莫制，故铸刑书以示威。虽乖古式，合今权道，随时济世，子产为得。而叔向讥议，示不忘古，可与论道，未可语权。"高祖曰："任城当欲为魏之子产也。"澄曰："子产道合当时，声流竹素。臣既庸近,何敢庶几?今陛下以四海为家,宣文德以怀天下。但江外尚阻,车书未一,季世之民,易以威伏,难以礼治。愚谓子产之法犹应暂用,大同之后便以道化之。”高祖心方革变,深善其对,笑曰:“非任城无以识变化之体。朕方创改朝制,当与任城共万世之功耳。”后征为中书令,改授尚书令。

萧赜使庾荜来朝,荜见澄音韵遒雅,风仪秀逸,谓主客郎张彝曰:“往魏任城,以武著称;今魏任城,乃以文见美也。”时诏延四庙之子,下逮玄孙之胄,申宗宴于皇信堂,不以爵秩为列,悉序昭穆为次,用家人之礼。高祖曰:“行礼已毕,欲令宗室各言其志,可率赋诗。”特令澄为七言连韵,与高祖往复赌赛,遂至极欢,际夜乃罢。

后高祖外示南讨,意在谋迁,斋于明堂左个,诏太常卿王谌,亲令龟卜,易筮南伐之事,其兆遇《革》。高祖曰:“此是汤武革命,顺天应人之卦也。”群臣莫敢言。澄进曰:“《易》言革者,更也。将欲应天顺人,革君臣之命,汤武得之为吉。陛下帝有天下,重光累叶。今日卜征,乃可伐叛,不得云革命。此非君人之卦,未可全为吉也。”高祖厉声曰:“《象》云‘大人虎变’,何言不吉也!”澄曰:“陛下龙兴既久,岂可方同虎变!”高祖勃然作色曰:“社稷我社稷,任城而欲沮众也!”澄曰:“社稷诚知陛下之社稷,然臣是社稷之臣子,豫参顾问,敢尽愚衷。”高祖既锐意必行,恶澄此对,久之乃解,曰:“各言其志,亦复何伤。”车驾还宫,便召澄,未及升阶,遥谓曰:“向者之《革卦》,今更欲论之。明堂之忿,惧众人竞言,阻我大计,故厉色怖文武耳,想解朕意也。”乃独谓澄曰:“今日之行,诚知不易。但国家兴自北土,徙居平城,虽富有四海,文轨未一。此间用武之地,非可文治,移风易俗,信为甚难。崤、函帝宅,河、洛王里,因兹大举,光宅中原,任城意以为何如?”澄曰:“伊洛中区,均天下所据,陛下制御华夏,辑平九服,苍生闻此,应当大庆。”高祖曰:“北人恋本,忽闻将移,不能不惊扰也。”澄曰:“此既非常之事,当非常人所知,唯须决之圣怀,此辈亦何能为也。”高祖曰:“任城便是我之子房。”加抚军大将军、太子少保,又兼尚书左仆射。及驾幸洛阳,定迁都之策,高祖诏曰:

“迁移之旨，必须访众。当遣任城驰驲向代，问彼百司，论择可否。近日论《革》，今真所谓革也，王其勉之。”既至代都，众闻迁诏，莫不惊骇。澄援引今古，徐以晓之，众乃开伏。澄遂南驰还报，会车驾于滑台。高祖大悦曰：“若非任城，朕事业不得就也。”

从幸邺宫，除吏部尚书。及幸代，车驾北巡，留澄铨简旧臣。初，魏自公侯以下，迄于选臣，动有万数，冗散无事。澄品为三等，量其优劣，尽其能否之用，咸无怨者。驾还洛京，复兼右仆射。

高祖至北邙，遂幸洪池，命澄侍升龙舟，因赋诗以序怀。高祖曰：“朕昨夜梦一老公，头鬓皓白，正理冠服，拜立路左。朕怪而问之，自云晋侍中嵇绍，故此奉迎。神爽卑惧，似有求焉。”澄对曰：“晋世之乱，嵇绍以身卫主，殒命御侧，亦是晋之忠臣。比干遭纣凶虐，忠谏剖心，可谓殷之良士。二人俱死于王事，坟茔并在于道周。然陛下徙御殷、洛，经瀍墟而吊比干，至洛阳而遗嵇绍，当是希恩而感梦。”高祖曰：“朕何德能幽感达士也！然实思追礼先贤，标扬忠懿，比干、嵇绍皆是古之诚烈，而朕务浓于毕干，礼略于嵇绍，情有愧然。既有此梦，或如任城所言。”于是求其兆域，遣使吊祭焉。

萧鸾既杀萧昭业而自立，昭业雍州刺史曹虎请以襄阳内附。分遣诸将，车驾将自赴之。豫州又表，虎奉诚之使不复重来。高祖引澄及咸阳王禧、彭城王勰、司徒冯诞、司空穆亮、镇南李冲等议之。高祖曰：“比得边州表云，襄阳慕化，朕将鸣銮江沔，为彼声势。今复表称，更无后信，于行留之计，竟欲如何？”禧等或云宜行，或言宜止。高祖曰：“众人纷纭，意见不等，朕莫知所从。必欲尽行留之势，使言理俱畅者，宜有客主，共相起发。任城与镇南为应留之议，朕当为宜行之论。诸公俱坐听得失，长者从之。”

于是高祖曰：“二贤试言留计也。”冲对曰：“臣等正以徒御草创，人斯乐安，内而应者未审，不宜轻尔动发。”高祖曰：“襄阳款问，似当是虚。亦知初迁之民，无宜劳役。脱归诚有实，即当乘其悦附，远则有会稽之会，近则略平江北。如其送款是虚，且可游巡淮、楚，问民之瘼，使彼土苍生知君德之所在，复何所损而惜此一举？脱降问是实，而停不抚接，不亦稽阻款诚，毁朕大略也。”澄曰：“降问若审，应有表质。而使人一返，静无音问，其诈也可见。今代迁之众，人怀恋本，细累相携，始就洛邑，居无一椽之室，家阙檐石之粮，而使怨苦即戎，泣当白刃，恐非歌舞之师也。今兹区宇初构，又东作方兴，正是子来百堵之日，农夫肆力之秋，宜宽彼逋诛，惠此民庶。且三军已援，无稽赴接。苟其款实，力足纳抚，待克平襄、沔，然后动驾。今无故劳涉，空为往返，恐挫损天威，更成贼胆。愿上览盘庚始迁之艰难，下矜诗人《由庚》之至咏。辑宁新邑，惠康亿兆。”

而司空亮以为宜行，公卿皆同之。澄谓亮曰：“公在外见旌钺既张，而有忧色，每闻谈论，不愿此行，何得对圣颜更如斯之语也？面背不同，事涉欺佞，非所谓论道之德，更失国士之体，或有倾侧，当由公辈佞臣。”李冲曰：“任城王可谓忠于社稷，愿陛下深察其言。臣等在外，皆惮征行，唯贵与贱，不谋同辞。仰愿圣心裁其可否。”高祖曰：“任城适以公等从朕，有如此论。不从朕者，何必皆忠而通识安危也。小忠是大忠之贼，无乃似诸？”澄曰：“臣既愚暗，不识大理。所可言者，虽涉小忠，要是竭尽微款，不知大忠者竟何据？”高祖曰：“任城脱居台鼎之任，欲令大忠在已也。”澄曰：“臣诚才非台弼，智阙和鼎，脱得滥居公铉，庶当官而行，不负愚志。”高祖大笑。澄又谓亮曰：“昔汲黯于汉武前面折公孙食脱粟饭，卧布被，云其诈也，于时公孙谦让下之。武帝叹汲黯至忠，公孙长者，二人称贤。公既道均昔士，愿思长者之言。”高祖笑曰：“任城欲自比汲黯也。且所言是公，未知得失所在，何便谢司空也。”驾遂南伐。

五等开建，食邑一千户。后从征至悬瓠，以笃疾还京。驾饯之汝渍，赋诗而别。车驾还洛，引见王公侍臣于清徽堂。高祖曰：“此堂成来，未与王公行宴乐之礼。后东阁庑堂粗复始就，故今与诸贤欲无高而不升，无小而不入。”因之流化渠。高祖曰：“此曲水者亦有其义，取乾道曲成，万物无滞。”次之洗烦池。高祖曰：“此池中亦有嘉鱼。”澄曰：“此所谓‘鱼在在藻，有颁其首’。”高祖曰：“且取‘王在灵沼，于牣鱼跃’。”次之观德殿。高祖曰：“射以观德，故遂命之。”次之凝闲堂。高祖曰："名目要有其义。此盖取夫子闲居之义，不可纵奢以忘俭，自安以忘危。故此堂后作茅茨堂。"谓李冲曰："此东曰步元庑，西曰游凯庑。此堂虽无唐尧之君，卿等当无愧于元、凯。"冲对曰："臣既遭唐尧之君，不敢辞元、凯之誉。"高祖曰："光景垂落，朕同宗则有载考之义。卿等将出无远，何得默尔，不示德音。"即命黄门侍郎崔光、郭祚，通直郎邢峦、崔休等赋诗言志。烛至，公卿辞退。李冲再拜上千万岁寿。高祖曰："卿向以烛至辞，复献千万之寿，朕报卿以《南山》之诗。"高祖曰："烛至辞退，庶姓之礼；在夜载考，宗族之义。卿等且还，朕与诸王宗室，欲成此夜饮。"

又从幸邺。还洛，以出纳之劳，增邑五百户。坐公事免官，寻兼吏部尚书。恒州刺史穆泰在州谋反，推朔州刺史阳平王颐为主。颐表其状。高祖召澄入见凝闲堂，曰："适得阳平表，曰穆泰谋为不轨，招诱宗室。脱或必然，迁京甫尔，北人恋旧，南北纷扰，朕洛阳不立也。此事非任城不办，可为我力疾向北。如其弱也，直往擒翦；若其势强，可承制发并、肆兵以殄之。虽知王患，既是国家大事，不容辞也。"澄曰："泰等愚惑，正恋本为此，非有远图。臣诚怯弱，不惮是辈，虽复患惙，岂敢有辞。谨当罄尽心力，继之以死。愿陛下勿忧。"高祖笑曰："得任城此行，朕复何忧也。"遂授节，铜虎、竹使符，御仗，左右，仍行恒州事。

行达雁门，太守夜告泰已握众西就阳平，城下聚结，唯见弓仗。澄闻便速进。时右丞孟斌曰："事不可量，须依敕召并、肆兵，然后徐动。"澄曰："泰既构逆，应据坚城，而更迎阳平，度其所为，似当势弱。泰既不相拒，无故发兵，非宜也。但速往镇之，民心自定。"遂倍道兼行，出其不意。又遣治书侍御史李焕先赴，至即擒泰，民情怡然。穷其党与，罪人皆得，巨鹿公陆睿、安乐侯元隆等百余人皆狱禁。具状表闻，高祖览表大悦，召集公卿以下以表示之，曰："我任城可谓社稷臣也。寻其罪案，正复皋陶断狱，岂能过之！"顾谓咸阳王等曰："汝等脱当其处，不能办此。"车驾寻幸平城，劳澄曰："任城此行，深副远寄。"对曰："陛下威灵远被，罪人无所逃刑，臣何劳之有。"引见逆徒,无一人称枉,时人莫不叹之。高祖顾谓左右曰:"昔仲尼云:'听讼吾犹人也,必也使无讼乎。'然圣人之听讼,殆非常人所匹,必也无讼,今日见之矣。"以澄正尚书。

车驾南伐,留澄居守,复兼右仆射。澄表请以国秩一岁租布帛助供军资,诏受其半。高祖幸邺,值高车树者反叛,车驾将亲讨之。澄表谏不宜亲行。会江阳王继平之,乃止。

高祖还洛,引见公卿,高祖曰:"营国之本,礼教为先。朕离京邑以来,礼教为日新以不?"澄对曰:"臣谓日新。"高祖曰:"朕昨入城,见车上妇人冠帽而著小襦袄者,若为如此,尚书何为不察?"澄曰:"著犹少于不著者。"高祖曰:"深可怪也!任城意欲令全著乎?一言可以丧邦者,斯之谓欤?可命史官书之。"又曰:"王者不降佐于苍昊,皆拔才而用之。朕失于举人,任许一群妇人辈奇事,当更铨简耳。任城在省,为举天下纲维,为当署事而已?"澄曰:"臣实署事而已。"高祖曰:"如此便一令史足矣,何待任城?"又曰:"我遣舍人宣诏,何为使小人闻之?"澄曰:"时虽有干吏,去榜亦远。"高祖曰:"远则不闻,闻则不远。既得闻诏,理故可知。"于是留守群臣遂免冠谢罪。寻除尚书右仆射。

萧宝卷遣其太尉陈显达入寇汉阳。是时,高祖不豫,引澄入见清徽堂。诏曰:"显达侵乱,沔阳不安,朕不亲行,莫攘此贼。朕疾患淹年,气力惙弊,如有非常,委任城大事。是段任城必须从朕。"澄涕泣对曰:"臣谨当竭股肱之力,以命上报。"遂从驾南伐。高祖崩,澄受顾命。

世宗初,有降人严叔懋告尚书令王肃遣孔思达潜通宝卷,图为叛逆,宝卷遣俞公喜送敕于肃,公喜还南,肃与裴叔业马为信。澄信之,乃表肃将叛,辄下禁止。咸阳、北海二王奏澄擅禁宰辅,免官归第。寻出为平西将军、梁州刺史。辞以母老。除安东将军、相州刺史。复固辞,改授安西将军、雍州刺史。寻征赴季秋讲武。除都督淮南诸军事、镇南大将军、开府、扬州刺史。下车封孙叔敖之墓,毁蒋子文之庙。频表南伐,世宗不许。又辞母老,乞解州任,寝而不报。

加散骑常侍。澄表曰：

臣参训先朝，藉规有日，前言旧轨，颇亦闻之。又昔在恒代，亲习皇宗，熟秘序疑庭无阙日。臣每于侍坐，先帝未常不以《书典》在怀，《礼经》为事，周旋之则，不辍于。时自凤举中京，方隆礼教，宗室之范，每蒙委及，四门之选，负荷铨量。自先皇升遐，未遑修述，学宫虚荷四门之名，宗人有阙四时之业，青衿之绪，于兹将废。臣每惟其事，窃所伤怀。伏惟圣略宏远，四方罕务，宴安之辰，于是乎在。何为太平之世，而令子衿之叹兴焉。圣明之日，而使宗人之训阙焉。愚谓可敕有司，修复皇宗之学，开辟四门之教，使将落之族，日就月将。

诏曰："胄子崇业，自古盛典，国均之训，无应久废。尚书更可量宜修立。"澄又表母疾，解州任，不听。

萧衍将张嚣之寇陷夷陵戍，澄遣辅国将军成兴步骑赴讨，大破之，复夷陵，嚣之遁走。又遣长风戍主奇道显攻萧衍阴山戍，破之，斩其戍主龙骧将军、都亭侯梅兴祖。仍引攻白槁戍，又破之，斩其宁朔将军、关内侯吴道爽。澄表曰："萧衍频断东关，欲令巢湖泛溢。湖周回四百余里，东关合江之际，广不过数十步，若贼计得成，大湖倾注者，则淮南诸戍必同晋阳之事矣。又吴楚便水，且灌且掠，淮南之地，将非国有。寿阳去江五百余里，众庶惶惶，并惧水害。脱乘民之愿，攻敌之虚，豫勒诸州，纂集士马，首秋大集，则南渎可为饮马之津，霍岭必成徙倚之观。事贵应机，经略须早。纵混一不可必果，江西自是无虞。若犹豫缓图，不加除讨，关塞既成，襄陵方及，平原民戍定为鱼矣。"诏发冀、定、瀛、相、并、济六州二万人，马一千五百匹，令仲秋之中，毕会淮南，并寿阳先兵三万，委澄经略。

先是，朝议有南伐之意，以萧宝夤为东扬州刺史据东城，陈伯之为江州刺史戍阳石，以澄总督二镇，授之节度。至是，勒兵进讨。以东关水冲，大岘险要，东关纵水，阳石、合肥有急悬之切，不图大岘，则历阳有乘险之援，淮陵陆道，九山水路，并宜经略。于是遣统军傅竖眼、王神念等进次大岘、东关、九山、淮陵，皆分部诸将，倍道据之，总勒大众，络绎相接。而神念克其关要、颍川二城，斩衍军主费尼。而宁朔将军韦惠、龙骧将军李伯由仍固大岘。澄遣统军党法宗、傅竖眼等进军克之，遂围白塔、牵城，数日之间，便即逃溃。衍清溪戍望风散走。衍徐州刺史司马明素率众三千欲援九山，徐州长史潘伯邻规固淮陵，宁朔将军王燮负险焦城。法宗进克焦城，破淮陵，擒明素，斩伯邻。其济阴太守王厚强、庐江太守裴邃即亦奔退。诏澄曰："将军文德内昭，武功外畅，奋扬大略，将荡江、吴。长旌始舒，贼徒慑气，锐旅方驰，东关席卷。想江湖弭波，在旦夕耳。所送首虏，并已闻之。"

初，澄出讨之后，衍将姜庆真袭据寿春外郭，齐王萧宝夤击走之。长史韦缵坐免官，澄以在外无坐。遂攻钟离。又诏："钟离若食尽，三月已前，固有可克，如至四月，淮水泛长，舟行无碍，宜善量之。前事捷也，此实将军经略，勋有常焉。如或以水盛难图，亦可为万全之计，不宜昧利无成，以贻后悔也。"萧衍冠军将军张惠绍、游击将军殷暹、骁骑将军赵景悦、龙骧将军张景仁等，率众五千，送粮钟离。澄遣统军王足、刘思祖等，邀击惠绍等，大破之，获惠绍、殷暹、景仁及其屯骑校尉史文渊等军主以上二十七人。既而遇雨，淮水暴长，引归寿春。还既狼狈，失兵四千余人。频表解州，世宗不许。有司奏军还失路，夺其开府，又降三阶。时萧衍有移，求换张惠绍。澄表请不许，诏付八座会议。尚书令、广阳王嘉等奏宜还之，诏乃听还。后果复寇边。转澄镇北大将军、定州刺史。

初，民中每有横调，百姓烦苦，前后牧宗，未能蠲除，澄多所省减，民以忻赖。又明黜陟赏罚之法，表减公园之地，以给无业贫口，禁造布绢不任衣者。母孟太妃薨，居丧毁瘠，当世称之。服阕，除太子太保。于时高肇当朝，猜忌贤戚。澄为肇间构，常恐不全，乃终日昏饮，以示荒败。所作诡越，时谓为狂。

世宗夜崩，时事仓卒。高肇拥兵于外，肃宗冲幼，朝野不安。澄疏斥不预机要，而朝望所属，领军于忠、侍中崔光等奏澄为尚书令，于是众心欣服。又加散骑常侍、骠骑大将军，寻迁司空，加侍中俄诏领尚书令。

初，正始之末，诏百司普升一级，而执事者不达旨意，刺史、守、令限而不及。澄奏曰："窃惟云构郁起，泽及百司，企春望荣，内外同庆。至于赏陟不及守宰，尔来十年，冤讼不绝。封回自镇远，安州入为太尉长史，元匡自征虏、恒州入作宗卿，二人迁授，并在先诏。应蒙之理，备在于斯。兼州佐停私之徒，陪臣郡丞之例，尚蒙天泽下降，荣及当时。然参佐之来，皆因府主；今府主不沾，佐官独预，弃本赏末，愚谓未允。今计：刺史、守、宰之官，请准封回，悉同泛限。上允初旨百司之章，下覆讼者元元之心。"诏曰："自今已后，内外之事，尝经先朝者，不得重闻。"澄奏曰："臣闻尧悬谏诤之鼓，舜置诽谤之木，皆所以广耳目于刍荛，达四聪于天下。伏惟太祖开基，化隆自远，累圣相承，于今九帝。重光叠照，污隆必同；与夺随时，道无恒体。思过如渴，言重千金，故称无讳之朝，迈踪三、五。高祖冲年纂历，文明协统，变官易律，未为违典。及慈圣临朝，母仪宇县，爰发慈令，垂心滞狱，深枉者仰日月于九泉，微屈者希曲照于盆下。今乃格以先朝，限以一例，斯诚奉遵之本心，实乖元元之至望。在于谦挹，有乖旧典。谨寻抱枉求直，或经累朝。毫厘之差，正之宜速；谬若千里，驷马弗追。故礼有损益，事有可否，父有诤子，君有谏臣，琴瑟不调，理宜改作。是以防川之论，小决则通；乡校之言，拥则败国。矧伊陈屈，而可抑以先朝。且先朝屈者，非故屈之，或有司爱憎，或执事浊僻，空文致法，以误视听。如此冤塞，弥在可哀。僭之与滥，宁失不经，乞收今旨，还依前诏。"诏曰："省奏，深体毗赞之情，三皇异轨，五代殊风，一时之制，何必诠改。必谓虚文设旨，理在可申者，何容不同来执。可依往制。"

澄表上《皇诰宗制》并《训诂》各一卷，意欲皇太后览之，思劝戒之益。又奏利国济民所宜振举者十条：一曰律度量衡，公私不同，所宜一之；二曰宜兴学校，以明黜陟之法；三曰兴灭继绝，各举所知；四曰五调之外，一不烦民，任民之力，不过三日；五曰临民之官，皆须黜陟，以旌赏罚；六曰逃亡代输，去来年久者，若非伎作，任听既往；七日边兵逃走，或实陷没，皆须精检，三长及近亲，若实陷之，征其代输，不隐勿论；八曰工商世业之户，复征租调，无以堪济，今请免之，使专其业；九曰三长禁奸，不得隔越相领，户不满者，随近并合；十曰羽林虎贲，边方有事，暂可赴战，常戍宜遣蕃兵代之。灵太后下其奏，百僚议之，事有同否。

时四中郎将兵数寡弱，不足以襟带京师，澄奏宜以东中带荥阳郡，南中带鲁阳郡，西中带恒农郡，北中带河内郡，选二品、三品亲贤兼称者居之，省非急之作，配以强兵，如此则深根固本、强干弱枝之义也。灵太后初将从之，后议者不同，乃止。澄又重奏曰："固本宜强，防微在豫，故虽有文事，不忘武功。况今南蛮仍犷，北妖频结，来事难图，势同往变。脱暴勃忽起，振动关畿，四府羸卒，何以防拟？平康之世，可以寄安，遗之久长，恐非善策。如臣愚见，郎将领兵，兼总民职，省官实禄，于是乎在。求还依前增兵益号，将位既重，则念报亦深；军郡相依，则表里俱济。朝廷无四顾之忧，奸宄绝窥觎之望矣。"卒不纳。又以流人初至远镇，衣食无资，多有死者，奏并其妻子，给粮一岁，从之。寻以疾患，求解任，不许。

萧衍于浮山断淮为堰，以灌寿春。乃除使持节、大将军、大都督、南讨诸军事，勒众十万，将出彭、宋，寻淮堰自坏，不行。澄以北边镇将选举弥轻，恐贼虏窥边，山陵危迫，奏求重镇将之选，修警备之严。诏不从。

贼虏入寇，至于旧都，镇将多非其人，所在叛乱，犯逼山陵，如澄所虑。澄奏都城府寺犹未周悉，今军旅初宁，无宜发众请取诸职人及司州郡县犯十杖已上百鞭已下收赎之物，绢一匹，输砖二百，以渐修造。诏从之。太傅、清河王怿表奏其事，遂寝不行。

澄又奏曰："臣闻赏必以道，用防淫人之奸；罚不滥及，以戒良士之困。刑者，侀也。每垂三宥，秉律执请，不得已而用之。是故小大之狱，察之以情；一人呼嗟，或亏王道。刑罚得失，乃兴废之所由也。窃闻司州牧、高阳王臣雍榜杀奉朝请韩元昭、前门下录事姚敬贤，虽因公事，理实未尽。何者？太平之世，草不横伐，行苇之感，事验隆周。若昭等状彰，死罪以定，应刑于都市，与众弃之；如其疑似不分，情理未究，不宜以三清九流之官杖下便死，轻绝民命，伤理败法。往年州于大市鞭杀五人，及检赃状，全无寸尺。今复酷害，一至于此。朝野云云，咸怀惊愕。若杀生在下，虐专于臣，人君之权，安所复用？自开古以来，明明之世，示闻斯比也。武王曰："吾不以一人之命而易天下。"盖重民命也。请以见事付廷尉推究，验其为劫之状，察其榜杀之理，使是非分明，幽魂获雪。"诏从之。

澄当官而行，无所回避。又奏垦田授受之制八条，甚有纲贯，大便于时。前来尚书文簿，诸曹须，则出借。时公车署以理冤事重，奏请真案。澄执奏以尚书政本，特宜远慎，故凡所奏事，阁道通之，盖以秘要之切，防其宣露，宁有古制所重，今反轻之，内犹设禁，外更宽也。宜缮写事意，以付公车。诏从之。

西域哌哒、波斯诸国各因公使，并遣澄骏马一匹。澄请付太仆，以充国闲。诏曰："王廉贞之德，有过楚相，可敕付厩，以成君子大哉之美。"

御史中尉东平王匡奏请取景明元年以来，内外考簿、吏部除书、中兵勋案并诸殿最，欲以案校窃阶盗官之人，灵太后许之。澄表曰：

臣闻三季之弊，由于烦刑；火德之兴，在于三约。是以老聃云"法令滋彰，盗贼多有"；又曰"其政察察，其民缺缺"；又曰"天网恢恢，疏而不漏"。是故欲求治本，莫若省事清心。昔汉文断狱四百，几致刑措，省事所致也。萧曹为相，载其清静画一之歌，清心之本也。今欲求之于本，宜以省事为先。使在位群官，纂萧曹之心，以毗圣化。如此则上下相安，远近相信，百司不怠，事无愆失。岂宜扰世教以深文，烹小鲜以烦手哉？

臣窃惟，景明之初暨永平之末，内外群官三经考课。逮延昌之始，方加黜陟。五品以上，引之朝堂，亲决圣目；六品以下，例由敕判。自世宗晏驾，大宥三行，所以荡除故意，与物更始。革世之事，方相穷核，以臣愚见，谓为不可。

又尚书职分，枢机出纳。昔魏明帝卒至尚书门，陈矫亢辞，帝惭而返。夫以万乘之重，非所宜行，犹屈一言，惭而回驾，群官百司，而可相乱乎？故陈平不知钱谷之数，邴吉不问僵道之死，当时以为达治，历代用为美谈。但宜各守其职，思不出位，洁己以励时，靖恭以致节。又寻御史之体，风闻是司，至于冒勋妄考，皆有处别。若一处有风谣，即应摄其一簿，研检虚实。若差舛不同，伪情自露，然后绳以典刑，人孰不服？岂有移一省之案，取天下之簿；寻两纪之事，穷革世之尤？如此求过，谁堪其罪！斯实圣朝所宜重慎也。

灵太后纳之，乃止。后迁司徒公，侍中、尚书令如故。

澄又表曰：

伏惟世宗宣武皇帝命将授旗，随陆启颡，运筹制胜，淮汉自宾。节用劳心，志清六合，是故缵武修文，仍世弥盛。陛下当周康靖治之时，岂得晏安于玄默？然取外之理，要由内强；图人之本，先在自备。萧衍虽虐使其民，而窥觎不已。若遇我虚疲，士民凋窘，贼衍年老志张，思播虺毒，此之弗图，恐受其病。伏惟陛下妙龄在位，圣德方升，皇太后总御天机，乾乾夕惕。若留意于负荷，忿车书之未一。进贤拔能，重官人之举；标赏忠清，旌养人之器；修干戈之用，畜熊虎之士；爱时鄙财，轻宝重谷。七八年间，陛下圣略方刚，亲王德干壮茂，将相膂力未衰，愚臣犹堪戎伍，荷戈带甲之众蓄锐于今，燕弧冀马之盛充牣在昔。又贼衍恶积祸盈，势不能久，子弟暗悖，衅逆已彰，乱亡之兆，灼然可见。兼弱有征，天与不远；大同之机，宜须蓄备。

昔汉帝力疾，讨灭英布；高皇卧病，亲除显达。夫以万乘之主，岂忘宴安，实以侵名乱正，计不得已。今宜慕二帝之远图，以肃宁为大任。

然顷年以来，东西难寇，艰虞之兴，首尾连接，虽寻得剪除，亦大损财力。且饥馑之氓，散亡莫保，收入之赋不增，出用之费弥众。不爱力以悦民，无丰资以待敌，此臣所以夙夜怀忧，悚息不宁者也。《易》曰:"何以守位曰仁,何以聚人曰财。"故曰:财者,非天不生,非地不长,非时不成,非人不聚。生聚之由,如此其难;集人守位,若此之重。兴替之道,焉可不虑。又古者使民,岁不过三日,食壮者之粮,任老者之智。此虽太平之法,难卒而因。然妨民害财,不亦宜戒!今墉雉素修,厩库崇列,虽府寺胶塾,少有未周,大抵省府粗得庇憩理务,诸寺灵塔俱足致虔讲道。

唯明堂辟雍,国礼之大。来冬司徒兵至,请筹量减彻,专力经营,务令早就。其广济数施之财,酬商互市之弊,凡所营造,自非供御切须,戎仗急要,亦宜微减,以务阜积,庶府无横损,民有全力。夫食土簋而妫德昭,寝卑室而禹功盛,章台丽而楚力衰,阿宫壮而秦财竭。存亡之由,灼然可睹。愿思前王一同之功,畜力聚财,以待时会。

灵太后锐于缮兴,在京师则起永宁、太上公等佛寺,功费不少,外州各造五级佛图。又数为一切斋会,施物动至万计。百姓疲于土木之功,金银之价为之踊上,削夺百官事力,费损库藏,兼曲赉左右,日有数千。澄故有此表。虽卒不从,常优答礼之。政无大小,皆引参决。澄亦尽心匡辅,事有不便于民者,必于谏诤,虽不见用,殷勤不已,内外咸敬惮之。

神龟二年薨,年五十三。赙布一千二百匹、钱六十万、蜡四百斤,给东园温明秘器、朝服一具、衣一袭,大鸿胪监护丧事。诏百僚兴丧。赠假黄钺、使持节、都督中外诸军事、太傅、领太尉公;加以殊礼,备九锡,依晋大司马、齐王攸故事,谥曰文宣王。澄之葬也,凶饰甚盛。灵太后亲送郊外,停舆悲哭,哀动左右。百官会赴千余人,莫不歔欷。当时以为哀荣之极。第四子彝袭。

彝,字子伦,继室冯氏所生,颇有父风。拜通直散骑常侍。及元叉专权,而彝耻于托附,故不得显职。庄帝初,河阴遇害,赠车骑将军、仪同三司、青州刺史。谥曰文。

子度世,袭。武定中,金紫光禄大夫。齐受禅,爵例降。

彝兄顺，字子和。九岁师事乐安陈丰，初书王羲之《小学篇》数千言，昼夜诵之，旬有五日，一皆通彻。丰奇之，白澄曰：“丰十五从师，迄于白首，耳目所经，未见此比，江夏黄童，不得无双也。”澄笑曰：“蓝田生玉，何容不尔。”十六，通《杜氏春秋》，恒集门生，讨论同异。于时四方无事，国富民康，豪贵子弟，率以朋游为乐，而顺下帷读书，笃志爱古。性謇谔，淡于荣利；好饮酒，解鼓琴，能长吟永叹，吒咏虚室。世宗时，上《魏颂》，文多不载。起家为给事中。

时尚书令高肇，帝舅权重，天下人士，望尘拜伏。顺曾怀刺诣肇门，门者以其年少，答云“在坐大有贵客”，不肯为通。顺叱之曰：“任城王儿，可是贱也！”及见，直往登床，捧手抗礼，王公先达，莫不怪慑，而顺辞吐傲然，若无所睹。肇谓众宾曰：“此儿豪气尚尔，况其父乎！”及出，肇加敬送之。澄闻之，大怒，杖之数十。后超转中书寺郎，俄迁太常少卿。

以父忧去职，哭泣呕血，身自负土。时年二十五，便有白发。免丧抽去，不复更生，世人以为孝思所致。寻除给事黄门侍郎。时领军元叉威势尤盛，凡有迁授，莫不造门谢谒。顺拜表而已，曾不诣叉。叉谓顺曰：“卿何谓聊不见我？”顺正色曰：“天子富于春秋，委政宗辅，叔父宜以至公为心，举士报国。如何卖恩，责人私谢，岂所望也！”至于朝论得失，顺常鲠言正议，曾不阿旨，由此见惮。出除平北将军、恒州刺史。顺谓叉曰：“北镇纷纭，方为国梗，桑乾旧都，根本所系。请假都督，为国捍屏。”叉心疑难，不欲授以兵官，谓顺曰：“此朝廷之事，非我所裁。”顺曰：“叔父既握国柄，杀生由己，自言天之历数应在我躬，何得复有朝廷也！”叉弥忿惮之。转为安东将军、齐州刺史。

顺自负有才，不得居内，每怀郁快，形于言色，遂纵酒欢娱，不亲政事。叉解领军，征为给事黄门侍郎。亲友郊迎。贺其得入。顺曰：“不患不入，正恐入而复出耳。”俄兼殿中尚书，转侍中。初，中山王熙起兵讨元叉，不果而诛，及灵太后反政，方得改葬。顺侍坐西游园，因奏太后曰："臣昨往看中山家葬，非唯宗亲哀其冤酷，行路士女，见其一家七丧，皆为潸然，莫不酸泣。"叉妻时在太后侧，顺指之曰："陛下奈何以一妹之故，不伏元叉之罪，使天下怀冤！"太后默然不语。

就德兴反于营州，使尚书卢同往讨之，大败而返。属侍中穆绍与顺侍坐，因论同之罪。同先有近宅借绍，绍颇欲为言。顺勃然曰："卢同终将无罪！"太后曰："何得如侍中之言？"顺曰："同有好宅与要势侍中，岂虑罪也。"绍惭不敢复言。灵太后颇事妆饰，数出游幸。顺面诤曰："《礼》，妇人夫丧，自称未亡人，首去珠玉，衣不被采。陛下母临天下，年垂不惑，过甚修饰，何以示后世？"灵太后惭而不出。还入宫，责顺曰："千里相征，岂欲众中见辱也！"顺曰："陛下盛服炫容，不畏天下所笑，何耻臣之一言乎？"

初，城阳王徽慕顺才名，偏相结纳。而广阳王渊奸徽妻于氏，大为嫌隙。及渊自定州被征，入为吏部尚书，兼中领军。顺为诏书，辞颇优美。徽疑顺为渊左右，由是与徐纥间顺于灵太后，出顺为护军将军、太常卿。顺奉辞于西游园，徽、纥侍侧，顺指之谓灵太后曰："此人魏之宰嚭，魏国不灭，终不死亡。"纥胁肩而出。顺遂抗声叱之曰："尔刀笔小人，正堪为几案之吏，宁应忝兹执戟，亏我彝伦！"遂振衣而起。灵太后默而不言。时追论顺父顾托之功，增任城王彝邑二千户，又析彝邑五百户以封顺，为东阿县开国公。顺疾徽等间之，遂为《蝇赋》曰：

余以仲秋休沐，端坐衡门，寄想琴书，托情纸翰。而苍蝇小虫，往来床几，疾其变白，聊为赋云：

遐哉大道，廓矣洪氛。肇立秋夏，爰启冬春。既含育于万性，又刍狗而不仁。随因缘以授体，齐美恶而无分。生兹秽类，靡益于人。名备群品，声损众伦。欹胫纤翼，紫首苍身。飞不能迴，声若远闻。点缁成素，变白为黑。寡爱兰芳，偏贪秽食。集桓公之尸，居平叔之侧。乱鸡鸣之响，毁皇宫之饰。习习户庭，营营榛棘。反覆往还，譬彼谗贼，肤受既通，谮润罔极。缉缉幡幡，交乱四国。于是妖姬进，邪士来，圣贤拥，忠孝摧。周昌拘于牖里，天乙囚于夏台。伯奇为之痛结，申生为之蒙灾。《鸱鸮》悲其室，《采葛》惧其怀。《小弁》陨其涕，灵均表其哀。自古明哲犹如此，何况中庸与凡才！若夫天生地养，各有所亲。兽必依地，鸟亦凭云。或来仪以呈祉，或自扰而见文。或负图而归德，或衔书以告真。或夭胎而奉味，或残躯以献珍。或主皮而兴礼，或牢豢以供神。虽死生之异质，俱有益于国人。非如苍蝇之无用，唯构乱于蒸民。

遂属疾在家，杜绝庆吊。

后除吏部尚书，兼右仆射。及上省，登阶向榻，见榻甚故，问都令史徐仵起。仵起曰："此榻曾经先王坐。"顺即哽塞，涕泗交流，久而不能言，遂令换之。时三公曹令史朱晖，素事录尚书、高阳王雍，雍欲以为廷尉评，频请托顺，顺不为用。雍遂下命用之，顺投之于地。雍闻之大怒，昧爽坐都听，召尚书及丞郎毕集，欲待顺至，于众挫之。顺日高方至，雍攘袂抚几而言曰："身，天子之子，天子之弟，天子之叔，天子之相。四海之内，亲尊莫二。元顺何人，以身成命，投弃于地！"顺须鬓俱张，仰面看屋，愤气奔涌，长歔而不言。久之，摇一白羽扇，徐而谓雍曰："高祖迁宅中土，创定九流，官方清浊，轨仪万古。而朱晖小子，身为省吏，何合为廷尉清官！殿下既先皇同气，宜遵成旨，自有短垣而复逾之也。"雍曰："身为丞相、录尚书，如何不得用一人为官？"顺曰："庖人虽不治庖，尸祝不得越樽俎而代之。未闻有别旨，令殿参选事。"顺又历声曰："殿下必如是，顺当依事奏闻！"雍遂笑而言曰："岂可以朱晖小人，便相忿恨！"遂起，呼顺入室，与之极饮。顺之亢毅不挠，皆此类也。后除征南将军、右光禄大夫，转兼左仆射。

尔朱荣之奉庄帝，召百官悉至河阴，素闻顺数谏诤，惜其亮直，谓朱瑞曰："可语元仆射，但在省，不须来。"顺不达其旨，闻害衣冠，遂便出走，为陵户鲜于康奴所害。家徒四壁，无物敛尸，止有书数千卷而已。门下通事令史王才达裂裳覆之。庄帝还宫，遣黄门侍郎山伟巡喻京邑。伟临顺丧，悲恸无已。既还，庄帝怪而问曰："黄门何为声散？"伟以状对。庄帝敕侍中元祉曰："宗室丧亡非一，不可周赡。元仆射清苦之节，死乃益彰，特赠绢百匹，余不得例。"赠骠骑大将军、尚书令、司徒公、定州刺史，谥曰文烈。

顺撰《帝录》二十卷，诗、赋、表、颂数十篇，今多亡失。

长子朗，时年十七。枕戈潜伏积年，乃手刃康奴，以首祭于顺墓，然后诣阙请罪。朝廷嘉而不问。朗涉历书记，为司徒属。天平中，为奴所害。赠都督瀛、冀二州诸事军、□□将军、尚书右仆射、冀州刺史。

顺弟淑，淑弟悲，并早卒。

悲弟纪，字子纲。永熙中，给事黄门侍郎。随出帝没于关中。

澄弟嵩，字道岳。高祖时，自中大夫迁员外常侍，转步兵校尉。大司马、安定王休薨，未及卒哭，嵩便游田。高祖闻而大怒，诏曰："嵩不能克己复礼，企心典宪，大司马薨殂甫尔，便以鹰鹞自娱。有如父之痛，无犹子之情。损心弃礼，何其太速！便可免官。"后从平沔北，累有战功，除左中郎将，兼武卫将军。

高祖南伐，萧宝卷将陈显达率众拒战。嵩身备三仗，免胄直前，将士从之，显达奔溃，斩获万计。嵩于尔日，勇冠三军。高祖大悦而言曰："任城康王大有福德，文武顿出其门。"以功赐爵高平县侯，赉帛二千五百匹。初，高祖之发洛也，冯皇后以罪幽于宫内。既平显达，回次谷唐原，高祖疾甚，将赐后死，曰："使人不易可得。"顾谓任城王澄曰："任城必不负我，嵩亦当不负任城，可使嵩也。"于是引嵩入内，亲诏遣之。

世宗即位，以武卫将军兼侍中，出为平南将军、荆州刺史。嵩表曰："萧宝卷骨肉相残，忠良先戮，臣下嚣然，莫不离背，君臣携贰，干戈日寻。流闻宝卷雍州刺史萧衍兄懿于建业阻兵，与宝卷之相持，荆、郢二州刺史并是宝卷之弟，必有图衍之志。臣若遣书相闻，迎其本谋，冀获同心，并力除衍。一衍之后，彼必旋师赴救丹阳，当不能复经营疆陲，全固襄、沔。臣之军威已得临据，则沔南之地可一举而收。缘汉曜兵，示以威德。思归有道者，则引而纳之；受疑告危者，则援而接之。总兵伫锐，观衅伺隙，若其零落之形已彰，怠懈之势已著，便可顺流摧锋，长驱席卷。”诏曰：“所陈嘉谋，深是良计。如当机形可进，任将军裁之。”既而萧衍寻克建业，乃止。除平北将军、恒州刺史，转平东将军、徐州刺史。又转安南将军、扬州刺史。

萧衍湘州刺史杨公则率众二万，屯军洛口，姜庆真领卒五千，据于首陂；又遣其左军将军骞小眼，军主何天祚、张俊兴等率众七千，攻围陆城。嵩乃遣统军封迈、王会等步骑八千讨之。迈达陆城，贼皆夜遁，追击破之，斩获数千，公则、庆真退还马头。衍徐州刺史昌义之屯据高皇，遣三军潜寇阴陵，以淮水浅竭，不通船舰，屯于马头。衍将田道龙、何景先等领卒三千，已至衡山，规寇陆城。寇并充逼。嵩遣兼统军李叔仁等援合肥、小岘、杨石，频战破之。衍征虏将军赵革屯于黄口，嵩遣军司赵炽等往讨之，先遣统军安伯丑潜师夜渡，伏兵下蔡。革率卒四千，逆来拒战，伯丑与下蔡戍主王虎等前后夹击，大败之，俘斩溺死四千余人。统军李叔仁等夜袭硖石之贼，又破之。衍将姜庆真专据肥汭，冠军将军曹天宝屯于鸡口，军主尹明世屯东硖石。嵩遣别将羊引次于淮西，去贼营十里；司马赵炽率兵一万为表里声势。众军既会，分击贼之四垒。四垒之贼，战败奔走，斩获数千，溺死万数。统军牛敬宾攻硖石，明世宵遁。庆真合余烬浮淮下，下蔡戍主王略截流击之，俘斩太半。于是威名大振。

后为苍头李太伯等同谋，害嵩并妻穆氏及子世贤。世宗为嵩举哀于东堂。赙绢一千匹，赠车骑将军、领军，谥曰刚侯。

第二子世俊，颇有干用，而无行业。袭爵，除给事中、东宫舍人。伯父澄表求转阶授之，于是除员外散骑常侍。肃宗时，追论嵩勋，封世俊卫县开国男，食邑二百户，迁冠军将军、宗正少卿，又为散骑常侍、安南将军、武卫将军、河南尹。寻除镇东将军、青州刺史，转征东将军，加散骑常侍。邢杲之乱，围逼州城，世俊凭城拒守，遂得保全。孝庄时，除卫将军、吏部尚书。尔朱兆寇京师，诏世俊以本官为都督，防守河桥。及兆至河，世俊初无拒守意，便隔岸遥拜，时论疾之。前废帝世，为骠骑将军，仍加尚书，尤为尔朱世隆所昵。出帝初，加仪同三司，改封武阳县开国子，食邑五百户。世俊居选曹，不能厉心，多所受纳，为中尉弹纠，坐免官。寻复本职。孝静初，加侍中、尚书右仆射，迁尚书令。世俊轻薄，好去就，诏送晋阳。兴和中，薨。赠侍中、都督冀定瀛殷四州诸军事、骠骑大将军、太傅、定州刺史，尚书令、开国公如故，谥曰躁戾。

子景远，袭。散骑侍郎。

世贤弟世哲，武定中，吏部郎。

嵩弟赡，字道周。高祖时，自□大夫稍迁宗正少卿、龙骧将军、光州刺史、散骑常侍、左将军，迁平东将军、兖州刺史。颇爱书史，而贪暴好杀。澄深耻忿之，绝其往来。有四子。

长子远，尚书郎。

史臣曰：显祖之将禅让，可谓国之大节。康王毅然庭诤，德音孔昭，一言兴邦，其斯之谓欤？文宣贞固俊远，郁为宗杰，身因累朝，宁济夷险，既社稷是任，其梁栋之望也。顺謇谔倜傥，有汲黯之风，不用于时，横招非命，惜矣。嵩有行陈之气，俊则裂冠之徒欤？

魏书卷一九下
列传第七下

景穆十二王下

南安王桢　城阳王长寿
章武王太洛　乐陵王胡儿
安定王休

南安王桢，皇兴二年封，加征南大将军、中都大官，寻迁内都大官。高祖即位，除凉州镇都大将，寻以绥抚有能，加都督西戎诸军事、征西大将军、领护西域校尉、仪同三司、凉州刺史。征为内都大官，出为使持节、侍中、本将军、开府、长安镇都大将、雍州刺史。

桢性忠谨，事母以孝闻，赐帛千匹以褒之。征赴讲武，高祖引见于皇信堂，戎之曰："翁孝行著于私庭，令问彰于邦国，每钦忠懿，思一言展，故因讲武，远征赴阙。仰恋仁慈，情在未已。但长安镇年饥民俭，理须绥抚，不容久留，翁今还州，其勤隐恤，无令境内有饥馁之民。翁既国之懿亲，终无贫贱之虑。所宜慎者略有三事：一者，恃新骄矜，违礼僭度；二者傲慢贪奢，不恤政事；三者饮酒游逸，不择交友。三者不去，患祸将生。但能慎此，是以全身远害，光国荣家，终始之德成矣。"而桢不能遵奉，后乃聚敛肆情。

文明太后、高祖并临皇信堂，引见王公，太后令曰："汝阴王天赐、南安王桢不顺法度，黩货聚敛，依犯论坐，将至不测。卿等为当存亲以毁令，为欲灭亲以明法?”群臣成以二王托体先皇，宜蒙矜恕。太后不答。高祖乃诏曰:“南安王桢以懿戚之贵，作镇关右，不能洁己奉公，助宣皇度，方肆贪欲，殖货私庭，放纵奸囚，壅绝诉讼，货遗诸使，邀求虚称，二三之状，皆犯刑书。昔魏武剪发以齐众，叔向戮弟以明法，克己忍亲，以率天下。夫岂不怀，有为而然耳。今者所犯，事重畴日，循古推刑，实在难恕。皇太后天慈宽笃，恩矜国属，每一寻惟高宗孔怀之近，发言哽塞，悲恸于怀，且以南安王孝养之名，闻于内外。特一原恕，削除封爵，以庶人归第，禁锢终身。”

后高祖南伐，桢从至洛。及议迁都，首从大计，高祖甚悦。桢母刘太妃薨，高祖亲幸临尉。及葬，赠布帛采五百段。又以桢议定迁都，复封南安王，食邑一千户。出为镇北大将军、相州刺史。高祖饯桢于华林都亭。诏曰:“从祖南安，既之蕃任，将旷违千里，豫怀惘恋。然今者之集，虽曰分歧，实为曲宴，并可赋诗申意。射者可以观德，不能赋诗者，可听射也。当使武士弯弓，文人下笔。”高祖送桢于阶下，流涕而别。

太和二十年五月至邺，入治日，暴风大雨，冻死者十数人。桢又以旱，祈雨于群神。邺城有石虎庙，人奉祀之。桢告虎神像云:“三日不雨，当加鞭罚。”请雨不验，遂鞭像一百。是月疽发背，薨。谥曰惠，赠帛一千匹。及葬，又赐帛千匹，遣黄门郎监护丧事。

及恒州刺史穆泰谋反，桢知而不告，虽薨，犹追夺爵封，国除。有五子。

子英，字虎儿。性识聪敏，博闻强记，便弓马，解吹笛，微晓医术。高祖时，为平北将军、武川镇都大将、假魏公。未几，迁都督梁益宁三州诸军事、安南将军、领护西戎校尉、仇池镇都大将、梁州刺史。高祖南伐，为梁汉别道都将。

后大驾临钟离，诏英率众备寇境上。英以大驾亲动，势倾东南，汉中有可乘之会，表求进讨，高祖许之。师次沮水，萧鸾将萧懿遣将尹绍祖、梁季群等领众二万，徼山立栅，分为数处，居高视下，隔水为营。英乃谋曰："彼帅贱民慢，莫能相服，众而无上，罔知适从。若选精卒，并攻一营，彼不相救，我克必矣。若克一军，四营自拔。"于是简兵三面腾上，果不相救。既破一处，四营俱溃，生擒梁季群，斩三千余级，俘七百人。鸾白马戍将其夜逃溃。乘胜长驱，将逼南郑，汉川之民，以为神也，相率归附。

梁州民李天干等诣英降，待以国士之礼。天干等家在南郑之西，请师迎接，英遣迎之。萧懿闻而遣将姜修率众追袭，逮夜交战，颇有杀伤。修后屡败，复更请军。懿遣众赴之，迎者告急。英率骑一千，倍道赴救。未至，贼已退还。英恐其入城，别遣统军元拔以随其后，英徼其前，合击之，尽俘其众。懿续遣军，英不虞贼至，且众力已疲，军少人惧，咸欲奔走。英乃缓骑徐行，神色自若，登高望贼，东西指麾，状似处分，然后整列而前。贼谓有伏兵，俄然贼退，乘势追殄，遂围南郑。禁止三军，一无所犯，远近皆供租运。

先是，英未至也，萧懿遣军主范洁领三千余人伐獠。洁闻大军围城，欲还救援。英遣统军李平敌、李铁骑等收合巴西、晋寿土人，以断其路。洁以死决战，遂败平敌之军。英候其稍近，以奇兵掩之，尽皆擒获。攻围九十余日，战无不克。被敕班师。英于是先遣老弱，身勒精卒留后，遣使与懿告别。懿以为诈也，英还一日，犹闭门不开。二日之后，懿乃遣将追英。英亲自殿后，与士卒下马交战，贼众莫敢逼之。四日四夜，然后贼退，全军而还。会山氐并反，断英归路。英勒众奋击，且战且行，为流矢所中，军人莫有知者。以功迁安南大将军，赐爵广武伯。在仇池六载，甚有威惠之称。

父忧，解任。高祖讨汉阳，起英为左卫将军，加前将军，寻迁大宗正，又转尚书，仍本将军，镇荆州。萧宝卷将陈显达等寇荆州，英连战失利。车驾至南阳，免英官爵。世宗即位，行徐州，还复尚书、广武伯。萧宝卷遣将军陈伯之寇淮南，司徒、彭城王勰镇寿春，以英为镇南将军，率众讨之。英未至，贼已引退。勰还，诏英行扬州。后英还京师，上表曰：

臣闻取乱侮亡，有国之常道；陈师鞠旅，因机而致发。窃以区区宝卷，罔顾天常，凭恃山河，敢抗中国。今妖逆数亡，骄纵日甚，威侮五行，怠弃三正，淫刑以逞，虐害无辜。其雍州刺史萧衍东伐秣陵，扫土兴兵，顺流而下，唯有孤城，更无重卫。此则皇天授我之日，旷载一逢之秋，事易走丸，理同拾芥，此而不乘，将欲何待？臣乞躬率步骑三万，直指沔阴，据襄阳之城，断黑水之路。昏虐君臣，自相鱼肉。我居上流，威震遐迩，长驱南出，进拔江陵。其路既近，不盈五百，则三楚之地，一朝可收，岷蜀之道，自成断绝。又命扬、徐二州，声言俱举，缘江焚毁，靡使所遗。建业穷蹙，鱼游釜内。士治之师再兴，孙皓之缚重至。齐文轨而大同，混天地而为一。伏惟陛下暂辟旒纩，少垂听览，独决圣心，无取疑议，此期脱爽，并吞未日。

事寝不报。英又奏曰："臣闻乘虚讨弱，事在速举；因危攻昧，微捷可期。今宝卷乱常，骨肉相贼，蕃戍鼎立，莫知所归。义阳孤绝，密迩天境，外靡粮援之期，内无兵储之固。此乃临焚之鸟，不可去薪；授首之寇，何容缓斧。若此行有果，则江右之地，斯为经略之基。如脱否也，非直后举难图，亦或居要生疾。今豫州刺史司马悦已戒严垂迈，而东豫州刺史田益宗方拟守三关，请遣军司为之节度。"世宗遣直寝羊灵引为军司。

以军功拜吏部尚书，以前后军功进爵常山侯。英奏：

谨案学令：诸州郡学生，三年一校，所通经数，因正使列之，然后遣使就郡练考。臣伏惟圣明，崇道显成均之风，蕴义光胶序之美，是以太学之馆久置于下国，四门之教方构于京缠。计习训淹年，听受累纪。然俊造之流，应问于魏阙；不革之辈，宜返于齐民。使就郡练考，核其最殿。顷以皇都迁构，江扬未一，故乡校之训，弗遑正试。致使薰莸之质，均诲学庭；兰萧之体，等教文肆。今外宰京官，铨考向讫，求遣四门博士明通五经者，道别校练，依令黜陟。

诏曰："学业堕废，为日已久，非一使能劝，比当别敕。"

寻诏英使持节、假镇南将军、都督征义阳诸军事,率众南讨。萧衍司州刺史蔡道恭闻英将至,遣其骁骑将军杨由,率城外居民三千余家,于城西南十里贤首山即岭为三栅,作表里之势。英勒诸军,围贤首垒,焚其栅门。杨由乃驱水牛,从营而出,继之以兵。军人避牛,师遂退下。寻分兵围守。其夜,栅民任马驹斩由以降。三军馆谷,降民安堵。萧衍遣其平西将军曹景宗、后将军王僧炳等率步骑三万来救义阳。僧炳统众二万据凿岘,景宗率一万继后。英遣冠军将军元逞、扬烈将军曹文敬进据樊城以抗之。英部勒将士,掎角讨之,大破僧炳军,俘斩四千余人。英又于士雅山结垒,与景宗相抗,分遣诸统,伏于四山,示之以弱。衍将马仙琕率众万余,来掩英营。英命诸军伪北诱之,既至平地,统军傅永等三军击之,贼便奔退。进击溃之,斩首二千三百级,斩贼羽林监军邓终年。仙琕又率一万余人重来决战。英勒诸将,随便分击,又破之,复斩贼将陈秀之。统军王买奴别破东岭之阵,斩首五百。道恭忧死,骁骑将军、行州事蔡灵恩复凭穷城,短兵日接。景宗、仙琕知城将拔,尽锐决战,一日三交,皆大败而返。灵恩势窘,遂降。三关戍闻之,亦弃城而走。

诏曰:"知贼城已下,复克三关,展威辟境,声略宣振,公私称泰,良以欣然。将军渊规内断,忠谟外举,受律扬旌,克申庙算。虽方叔之制蛮荆,邵虎之扫淮浦,匹兹蔑如也。新州初附,宜广经略,想善加检督,必令周固,有所委付,然后凯旋耳。"初,高祖之平汉阳,英有战功,许复其封,反为显达所败,遂寝。是役也,世宗大悦,乃复之,改封中山王,食邑一千户,遣大使、鸿胪少卿睦延吉持节就拜。英送蔡灵恩及衍尚书郎蔡僧勰,前军将军、义阳太守冯道要,游击将军鲍怀慎,天门太守王承伯,平北府司马宗象,平北府谘议参军伏粲,给事中、宁朔将军蔡道基,中兵参军庞修等数十人。诏曰:"会平江南,此等便可放归也。"英既还,世宗引见,深嘉劳之,后增封一千户。

萧衍遣将军寇肥、梁,诏英使持节,加散骑常侍、征南将军、都督扬徐二道诸军事,率众十万讨之,所在皆以便宜从事。诏英曰:

“贼势滋甚，围逼肥、梁，边将后规，以至于此。故有斯举，必期胜捷，而出军淹滞，肥、梁已陷。闻之惋懑，实乖本图。今众军云集，十有五万，进取之方，其算安在？克殄之期，复当远近？意以几日可至贼？所必胜之规，何者为先？故遣步兵校尉、领中书舍人王云指取机要。”英表陈事机。乃击破阴陵，斩衍将二十五人，及虏首五千余级。又频破贼军于梁城，斩其支将四十二人，杀获及溺死者将五万。衍中军大将军、临川王萧宏，尚书右仆射柳惔等大将五人，沿淮南走，凡收米三十万石。诏劳英曰：“知大摧鲸寇，威振南海，江浦无尘，三楚卷壒，声被荒隅，同轨斯始，公私庆慰，良副朕怀。便当乘威藉响，长驱吴、会，剪拉遗烬，截彼东南也。”英追至于马头，衍马头戍主委城遁走，遂围钟离。

诏曰：“师行已久，士马疲瘠；贼城险固，卒难攻屠。冬春之交，稍非胜便，十万之众，日费无赀。方图后举，不待今事。且可密装徐严，为振旅之意，整疆完土，开示威略。左右蛮楚，素应兆亡，或窜山湖，或难制掠。若凶渠黠党，有须剪除者，便可扑扫，以清疆界。如其强狡凭阻，未易致力者，亦不烦肆兵。凯旋迟近，不复委曲。”英表曰：“臣奉辞伐罪，志殄逋寇，想敌量攻，期至二月将末、三月之初，理在必克。但自此月一日以来，霖雨连并，可谓天违人愿。然王者行师，举动不易，不可以少致睽淹，便生异议。臣亦谛思，若入三月已后，天晴地燥，凭陵是常。如其连雨仍接，不得进攻者，臣已更高邵阳之桥。防其泛突。意外洪长，虑其破桥，臣亦部分造船，复于钟离城随水狭处，营造浮桥。至三月中旬，桥必克成。晴则攻腾，雨则围守，水陆二图，以得为限。实愿朝廷特开远略，少复赐宽。假以日月，无使为山之功，中途而废。”诏曰：“大军野次，已成劳久；攻守之方，理可豫见。比频得启，制胜不过暮春，乃省后表，复期孟夏之末。彼土蒸泞，无宜久淹。势虽必取，乃将军之深计；兵久力殆，亦朝廷之所忧。故遣主书曹道往观军势，使还，三具闻。及道还，英犹表云“可克”。四月，水盛破桥，英及诸将狼狈奔走，士众没者十有五六。英至扬州，遣使送节及衣冠、貂蝉、章绶。诏以付典。有司奏英经算失图，案劾处死，诏恕死为民。

后京兆王愉反，英复王封，邑一千户，除使持节、假征东将军、都督冀州诸军事。英未发，而冀州已平。时郢州治中督荣祖潜引萧衍军，以义阳应之，三关之戍，并据城降衍。郢州刺史娄悦婴城自守。悬瓠城民白早生等杀豫州刺史司马悦，据城南叛。衍将齐荀仁率众守悬瓠。悦子尚华阳公主，主并为所劫。诏英使持节、都督南征诸军事、假征南将军，出自汝南。世宗引英，谓之曰："娄悦绥御失和，铨衡暗于简授，故使郢民引寇，关戍外奔，义阳孤窘，有倒悬之切。王国之郚虎，威名宿震，故屈王亲总元戎，扫清氛秽。昔卫、霍以匈奴之故，居无宁岁，今南疆不靖，王不得以屡劳为辞也。"英对曰："臣才非韩、白，识暗孙、吴，徒以宗室之长，频荷推毂之寄。规略浅短，失律丧师，宜章子反之戮，以谢天下。陛下慈深念履，爱等钟牛，使臣得同荀伯，再生明世，誓追孟氏，以报复为期。关郢微寇，何足平殄，灭贼方略，已在臣目中。愿陛下勿劳圣虑也。"世宗曰："截彼东南，再清随楚，所望于将军。钟离一眚，岂足以损大德？今王董彼三军，朕无忧矣。"

世宗以邢峦频破早生，诏英南赴义阳。英以众少，累表请军，世宗弗许。而英辄与邢峦分兵，共攻悬瓠，克之，乃引军而进。初，荀仁之据悬瓠，衍宁朔将军张道凝等率众据楚城，闻英将至，弃城南走。英追击，斩道凝及衍虎贲中郎曹苦生，尽俘其众。既次义阳，将取三关，英策之曰："三关相须如左右手，左克一关，两关不待攻而定。攻难不如攻易，东关易攻，宜须先取。即黄石公所谓战如风发，攻如河决"。英恐其并力于东，乃使长史李华率五统向西关，分其兵势。身督诸军向东关。

先是，马仙琕使云骑将军马广率众拒屯于长薄，军主胡文超别屯松岘。英至长薄，马广夜遁入于武阳，英进师攻之。闻衍遣其冠军将军彭瓮生、骠骑将军徐超秀援武阳，英乃缓军，曰："纵之使入此城，吾先曾观其形势，易攻耳，吾取之如拾遗也。"诸将未之信。瓮生等既入武阳，英促围攻之，六日而广等降。于是进击黄岘，衍太子左卫率李元履弃城奔窜。又讨西关，衍司州刺史马仙琕亦即退走，果如英策。凡擒其大将六人，支将二十人，卒七千，米四十万石，军资称是。还朝，除尚书仆射。

永平三年，英薨。给东园秘器、朝服一具、帛七百匹，赠司徒公，谥曰献武王。英五子。

攸，字玄兴，东宫洗马。早卒，赠散骑侍郎。

攸弟熙，字真兴。好学，俊爽有文才，声著于世，然轻躁浮动。英深虑非保家之主，常欲废之，立第四子略为世子，宗议不听。略又固请，乃止。

起家秘书郎，延昌二年袭封，累迁兼将作大匠，拜太常少卿、给事黄门侍郎，寻转光禄勋。时领军于忠执政。熙，忠之婿也，故岁中骤迁。寻除平西将军、东秦州刺史，进号安西将军，秘书监，寻以本将军授相州刺史。熙以七月入治，其日大风寒雨，冻死者二十余人，驴马数十匹。熙闻其祖父前事，心恶之。又有蛆生其庭。

初，熙兄弟并为清河王怿所昵，及刘腾、元叉隔绝二宫，矫诏杀怿，熙乃起兵，上表曰：

臣闻安危无常，时有休否。臣早属休明，晚逢多难。自皇基绵茂，九叶承光，高祖、世宗，徽明相袭。皇太后圣敬自天，德同马、邓，至尊神睿纂御，刘鉴烛远。四海晏如，八表归化。而领军将军元叉宠藉外亲，叨荣左右，豺狼为心，饱便反啮。遂使二宫阻隔，温清阙礼，又太傅清河王横被屠害。致使忠臣烈士，丧气阙庭，亲贤宗戚，愤恨内外。妄指鹿马，孰能逾之；王董权逼，方此非譬。臣仰瞻云阙，泣血而生，以细草不除，将为烂漫。况叉悖逆如此，孰可忍之！臣忝籍枝萼，思尽力命，碎首屠肝，甘之若荠。今辄起义兵，实甲八万，大徒既进，文武争先。与并州刺史、城阳王徽，恒州刺史、广阳王渊，徐州刺史、齐王萧宝夤等，同以今月十四日俱发。庶仰凭祖宗之灵，俯罄义夫之命，扫剪凶丑，更清京邑。臣亲总三军，星迈赴难，置兵温城，伏听天旨。王公宰辅，或世著忠烈，或宿佩恩顾，如能同力剪除元叉，使太后至尊忻然奉对者，臣即解甲散兵，赴谢朝阙。臣虽才乖昔人，位居蕃屏，宁容坐观奸丑，虚受荣禄哉！

熙兵起甫十日，为其长史柳元章、别驾游荆、魏郡太守李孝怡率诸城人，鼓噪而入，杀熙左右四十余人，执熙，置之高楼，并其子弟。叉遣尚书左丞卢同斩之于邺街，传首京师。始，熙妃于氏知熙必败，不从其谋，自初哭泣不绝，至于熙死。

熙临刑，为五言诗，示其僚吏曰："义实动君子，主辱死忠臣；何以明是节，将解七尺身。"与知友别曰："平生方寸心，殷勤属知己。从今一销化，悲伤无极已。"熙既蕃王之贵，加有文学，好奇爱异，交结伟俊，风气甚高，名美当世，先达后进，多造其门。始，熙之镇邺也，知友才学之士袁翻、李琰、李神俊、王诵兄弟、裴敬宪等，咸饯于河梁，赋诗告别。及熙将死，复与知故书曰："吾与弟并蒙皇太后知遇，兄据大州，弟则入侍，殷勤言色，恩同慈母。今皇太后见废北宫，太傅清河王横受屠酷，主上幼年，独在前殿。君亲如此，无以自安，故率兵民建大义于天下。但智力浅短，旋见囚执，上惭朝廷，下愧相知。本以名义干心，不得不尔，流肠碎首，复何言哉！昔李斯忆上蔡黄犬，陆机想华亭鹤唳，岂不以恍惚无际，一去不还者乎？今欲对秋月，临春风，藉芳草，荫花树，广召名胜，赋诗洛滨，其可得乎？凡百君子，各敬尔宜，为国为身，善勖名节，立功立事，为身而已。吾何言哉！"时人怜之。

又熙于任城王澄薨前，梦有人告之曰："任城当死，死后二百日外，君亦不免。若其不信，试看任城家。"熙梦中顾瞻任城第舍，四面墙崩，无遗堵焉。熙恶之，觉而以告所亲。及熙之死也，果如所梦。兄弟三人，每从英征伐，在军贪暴，或因迎降逐北，至有斩杀无辜，多增首级，以为功状。又于忠之诬郭祚、裴植也，忠意未决害之，由熙劝奖，遂至极法，世以为冤。及熙之祸，议者以为有报应焉。

灵太后反政，赠使持节、都督冀定瀛相幽五州诸军事、大将军、太尉公、冀州刺史，增本封一千户，谥曰文庄王。

长子景献，次仲献，次叔献，并与熙同被害。后赠景献中军将军、青州刺史，葬以王礼；仲献左将军、兖州刺史；叔献右将军、齐州刺史。

叔献弟叔仁，以年幼获全，与母于氏徙朔州。孝昌初，灵太后诏叔仁归京师，还其财宅，袭先爵。除征虏将军、通直散骑常侍。孝庄初，遇害于河阴，赠卫大将军、仪同三司、并州刺史。

子琳，袭。齐受禅，爵例降。

熙弟诱，字惠兴。自员外郎稍迁通直郎、太子中庶子、征虏将军、卫尉少卿，出为右将军、南秦州刺史。叉斩之于岐州，妻子得不坐。追赠车骑大将军、雍州刺史，后赠仪同三司，追封都昌县开国伯，食邑八百户，谥曰恭。

子始伯，袭。给事中。齐受禅，爵例降。

诱弟略，字俊兴。才气劣于熙，而有和邃之誉。自员外郎稍迁羽林监、通直散骑常侍、冠军将军、给事黄门侍郎。清河王怿死后，叉黜略为怀朔镇副将。未及赴任，会熙起兵，与略书来去。寻值熙败，略遂潜行，自托旧识河内司马始宾。始宾便为荻筏，夜与略俱渡盟津，诣上党屯留县栗法光。法光素敦信义，忻而纳之。略旧识刁双时为西河太守，略复归之。停止经年，双乃令从子昌送略潜遁江左。萧衍甚礼敬之，封略为中山王，邑一千户，宣城太守。俄而，徐州刺史元法僧据城南叛，州内士庶皆为法僧拥逼。衍乃以略为大都督，令诣彭城，接诱初附。略至，屯于河南，为安乐王鉴所破，略唯数十骑入城。衍寻遣其豫章王综镇徐州，征略与法僧同还。

略虽在江南，自以家祸，晨夜哭泣，身若居丧。又恶法僧为人，与法僧言，未尝一笑。衍复除略衡州刺史，未行。会综以城归国，综长史江革、司马祖暅、将士五千人悉见擒虏。萧宗敕有司，悉遣革等还南，因以征略。衍乃备礼遣之。略之将还也，衍为置酒饯别，赐金银百斤，衍之百官，悉送别江上，遣其右卫徐确率百余人送至京师。

肃宗诏光禄大夫刁双境首劳问，又敕徐州赐绢布各一千匹。除略侍中、义阳王，食邑一千户。还达石人驿亭，诏宗室、亲党、内外百官先相识者，听迎之近郊。赐帛三千匹、宅一区、粟五千石、奴婢三十人。其司马始宾除给事中、领直后，栗法光本县令，刁昌东平太守，刁双西兖州刺史。其略所至，一餐一宿之处，无不沾赏。寻改封东平王，又拜车骑大将军、左光禄大夫、仪同三司，领左卫将军、侍中如故。又本官领国子祭酒，迁大将军、尚书令。灵太后甚宠任之，其见委信，始与元徽相埒。于时天下多事，军国万端，略守常自保，无他裨益，唯唯具臣而已。

尔朱荣，略之姑夫，略素所轻忽。略又党于郑俨、徐纥，荣兼衔之。荣入洛也，见害于河阴。赠以本官，加太保、司空、徐州刺史，谥曰文贞。

子景式，袭。武定中，北广平太守。齐受禅，爵例降。

略弟纂，字绍兴，颇有将略。为司徒祭酒。闻熙举兵，因逃奔于邺，至即见擒，与熙俱死。追封北平县公，赠安北将军、恒州刺史，改封高唐县开国侯，食邑八百户。

子子献，袭。卒于泾州司马。

熙异母弟义兴，出后叔父并洛。萧宗初，除员外散骑侍郎。及熙之遇害也。义兴以别后，故得不坐。稍迁辅国将军、通直散骑常侍。孝庄初，于河阴遇害。赠中军将军、瀛州刺史，后赠散骑常侍、征东将军，余如故。义兴妻，赵郡李氏。李颇有妇工，为尔朱荣妻所亲昵。永安中，追封义兴燕郡王，邑五百户，寻改封巨鹿王，又改封武邑王。

子述，袭。天平中，通直郎。齐受禅，爵例降。

英弟怡，起家步兵校尉，转城门校尉，迁鄯善镇将。所在贪暴，为有司所纠，逃窜得免。延昌中，卒。庄帝初，以尔朱荣妇兄，超赠骠骑大将军、太尉公、雍州刺史、扶风王。

长子肃，起家员外散骑侍郎，转直寝。庄帝初，封肃鲁郡王，邑千户。除散骑常侍，出为后将军、广州刺史。后除卫将军、肆州刺史。

其弟晔僭立，拜肃侍中、太师、录尚书事。寻改除使持节、都督青胶光齐南青五州诸军事、骠骑大将军、东南道大行台、青州刺史，不行。永熙二年薨。赠使持节、侍中、都督并恒二州诸军事、本将军、司徒公、并州刺史。

子道与，袭。除前将军。齐受禅，爵例降。

晔字华兴，小字盆子。性轻躁，有膂力。起家秘书郎，稍迁通直散骑常侍。庄帝初，封长广王，邑一千户。出为太原太守，行并州事。尔朱荣之死也，世隆等奔还并州，与尔朱兆会于建兴，乃推晔为主，大赦所部，号年建明。寻为世隆等所废。前废帝立，封晔为东海王，邑万户。出帝初，坐事赐死于第。无子，爵除。

城阳王长寿，皇兴二年封，拜征西大将军、外都大官。出为沃野镇都大将。性聪惠，善抚接，在镇甚有威名。延兴五年薨，谥康王。

长子多侯，早卒。

次子鸾，字宣明。始继叔章武敬王，及兄卒，还袭父爵。身长八尺，腰带十围，以武艺著称。频为北都大将。高祖时，拜外都大官，又出为持节、都督河西诸军事、征西大将军、领护西戎校尉、凉州镇都大将。改镇立州，以鸾为凉州刺史，姑臧镇都大将，余如故。后朝于京师。会车驾南讨，领镇军将军。定都洛阳，高祖幸邺，诏鸾留守。及开建五等，食邑一千户。

除使持节、征南大将军、都督豫荆郢三州、河内山阳东郡诸军事，与安南将军卢渊、李佐攻赭阳，不克，败退而还。时高祖幸瑕丘，鸾请罪行宫。高祖引见鸾等，责之曰："卿等总率戎徒，义应奋节，而进不能夷拔贼城，退不能殄兹小寇，亏损王威，罪应大辟。朕革变之始，事从宽贷，今舍卿等死罪，城阳降为定襄县王，削户五百。古者军行必载庙社之主，所以示其威惠各有攸归。今征卿等败军之罪于社主之前，以彰厥咎。"后以留守之功，还复本封，增邑二百户。除冠军将军、河内太守，转并州刺史，世宗初，除平东将军、青州刺史，后转安北将军、定州刺史。

鸾爱乐佛道，修持五戒，不饮酒食肉，积岁长斋。缮起佛寺，劝率百姓，共为土木之劳，公私费扰，颇为民患。世宗闻而诏曰："鸾亲唯宗懿，作牧大州，民物殷繁，绥宁所属，宜克己厉诚，崇清树惠。而乃骤相征发，专为烦扰，编户嗷嗷，家怀嗟怨。北州土广，奸乱是由，准法寻愆，应加肃黜。以鸾戚属，情有未忍，可遣使者，以义督责，夺禄一周，微示威罚也。"

正始二年薨，时年三十八。赠帛六百匹，诏中书舍人王云旨临吊，赠镇北将军、冀州刺史，谥怀王。

子徽，字显顺。粗涉书史，颇有吏才。世宗时，袭封。除游击将军，出为河内太守。在郡清整，有民誉。征拜长兼散骑常侍。肃宗时，除右将军、凉州刺史。徽以径途阻远，固请不行。除散骑常侍。其年，除后将军、并州刺史。

先是，州界夏霜，禾稼不熟，民庶逃散，安业者少。徽辄开仓赈之，文武咸共谏止。徽曰："昔汲长孺，郡守耳，尚辄开仓，救民灾弊，况我皇家亲近，受委大藩，岂可拘法而不救民困也。"先给后表。肃宗嘉之。加安北将军。后拜安西将军、秦州刺史。诏书旦至夕发。徽以将之秦部，请诣阙恭授，仍表启固陈，请不之职。改授辅国将军，加度支尚书，进号镇军将军。于时，戎马在郊，王师屡败，徽以军旅之费，上国封绢二千匹、粟一万石以助军用。肃宗不纳。又以本官兼吏部尚书，加侍中、征东将军，迁卫将军、右光禄大夫，拜尚书左仆射，转车骑将军、仪同三司。固辞不拜。听解侍中，然后受诏。寻除尚书令，加开府、西道行台，不行。

时灵太后专制，朝纲颓褫。徽既居宠任，无所匡弼，与郑俨之徒，更相阿党。外似柔谨，内多猜忌，睚眦之忿，必思报复。识者嫉之，又不能防闲其妻于氏，遂与广阳王渊奸通。及渊受任军府，每有表启，论徽罪过，虽涉诬毁，颇亦实焉。

庄帝践阼，拜司州牧，寻除司徒，仍领牧。元颢入洛，徽从庄帝北巡，及车驾还宫，以与谋之功，除侍中、大司马、太尉公，加羽葆、鼓吹，增邑通前二万户，余官如故。徽表辞官封，前后屡上。又启云："河上之功，将士之力，求回所封，加诸勋义。"徽为庄帝亲待，内惧荣宠，故有此辞，以防外议。庄帝识其意，听其辞封，不许让官。

徽后妻，庄帝舅女。侍中李彧，帝之姊婿。徽性佞媚，善自取容，挟内外之意，宗室亲戚莫与比焉。遂与彧等劝帝图荣，庄帝亦先有意。荣死，世隆等屯据不解。除徽太保，仍大司马、宗师、录尚书事，总统内外。徽本意谓荣死后，枝叶自应散亡。及尔朱宗族，聚结计难，徽算略无出，忧怖而已。

性多嫉妒，不欲人居其前。每入参谋议，独与帝决。朝臣有上军国筹策者，并劝帝不纳，乃云小贼何虑不除。又吝惜财用，自家及国。于是有所赏锡，咸出薄少，或多而中减，与而复追。徒有糜费，恩不感物。庄帝雅自约狭，尤亦徽所赞成。太府少卿李苗，徽司徒时司马也，徽待之颇厚。苗每致忠言，徽自得志，多不采纳。苗谓人曰："城阳本自蜂目，而豺声复将露也。"

及尔朱兆之入，禁卫奔散，庄帝步出云龙门。徽乘马奔度，帝频呼之，徽不顾而去。遂走山南，至故吏寇弥宅。弥外虽容纳，内不自安。乃怖徽云，官捕将至，令其避他所。使人于路邀害，送尸于尔朱兆。出帝初，赠使持节、侍中、太师、大司马、录尚书事、司州牧，谥曰文献。

子延，袭爵。武定末，官至太子中庶子。齐受禅，爵例降。

徽兄显魏，给事中、司徒掾。卒，赠辅国将军、东豫州刺史。

徽次兄显恭，字怀忠。扬州别驾，以军功封平阳县开国子，邑三百户。孝庄初，除北中郎将，迁左将军、东徐州刺史。入为安东将军、大司农卿。寻除中军将军、荆州刺史。庄帝既杀尔朱荣，乃除显恭使持节、都督晋建南汾三州诸军事、镇西将军、兼尚书左仆射、西北道行台、晋州刺史。尔朱兆入洛后，死于晋阳。出帝初，赠卫大将军、并州刺史，重赠车骑大将军、仪同三司。

子彦昭，袭。武定中，渔阳太守。齐受禅，爵例降。

显恭弟旭，字显和。庄帝时，封襄城郡王，邑一千户。武定末，位至大司马。齐受禅，爵例降。

章武王太洛，皇兴二年薨。追赠征北大将军、章武郡王，谥曰敬。无子，高祖初，以南安惠王第二子彬为后。

彬，字豹儿，袭爵。勇健有武用。出为使持节、都督东秦豳夏三州诸军事、镇西大将军、西戎校尉、统万镇都大将、朔州刺史。以贪婪削封。是时，吐京胡反，诏彬持节，假平北将军，行汾州事，率并、肆之众往讨之。胡平，仍除征虏将军、汾州刺史。胡民去居等六百余人保险谋反，扇动徒类。彬请兵二万，有司奏许之。高祖大怒曰："何有动兵马理也！可随宜肃治。若不能权方静帖，必须大众者，则先斩刺史，然后发兵。"彬奉诏大惧，而率州兵，身先将士，讨胡平之。太和二十三年卒。赐钱十万、绢二百匹，赠以本官，加散骑常侍。彬有五子。

长子融，字永兴。仪貌壮丽，衣冠甚伟，性通率，有豪气。高祖时，拜秘书郎。世宗初，复先爵，除骁骑将军。萧衍遣将寇逼淮阳，梁城陷没。诏融假节、征虏将军、别将南讨，大摧贼众，还复梁城。于时，扬州刺史元嵩为奴所害，敕融行扬州事。寻除假节、征虏将军、并州刺史。

及世宗崩，兼司空，营陪景陵。拜宗正卿，以本官行瀛州事，遇疾不行。未几，除散骑常侍、平东将军、青州刺史。还为秘书监，迁中护军，进号抚军将军，领河南尹，加征东将军。性尤贪残，恣情聚敛，为中尉纠弹，削除官爵。汾、夏山胡叛逆，连结正平、平阳。诏复融前封，征东将军、持节、都督以讨之。融寡于经略，为胡所败。

久之，加散骑常侍、卫将军、左光禄大夫。后贼帅鲜于修礼寇暴瀛、定二州，长孙稚等讨之，失利。除融车骑将军，为前驱左军都督，与广阳王渊等共讨修礼。师渡交津，葛荣杀修礼而自立。转营至白牛逻,轻骑击融。融苦战终日,更无外援,遂大奔败,于陈见杀。萧宗为举哀于东堂,赐东园秘器、朝服一具、采二千八百段,赠侍中、都督雍华岐三州诸军事、本将军、司空、雍州刺史。寻以融死王事,进赠司徒,加前后部鼓吹。谥曰庄武。

子景哲,袭。武定中,开府仪同三司。齐受禅,爵例降。

景哲弟朗,即后废帝,语在《帝纪》。

子黄头,袭封安定王,改封安平五。齐受禅,爵例降。

融弟凝,字定兴。起家恒州征虏录事参军,累迁护军长史。凝姑,尔朱荣妻。庄帝初,封东安王,食邑五百户。除持节、安东将军、兖州刺史,转济州刺史,仍本将军。永熙二年薨,赠持节、都督沧瀛冀三州诸军事、骠骑大将军、冀州刺史。

子彦友,袭。武定中,光禄大夫。齐受禅,爵例降。

凝弟湛,字镇兴。起家秘书郎,转尚书左司郎中,迁廷尉少卿。庄帝初,遇害河阴。赠征东将军、青州刺史、追封渔阳王,食邑五百户。

子俊,袭。齐受禅,爵例降。

湛弟晏,字俊兴。卒于秘书丞。赠平东将军、秘书监、豫州刺史。

乐陵王胡儿,和平四年薨。追封乐陵王,赠征北大将军,谥曰康。

无子。显祖诏胡儿兄汝阴王天赐之第二子永全后之,袭封,后改名思誉。高祖初,蠕蠕犯塞,以思誉为镇北大将军、北征大都将。后除使持节、本将军、领护匈奴校尉、都督、中军都将。出为使持节,镇东大将军、和龙镇都大将、营州刺史,加领护东夷校尉,转为镇北将军,行镇北大将军。高祖引见百官于光极堂,谓思誉曰:“恒代路悬,旧都意重,故屈叔父远临此任,不可不敬慎所临,以副朕望。”及穆泰阴谋不轨,思誉知而不告,恕死,削封为庶人。太和末,还复其王封。正始四年薨。赠光州刺史,谥曰密王。

子景略,字世彦。世宗时,袭封,拜骁骑将军。除持节、冠军将军、幽州刺史。熙平元年薨，赠本将军、豫州刺史，赐帛四百匹，谥曰惠王。

子霸，字休邦，袭。武定中，巨鹿太守。齐受禅，爵例降。

景略弟庆略，散骑侍郎。

子子政，通直散骑常侍。

庆略弟洪略，恒农太守、中军将军、行东雍州刺史。

洪略弟子业，平原太守。

安定王休，皇兴二年封，拜征南大将军、外都大官。休少而聪慧，治断有称。高祖初，库莫奚寇边，以休为使持节、侍中、都督诸军事、征东大将军、领护东夷校尉、仪同三司、和龙镇将。休抚防有方，贼乃款附。入为中都大官。蠕蠕犯塞，出为使持节、征北大将军、抚冥镇大将。休身先将士，击虏退之。

入为内都大官，迁太傅。及开建五等，食邑二千户。车驾南伐，领大司马。高祖亲行诸军，遇休以三盗人徇于六军，将斩之，有诏赦之。休执曰："陛下将远清衡霍，故亲御六师，跋涉野次，军行始尔，已有奸窃，如其不斩，何以息盗，请必行刑，以肃奸慝。"诏曰："大司马执宪诚应，如是。但因缘会，朕闻王者之体，亦时有非常之泽。虽违军法，可特原之。"休乃奉诏。高祖谓司徒冯诞曰："大司马严而秉法，诸军不可不慎。"于是六军肃然。

定都洛邑，休从驾幸邺。命休率从驾文武，迎家于平城。高祖亲饯休于漳水之北。十八年，休寝疾。高祖幸其第，流涕问疾，中使医药，相望于路。薨，赠帛三千匹。自薨至殡，车驾三临。高祖至其门，改服裼衰，素弁加绖。皇太子、百官皆从行吊礼。及将葬，又赠布帛二千匹，谥曰靖王。诏假黄钺，加羽葆、鼓吹、虎贲、班剑六十三人，悉准三老尉元之仪。高祖亲送出郊，恸哭而返。诸王恩礼莫比焉。世宗世，配飨庙庭。

长子安，幼年早卒。

次子燮，除下大夫。世宗初，袭。拜太中大夫，除征虏将军、华州刺史。燮表曰：

谨惟州治李润堡，虽是少梁旧地，晋、芮锡壤，然胡夷内附，遂为戎落。城非旧邑先代之名，爰自国初，护羌小戍。及改镇立郡，依岳立州，因籍仓府，未刊名实。窃见冯翊古城，羌魏两民之交，许洛水陆之际，先汉之左辅，皇魏之右翼，形胜名都，实惟西蕃奥府。今州之所在，岂唯非旧，至乃居冈饮涧，井谷秽杂，升降劬劳，往还数里，譐諮明昏，有亏礼教。未若冯翊，面华渭，包原泽，井浅池平，樵牧饶广。采材华阴，陆运七十，伐木龙门，顺流而下。陪削旧雉，功省力易，人各为己，不以为劳。昔宋民无井，穿井而欣得人；况合城无水，得水而不家庆。窃闻前政刺史，非是无意，或值兵举，或遇年灾，缘此契阔，稽延至此。去岁已熟，秋方大登，四境晏安，京师无事。丁不十钱之费，人无八旬之勤。损轻益重，乞垂昭鉴。

遂诏曰："一劳永逸，便可听移。"后除征虏将军、豳州刺史。延昌四年薨。赠本将军、朔州刺史。

子超，字化生。肃宗初，袭。时以胡国珍封安定公，改封北平王。拜城门校尉、通直散骑常侍、东中郎将。寻除光禄大夫，领将作大匠。后复本封。尔朱荣之入洛，超避难洛南，遇寇见害。庄帝初，赠车骑大将军、仪同三司、岐州刺史。

子孝景，袭。武定中，通直郎。齐受禅，爵例降。

燮弟愿平，清狂无行。高祖末，拜员外郎。世宗初，迁给事中。勃恶日甚，杀人劫盗，公私成患。世宗以其戚近，未忍致之于法，乃免官，禁之别馆。馆名愁思堂，冀其克念。世宗崩，愿平乃得出。灵太后临朝，以其暴乱不悛，诏曰："顾平志行轻疏，每乖宪典，可还于别馆，依前禁锢。"久之，解禁还家，付师严加诲奖。后拜通直散骑常侍、前将军。坐裸其妻王氏于其男女之前，又强奸妻妹于妻母之侧。御史中丞侯刚案以不道，处死，绞刑，会赦免，黜为员外常侍。孝昌中，卒。

子绪，幽州安西府功曹参军。庄帝初，直阁将军。寻为持节，兼武卫将军、关右慰劳十二州大使，遂没吐谷浑。

子长春，员外散骑侍郎。武定初，封南郡王，邑五百户。齐受禅，爵例降。

愿平弟永平，征虏将军、南州刺史。为城民华延明所害。太昌初，追赠使持节、侍中、都督定瀛幽三州诸军事、卫将军、定州刺史。

永平弟珍平，司州治中。

子叔遵，员外散骑常侍。

珍平弟贵平，羽林监，转射声校尉。庄帝初，除散骑常侍、宗正少卿，封东莱王，邑百户。除平北将军、南相州刺史。庄帝既杀尔朱荣，加武卫将军，兼侍中，为河北、山东慰劳大使。至定州东北，为幽州大都督侯渊所执，送于晋阳，后还洛。前废帝时，以本官行青州事，属土民崔祖螭作逆，贼徒甚盛，围逼东阳一百余日。贵平率城民固守，又令将士开门交战。大军救至，遂擒祖螭等，斩之。还除车骑将军，加散骑常侍，迁左卫将军、宗师，又迁车骑大将军、左光禄大夫、仪同三司。贵平人才险薄，为出帝所信。出为青州刺史，又加骠骑大将军、开府仪同三司，为幽州大都督侯渊所害。

史臣曰：南安原始要终，善不掩恶。英将帅之用，有声于时。熙、略兄弟，早播民誉，或才疏志大，或器狭任广，咸不能就其功名，俱至非命，惜也。康王不永，鸾起家声。徽饰智矫情，外谄内忌，永安之祸，谁任其责？宛其死也，固其宜哉。章武、乐陵，盖不足数。靖王聪断威重，见称太和，美矣。

魏书卷二〇
列传第八

文成五王

安乐王长乐　广川王略　齐郡王简　河间王若　安丰王猛

文成皇帝七男：孝元皇后生献文皇帝；李夫人生安乐厉王长乐；曹夫人生广川庄王略；沮渠夫人生齐郡顺王简；乙夫人生河间孝王若；悦夫人生安丰匡王猛；玄夫人生韩哀王若安平，王早薨，无传。

安乐王长乐，皇兴四年封建昌王，后改封安乐王。长乐性凝重，显祖器爱之。承明元年，拜太尉，出为定州刺史。鞭挞豪右，顿辱衣冠，多不奉法，为人所患。百姓诣阙讼其过，高祖罚杖三十。贪暴弥甚，以罪征诣京师。后与内行长乙肆虎谋为不轨，事发，赐死于家。葬以王礼，谥曰厉。

子诠，字搜贤，袭。世宗初，为凉州刺史。在州贪秽，政以贿成。后除定州刺史。及京兆王愉之反，诈言国变。在北州镇，咸疑朝廷有衅，遣使观诠动静。诠具以状告，州镇帖然。愉奔信都，诠与李平、高殖等四面攻烧，愉突门而出。寻除侍中，兼以首告之功，除尚书左仆射。薨，谥曰武康。

子鉴，字长文，袭。后除相州刺史、北讨大都督，讨葛荣。仍兼尚书右仆射、北道行台、尚书令，与都督裴衍共救信都。鉴既庸才，诸弟粗暴，见天下多事，遂谋反，降附葛荣。都督源子邕与裴衍合围鉴，斩首传洛，诏改其元氏。庄帝初，许复本族，又特复鉴王爵，赠司空。

鉴弟斌之，字子爽。性险无行，及与鉴反，败，遂奔葛荣。荣灭，得还。出帝时，封颍川郡王，委以腹心之任。帝入关，斌之奔萧衍，后还长安。

广川王略，延兴二年封。位中都大官。性明敏，鞫狱称平。太和四年薨，谥曰庄。

子谐，字仲和，袭。十九年薨。诏曰："朕宗室多故，从弟谐丧逝，悲痛摧割，不能已已。古者，大臣之丧，有三临之礼，此盖三公已上。至于卿司已下，故应阙。自汉已降，多无此礼。朕欲遵古典，哀感从情，虽以尊降伏，私痛宁爽。欲令诸王有期亲者为之三临，大功之亲者为之再临，小功缌麻为之一临。广川王于朕大功，必欲再临。再临者，欲于大殓之日，亲临尽哀，成服之后，缌衰而吊。既殡之缌麻，理在无疑，大殓之临，当否如何？为须抚柩于始丧，为应尽哀于阖棺？早晚之宜，择其厥中。"

黄门侍郎崔光、宋弁，通直常侍刘芳，典命下大夫李元凯，中书侍郎高聪等议曰："三临之事，乃自古礼，爰及汉、魏，行之者稀。陛下至圣慈仁，方遵前轨，志必哀丧，虑同宁戚。臣等以为，若期亲三临，大功宜再。始丧之初，哀之至极，既以情降，宜从始丧。大殓之临，伏如圣旨。"诏曰："魏、晋已来，亲临多阙，至于戚臣，必于东堂哭之。顷大司马、安定王薨，朕既临之后，复更受慰于东堂。今日之事，应更哭否？"光等议曰："东堂之哭，盖以不临之故。今陛下躬亲抚视，群臣从驾。臣等参议，以为不宜复哭。"诏曰："若大司马戚尊位重，必哭于东堂；而广川既是诸王之子，又年位尚幼，卿等议之，朕无异焉。"

谐将大殓，高祖素服深衣哭之，入室，哀恸，抚尸而出。有司奏，广川王妃薨于代京，未审以新尊从于卑旧，为宜卑旧来就新尊。诏曰："迁洛之人，自兹厥后，悉可归骸邙岭，皆不得就茔恒代。其有夫先葬在北，妇今丧在南，妇人从夫，宜还代葬。若欲移父就母，亦得任之。其有妻坟于恒代，夫死于洛，不得以尊就卑。欲移母就父，宜亦从之，若异葬亦从之。若不在葬限，身在代丧，葬之彼此，皆得任之。其户属恒燕，身官京洛，去留之宜，亦从所择。其属诸州者，各得任意。"诏赠谐武卫将军，谥曰刚。及葬，高祖亲临送之。

子灵道，袭。卒，谥悼王。

齐郡王简，字叔亮。太和五年封。位中都大官。简母，沮渠牧犍女也。简性貌特类外祖。后为内都大官。高祖尝与简俱朝文明太后于皇信堂，简居帝之右，行家人礼。迁太保。高祖仁孝，以诸父零落，存者唯简。每见，立以待之；俟坐，致敬问起居，停简拜伏。简性好酒，不能理公私之事。妻常氏，燕郡公常喜女也，文明太后以赐简。性干综家事，颇节断简酒，乃至盗窃，求乞婢侍，卒不能禁。二十三年薨。时高祖不豫，诏曰："叔父薨背，痛慕摧绝，不自胜任。但虚顿床枕，未堪奉赴，当力疾发哀。"谥曰灵王。世宗时，改谥曰顺。

子祐，字伯授，袭。母常氏，高祖以纳不以礼，不许其为妃。世宗以母从子贵，诏特拜为齐国太妃。祐位泾州刺史。薨，谥曰敬。

河间王若，字叔儒。年十六，未封而薨，追封河间，谥曰孝。诏京兆康王子太安为后。太安于若为从弟，非相后之义，废之，以齐郡王子琛继。

琛字昙宝，幼而敏慧，高祖爱之。世宗时，拜定州刺史。琛妃，世宗舅女，高皇后妹。琛凭恃内外，多所受纳，贪婪之极。及还朝，灵太后诏曰："琛在定州，惟不将中山宫来，自余无所不致，何可更复叙用！"由是遂废于家。琛以肃宗始学，献金字《孝经》。又无方自达，乃与刘腾为养息，赂腾金宝巨万计。腾屡为之言，乃得兼都官尚书，出为秦州刺史。在州聚敛，百姓吁嗟。属东益、南秦二州氐反，诏琛为行台，仍充都督，还摄州事。琛性贪暴，既总军省，求欲无厌，百姓患害，有甚狼虎。进讨氐羌，大被摧破，士卒死者千数，率众走还。内侍刘腾，无所畏惮，为中尉纠弹，会赦，除名为民。寻复王爵，后讨鲜于修礼，败，免官爵。后讨汾晋胡蜀，卒于军，追复王爵。

安丰王猛，字季烈。太和五年封，加侍中。出为和龙镇都大将、营州刺史。猛宽仁雄毅，甚有威略，戎夷畏爱之。薨于州，赠太尉，谥曰匡。

子延明，袭。世宗时，授太中大夫。延昌初，岁大饥，延明乃减家财，以拯宾客数十人，并赡其家。至肃宗初，为豫州刺史，甚有政绩，累迁给事黄门侍郎。延明既博极群书，兼有文藻，鸠集图籍万有余卷。性清俭，不营产业。与中山王熙弟临淮王彧等，并以才学令望有名于世。虽风流造次不及熙、彧，而稽古淳笃过之。寻迁侍中。诏与侍中崔光撰定服制。后兼尚书右仆射。以延明博识多闻，敕监金石事。

及元法僧反，诏为东道行台、徐州大都督、节度诸军事，与都督、临淮王彧，尚书李宪等讨法僧。萧衍遣其豫章王综镇徐州。延明先牧徐方，甚得民誉，招怀旧土，远近归之。综既降，延明因以军乘之，复东南之境，至宿豫而还。迁都督、徐州刺史。频经师旅，人物凋弊，延明招携新故，人悉安业，百姓咸附。庄帝时，兼尚书令、大司马。

及元颢入洛，延明受颢委寄，率众守河桥。颢败，遂将妻子奔萧衍，死于江南。庄帝末，丧还。出帝初，赠太保，王如故，谥曰文宣。所著诗赋赞颂铭诔三百余篇，又撰《五经宗略》、《诗礼别义》，注《帝王世纪》及《列仙传》。又以河间人信都芳工算术，引之在馆。其撰《古今乐事》九章十二图，又集《器准》九篇，芳别为之注，皆行于世。

魏书卷二一上
列传第九上

献文六王上

咸阳王禧　赵郡王干　广陵王羽
高阳王雍　北海王详

献文皇帝七男：李思皇后生孝文皇帝；封昭仪生咸阳王禧；韩贵人生赵郡灵王干、高阳文穆王雍；孟椒房生广陵惠王羽；潘贵人生彭城武宣王勰；高椒房生北海平王详。勰别有传。

大咸阳王禧，字永寿。太和九年封，加侍中、骠骑大将军、中都大官。文明太后令曰："自非生知，皆由学诲。皇子皇孙，训教不立，温故求新，盖有阙矣。可于闲静之所，别置馆，选忠信博闻之士为之师，傅以匠成之。"高祖以诸弟典三都，诫禧等曰："汝等国之至亲，皆幼年任重，三都折狱，特宜用心。夫未能操刀而使割锦，非伤锦之尤，实授刀之责。皆可修身慎行，勿有乖爽。"文明太后亦诫禧等曰："汝兄继承先业，统御万机，战战兢兢，恒恐不称。汝所治虽小，亦宜克念。"高祖又曰："周文王小心翼翼，聿怀多福。如有周公之才，使骄且吝，其余不足观。汝等宜小心畏慎，勿自骄怠。"

出为使持节、开府、冀州刺史，高祖饯于南郊。又以济阴王郁枉法赐死之事，遣使告禧，因而诫之。后禧朝京师，高祖谓王公曰："皇太后平日以朝仪阙然，遂命百官更欲撰缉，今将毕修遗志，卿等谓可行不?当各尽对,无以面从。"禧对曰:"仪制之事,用舍各随其时。而人可使由之,不可使知之。臣谓宜述元志,备行朝式。"高祖然之,诏曰:"仲尼在乡党,犹尚恂恂;周文王为世子,卑躬求道。禧等虽连萼宸晖,得不尊尚师傅也? 故为置之,以加令德。廷尉卿李冲可咸阳王师。"禧将还州,高祖亲饯之,赋诗叙意,加禧都督冀、相、兖、东兖、南豫、东荆六州诸军事。

于时王国舍人应取八族及清修之门,禧取任城王隶户为之,深为高祖所责。诏曰:

夫婚姻之义,曩叶攸崇;求贤择偶,绵代斯慎。故刚柔著于《易经》,《鹊巢》载于《诗》典,所以重夫妇之道,美尸鸠之德,作配君子,流芳后昆者也。然则婚者,合二姓之好,结他族之亲,上以事宗庙,下以继后世,必敬慎重正而后亲之。夫妇既亲,然后父子君臣、礼义忠孝,于斯备矣。太祖龙飞九五,始稽远则,而拨乱创业,日昃不暇。至于诸王娉合之仪,宗室婚姻之戒,或得贤淑,或乖好逑。自兹以后,其风渐缺,皆人乏窈窕,族非百两,拟匹卑滥,舅氏轻微,违典滞俗,深用为叹。以皇子茂年,宜简令正,前者所纳,可为妾媵。将以此年为六弟娉室:长弟咸阳王禧可娉故颍川太守陇西李辅女,次弟河南王干可娉故中散代郡穆明乐女,次弟广陵王羽可娉骠骑谘议参军荥阳郑平城女,次弟颍川王雍可娉故中书博士范阳卢神宝女,次弟始平王勰可娉廷尉卿陇西李冲女,季弟北海王详可娉吏部郎中荥阳郑懿女。

有司奏冀州人苏僧瓘等三千人,称禧清明有惠政,请世胙冀州。诏曰:"利建虽古,未必今宜;经野由君,理非下请。邑采之封,自有别式。"入除司州牧、都督司豫荆郢洛东荆六州诸军事,开府如故,赐帛二千匹、粟五千斛。诏以禧元弟之重,食邑三千户,自余五王皆食邑二千户。

高祖引见朝臣,诏之曰:"卿等欲令魏朝齐美于殷、周,为令汉、晋独擅于上代?"禧曰:"陛下圣明御运,实愿迈迹前王。"高祖曰:

“若然，将以何事致之？为欲修身改俗，为欲仍染前事？”禧对曰：“宜应改旧，以成日新之美。”高祖曰：“为欲止在一身，为欲传之子孙？”禧对曰：“既卜世灵长，愿欲传之来业。”高祖曰：“若然，必须改作。卿等当各从之，不得违也。”禧对曰：“上命下从，如风靡草。”高祖曰：“自上古以来及诸经籍，焉有不先正名而得行礼乎？今欲断诸北语，一从正音。年三十以上，习性已久，容或不可卒革；三十以下，见在朝廷之人，语音不听仍旧。若有故为，当降爵黜官，各宜深戒。如此渐习，风化可新。若仍旧俗，恐数世之后，伊洛之下复成被发之人。王公卿士，咸以然不？”禧对曰：“实如圣旨，宜应改易。”高祖曰：“朕尝与李冲论此，冲言：‘四方之语，竟知谁是？帝者言之，即为正矣。何必改旧从新。’冲之此言，应合死罪。”乃谓冲曰：“卿实负社稷，合令御史牵下。”冲免冠陈谢。又引见王公卿士，责留京之官曰：“昨望见妇女之服，仍为夹领小袖。我徂东山，虽不三年，既离寒暑，卿等何为而违前诏？”禧对曰：“陛下圣过尧、舜，光化中原。臣虽仰禀明规，每事乖互，将何以宣布皇经，敷赞帝则。舛违之罪，实合刑宪。”高祖曰：“若朕言非，卿等当须庭论。如何入则顺旨，退有不从？昔舜语禹，汝无面从，退有后言，其卿等之谓乎！”寻以禧长兼太尉公。

后高祖幸禧第，谓司空穆亮、仆射李冲曰：“既有天地，又有君臣。太尉位居台铉，在冢宰之上，三槐九棘，不可久空。元弟禧虽在事不长，而戚连皇极，且长兼太尉，以和饪鼎。朕常恐君有空授之名，臣贻彼己之刺。今幸其宅，徒屈二宾，良以为愧。”高祖有事于方泽，质明，群臣问起居。高祖曰：“昨日方泽，殊自大暑，遇天云荫密，行人差得无弊。”禧对曰：“陛下德感天地，故云物凝彩，虽复雨师洒扫，风伯清尘，岂过于此。”高祖曰：“伊洛南北之中，此乃天地氤氲，阴阳风雨之所交会，自然之应，非寡德所能致此。”

高祖笃于兄弟，以禧次长，礼遇优隆，然亦知其性贪，每加切诫，虽当时遵奉，而终不改操。禧表曰：“国朝偃武崇文，偏舍来久，州镇兵人，或有雄勇，不闲武艺。今取岁暮之暇，番上之日，训其兵法。弓矢干槊，三分并教，使人闲其能，临事无阙。”诏曰：“虽云教武，未练其方。既逼北行，臣闻教武，脱生群惑，且可停之。”后从平汉阳，以克南阳之勋，加侍中，正太尉。

及高祖崩，禧受遗辅政。虽为宰辅之首，而从容推委，无所是非，而潜受贿赂，阴为威惠者，禧特甚焉。是年，八座奏增邑千户，世宗从之，固辞不受。禧性骄奢，贪淫财色，姬妾数十，意尚不已，衣被绣绮，车乘鲜丽，犹远有简娉，以恣其情。由是昧求货贿，奴婢千数，田业盐铁遍于远近，臣吏僮隶，相继经营。世宗颇恶之。

景明二年春，禧等为将礿祭入斋，世宗诏领军于烈，率左右召禧等入于光极殿。诏曰：“讳虽寡昧，忝承宝历，比缠玑疹，实凭诸父，苟延视息，奄涉三龄。父等归逊殷勤，今便亲摄百揆，且还府司，当别处分。”寻诏曰：“朕以寡昧，夙罹闵凶，忧茕在疚，罔知攸济。实赖先帝圣德，遗泽所覃，宰辅忠贤，劬劳王室，用能抚和上下，肃清内外。乃式遵复子，归政告逊，辞理恳至，邈然难夺。便当励兹空乏，亲览机务。王尊惟元叔，道性渊凝，可进位太保，领太尉；司空、北海王季父英明，声略茂举，可大将军、录尚书事。”

世宗既览政，禧意不安。而其国斋帅刘小苟，每称左右言欲诛禧。禧闻而叹曰：“我不负心，天家岂应如此！”由是常怀忧惧。加以赵修专宠，王公罕得进见。禧遂与其妃兄兼给事黄门侍郎李伯尚谋反。时世宗幸小平津，禧在城西小宅。初欲勒兵直入金墉，众怀沮异，禧心因缓。自旦达晡，计不能决，遂约不泄而散。武兴王杨集始出便驰告，而禧意不疑。乃与臣妾向洪池别墅，遣小苟奉启，云“检行田牧”。小苟至邙岭，已逢军人，怪小苟赤衣，将欲杀害。小苟困迫，言欲告反，乃缓之。禧是夜宿于洪池，大风暴雨，拔树折木。禧不知事露。

其夜，或说禧曰：“殿下集众图事，见意而停，恐必漏泄，今夕何宜自宽。恐危祸将至。”禧曰：“有此躯命，应知自惜，岂待人言。”又说曰：“殿下儿妇已渡河，两头不相知，今俯眉自安，不其危乎！”禧曰：“初遣去日，令如行人渡河，听我动静。我久已遣人追之，计今应还。”而尹仵期与禧长子通已入河内郡，列兵仗，放囚徒。而将士所在追禧。禧自洪池东南走，僮仆不过数人，左右从禧者，唯兼防阁尹龙虎。禧忧迫不知所为，谓龙虎曰：“吾愦愦不能堪，试作一谜，当思鲜之，以释毒闷。”龙虎灼忆旧谜云：“眠则俱眠，起则俱起，贪如豺狼，赃不入己。”都不有心于规刺也。禧亦不以为讽己，因解之曰：“此是眼也。”而龙虎谓之是箸。渡洛水，至柏谷坞，从者唯禧二舅及龙虎而已。顾谓龙虎曰：“凡夫尚有节义，相为取死，汝可勉心，作与太尉公同死计。”龙虎曰：“龙虎东野常人，遭殿下宽明，接处左右。今属危难，恨无远计，匡济圣躬，若与殿下同命，虽死犹生。”俄而禧被擒获，送华林都亭。世宗亲问事源，著千斤锁格龙虎，羽林掌卫之。

初，高祖闲宴，从容言于禧等：“我后子孙，邂逅不逮，汝等观望辅取之理，无令他人有也。”禧临尽，虽言不次第，犹尚泣涕，追述先旨，然畏迫丧志，不能慷慨有所感激也。及与诸妹公主等诀，言及一二爱妾。公主哭且骂之云：“坐多取此婢辈，贪逐财物，畏罪作反，致今日之事，何复嘱问此等！”禧愧而无言，遂赐死私第。其宫人歌曰：“可怜咸阳王，奈何作事误。金床玉几不能眠，夜蹋霜与露。洛水湛湛弥岸长，行人那得渡。”其歌遂流至江表，北人在南者，虽富贵，弦管奏之，莫不洒泣。同谋诛斩者数十人，潜瘗禧于北邙。绝其诸子属籍。禧之诸女，微给资产奴婢。自余家财，悉以分赉高肇、赵修二家。其余赐内外百官，逮于流外，多者百余匹，下至十匹。于后，禧诸子每乏衣食，独彭城王勰岁中再三赈给之。禧有子八人。

长子通，字昙和。窃入河内，太守陆琇初与通情，既闻禧败，乃杀之。

通弟翼，字仲和。后会赦，诣阙上书，求葬其父。频年泣请，世宗不许。翼乃与弟昌、晔奔于萧衍。翼与昌，申屠氏出。晔，李妃所生也。翼容貌魁壮，风制可观，衍甚重之，封为咸阳王。翼让其嫡弟晔，衍不许。后以为信武将军、青冀二州刺史，镇郁州。翼谋举州入国，为衍所移。昌为衍直阁将军。

翼弟显和，昌弟树，后亦奔于衍。显和卒于江南。

树，字秀和。美姿貌，善吐纳，兼有将略。衍尤器之，封为魏郡王，后改封郢王，数为将领，窥觎边服。时扬州降衍，兵武既众，衍将湛僧珍虑其翻异，尽欲杀之。树以家国，遂皆听还。衍以树为镇西将军、郢州刺史。尔朱荣之害百官也，树闻之，乃请衍讨荣。衍乃资其士马，侵扰境上。前废帝时，窃据谯城。出帝初，诏御史中尉樊子鹄为行台，率徐州刺史、大都督杜德以讨之。树城守不下，子鹄使金紫光禄大夫张安期往说之，树乃请委城还南，子鹄许之。树恃誓约，不为战备，杜德袭击之，擒树送京师，禁于永宁佛寺，未几，赐死。孝静时，其子贞自建业赴邺，启求葬树，许之。诏赠树侍中、都督青徐兖扬豫五州诸军事、太师、司徒公、尚书令、扬州刺史。贞既葬，还于江南。

晔，字世茂。衍封为桑乾王，拜散骑常侍。卒于秣陵。初，正光中诏曰："周德崇厚，蔡仲享国，汉道仁恕，淮南毕王。皆所以申恩懿戚，蠲汤旧衅，义彰曩叶，咏流前史。顷者，丰阳、京兆王自贻祸败，事由间惑，犹有可矜。两门诸子，并可听附属籍。"后复禧王爵，葬以王礼。诏晔弟坦袭，改封敷城王，邑八百户。坦傲狠凶粗，从叔安丰王延明责之曰："汝凶勃性与身而长，昔有宋东海王祎志性凡劣，时人号曰'驴王'。我熟观汝所作，亦恐不免驴号。"庄帝初，还复本封。武定中，为太师。齐受禅，爵例降。

坦弟昶，起家通直散骑常侍、琅邪县开国公，邑五百户。庄帝初，特封太原王。累迁鸿胪卿，超拜车骑大将军、仪同三司。天平二年薨，赠太尉公。

子善慧，袭。齐受禅，爵例降。

赵郡王干，字思直。太和九年，封河南王，加卫大将军，除侍中、中都大官。寻授车骑将军、左光禄大夫，领吏部尚书。所生母薨，高祖诏曰："太妃韩氏薨逝，怀以伤恸。太妃先朝之世，位拟九嫔，豫班上族，诞我同气。念此孤稚，但用感恻，明当暂往临哭，可敕外备办。”遣侍御史假节监护丧事，赠采八百匹。

诏曰：“季世多务，情缘理夺。干既居要任，铨衡是荷，岂容遂其私志，致旷所司。可遣黄门郎敦谕，令勉从王事，朕寻当与之相见。”拜使持节、都督南豫郢东荆三州诸军事、征南大将军、开府、豫州刺史。及车驾南伐，以干为使持节、车骑大将军、都督关右诸军事，给铜虎符十，别赐诗书。高祖笃爱诸弟，以干总戎别道，诫之曰：“司空穆亮年器可师，散骑常侍卢渊才堪询访，汝其师之。”寻以萧赜死，班师。

迁洛，改封赵郡王，除都督冀定瀛三州诸军事、征东大将军、冀州刺史，开府如故；赐杂物五百段，又密赐黄金十斤。高祖亲饯于近郊，诏干曰：“夫刑狱之理，先哲所难，然既有邦国，得不自励也。汝，我之懿弟，当聿修厥德，光崇有魏，深思远图，如临深履薄。若恃亲重，不务世政，另有常宪，方增悲感。”高祖诏以李凭为长史，唐茂为司马，卢尚之为谘议参军，以匡弼之。而凭等谏诤，干殊不纳。州表斩盗马人，于律过重，而尚书以干初临，纵而不劾。诏曰：“夫刑以节人，罪必无滥，故刑罚不中，民无措足。若必以威杀为良，则应泛通众牧。苟须有禁，何得不稽之正典？又律令条宪，无听新君加戮之文；典礼旧章，不著始临专威之美。尚书典阿朕意，实伤皇度。干暗于治理，律外重刑，并可推闻。”后转特进、司州牧。

车驾南讨，诏干都督中外诸军事，给鼓吹一部，甲士三百人，出入殿门。干贪淫不遵典法，御史中尉李彪将纠劾之。会遇干于尚书下舍，因屏左右，而谓干曰：“殿下，比有风闻，即欲起弹，恐损圣明委托之旨，若改往修来，彪当不言，脱不悛改，夕闻旦发。”而干悠然不以为意，彪乃表弹之。高祖省之，忿惋诏干与北海王详，俱随太子诣行在所。既至，详独得朝见，干不蒙引接。密令左右察其意色，知无忧悔，乃亲数其过，杖之一百，免所居官，以王还第。二十三年薨，年三十一。给东园秘器、敛服十五称，赗帛三千匹，谥曰灵王，陪葬长陵。

子谧，世宗初，袭封。干妃穆氏表谧母赵等悖礼愆常，不逊日甚，尊卑义阻，母子道绝。诏曰："妾之于女君，犹妇人事舅姑，君臣之礼，义无乖二。妾子之于君母，礼加如子之恭，何得黩我风政！可付宗正，依礼治罪。"谧在母丧，听音声饮戏，为御史中尉李平所弹。遇赦，复封。除通直散常侍，加龙骧将军，迁太子中庶子，出为冠军将军、岐州刺史。

谧性严，暴虐下人。肃宗初，台使元延到其州界，以驿逻无兵，摄帅检核。队主高保愿列言所有之兵，王皆私役。谧闻而大怒，鞭保愿等五人各二百，数日之间，谧召近州夫，闭城四门，内外严固，搜掩城中，楚掠备至，又无事而斩六人。合城凶惧，众遂大呼屯门。谧怖，登楼毁梯以自固。土人散走，城人分守四门。灵太后遣游击将军王靖驰驿谕之，城人既见靖至，开门谢罪，奉送管籥。乃罢谧州。还，除大司农卿。

又除散骑常侍、平北将军、幽州刺史。谧妃胡氏，灵太后从女也。未发，坐殴其妃免官。后除都官尚书，加安南将军。正光四年薨。给东园秘器、朝服一具、衣一袭，赗帛五百匹。高阳王雍，干之母弟，启论谧，故超赠假侍中、征南将军、司州牧，谥曰贞景。

子毓，字子春，袭。庄帝初，河阴遇害，赠卫大将军、仪同三司、青州刺史，谥曰宣恭。无子，诏以谧弟谳子置字景融为后，袭爵。及置伯谌复封赵郡，改封平昌王。齐受禅，爵例降。

谧兄谌，字兴伯，性平和。自通直正员郎，迁太子庶子、司空司马、鸿胪少卿。迁后将军、肆州刺史，固辞不拜。改授平南将军、光禄少卿。转黄门侍郎，进号安南将军、光禄大夫。出为散骑常侍、中军将军、相州刺史。罢州，除宗正卿、都官尚书。以亲例封上蔡县开国公，食邑四百户，让而不受。庄帝初，拜车骑将军、仪同三司、尚书左仆射；封魏郡王，食邑一千户，又加侍中。谌本年长，应袭王封，其父灵王宠爱其弟谧，以为世子。庄帝诏复谌封赵郡王，进号骠骑大将军，加开府，物司空公。出帝时，转太保、司州牧、太尉公，又迁太师、录尚书事。孝静初，为大司马。三年薨，赠假黄钺、侍中、都督、冀州刺史，谥曰孝懿。谌无他才识，历位虽重，时人忽之。

子炜，袭。齐受禅，爵例降。

谧弟谭，颇强立，少为宗室所推敬。自羽林监出为高阳太守，为政严断，豪右畏之。肃宗初，入为直阁将军。历太仆、宗正少卿，加冠军将军。元法僧外叛，诏谭为持节、假左将军、别将以讨之。徐州平，迁光禄少卿、行南兖州事、征虏将军、泾州刺史。入为武卫将军。寻诏谭为都督，以讨杜洛周，次于军都，为洛周所败。还，除安西将军、秦州刺史。卒，赠抚军将军、仪同三司、青州刺史。

谌弟谳，为人贪暴无礼。自羽林监迁司徒主簿。肃宗时，除正员郎，稍迁左将军、太中大夫，封平乡县开国男，邑二百户。庄帝初，河阴遇害。赠车骑大将军、仪同三司、定州刺史。

子景暄，直阁将军。从出帝没于关西。

谳弟慧，羽林监、直阁将军。早卒，赗帛五百匹，赠镇远将军、恒州刺史。

广陵王羽，字叔翻。太和九年封。加侍中、征东大将军，为外都大官。羽少而聪慧，有断狱之称。后罢三都，羽为大理，加卫将军，典决京师狱讼，微有声誉。迁特进、尚书左仆射，又为太子太保、录尚书事。高祖将南讨，遣羽持节安抚六镇，发其突骑，夷人宁悦。还，领廷尉卿。车驾既发，羽与太尉丕留守，加使持节，语在《丕》传。高祖友爱诸弟，及将别，不忍早分，诏羽从至雁门，乃令羽归。望其称效，故赐如意以表心。

迁都议定，诏羽兼太尉，告于庙社。迁京之后，北蕃人夷多有未悟。羽镇抚代京，内外肃然，高祖嘉之。十八年春，羽表辞廷尉，不许。羽奏："外考令文，每岁终，州镇列牧守治状。及至再考，随其品第，以彰黜陟。去十五年中，在京百僚，尽已经考为三等。此年便是三载，虽外有成令，而内令未班。内外考察，理应同等。臣辄推准外考，以定京官治行。"诏曰："虽内考未宣，绩已久著，故《明堂》、《月令》载公卿大夫论考属官之治，职区分著。三公疑。尚书三载殿最之义，此之考内，已为明矣。但论考之事，理在不轻，问绩之方，应关朕听，辄尔轻发，殊为躁也。每考之义，应在年终，既云此年，何得春初也！今始维夏，且待至秋后。”

高祖临朝堂议政事，谓羽曰：“迁都洛阳，事格天地，但汝之迷，徒未开沈鄣耳。朕家有四海，往来何难？朕初发洛阳，教示永寿，皆谓分别。比自来后，诸处分之事，已差前敕。今举大功，宁为虚费？且朕无周召之弟，岂容晏安日逸。今便北巡，迁留之事，当称朕怀。”

后高祖临朝堂，谓群臣曰：“两仪既辟，人生其间，故上天不言，树君以代。是以《书》称三考之绩，《礼》云考成之章。自皇王以降，斯道靡易。朕以寡德，猥荷洪基，思与百辟，允厘庶务。然朕识乏知人，不能使朝绝素餐之讥，野无《考盘》之刺，夙宵寤寐，载怀怵惕。卿等皆是朝贤国彦，匡弼是寄，各率乃心，以旌考绩之义。如乖忠正，国有常刑。贤者虽疏必进，不肖者虽亲必黜。”顾谓羽曰：“上下二等，可为三品，中等但为一品。所以然者，上下是黜陟之科，故旌丝发之美，中等守本，事可大通。”

羽先呈廷尉五局司直。高祖曰：“夫刑狱之难，实惟自古，必也断讼，夫子所称。然五局所司，专主刑狱，比闻诸风听，多论五局不精。知人之难，朕岂独决，当与群臣同之。卿等各陈所闻。”高祖谓羽及少卿邓述曰：“五局司直，卿等以何为品？”羽对曰：“诸司直并简圣心。往者百官初置，擢为狱官，听讼察辞，无大差越。所以为二等者，或以视事甫尔，或以见机迟速，朝廷既有九品之制，故计其丝发之差，以为品第。统论所得，大都相似。”

高祖曰：“朕顷年以其人识见可取，故简司狱官，小优劣不足为差。然廷尉所司，人命之本事，须心平性正、抑强哀弱、不避贵势、直情折狱者，可为上等。今正欲听采风谣，虚实难悉，正欲不采，事无所据。然人言恶者未必是恶，言善者不必是善。所以然者，或断讼不避豪贵，故人以为恶；或将势抑贱，贵人以为好。然关朕之听，皆贵者言，是以迟回三复，良由于此。局事须冰清玉洁，明扬褒贬。卿等既是亲典，邪正得失，悉所具之，可精辨以闻。”邓述对曰：“陛下行赏得人，余者甘心。若实不尽能，无以劝励。如臣愚见，愿不行赏。”高祖曰：“朕昔置此官，许三年考绩，必行赏罚。既经今考，若无黜陟，恐正直者莫肯用心，邪曲者无以改肃。自非释之于公，何能尽其至理？虽不可精其微致，且望粗有殿最。诸尚书更与群官善量所以。”

高祖谓尚书等曰：“朕仰纂乾构，君临万宇。往者稽古典章，树兹百职。然尚书之任，枢机是司，岂惟总括百揆，缉和人务而已。朕之得失，实在于斯。自卿等在任，年垂二周，未尝言朕之一失，献可否之片规，又不尝进一贤而退一不肖，此二事罪之大者。”高祖又谓羽曰：“汝之浅薄，固不足以况晋之巨源。考之今世，民斯下矣。汝始为廷尉，及初作尚书，内外瞻望，以吾有弟。自往秋南旆之后，近小人，远君子，在公阿党，亏我皇宪，出入无章，动乖礼则。计汝所行，应在下下之第。”高祖又谓羽曰：“汝既是宸极之弟，而居枢端之任。汝自在职以来，功勤之绩，不闻于朝；阿党之音，频干朕听。汝之过失，已备积于前，不复能别叙。今黜汝录尚书、廷尉，但居特进、太保。”又谓尚书令陆睿曰：“叔翻在省之初，甚有善称。自近以来，偏颇懈怠。岂不由卿等随其邪伪之心，不能相导以义？虽不成大责，已致小罚。今夺卿尚书令禄一周。”谓左仆射元赞曰：“卿夙德老成，久居机要。不能光赞物务，奖励同僚，贼人之谓，岂不在卿！计叔翻之黜，卿应大辟，但以咎归一人，不复相罪。又为少师，未允所授，今解卿少师之任，削禄一周。”诏吏部尚书澄曰：“叔父既非端右，又非座元，岂宜滥归众过也。然观叔父神志骄傲，少保之任，似不能存意。可解少保。”谓长兼尚书于杲曰：“卿履历卑浅，超升名任，不能勤谨夙夜，数辞以疾。长兼之职，位亚正员，今解卿长兼，可光禄大夫、守尚书，削禄一周。”又谓守尚书尉羽曰：“卿在集书，殊无忧存左史之事。今降为长兼常侍，亦削禄一周。”又谓守尚书卢渊曰：“卿始为守尚书，未合考绩。然卿在集书，虽非高功，为一省文学之士，尝不以左史在意，如此之咎，罪无所归。今降卿长兼王师，守常侍、尚书如故,夺常侍禄一周。”谓左丞公孙良、右丞乞伏义受曰:“二丞之任,所以协赞尚书,光宣出纳,而卿等不能正心直言,规佐尚书,论卿之罪,应合大辟。但以尚书之失,事钟叔翻,故不能别致贬责。二丞可以白衣守本官,冠服禄恤,尽皆削夺。若三年有成,还复本任;如其无成,则永归南亩。”又谓散骑常侍元景曰:“卿等自任集书,合省逋堕,致使王言溃滞,起居不修,如此之咎,责在于卿。今降为中大夫、守常侍,夺禄一周。”谓谏议大夫李彦曰:“卿虽处谏议之官,实人不称职。可去谏议,退为元士。”又谓中庶子游肇等曰:“自建承华,已经一稔,然东宫之官,无直言之士。虽未经三载,事须考黜。肇及中舍人李平识学可观,可为中。安乐王诠可为下中,解东华之任,退为员外散骑常侍。冯夙可为下下,免中庶子,免爵两任,员外常侍如故。中舍人闾贤保可为下下,退为武骑常侍。”又谓公孙良曰:“顷年用人,多乖观才之授。实是武人,而授以文官。黜同大例,于理未均。诸如此比,黜官如初。”

高祖引陆睿、元赞等于前曰:“北人每言北人何用知书,朕闻此,深用怃然。今知书者甚众,岂皆圣人?朕自行礼九年,置官三载,正欲开导兆人,致之礼教。朕为天子,何假中原,欲令卿等子孙,博见多知。若永居恒北,值不好文主,卿等子孙,不免面墙也。”陆睿对曰:“实如明诏,金氏若不入仕汉朝,七世知名,亦不可得也。”高祖大悦。

及五等开建,羽食勃海之东光二千户。车驾南伐,羽进号卫将军,除使持节、都督青齐光南青四州诸军事、征东大将军、开府、青州刺史。以留守代京之功,增邑五百户。高祖幸羽第,与诸弟言曰:“朕昨亲受人讼,始知广陵之明了。”咸阳王禧对曰:“臣年为广陵兄,明为广陵弟。”高祖曰:“我为汝兄,汝为羽昆,汝复何恨。”又曰:“叔翻深疴绵惙,遂有辰岁,我每为深忧,恐其不振。今得痊愈,晚成婚媾,且喜其吉庆,故命驾耳。”

高祖亲饯之华林园。后诏羽曰:“吾因天历运,乘时树功,开荆拓沔,威振楚越。时暨三炎,息驾汝、颍。势临荆、徐,声遏江外,未容解甲，凯入三川。纂兵修律，俟秋方举。海服之寄，故惟宗良，善开经策，宁我东夏。敬慎汝仪，勿坠嘉问，唯酒唯田，可不戒欤！”加散骑常侍，进号车骑大将军，余如故。

世宗即位，迁司州牧，常侍如故。羽频表辞牧，至于三四，诏不许。世宗览政，引羽入内，面授司徒。羽辞曰：“彦和本自不愿，而陛下强与。今新去此官，而以臣代之，必招物议。季豫既转，取之无嫌。请为司空。”世宗犹强焉，固辞，乃许之。

羽先淫员外郎冯俊兴妻，夜因私游，为俊兴所击。积日秘匿，薨于府，年三十二。世宗亲临，哀恸，诏给东园温明秘器、朝服一具、衣一袭、钱六十万、布一千匹、蜡三百斤，大鸿胪护丧事。大殓，帝亲临之，举哀都亭。赠使持节、侍中、骠骑大将军、司徒公、冀州刺史，给羽葆鼓吹、班剑四十人。谥曰惠。及葬，帝亲临送。子恭袭。语在《纪》。

恭兄欣，字庆乐。性粗率，好鹰犬。肃宗初，除通直散骑常侍、北中郎将。出为冠军将军、荆州刺史。转征虏将军、齐州刺史。欣在二州，颇得人和。又为征东将军、太仆卿。孝庄初，封沛郡王，邑一千户。后改封淮阳王。出帝时，加太师、开府，复封广陵王。除太傅、司州牧，寻除大司马。随出帝没于关中。

欣弟永业，普泰元年，特封高密郡王，食邑二千户。武定末，金紫光禄大夫。齐受禅，爵例降。

高阳王雍，字思穆。少而倜傥不恒。高祖曰：“吾亦未能测此儿之深浅，然观其任真率素，或年器晚成也。”太和九年，封颍川王，加侍中、征南大将军。或说雍曰：“诸王皆待士以营声誉，王何以独否？”雍曰：“吾天子之子，位为诸王，用声名何为？”久之，拜中护军，领镇北大将军。改封高阳。奉迁七庙神主于洛阳。五等开建，食邑二千户。车驾南伐，雍行镇军大将军，总摄留事。

迁卫尉，加散骑常侍，除使持节、镇北将军、相州刺史，常侍如故。高祖诫雍曰：“相州乃是旧都，自非朝贤德望，无由居此，是以使汝作牧。为牧之道,亦难亦易。其身正,不令而行,故便是易;其身不正,虽令不从,故便是难。又当爱贤士,存信约,无用人言而轻与夺也。”进号征北将军。

世宗初,迁使持节、都督冀相瀛三州诸军事、征北大将军、开府、冀州刺史,常侍如故。雍在二州,微有声称。入拜骠骑大将军、司州牧。世宗时幸雍第,皆尽家人之礼。迁司空公,议定律令,雍常入参大议。转太尉公,加侍中。时雍以旱故,再表逊位,优诏不许。除太保,领太尉,侍中如故。

世宗行考陟之法,雍表曰:

窃惟三载考绩,百王通典。今任事上中者,三年升一阶;散官上第者,四载登一级。闲冗之官,本非虚置,或以贤能而进,或因累勤而举。如其无能,不应忝兹高选。既其以能进之朝伍,或任官外戍,远使绝域,催督逋悬,察检州镇,皆是散官,以充剧使。及于考陟,排同闲伍。检散官之人,非才皆劣,称事之辈,未必悉贤。而考闲以多年,课烦以少岁。上乖天泽之均,下生不等之苦。又寻景明之格,无折考之文;正始之奏,有与夺之级。明参差之考,非圣慈之心;改典易常,乃有司之意。

又寻考级之奏,委于任事之手;涉议科勤,绝于散官之笔。遂使在事者得展自勤之能,散辈者独绝披衿之所。抑以上下之闲,限以旨格之判,致使近侍禁职,抱槊屈之辞;禁卫武夫,怀不申之恨。欲克平四海,何以获诸。又散官在直,一玷成尤;衔使愆失,差毫即坐。徽缠所逮,未以事闲优之;节庆之赉;不以禄微加赏。罪殿之犯,未殊任事;考陟之机,推年不等。

臣闻君举必书,书而不法,后代何观。《诗》云“王事靡监,不遑启处”;又曰“岂不怀归,畏此简书”。依依杨柳,以叙治兵之役;霏霏雨雪,又申振旅之勤。若折往来日月,便是《采薇》之诗废,《扶杜》之歌罢。又任事之官,吉凶请假,定省扫拜,动历十旬,或因患重请,动辄经岁。征役在途,勤泰百倍。苦乐之势,非任事之伦;在家私闲,非理务之日。论优语剧,先宜折之。

武人本挽上格者为羽林，次格者为虎贲，下格者为直从。或累纪征戍，靡所不涉；或带甲连年，负重千里；或经战损伤；或年老衰竭。今试以本格，责其如初，有爽于先，退阶夺级。此便责以不衰，理未通也。又蕃使之人，必抽朝彦。或历崄千余，或履危万里，登有死亡之忧，咸怀不返之戚，魂骨奉忠，以尸将命。先朝赏格，酬以爵品；今朝改式，止及阶劳。折以代考，有乖使望。非所以奖励《皇华》而敦崇《四牡》者也。

复寻正始之格，泛后任事上中者，三年升一阶；泛前任事上中者，六年进一级。三年一考，自古通经。今以泛前六年升一阶，检无愆犯，倍年成级。以此推之，明以泛代考。新除一日，同沾阶荣，下第之人因泛上陟，上第之士由泛而退。

臣又见部尉资品，本居流外，刊诸明令，行之已久。然近为里巷多盗，以其威轻不肃，欲进品清流，以压奸宄。甄琛启云："为法者施而观之，不便则改。"窃谓斯言有可采用，圣慈昭览，更高宰尉之秩。

今考格始宣，怀怨者众。臣窃观之，亦谓不可，有光国典，改之何难！

世宗乃引，雍共论时务。

肃宗初，诏雍入居太极西柏堂，谘决大政，给亲信二十人。又诏雍为宗师，进太傅、侍中，领太尉公，王如故。别敕将作，营国子学寺，给雍居之。领军于忠擅权专恣，仆射郭祚劝雍出之。忠怒，矫诏杀祚及尚书裴植，废雍，以王归第。朝有大事，使黄门郎就谘访之。忠寻复矫诏，将欲杀雍，以问侍中崔光，光拒之。乃止。未几，灵太后临朝，出忠为冀州刺史。雍表曰：

臣初入柏堂，见诏旨之行，一由门下，而臣出君行，不以悛意。每览伤矜，视之惨目，深知不可，不能禁制。臣之罪一也。臣近忝内枢，兼尸师傅，宜保护圣躬，温清晨夕。而于忠身居武司，禁勒自在，限以内外，朝谒简绝。皇居寝食，所在不知；社稷安危，又亦不预，出入柏堂，尸立而已。臣之罪二也。忠规欲杀臣，赖在事执拒。又令仆卿相，任情进黜，迁官授职，多不经旬，斥退贤良，专纳心腹，威振百僚，势倾朝野。臣见其如此，欲出忠为雍州刺史，镇抚关右。在心未行，反为忠废。忝官尸禄，孤负恩私。臣之罪三也。先帝升遐，储宫纂统，斯乃君父之恒谟，臣子之永则，加赏之义，自古无之。忠既人臣，受恩先帝，丧祸之际，竭节是常，迎陛下于东宫。臣下之恒事，如其不尔，更欲何为？而忠意气凌云，坐要封爵。尔日抑之，交恐为祸。臣以权臣所欲，不敢辄违，即集王公卿士，议其多少。清河王臣怿，先帝懿弟，识度宽明，临众唱议，非以勤而赏之，惮违权臣之旨，望颜而授。臣知不可，因而从之。臣之罪四也。忠秉权门下，且居宰执，又总禁旅，为崇训卫尉，身兼内外，横干宫掖。臣之罪五也。古者重罪，必令三公会，期至旬日，所以重死刑也。先帝登极，十有七年，细人犯刑，犹宽宪墨，朝廷贵仕，不戮一人。今陛下践阼，年未半周，杀仆射、尚书，如夭一草，是忠秉权矫旨，擅行诛戮。臣知不能救，臣之罪六也。臣位荷师相，年未及终，难恕之罪，显露非一，何情以处，何颜以生，虽经恩宥，犹有余责，谨反私门，伏听司败。

灵太后感忠保护之勋，不问其罪。增雍封一千户，除侍中、太师，又加使持节，以本官领司州牧。

雍表请："王公以下贱妾，悉不听用织成锦绣、金玉珠玑，违者以违旨论；奴婢悉不得衣绫绮缬，止于缦缯而已；奴则布服，并不得以金银为钗带，犯者鞭一百。"太后从之，而不能久行也。诏雍乘步挽出入掖门，又以本官录尚书事。雍频表辞逊，优答不许，诏侍中敦谕。诏雍朝夕侍讲。

肃宗览政，除使持节、司州牧，侍中、太师、录尚书如故。肃宗加元服，雍兼太保，与兼太尉崔光摄行冠礼．诏雍乘车出入大司马门，进位丞相，给羽葆鼓吹，倍加班剑，余悉如故。又赐帛八百匹，与一千人供具，催令速拜。诏雍依齐郡顺王简太和故事，朝讫引坐，特优拜伏之礼．总摄内外，与元义同决庶政。岁禄万余，粟至四万，伎侍盈房，诸子珰冕，荣贵之盛，昆弟莫及焉。

元妃卢氏薨后，更纳博陵崔显妹，甚有色宠，欲以为妃。世宗初以崔氏世号“东崔”，地寒望劣，难之，久乃听许。延昌已后，多幸妓侍，近百许人，而疏弃崔氏，别房幽禁，不得关豫内政，仅给衣食而已。至乃左右无复婢使，子女欲省其母，必启闻，许乃得见。未几，崔暴薨，多云雍殴杀之也。灵太后许赐其女妓，未及送之，雍遣其阉竖丁鹅自至宫内，料简四口，置以还第。太后责其专擅，追停之。孝昌初，诏曰：“比相府弗开，阴阳未变。王秉哲居宗，勋望隆重，道庇苍生，威被华裔，体国犹家，匪躬在节，可开府置佐史。”寻罢司徒，以为丞相府。

孝庄初，尔朱荣欲害朝士，遂云雍将谋逆，于河阴遇害。赠假黄钺、相国，谥文穆王。雍识怀短浅，又无学业，虽位居朝首，不为时情所推。既以亲尊，地当宰辅，自熙平以后，朝政褫落，不能守正匡弼，唯唯而已。及清河王怿之死，元叉专政，天下大责归焉。

嫡子泰，字昌，颇有时誉。为中书侍郎，寻迁通直散骑常侍、镇东将军、太常卿。与雍同时遇害。追赠侍中、特进、骠骑大将军、太尉公、武州刺史、高阳王，谥曰文孝。

子斌，袭。武定中，官至尚书右仆射。齐受禅，爵例降。

泰兄端，字宣雅。美容貌，颇涉书史。起家散骑侍郎，累迁通直常侍、鸿胪、太常少卿、散骑常侍，出为安东将军、青州刺史。是时，萧衍遣将寇逼徐、扬，除端抚军将军、金紫光禄大夫、使持节、东南道大使，处分军机。贼平，拜镇军将军、兖州刺史。俄而衍将复寇徐、兖，围逼州城。端率在州文武拒守，得全。以功封安德县开国公，食邑五百户。还，除都官尚书。与雍俱遇害。赠车骑大将军、仪同三司、相州刺史。

子峻，袭爵。齐受禅，例降。

泰弟睿，字子哲。轻忽荣利，爱玩琴书。起家拜通直散骑侍郎，迁卫尉少卿，转光禄少卿，封济北郡王。与雍俱遇害。赠车骑大将军、司空公、雍州刺史。

子徽，普泰中，袭爵。起家通直郎。武定五年，坐与元瑾等谋反，伏法。

睿弟诞，字文发。少聪惠，有风仪。起家通直郎，迁中书侍郎、通直散骑常侍。封新阳县开国伯，食邑三百户。加龙骧将军，进封昌乐王，食邑七百户。迁平南将军、散骑常侍、黄门侍郎。孝静初，拜侍中、车骑大将军、仪同三司、司州牧。天平三年薨。赠使持节、侍中、太保、司徒公、尚书令，将军、牧如故，谥曰文献。无子，以斌第二子子亮为后。

诞弟勒叉，勒叉弟亘，亘弟伏陀，伏陀弟弥陀，弥陀弟僧育，僧育弟居罗。出帝初，勒叉封阳平县，亘封濮阳县，伏陀封武阳县，弥陀封新阳县，僧育封顿丘县，居罗封卫县，并开国伯，食邑四百户。天平中，并除镇远将军、散骑侍郎。僧育走关西，国除。其余，齐受禅，爵例降。

北海王详，字季豫。美姿容，善举止。太和九年封，加侍中、征北大将军。后拜光禄大夫，解侍中、将军。又兼侍中。

从高祖南伐，为散骑常侍。高祖自洛北巡，详常与侍中、彭城王勰并在舆辇，陪侍左右。至高宗射铭之所，高祖停驾，诏诸弟及侍臣，皆试射远近，唯详箭不及高宗箭所十余步。高祖嘉之，拊掌欣笑，遂诏勒铭，亲自为制。五等开建，食邑二千户。迁侍中，转秘书监。

车驾南伐，详行中领军，留守，给鼓吹一部，甲仗三百人，兼督营构之务。高祖赐详玺书，曰："比游神何业也？丘坟六籍，何事非娱，善正风猷，肃是禁旅。"详后朝于行宫，高祖引见之。详庆平沔北，高祖曰："朕以畿南未清，神麾暂动，沔北数城，并皆柔服，此乃将士之效，非朕之功。"详对曰："陛下德迈唐、虞，功微周、汉。自南之风，于是乎始。"详还洛，高祖饯之，诏详曰："昔者淮夷叛命，故有三年之举；鬼方不令，乃致淹载之师。况江、吴窃命，于今十纪，朕必欲荡涤南海，然后言归。今夏停此，故与汝相见，善守京邑，副我所怀。”赵郡王干薨，以详行司州牧。除护军将军，兼尚书左仆射。高祖临崩，顾命详为司空辅政。

世宗即位，以详有营构之勤，增邑一千户。详以帝居谅闇，不受。世宗览政，迁侍中、大将军、录尚书事。咸阳王禧之谋反也，详表求解任。诏曰：“一人之身，愆不累德，形乖性别，忠逆固殊。是以父殛子兴，义高唐世；弟戮兄登，迹显周鲁。禧之与国，异体同气，既肆无君之逆，安顾弟友之亲。叔父忠显二朝，诚贯庙社，实勖赞冲昧，保刘鸿猷，岂容以微介之虑，忘阿衡之重，貂章即已敕还，愿不再述。祚属眇躬，言及斯事，临纸惭恨，惋慨兼深。”详重表陈解，诏复不许。

除太傅，领司徒，侍中、录尚书事如故。详固辞，诏遣敦劝，乃受。详与八座奏曰：“窃惟奸劫难除，为蠹日久，群盗作患，有国攸病。故五刑为用，犹陷触网之诛；道几胜残，宁息狗窃之响。是以班制垂式，名为治本；整网提目，政之大要。谨寻夺禄事条，班已周岁。然京邑尹、令，善恶易闻，边州远守，或难听审，皆上下同情，迭相掩没。设有贼发，隐而不言，或以劫为偷，或遏掠成盗，更令贼发难知，攘窃惟甚。臣等参议，若依制削夺，则县无期月之宰；附条贬黜，郡靡岁稔之守。此制必行，所谓法令滋章，盗贼多有。昔黄、龚变风，不由削禄；张、赵称美，岂惮贬退。然绥导之体，得失在人。乃可重选慎官，依律劾禁，不宜轻改法令，削黜群司。今请改制条，还附律处。其励己公清，赏有常典，风谣黩贿，案为考第。”世宗从之。

详之拜命，其夜暴风震电，拔其庭中桐树大十围，倒立本处。

初，世宗之览政也，详闻彭城王勰有震主之虑，而欲夺其司徒，大惧物议，故为大将军，至是乃居之。天威如此，识者知其不终。世宗讲武于邺，详与右仆射高肇、领军于劲留守京师。

初，太和末，详以少弟延爱；景明初，复以季父崇宠。位望兼极，百僚惮之。而贪冒无厌，多所取纳；公私营贩，侵剥远近；嬖狎群小，所在请托。珍丽充盈，声色侈纵，建饰第宇，开起山池，所费巨万矣。又于东掖门外，大路之南，驱逼细人，规占第宅。至有丧柩在堂，请延至葬而不见许，乃令舆榇巷次，行路哀嗟。详母高太妃，颇亦助为威虐，亲命殴击，怨响嗷嗷。妃，宋王刘昶女，不见答礼．宠妾范氏，爱等伉俪，及其死也，痛不自胜，乃至葬讫，犹毁壙视之。表请赠平昌县君。详又蒸于安定王燮妃高氏，高氏即茹皓妻姊。严禁左右，闭密始末。详既素附于皓，又缘淫好，往来绸密。皓之取妻也，详亲至其家，欣饮极醉。

详虽贪侈聚敛，朝野所闻，而世宗礼敬尚隆，凭寄无替，军国大事，总而裁决。每所敷奏，事皆协允。详常别住华林园之西隅，与都亭、宫馆密迩相接，亦通后门。世宗每潜幸其所，肆饮终日，其宠如此。又详拜受，因其私庆，启请世宗。世宗频幸南第，御其后堂，与高太妃相见，呼为阿母，伏而上酒，礼若家人。临出，高每拜送，举觞祝言："愿官家千万岁寿，岁岁一至妾母子舍也。"

初，世宗之亲政也，详与咸阳王禧、彭城王勰并被召入，共乘犊车，防卫严固。高时惶迫，以为详必死，亦乘车傍路，哭而送至金墉。及详得免，高云："自今而后，不愿富贵，但令母子相保，共汝扫市作活也。"至此贵宠崇盛，不复言有祸败之理。

后为高肇所谮，云详与皓等谋为逆乱。于时，详在南第，世宗召中尉崔亮入禁，敕纠详贪淫，及茹皓、刘胄、常季贤、陈扫静等专恣之状。亮乃奏详："贪害公私，淫乱典礼．朝廷比以军国费广，禁断诸蕃杂献，而详擅作威令，命寺署酬直。驱夺人业，崇侈私第。蒸秽无道，失尊卑之节；尘败宪章，亏风教之纪。请以见事，免所居官爵，付鸿胪削夺，辄下禁止，付廷尉治罪。"并劾皓等，夜即收禁南台。又虎贲百人围守详第，虑其惊惧奔越，遣左右郭翼开金墉门，驰出谕之，示以中尉弹状。详母高见翼，顿首号泣不自胜。详言："审如中尉所纠，何忧也，正恐更有大罪横至耳。人奉我珍异货物，我实爱之。果为取受，吾何忧乎？"私以相宽。至明，皓等皆赐死。引高阳王雍等五王入议详罪。单车防守，还华林之馆。母妻相与哭，入所居，小奴弱婢数人随从。官防甚严，终夜击柝，列坐围守，外内不通。世宗为此不幸园十余日。徙详就太府寺，围禁弥切。

诏曰："王位兼台辅，亲懿莫二，朝野属赖，具瞻所归。不能励德存道，宣融轨训，方乃肆兹贪腼，秽暴显闻。远负先朝友爱之寄，近乖家国推敬所期，理官执宪，实合刑典，天下为公，岂容私抑。但朕诸父倾落，存者无几，便极逮坐，情有未安。可免为庶人，别营坊馆，如法禁卫，限以终身。邦家不造，言寻感慨。"遂别营馆于洛阳县东北隅，二旬而成，将徙详居之。会其家奴数人，阴结党辈，欲以劫出详，密抄名字，潜托侍婢通于详。详始得执省，而门防主司遥见，突入，就详手中揽得，呈奏。至夜，守者以闻。详哭数声而暴死。

详自至太府，令其母妻，还居南宅，五日一来，与其相见。此夜，母妻不在，死于婢手中。至明，告其凶问。诏曰："北海叔奄至倾背，痛慕抽恸，情不自任。明便举哀，可敕备办丧还南宅，诸王皇宗，悉令奔赴。给东园秘器，赗物之数，一依广陵故事。"

详之初禁也，乃以蒸高事告母。母大怒，詈之苦切，曰："汝自有妻妾侍婢，少盛如花，何忽共许高丽婢奸通，令致此罪。我得高丽，当啖其肉。"乃杖详背及两脚百余下，自行杖，力疲乃令奴代。高氏素严，详每有微罪，常加责罚，以絮裹杖。至是，去絮，皆至疮脓。详苦杖，十余日乃能立。又杖其妃刘氏数十，云："新妇大家女，门户匹敌，何所畏也，而不检校夫婿。妇人皆妒也，独不妒也！"刘笑而受罚，卒无所言。

详贪淫之失，虽闻远近，而死之日，罪无定名，远近叹怪之。停殡五载。永平元年十月，诏曰："故太傅北海王体自先皇，特钟友爱，受遗训辅，冲昧攸记。不图暮节晦德，终缺哀荣，便可追复王封，克日营厝，少慰幽魂，以旌阴疑戚。"谥曰平王。

子颢，字子明，袭。少慷慨，有壮气。除龙骧将军、通直散骑常侍。转宗正卿、光禄大夫、长兼宗正卿、散骑常侍、平东将军。转都官尚书，加安南将军。出除散骑常侍、抚军将军、徐州刺史。寻为御史弹劾除名。

其后，贼帅宿勤明达、叱干骐骥等寇乱豳华诸州，乃复颢王爵，以本将军加使持节、假征西将军、都督华豳东秦诸军事、兼左仆射、西道行台,以讨明达。颢转战而前,频破贼众,解豳华之围,以功增封八百户,进号征西将军。又除尚书右仆射,持节、行台、都督如故。寻迁车骑大将军、仪同三司,余如故。

值萧宝夤等大败于平凉,颢亦奔还京师。于时,葛荣南进,稍逼邺城。武泰初,以颢为侍中、骠骑大将军、开府仪同三司、相州刺史以御荣。颢至汲郡,属尔朱荣入洛,推奉庄帝,诏授颢太傅,开府、侍中、刺史、王并如故。颢以葛荣南侵,尔朱纵害,遂盘桓顾望,图自安之策。

先是,颢启其舅范遵为殷州刺史,遵以葛荣充逼,未得行。颢令遵权停于邺。颢既怀异谋,乃遣遵行相州事,代前刺史李神,为己表里之援。相州行台甄先受朝旨,委其守邺。知颢异图,恐遵为变,遂相率废遵,还推李神摄理州事,然后遣军候颢逆顺之势。颢以事意不谐,遂与子冠受率左右奔于萧衍。颢见衍,泣涕自陈,言辞壮烈。衍奇之,遂以颢为魏主,假之兵将,令其北入。

永安二年四月,于梁国城南登坛燔燎,号孝基元年。庄帝诏济阴王晖业为都督,于考城拒之,为颢所擒。又克行台杨昱于荥阳。尔朱世隆自虎牢走退,庄帝北幸。颢遂入洛,改称建武元年。颢以数千之众,转战辄克,据有都邑,号令自己,天下人情,想其风政。而自谓天之所授,颇怀骄怠。宿昔宾客近习之徒,咸见宠待,干扰政事;又日夜纵酒,不恤军国。所统南兵,凌窃市里,朝野莫不失望。时又酷敛,公私不安。庄帝与尔朱荣还师讨颢。自于河梁拒战,王师渡于马渚,冠受战败被擒,因相继而败。颢率帐下数百骑及南兵勇健者,自轘辕而出。至临颍,颢部骑分散,为临颍县卒所斩。

出帝初,赠使持节、侍中、都督冀定相殷四州诸军事、骠骑大将军、大司马、冀州刺史。武定中,子娑罗袭。齐受禅,爵例降。

颢弟瑱,字宝意。起家为通直郎,转中书郎,历武卫将军、光禄少卿、黄门郎。出除平北将军、相州刺史,为太宗正卿。封平乐县开国公,食邑八百户。庄帝初,拜侍中、车骑将军,封东海王,食邑千户。俄迁中书监、左光禄大夫,兼尚书右仆射。又拜车骑大将军,加侍中。瑱无他才干,以亲属早居重任。兄颢入洛,成败未分,便以意气自得,为时人所笑。颢败,潜窜,为人执送,斩于都市。出帝初,赠侍中、都督雍华岐三州诸军事、骠骑大将军、太尉公、尚书令、雍州刺史。

子衍,袭爵。武定中,通直散骑侍郎。齐受禅,爵例降。

史臣曰:显祖诸子,俱闻道于太和之日。咸阳望重位隆,自猜谋乱。赵郡愆于王度,终谥曰灵。广陵夙称明察,不幸中夭,惜矣。高阳器术缺然,终荷栋干,孝昌之叛,盖不足以责之。北海义昧鹡鸰,奢淫自丧,虽祸由间言,亦自贻伊戚。颢取若拾遗,亡不旋踵,岂守之无术,其天将覆之。

魏书卷二一下
列传第九下

献文六王下

彭城王勰

彭城王勰，字彦和。少而岐嶷，姿性不群。太和九年，封始平王，加侍中、征西大将军。勰生，而母潘氏卒。其年，显祖崩。及有所知，启求追服。文明太后不许，乃毁瘠三年，弗参吉庆。高祖大奇之。敏而耽学，不舍昼夜，博综经史，雅好属文。高祖革创，解侍中、将军，拜光禄大夫。复除侍中，长直禁风，参决军国大政，万机之事，无不预焉。及车驾南伐，以勰行抚军将军，领宗子军，宿卫左右。开建五等，食邑二千户。转中书令，侍中如故，改封彭城王。

高祖与侍臣升金墉城，顾见堂后梧桐、竹曰："凤凰非梧桐不栖，非竹实不食，今梧桐、竹并茂，讵能降凤乎？"勰对曰："凤皇应德而来，岂竹梧桐能降？"高祖曰："何以言之？"勰曰："昔在虞舜，凤凰来仪；周之兴也，鸑鷟鸣于岐山。未闻降桐食竹。"高祖笑曰："朕亦未望降之也。"

后宴侍臣于清徽堂。日晏，移于流化池芳林之下。高祖曰："向宴之始，君臣肃然，及将末也，觞情始畅。而流景将颓，竟不尽适，恋恋余光，故重引卿等。"因仰观桐叶之茂，曰："'其桐其椅，其实离离，恺悌君子，莫不令仪'，今林下诸贤，足敷歌咏。"遂令黄门侍郎崔光读暮春群臣应诏诗。至勰诗，高祖仍为之改一字，曰："昔祁奚举子，天下谓之至公。今见勰诗，始知中令之举非私也。"勰对曰："臣露此拙，方见圣朝之私，赖蒙神笔赐刊，得有令誉。"高祖曰："虽琢一字，犹是王之本体。"勰曰："臣闻诗三百，一言可蔽。今陛下赐刊一字，足以价等连城。"

勰表解侍中，诏曰："蝉貂之美，待汝而光，人乏之秋何容方退也。克念作圣，庶必有资耳。"后幸代都，次于党之铜鞮山，路旁有大松树十数根。时高祖进伞，遂行而赋诗，令人示勰曰："吾始作此诗，虽不七步，亦不言远。汝可作之，比至吾所，令就之也。"时勰去帝十余步，遂且行且作，未至帝所而就，诗曰："问松林，松林经几冬？山川何如昔，风云与古同。"高祖大笑曰："汝此诗亦调责吾耳。"诏曰："弟勰所生母潘，早龄谢世，显号未加，勰祸与身具，痛随形起。今因其展思，有足悲矜，可赠彭城国太妃，以慰存亡。"又除中书监，侍中如故。

高祖南讨汉阳，假勰中军大将军，加鼓吹一部。勰以宠受频烦，乃面陈曰："臣闻兼亲疏而两，并异同而建，此既成文于昔，臣愿诵之于后。陈思求而不允，愚臣不请而得。岂但今古云殊，遇否大异，非独曹植远羡于臣，是亦陛下践魏文而不顾。"高祖大笑，执勰手曰："二曹才名相忌，吾与汝以道德相亲，缘此而言，无惭前烈。汝但克己复礼，更何多及。"高祖亲讲丧服于清徽堂，从容谓群臣曰："彦和、季豫等年在蒙稚，早登缨绂，失过庭之训，并未习礼，每欲令我一解丧服。自审义解浮疏，抑而不许。顷因酒醉坐，脱尔言从，故屈朝彦，遂亲传说。将临讲坐，惭战交情。"御史中尉李彪对曰："自古及今，未有天子讲礼。陛下圣睿渊明，事超百代，臣得亲承音旨，千载一时。"

从征沔北，赐帛三千匹。除使持节、都督南征诸军事、中军大将军、开府。又诏曰："明便交敌，可敕将士肃尔军仪。"勰于是亲勒大众。须臾，有二大鸟从南而来，一向行宫，一向幕府，各为人所获。勰言于高祖曰："始有一鸟，望旗填仆，臣谓大吉。"高祖戏之曰："鸟之畏威，岂独中军之略也，吾亦分其一尔。此乃大善，兵法咸说。"至明，便大破崔慧景、萧衍。其夜，大雨。高祖曰："昔闻国军获胜，每逢云雨。今破新野、南阳及摧此贼，果降时润。诚哉斯言。"勰对曰："水德之应，远称天心。"高祖令勰为露布，勰辞曰："臣闻露布者，布于四海，露之耳目，必须宣扬威略，以示天下。臣小才，岂足大用。"高祖曰："汝岂独亲诏，亦为才达，但可为之。"及就，尤类帝文，有人见者，咸谓御笔。高祖曰："汝所为者，人谓吾制，非兄则弟，谁能辨之。"勰对曰："子夏被嗤于先圣，臣又荷责于来今。"

及至豫州，高祖为家人书于勰曰："教风密微，礼政严严，若不深心日劝，何以敬诸？每欲立一宗师，肃我元族。汝亲则宸极，位乃中监，风标才器，实足师范。屡有口敕，仍执冲逊，难违清挹，荏苒至今。宗制之重，舍汝谁寄？便委以宗仪，责成汝躬，有不遵教典，随事以闻，吾别肃治之。若宗室有愆，隐而不举，钟罚汝躬。纲维相厉，庶有劝改。吾朝闻夕逝，不为恨也。"勰翌日面陈曰："奉诏令专主宗制，纠举非违。臣闻'其身正，不令而行；其身不正，虽令不从'。臣处宗乏长幼之顺，接物无国士之礼，每因启请，已蒙哀借。不谓今诏，终不矜免。犹愿圣慈，赐垂蠲遂。"高祖曰："汝谐，往钦哉。"勰表以一岁国秩、职俸、亲恤，以裨军国，诏曰："割身存国，理为远矣。但汝亦我，乃减己助国。职俸便停，亲、国二事，听三分受一。"

高祖不豫，勰内侍医药，外总军国之务，遐迩肃然，人无异议。徐謇当世之上医也。先是，假还洛阳，及召至，勰引之别所，泣涕执手而谓之曰："君今世元化，至尊气力危惙，愿君竭心，专思方治。若圣体日康，令四海有赖，当获意外之赏；不然，便有不测之诛，非但荣辱，乃存亡由此。君其勉之！"左右见者，莫不呜咽。及引入，謇便欲进治。勰以高祖神力虚弱，唯令以食味消息。勰乃密为坛于汝水之滨，依周公故事，告天地、显祖请命，乞以身代。高祖翊日有瘳损。自悬瓠幸邺，勰常侍坐舆辇，昼夜不离于侧，饮食必先尝之，而后手自进御。

车驾还京，会百僚于宣极堂，行饮至策勋之礼。命舍人宣旨："勰翼弼六师，纂戎荆、楚，沔北之勋，每毗庙算。从讨新野，有克城之谋；受命邓城，致大捷之效，功为群将之最也。别当授赏，不替厥庸。”高祖谓勰曰：“吾与汝等，早罹艰苦，中逢契阔，每谓情义随事而疏。比缠患经岁，危如寒叶，非汝孔怀，情敦忠孝，孰能动止躬亲，必先药膳。每寻此事，感思殊远。”勰悲泣对曰：“臣等宿遭不天，酷恨长世，赖陛下抚育，得参人伍。岂谓上灵无鉴，复使圣躬远和，万国所悬，苍生系气。寝兴之劳，岂申荼蓼。”以破慧景等勋，增邑五百户。

又诏曰：“朕形疲稚年，心劳长岁，积思成痾，顿发汝颖。第六弟勰，孝均周弟，感侔姬旦，遗食舍寐，动止必亲，敦医劝膳，诚力俱竭，致兹保康，实赖同气。又秉务缉政，百司是凭，纲维折衷，万揆获济。抚师于霖浩之辰，处戎于荐逼之日。安外静内，功臣大道。侍省之绩，可以孔怀无褒，翼亮之勤，实乃勋存社稷。宜有酬赏，以旌国功，可增邑一千户。”勰辞曰：“臣受遇缘亲，荣枯事等，以此获赏，殊乖情愿。乞追成旨，用息谤言。”诏曰：“汝在私能孝，处公必忠，比来勤忧，足布朝野，但可祗膺。”寻以勰为司徒、太子太傅，侍中如故。

俄而，萧宝卷将陈显达内寇，高祖复亲讨之。诏勰使持节、都督中外诸军事、总摄六师。是时，高祖不豫。勰辞曰：“臣侍疾无暇，六军须有所托，事不两兴，情力又竭。更请一王总当军要。”高祖曰：“戎务、侍疾，皆凭于汝。牵痾如此，吾深虑不济。安六军、保社稷者，舍汝而谁？何容方便请人，以违心寄。宗祐所赖，唯在于汝。诸葛孔明、霍子孟异姓受托，而况汝乎！”行次淯阳，高祖谓勰曰：“吾患转恶，汝其努力。”车驾至马圈，去贼营数里，显达等出战，诸将大破之。勰部分诸军，将攻贼垒，其夜奔退。高祖疾甚，谓勰曰：“修短命也，死生大分，今吾气力危惙，当成不济矣。虽败显达，国家安危，在此一举；社稷所仗，唯在汝身。霍子孟以异姓受付，况汝亲贤，可不勉也！”勰泣曰：“士于布衣，犹为知己尽命，况臣托灵先皇，联晖陛下，诚应竭股肱之力，加之以忠贞。但臣出入喉膂，每跨时要，及于龙灵辉赫，闻之遐迩。复参宰匠，机政毕归，震主之声，见忌必矣。此乃周旦遁逃，成王疑惑，陛下爱臣便为未尽始终之美。臣非所以恶华损势，非所以辞勤请逸，正希仰成陛下日镜之明，下念愚臣忘退之祸。”

高祖久之曰：“吾寻思汝言，理实难夺。”乃手诏世宗曰：“汝第六叔勰，清规懋赏，与白云俱洁；厌荣舍绂，以松竹为心。吾少与绸缪，提携道趣。每请解朝缨，恬真丘壑，吾以长兄之重，未忍离远。何容仍屈素业，长婴世网。吾百年之后，其听勰辞蝉舍冕，遂其冲挹之性。无使成王之朝，翻疑姬旦之圣，不亦善乎。汝为孝子，勿违吾敕。”

及高祖崩于行宫，遏秘丧事，独与右仆射、任城王澄及左右数人为计，奉迁高祖于安车中，勰等出入如平常，视疾进膳，可决外奏。累日达宛城，乃夜进安车于郡厅事，得加敛榇，还载卧舆。六军内外莫有知者。遣中书舍人张儒奉诏，征世宗会驾。梓宫至鲁阳，乃发丧行服。

世宗即位，勰跪授高祖遗敕数纸。咸阳王禧疑勰为变，停在鲁阳郡外，久之乃入。谓勰曰：“汝非但辛勤，亦危险至极。”勰恨之，对曰：“兄识高年长，故知有夷险，彦和握蛇骑虎，不觉艰难！”禧曰：“汝恨吾后至耳！”自高祖不豫，勰常居中，亲侍医药，夙夜不离左右，至于衣带罕解，乱首垢面。帝患久多忿，因之以迁怒。勰每被诮詈，言至厉切，威责近侍，动将诛斩。勰承颜悉心，多所匡济。及高祖升遐，陈显达奔遁始尔，虑凶问泄漏，致有逼迫。勰内虽悲恸，外示吉容，出入俯仰，神貌无异。及至鲁阳也，东宫官属多疑勰有异志，窃怀防惧。而勰推诚尽礼，卒无纤介。勰上高祖谥议：“谨案谥法，协时肇享曰‘孝’，五宗安之曰‘孝’，道德博闻曰‘文’，经纬天地曰‘文’。仰惟大行皇帝，义实该之，宜上尊号为孝文皇帝，庙曰高祖，陵曰长陵。”世宗从之。

既葬，世宗固以勰为宰辅。勰频口陈遗旨，请遂素怀。世宗对勰悲恸，每不许之。勰频烦表闻，辞义恳切。世宗难违遗敕，遂其雅情，犹逼以外任，乃以勰为使持节、侍中、都督冀定幽瀛营安平七州诸军事、骠骑大将军、开府、定州刺史。勰仍陈让，又面申前意，世宗固执不许，乃述职。

尚书令王肃等奏："臣等闻旌功表德，道贵前王；庸勋亲亲，义高盛典。是故姬旦翼周，光宅曲阜；东平宰汉，宠绝列蕃。彭城王勰景思内昭，英风外发，协廓乾规，扫氛汉沔。属先帝在天，凤旌旋旆，静一六师，肃宁南服。登圣皇于天衢，开有魏之灵佑。论道中铉，王猷以穆，七德丕宣，九功在咏。臣等参详，宜增邑一千五百户。"诏曰："览奏，倍增崩绝，未足以上酬勋德，且可如奏。"勰频表固让，世宗许之。世宗与勰书曰："讳奉辞暨今，悲恋哽咽，岁月易远，便迫暮冬，每思闻道，奉承风教。父既辞荣闲外，无容顿违至德。出蕃累朔，荒驰实深。今遣主书刘道斌奉宣悲恋，愿父来望，必当届京。展泄哀穷，指不云远。"勰乃朝于京师。

景明初，萧宝卷豫州刺史裴叔业以寿春内属，诏勰都督南征诸军事，余官如故，与尚书令王肃迎接寿春。诏曰："五教治枢，古难其选，自非亲贤兼切，莫应斯举。王以明德懋亲，任属保傅，出居蕃陕，入御衮章，内外克谐，民神攸属。今董率戎麾，威号宜重，可复授司徒，以光望实。"又诏勰以本官领扬州刺史。勰简刑导礼，与民休息，州境无虞，遐迩安静。扬州所统建安戍主胡景略，犹为宝卷拒守不下。勰水陆讨之，景略面缚出降。

自勰之至寿春，东定城戍，至于阳石，西降建安，山蛮顺命，斩首获生，以数万计。进位大司马，领司徒，余如故，增邑八百户。又宝卷遣将陈伯之屯于肥口，胡松又据梁城，水军相继二百余里。勰部分将士，分攻诸营，伯之、胡松率众出战，诸将击之，斩首九千，俘获一万。伯之等仅以身免，屯于烽火。勰又分命诸将频战，伯之计穷宵遁，淮南平。诏曰："王戚尊上辅，德勋莫二，孤心昧识，训保攸凭。比以寿春初开，镇压任重，故令王亲董元戎，远抚淮外。冒兹炎蒸，衡盖飘飖，经略逾时，必有亏损。淹违诣觌，夙夜系情。兼制胜宣规，威效兼著，公私允称，义所钦嘉。虽凯旋有期，无申延属，可遣给事黄门侍郎郑道昭就彼袛劳。"征勰还朝。

勰政崇宽裕，丝毫不犯，淮南士庶，追其余惠，至今思之。初，勰之定寿春也，获萧宝卷汝阴太守王果、豫州治中庾稷等数人，勰倾衿礼之，常参坐席。果承间进曰："果等契阔生平，皓首播越，顾瞻西夕，余光几何。今遭圣化，正应力兹愚老，申展尺寸，但在南百口，生死分张，乞还江外，以申德泽。"勰矜而许之。果又谢曰："殿下赐处，有过国士。果等今还，仰负慈泽。请听仁驾振旅，反迹江外。"至此乃还。其为远人所怀如此。

勰至京师，世宗临东堂引见，诏勰曰："比风皇未一，疑苍黎二化，故仰屈尊谟，绥怀边附，而寇竖昏迷，敢斗淮楚。叔父英略高明，应机殄定，凯旋今辰，伏慰悲仁。"勰谢曰："臣忝充戎帅，抚安新故，而不能宣武导恩，威怀遐迩。致小竖伯之，驱率蚁徒，侵扰边堡。非唯仰惭天颜，实亦俯愧朝列。春秋责帅，臣实当之。赖陛下慈深舍过，故使愚臣获免罪责。"勰频表辞大司马、领司徒及所增邑，乞还中山。有诏不许。乃除录尚书、侍中，司徒如故。固辞，不免。勰雅好恬素，不以势利婴心。高祖重其事干，絷维不许。虽临崩遗诏，复世宗留连，每乖情愿。常凄然叹息，以诏旨殷勤，僶俯应命。

时咸阳王禧渐以骄矜，颇有不法，北海王详阴言于世宗，世宗深忌之。又言勰大得人情，不宜久在宰辅，劝世宗遵高祖遗敕。禧等又出领军于烈为恒州，非烈情愿，固强之，烈深以为忿。烈子忠当在左右，密令忠言于世宗云："诸王等意不可测，宜废之，早自览政。"时将礿祭，王公并斋于庙东坊。世宗遣于烈将宿卫壮士六十余人召禧、勰、详等，引入，见之于光极殿。世宗谓勰曰："顷来南北务殷，不容仰遂冲操。讳是何人，而敢久违先敕，今遂叔父高蹈之意。"勰谢曰："先帝不以臣虚薄，曲垂罔已之泽，出入绸缪，公私无舍。自陛下龙飞九五，屡求解落，既为宰辅所抑，亦不为陛下所许。先岁夏中，重尘天听，时蒙优借，出为定州。往年还洛阳，敕总戎淮、肥，虽无功效，幸免罪戾。云归未几，复委臣以非据之任。臣频烦干请，具简圣听。陛下孝深无改，仰遵先诏，上成睿明之美，下遂微臣之志。感惟今往，悲喜交深。"乃诏曰："王宿尚闲静，志捐世务，先帝爱亮之至，弗夺此情，遗敕炳然，许遂冲退。雅操不移，朕亦未敢违夺。今乃释位归第，丘园是营，高尚之节，确尔贞固，《贲》、《履》之操，邈焉难追。而王宅初构，财力多阙，成立之期，岁月莫就。可量遣工役，分给材瓦，禀王所好，速令制办，务从简素，以称王心。”勰因是作《蝇赋》以谕怀，恶谗构也。

又以勰为太师，勰遂固辞。诏曰："盖二仪分象，君臣之位形焉。上下既位，唱和之义生焉。自古统天位主，曷常不赖明师，仗贤辅，而后燮和阴阳，彝伦民物者哉？往而不返者，先民诚有之，斯所谓独善其身而乱大伦，山林之士耳。贤人君子，则不然也。屈己以安民，艰身以济物，所谓以先知觉后知，同尘而与天下俱洁者也。朕猥以冲年，纂临宝历，实赖叔父匡济之功，诚宜永兼将相，以纲维内外。但逼夺先旨，惮违冲挹，俯志割心，以遂高素。自比水旱乖和，阴阳失序，是以屈王论道，庶燮兹玉烛。且师宰从容，无废清尚。故周旦复辟而居之，尚父期颐以终位。王义兼家国，理绝独高，可遣侍中敦谕。”世宗又修家人书于勰曰："讳言：奉还告承，犹执冲逊，讳实暗寡，政术多秕，匡弼之寄，仰属亲尊。父德望兼重，师训所归，岂得近遗家国，远崇清尚也。使愿纡降，时副倾注之心。”勰不得已而应命。世宗后频幸勰第。

及京兆、广平暴虐不法，诏宿卫队主率羽林虎贲，幽守诸王于其第。勰上表切谏，世宗不纳。勰既无山水之适，又绝知己之游，唯对妻子，郁郁不乐。议定律令，勰与高阳王雍、八座、朝士有才学者，每旦集，参论轨制应否之宜。而勰夙侍高祖，兼听达博闻，凡所裁决，时彦归仰。加以美容貌，善风仪，端严若神，折旋合度，出入言笑，观者忘疲。又加侍中。

勰敦尚文史，物务之暇，披览不辍。撰自古帝王贤达至于魏世子孙，三十卷，名曰《要略》。小心谨慎，初无过失，虽闲居宴处，亦无慢色惰容。爱敬儒彦，倾心礼待。清正俭素，门无私谒。

性仁孝，言于朝廷，以其舅潘僧固为冀州乐陵太守。京兆王愉构逆，僧固见逼从之。尚书令高肇性既凶愎，贼害贤俊。又肇之兄女，入为夫人，顺皇后崩，世宗欲以为后，勰固执以为不可。肇于是屡谮勰于世宗，世宗不纳。因僧固之同愉逆，肇诬勰北与愉通，南招蛮贼。勰国郎中令魏偃、前防阁高祖珍希肇提携，构成其事。肇初令侍中元晖以奏世宗，晖不从，令左卫元珍言之。世宗访之于晖，晖明勰无此。世宗更以问肇，肇以魏偃、祖珍为证，世宗乃信之。

永平元年九月，召勰及高阳王雍、广阳王嘉、清河王怿、广平王怀及高肇等入。时勰妃方产，勰乃固辞不赴。中使相继，不得已乃令命驾，意甚忧惧，与妃诀而登车。入东掖门，度一小桥，牛不肯进，遂击之，良久。更有使者责勰来迟，乃令去牛，人挽而进，宴于禁中。至夜，皆醉，各就别所消息。俄而元珍将武士赍毒酒而至。勰曰："吾忠于朝廷，何罪见杀！一见至尊，死无恨也。"珍曰："至尊何可复见！王但饮酒。"勰曰："至尊圣明，不应无事杀我，求与告我罪者一对曲直。"武士以刀环筑勰二下。勰大言曰："皇天！忠而见杀。"武士又以刀环筑勰。勰乃饮毒酒，武士就杀之。向晨，以褥裹尸，舆从屏门而出，载尸归第，云王因饮而薨。勰妃李氏，司空冲之女也，号哭大言曰："高肇枉理杀人，天道有灵，汝还当恶死。"及肇以罪见杀，论者知有报应焉。世宗为举哀于东堂，给东园第一秘器、朝服一袭、赙钱八十万、布二千匹、蜡五百斤，大鸿胪护丧事。

勰既有大功于国，无罪见害，百姓冤之。行路士女，流涕而言曰："高令公枉杀如此贤王！"有朝贵贱，莫不丧气。追崇假黄钺、使持节、都督中外诸军事，司徒公、侍中、太师、王如故。给銮辂九旒、虎贲班剑百人、前后部羽葆鼓吹、辒辌车。有司奏太常卿刘芳议勰谥曰："王挺德弱龄，诞资至孝，睿性过人，学不师授。卓尔之操，发自天然；不群之美，幼而独出。及入参政务，纶绋有光；爰登中铉，敷明五教。汉北告危，皇赫问罪，王内亲药膳，外总六师。及宫车晏驾，上下哀惨。奋猛衔戚，英略潜通，翼卫灵舆，整戎振旆。历次宛、谢，迄于鲁阳，送往奉居，无惭周、霍，禀遗作辅，远至迩安。分陕、恒方，流咏燕、赵；廓靖江西，威慑南越。入厘百揆，庶绩咸熙，履勤不惮，在功愈挹。温恭恺悌，忠雅宽仁，兴居有度，善终笃始。高尚厥心，功成身退。义亮圣衷，美光世典。依谥法，保大定功曰‘武’，善问周达曰‘宣’，谥曰武宣王。”及庄帝即位，追号文穆皇帝，妃李氏为文穆皇后，迁神主于太庙，庙称肃祖。语在临《淮王彧传》。前废帝时，去其神主。

嫡子劭，字子讷，袭封。善武艺，少有气节。肃宗初，萧衍遣将犯边，劭上表曰：“伪竖游魂，窥觎边境，劳兵兼时，日有千金之费。臣仰籍先资，绍飨厚秩，思以埃尘，用裨山海。臣国封徐州，去军差近，谨奉粟九千斛、绢六百匹、国吏二百人，以充军用。”灵太后嘉其至意，而不许之。起家宗正少卿。又除使持节、假散骑常侍、平东将军、青州刺史。于时，齐州民刘均、房顷等，扇动三齐。萧衍遣将彭城郡、王辩等，搔扰边陲，劭频有防拒之效。孝昌末，灵太后失德，四方纷扰，劭遂有异志。为安丰王延明所启，乃征入为御史中尉。庄帝即位，尊为无上王。寻遇害河阴。追谥曰孝宣皇帝，妻李氏为文恭皇后。有二子。

韶字世胄，袭。武定末，司州牧。齐受禅，爵例降。

韶弟袭，字世绍。武定初，封武安王，邑一千户。武定末，中书侍郎。齐受禅，爵例降。

劭兄子直，字方言。少知名，为清河文献王所赏爱。起家除散骑侍郎，转中书侍郎。后除通直散骑常侍，迁给事黄门侍郎。灵太后诏曰：“故太师、彭城武宣王道隆德盛，功高微管，协契先朝，导扬末命。扶疴济难，效汉北之诚；送往奉居，尽鲁南之节。宗社赖之以安，皇基由之永固。而谦光守约，屡抟增邑之赏；辞多受少，终保初锡之封。非所谓追旧报恩、念勋酬德者也。可以前后所封户，别封三子为县公，食邑各一千户，庶以少慰仁魂，微申朝典。”子直封真定县开国公。出为冠军将军、梁州刺史。未几遇患，优游南郑，无他政绩。征还京师，病卒。赠假散骑常侍、安南将军、都官尚书、冀州刺史。孝庄践阼，追封陈留王，邑二千户，赠黄钺、太师、大司马、太尉，加前后部羽葆鼓吹。

子宽，字思猛，袭王爵。除散骑常侍、平南将军。寻除侍中、抚军将军。永安三年，尔朱兆害之于晋阳。无后，国除。出帝初，追赠使持节、散骑常侍、都督青齐济三州诸军事、卫大将军、青州刺史，重赠司徒公。

弟刚，字金明。庄帝初，封浮阳王，邑千户。武定末，宗正少卿。齐受禅，爵例降。

刚弟质，庄帝初，林虑王，邑千户。永安三年薨。出帝时，赠车骑大将军、左光禄大夫、仪同三司。

劭弟子正，美貌，性宽和。肃宗初，封霸城县公，邑一千户。历散骑侍郎、太常少卿。庄帝即位，除尚书令，封始平王。与兄劭俱遇害。赠假黄钺、侍中、都督中外诸军事、大将军、录尚书事，相，王如故，鸾辂九旒、黄屋左纛、前后部羽葆鼓吹、虎贲班剑一百人，谥曰贞。

子钦，字世道，袭。武定中，散骑侍郎。齐受禅，爵例降。

史臣曰：武宣王孝以为质，忠而树行，文谋武略，自得怀抱，绸缪太和之世，岂徒然哉！至夫在安处危之操，送往事居之节，周旦匪他之义，霍光异姓之诚，事兼之矣。功高震主，德隆动俗，间言一入，卒不全志。呜呼！周成、汉昭亦未易遇也。

魏书卷二二
列传第一〇

孝文五王

废太子恂 京兆王愉 清河王怿 广平王怀 汝南王悦

孝文皇帝七男：林皇后生废太子恂。文昭皇后生宣武皇帝、广平文穆王怀；袁贵人生京兆王愉；罗夫人生清河文献王怿、汝南文宣王悦；郑充华生皇子恌，未封，早夭。

废太子庶人恂，字元道。生而母死，文明太后后抚视之，常置左右。年四岁，太皇太后亲为立名恂，字元道，于是大赦。太和十七年七月癸丑，立恂为皇太子。及冠恂于庙，高祖临光极东堂，引恂入见，诫以冠义曰："夫冠礼表之百代，所以正容体、齐颜色、顺辞令。容体正、颜色齐、辞令顺，故能正君臣、亲父子、和长幼。然母见必拜，兄弟必敬，责以成人之礼。字汝元道，所寄不轻。汝当寻名求义，以顺吾旨。"二十年，改字宣道。

迁洛，诏恂诣代都。其进止仪礼，高祖皆为定。及恂入辞，高祖曰："今汝不应向代，但太师薨于恒壤，朕既居皇极之重，不容轻赴舅氏之丧，欲使汝展哀舅氏，拜汝母墓，一写为子之情。汝至彼，太师事毕后日，宜一拜山陵。拜讫，汝族祖南安可一就问讯。在途，当温读经籍。今日亲见吾也。"后高祖每岁征幸，恂常留守，主执庙祀。

恂不好书学，体貌肥大，深忌河洛暑热，意每追乐北方。中庶子高道悦数苦言致谏，恂甚衔之。高祖幸崧岳，恂留守金墉，于西掖门内与左右谋，欲召牧马轻骑奔代，手刃道悦于禁中。领军元俨勒门防遏，夜得宁静。厥明，尚书陆琇驰启高祖于南，高祖闻之骇惋，外寝其事，仍至汴口而还。引恂数罪，与咸阳王禧等亲杖恂，又令禧等更代，百余下，扶曳出外，不起者月余。拘于城西别馆。引见群臣于清徽堂，议废之。司空、太子太傅穆亮，尚书仆射、少保李冲，并免冠稽首而谢。高祖曰："卿所谢者私也，我所议者国也。古人有言，大义灭亲。今恂欲违父背尊，跨据恒朔。天下未有无父国，何其包藏，心与身俱。此小儿今日不灭，乃是国家之大祸，脱待我无后，恐有永嘉之乱。"乃废为庶人，置之河阳，以兵守之，服食所供，粗免饥寒而已。

恂在困踬，颇知咎悔，恒读佛经，礼拜归心于善。高祖幸代，遂如长安。中尉李彪承间密表，告恂复与左右谋逆。高祖在长安，使中书侍郎邢峦与咸阳王禧，奉诏赍椒酒诣河阳，赐恂死，时年十五。殓以粗棺常服，瘗于河阳城。二十二年冬，御史台令史龙文观坐法当死，告廷尉，称恂前被摄左右之日，有手书自理不知状，而中尉李彪、侍御史贾尚寝不为闻。贾坐系廷尉。时彪免归，高祖在邺，尚书表收彪赴洛，会赦，遂不穷其本末。贾尚出系，暴病数日死。

初，高祖将为恂娶司徒冯诞长女，以女幼，待年长。先为娉彭城刘长文、荥阳郑懿女为左右孺子，进恂年十三四。高祖泛舟天渊池，谓郭祚、崔光、宋弁曰："人生须自放，不可终朝读书。我欲使恂旦出省经传，食后还内，晡时复出，日夕而罢。卿等以为何如？"光曰："孔子称'血气未定，戒之在色'，传曰'昼以访事，夜以安身'。太子以幼年涉学之日，不宜于正昼之时，舍书御内，又非所以安柔弱之体，固永年之命。"高祖以光言为然，乃不令恂昼入内。无子。

京兆王愉，字宣德。太和二十一年封。拜都督、徐州刺史，以彭城王中军府长史卢阳乌兼长史，州事巨细，委之阳乌。世宗初，为护军将军。世宗留爱诸弟，愉等常出入宫掖，晨昏寝处，若家人焉。世宗每日华林戏射，衣衫骑从，往来无间。

迁中书监。世宗为纳顺皇后妹为妃，而不见礼答。愉在徐州，纳妾李氏，本姓杨，东郡人，夜闻其歌，悦之，遂被宠嬖。罢州还京，欲进贵之，托右中郎将赵郡李恃显为之养父，就之礼逆，产子宝月。顺皇后召李入宫，毁击之，强令为尼于内，以子付妃养之。岁余，后父于劲以后久无所诞，乃上表劝广嫔侍。因令后归李于愉，旧爱更甚。

愉好文章，颇著诗赋。时引才人宋世景、李神俊、祖莹、邢晏、王遵业、张始均等，共申宴喜，招四方儒学宾客严怀真等数十人，馆而礼之。所得谷帛，率多散施。又崇信佛道，用度常至不接。与弟广平王怀颇相夸尚，竞慕奢丽，贪纵不法。于是世宗摄愉禁中推案，杖愉五十，出为冀州刺史。

始愉自以职求侍要，既势劣二弟，潜怀愧恨，颇见言色。又以幸妾屡被顿辱，内外离抑。及在州谋逆，愉遂杀长史羊灵引及司马李遵，称得清河王密疏，云高肇谋杀害主上。于是遂为坛于信都之南，柴燎告天，即皇帝位。赦天下，号建平元年，立李氏为皇后。世宗诏尚书李平讨愉。愉出拒王师，频败，遂婴城自守。愉知事穷，携李及四子数十骑出门，诸军追之，见执以送。诏征赴京师，申以家人之训。愉每止宿亭传，必携李手，尽其私情。虽锁絷之中，饮食自若，略无愧惧之色。至野王，愉语人曰："虽主上慈深，不忍杀我，吾亦何面目见于至尊！"于是歔欷流涕，绝气而死，年二十一。或云高肇令人杀之。敛以小棺，瘗之。诸子至洛，皆赦之。后灵太后令愉之四子皆附属籍，追封愉临洮王。子宝月袭。乃改葬父母，追服三年。

宝月弟宝炬，轻躁薄行，耽淫酒色。孝庄时，特封南阳王。从出帝没于关西。宇文黑獭害出帝，宝炬及僭大号。

清河王怿，字宣仁。幼而敏惠，美姿貌，高祖爱之。彭城王勰甚器异之，并曰："此儿风神外伟，黄中内润，若天假之年，比《二南》

矣。”博涉经史，兼综群言，有文才，善谈理。宽仁容裕，喜怒不形于色。太和二十一年封。世宗初，拜侍中，转尚书仆射。怿才长从政，明于断决，割判众务，甚有声名。

司空高肇以帝舅宠任，既擅威权，谋去良宗，屡谮怿及愉等。愉不胜其忿怒，遂举逆冀州。因愉之逆，又构杀勰。怿恐不免。肇又录囚徒，以立私惠。怿因侍宴酒酣，乃谓肇曰：“天子兄弟，讵有几人，而炎炎不息。昔王莽头秃，亦藉《谓阳》之资，遂篡汉室。今君曲形见矣，恐复终成乱阶。”又言于世宗曰：“臣闻唯器与名，不可以假人。是故季氏旅泰，宣尼以为深讥，仲叔轩悬，丘明以为至诫。谅以天尊地卑，君臣道别，宜杜渐防萌，无相僭越。至于减膳录囚，人君之事，今乃司徒行之，讵是人臣之义？且陛下修政教，解狱讼，则时雨可降，玉烛知和。何使明君失之于上，奸臣窃之于下？长乱之基，于此在矣。”世宗笑而不应。

肃宗初，迁太尉，侍中如故。诏怿裁门下之事。又典经义注。时有沙门惠怜者，自云咒水饮人，能差诸病。病人就之者，日有千数。灵太后诏给衣食，事力优重，使于城西之南，治疗百姓病。怿表谏曰：“臣闻律深惑众之科，礼绝妖淫之禁，皆所以大明居正，防遏奸邪。昔在汉末，有张角者，亦以此术荧惑当时。论其所行，与今不异。遂能玄诱生人，致黄巾之祸，天下涂炭数十年间，角之由也。昔新垣奸，不登于明堂；五利侥，终婴于显戮。”灵太后以怿肃宗懿叔，德先具瞻，委以朝政，事拟周、霍。怿竭力匡辅，以天下为己任。

领军元叉，太后之妹夫也，恃宠骄盈。怿裁之以法，每抑黜之，为叉所疾。叉党人通直郎宗准爱希叉旨，告怿谋反，禁怿门下。讯问左右及朝贵，贵人分明，乃得雪释焉。怿以忠而获谤，乃鸠集昔忠烈之士，为《显忠录》二十卷，以见意焉。

正光元年七月，叉与刘腾逼肃宗于显阳殿，闭灵太后于后宫，囚怿于门下省，诬怿罪状，遂害之，时年三十四。朝野贵贱，知与不知，含悲丧气，惊振远近。夷人在京及归，闻怿之丧，为之劈面者数百人。

广平王怀。阙有魏诸王。召入华林别馆，禁其出入，令四门博士董征，授以经传。世宗崩，乃得归。

汝南王悦，好读佛经，览书史。为性不伦，俶傥难测。悦妃闾氏，即东海公之女也，生一子，不见礼答。有崔延夏者，以左道与悦游，合服仙药松术之属。时轻与出采芝，宿于城外小人之所。遂断酒肉粟稻，唯食麦饭。又绝房中而更好男色。轻忿妃妾，至加捶挞，同之婢使。悦之出也，妃住于别第。灵太后敕检问之，引入，穷悦事故。妃病，杖伏床蓐，疮尚未愈。太后因悦之杖妃，乃下令禁断。令诸亲王及三蕃，其有正妃疾患百日已上，皆遣奏闻。若有犹行捶挞，就削封位。

及清河王怿为元叉所害，悦了无仇恨之意，乃以桑落酒候伺之，尽其私佞。叉大喜，以悦为侍中、太尉。临拜日，就怿子亶求怿服玩之物，不时称旨。乃召亶，杖之百下。亶居庐未葬，形气羸弱，暴加威挞，殆至不济。阙仍呼阿儿，亲自循抚。阙悦为大铿碓置于州门，盗者便欲斩其手。时人惧其无常，能行异事，奸偷畏之而暂息。及尔朱荣举兵向洛，既忆入间。疑俄而闻荣肆毒于河阴，遂南奔萧衍。衍立为魏主，号年更兴。衍遣其将军王僧辩送置于境上，以觊侵逼。及齐献武王既诛荣，以悦高祖子，宜承大业，乃令人示意。悦既至，清狂如故，动为罪失，不可扶持，乃止。出帝初，除大司马。卒。

魏书卷二三
列传第一一

卫操　莫含　刘库仁

卫操,字德元,代人也。少通侠,有才略。晋征北卫将军卫瓘以操为牙门将,数使于国,颇自结附。始祖崩后,与从子雄及其宗室乡亲姬澹等十数人,同来归国,说桓、穆二帝招纳晋人,于是晋人附者稍众。桓帝嘉之,以为辅相,任以国事。及刘渊、石勒之乱,劝桓帝匡助晋氏。东瀛公司马腾闻而善之,表加将号。稍迁至右将军,封定襄侯。

桓帝崩后,操立碑于大邗城南,以颂功德,云:"魏,轩辕之苗裔。"言:桓穆二帝"驰名域外,九译宗焉。治国御众,威禁大行。声著华裔,齐光纯灵。智深谋远,穷幽极明。治则清断,沉浮得情。仁如春阳,威若秋零。强不凌弱,隐恤孤茕。道教仁行,化而不刑。国无奸盗,路有颂声。自西讫东,变化无形。威武所向,下无交兵。南壹王室,北服丁零。招谕六狄,咸来归诚。超前绝后,致此有成。奉承晋皇,捍御边疆。王室多难,天纲弛纲。豪心远济,靡离其殃。岁剪逆命,奸盗豺狼。永安元年,岁次甲子。奸党犹逆,东西狼峙。敢逼天王,兵甲屡起。怙众肆暴,虐用将士。邺洛遘隙,弃亲求疏。乃招暴类,屠各匈奴。刘渊奸贼,结党同呼。敢击并土,杀害无辜。残破狼籍,城邑丘墟。交刃千里,长蛇塞途。晋道应天,言展良谟。使持节、平北将军、并州刺史、护匈奴中郎将、东瀛公司马腾,才神绝世,规略超远。时逢多难,惧损皇祀。欲引兵驾,猃狁孔炽。造设权策,济难奇思。欲招外救,朝臣莫应。高算独断,决谋盟意。爰命外国,引军内备。简贤选士,命兹良使。遣参军壶伦、牙门中行嘉、义阳亭侯卫谟、协义亭侯卫鞬等,驰奉檄书,至晋阳城。”

又称:桓穆二帝,“心在宸极。辅相二卫,对扬毗翼。操展文谋,雄奋武烈。承命会议,咨论奋发。昔桓、文匡佐,功著周室。显名载籍,列赏备物。大众回动,熙同灵集。兴军百万,期不经日。兄弟齐契,决胜庙算。鼓噪南征,平夷险难。”

又云:二帝到镇,“言若合符。引接款密,信义不渝。会盟汾东,铭篆丹书。永世奉承,慎终如初。契誓命将,精锐先驱。南救涅县,东解寿阳.窘迫之邑,幽而复光.太原、西河,乐平、上党,遽遭寇暴,白骨交横。羯贼肆虐,六郡凋伤。群恶相应,图及华堂。旌旗轻指,羯党破丧。遣骑十万,前临淇漳。邺遂振溃,凶逆奔亡。军据州南,曜锋太行。翼卫内外,镇静四方。志在竭力,奉戴天王。忠恕用晖,外动亦攘。于是曜武,振旅而旋。长路匪夷,出入经年。毫毛不犯,百姓称传。周览载籍,自古及今。未闻外域,奔救内患。弃家忧国,以危易安。惟公远略。临难能权。应天顺人,恩德素宣。和戎静朔,危邦复存。”

又云:非桓天挺,忠孝自然。孰能超常,不为异端。回动大众,感公之言。功济方州,勋烈光延。升平之日,纳贡充蕃。凭瞻銮盖,步趾三川。有德无禄,大命不延。年三十有九,以永兴二年六月二十四日,寝疾薨殂。背弃华殿,云中名都。国失惠主,哀感欷歔。悲痛烦冤,载号载呼。举国崩绝,攀援靡诉。远近齐轨,奔赴梓庐。人百其身,盈塞门涂。高山其颓,茂林凋枯。仰诉造化,痛延悲夫。”

又云:桓帝“忠于晋室,骏奔长衢。隆冬凄凄,四出行诛。蒙犯霜雪,疹入脉肤。用致薨殒,不永桑榆。以死勤事,经勋同模。垂名金石,载美晋书。平北哀悼,祭以丰厨。考行论勋,谥曰义烈。功施于人,祀典所说。”

又云:桓帝经济,“存亡继绝。荒服是赖,祚存不辍。金龟箫鼓,轺盖殊制。反及二代,莫与同列。并域嘉叹,北国感荣。各竭其心,思扬休名。刊石纪功,图像存形。靡辍享祀,飨以牺牲。永垂于后,没有余灵。长存不朽,延于亿龄。”

其颂又称:桓帝“金坚玉刚。应期顺会,王有北方。行能济国,武平四荒。无思不服,区域大康。世路纷纠,运遭播扬。羯胡因衅,敢害并土。哀痛下民,死亡失所。率众百万,平夷险阻。存亡继绝,一州蒙祐。功烈桓桓,龙文虎武。朱邑小善,遗爱桐乡。勋攘大患,六郡无。阙悉之来,由功而存。刊石勒铭,垂示后昆。”时晋光熙元年秋也。

皇兴初,雍州别驾雁门段荣于大邗掘得此碑,文虽非丽,事宜载焉,故录于传。

桓穆二帝并礼重操。穆帝三年卒。始操所与宗室乡亲入国者:卫勤,安乐亭侯;卫崇、卫清,并都亭侯;卫泥、段繁,并信义将军、都亭侯;王发,建武将军、都亭侯;范班,折冲将军、广武亭侯;贾庆,建武将军、上洛亭侯;贾循,都亭侯;李壹,关中侯;郭乳,关内侯,皆为桓帝所表授也。六修之难,存者多随刘琨任子遵南奔。卫雄、姬澹、莫舍等名,皆见碑。

雄,字世远,澹字世雅,并勇健多计画,晋世州从事。既与卫操俱入国,桓帝壮其膂力,并以为将,常随征伐,大著威名。桓帝之赴难也,表晋列其勋效,皆拜将军。雄连有战功,稍迁至左将军、云中侯。澹亦以勇绩著名,桓帝末,至信义将军、楼烦侯。

穆帝,初并见委任。卫操卒后,俱为左右辅相。

六修之逆,国内大乱,新旧猜嫌,迭相诛戮。雄、澹并为群情所附,谋欲南归,言于众曰:“闻诸旧人忌新人悍战,欲尽杀之,吾等不早为计,恐无种矣。”晋人及乌丸惊惧,皆曰:“死生随二将军。”于是雄、澹与刘琨任子遵率乌丸、晋人数万众而叛。琨闻之大悦,率数百骑驰如平城抚纳之。会石勒攻琨乐平,太守韩据请救于琨。琨以得雄、澹之众,欲因其锐,以灭石勒。雄、澹谏曰:“乱民饥疲,未可便用,宜休息观衅而动。”琨不从,使雄、澹率众讨勒琨,屯广牧为之声援。勒率轻骑与雄、澹战，澹大败，率骑千余，奔于代郡。勒遣孔苌追灭之。

莫含，雁门繁畤人也。家世货殖，资累巨万。刘琨为并州，辟含从事。含居近塞下，常往来国中。穆帝爱其才器，善待之。及为代王，备置官属，求含于琨。琨遣入国，含心不愿。琨谕之曰："当今胡寇滔天，泯灭诸夏，百姓流离，死亡涂地，主上幽执，沉溺丑虏。唯此一州，介在群胡之间，以吾薄德，能自存立者，赖代王之力。是以倾身竭宝，长子远质，觊灭残贼，报雪大耻。卿为忠节，亦是奋义之时。何得苟惜共事之小诚，以忘出身之大益。入为代王腹心，非但吾愿，亦一州所赖。"含乃入代，参国官。后琨徙五县之民于陉南，含家独留。含甚为穆帝所重，常参军国大谋。卒于左将军、关中侯。其故宅在桑乾川南，世称莫含壁，或音讹，谓之莫回城云。

子显，知名于时。昭成世，为左常侍。

显子题，亦有策谋。太祖使题与将军王建等三军，讨慕容宝广宁太守刘亢坙，斩之。徙亢坙部落于平城。宝上谷太守骅，捐郡逃走，太祖追讨，题为大将，别出东道。以功赐爵东宛侯。及还京师，常与李栗侍宴。栗坐不敬获罪，题亦被黜为济阳太守。后太祖欲广宫室，规度平城四方数十里，将模邺、洛、长安之制，运材数百万根。以题机巧，征令监之。召入，与论兴造之宜。题久侍颇怠，赐死。

题弟云，好学善射。太祖时，常典选曹，转给事中。以功赐爵安德侯。迁执金吾，常参军国谋议。世祖之克赫连昌，诏云与常山王素留镇统万。进爵安定公，加平西将军，后迁镇西大将军。时初并河西，人心未一，云抚慰新旧，皆得其所。神䴥中卒，谥曰敬公。

刘库仁，本字没根，刘虎之宗也，一名洛垂。少豪爽，有智略。母平文皇帝之女。昭成皇帝复以宗女妻之，为南部大人。建国三十九年，昭成暴崩，太祖未立，苻坚以库仁为陵江将军、关内侯，令与卫辰，分国部众而统之。自河以西属卫辰，自河以东属库仁。于是献明皇后携太祖及卫、秦二王自贺兰部来居焉。库仁尽忠奉事，不以兴废易节，抚纳离散，恩信甚彰。

苻坚进库仁广武将军，给幢麾鼓盖，仪比诸侯。处卫辰在库仁之下。卫辰怒，杀坚五原太守而叛，攻库仁西部。库仁又伐卫辰，破之，追至阴山西北千余里，获其妻子，尽收其众。库仁西征库狄部，大获畜产，徙其部落，置之桑乾川。苻坚赐库仁妻公孙氏，厚其资送。库仁又诣坚，加库仁振威将军。

后慕容垂围苻丕于邺，又遣将平规攻坚幽州刺史王永于蓟，库仁自以受坚爵命，遣妻兄公孙希率骑三千，助永击规，大破之，坑规降卒五千余人。乘胜长驱，进据唐城，与垂子麟相持。库仁闻希破规，复将大举以救丕。发雁门、上谷、代郡兵，次于繁畤。

先是，慕容文等当徙长安，遁依库仁部，常思东归，其计无由。至是役也，知人不乐，文等乃夜率三郡人，攻库仁。库仁匿于马厩，文执杀之。乘其骏马，奔慕容垂。公孙希闻乱，自唐城走于丁零。

库仁弟眷，继摄国事。白部大人洁佛叛，眷力不能讨。乃引苻坚并州刺史张蚝击佛，破之。眷又破贺兰部于善无，又击蠕蠕别帅肺渥于意亲山，破之，获牛羊数十万头。眷第二子罗辰，性机警，有智谋，谓眷曰："比来行兵，所向无敌，心腹之疾，愿早图之。"眷曰："谁也？"曰："从兄显，忍人也，为乱非旦则夕耳。"眷不以为意。其后，徙牧于牛川，库仁子显果杀眷而代立。罗辰奔太祖，事在《外戚传》。

显，本名丑伐，既杀眷代立，又欲谋逆，语在《太祖纪》。太祖即位，显自善无南走马邑。

族人奴真领部来附。奴真兄犍，先居贺兰部。至是，奴真请召犍而让部焉。太祖义而许之。犍既领部，自以久托贺讷，德之，乃使弟去斤遗之金马。讷弟染干因谓之曰："我待汝兄弟厚，汝今领部，宜来从我。"去斤请之奴真。奴真曰："父为国家附臣，世效忠贞。我志全名节，是故推让。今汝等无状，乃欲叛主怀贰。"于是杀犍及去斤。染干闻其杀兄，率骑讨之。奴真惧，徙部来奔太祖。太祖自迎之，遣使责止染干。奴真感恩，请奉妹充后宫，太祖纳之。

后太祖讨显于马邑，追至弥泽，大破之。卫辰与慕容垂通好，送马三千匹于垂，垂遣慕容良迎之。显击败良军，掠马而去。垂怒，遣子麟、兄子楷讨之，显奔马邑西山。麟轻骑追之，遂奔慕容永于长子。部众悉降于麟，麟徙之中山。显弟亢埿，事在《皇后传》。

史臣曰：始祖及桓、穆之世也，王迹初基，风德未展。操、含托身驰骤之秋，自立功之地，可谓志识之士矣。刘库仁兄弟，忠以为心，盛衰不二，纯节所存，其意盖远，而并贻非命，惜乎！

魏书卷二四
列传第一二

燕凤 许谦 张衮 崔玄伯 邓渊

燕凤，字子章，代人也。好学，博综经史，明习阴阳、谶纬。昭成素闻其名，使人以礼迎致之。凤不应聘。乃命诸军围代城，谓城人曰："燕凤不来，吾将屠汝。"代人惧，送凤。昭成与语，大悦，待以宾礼。后拜代王左长史，参决国事，又以经授献明帝。

苻坚遣使牛恬朝贡，令凤报之。坚问凤："代王何如人？"凤对曰："宽和仁爱，经略高远，一时之雄主，常有并吞天下之志。"坚曰："卿辈北人，无钢甲利器，敌弱则进，强即退走，安能并兼？"凤曰："北人壮悍，上马持三仗，驱驰若飞。主上雄隽，率服北土，控弦百万，号令若一。军无辎重樵爨之苦，轻行速捷，因敌取资。此南方所以疲弊，而北方之所常胜也。"坚曰："彼国人马实为多少？"凤曰："控弦之士数十万，马百万匹。"坚曰："卿言人众可尔，说马太多，是虚辞耳。"凤曰："云中川自东山至西河二百里，北山至南山百有余里，每岁孟秋，马常大集，略为满川。以此推之，使人之言，犹当未尽。"凤还，坚厚加赠遗。

及昭成崩，太祖将迁长安。凤以太祖幼弱，固请于苻坚曰："代主初崩，臣子亡叛，遗孙冲幼，莫相辅立。其别部大人刘库仁勇而有智，铁弗卫辰狡猾多变，皆不可独任。宜分诸部为二，令此两人统之。两人素有深仇，其势莫敢先发。此御边之良策。待其孙长，乃存而立之，是陛下施大惠于亡国也。”坚从之。凤寻东还。

太祖即位，历吏部郎、给事黄门侍郎、行台尚书，甚见礼重。太宗世，与崔玄伯、封懿、梁越等入讲经传，出议朝政。世祖初，以旧勋赐爵平舒侯，加镇远将军。神䴥元年卒。

子才，袭。散骑常侍、平远将军。卒。

子元孙，袭。官至博陵太守。卒。

子世宗，袭。

许谦，字元逊，代人也。少有文才，善天文图谶之学。建国时，将家归附，昭成嘉之，擢为代王郎中令，兼掌文记。与燕凤俱授献明帝经。从征卫辰，以功赐僮隶三十户。昭成崩后，谦徙长安。苻坚从弟行唐公洛镇和龙，请谦之镇。未几，以继母老辞还。登国初，遂归太祖。太祖悦，以为右司马，与张衮等参赞初基。

慕容宝来寇也，太祖使谦告难于姚兴。兴遣将杨佛嵩率众来援，而佛嵩稽缓。太祖命谦为书以遗佛嵩曰：“夫杖顺以剪遗，乘义而攻昧。未有非其运而显功，无其时而著业。慕容无道，侵我疆场，师老兵疲，天亡期至。是以遣使命军，必望克赴。将军据方部之任，总熊虎之师，事与机会，今其时也。因此而举，役不再驾，千载之勋，一朝可立。然后高会云中，进师三魏，举觞称寿，不亦绰乎！”佛嵩乃倍道兼行。太祖大悦，赐谦爵关内侯。重遣谦与佛嵩盟曰：“昔殷汤有鸣条之誓，周武有河阳之盟，所以藉神灵，昭忠信。夫亲仁善邻，古之令轨；歃血割牲，以敦永穆。今既盟之后，言归其好，分灾恤患，休戚是同。有违此盟，神祇斯殛。”宝败，佛嵩乃还。

明年，慕容垂复来寇。太祖谓谦曰：“今事急矣，非卿岂能复致姚师，卿其行也。”谦未发而垂退，乃止。及闻垂死。谦上书劝进。太祖善之。

并州平，以谦为阳曲护军，赐爵平舒侯、安远将军。皇始元年卒官，时年六十三。赠平东将军、左光禄大夫、幽州刺史、高阳公，谥曰文。

子洛阳，袭。从征慕容宝，为冠军司马。后为祁令。太宗追录谦功，以洛阳为雁门太守。洛阳家田三生嘉禾，皆异垄合颖，世祖善之。进爵北地公，加镇南将军。出为明垒镇将，居八年，卒。谥曰恭。

子寄生，袭爵，降为侯。皇兴元年卒。

洛阳弟安国，中山太守。

安国弟安都，广宁、沧水二郡太守。加扬威将军。赐爵东光子。天安初，卒。赠平远将军、冀州刺史、东光侯，谥曰烈。

子白虎，袭爵。为侍御中散。后以罪免官，夺爵。

张衮，字洪龙，上谷沮阳人也。祖翼，辽东太守。父卓，昌黎太守。衮初为郡五官掾。纯厚笃实，好学，有文才。

太祖为代王，选为左长史。从太祖征蠕蠕，蠕蠕遁走，追之五六百里。诸部帅因衮言于太祖曰："今贼远粮尽，不宜深入，请速还军。"太祖令衮问诸部帅，若杀副马，足三日食否。皆言足也。太祖乃倍道追之，及于广漠赤地南床山下，大破之。既而太祖问衮："卿曹外人知我前问三日粮意乎？"对曰："皆莫知也。"太祖曰："此易知耳。蠕蠕奔走数日，畜产之余，至水必留。计其道程，三日足及。轻骑卒至，出其不意，彼必惊散，其势然矣。"衮以太祖言出告部帅，咸曰："圣策长远，非愚近所及也。"

衮常参大谋，决策帏幄。太祖器之，礼遇优厚。衮每告人曰："昔乐毅杖策于燕昭，公远委身于魏武，盖命世难可期，千载不易遇。主上天姿杰迈，逸志凌霄，必能囊括六合，混一四海。夫遭风云之会，不建腾跃之功者，非人豪也。"遂策名委质，竭诚伏事。

时刘显地广兵强，跨有朔裔，会其兄弟乖离，其相疑阻。衮言于太祖曰："显志大意高，希冀非望，乃有参天贰地，笼罩宇宙之规。吴不并越，将为后患。今因其内衅，宜速乘之。若轻师独进，或恐越逸。可遣使告慕容垂，共相声援，东西俱举，势必擒之。然后总括英雄，抚怀遐迩。此千载一时，不可失也。"太祖从之，遂破走显。又从破贺讷，遂命群官登勿居山，游宴终日。从官及诸部大人请聚石为峰，以记功德，命衮为文。

慕容宝之来寇也，衮言于太祖曰："宝乘滑台之功，因长子之捷，倾资竭力，难与争锋。愚以为宜羸师卷甲，以侈其心。"太祖从之，果破之参合。皇始初，迁给事黄门侍郎。

太祖南伐，师次中山。衮言于太祖曰："宝凭三世之资，城池之固，虽皇威震赫，势必擒殄，然穷兵极武，非王者所宜。昔郦生一说，田横委质；鲁连飞书，聊将授首。臣诚德非古人，略无奇策，仰凭灵威，庶必有感。"太祖从之。衮遗宝书，喻以成败。宝见书大惧，遂奔和龙。既克中山，听入八议，拜衮奋武将军、幽州刺史，赐爵临'渭侯。衮清俭寡欲，劝课农桑，百姓安之。

天兴初，征还京师。后与崔逞答司马德宗将郗恢书失旨，黜衮为尚书令史。衮遇创业之始，以有才谟见任，率心奉上，不顾嫌疑。太祖曾问南州人于衮。衮与卢溥州里，数谈荐之。又衮未当与崔逞相见，闻风称美。及中山平，卢溥聚党为逆，崔逞答书不允，并乖本言，故忿之。

衮年过七十，阖门守静，手执经书，刊定乖失，爱好人物，善诱无倦，士类以此高之。永兴二年疾笃，上疏曰："臣既庸人，志无殊操。值太祖诞膺期运，天地始开，参戎氛雾之初，驰驱革命之会，托翼邓林，寄鳞溟海，遂荷恩宠，荣兼出内。陛下龙飞九五，仍参顾问，曾无微诚，尘山露海。今旧疾弥留，气力虚顿，天罚有罪，将填沟壑。然犬马恋主，敢不尽言。方今中夏虽平，九域未一，西有不宾之羌，南有逆命之虏，岷蜀殊风，辽海异教。虽天挺明圣，拨乱乘时，而因几抚会，实须经略。介焉易失，功在人谋。伏愿恢崇睿道，克广德心，使揖让与干戈并陈，文德与武功俱运，则太平之化，康哉之美，复隆于今，不独前世。昔子囊将终，寄言城郢；荀偃辞含，遗恨在齐。臣虽暗劣，敢忘前志，魂而有灵，结草泉壤。"后数日卒，年七十二。后世祖追录旧勋，遣大鸿胪即墓，策赠太保，谥曰文康公。

子温，外都大官、广宁太守。卒。

子贰兴，昌黎太守。

温弟楷，州主簿。

子诞，有学尚，性尤雅直。初与高允同时被征，后除中书侍郎、通直散骑常侍、建威将军。赐爵容城子。

衮次子度，少有志尚。袭爵临渭侯。上谷太守，入为武昌王师。加散骑常侍，除使持节。都督幽州广阳、安乐二郡诸军事，平东将军，崎城镇都大将，又转和龙镇都大将，所在著称。还朝为中都大官。卒，赠征东大将军、冀州刺史，谥康侯。

子陵，袭爵。后为赤城典作都将。卒。

子状，袭。为中散。卒。

子法，袭。太和中，例降为伯。世宗时，除怀荒镇金城戍将。

陵弟延，散骑常侍、左将军、库部尚书。赐爵永宁侯。

延弟孙白泽，年十一，遭母忧，居丧以孝闻。世祖闻而嘉之。长而好学博通，敏于当世。高宗初，除中散，迁殿中曹给事中，甚见宠任，参预机密。后蠕蠕犯塞，显祖引见群臣议之。尚书仆射元目辰进曰："若车贺亲行，恐京师危惧，不如持重，固守自安。虏悬军深入，粮无继运。以臣量之，自退不久，遣将追击，破之必矣。"白泽曰："陛下钦明则天，比踪前圣，而蠢尔荒愚，轻犯王略。寇乃颠沛于远图，我将宴安于近毒，仰惟神略，则不然矣。今若銮舆亲动，贼必望麾崩散，宁容仰挫神兵，坐而纵敌。万乘之尊，婴城自守，进失可乘之机，退非无前之义，惟陛下留神。"显祖从之，遂大破虏众。

白泽本字钟葵，显祖赐名白泽，纳其女为嫔。出行雍州刺史，清心少欲，吏民安之。显祖诏诸监临之官，所监治受羊一口、酒一斛者，罪至大辟，与者以从坐论。纠告得尚书已下罪状者，各随所纠官轻重而授之。白泽上表谏曰："伏见诏书，禁尚书以下受礼者刑身，纠之者代职。伏惟三载考绩，黜陟幽明，斯乃不易之令轨，百王之通式。今之都曹，古之公卿也，皆翊扶万几，赞徽百揆，风化藉此而平，治道由兹而穆。且周之下士，尚有代耕，况皇朝贵仕，而服勤无报，岂所谓祖袭尧舜，宪章文武者乎？羊酒之罚，若行不已，臣恐奸人窥望，忠臣懈节。而欲使事静民安，治清务简，至于委任责成，下民难辩。如臣愚量，请依律令旧法，稽同前典，班禄酬廉，首去乱群，常刑无赦。苟能如此，则升平之轨，期月可望；刑措之风，三年必致矣。”显祖纳之。

太和初，怀州民伊祁苟初三十余人谋反，将杀刺史。文明太后欲尽诛一城之民。白泽谏曰：“臣闻上天爱物之生，明王重民之命，故杀一人而取天下，仁者不为。且《周书》父子兄弟，罪不相及，今群凶肆虐，轘裂诛尽，合城无辜，奈何极辟。不诬十室，而况一州？或有忠焉，或有仁者，若淫刑滥及，杀忠与仁，斯乃西伯所以叹息于九候，孔子所以回轮于河上。伏惟圣德，昭明殷鉴，水镜前礼，止迅烈之怒，抑雷霆之威，则溥天知幸矣。昔厉防民口，卒灭宗姬；文听舆颂，终摧强楚。愿不以人废言，留神省察。”太后从之。转散骑常侍，迁殿中尚书。

太和五年卒，诏赐帛一千匹、粟三千石，遣侍御史营护丧事，册赠镇南将军、相州刺史、广平公，谥曰简。长子伦，字天念。年十余岁，入侍左右。稍迁护军长史、员外常侍，转大司农少卿、燕州大中正。

熙平中，蠕蠕主丑奴遣使来朝，抗敌国之书，不修臣敬。朝议将依汉答匈奴故事，遣使报之。伦表曰：

> 臣闻古之圣王，疆理物土，辨章要甸，荒遐之俗，政所不及。故《礼》有壹见之文，《书》著羁縻之事。太祖以神武之姿，圣明之略，经略帝图，日有不暇，遂令竖子游魂一方，亦由中国多虞，急诸华而缓夷狄也。高祖光宅土中，业隆卜世，赫雷霆之威，振熊罴之旅，方役南辕，未遑北伐。昔旧京烽起，虏使在郊，主上按剑，玺书不出。
>
> 世宗运筹帷幄，开境扬旌，衣裳所及，舟车万里。于时丑类款关，上亦述尊遗志。今大明临朝，泽及行苇，国富兵强，能言率职。何惮而为之，何求而行此？往日萧衍通敬求和，以诚肃未纯，抑而不许。先帝弃戎于前，陛下交夷于后，无乃上乖高祖

之心，下违世宗之意？且虏虽慕德，亦来观我，惧之以强，倘即归附，示之以弱，窥觎或起，《春秋》所谓“以我卜也”。

又小人难近，夷狄无亲，疏之则怨，狎之则侮，其所由来久矣。是以高祖、世宗知其若此，来既莫逆，去又不追。不一之义，于是乎在。必其委贽玉帛之辰，屈膝蕃方之礼，则可丰其劳贿，籍以珍物。至于王人远役，衔命虏庭，优以匹敌之尊，加之相望之宠，恐徒生虏慢，无益圣朝。假令选众而举，使乎称职，资郦生之辩，聘终军之辞，凭轼下齐，长缨系越。苟异曩时，犹为不愿，而况极之以隆崇，申之以宴好。臣虽下愚，辄敢固执？

若事不获已，应颁制诏，示其上下之仪，宰臣致书，讽以归顺之道。若听受忠诲，明我话言，则万乘之盛不失位于域中，天子之声必笼罩于无外。脱或未从，焉能损益？徐舞干戚以招之，敷文德而怀远。如迷心不已，或肆犬羊，则当命辛、李之将，勒卫、霍之师，荡定云沙，扫清逋孽，饮马瀚海之滨，镂石燕然之上，开都护，置戊己，斯亦陛下之高功，不世之盛事。如思按甲养民，务农安边之术，经国之防，岂可以戎夷兼并，而遽亏典制。将取笑于当时，贻丑于来叶。昔文公请隧，襄后有言；荆庄问鼎，王孙是抑。以古方今，窃为陛下不取。

又陛下方欲礼神岷渎，致礼衡山，登稽岭，窥苍梧，而反与夷虏之君，酋渠之长，结昆弟之忻，抗分庭之义，将何以瞰文命之遐景，迹重华之高风者哉？臣以为报使甚失如彼，不报甚得如此。愿留须臾之听，察愚臣之言。

不从。

出为后将军、肆州刺史。还朝，除燕州大中正。孝庄初，迁太常少卿，不拜，转大司农卿。卒官。

伦弟恩，奉朝请，员外郎。

白泽弟库，瀛州刺史、宜阳侯。

库长子兰，累迁龙骧将军，行光州事。

兰弟修虎，都牧、驾部二曹给事中，上谷公，司农少卿。奉使柔玄,察民疾苦。迁平北将军、燕州刺史。

度弟太,平西将军、荆州刺史、俎阳侯。

太弟那,宁远将军、雍城镇将。

崔玄伯,清河东武城人也。名犯高祖庙讳,魏司空林六世孙也。祖悦,仕石虎,官至司徒左长史、关内侯。父潜,仕慕容暐,为黄门侍郎,并有才学之称。

玄伯少有俊才,号曰冀州神童。苻融牧冀州,虚心礼敬,拜阳平公侍郎,领冀州从事,管征东记室。出总庶事,入为宾友,众务修理,处断无滞。苻坚闻而奇之,征为太子舍人,辞以母疾不就,左迁著作佐郎。苻丕牧冀州,为征东功曹。太原郝轩,世名知人,称玄伯有王佐之才,近代所未有也。坚亡,避难于齐鲁之间,为丁零翟钊及司马昌明叛将张愿所留絷。郝轩叹曰:"斯人而遇斯时,不因扶摇之势,而与鹞雀飞沉,岂不惜哉!"慕容垂以为吏部郎、尚书左丞、高阳内史。所历著称,立身雅正,与世不群,虽在兵乱,犹励志笃学,不以资产为意,妻子不免饥寒。

太祖征慕容宝,次于常山,玄伯弃郡,东走海滨。太祖素闻其名,遣骑追求,执送于军门,引见与语,悦之,以为黄门侍郎,与张衮对总机要。草创制度。时司马德宗遣使来朝,太祖将报之,诏有司博议国号。玄伯议曰:"三皇五帝之立号也,或因所生之土,或既封国之名。故虞、夏、商、周始皆诸侯,及圣德既隆,万国宗载,称号随本,不复更立。唯商人屡徙,改号曰殷,然犹兼行,不废始基之称。故《诗》云'殷商之旅',又云'天命玄鸟,降而生商,宅殷土茫茫',此其义也。昔汉高祖以汉王定三秦,灭强楚,故遂以汉为号。国家虽统北方广漠之土,逮于陛下,应运龙飞,虽曰旧邦,受命惟新。是以登国之初,改代曰魏。又慕容永亦奉进魏土。夫'魏'者大名,神州之上国,斯乃革命之征验,利见之玄符也。臣愚以为宜号为魏。"太祖从之。于是四方宾王之贡,咸称大魏矣。

太祖幸邺,历问故事于玄伯,应对若流,太祖善之。及车驾还京师，次于恒岭，太祖亲登山顶，抚慰新民，适遇玄伯扶老母登岭，太祖嘉之，赐以牛米。因诏诸徙人不能自进者，给以车牛。迁吏部尚书。命有司制官爵，撰朝仪，协音乐，定律令，申科禁，玄伯总而裁之，以为永式。及置八部大夫以拟八坐，玄伯通署三十六曹，如令仆统事，深为太祖所任，势倾朝廷。而俭约自居，不营产业，家徒四壁，出无车乘，朝晡步上。母年七十，供养无重膳。太祖当使人密察，闻而益重之，厚加馈赐。时人亦或讥其过约，而玄伯为之逾甚。

太祖常引问古今旧事、王者制度、治世之则。玄伯陈古人制作之体，及明君贤臣往代废兴之由，甚合上意。未尝謇谔忤旨，亦不谄谀苟容。及太祖季年，大臣多犯威怒，玄伯独无谴者，由于此也。太祖曾引玄伯讲《汉书》，至娄敬说汉祖欲以鲁元公主妻匈奴，善之，嗟叹者良久。是以诸公主皆厘降于宾附之国，朝臣子弟，虽名族美彦，不得尚焉。尚书职罢，赐玄伯爵白马侯，加周兵将军，与旧功臣庾岳、奚斤等同班，而信宠过之。

太祖崩，太宗未即位，清河王绍闻人心不安，大出财帛班赐朝士。玄伯独不受。太宗即位，命玄伯居门下，虚己访问，以不受绍财帛，特赐帛二百匹。长孙嵩已下咸愧焉。诏遣使者巡行郡国，纠察守宰不如法者，令玄伯与宜都公穆观等按之，太宗称其平当。又诏玄伯与长孙嵩等坐朝堂，决刑狱。

太宗以郡国豪右，大为民蠹，乃优诏征之，民多恋本，而长吏逼遣。于是轻薄少年，因相扇动，所在聚结。西河、建兴盗贼并起，守宰讨之不能禁。太宗乃引玄伯及北新侯安同、寿光侯叔孙建、元城侯元屈等问曰："前以凶侠乱民，故征之京师，而守宰失于绥抚，令有逃窜。今犯者已多，不可悉诛，朕欲大赦以纾之。卿等以为何如？"屈对曰："民逃不罪而反赦之，似若有求于下，不如先诛首恶，赦其党类。"玄伯曰："王者治天下，以安民为本，何能顾小曲直也。譬琴瑟不调，必改而更张；法度不平，亦须荡而更制。夫赦虽非正道，而可以权行，自秦汉以来，莫不相踵。屈言先诛后赦，会于不能两去，孰与一行便定。若其赦而不改者，诛之不晚。"太宗从之。

神瑞初，诏玄伯与南平公嵩等坐止车门右，听理万机事。并州胡数万家南掠河内，遣将军公孙表等率师讨之，败绩。太宗问群臣曰："胡寇纵暴，人众不少，表等已不能制。若不早诛，则良民大受其祸。今既盛秋，不可为此小盗，而复兴众以废民业。将若之何？"玄伯对曰："表等诸军，不为不足，但失于处分，故使小盗假息耳。胡众虽盛，而无猛健主将，所谓千奴共一胆也。宜得大将军为胡所服信者，将数百骑，就摄表军以讨之，贼闻之，必望风震怖。寿光侯建，前在并州，号为威猛，胡丑畏服，诸将莫及。"太宗从之，遂平胡寇。寻拜天部大人，进爵为公。

太常三年夏，玄伯病笃，太宗遣侍中宜都公穆观就受遗言，更遣侍臣问疾，一夜数返。及卒，下诏痛惜，赠司空，谥文贞公。丧礼一依安城王叔孙俊故事。诏群臣及附国渠帅皆会葬，自亲王以外，尽令拜送。太和中，高祖追录先朝功臣，以玄伯配飨庙庭。

玄伯自非朝廷文诰，四方书檄，初不染翰，故世无遗文。尤善草隶行押之书，为世摹楷。玄伯祖悦与范阳卢谌，并以博艺著名。谌法钟繇，悦法卫瓘，而俱习索靖之草，皆尽其妙。谌传子偃，偃传子邈；悦传子潜，潜传玄伯。世不替业，故魏初重崔卢之书。又玄伯之行押，特尽精巧，而不见遗迹。

子浩，袭爵，别有传。

次子简，字冲亮，一名览。好学，少以善书知名。太祖初，历位中书侍郎、征虏将军，爵五等侯，参著作事。卒。

简弟恬，字叔玄，小名白。历给事中，赐爵绎幕子。出为上党太守、平南将军、豫州刺史，进爵阳武侯。坐浩伏诛。

始玄伯因苻坚乱，欲避地江南，于泰山为张愿所获，本图不遂，乃作诗以自伤，而不行于时，盖惧罪也。及浩诛，中书侍郎高允受敕收浩家，始见此诗。允知其意，允孙绰录于允集。始玄伯父潜为兄浑诛手笔草本。延昌初，著作佐郎王遵业买书于市而遇得之。计诛至今，将二百载，宝其书迹，深藏秘之。武定中，遵业子松年以遗黄门郎崔季舒，人多摹拓之。左光禄大夫姚元标以工书知名于时，见潜书，谓为过于己也。

玄伯弟徽，字玄猷。少有文才，与渤海高演俱知名。初征相州别驾、中书侍郎，稍迁秘书监，赐爵贝丘侯，加龙骧将军。乐安王范镇长安，世祖以范年少，而三秦民夷，恃险多变，乃选忠清旧德之士，与范俱镇。以徽为散骑常侍、督雍泾梁秦四州诸军事、平西将军、副将，行乐安王傅，进爵济南公。徽为政务存大体，不亲小事。性好人伦。引接宾客，或谈及平生，或讲论道义，海诱后进，终日不止。以疾征还京师。真君四年卒，谥曰元公。士类无不叹惜。

时清河崔宽，字景仁。祖彤，随晋南阳王保避地陇右，遂仕于沮渠、李皓。父剖，字伯宗，每慷慨有怀东土，常叹曰："风雨如晦，鸡鸣不已，吾所庶几。"及世祖西巡，剖乃总率同义，使宽送款。世祖嘉之，拜宽威远将军、岐阳令，赐爵沂水男。遣使与宽俱西，抚慰初附。征剖诣京师，未至，病卒。高宗以剖诚著先朝，赠散骑常侍、镇西将军、凉州刺史、武陵公，谥曰元。宽还京，拜散骑侍郎、宁朔将军、安国子。未几，出为弘农太守。

初，宽之通款也，见司徒浩。浩与相齿次，厚存抚之。及浩诛，以远来疏族，独得不坐。遂家于武城，居司空林旧墟，以一子继浩弟览妻封氏，相奉如亲。宽后袭爵武陵公、镇西将军，拜陕城镇西将。峭地崄，民多寇劫。宽性滑稽，诱接豪右、宿盗魁帅，与相交结，倾衿待遇，不逆微细。是以能得民庶欢心，莫不感其意气。时官无禄力，唯取给于民。宽善抚纳，招致礼遗，大有受取，而与之者无恨。又弘农出漆蜡竹木之饶，路与南通，贩贸来往。家产丰富，而百姓乐之。诸镇之中，号为能政。及解镇还京，民多追恋，诣阙上章者三百余人。书奏，高祖嘉之。延兴二年卒，年六十三，遗命薄葬，敛以时服。

长子衡，字伯玉，少以孝行著称。学崔浩书，颇亦类焉。天安元年，擢为内秘书中散，班下诏命及御所览书，多其迹也。衡举李冲、李元恺、程骏等，终为名器，世以是称之。承明元年，迁内都坐令，善折狱，高祖嘉之。太和二年，袭爵武陵公，镇西将军。迁给事中，车驾巡狩，以衡为大都督长史。衡涉猎书史，陈备御之方，便国利民之策，凡五十余条。以本将军除秦州刺史，徙爵齐郡公。先是，河东年饥，劫盗大起，衡至，修龚遂之法，劝课农桑，周年之间，寇盗止息。十二年卒，年五十四。赠散骑常侍、左光禄大夫、本将军、冀州刺史，帛一千匹、谷一千斛，谥曰惠公。衡有五子。

长子敞，字公世，袭爵，例降为侯。自谒者仆射，出为平原相。敞性狷急，与刺史杨椿迭相表列，敞坐免官。世宗初，为巨鹿太守。弟朏之逆，敞为黄木军主韩文殊所藏。其家悉见籍没，唯敞妻李氏，以公主之甥，自随奴婢田宅二百余口得免。正光中，普释禁锢，敞复爵齐郡侯，拜龙骧将军、中散大夫。孝昌中，赵郡太守。卒。

敞弟钟，字公禄，奉朝请。弟朏之逆，以出后被原。历尚书郎、国子博士、司徒右长史、征北将军、金紫光禄大夫、冀州大中正。敞亡后，钟贪其财物，诬敞息子积等三人，非兄之胤，辞诉累岁，人士嫉之。尔朱世隆为尚书令，奏除其官，终身不齿。

朏好学，有文才。历治书侍御史、京兆王愉录事参军。与愉同逆，伏法。

衡弟恕，尚书郎。

又有崔模，字思范，魏中尉崔琰兄霸后也。父遵，慕容垂少府卿。叔父整，广川太守。模，慕容熙末南渡河外，为刘裕荥阳太守，戍虎牢。神䴥中，平滑台，模归降。后赐爵武陵男，加宁远将军。

始模在南妻张氏，有二子，冲智、季柔。模至京师，赐妻金氏，生子幼度。冲智等以父隔远，乃聚货物，间托关境，规赎模归。其母张氏每谓之曰："汝父性怀，本自无决，必不能来也。"行人遂以财贿至都，当窃模还。模果顾念幼度等，指幼度谓行人曰："吾何忍舍此辈，令坐致刑辱，当为尔取一人，使名位不减于我。"乃授以申谟。谟，刘义隆东郡太守，与朱修之守滑台，神䴥中，被执入国，俱得赐妻，生子灵度。申谟闻此，乃弃妻子，走还江外。灵度刑为阉人。模长者笃厚，不营荣利，颇为崔浩轻侮，而守志确然，不为浩屈。与崔赜相亲，往来如家。和平中卒。

皇兴初，幼度随慕容白曜为将。时季柔为崔道固长史，带济南太守。城将降，先驰马赴白曜军，幼度亦豫令左右觇迎之，而差互不相值，为乱兵所害。

初，真君末，车驾南克邹山，模兄协子邪利为刘义隆鲁郡太守，以郡降，赐爵临淄子，拜广宁太守。卒于郡。邪利二子。怀顺以父入国，故不出仕。及国家克青州，怀顺迎邪利丧，还葬青州。次恩，累政州主簿，至刺史陆龙成时谋叛，聚城北高柳村，将攻州城，龙成讨斩之。怀顺与冲智子徽伯等俱奔江外。

始邪利与二女俱入国，一女为张氏妇，一女为刘休宾妻，生子文华。邪利后生庶子法始。邪利亡后，妄侮法始庶孽，常欲令文华袭外祖爵临淄子。法始恨忿，无所不为。后怀顺归化迎丧，始与法始相见。未几，法始得袭爵，传至孙延族，正光中，为冠军将军、中散大夫。

季柔孙睦，正光三年，自郁州归降。

模孙景茂，冀州别驾、青州长史、随郡太守、武城男。

景茂子彦远，袭。武定中，北徐州司马。

始陆来降也，与高陵张炅、郭缊俱至。陵，萧宝夤西讨开府西阁祭酒，宝夤反，陵其黄门侍郎。关中平，还洛，历尚书郎、定州别驾。齐文襄王作相，以陵颇有文学，引参宾客。终于征南将军、司空长史。赠骠骑大将军、大司农卿。

显祖时，有崔道固，字季坚，琰八世孙也。祖琼，慕容垂车骑属。父辑，南徙青州，为泰山太守。道固贱出，嫡母兄攸之、目连等轻侮之。辑谓攸之曰："此儿姿识如此，或能兴人门户，汝等何以轻之？"攸之等遇之弥薄，略无兄弟之礼。

时刘义隆子骏为徐兖二州刺史，得辟他州民为从事。辑乃资给道固，令其南仕。既至彭城，骏以为从事。道固美形容，善举止，便弓马，好武事，骏稍嘉之。会青州刺史新除，过彭城，骏谓之曰："崔道固人身如此，岂可为寒士至老乎？而世人以其偏庶，便相陵侮，可为叹息。"青州刺史至州，辟为主簿，转治中。后为义隆诸子参军事，被遣向青州募人。长史已下皆诣道固，道固诸兄等逼道固所生母，自致酒炙于客前。道固惊起接取，谓客曰："家无人力，老亲自执劬劳。"诸宾皆知其兄弟所作，咸起拜谢其母。母谓道固曰："我贱不足以报贵宾，汝宜答拜。"诸客皆叹美道固母子，贱其诸兄。后为宁朔将军、冀州刺史，移镇历城。

刘彧既杀子业自立，徐州刺史薛安都与道固等举兵推立子业弟子勋。子勋败，乃遣表归诚，显祖以为安南将军、南冀州刺史、清河公。刘彧遣说道固，以为前将军、徐州刺史。复叛，受彧命。

皇兴初，显祖诏征南大将军慕容白曜固筑长围以守之。及白曜攻其城东郭，道固面缚请罪，表曰："臣资生南境，限隔大化，本朝不以卑末，委授藩任。而刘氏萧墙内侮，惧贻大戮，前遣崔启之奉表归诚，幸蒙陛下过垂矜纳，并赐爵宠，庆佩罔极，应奔阙庭。但刘彧寻续遣使，恕臣百死。愚以世奉刘氏，深愆蒙宥，若犹违背，则是不忠于本朝，而欲求忠于大魏。虽曰希生，惧大魏之所不许。是用迷回，孤负天日，冒万死之艰，固执拒守。仆臣白曜，振曜威灵，渐经二载，大将临城，以今月十四日，臣东郭失守，于臣款彧之诚，庶可以明彰于大魏矣。臣势穷力屈，以十七日面缚请罪，白曜奉宣皇恩，恕臣生命。斯实陛下起臣死尸，肉臣朽骨，天地造物所不能行，而陛下育之。虽虞舜之贷有苗，姬文之宥崇垒，方之圣泽，未足以喻。既未奉朝旨，无由亲驰道路，谨遣大息景徽，束骸归阙，伏听刑斧。"

既而白曜送道固赴都，有司案劾，奏闻，诏恕其死。乃徙青齐士望共道固守城者数百家于桑乾，立平齐郡于平城西北北新城。以道固为太守，赐爵临淄子，加宁朔将军。寻徙治京城西南二百余里旧阴馆之西。是时，频岁不登，郡内饥弊，道固虽在任，积年抚慰，未能周尽，是以多有怨叛。延兴中卒，年五十。

初，道固之在客邸，与薛安都毕众敬邻馆，时以朝集相见，本既同由武达，颇结僚旧。时安都志已衰朽，于道固情乃疏略，而众敬每尽殷勤。道固谓刘休宾、房法寿曰："古人云'非我族类，其心必异'，信不虚也。安都视人殊自萧索，毕捺固依依也。"子景徽，字文睿，袭父爵临淄子，加宁朔将军。出为青州、广陵王羽征东府司马、大鸿胪少卿。出除龙骧将军、平州刺史。卒，赠本将军、南青州刺史，谥曰定。

子休纂，袭爵。

景徽弟景业，字文季。别有功，太和中，赐爵昌国子，加建威将军。卒。

子休绪，袭爵，员外郎。

景业弟景渊，亦有别功，赐爵武城男。鹰扬将军、平齐太守。卒于郡。

道固兄目连子僧佑。白曜之围历城也，僧佑母明氏、弟僧渊并在城内。刘彧授僧佑辅国将军，领众数千，与青齐人家口在历城、梁邹者明同庆、明菩萨等为将佐，从淮海扬声救援。将至不其，闻道固已败，母弟入国，徘徊不进。白曜围东阳时，表请景徽往喻僧佑，乃归降。白曜送之，在客数载，赐爵层城侯。与房法寿、毕萨诸人皆不穆。法寿等讼其归国无诚，拘之岁余，因赦乃释。后坐与沙门法秀谋反，伏法。

子道宁，给事中。

僧渊入国，坐兄弟徙于薄骨律镇，太和初得还。高祖闻其有文学，又问佛经，善谈论，敕以白衣赐袷帻，入听于永乐经武殿。后以僧渊为尚书仪曹郎。迁洛之后，为青州中正。寻出为征东大将军、广陵王羽咨议参军，加显武将军，讨海戒于黄郭，大破之。萧鸾乃遣其族兄惠景遗僧渊书，说以入国之屈，规令改图。僧渊复书曰：

主上之为人也，无幽不照，无细不存，仁则无远不及，博则无典不究，殚三坟之微，尽九丘之极。至于小文章错综，焕然蔚炳，犹夫子之墙矣。遂乃开独悟之明，寻先生之迹，安迁灵荒，兆变帝基，惟新中壤，宅临伊域。三光起重辉之照，庶物蒙再化之始。分氏定族，料甲乙之科；班官命爵，清九流之贯。礼俗之叙，粲然复兴，河洛之间，重隆周道。巷歌邑颂，朝熙门穆，济济之盛，非可备陈矣。加以累叶重光，地兼四岳，士马强富，人神欣仰，道德仁义，民不能名。且大人出，本无所在，况从上圣至天子天孙者乎？圣上诸弟，风度相类，咸阳王已下，莫不英越，枝叶扶疏，遍在天下，所称稍蝎，殊为未然。文士竞谋于庙堂，武夫效勇于疆场，若论事势，此为实矣。

计彼主篡杀之迹，人鬼同知，疑亲猜贵，早暴遐迩。兄投心逆节，千载何名？物患无施，器非时用，生不振世，没无令声，先师以为鄙，君子以为耻。此则事困伎殚，自勉无益，故其宜矣。以兄之才，夙超乡土；如弟之徒，谁不瞻仰。每寻昔念，未敢忘怀。虽复途遥二千，心想若对，敬遵轨范，以资一生。今名可扬矣，而不能显亲；事可变矣，而不能离辱，故世之所未解也。且君子在家也，不过孝于其亲；入朝也，不过忠于其君。主上之于兄，恩则不可酬，义则不可背。身可杀也，故非其酬；功不逮也，故非其报。今可以效矣而又弗为，非孝也。即实而言，兄之不变，得为忠乎？

至于讲武争强，不敌者久矣；论安与危，不同者验矣；群情背去，独留者谬矣。愿深察之。王晏道绝外交，器非雄朗，专华保望，便就屠割。方之于兄，其全百倍。且淮蕃海捍，本出北豪，寿春之任，兄何由免？以是而言，猜嫌已决。又宗门未几，南北莫寄，先构之重，非兄何托？受社之荣，鄙心之相望矣。今执志不寤，忠孝两忘，王晏之辜，安能自保，见机而作，其在兹乎。

国家西至长安，东尽即墨，营造器甲，必尽坚精，昼夜不息者，于兹数载。今秋中月，云罗必举，贾不及时，虽贵不用，若不早图，况枉连城矣。枚乘有言，欲出不出，间不容发，精哉斯谈。弟中于北京，身罹事谴，大造之及，有获为幸。比蒙清举，起崖疑非一，犬马之心，诚有在矣。虽复彼此为异，犹昔情不移也，况于今日哉。如兄之诲，如弟之规，改张易调，易于反掌，万一乖情，此将运也。

出除龙骧将军、南青州刺史。久之，坐擅出师无据，检核幽禁，后乃获免。

僧渊元妻房氏，生二子，伯驎、伯骥。后薄房氏，更纳平原杜氏。僧渊之徙也，与杜俱去，生四子，伯凤、祖龙、祖螭、祖虬。得还之后，弃绝房氏，遂与杜氏及四子家于青州。伯骥与母房氏居于冀州，虽往来父间，而心存母氏，孝慈之道，顿阻一门。僧渊卒，年七十余。伯驎虽往奔赴，不敢入家，哭沙门寺。

伯驎，自奉朝请，稍迁步兵校尉、乐陵太守，加中坚将军。后兼冀州长史。大乘贼起，伯驎率州军讨之于煮枣城，为贼所杀。赠龙骧将军、洛州刺史。

伯骥，为京兆王愉法曹参军。愉反，伯骥不从，见害，诏赠东海太守。

伯凤，少便弓马，壮勇有膂力。自奉朝请、员外郎，稍迁镇远将军、前将军，数为将帅。永安末，与都督源子恭守单，战殁。

祖龙，司空行参军。性刚躁，父亡后，与兄伯驎讼竞嫡庶，并以刀剑自卫，若怨仇焉。

祖螭，小字社客，粗武有气力。刺史元罗板为兼统军，率众讨海贼。普泰初，与张僧皓俱反，围青州。尔朱仲远遣将讨平之，传首京师。

祖虬，少而好学，下帷诵书，不驱竞当世。举秀才不就。

僧渊从弟和，平昌太守。家巨富，而性吝啬，埋钱数百斛。其母李春思堇，惜钱不买。

子轨，字启则，盗钱百万，背和亡走。后为仪同开府铠曹参军，坐贪污，死于晋阳。

玄伯同郡董谧。谧父京，与同郡崔康时、广阳霍原等，俱以硕学播名辽海。谧好学，传父业。中山平，入朝，拜仪曹郎，撰朝觐飨宴郊庙社稷之仪。

邓渊，字彦海，安定人也。祖羌，苻坚车骑将军。父翼，河间相。慕容垂之围邺，以翼为后将军、冀州刺史、真定侯。翼泣对使者曰："先君忠于秦室，翼岂可先叛乎！忠臣不事二主，自古通义。未敢闻命。"垂遣使喻之曰："吾与车骑结异姓兄弟，卿亦犹吾之子弟，安得辞乎？"翼曰："冀州宜任亲贤，翼请他役效命。"垂乃用为建武将军、河间太守、尚书左丞，皆有声称。卒于赵郡内史。

渊性贞素，言行可复，博览经书，长于《易》筮。太祖定中原，擢为著作郎。出为蒲丘令，诛剪奸猾，盗贼肃清。入为尚书吏部郎。渊明解制度，多识旧事，与尚书崔玄伯参定朝仪、律令、音乐，及军国文记诏策，多渊所为。从征平阳，以功赐爵汉昌子，改下博子，加中垒将军。太祖诏渊撰《国记》，渊造十余卷，惟次年月起居行事而已，未有体例。渊谨于朝事，未尝忤旨。

其从父弟晖为尚书郎，凶侠好奇，与定陵侯和跋厚善。跋有罪诛，其子弟奔长安，或告晖将送出之。由是太祖疑渊知情，遂赐渊死，既而恨之。时人咸愍惜焉。

子颍，袭爵。为太学生、稍迁中书侍郎。世祖诏太常崔浩集诸文学，撰述国书，颍与浩弟览等俱参著作事。驾幸漠南，高车莫弗库若干率骑数万余，驱鹿百余万，诣行在所。诏颍为文，铭于漠南，以纪功德。兼散骑常侍，使于刘义隆。进爵为侯，加龙骧将军。延和三年，从征胡贼白龙。还，卒于路。谥曰文恭。

子贻，袭爵。官至荆州刺史、假宁南将军。赐爵南阳公。和平中卒。

长子良奴，袭爵。良奴弟侍高祖，赐名述。历吏职，以贞谨见称。迁中大夫，守廷尉少卿。出为建忠将军、齐州刺史。初改置百官，始重公府元佐。时太傅元丕出为并州刺史，以述为太傅长史，带太原太守。寻征为司空长史，卒官。诏赐钱十万、布五十匹，谥曰贞。

长子纂，奉朝请，累迁中散大夫。

纂弟献，奉朝请、司空西阁祭酒、员外常侍、河阴令。寻迁镇远将军、谏议大夫。肃宗末，除冠军将军、颍州刺史。建义初，闻尔朱荣入洛，朝士见害，遂奔萧衍。

怡弟宗庆，以中书学生，入为中散。稍迁尚书，加散骑常侍，赐爵定安侯。转典南部。宗庆在南部积年，多所敷奏，州镇惮之，号为称职。进爵南阳公，除安南将军、泾州刺史，徙赵郡公。宗庆在州，为民所讼，虽讯鞫获情，上下大不相得。转徐州刺史，仍本将军。未几，坐妻韩巫蛊，伏诛。

宗庆子伯欣，与父俱死。

伯欣子俨，逃越得免。后历尚书郎，除常山太守，转安南将军、光禄大夫、持节、兼尚书左丞、郢州行台，又加抚军将军。卒，赠镇南将军、荆州刺史。

颍弟权，从世祖征伐，官至龙骧将军、豫州刺史，赐爵新野侯。从征蠕蠕，坐法死。

弟颢，卒于中书侍郎。

颢长子灵珍，中书学生、秘书中散。卒，赠员外散骑常侍。

子羡，历中书学生、侍御史，以明谨见知。出为齐州武昌王征虏长史。后李元护之为齐州，仍为长史，带东魏郡太守。在治十年，经三刺史，以清勤著称。齐人怀其恩德，号曰良二千石。及代还，大受民故送遗，颇以此为损。中山王英攻义阳，羡为军司。罢，除谏议大夫，兼给事黄门侍郎，副侍中游肇为畿内大使。后行货于录尚书、北海王详，转大司农少卿。出行荆州事，转征虏将军、郢州刺史，镇义阳。在州锐于聚敛。又纳贿于于忠。征为给事黄门侍郎。寻加后将军、河南尹，黄门如故。未拜，而灵太后临朝，以元昭为河南尹，羡仍黄门，加平南将军。羡以义阳军司之勋，封安阳县开国子，邑三百户。羡曲附左右，故获封焉。时幽、瀛、沧、冀大水，频经寇难，民饥。诏羡兼尚书、假散骑常侍，持节诣州，随方赈恤，多有所济。神龟初，发疽卒，年五十四。诏赙帛三百匹、朝服一袭，赠镇东将军、青州刺史，谥曰恭。

长子跻，字伯升，颇有意尚。秘书郎。朝议以羡本不合山河之赏，故不许跻袭。跻诉讼久之，始听绍封。稍迁前将军、太中大夫、梁州开府长史。与刺史元罗同陷萧衍，卒于江南。

子孝绪，元象中，以跻柩还国。兴和中，袭爵。齐受禅，例降。

灵珍弟灵奇，立忠将军、齐州刺史。进号冠军将军，赐爵昌国侯。为政清简，有威惠。

子恭伯，右光禄大夫。

史臣曰：为国驭民，莫不文武兼运。燕凤以博识多闻，昭成致礼，和邻存国，贤之效欤。许谦才术俱美，驰骋艰难之日，观几独劝，事契冥符。张衮以才策见知，早蒙恩遇，时无宽政，斯言贻咎。玄伯世家俊伟，仍属权舆，总机任重，守正成务，礼从清庙，不亦宜乎。宽模俱能见几而动，道固穷而委质。邓渊贞白干事，才业秉笔，祸非其罪，悲哉！

魏书卷二五
列传第一三

长孙嵩 长孙道生

长孙嵩，代人也，太祖赐名焉。父仁，昭成时为南部大人。嵩宽雅有器度，年十四，代父统军。昭成末年，诸部乖乱，苻坚使刘库仁摄国事，嵩与元他等率部众归之。

刘显之谋难也，嵩率旧人及乡邑七百余家叛显走，将至五原。时实君之子，亦聚众自立，嵩欲归之。见于乌渥，称逆父之子，劝嵩归见太祖。嵩未决，乌渥回其牛首，嵩僶俯从之。见太祖于三汉亭，太祖承大统，复以为南部大人。累著军功。后从征中山，除冀州刺史，赐爵巨鹿公。历侍中、司徒、相州刺史，封南平公，所在著称。

太宗即位，与山阳侯奚斤、北新侯安同、白马侯崔宏等八人，坐止车门右，听理万机，故世号八公。晋将刘裕之伐姚泓，太宗假嵩节，督山东诸军事，传诣平原，缘河北岸列军次于畔城。军颇失利。诏假裕道，裕于舟中望嵩麾盖，遗以酃酒及江南食物，嵩皆送京师。诏嵩厚答之。又敕简精兵为战备，若裕西过者，便率精锐南出彭、沛；如不时过，但引军随之。彼至崤、陕间，必与姚泓相持，一死一伤，众力疲弊。比及秋月，徐乃乘之，则裕首可不战而悬。于是叔孙建等寻河趣洛，遂入关。嵩与建等自成皋南济，晋诸屯戍皆望尘奔溃。裕克长安，嵩乃班师。

太宗寝疾，问后事于嵩，嵩曰："立长则顺，以德则人服。今长皇子贤而世嫡，天所命也，请立。"乃定策禁中。于是诏世祖临朝监国，嵩为左辅。世祖即位,进爵北平王,司州中正。诏问公卿,赫连、蠕蠕征讨何先。嵩与平阳王长孙翰、司空奚斤等曰:“赫连居土,未能为患;蠕蠕世为边害,宜先讨大檀。及则收其畜产,足以富国;不及则校猎阴山,多杀禽兽,皮肉筋角,以充军实,亦愈于破一小国。”太常崔浩曰:“大檀迁徙鸟逝,疾追则不足经久,大众则不能及之。赫连屈丐,土宇不过千里,其刑政残虐,人神所弃,宜先讨之。”尚书刘洁、武京侯安原请先平冯跋。帝默然,遂西巡狩。后闻屈丐死,关中大乱,议欲征之。嵩等曰:“彼若城守,以逸代劳,大檀闻之,乘虚而寇,危道也。”帝乃问幽微于天师寇谦之,谦之劝行。杜超之赞成之,崔浩又言西伐利。嵩等固谏不可。帝大怒,责嵩在官贪污,使武士顿辱。

寻迁太尉。久之,加柱国大将军。自是,舆驾征伐,嵩以元老,多留镇京师,坐朝堂,平断刑狱。薨,年八十。谥曰宣王。后高祖追录先朝功臣,以嵩配飨庙庭。

子颓,善骑射,弯弓三百斤。袭爵,加侍中、征南大将军。有罪,黜为戍兵,后复爵。薨,谥曰安王。

子敦,字孝友,位北镇都将。坐黩货,降为公。高宗时,自颂先世勋重,复其王爵。薨,谥简王。

子道,字念僧,袭爵。久之,随例降为公,位右卫将军。卒,谥慎。

子悦,袭爵。建义初,复本王爵,寻降为公。位光禄少卿。卒,赠司空。

长孙道生,嵩从子也。忠厚廉谨,太祖爱其慎重,使掌几密,与贺毗等四人内侍左右,出入诏命。太宗即位,除南统将军、冀州刺史。后取人美女以献太宗,切责之,以旧臣不加罪黜。

世祖即位,进爵汝阴公,迁廷尉卿。从征蠕蠕,与尉眷等率众出白黑两漠间,大捷而还。世祖征赫连昌,道生与司徒长孙翰、宗正娥青为前驱,遂平其国。昌弟定走保平凉,刘义隆遣将到彦之、王仲德寇河南以救定。诏道生与丹阳王太之屯河上以御之。遂诱义隆将檀道济，邀其前后，追至历城而还。除司空，加侍中，进封上党王。薨，年八十二。赠太尉，谥曰靖。

道生廉约，身为三司，而衣不华饰，食不兼味。一熊皮鄣泥，数十年不易，时人比之晏婴。第宅卑陋，出镇后，其子弟颇更修缮，起堂庑。道生还，叹曰："昔霍去病以匈奴未灭，无用家为。今强寇尚游魂漠北，吾岂可安坐华美也！"乃切责子弟，令毁宅。其恭慎如此。世祖世，所在著绩，每建大议，多合时机。为将有权略，善待士众。帝命歌工历颂群臣，曰："智如崔浩，廉如道生。"及年老，颇惑其妻孟氏，以此见讥。与从父嵩俱为三公，当世以为荣。

子抗，位少卿，早卒。

抗子观，少以壮勇知名，后袭祖爵上党王。时异姓诸王袭爵，多降为公。帝以其祖道生佐命先朝，故特不降。以征西大将军、假司空、督河西七镇诸军，讨吐谷浑。部帅拾寅遁藏，焚其所居城邑而还。高祖初，拜殿中尚书、侍中。吐谷浑又侵逼，复假观司空，讨降之。后为征南大将军。薨，谥曰定。葬礼依其祖靖王故事，陪葬云中金陵。

子冀归，六岁袭爵，降为公。高祖以其幼承家业，赐名稚，字承业。稚聪敏有才艺，虚心爱士。为前将军，从高祖南讨，授七兵尚书、太常卿、右将军。

世宗时，侯刚子渊，稚之女婿。刚为元叉所厚，故稚骤得转进。出为抚军大将军，领扬州刺史，假镇南大将军，都督淮南诸军事。萧衍将裴邃、虞鸿袭据寿春，稚诸子骁果，邃颇难之，号曰"铁小儿"。诏河间王琛总众援之。琛欲决战，稚以雨久，更须持重。琛弗从，遂战，为贼所乘，稚后殿。

初，稚既总强兵，久不决战，议者疑有异图。朝廷重遣河间王琛及临淮王彧、尚书李宪等三都督外声助稚，内实防之。会鲜于修礼反于中山，以稚为大都督北讨。寻以本使达邺城。诏稚解行台，罢大使，遣河间王琛为大都督，郦道元为行台。稚遣子子裕奉表，称与琛同在淮南，俱当国难，琛败臣全，遂生私隙。且临机夺帅，非算所长。书奏，不纳。琛与稚前到呼沱，稚未欲战，而琛不从。行达五鹿，为修礼邀击，琛不赴之。贼总至，遂大败，稚与琛并除名。

寻而正平郡蜀反，复假稚镇西将军、讨蜀都督。频战有功，除平东将军，复本爵。后除尚书右仆射。未几，雍州刺史萧宾夤据州反，复以稚为行台讨之。稚时背疽未愈，灵太后劳之曰："卿疹源如此，朕欲相停，更无可寄，如何？"稚答曰："死而后已，敢不自力。"时子彦亦患脚痹，扶杖入辞。尚书仆射元顺顾相谓曰："吾等备位大臣，各居宠位，危难之日。病者先行，无乃不可乎？"莫有对者。

时薛凤贤反于正平，薛修义屯聚河东，分据盐池，攻围蒲坂，东西连结，以应宝夤。稚乃据河东。

时有诏废盐池税，稚上表曰："盐池天资贿货，密迩京畿，唯须宝而护之，均赡以理。今四境多虞，府藏罄竭，然冀、定二州且亡且乱，常调之绢，不复可收。仰惟府库，有出无入，必须经纶，出入相补。略论盐税，一年之中，准绢而言，犹不应减三十万匹也，便是移冀，定二州置于畿甸。今若废之，事同再失。臣前仰违严旨，不先讨关贼而解河东者，非是闲长安而急蒲坂。蒲坂一陷，没失盐池，三军口命，济赡理绝。天助大魏，兹汁不爽。昔高祖升平之年，无所乏少，犹创置盐官，而加典护，非为物而竞利，恐由利而乱俗也。况今王公素餐，百官尸禄，租征六年之粟，调折来岁之资，此皆出人私财，夺人膂力。岂是愿言，事不获已。臣辄符司监将尉还率所部，依常收税，更听后敕。"

稚克宝夤将侯终德，宝夤出走，雍州平。除雍州刺史。庄帝初，封上党王，寻改冯翊王，后降为郡公。迁司徒公，加侍中，兼尚书令、大行台，仍镇长安。前废帝立，迁太尉公，录尚书事。及韩陵之败，斛斯椿先据河桥，谋诛尔朱。使稚入洛，启帝诛世隆兄弟之意。

出帝初，转太傅，录尚书事。以定策功，更封开国子。稚表请回授其姨兄廷尉卿元洪超次子悍。初，稚生而母亡，为洪超母所抚养，是以求让，许之。出帝入关，稚时镇虎牢，亦随赴长安。

稚妻张氏，生二子，子彦、子裕。后与罗氏私通，遂杀其夫，弃张纳罗。罗年大稚十余岁，妒忌防限。稚雅相爱敬，旁无姻妾，僮侍之中，嫌疑致死者，乃有数四。罗生三子，绍远、士亮、季亮，兄弟皆廉武。稚少轻侠，斗鸡走马，力争杀人，因亡抵龙门将陈兴德家，会赦乃免。因以后妻罗前夫女吕氏，妻兴德兄兴恩以报之。

子彦，本名俊，有膂力。以累从父征讨功，封槐里县子。出帝与齐献武王构隙，加子彦中军大都督、行台仆射，镇弘农，以为心膂。后从帝入关。子彦少常坠马折臂，肘上骨起寸余，乃命开肉锯骨，流血数升，言戏自若。时以为逾于关羽。

子裕，位卫尉少卿。

魏书卷二六
列传第一四

长孙肥　尉古真

长孙肥，代人也。昭成时，年十三，以选内侍。少有雅度，果毅少言。太祖之在独孤及贺兰部，肥常侍从，御侮左右，太祖深信仗之。登国初，与莫题等俱为大将，从征刘显。自濡源击库莫奚，讨贺兰部，并有战功。太祖征蠕蠕，大破之，肥降其主匹候跋。事具《蠕蠕传》。又从征卫辰及薛干部，破灭之。蠕蠕别主缊纥提子曷多汗等率部落弃父西走，肥以轻骑追至上郡，斩之。

后从征中山，拜中领军将军。车驾次晋阳，慕容宝并州刺史、辽西王农弃城宵遁，肥追之至蒲泉，获其妻子。太祖将围中山，慕容宝弃城奔和龙。肥与左将军李栗三千骑追之，至范阳，不及而还。遂破其研城戍，俘千余人。中山城内人立慕普邻为主，太祖围之。普邻乃出步卒千余人，欲伺间犯围。太祖命肥挑战，伪退，普邻众追肥，太祖截其后，尽擒斩之。时以士马少粮，遂罢中山之围，就谷河间。慕容贺邻杀普邻而自立。车驾次鲁口，遣肥帅七千骑袭中山，入其郛而还。贺邻以步骑四千追肥至泒水，肥自魏昌击之，获铠骑二百。肥中流矢，疮重，乃还。中山平，以功赐爵琅邪公。迁卫尉卿，改爵卢乡。

时中山太守仇儒不乐内徙，亡匿越郡，推群盗赵准为主。妄造妖言，云："燕东倾，赵当续，欲知其名，淮水不足。"准喜而从之，自号使持节、征西大将军、青冀二州牧、巨鹿公，儒为长史，聚党二千余人,据关城,连引丁零,,杀害长吏,扇动常山、巨鹿、广平诸郡。遣肥率三千骑讨之,破准于九门,斩仇儒,生擒准。诏以儒肉食,准传送京师,轘之于市,夷其族。除肥镇远将军、兖州刺史,给步骑二万,南徇许昌,略地至彭城。司马德宗将刘该遣使诣肥请降,贡其方物。

姚平之寇平阳,太祖将讨之,选诸将无加肥者,乃征还京师,遣肥与毗陵王顺等六万骑为前锋。车驾次永安,平募遣勇将,率精骑二百窥军,肥逆击擒之,匹马不返。平退保柴壁,太祖进攻屠之。遣肥还镇兖州。肥抚慰河南,得吏民心,威信著于淮、泗。善策谋,勇冠诸将。每战常为士卒先,前后征讨,未尝失败,故每有大难,令肥当之。南平中,原西摧羌寇,肥功居多,赏赐奴婢数百口,畜物以千计。

后降爵为蓝田侯。天赐五年卒,谥曰武,陪葬金陵。子翰,袭爵。

翰,少有父风。太祖时,以善骑射,为猎郎。太守之在外,翰与元磨浑等潜谋奉迎。太宗即位,迁散骑常侍,与磨浑等拾遗左右。以功迁平南将军。率众镇北境,威名甚著,蠕蠕惮之。后为都督北部诸军事、平北将军、真定侯,给殿中细拾队,加旌旗鼓吹。蠕蠕每犯塞,翰拒击有功,进爵为公。

世祖即位,征还京师,进封平阳王,加安集将军。蠕蠕大檀之入寇云中,世祖亲征之,遣翰率北部诸将尉眷,自参合以北,击大檀别帅阿伏干于柞山,斩首数千级,获马万余匹。又与东平公娥青出长川以讨大檀。大檀众北遁,追击,克获而还。寻迁司徒,袭赫连昌,破之。世祖复征昌,翰与廷尉道生、宗正娥清率骑三万为前驱。昌战败奔上邽,翰以八千骑追之,至高平,不及而还。从袭蠕蠕,车驾度漠,大檀奔走。其弟匹黎率众赴之,遇翰交战,匹黎众溃走,斩其渠帅数百人。

翰清正严明,善抚将士,太祖甚重之。神麝三年薨,深见悼惜,为之流涕,亲临其丧。礼依安城王叔孙俊故事,赙赐有加,谥曰威,陪葬金陵。

子平成，袭爵，降为公。平成，少以父任为中散，累迁南部尚书。卒，陪葬金陵

子浑，袭爵。浑，初为中散，久之，为彭城镇将。太和中卒。子盛，袭爵。

翰弟受兴。世祖时，从征平凉，以功赐爵长进子，除河间太守。卒。

子安都，袭爵。显祖时，为典马令。

受兴弟陈，世祖时，为羽林郎。征和龙，贼自西门出，将犯外围，陈击退之，追斩至长城下。以功，赐爵五等男。又从征凉州，为都将领。入官，迁殿中给事中，进爵为子，迁驾部尚书。复出为北镇都将。陈性宽厚，好学爱士，，所历辄为人追思之。高宗即位，进爵吴郡公，加安东将军。兴光二年卒。赠散骑常侍、吴郡王，谥曰恭，陪葬金陵。

子头，袭爵。高宗时，为中散。迁内行长，典龙牧曹。天安初卒。子拔，袭爵。

陈弟兰。世祖初，为中散，常从征伐。典御兵器，赏赐甚厚。后以破平凉功，赐爵睢阳子，加奋武将军。迁散骑常侍、北部尚书。后除豫州刺史。卒。

子乌孤，袭爵。高祖初，出为武都镇将，入为散令。

子乐。孝敬时，金紫光禄大夫。

肥弟亦干。太祖初，为羽林郎。从平中原，除广平太守。卒。

子石洛。世祖初，为羽林郎，稍迁散骑常侍。从征赫连昌，为都将，以功拜乐部尚书，赐爵临淮公，加宁西将军。神䴥中卒，谥曰简。

子真，少以父任为中散。从征平凉，以功赐爵临城子，拜员外散骑侍郎、广武将军。袭父爵，降为建义将军、临淮侯。迁司卫监。征盖吴。迁殿中尚书，加散骑常侍。从驾征刘义隆，至江。进爵南康公，加冠军将军，卒于军。

子吴儿，袭爵。高祖初，为中散、武川镇将。太和初卒，赠恒州刺史。

子长乐，袭。坐事爵除。后历陵江将军、羽林监。

子荣族，武定中，征西将军、繁昌男。

吴儿弟突，朔州长史。

子元庆，平州仓曹参军。

尉古真，代人也。太祖之在贺兰部，贺染干遣侯引乙突等诣行宫，将肆逆。古真知之，密以驰告，侯引等不敢发。染干疑古真泄其谋，乃执榜之，以两车轴押其头，伤一目，不伏，乃免之。登国初，从征库莫奚及叱突邻，并有功。又从救贺兰，破卫辰子直力鞮，复击慕容宝于参合陂。又从平中原，以功赐爵束州侯，加建节将军。太宗初，为鸿飞将军，率众五千，镇大洛城。太宗西巡，古真与奚斤等率前军讨越勒部，大破之，获马五万匹，牛羊二十万头，掠二万余家西还。泰常三年，除定州刺史。卒。

子亿万，袭。卒。

子盛，袭。

古真弟太真。太宗初，为平南将军、相州刺史。

太真弟诺，少侍太祖，以忠谨著称。从围中山，诺先登，伤一目。太祖叹曰："诺兄弟并毁其目，以建功效，诚可嘉也。"宠待遂隆。除平东将军，赐爵安乐子。从讨姚平，还拜国部大人。太宗初，为幽州刺史，加东统将军，进爵为侯。长孙道生之讨冯跋也，诺与骁骑将军延普率师次辽西。转宁东将军，进爵武陵公。诺之在州，有惠政，民吏追思之。世祖时，蓟人张广达等二百余人诣阙请之，复除安东将军、幽州刺史，改邑辽西公。兄弟并为方伯，当世荣之。燕土乱久，民户凋散，诺在州前后十数年，还业者万余家。延和中卒。

第八子观，袭爵。卒。

子仑，袭。

诺长子眷，忠谨有父风。太宗时，执事左右，为大官令。时侍臣受斤亡入蠕蠕，诏眷追之，遂至虏庭。大檀问其故，眷曰："受斤负罪天子，逃刑在此。不时执送，是以来取。"眷遂擒受斤于大檀前，左右救之,乃免。由是,以骁烈闻,迁司卫监。太宗幸幽州,诏眷辅世祖居守。后征河南,督高车骑,临阵冲突,所向无前,贼惮之。

世祖即位,命眷与散骑常侍刘库仁等八人分典四部,绾奏机要。赐爵山桑侯,加陈兵将军。又为安北将军,出镇北境。与平阳王长孙翰击蠕蠕别帅阿伏干于祚山,率师至歌删山,击蠕蠕别帅便度弟库仁直,引师而北。蠕蠕部帅莫孤率高车骑五千乘来逆,眷击破之,斩首千余级。又从征蠕蠕,眷出白、黑两漠之间,击其东部,大获而还。又从征赫连昌,眷出南道,击昌于上邽。士众乏粮,临淮公丘堆等督租于郡县,为昌所败。昌乘胜抄掠,诸将患之。眷与侍御史安颉阴谋设伏,邀击擒昌。以功拜宁北将军,加散骑常侍,进爵源阳公。后从征和龙,眷督万骑前驱,慰喻降二千余户。

寻为假节、加侍中、都督豫洛二州及河内诸军事、安南将军、开府,镇虎牢。张掖王秃发保周之反也,征眷与永昌王健等率师讨之,破保周于番禾。保周遁走,眷率骑追之,保周穷迫自杀。诏眷留镇凉州,加都督凉沙河三州诸军事、安西将军、领护羌戎校尉。转敦煌镇将。又击破吐谷浑,俘三千余口。眷历镇四蕃,威名并著。

高宗时,率师北击伊吾,克其城,大获而还。寻拜侍中、太尉,进爵为王。与太宰常英等评尚书事。高宗北巡狩,以寒雪方降,议还。眷谏曰:"今动大众,以威北敌,去都不远,而便旋驾,虏必疑我有内难。虽方寒雪,兵人劳苦,以经略大体,宜便前进。"高宗从之,遂渡漠而还。以眷元老,赐杖履上殿。和平四年薨。高宗悼惜之,赠大将军,谥曰庄。

子多侯,袭爵。多侯少有武干。显祖时,为假节、征西将军、领护羌戎校尉、敦煌镇将。至镇,上表求率轻骑五千,西入于阗,兼平诸国,因敌取资,平定为效。弗许。高祖初,蠕蠕部帅无卢真率三万骑入塞围镇,多侯击之走,以功进号征西大将军。后多侯猎于南山,蠕蠕遣部帅度拔入围敦煌,断其还路。多侯且前且战,遂冲围而入。率众出战,大破之,追北数十里,斩首千余级。因上疏求北取伊吾,断蠕蠕通西域之路。高祖善其计,以东作方兴,难之。太和元年,为妻元氏所害。

子建，袭爵。历位给事中。卒，无子。

建弟那，袭爵。卒。

子范，袭。

范弟显业，散骑常侍。与太原公主奸通，生子彦。武定中，卫将军、南营州刺史。

多侯弟子庆宾，善骑射，有将略。高祖时，释褐员外散骑侍郎，稍迁左将军、太中大夫。肃宗时，议欲送蠕蠕主阿那瓌还国，庆宾上表固争，不从。后蠕蠕遂执行台元孚，大掠北境。诏尚书令李崇讨之，庆宾别将隶崇，出塞而返。元法僧之外叛，萧衍遣其豫章王萧综镇徐州，又诏庆宾为别将，隶安丰王延明讨之。寻除后将军、肆州刺史。时尔朱荣兵威渐盛，曾经肆州，庆宾畏恶之，据城不出。荣恨庆宾，举兵袭之。庆宾别驾姚和内应，荣遂害庆宾僚属，拘庆宾还秀容，呼为假父。后以母忧还都，寻起为平东将军、光禄大夫、都督，镇汝阴。还朝，永安二年卒。赠车骑将军、雍州刺史，又追加侍中、司空公。

庆宾子豹，起家员外郎。肃宗时，行颍州事，与萧衍将裴之礼战殁。

豹弟瑾，武定中，东平太守。

眷弟地干，机悟有才艺，驰马立射五的，时人莫能及。太宗时，为左机令。世祖少而善之，即位，擢为库部尚书，加散骑常侍、左光禄大夫，领侍辇郎。地干奉上忠谨，尤善嘲笑。世祖见其效人举措，欣悦不能自胜。甚见亲爱，参军国大谋。世祖将征平凉，试冲车以攻冢，地干为索所罥，折胁而卒。世祖亲往临抚，哭之甚恸。赠中领军将军、燕郡公，谥曰惠，赠赐丰厚。

子长寿，幼拜散骑常侍，迁殿中右曹尚书、仍加散骑常侍。从征刘义隆，至江。赐爵会稽公，加冠军将军。高宗时，除泾州刺史。和平五年卒。

子弥真，袭爵。弥真卒，无子。

弟状德，袭爵。

地干弟侯头，袭地干职，为库部尚书。

侯头弟力斤，亦以忠谨闻。历位御史中尉、并州刺史，有政绩。加冠军将军，赐爵晋阳侯。卒，赠平南将军。

力斤弟焉陈，尚书、安乐侯。

古真族玄孙聿，字成兴，性耿介。肃宗时，为武卫将军。是时，领军元叉秉权，百僚莫不致敬，而聿独长揖不拜。寻出为平西将军、东凉州刺史。凉州绯色，天下之最，叉送白绫二千匹，令聿染，拒而不许。叉讽御史劾之，驿征至京。覆验无状，还复任。寻卒于州，时年五十。赠安北将军、朔州刺史。

子俭。武定中，开府祭酒。

史臣曰：长孙肥结发内侍，雄烈知名，军锋所指，罔不奔散，关张万人之敌，未足多也。翰有父风，不陨先构，临丧加礼，抑有由哉！尉真兄弟，忠勇奋发，义以忘生。眷威略著时，增隆家业，青紫麾旄，亦其宜矣！

魏书卷二七
列传第一五

穆 崇

穆崇,代人也。其先世效节于神元、桓、穆之时。崇机捷便辟,少以盗窃为事。太祖之居独孤部,崇常往来奉给,时人无及者。后刘显之谋逆也,平文皇帝外孙梁眷知之,密遣崇告太祖。眷谓崇曰:“显若知之问汝者,丈夫当死节,虽刀剑别割,勿泄也。”因以宠妻及所乘良马付崇曰:“事觉,吾当以此自明。”崇来告难,太祖驰如贺兰部。显果疑眷泄其谋,将囚之。崇乃唱言曰:“梁眷不顾恩义,奖显为逆,今我掠得其妻马,足以雪忿。”显闻而信之。窟咄之难,崇外甥于植等谋执太祖以应之,告崇曰:“今窟咄已立,众咸归附,富贵不可失。愿舅图之。”崇乃夜告太祖,太祖诛植等,北逾阴山复幸贺兰部。

崇甚见宠待。太祖为魏王,拜崇征虏将军。从平中原,赐爵历阳公,散骑常侍。后迁太尉,加侍中,徙为安邑公。又从征高车,大胜而还。姚兴围洛阳,司马德宗将辛靖请救,太祖遣崇六千骑赴之。未至,恭靖败,诏崇即镇野王,除豫州刺史,仍本将军。征为太尉,又徙宜都公。天赐三年薨。

先是,卫王仪谋逆,崇豫焉,太祖惜其功而秘之。及有司奏谥,太祖亲览谥法,至述义不克曰“丁”,太祖曰:“此当矣。”乃谥曰丁公。初,太祖避窟咄之难,遣崇还察人心。崇夜至民中,留马与从者,乃微服入其营。会有火光,为春妾所识,贼皆惊起。崇求从者不得,因匿于坑中，徐乃窃马奔走。宿于大泽。有白狼向崇而号，崇乃觉悟，驰马随狼而走。适去，贼党追者已至，遂得免难。太祖异之，命崇立祀，子孙世奉焉。太和中，追录功臣，以崇配飨。

崇长子遂留，历显官。讨蠕蠕有功，赐爵零陵侯。后以罪废。

子乙九，内行长者。以功赐爵富城公，加建忠将军。迁散骑常侍、内乘黄令、侍中。卒，谥曰静。

子真，起家中散，转侍东宫，尚长城公主，拜附马都尉。后敕离婚，纳文明太后姊。寻除南部尚书、侍中。卒，谥曰宣。高祖追思崇勋，令著作郎韩显宗与真撰定碑文，建于白登山。

真子泰，本名石洛，高祖赐名焉。以功臣子孙，尚章武长公主，拜驸马都尉，典羽猎四曹事，赐爵冯翊侯。迁殿中尚书，加散骑常侍、安西将军。进爵为公。出为镇南将军、洛州刺史。例降为侯。寻征为右光禄大夫、尚书右仆射。又出为使持节、镇北将军、定州刺史。改封冯翊县开国侯，食邑五百户。进征北将军。

初，文明太后幽高祖于别室，将谋黜废，泰切谏乃止。高祖德之，锡以山河，宠待隆至。泰自陈病久，乞为恒州，遂转陆睿为定州，以泰代焉。泰不愿迁都，睿未及发而泰已至，遂潜相扇诱，图为叛。乃与睿及安乐侯元隆，抚冥镇将、鲁郡侯元业，骁骑将军元超，阳平侯贺头，射声校尉元乐平，前彭城镇将元拔，代郡太守元珍，镇北将军、乐陵王思誉等，谋推朔州刺史阳平王颐为主。颐不从，伪许以安之，密表其事。高祖乃遣任城王澄率并、肆兵以讨之。澄先遣治书侍御史李焕单车入代，出其不意，泰等惊骇，计无所出。焕晓谕逆徒，示以祸福，于是凶党离心，莫为之用。泰自度必败，乃率麾下数百人攻焕郭门，冀以一捷。不克，单马走出城西，为人擒送。澄亦寻到，穷治党与。高祖幸代，亲见罪人，问其反状，泰等伏诛。

子伯智，八岁侍学东宫，十岁拜太子洗马、散骑侍郎。尚饶阳公主，拜驸马都尉。早卒。子喈。

伯智弟士儒，字叔贤。徙凉州，后乃得还。为太尉参军事。

子容，武定中，汲郡太守。

乙九弟忸头，侍中、北部尚书。卒，赠司空公，谥曰敬。

子蒲坂，虞曹尚书、征虏将军、泾州刺史。赠征西将军、雍州刺史。谥曰昭。

子韶，字伏兴。员外散骑侍郎、代郡太守、征东将军、金紫光禄大夫。卒，赠使持节、都督冀相殷三州诸军事、骠骑大将军、冀州刺史。谥曰文。

子遵伯，幽州司马。

遂留弟观，字阏拔，袭崇爵。少以文艺知名，选充内侍，太祖器之。太宗即位，为左卫将军，绾门下中书，出纳诏命。及访旧事，未尝有所遗漏，太宗奇之。尚宜阳公主，拜驸马都尉，稍迁太尉。世祖之监国，观为右弼，出则统摄朝政，入则应对左右，事无巨细，皆关决焉。终日怡怡，无愠喜之色。劳谦善诱，不以富贵骄人。泰常八年，暴疾，薨于苑内，时年三十五。太宗新临其丧，悲恸左右。赐以通身隐起金饰棺，丧礼一依安城王叔孙俊故事。赠宜都王，谥曰文成。世祖即位，每与群臣谈宴，未尝不叹惜殷勤，以为自泰常以来，佐命勋臣文武兼济无及之者，见称如此。

子寿，袭爵。少以父任选侍东宫。尚乐陵公主，拜驸马都尉。明敏有父风，世祖爱重之，擢为下大夫。敷奏机辩，有声内外。迁侍中、中书监，领南部尚书，进爵宜都王，加征东大将军。寿辞曰："臣祖崇，先皇之世，属值艰危，幸天赞梁眷，诚心密告，故得效功前朝，流福于后。昔陈平受赏，归功无知。今眷元勋未录，而臣独奕世受荣，岂惟仰愧古贤，抑亦有亏国典。"世祖嘉之。乃求眷后，得其孙，赐爵郡公。

舆驾征凉州，命寿辅恭宗，总录要机，内外听焉。行次云中，将济河，宴诸将于宫。世祖别御静室，召寿及司徒崔浩、尚书李顺，世祖谓寿曰："蠕蠕吴提与牧犍连和，今闻朕征凉州，必来犯塞。若伏兵漠南，殄之为易。朕故留壮兵肥马，使卿辅佐太子。收田既讫，便可分伏要害，以待虏至，引使深入，然后击之，擒之必矣。凉州路远，朕不得救。卿若违朕指授，为虏侵害，朕还斩卿。崔浩、李顺为证，非虚言也。”寿顿首受诏。寿信卜筮之言，谓贼不来，竟不设备。而吴提果至，侵及善无，京师大骇。寿不知所为，欲筑西郭门，请恭宗避保南山。惠太后不听，乃止。遣司空长孙道生等击走之。世祖还，以无大损伤，故不追咎。恭宗监国，寿与崔浩等辅政，人皆敬浩，寿独凌之。又自恃位任，以为人莫已及。谓其子师曰：“但令吾儿及我，亦足胜人，不须苦教之。”遇诸父兄弟有如仆隶，夫妻并坐共食，而令诸父馂余。其自矜无礼如此，为时人所鄙笑。真君八年薨。赠太尉，谥曰文宣。

子平国，袭爵。尚城阳长公主，拜驸马都尉、侍中、中书监，为太子四辅。正平元年卒。

子伏干袭，爵。尚济北公主，拜驸马都尉。和平二年卒，谥曰康。无子。

伏干弟罴，袭爵。尚新平长公主，拜驸马都尉。又除虎牢镇将，频以不法致罪。高祖以其勋德之胄，让而赦之。转征东将军、吐京镇将。罴赏善罚恶，深自克励。

时西河胡叛，罴欲讨之，而离石都将郭洛头拒违不从。罴遂上表，自劾以威不摄下，请就刑戮。高祖乃免洛头官。山胡刘什婆寇掠郡县，罴讨灭之。自是部内肃然，莫不敬惮。后改吐京镇为汾州，仍以罴为刺史。前吐京太守刘升，在郡甚有威惠，限满还都，胡民八百余人诣罴请之。前定阳令吴平仁亦有恩信，户增数倍。罴以吏民怀之，并为表请。高祖皆从焉。罴既频荐升等，所部守令，咸自砥砺，威化大行，百姓安之。州民李轨、郭及祖等七百余人，诣阙颂罴恩德。高祖以罴政和民悦，增秩延限。

后征为光禄勋。随例降王为魏郡开国公，邑五百户。又除镇北将军、燕州刺史，镇广宁。寻迁都督夏州、高平镇诸军事，本将军，夏州刺史,镇统万。又除侍中、中书监。穆泰之反,罴与潜通,赦后事发,削封为民。卒于家。世宗时,追赠镇北将军、恒州刺史。

子建,字晚兴。性通率,颇好文史。起家秘书郎,稍迁直阁将军,兼武卫。建妻尔朱荣之妹,建常依附荣。荣入洛之后,除镇东将军、金紫光禄大夫、征北将军,封济北郡开国公。后迁散骑常侍、车骑大将军、左光禄大夫、兼尚书、北道行台、并州事。元晔之立,建兼尚书右仆射,俄转侍中、骠骑大将军。出帝末,本将军、仪同三司、洛州刺史。天平中,坐事自杀于五原城北。

子千牙,武定中,开府祭酒。

建弟衍,字进兴。解褐员外郎,封新兴县开国子,稍迁通直常侍,行云州事。

罴弟亮,字幼辅,初字老生,早有风度。显祖时,起家为侍御中散。尚中山长公主,拜驸马都尉,封赵郡王,加侍中、征南大将军。徙封长乐王。高祖初,除使持节、秦州刺史。在州未期,大著声称。征为殿中尚书,又迁使持节、征西大将军、西戎校尉、敦煌镇都大将。政尚宽简,赈恤穷乏。被征还朝,百姓追思之。

除都督秦梁益三州诸军事、征南大将军、领护西戎校尉、仇池镇将。时宕昌王梁弥机死,子弥博立,为吐谷浑所逼,来奔仇池。亮以弥机蕃教素著,矜其亡灭,弥博凶悖,氐羌所弃,弥机兄子弥承,戎民归乐,表请纳之。高祖从焉。于是率骑三万,次于龙鹄,击走吐谷浑,立弥承而还。是时,阶陵比谷羌董耕奴、斯卑等率众数千人,寇仇池,屯于阳遐岭,亮副将杨灵珍率骑击走之。氐豪杨卜自延兴以来,从军征伐,二十一战,前来镇将,抑而不闻。亮表卜为广业太守,豪右咸悦,境内大安。征为侍中、尚书右仆射。

于时复置司州,高祖曰:"司州始立,未有僚吏,须立中正,以定选举。然中正之任,必须德望兼资者。世祖时,崔浩为冀州中正,长孙嵩为司州大中正,可谓得人。公卿等宜自相推举,必令称允。"尚书陆睿举亮为司州大中正。时萧赜遣将陈显达攻陷醴阳,加亮使持节，征南大将军，都督怀洛南北豫徐兖六州诸军事，以讨之。显达遁走，乃还。寻迁司空，参议律令。例降爵为公。

时文明太后崩，已过期月，高祖毁瘠犹甚。亮表曰：

王者居极，至尊至重，父天母地，怀柔百灵。是以古先哲王，制礼成务。施政立治，必顺天而后动；宣宪垂范，必依典而后行。用能四时不忒，阴阳和畅。若有过举，咎征必集。故大舜至慕，事在纳麓之前；孔子至圣，丧无过瘠之纪。尧书稽古之美，不录在服之痛；《礼》备诸侯之丧，而无天子之式。虽有上达之言，未见居丧之典。然则位重者为世以屈己，居圣者达命以忘情。

伏惟陛下至德参二仪，惠泽覃河海，宣礼明刑，动遵古式。以至孝之痛，服期年之丧，练事既阕，号慕如始。统重极之尊，同众庶之制，废越绋之大敬，阙宗祀之旧轨。诚由文明太皇太后圣略超古，惠训深至，欲报之德，昊天罔极，比之前代，戚为过甚。岂所谓顺帝之则，约躬随众者也。陛下既为天地所子，又为万民父母。子过哀，父则为之惨悴；父过戚，子则为之忧伤。近蒙接见，咫尺旒冕，圣容哀毁，骇感无止。况神只至灵，而不久亏和气，微致风旱者哉？

《书》称"一人有庆，兆民赖之"，令一人过哀，黎元焉系？群官所以颠殒震惧，率土所以危惶悚栗，百姓何仰而不忧，嘉禾何由而播殖。愿陛下上承金册遗训，下称亿兆之心；时袭轻服，数御常膳，修崇郊祠，垂惠咸秩；舆驾时动，以释忧烦；博采广咨，以导性气；息无益之恋，行利见之德。则休征可致，嘉应必臻，礼教并宣，孝慈兼备，普天蒙赖，含生幸甚。

诏曰："苟孝悌之至，无所不通。今飘风亢旱，时雨不降，实由诚慕未浓，幽显无感也。所言过哀之咎，谅为未衷，省启以增悲愧。"寻领太子太傅。

时将建太极殿，引见群臣于太华殿，高祖曰："朕仰遵先意，将营殿宇，役夫既至，兴功有日。今欲徙居永乐，以辟嚣埃。土木虽复无心,毁之能不凄怆。今故临对卿等,与之取别。此殿乃高宗所制,爰历显祖,逮朕冲年,受位于此。但事来夺情,将有改制,仰惟畴昔,惟深悲感。”亮稽首对曰:“臣闻稽之卜筮,载自典经,占以决疑,古今攸尚。兴建之功,事在不易,愿陛下讯之蓍龟,以定可否。又去岁役作,为功甚多,太庙明堂,一年便就。若仍岁频兴,恐民力凋弊。且材干新伐,为功不固,愿得逾年,小康百姓。”高祖曰:“若终不为,可如卿言。后必为之,逾年何益?朕远览前王,无不兴造。故有周创业,经建灵台;洪汉受终,未央是作。草创之初,犹尚若此,况朕承累圣之运,属太平之基。且今八表清晏,年谷又登,爰及此时,以就大功。人生定分,修短命也,蓍蔡虽智,其如之何。当委之大分,岂假卜筮。”遂移御永乐宫。

后高祖临朝堂,谓亮曰:“三代之礼,日出视朝,自汉、魏已降,礼仪渐杀。《晋令》有朔望集公卿于朝堂而论政事,亦无天子亲临之文。今因卿等日中之集,中前则卿等自论政事,中后与卿等共议可否。”遂命读奏案,高祖亲自决之。又谓亮曰:“徐州表给归化人禀。王者,民之父母,诚宜许之。但今荆扬不宾,书轨未一,方欲亲御六师,问罪江介。计万户投化,岁食百万,若听其给也,则蓄储虚竭。虽得户千万,犹未成一同。且欲随贫赈恤,卿意何如?”亮对曰:“所存远大,实如圣旨。”

及车驾南迁,迁武卫大将军,以本官董摄中军事。高祖南伐,以亮录尚书事,留镇洛阳。后高祖将自小平泛舟幸石济,亮谏曰:“臣闻垂堂之诲,振古成规,于安思危,著于《周易》。是以凭险弗防,没而不吊。匹夫之贱,犹不自轻,况万乘之尊,含生所仰,而可忽乎!是故处则深宫广厦,行则万骑千乘。昔汉帝欲乘舟渡渭,广德将以首血污车轮,帝乃感而就桥。夫一渡小水,犹尚若斯,况洪河浩汗,有不测之虑。且车乘由人,犹有奔逸致败之害,况水之缓急,非人所制。脱难出虑表,其如宗庙何!”高祖曰:“司空言是也。”

及亮兄罴预穆泰反事,亮以府事付司马慕容契,上表自劾。高祖优诏不许,还令摄事。亮频烦固请,久乃许之。寻除使持节、征北大将军、开府、仪同三司、冀州刺史。徙封顿丘郡开国公，食邑五百户，以绍崇爵。

世宗即位，迁定州刺史，寻除骠骑大将军、尚书令，俄转司空公。景明三年薨，时年五十二。给东园温明秘器、朝服一具、衣一袭，钱四十万、布七百匹、蜡二百斤。世宗亲临小敛。赠太尉公，领司州牧，谥曰匡。

子绍，字永业。高祖以其贵臣世胄，顾念之。九岁，除员外郎，侍学东宫，转太子舍人。十一尚琅邪长公主，拜驸马都尉、散骑侍郎，领京兆王愉文学。世宗初，通直散骑常侍、高阳王雍友。遭父忧，诏起袭爵，散骑常侍，领主衣都统。迁秘书监、侍中、金紫光禄大夫、光禄卿。又迁卫将军、太常卿。寻除使持节、都督冀瀛二州诸军事、本将军、冀州刺史，以母老固辞。忤旨，免官。除中书令，转七兵尚书，徙殿中尚书。遭所生忧免，居丧以孝闻。又除卫大将军、左光禄大夫、中书监，复为侍中，领本邑中正。

绍无他才能，而资性方重，罕接宾客，希造人门。领军元叉当权熏灼，曾往候绍，绍迎送下阶而已，时人叹尚之。及灵太后欲黜叉，犹豫未决，绍赞成之。以功加特进，又拜其次子岩为给事中。寻加仪同三司，领左右。时侍中元顺与绍同直，顺尝因醉，入其寝所。绍拥被而起，正色让顺曰："身二十年侍中，与卿先君亟连职事，纵卿后进，何宜相排突也!"遂谢事还家。诏喻久乃起。除车骑大将军、开府、定州刺史，固辞不拜。又除侍中，托疾未起。河阴之役，故得免害。

庄帝立，尔朱荣遣人征之。绍以为必死，哭辞家庙。及往见荣于邙山，捧手不拜。荣亦矫意礼之，顾谓人曰："穆绍不虚大家儿。"车驾入宫，寻授尚书令、司空公，进爵为王，给班剑四十人，仍加侍中。时河南尹李奖往诣绍。奖以绍郡民，谓必加敬，绍又恃封邑，是奖国主，待之不为动膝。奖惮其位望，致拜而还。议者两讥焉。

尔朱荣之讨葛荣也，诏上党王天穆为前锋，次于怀县；司徒公杨椿为右军,绍为后继。未发,会擒葛荣,乃止。未几,降王复本爵。元颢入洛,以绍为兖州刺史。行达东郡,颢败而反。普泰元年,除都督青齐兖光四州诸军事、骠骑大将军、开府、青州刺史。未行,其年九月薨,时年五十二。赠侍中、都督冀相殷三州诸军事、大将军、尚书令、太保、冀州刺史,谥曰文献。

子长嵩,字子岳。起家通直郎,再迁散骑常侍。袭爵,转镇东将军、光禄少卿。兴和中卒,赠都督冀沧二州诸军事、征东将军、冀州刺史。

子岩,武定中,司徒咨议参军。

平国弟相国,官至安东将军、济州刺史、上洛公。

相国弟正国,尚长乐公主,拜驸马都尉。

子平城,早卒。高祖时,始平公主薨于宫,追赠平城驸马都尉,与公主合葬。

平城弟长城,司徒、左长史。

子世恭,武定中,朱衣直阁。

长城弟彧,符玺郎中。卒。

子永延,尚书骑兵郎、青州征东司马。

正国弟应国,征西将军、张掖公。

子度孤,袭爵。平南将军、梁城镇将。

子清休,颇有将略。司农少卿、武卫将军、左光禄大夫。出为骠骑大将军、夏州刺史。

子铁槌,秘书郎。

应国弟安国,历金部长、殿中尚书,加右卫将军,赐爵新平子。为乙浑所杀,追赠征虏将军。

子吐万,袭爵。襄城镇将。

子金宝,秘书郎。

寿弟伏真,高宗世,稍迁书尚,赐爵任城侯。出为兖州刺史、假宁东将军、濮阳公。

子常贵,南阳太守。

伏真弟多侯，历位殿中给事、左将军，赐爵长宁子。迁司卫监。高宗崩，乙浑专权。时司徒陆丽在代郡温汤疗病，浑忌之，遣多侯追丽。多侯谓丽曰："浑有无君之心，大王众所望也，去必危，宜徐归而图之。"丽不从，遂为浑所害，多侯亦见杀。谥曰烈。

子胡儿，袭爵。

观弟翰，平原镇将、西海王。薨。

子龙仁，袭爵。降为公卒。

子丰国，袭爵。

丰国弟子弼，有风格，善自位置。涉猎经史，与长孙稚、陆希道等齐名于世，矜巳陵物，颇以损焉。高祖初定氏族，欲以弼为国子助教。弼辞曰："先臣以来，蒙恩累世，比校徒流，实用惭屈。"高祖曰："朕欲敦厉胄子，故屈卿光之。白玉投泥，岂能相污？"弼曰："既遇明时，耻沉泥滓。"会司州牧、咸阳王禧入，高祖谓禧曰："朕与卿作州都，举一主簿。"即命弼谒之。因为高祖所知。舆驾南征，特敕随从。世宗初，除尚书郎，以选为高平王怀国郎中令。数有匡谏之益，世宗善之。除中书舍人，转司州治中、别驾，历任有称。肃宗时，河州羌却铁忽反，敕兼黄门，慰喻忽。以功加前将军，赐以钱帛。寻以本将军行扬州事，追拜平西将军、华州刺史。卒于州，时年五十一。赠使持节、征北将军、定州刺史，谥曰懿。

子季齐，释褐司徒参军事、开府骑兵参军。

翰弟颉，忠谨有材力。太宗时，为中散，转侍御郎。从世祖征赫连昌，勇冠一时，世祖嘉之。迁侍辇郎、殿中将军，赐爵泥阳子。从征和龙，功超诸将，拜司卫监，加龙骧将军，进爵长乐侯。曾从世祖田于崞山，有虎突出，颉搏而获之。世祖叹曰："《诗》所谓'有力如虎'，颉乃过之。"后从驾西征白龙，北讨蠕蠕，以功加散骑常侍、镇北将军，进爵建安公。出为北镇都将，征拜殿中尚书。出镇凉州，所在著称。还加散骑常侍，领太仓尚书。

高宗时，为征西大将军、督诸军事，西征吐谷浑，出南道。坐击贼不进，免官爵徙边。高祖又以颛著勋前朝，征为内都大官。天安元年卒。赠征西大将军、建安王，谥曰康。

子寄生，袭。

寄生弟栗，凉州镇将、安南公。

子祁，字愿德。通直常侍、上谷河内二郡太守、司州治中、太子右卫率。卒，赠齐州刺史。

子景相，字霸都。中书舍人、上党太守。

栗弟泥乾，为羽林中郎，赐爵临安男。后稍历显职，除冀州刺史，假安南将军、巨鹿公。卒。

子浑，袭爵。秘书中散。

子令宣，通直常侍。

崇宗人丑善，太祖初，率部归附，与崇同心戮力，御侮左右。从征窟咄、刘显，破平之。又从击贺兰部，平库莫奚。拜天部大人，居于东蕃。卒。

子莫提，从平中原，为中山太守。除宁南将军、相州刺史，假阳陵侯。卒。

子吐，太宗世，散骑常侍。卒于侍中、镇东将军。

子敦，辅国将军、西部都将。赐爵‘富平子。卒。

子纯，袭爵。历散骑常侍、光禄勋。高祖时，右卫将军。寻除右将军、河州刺史。卒，赠镇北将军、并州刺史。

子盛，袭爵。直阁将军。

盛弟裕，辅国将军、中散大夫。

裕子礼，东牟太守。

礼弟略，武定末，魏尹丞。

纯弟镠，历东宫庶子、汲郡太守。世宗时，为怀朔镇将，东北中郎将，豳幽凉三州刺史。肃宗世，除平北将军、并州刺史、金紫光禄大夫。在公以威猛见称。卒，时年七十四。赠散骑常侍、征东将军、相州刺史，谥曰安。

子显寿，长水校尉。

显寿弟显业，卒于散骑侍郎。

子子琳，举秀才，为安戎令，颇有吏干。随长孙稚征蜀有功，除尚书屯田郎中。出帝即位，以摄仪曹事，封高唐县开国男，邑二百户。孝静初，镇东将军、司州别驾。以占夺民田，免官爵。久之，河至罗国主副罗越居为蠕蠕所破，其子去宾来奔。齐献武王奏去宾为安北将军、肆州刺史，封高车王，招慰夷虏；表子琳为去宾长史，复其前封。寻迁仪同开府长史、齐献武王丞相司马。卒时年五十三，赠骠骑大将军、都官尚书、瀛州刺史。

子伯昱。

弟朏，武定中，开府中兵参军。

子琳弟良，字先德。司空行参军、将作丞、司徒祭酒、安东将军、南巨鹿太守。颇有民誉。入为司徒司马、大将军从事中郎、中书舍人。武定六年卒。赠征东将军、徐州刺史。

史臣曰：穆崇夙奉龙颜，早著诚节，遂膺宠眷，位极台鼎；至乃身豫逆谋，卒蒙全护，明主之于劳臣，不亦厚矣！从享庙庭，抑亦尚功之义。观少当公辅之任，业器其优乎？觊壮烈显达，亮宽厚致位，绍立虚简之操，弼有风格之名，世载不陨，青紫兼列，盛矣！至于寿以贵终，罴止削废，人之无礼，为幸盖多。丑之子孙，不乏名位，亦有人哉！

魏书卷二八
列传第一六

和跋　奚牧　莫题　庾业延　贺狄干　李栗　刘洁　古弼　张黎

和跋，代人也。世领部落，为国附臣。跋以才辩知名，太祖擢为外朝大人，参军国大谋，雅有智算。频使称旨，拜龙骧将军。未几，赐爵日南公。从平中原，以功进为尚书，镇邺。

慕容德使兄子和守滑台，和长史李辨杀和，求援于跋。跋率轻骑赴之。既至，辨悔，闭门拒守。跋使尚书郎邓晖说之，辨乃开门。跋入，收其府藏。德闻之，遣将率三千骑击跋。跋逆击，大破之，擒其将士千余人而还。于是陈颍之民，多来向化。改封定陵公。与常山王遵率众五万，讨贺兰部别帅木易干，破之。出为平原太守。

太祖宠遇跋，冠于诸将。时群臣皆敦尚恭俭，而跋好修虚誉，眩曜于时，性尤奢淫，太祖戒之，弗革。后车驾北狩豺山，收跋，刑之路侧。妻刘氏自杀以从。初，将刑跋，太祖命其诸弟毗等视决，跋谓毗曰："灅北地瘠，可居水南，就耕良田，广为产业，各相勉励，务自纂修。"令之背己曰："汝曹何忍视吾之死也！"毗等解其微意，诈称使者，云奔长安，追之不及。太祖怒，遂诛其家。后世祖西巡五原，回幸豺山校猎，忽遇暴风，云雾四塞。世祖怪而问之，群下佥言跋世居此土，祠冢犹存，其或者能致斯变。帝遣建兴公古弼祭以三牲，雾即除散。后世祖搜狩之日，每先祭之。

少子归，从征赫连昌有功，拜统万将军，赐爵成皋男。与西平公安颉攻虎牢，拔之。进爵高阳侯。后以罪徙配凉州为民。盖吴作乱于关中，复拜归龙骧将军，往讨之。还拜使持节、冠军将军、雍城镇都大将、高阳侯。卒。

子度，袭爵。尚书都官郎、昌平太守。卒。

度子延穆，司州部郡从事，早卒。

子安，武定末，给事黄门侍郎。

奚牧，代人也，重厚有智谋。太祖宠遇之，称之曰"仲兄"。初，刘显谋害太祖，梁眷知其谋，潜使牧与穆崇至七介山以告，语在《崇传》。太祖录先帝旧臣，又以牧告显之功，拜为治民长，敷奏政事，参与计谋。太祖征慕容宝，加辅国将军，略地晋川，获宝丹阳王买得及离石护军高秀和于平陶。以军功拜并州刺史，赐爵任城公。州与姚兴接界，兴颇寇边，牧乃与兴书，称顿首，钧礼抗之，责兴侵边不直之意。兴以与国通和，恨之。有言于太祖，太祖戮之。

莫题，代人也，多智有才用。初为幢将，领禁兵。太祖之征慕容宝也，宝夜来犯营，军人惊骇。遂有亡还京师者，言官军败于柏肆，京师不安。南安公元顺因之欲摄国事。题谓顺曰："此大事，不可轻尔，宜审待后要，不然祸将及矣。"顺乃止。以功拜平远将军，赐爵扶柳公，进号左将军，改为高邑公。出除中山太守，督司州之山东七郡事。车驾征姚兴，次于晋阳，而上党群盗秦颇、丁零翟都等聚众于壶关，诏题帅众三千以讨之。上党太守捕颇，斩之。都走林虑。诏题搜山穷讨，尽平之。

初，昭成末，太祖季父窟咄徙于长安。苻坚败，从慕容永东迁。及永自立，以窟咄为新兴太守。登国初，刘显遣弟亢埿等迎窟咄，寇南鄙。题时贰于太祖，遗箭于窟咄，谓之曰："三岁犊岂胜重载"，言窟咄长而太祖少也。太祖既衔之。天赐五年，有告题居处倨傲，拟则人主。太祖乃使人示之箭,告之曰:“三岁犊,能胜重载不?”题奉诏,父子对泣,诘朝乃刑之。

庾业延,代人也,后赐名岳。其父及兄和辰,世典畜牧,稍转中部大人。昭成崩,氐寇内侮。事难之间,收敛畜产,富拟国君。刘显谋逆,太祖外幸,和辰奉献明太后归太祖,又得其资用。以和辰为内侍长。和辰分别公私旧畜,颇不会旨,太祖由是恨之。岳独恭慎修谨,善处危难之间,太祖喜之。与王建等俱为外朝大人,参预军国。

太祖既绝慕容垂,以岳为大人,使诣慕容永。永服其辞义。垂围永于长子,永告急求援,岳与陈留王虔以五万骑东渡河救之,次于秀容,破山胡部高车门等,徙其部落。会永灭,乃班师从平中原,拜安远将军。

官军之惊于柏肆也,贺兰部帅附力眷、纥突邻部帅匿物尼、纥奚部帅叱奴根等闻之,聚党反于阴馆。南安公元顺讨之,不克,死者数千人。太祖闻之,诏岳率万骑还讨叱奴根等,殄之,百姓乃安。离石胡帅呼延铁、西河胡帅张崇等不乐内徙,聚党反叛。岳率骑三千,讨破之,斩铁,擒崇,搜山穷讨,散其余党。以功赐爵西昌公,进号征虏将军。又讨反人张超、清河太守傅世,并破平。以岳为邺行台。

岳为将有谋略,治军清整,常以少击多,士众服其智勇,名冠诸将。及罢邺行台,以所统六郡置相州,即拜岳为刺史。公廉平当,百姓称之。旧有园池,时果初熟,丞吏送之,岳不受,曰:“果未进御,吾何得先食?”其谨如此。后迁司空。

岳兄子路有罪,诸父兄弟悉诛,特赦岳父子。天赐四年,诏赐岳舍地于南宫,岳将家僮治之。候官告岳衣服鲜丽,行止风采,拟仪人君。太祖时既不豫,多所猜恶,遂诛之。时人咸冤惜焉。岳葬在代西善无之界。后世祖讨赫连氏,经其墓宅,怆然动容,遂下诏为立庙,令一州之民,四时致祭。求其子孙任为将帅者,得其子陵。从征有功,听袭爵。

路,皇始初,从征慕容宝,为城门校尉。迁司隶校尉。爵高平公而诛。

贺狄干，代人也。家本小族，世忠厚，为将以平当称。稍迁北部大人。登国初，与长孙嵩为对，明于听察，为人爱敬。

太祖遣狄干致马千匹，结婚于姚苌。会苌死兴立，因止狄干而绝婚。兴弟平率众寇平阳，太祖讨平之，擒其将狄伯支、唐小方等三十余人。天赐中，诏北新侯安同送唐小方于长安。后蠕蠕社仑与兴和亲，送马八千匹。始济河，赫连屈子忿兴与国交好，乃叛兴，邀留社仑马。兴乃遣使，请以骏马千匹赎伯支而遣狄干还。太祖意在离间二寇，于是许之。

狄干在长安幽闭，因习读书史，通《论语》、《尚书》诸经，举止风流，有似儒者。初，太祖普封功臣，狄干虽为姚兴所留，遥赐爵襄武侯，加秦兵将军。及狄干至，太祖见其言语衣服，有类羌俗，以为慕而习之，故忿焉，既而杀之。

弟归，亦刚直方雅。与狄干俱死。

李栗，雁门人也。昭成时，父祖入国。少辩捷，有才能，兼有将略。初，随太祖幸贺兰部，在元从二十一人中。太祖爱其艺能。时王业草创，爪牙心腹，多任亲近，唯栗一介远寄，兼非戚旧，当世荣之。数有战功，拜左军将军。太祖征慕容宝，栗督五万骑为前驱，军之所至，莫不降下。迁左将军。慕容宝弃中山东走也，栗以轻骑追之，不及而还。

栗性简慢，矜宠，不率礼度，每在太祖前舒放倨傲，不自祗肃，咳唾任情。太祖积其宿过，天兴三年遂诛之。于是威严始厉，制勒群下尽卑谦之礼，自栗始也。

刘洁，长乐信都人也。祖父生，颇解卜筮。昭成时，慕容氏来献女，为公主家臣，仍随入朝。赐以妻，生子。父提，太祖时，官至乐陵太守，赐爵信都男。卒。

洁性强力多智，数从征讨有功，进爵会稽公。河西胡张外、建兴王绍等聚党为逆，洁与永安侯魏勤率众三千人，屯于西河以镇抚之。又与勤及功劳将军元屈等击吐京叛。胡时离石胡出以眷引屈丐骑，断截山岭邀洁，洁失马，登山力战，矢刃俱尽，为胡所执送，诣屈丐。洁声气不挠，呼其字而与之言，神色自若。屈丐壮而释之。后得还国，典东部事。

太宗寝疾，世祖监国，洁与古弼等选侍东宫，对综机要，敷奏百揆。

世祖即位，以告反者，又献直言，所在合旨，奇其有柱石之用，委以大任。及议军国，朝臣咸推其能。于是超迁尚书令，改为巨鹿公。

世祖破蠕蠕大檀于云中，洁言于世祖曰："大檀恃众，虽破胆奔北，恐不惧往败，将复送死。请收田讫，复一大举，东西并进，为二道讨之。"世祖然其言。后大议征讨，洁言宜先平冯跋，世祖不从。敕勒新民以将吏侵夺，咸出怨言，期牛马饱草，当赴漠北。洁与左仆射安原奏，欲及河冰未解，徙之河西，冰解之后，不得北遁。世祖曰："不然。此等习俗，放散日久，有似园中之鹿，急则冲突，缓之则定。吾自处之有道，不烦徙也。"洁等固执，乃听分徙三万余落于河西，西至白盐池。新民惊骇，皆曰"圈我于河西之中，是将杀我也"，欲西走凉州。洁与侍中古弼屯五原河北，左仆射安原屯悦拔城北，备之。既而新民数千骑北走，洁追讨之。走者粮绝，相枕而死。

时南州大水，百姓阻饥。洁奏曰："臣闻天地至公，故万物咸育；帝王无私而黎民戴赖。伏惟陛下以神武之姿，绍重光之绪，恢隆大业，育济群生。威之所振，无思不服；泽之所洽，无远不怀。太平之治，于是而在。自顷边寇内侵，戎车屡驾，天资圣明，所在克殄。方难既平，皆蒙酬锡，勋高者受爵，功卑者获赏，宠赐优崇，有过古义。而郡国之民，虽不征讨，服勤农桑，以供军国，实经世之大本，府库之所资。自山以东，偏遇水害，频年不收，就食他所。臣闻率土之滨，莫非王臣，应加哀矜，以鸿覆育。今南摧强寇，西败丑虏，四海晏如，人神协畅。若与兆民共飨其福,则惠感和气,苍生悦乐矣。”世祖从之,于是复天下一岁租赋。

洁与乐平王丕督诸军取上邽。军至启阳,百姓争致牛酒。洁至上邽,诸将咸欲斩其豪帅,以示王威,洁不听。抚慰秦陇,秋毫无犯,人皆安业。世祖将发陇右骑卒东伐高丽,洁进曰:“陇土新民,始染大化,宜赐优复以饶实之。兵马足食,然后可用。”世祖深纳之。车驾西伐,洁为前锋。沮渠牧犍弟董来率万余人,拒战于城南。洁信卜者之言,日辰不协,击鼓却陈,故后军不进,董来得入城。世祖微嫌之。后洁与建宁王崇督诸军,于三城胡部中简兵六千,将以戍姑臧。胡不从命,千余人叛走。洁与崇击诛之,虏男女数千人。

洁朝夕在枢密,深见委任。性既刚直,恃宠自专。世祖心稍不平。时议伐蠕蠕,洁意不欲,言于世祖曰:“虏非有邑居,迁徙无常,前来出军,无所擒获,不如广农积谷,以待其来。”群臣皆从其议。世祖决行,乃问于崔浩,浩固言可伐。世祖从浩议。既出,与诸将期会鹿浑谷。而洁恨其计不用,欲沮诸将,乃矫诏更期,故诸将不至。时虏众大乱,恭宗欲击之,洁执不可,语在《帝纪》。停鹿浑谷六日,诸将犹不进,贼已远遁。追至石水,不及而还。师次漠中,粮尽,士卒多死。洁阴使人惊军,劝世祖弃军轻还,世祖不从。洁以军行无功,奏归罪于崔浩。世祖曰:“诸将后期,及贼不击,罪在诸将,岂在于浩。”浩又言洁矫诏,事遂发。舆驾至五原,收洁幽之。

世祖之征也,洁私谓亲人曰:“若军出无功,车驾不返者,吾当立乐平王。”洁又使右丞张嵩求图谶,问:“刘氏应王,继国家后,我审有名姓否?”嵩对曰:“有姓而无名。”穷治款引,搜嵩家,果行谶书。洁与南康公狄邻及嵩等,皆夷三族,死者百余人。

洁既居势要,擅作威福,诸阿附者登长,忤恨者黜免,内外惮之,侧目而视。拔城破国者,聚敛财货,与洁分之。籍其家产,财盈巨万。世祖追忿,言则切齿。

古弼,代人也。少忠谨,好读书,又善骑射。初为猎郎,使长安,称旨，转门下奏事，以敏正著称。太宗嘉之，赐名曰笔，取其直而有用，后改名弼，言其辅佐材也。令弼典西部，与刘洁等分绾机要，敷奏百揆。

世祖即位，以功拜立节将军，赐爵灵寿侯。征并州叛胡。还，进为侍中、吏部尚书，典南部奏事。与安原降东部高车于巳尼陂。又与刘洁屯五原河北，以备叛民。拜安西将军，从征赫连定。驾至平凉。次于泾南。遣弼与侍中张黎击平凉。赫连定自安定率步骑二万来救，与弼等相遇，弼伪退以诱之。世祖使高车敕勒驰击定，斩首数千级。弼乘胜取安定。

又与永昌王健等讨冯文通。文通婴城固守，弼芟其禾而还。后又征文通，文通求救至高丽。高丽救至，文通将东奔，民多难之。其大臣古垔因民心之不欲，遂率众攻文通，开城门以引官军。弼疑古垔谲诈，不入城。高丽军至，文通乃随之。文通之奔也，令妇人被甲居中，其精卒及高丽陈兵于外。弼部将高苟子率骑冲击贼军，弼酒醉，拔刀止之，故文通得东奔。将士皆怨弼不击。世祖大怒，征还，黜为广夏门卒。

寻复为侍中，与尚书李顺使于凉州。拜安西将军，赐爵建兴公，镇长安，甚著威名。及议征凉州，弼与顺咸言凉州乏水草，不宜行师。世祖不从，既克姑臧，微嫌之，以其有将略，故弗之责也。

刘义隆遣将裴方明等击南秦王杨难当，难当遣使请救兵。未至，难当奔上邽，方明克仇池，立杨玄庶子保炽。于是假弼节，督陇右诸军。义隆遣其秦州刺史胡崇之屯仇池，弼与平西将军元齐邀崇之于浊水，临阵擒之，其众走还汉中。弼等从祥郊山南入，与东道将皮豹子等讨仇池，遣永安侯贺纯攻义隆，塞狭道。守将姜道祖退守狭亭。诸将以山道险峻，时又雪深，用马不便，皆迟留不进。弼独进军，使元齐、贺纯等击狭亭，道祖南走，仇池平。未几，诸氐复推杨文德为主，围仇池。弼发上邽、高平、沂城诸军讨之，仇池围解，文德走汉川。时豹子督关中诸军次于下辨，闻仇池围解，议欲还军。弼使谓豹子曰："比连破贼军，恐彼君臣未体大分，耻其负败，或来报复。

若其班师，寇众复至，后举为难。不如缮兵练甲，蓄力待之。不出秋冬，南寇必来，以逸待劳，百胜之策。”豹子乃止。世祖闻之，曰：“弼之言，长策也。制南秦，弼谋多矣。”

恭宗总摄万几，征为东宫四辅，与宜都王穆寿等并参政事。诏以弼保傅东宫，有老成之勤，赐帛千匹、绵千斤，迁尚书令。弼虽事务殷凑，而读书不辍，端谨慎密，口不言禁中之事，功名等于张黎，而廉不及也。

上谷民上书，言苑囿过度，民无田业，乞减太半，以赐贫人。弼览见之，入欲陈奏，遇世祖与给事中刘树棋，志不听事。弼侍坐良久，不获申闻。乃起，于世祖前捽树头，掣下床，以手搏其耳，以拳殴其背曰：“朝廷不治，实尔之罪！”世祖失容放棋曰：“不听奏事，实在朕躬，树何罪？置之！”弼具状以闻。世祖奇弼公直，皆可其所奏，以丐百性。弼曰：“为臣而逞其志于君前者，非无罪也。”乃诣公车，免冠徒跣，自劾请罪。世祖遣使者召之。及至，世祖曰：“卿其冠履。吾闻筑社之役，蹇蹶而筑之，端冕而事之，神与之福。然则卿有何罪？自今以后，苟利社稷，益国便民者，虽复颠沛造次，卿则为之，无所顾也。”

世祖大阅，将校猎于河西。弼留守，诏以肥马给骑人，弼命给弱者。世祖大怒，曰：“尖头奴，敢裁量朕也！朕还台，先斩此奴。”弼头尖，世祖常名之曰“笔头”，是以时人呼为笔公。弼属官惶怖惧诛。弼告之曰：“吾以为事君使畋猎不适盘游，其罪小也。不备不虞，使戎寇恣逸，其罪大也。今北狄孔炽，南虏未灭，狡焉之志，窥伺边境，是吾忧也。故选肥马备军实，为不虞之远虑。苟使国家有利，吾何避死乎！明主可以理干，此自吾罪，非卿等之咎。”世祖闻而叹曰：“有臣如此，国之实也！”赐衣一袭、马二匹、鹿十头。后车驾畋于山北，大获麋鹿数千头，诏尚书发车牛五百乘以运之。世祖寻谓从者曰：“笔公必不与我，汝辈不如马运之速。”遂还。行百余里而弼表至，曰：“今秋谷悬黄，麻菽布野，猪鹿窃食，鸟雁侵费，风波所耗，朝夕参倍，乞赐矜缓，使得收载。”世祖谓左右曰：“笔公果如朕所卜，可谓社稷之臣。”

初，杨难当之来也，诏弼悉送其子弟于京师。杨玄小子文德，以黄金四十斤赂弼，弼受金，留文德而遇之无礼，文德亡入刘义隆。世祖以其正直有战功，弗加罪责也。世祖崩，吴王立以弼为司徒。

高宗即位，与张黎并坐议不合旨，俱免，有怨谤之言。其家人告巫蛊，俱伏法，时人冤之。

张黎，雁门平原人也。善书计，太祖知待之。太宗器其忠亮，赐爵广平公，管综机要。世祖以其功旧，任以辅弼，除大司农卿，军国大议，黎常与焉。加镇北将军。以征赫连定功，进号征北大将军。与乐安王范、济南公崔征镇长安，清约公平，甚著声称。代下之日，家无余财。世祖诏黎领兵一万二千人，通莎泉道。车驾征凉州，蠕蠕吴提乘虚入寇，黎与司空道生拒击之。

恭宗初总百揆，黎与东郡公崔浩等辅政，忠于奉上，非公事不言。诏曰：“侍中广平公黎、东郡公浩等，保傅东宫，有老成之勤，朕甚嘉焉。其赐布帛各千匹，以褒旧勋。”恭宗薨于东宫，黎兼太尉，持节奉策谥焉。吴王余立，以黎为太尉。后以议不合旨，免。仍与古弼并诛。

史臣曰：和跋、奚牧、莫题、贺狄干、李栗、刘洁等，并有忠勤征伐之效，任遇仍优，俱至诛灭。岳见妃危难之中，受事草创之际，智勇既申，功名尤举，乃良将之材。弼谋军辅国，远略正情，有柱石之量。张黎诚谨兼方，功旧见重。纤介之间，一朝殒覆，宥及十世，乃徒言尔，惜乎！

魏书卷二九
列传第一七

奚斤　叔孙建

奚斤，代人也，世典马牧。父箪，有宠于昭成皇帝。时国有良马曰“騧骝”，一夜忽失，求之不得。后知南部大人刘库仁所盗，养于窟室。箪闻而驰往取马，库仁以国甥恃宠，惭而逆击箪。箪捽其发落，伤其一乳。及苻坚使库仁与卫辰分领国部，箪惧，将家窜于民间。库仁求之急，箪遂西奔卫辰。及太祖灭卫辰，箪晚乃得归，故名位后于旧臣。

斤机敏，有识度。登国初，与长孙肥等俱统禁兵。后以斤为侍郎，亲近左右。从破慕容宝于参合。皇始初，从征中原，以斤为征东长史，拜越骑校尉，典宿卫禁旅。车驾还京师，博陵、勃海、章武诸郡，群盗并起，所在屯聚，拒害长吏。斤与略阳公元遵等，率山东诸军讨平之。从征高车诸部，大破之。又破库狄、宥连部，徙其别部诸落于塞南。又进击侯莫陈部，俘虏获杂畜十余万，至大峨谷，置戍而还。迁都水使者，出为晋兵将军、幽州刺史，赐爵山阳侯。

太宗即位，为郑兵将军，循行州郡，问民疾苦。章武民刘牙聚党为乱，斤讨平之。诏以斤世忠孝，赠其父箪为长宁子。太宗幸云中，斤留守京师。昌黎王慕容伯儿收合轻侠失志之徒李沈等三百余人谋反，斤闻而召伯儿入天文殿东庑下，穷问款引，悉收其党，诛之。诏与南平公长孙嵩等俱坐朝堂，录决囚徒。太宗大阅于东郊，治兵讲武，以斤行左丞相，大搜于石会山。

车驾西巡，诏斤为先驱，讨越勤部于鹿那山，大破之，获马五万匹、牛羊二十万头，徙二万余家而还。又诏斤与长孙嵩等八人，坐止车门右，听理万机。蠕蠕犯塞，令斤等追之。事见《蠕蠕传》。拜天部大人，进爵为公，命斤出入乘轺轩，备威仪导从。世祖之为皇太子，临朝听政，以斤为左辅。

刘义符立，其大臣不附，国内离阻。乃遣斤收刘裕前侵河南地，假斤节，都督前锋诸军事、司空公、晋兵大将军、行扬州刺史，率吴兵将军公孙表等南征。用表计，攻滑台，不拔，求济师。太宗怒其不先略地，切责之。乃亲南巡，次中山。义符东郡太守王景度捐城遁走，司马楚之等并遣使诣斤降。斤自滑台趣洛阳，义符虎牢守将毛德祖遣其司马翟广、将军姚勇错、窦霸等率五千人，据土楼以拒斤，斤进击，破之。广等单马走免，尽殪其众。斤长驱至虎牢，军于汜东。留表守辎重，自率轻兵徇下河南、颍川、陈郡以南，百姓无不归附。义符陈留太守严棱以郡降。斤遂平兖、豫诸郡，还围虎牢。德祖拒守不下。及虎牢溃，斤置守宰以抚之。自魏初，大将行师，唯长孙嵩拒刘裕，斤征河南，独给漏刻及十二牙旗。太宗崩，斤乃班师。

世祖即位，进爵宜城王，仍为司空。世祖征赫连昌，遣斤率义兵将军封礼等，督四万五千人袭蒲坂。昌守将赫连乙升闻斤将至，遣使告昌。使至统万，见大军已围其城，还告乙升曰："昌已败矣。"乙升惧，弃蒲坂西走。斤追败之，乙升遂奔长安。斤入蒲坂，收其资器，百姓安业。昌弟助兴，先守长安，乙升至，复与助兴弃长安，西走安定，斤又西据长安。于是，秦雍氐羌皆来归附。与赫连定相持，累战破定。

定闻昌败，遂走上邽，斤追之，至雍，不及而还。诏斤班师，斤上疏曰："赫连昌亡保上邽，鸠合余烬，未有盘据之资。今因其危，灭之为易。请益铠马，平昌而还。"世祖曰："昌亡国叛夫，击之劳伤将士，且可息兵，取之不晚。"斤抗情固执，乃许之，给斤万人，遣将军刘拔送马三千匹与斤。斤进讨安定，昌退保平凉。斤屯军安定，以粮竭马死，遂深垒自固。监军侍御史安颉击昌，擒之。语在《颉传》。昌众复立昌弟定为主,守平凉。

斤自以元帅,而擒昌之功,更不在己,深耻之。乃舍辎重,轻赍三日粮,追定于平凉。娥清欲寻水而往,斤不从,自北道邀其走路。定众将出,会一小将有罪亡入贼,具告其实。定知斤军无粮乏水,乃邀斤前后。斤众大溃,斤及娥清刘拔为定所擒,士卒死者六七千人。后世祖克平凉,斤等得归。免为宰人,使负酒食从驾还京师以辱之。寻拜安东将军,降爵为公。

车驾将讨冯文通,诏斤发幽州民及密云丁零万余人,运攻具出南道。太延初,为卫尉,改为弘农王,加征南大将军。后为万骑大将军。

世祖大集群臣于西堂,议伐凉州。斤等三十余人议曰:"河西王牧犍,西垂下国,虽内不纯臣,而外修职贡,宜加宽宥,恕其微愆。去岁新征,士马疲弊,未可大举,宜且羁縻。其地卤薄,略无水草,大军既到,不得久停。彼闻军来,必婴城固守。攻则难拔,野无所掠,终无克获。"世祖不从,征之。凉州平,以战功赐僮隶七十户。

以斤元老,赐安车,平决刑狱,咨访朝政。斤聪辩强识,善于谈论,远说先朝故事,虽未皆是,时有所得,听者叹美之。每议大政,多见从用,朝廷称焉。真君九年薨,时年八十。世祖亲临哀恸,谥曰昭王。斤用数十妇,子男二十余人。

长子他观,袭爵。世祖曰:"斤关西之败,国有常刑。以其佐命先朝,故复其爵秩,将收孟明之效。今斤终其天年,君臣之分全矣。"于是降他观爵为公,除广平太守。后为都将,征悬瓠,卒于军。

子延,袭爵。出为瓦城镇将。卒。

子绪,袭爵。初为散令,后为太中大夫,加左将军。开建五等,封弘农郡开国侯,食邑三百户。后例降为县,改封澄城县开国侯,增邑九百户。卒。

子遵,袭封。卒,赠镇远将军、洛州刺史,谥曰哀侯。无子,国除。太和中,高祖追录先朝功臣,以斤配食庙庭。世宗继绝世,诏以绪弟子鉴特绍其后,以承封邑。鉴卒于中坚将军、司徒从事中郎。赠龙骧将军、肆州刺史。

子绍宗，武定中，开府田曹参军。

他观弟和观，太祖时，内侍左右。太宗以其世典戎御，遂拜典御都尉，赐爵广兴子，建威将军。寻进为宜阳侯，加龙骧将军，领牧官中郎将。出为冀、青二州刺史。卒。

子冀州，袭爵。

冀州弟受真，为中散。高宗即位，拜龙骧将军，赐爵成都侯。迁给事中，出为离石镇将。

和观弟拔，太宗时，内侍左右。世祖即位，稍迁侍中、选部尚书、镇南将军，赐爵乐陵公。后以罪徙边。征为散骑常侍。从征蠕蠕，战没。

子买奴，有宠于显祖，官至神部长。与安成王万安国不平，安国矫诏杀买奴于苑内。高祖赐安国死，追赠买奴为并州刺史、新兴公。

斤弟普回，阳曲护军。

普回子乌侯，世祖时，拜治书御史，建义将军，赐爵夷余侯。从征蠕蠕及赫连昌，以功进爵城阳公，加员外散骑常侍。出为虎牢镇将。兴光中卒，丧礼依其伯父弘农王故事。陪葬金陵。

乌侯子兜，世祖时亲侍左右，随从征讨，常持御剑。后以罪徙龙城，寻征为知臣监。出为薄骨律镇将，假镇远将军，赐爵富城侯。时高车叛，围镇城。兜击破之，斩首千余级。延兴中卒。

叔孙建，代人也。父骨，为昭成母王太后所养，与皇子同列。建少以智勇著称。太祖之幸贺兰部，建常从左右。登国初，以建为外朝大人，与安同等十三人迭典庶事，参军国之谋。随秦王觚使慕容垂，历六载乃还。拜后将军。顷之，为都水使者，中领军，赐爵安平公，加龙骧将军。出为并州刺史。后以公事免，守邺城园。

太宗即位，念建前功，乃以建为正直将军、相州刺史。饥胡刘虎等聚党反叛，公孙表等为虎所败。太宗假建前号安平公，督表等以讨虎，斩首万余级。余众奔走，投沁而死，水为不流，虏其众十万余口。

司马德宗将刘裕伐姚泓,令其部将王仲德为前锋,将逼滑台。兖州刺史尉建率所部弃城济河,仲德遂入滑台。乃宣言曰:“晋本意欲以布帛七万匹假道于魏,不谓魏之守将便尔弃城。”太宗闻之,诏建自河内向枋头,以观其势。仲德入滑台月余,又诏建渡河曜威,斩尉建,投其尸于河。呼仲德军人与语,诘其侵境之意。仲德遣司马竺和之,建命公孙表与言。和之曰:“王征虏为刘太尉所遣,入河西行,将取洛城,扫山陵之寇,非敢侵犯魏境。太尉自遣使请魏帝,陈将假道。而魏兖州刺史不相体解,望风捐去,因空城而入,非战攻相逼也。魏晋和好之义不废于前。”表曰:“尉建失守之罪,自有常刑,将更遣良牧。彼军宜西,不然,将以小致大乖和好之体。”和之曰:“王征虏权住于此,以待众军之集,比当西过,滑台还为魏有,何必建旗鼓以耀威武乎?”仲德卑辞,常自言不敢与大魏抗衡,建不能制之。

太宗令建与刘裕相闻,以观其意。裕答言:“洛是晋之旧京,而羌姚据之。晋欲修复山陵之计久矣,而内难屡兴,不暇经营。司马休之、鲁宗之父子、司马国璠兄弟、诸桓宗属,皆晋之蠹也,而姚氏收集此等,欲以图晋,是以伐之。道由于魏,军之初举,将以重币假途。会彼边镇弃守而去,故晋前军得以西进,非敢凭陵魏境。”裕以官军在河南,恐断其前路,乃命引军北寇,及班师,乃止。语在《帝纪》。建与南平公长孙嵩各简精兵二千,观刘裕事势。语在《嵩传》。

迁广阿镇将,群盗敛迹,威名甚震。久之,除使持节、都督前锋诸军事、楚兵将军、徐州刺史,率众自平原济河,徇下青、兖诸郡。建济河,刘裕兖州刺史徐琰奔彭城,建遂东入青州。司马受之、秀之先聚党于济东,皆率众降。建入临淄。刘义符前东牟太守清河张幸先匿孤山,闻建至,率二千人迎建于女水,遂围义符青州刺史竺夔于东阳城。义符遣将檀道济、王仲德救夔,建不克而还。建以功赐爵寿光侯,加镇南将军。

建表曰:“臣前遣沙门僧护诣彭城,僧护还称,贼发军向北,前锋将徐卓之已至彭城，大将军到彦之军在泗口，发马戒严，必有举斧之志。臣闻为国之道，存不忘亡。宜缮甲兵，增益屯戍，先为之备，以待其来。若不豫设，卒难擒殄。且吴越之众，便于舟楫，今于北土，舍其所长。逆顺既殊，劳逸不等，平寇定功，在于此日。臣虽衰弊，谋略寡浅，过蒙殊宠，忝荷重任，讨除寇暴，臣之志也。是以秣马枕戈，思效微节。愿陛下不以南境为忧。”世祖优诏答之，赐以衣马。

建与汝阴公长孙道生济河而南，彦之、仲德等自清入济，东走青州。刘义隆兖州刺史竺灵秀弃须昌，南奔湖陆。建追击，大破之，斩首五千余级，遂至邹鲁。还屯范城。世祖以建威名南震，为义隆所惮，除平原镇大将，封丹阳王，加征南大将军、都督冀青徐济四州诸军事。先是，简幽州以南戍兵集于河上，一道讨洛阳，一道攻滑台。义隆将檀道济、王仲德救滑台，建与汝阴公道生拒击之。建分军挟战，纵轻骑邀其前后，焚烧谷草，以绝其粮道。道济兵饥，叛者相继，由是安颉等得拔滑台。

建沉敏多智，东西征伐，常为谋主。治军清整，号令严明。又雅尚人伦，礼贤爱士。在平原十余年，绥怀内外，甚得边称。魏初名将鲜有及之。南方惮其威略，青兖辄不为寇。太延三年薨，时年七十三。世祖悼惜之。谥曰襄王，赐葬金陵。

长子俊，字丑归，少聪敏。年十五，内侍左右。性谨密，初无过行。以便弓马，转为猎郎。太祖崩，清河王绍闭宫门，太宗在外。绍逼俊以为己援。俊外虽从绍，内实忠款，仍与元磨浑等说绍，得归太宗。事在《磨浑传》。是时太宗左右，唯车路头、王洛儿等，及得俊等，大悦，以为爪牙。

太宗即位，命俊与磨浑等拾遗左右。迁卫将军，赐爵安城公。朱提王悦怀刃入禁中，将为大逆。俊觉悦举动有异，便引手掣之，乃于悦怀中得两刃匕首，遂杀之。太宗以俊前后功重，军国大计一以委之，群官上事，先由俊铨校，然后奏闻。

性平正柔和，未尝有喜怒之色。忠笃爱厚，不谄上抑下。每奉诏宣外，必告示殷勤，受事者皆饱之而退，事密者倍至蒸仍。是以上下嘉叹。泰常元年卒，时年二十八。太宗甚痛悼之，亲临哀恸。朝野无不追惜。赠侍中、司空、安城王，谥孝元。赐温明秘器，载以辒辌车，卫士导从，陪葬金陵。子蒲，袭爵。后有大功及宠幸贵臣薨，赙送终礼，皆依俊故事，无得逾之者。初，俊既卒，太宗命其妻桓氏曰："夫生既共荣，没宜同穴，能殉葬者可任意。"桓氏乃缢而死，遂合葬焉。

俊既为安城王，俊弟邻袭父爵，降为丹阳公。少聪慧知名。稍迁北部尚书，有当官之称。转尚书令。出为凉州镇大将，加镇西将军。邻与镇副将奚牧，并以贵戚子弟，竞贪财货，专作威福。遂相纠发，坐伏诛。

史臣曰：奚斤世称忠孝，征伐有克。平凉之役，师歼身虏。虽败崤之责已赦，封尸之效靡立，而恩礼隆渥，没祀庙庭。叔孙建少展诚勤，终著庸伐；治边有术，威震夷楚。俊委节太宗，义彰颠沛，察朱提之变，有日磾之风。加以柔而有正，见美朝野，可谓世不乏贤矣。

魏书卷三〇
列传第一八

王建　安同　楼伏连　娥清
刘尼　奚眷　车伊洛　宿石
来大千　周几　豆代田
周观　闾大肥　尉拨　陆真
吕洛拔

王建，广宁人也。祖姑为平文后，生昭成皇帝。伯祖丰，以帝舅贵重。丰子支，尚昭成女，甚见亲待。建少尚公主。登国初，为外朝大人，与和跋等十三人迭典庶事，参与计谋。太祖幸濡源，遣建使慕容垂，辞色高亢，垂壮之。还为左大夫。建兄回，诸子多不顺法，建具以状闻，回父子伏诛。其谨直如此。

从征伐诸国，破二十余部，以功赐奴婢数十口，杂畜数千。从征卫辰，破之，赐僮隶五千户，为中部大人。从破慕容宝于参合陂，太祖乘胜将席卷南夏，于是简择俘众，有才能者留之，其余欲悉给衣粮遣归，令中州之民咸知恩德。乃召群臣议之。建曰："慕容宝覆败于此，国内虚空，图之为易。今获而归之，无乃不可乎？且纵敌生患，不如杀之。"太祖谓诸将曰："若从建言，吾恐后南人创刈，绝其向化之心，非伐罪吊民之义。"诸将咸以建言为然，建又固执，乃坑之。太祖既而悔焉。

后从征慕容宝，拜冠军将军。并州既平，车驾东出井陉，命建率五万骑先驱启路。车驾次常山，诸郡皆降，惟中山、邺、信都三城不下。乃遣卫王仪南攻邺，建攻信都，众各五万。建等攻城六十余日不能克，士卒多伤。太祖乃自中山幸信都，慕容宝冀州刺史慕容凤夜逾城走，信都降。车驾幸巨鹿，破慕容宝于柏肆坞，遂进围中山。宝弃城走和龙，城内无主，百姓惶惑，东门不闭。太祖将夜人乘城，据守其门。建贪而无谋，意在虏获，恐士卒肆掠，盗乱府库，请俟天明，太祖乃止。是夜，徒河人共立慕容普驎为主，遂闭门固守。太祖乃悉众攻之，连日不拔。使人登巢车临城，招其众曰："慕容宝捐城奔走，汝曹百姓将为谁守？何不识天命，取死亡也？"皆曰："群小无知，但复恐如参合之众，故求全月日之命耳。"太祖闻之，顾视建而唾其面。中山平，赐建爵濮阳公。乌丸库傉官鸣聚党为寇，诏建讨平之。迁太仆，徙为真定公。加散骑常侍、冀青二州刺史。卒，陪葬金陵。

初，建兄豆居以建功赐爵即丘侯，无子，建以子斤袭兄爵。太宗初，给事中，任职用事。辅大长秋。世祖征赫连昌，遣斤部造攻具。进爵淮南公，加平北将军。时并州胡酋田卜谋反诛，余众不安，遣斤镇虒虑以抚慰之。斤绥静胡魏，甚收声称。刘义隆遣将到彦之寇河南，世祖西征赫连定，以斤为卫兵将军，镇蒲坂。关陇平，斤徙镇长安，假节、镇西将军。斤遂骄矜，不顺法度，信用左右，调役百姓，民不堪之，南奔汉川者数千家。而委罪于雍州刺史阳文祖、秦州刺史任延明。世祖召问二人，各以状对。世祖知为斤所诬，遣宜阳公伏树覆按虚实，得数十事。遂斩斤以徇。

建孙度，太宗时，为虎牢镇监军。世祖即位，征拜殿中给事，迁尚书。从征赫连昌，讨蠕蠕，并有功，赐爵济阳公，加散骑常侍、平南将军。诏度率五千骑与叔孙建合击刘义隆兖州刺史竺灵秀于湖陆，大破之。后出镇长安，假节，都督秦、泾、梁、益、雍五州诸军事，开府。卒，谥曰庄。

子安都，袭，降爵为侯。世祖拜为太子庶子，出为鄯善镇将。高宗时,为内都大官。卒。

子买得,袭。

建曾孙树,以善射,有宠于显祖,为内侍长。稍迁尚书,赐爵历阳侯,加龙骧将军、员外常侍。出为平西将军、泾州刺史。卒。

安同,辽东胡人也。其先祖曰世高,汉时以安息王侍子人洛。历魏至晋,避乱辽东,遂家焉。父屈,仁慕容炜,为殿中郎将。苻坚灭炜,屈友人公孙眷之妹没入符氏宫,出赐刘库仁为妻。库仁贵宠之。同因随眷商贩,见太祖有济世之才,遂留奉侍。

性端严明惠,好长者之言。

登国初,太祖征兵于慕容垂,事在《窟咄传》。同频使称旨,遂见宠异,以为外朝大人,与和跋等出入禁中,迭典庶事。太祖班赐功臣,同以使功居多,赐以妻妾及隶户三十,马二匹,羊五十口,加广武将军。

从征姚平于柴壁,姚兴悉众救平,太祖乃增筑重围以拒兴。同进计曰:“臣受遣诣绛督租,见汾东有蒙坑,东西三百余里,径路不通。姚兴来,必从汾西,乘高临下,直至柴壁。如此,则寇内外势接,重围难固,不可制也。宜截汾曲为南北浮桥,乘西岸筑围。西围既固,贼至无所施其智力矣。”从之。兴果视平屠灭而不能救。以谋功,赐爵北新侯,加安远将军。诏同送姚兴将越骑校尉唐小方等于长安。

清河王绍之乱,太宗在外,使夜告同,令收合百工伎巧,众皆音应奉迎。太宗即位,命同与南平公长孙嵩并理民讼。又诏与肥如侯贺护持节循察并、定二州及诸山居杂胡、丁零,宣诏抚慰,问其疾苦,纠举守宰不法。同至并州,表曰:“窃见并州所部守宰,多不奉法。又刺史擅用御府针工古彤为晋阳令,交通财贿,共为奸利。请案律治罪。”太宗从之,于是郡国肃然。同东出井陉,至巨鹿,发众四户一人,欲治大岭山,通天门关,又筑坞于宋子,以镇静郡县,护疾同得众心,因此使人告同筑城聚众,欲图大事。太宗以同擅征发于外，槛车征还，召群官议其罪。皆曰："同擅兴事役，劳扰百姓，宜应穷治，以肃来犯。"太宗以同虽专命，而本在为公，意无不善，释之。

世祖监国，临朝听政，以同为左辅。太宗征河南，拜同右光禄大夫。世祖出镇北境，同与安定王弥留镇京师。世祖即位，进爵高阳公，拜光禄勋。寻除征东大将军、冀青二州刺史。同长子屈，太宗时，典太仓事，盗官粳米数石，欲以养亲。同大怒，奏求戮屈，自劾不能训子，请罪。太宗嘉而恕之，遂诏长给同粳米。其公清奉法，皆此类也。

同在官明察，长于校练，家法修整，为世所称。及在冀州，年老，颇殖财货，大兴寺塔，为百姓所苦。神䴥二年卒。追赠高阳王，谥曰恭惠。

屈子阳烈，散骑侍郎，赐爵北新子。

屈弟原，雅性矜严，沉勇多智略。太宗时为猎郎，出监云中军事。时赫连屈丐犯河西，原以数十骑击之，杀十余人。太宗以原轻敌，违节度，加其罪责。然知原骁勇，遂任以为将，镇守云中，宽和爱下，甚得众心。蠕蠕屡犯塞，原辄摧破之。以功赐爵武原侯，加鲁兵将军。

世祖即位，征拜驾部尚书。车驾征蠕蠕大檀，分军五道并进，大檀惊骇北遁。迁尚书左仆射，河间公，加侍中、征南大将军。从征赫连昌，入其城而还。车驾北伐，蠕蠕遁走。世祖闻东部高车在巳尼陂，人畜甚众，将遣袭之。诸将皆以为难，世祖不从。遣原与侍中古弼率万骑讨之，大获而还。车驾征昌黎，原与建宁王崇屯于漠南，以备蠕蠕。

原在朝无所比周，然恃宠骄恣，多所排抑。为子求襄城公卢鲁元女，鲁元不许。原告其罪状，事相连逮，历时不决。原惧不胜，遂谋为逆，事泄伏诛。临刑上疏曰："臣闻圣不独明而治，鼎不单足而立，是以荧火之光，犹增日月之曜。先臣同往因圣运，归身太祖，竭诚戮力，立效于险难之中。臣以顽暗，忝备股肱。陛下恩育，委以朝政，思展微诚，仰报恩泽。而鲁元奸佞，构成贝锦，天威遂加，合门俱戮。此乃命也,非臣之枉。但鲁元外类忠贞,内怀奸诈,而陛下任以腹心,恐衅发肘腋。臣与鲁元生为怨人,死为仇鬼,非以私故,谤毁鲁元。不复眷眷,披露诚款。”

原弟颉,颉弟聪,为内侍。聪弟隆,为龙骧将军、给事黄门侍郎,赐爵广宗侯。原兄弟外节俭,而内实积聚,及诛后,籍其财至数万。

颉,辩慧多策略,最有父风。太宗初,为内侍长,令察举百僚。纠刺奸慝,无所回避。尝告其父阴事,太宗以为忠,特亲宠之。

宜城王奚斤自长安追击赫连昌,至于安定,颉为监军侍御史。斤以马多疫死,士众乏粮,乃深垒自固。遣太仆丘堆等督租于民间,为昌所败。昌遂骄矜,日来侵掠,刍牧者不得出,士卒患之。颉进计曰:“本奉诏诛贼,今乃退守穷城。若不为贼杀,当以法诛。进退安有生路?而王公诸将,晏然无谋,将何以报恩塞责?”斤曰:“今若出战,则马力不足。以步击骑,终无捷理。当须京师救骑至,然后步陈击于内,骑兵袭其外。所谓万全之计也。”颉曰:“今猛寇游逸于外,而吾等兵疲力屈,士有饥色,不一决战,则死在旦夕,何救兵之可待也!等死,当战死,宁可坐受困乎?”斤犹以马为辞。颉曰:“今兵虽无马,但将帅所乘,足得二百骑。颉请募壮勇出击之,就不能破,可以折其锐。且昌狷而无谋,每好挑战,众皆识之。若伏兵奄击,昌可擒也。”介犹难之。颉乃阴与尉眷等谋,选骑待焉。昌来攻垒,颉出应之。昌于陈前自接战,军士识昌,争往赴之。会天大风扬尘,昼昏,众乱,昌退。颉等追击,昌马蹶而坠。颉擒昌,送于京师。世祖大悦,拜颉建节将军,赐爵西平公,代堆统摄诸军。斤耻功不在已,轻追昌弟定于平凉,败绩。定将复入长安,诏颉镇蒲坂以拒之。

刘义隆遣将到彦之率众寇河南,以援赫连定。世祖以兵少,乃摄河南三镇北渡。彦之遂列守南岸,至于衡关。世祖西征赫连定,以颉为冠军将军,督诸军击彦之。彦之遣将姚纵夫渡河攻冶坂,颉督诸军击之,斩首三千余级,投水者甚众。遂济河,攻洛阳,拔之,擒义隆将二十余人,斩首五千级。进攻虎牢,虎牢溃,义隆司州刺史尹冲坠城死。又与琅邪王司马楚之平滑台，擒义隆将朱修之、李元德及东郡太守申谟，俘获万余人。乃振旅还京师。

神䴥四年卒。赠征南大将军、仪同三司，进爵为王，谥曰襄。颉为将，善绥士众。及卒，义隆士卒降者，无不叹惜。

同弟猪，太宗时，为乐陵太守。卒。

长子国，位至冠军将军，赐爵北平侯，杏城镇将。

国弟难，有巧思。阳平王杜超督诸将击刘义隆，难参征南军事，以功表为清河太守。世祖时，诸将频征和龙，皆以难为长史。凿山堙谷，省力兼功。迁给事中。从驾南征，造浮桥于河，以功赐爵清河子。卒。

子平城，袭爵。官至虞曹令。为乙浑所杀。

楼伏连，代人也。世为酋帅。伏连忠厚有器量，年十三，袭父位，领部落。太祖初，从破贺兰部。又从平中山，为太守，斩逆贼张翘。从征姚平于柴壁，以功赐爵安邑侯。太祖时，为晋兵将军、并州刺史。

伏连招诱西河胡曹成等七十余人，袭杀赫连屈子吐京护军及其守士三百余人，并擒叛胡阿度支等二百余家。太宗嘉之，拜成等将军，赐爵列侯。征伏连为内都大官。世祖即位，进为广陵公，辅卫尉，徙光禄勋。世祖征蠕蠕，伏连留镇京师。进爵为王，加平南大将军。又除假节、督河西诸军、镇西大将军，出镇统万。真君十年薨，谥曰恭王。

子真，袭，降爵为公。从世祖征伐有功，官至散骑常侍、尚书，安北将军。徙为湘东公。从征凉州，还，卒于路。谥曰庄公。

子干，袭，降爵为侯。

真次弟大拔，历位尚书、散骑常侍、征西将军，赐爵永平侯。高祖初，为中都大官。卒，赠平东将军、定州刺史，谥曰康。

子禀，字法生，袭。拜太子宫门大夫，稍迁赵郡太守。更满还京，除冠军将军、城门校尉。出为征虏将车、平城镇将。迁朔州刺史，仍本将军。入为卫尉少卿。卒,年五十八。赠抚军将军、恒州刺史。

子贵宗,武定中,伏波将军、开府水曹参军。

伏连兄孙安文。从征平凉有功,赐爵霸城男,加虎威将军。后迁三郎幢将。卒。高祖初,以其子毅贵,追赠安东将军、冀州刺史、阳平公,谥曰定。

毅,历位内外,稍迁殿中尚书、散骑常侍,赐爵常山公,加安南将军。迁尚书右仆射。以擒反人梁众保,加侍中,本官如故。后例降为侯。出除使持节、镇东将军、定州刺史。

时太极殿成,将行考室之礼,引集群臣,而雪不克飨。高祖曰:“朕经始正殿,功构初成,将集百僚,考行大礼。然同云仍结,霏雪骤零,将由寡昧,未能仰答天心。此之不德,咎竟焉在?卿等宜各陈所怀,以匡不逮。”毅稽首对曰:“雪霜风雨,天地之常;夏霂冬霰,四时恒节。今隆冬雪降,因是其时。又《礼》云‘两沾服失容,则废’。礼自古而然,不足为异。”高祖曰:“昔刘秀将济,呼沱为之冰合,但朕德谢古人,不能仰感天意故也。”

后转都督凉河二州、鄯善镇诸军事,凉州刺史。

车驾南伐,毅表谏曰:“伏承六军云动,问罪荆扬,吊民淮表,一同欧越。但臣愚见,私窃未安。何者?京邑新迁,百姓易业,公私草创,生途索然。兼往岁弗稔,民多饥馑,二三之际,嗟惋易兴。天道悠长,宜遵养时晦,愿抑赫斯,以待后日。”诏曰:“时不自来,因人则合。今年人事,殊非昔岁。守株之唱,便可停也。阳九利涉,岂卿所知也。”

太和二十一年卒。赐钱二十万,布二百匹。

丘堆,代人也。美容仪,以忠谨亲侍。太宗即位,拾遗左右,稍迁散骑常侍。与叔孙建等讨灭山胡。刘裕溯河西伐,诏堆与建自河内次枋头以备寇盗。姚泓既灭,堆留镇并州。赫连屈子遣三千骑寇河西,堆自并州与游击将军王洛生击走之。以功赐爵为侯。

世祖监国临朝，堆与太尉穆观等为右弼。

世祖即位，进爵临淮公，加镇西将军。徙为太仆。

世祖征赫连昌，堆与常山王素督步兵三万人为后继。昌战败南奔，世祖遣堆与宗正娥清率五千骑略地关右。昌贰城守将坚守不下，堆与清攻拔之。诏堆班师，宜城王奚斤表留堆等进平昌，许之。堆、斤合军与昌相拒击。士马乏粮，堆与义兵将军封礼督租于民间，士卒暴掠，为昌所袭，败绩。堆将数百骑还城。斤追击赫连定，留堆守辎重，斤为定所擒，堆闻而弃甲走长安，复将高凉王礼弃守东走蒲坂。世祖大怒，遣西平公安颉斩堆。延和初，诏曰："堆国之肺腑，勋著先朝，西征丧师，遂从军法。国除祀绝，朕甚愍之。可赐其子跋爵淮陵侯，加安远将军。"后征盖吴，战没。

子麟，袭爵。历位驾部令。出为瑕丘镇将、假平南将军、东海公。迁东兖州刺史，卒官。

娥清，代人也。少有将略，累著战功。稍迁振威将军。刘裕遣将朱超石寇平原，至畔城遁还。清与长孙道生追之，至河，获其将杨丰。还，拜给事黄门侍郎。先是，徙河民散居三州，颇为民害。诏清徙之平城。清善绥抚，徙者如归。太宗南巡幸邺，以清为中领军将军，与宋兵将军周几等渡河略地。至湖陆，高平民屯聚林薮，拒射官军，清等因诛数千家，虏获万余口。赐爵须昌侯。清与几等遂镇枋头。

世祖初，清自枋头还京师，假征南将军，进为东平公。蠕蠕大檀徙居漠南，清与平阳王长孙翰从东道出长川讨之，大获而还。转宗正卿。寻从征蠕蠕，又从平统万，遂与奚斤追赫连昌至安定，与昌相持。及安颉擒昌，昌弟定西走，斤追之。清欲寻水而往，斤不从，遂与斤俱为定所擒。世祖克平凉，乃得还。后诏清镇并州，讨山胡白龙于西河，斩白龙父及其将帅，遂屠其城。迁平东将军，与古弼等东讨冯文通。以不急战，文通奔高鹿，槛车征，黜为门卒。遂卒于家。

子延，官至员外散骑常侍，赐爵南平公。

刘尼，代人也。本姓独孤氏。曾祖敦，有功于太祖，为方面大人。父娄，冠军将军，卒赠并州刺史。尼少壮健，有膂力，勇果善射，世祖见而善之，拜羽林中郎，赐爵昌国子，加振威将军。

宗爱既杀南安王余于东庙，秘之，惟尼知状。尼劝爱立高宗。爱自以负罪于景穆，闻而惊曰："君大痴人，皇孙若立，岂忘正平时事乎？"尼曰："若尔，今欲立谁？"爱曰："待还宫，擢诸王子贤者而立之。"尼惧其有变，密以状告殿中尚书源贺，贺时与尼俱典兵宿卫。仍共南部尚书陆丽谋曰："宗爱既立南安，还复杀之。今不能奉戴皇孙，以顺民望，社稷危矣。将欲如何？"丽曰："唯有密奉皇孙耳。"于是，贺与尚书长孙渴侯严兵守卫，尼与丽迎高宗于苑中。丽抱高宗于马上，入京城。尼驰还东庙，大呼曰："宗爱杀南安王，大逆不道。皇孙已登大位，有诏，宿卫之士皆可还宫。"众咸唱万岁。贺及渴侯登执宗爱、贾周等，勒兵而入，奉高宗于宫门外，入登永安殿。以尼为内行长，进爵建昌侯。

迁散骑常侍、安南将军。又进爵东安公。寻迁尚书右仆射，加侍中，进封为王。

出为征南将军、定州刺史。在州清慎，然率多酒醉，治日甚少。征为殿中尚书，加侍中、特进。高宗末，迁司徒。显祖即位，以尼有大功于先朝，弥加尊重，赐别户三十。皇兴四年，车驾北征，帝亲誓众，而尼昏醉，兵陈不整。显祖以其功重，特恕之，免官而已。延兴四年薨。

子社生，袭爵。世宗时，宁逆将军、步兵校尉。熙平初卒。赠龙骧将军、朔州刺史，谥曰克。

奚眷，代人也。少有将略。太祖时，有战功。太宗时为尚书、假安南将军、虎牢镇将，为寇所惮。世祖初，为中军、都曹尚书、复镇虎牢，赐爵南阳公，加使持节、侍中、都督豫洛二州河内诸军事、镇南将军、开府。寻徙镇长安。世祖幸美稷，眷受诏督诸军，共讨山胡白龙于西河，破之，屠其城，斩首数千级，虏其妻子而还。

世祖平姑臧，遣眷讨沮渠牧犍弟私署张掖太守宜得。宜得奔酒泉，酒泉太守无讳与宜得奔高昌。获其二城。后沮渠天周复据酒泉，眷讨平之，虏男女四千余人。世祖征蠕蠕，以眷为尚书，督偏将出别道，诏会鹿浑海。眷与中山王辰等诸大将俱后期，斩于都南。爵除。

车伊洛，焉耆胡也。世为东境部落帅，恒修职贡。世祖录其诚款，延和中，授伊洛平西将军，封前部王，赐绢一百匹，绵一百斤，绣衣一具，金带靴帽。伊洛大悦，规欲归阙。沮渠无讳断路，伊洛与无讳连战，破之。时无讳卒，其弟天周夺无讳子乾寿兵，规领部曲。伊洛前后遣使招喻，乾寿等率户五百余家来奔，伊洛送之京师。又招喻李宝弟钦等五十余人，送诣敦煌。伊洛又率部众二千余人伐高昌，讨破焉耆东关七城，虏获男女二百人，驼千头，马千匹。以金一百斤奉献。

先是，伊洛征焉耆，留其子歇守城，而安周乘虚引蠕蠕三道围歇，并遣使谓歇曰："尔父已投大魏，尔速归首，当赐尔爵号。"歇固守，连战。久之，外无救援，为安周所陷，走奔伊洛。伊洛收集遗散一千余家，归焉耆镇。世祖嘉之。正平元年，诏伊洛曰："歇年尚幼，能固守城邑，忠节显著，朕甚嘉之。可遣歇诣阙。"伊洛令歇将弟波利等十余人赴都。

正平二年，伊洛朝京师，赐以妻妾、奴婢、田宅、牛羊，拜上将军，王如故。兴安二年卒。赠镇西大将军、秦州刺史，谥曰康王。赐绵绢杂采五百匹，衣二十七袭。葬礼依庐鲁元故事。

歇袭爵。皇兴末，拜使持节、平西将军、豫州刺史。延兴三年卒。子伯主，袭爵。

波利，天安二年，拜立节将军，乐官侯。皇兴三年卒。兄子洛都，袭爵。

宿石，朔方人也，赫连屈子弟文陈之曾孙也。天兴二年，文陈父子归阙，太祖嘉之，以宗女妻焉，赐奴婢数十口，拜为上将军。祖若豆根，太宗时赐姓宿氏，袭上将军。父沓干，世祖时，虎贲幢将。从征平凉有功，拜虎威将军、侍御郎，赐爵汉安男。辅中散，迁给事，兼领工曹。从驾讨和龙，以功赐奴婢十七户。真君四年，从驾讨蠕蠕，战没。世祖悼惜之，诏求沓干子。时石年甫十一，引见，以幼听归。年十三，袭爵，擢为中散。从驾至江，拜宣威将军。

兴光中，迁侍御史，拜中垒将军，进爵蔡阳子，典宜官曹。迁内行令。从幸苑内，游猎，石于高宗前走马，道峻，马倒殒绝，久之乃苏。由是御马得制。高宗嘉之，赐绵一百斤，帛五十匹，骏马一匹，改爵义阳子。尝从猎，高宗亲欲射虎。石叩马而谏，引高宗至高原上。后虎腾跃杀人。诏曰："石为忠臣，鞚马切谏，免虎之害。后有犯罪，宥而勿坐。"赐骏马一匹。尚上谷公主，拜驸马都尉。

天安初，迁散骑常侍、吏部尚书，进爵太山公，为北中道都大将。延兴元年卒。追赠太原王，谥曰康。葬礼依卢鲁元故事。太和初，子倪袭爵。比部侍御。

来大千，代人也。父初真，从太祖避难叱侯山，参创业之功，官至后将军，武原侯，与在八议。大千骁果，善骑射，为骑都尉。永兴初，袭爵，迁中散。至于朝贺之日，大千常著御铠，盘马殿前，朝臣莫不嗟叹。迁内幢将，典宿卫禁旅。大千用法严明，上下齐肃。尝从太宗校猎，见虎在高岩上，大千持槊直前刺之，应手而死。太宗嘉其勇壮，又为殿中给事。

世祖践祚，与襄城公卢鲁元等七人俱为常侍，持仗侍卫，昼夜不离左右。从讨赫连昌，共长孙道生与贼交战。道生马倒，为贼所击，大千驰救，贼众散走。大千扶道生上马，遂得免。从讨蠕蠕。战功居多。迁征北大将军，赐爵卢陵公，镇云中，兼统白道军事。贼北叛，大千前后追击，莫不平殄。

延和初，车驾北伐，大千为前锋，大破虏军。世祖以其壮勇，数有战功，兼悉北境险要，诏大千巡抚六镇，以防寇虏。经略布置，甚得事宜。后吐京胡反，以大千为都将讨平之。在吐京卒，丧还，停于平城南。世祖出还，见而问之，左右以对，世祖悼叹者良久。诏曰："大千忠勇尽节，功在可嘉，今听丧入殡城内。"赠司空，谥曰庄公。

子丘颓，袭爵。降为晋兴侯。拜安远将军。从驾到江，进右将军。和平中，迁中散，转相曹都典奉事。皇兴四年卒。赠宁南将军、陈留公，谥曰简。

子蕈，袭爵。

丘颓弟提，官至监御曹给事、冠军将军、兖州刺史、濮阳侯。太和十年卒。

周几，代人也。父千，有功太祖之世，赐爵顺阳侯。坐事死。几少以善骑射为猎郎。太宗即位，为殿中侍御史，掌宿卫禁兵，断决称职。迁左民尚书。神瑞中，并州饥民游食山东，诏几领众镇博陵之鲁口以安集之。泰常初，白涧、行唐民数千家负险，不供输税，几与安康子长孙道生宣示祸福，逃民遂还。于时郡县斩叛胡翟猛雀于林虑山，猛雀遗种窜于行唐及襄国。几追讨，尽诛之。

后为宁逆将军，拒司马德宗将刘裕于南，破毛德祖于土楼，以功赐爵交址侯。世祖以几有智勇，遣镇河南，威信于外境。几常嫌奚斤等绥抚关中失和，百姓不附。每至言论，形于声色。斤等惮焉。进号宋兵将军。率洛州刺史于栗磾以万人袭陕城，卒于军，军人无不叹惜之。归葬京师。追赠交址公，谥曰桓。

子步，袭爵。卒。

子安国，袭爵。太和中，讨蠕蠕，失利，伏法。爵除。

豆代田，代人也。太宗时以善骑射为内细射从。攻虎牢，诏代田登楼射贼，矢不虚发。与奚斤前锋先入，擒刘义隆将毛德祖并长史、司马三人。以功迁内三郎。从讨赫连昌，乘胜追贼，入其宫门，门闭，代田逾宫而出。世祖壮之，拜勇武将军。从驾平昌，以战功赐奴婢十五口，黄金百斤、银百斤。

神䴥中，讨蠕蠕，赐爵关中侯。从讨平凉，击破赫连定，得奚斤等。世祖以定妻赐之，诏斤膝行授酒于代田。敕斤曰："全尔身命者，代田功也。"改爵井陉侯，加散骑常侍、右卫将军、领内都幢将。从讨和龙，战功居多，迁殿中尚书，赐奴婢六十口。以前后军功，进爵长广公，加平东将军。从驾南讨。转太子太保。出为统万镇大将。兴安中卒。赠侍中、安东大将军、长广王，谥曰恭。

子求周，为内三郎。从驾到江，赐爵五等子。又进爵为侯。后袭父爵。为吏部尚书。皇兴二年卒。赠征北大将军、长广王，谥曰简。

子多侯，袭爵。

周观，代人也。骁勇有膂力，每在军陈，必应募先登。以功进为军将长史，寻转军将。击赫连屈丐，有功，赐爵安川子，迁北镇军将。世祖即位，从讨蠕蠕。以军功进为都副将，镇云中。神䴥中，又讨蠕蠕，大获，增爵为侯。从征平凉，进爵金城公，迁为都将。从破离石胡，加散骑常侍。转高平镇将。观善抚士卒，号有威名。

真君初，诏观统五军西讨秃发保周于张掖。徙其民数百家，将置于京师，至武威，辄与诸将私分之。世祖大怒，黜观为金城侯，改授内都大官。出除平南将军、秦州刺史，复爵金城公。抚驭失和，民薛永宗聚众于汾曲以叛。观讨永宗，为流矢所中。世祖幸蒲坂，观闻帝至，惊怖而起，重疮遂卒。世祖怒，绝其爵。

子豆，初为三郎，迁军将。卒于长乐太守。

闾大肥，蠕蠕人也。太祖时，与其弟大埿倍颐率宗族归国。太祖善之，尚华阴公主，赐爵其思子。与其弟并为上宾，入八议。太宗即位，进大肥为内都大官，增爵为侯。神瑞中，为都将，讨越勤部于跋那山，大破之。泰常初，复为都将，领禁兵讨蠕蠕，获其大将莫孤浑。宜城王奚斤之攻虎牢也，大肥与娥清领十二军出中道，略地高平、金乡，东至泰山。假大肥使持节、安阳公，镇抚陈汝。

世祖初,复与奚斤出云中白道讨大檀,破之。还为内都大官。出除使持节、冀青二州刺史,假荥阳公。寻征还,位特进。复出为冀青二州刺史。寻入为内都大官。从讨赫连昌,以功授荥阳公。公主薨,复尚濩泽公主。又为都将,击大檀,大破之。还至涿侯山,遂讨东部高车于巳尼陂。又征平凉,并有功。世祖将拜大肥为王,遇疾卒。追赠中山王。

子贺,早卒。

大肥弟骈,袭爵。出为仇池镇将。卒,无子。

弟凤,袭爵。高宗时,为内都大官。出为镇南将军、肆州刺史。卒,无子,爵除。

尉拨,代人也。父那,濮阳太守。拨为太学生,募从兖州刺史罗忸击贼于陈汝,有功,赐爵介休男。从讨和龙,迁虎贲帅,转千人军将。又从乐平王丕讨和龙。除凉州军将,击吐谷浑,获其人一千余落。后吐谷浑小将率三百余落来降,寻复亡叛,拨率骑追之,尽获而还。以功进为子。迁晋昌镇将,绥怀边民,甚著称绩。人为知臣监。出为杏城镇将,在任九年,大收民和,山民一千余家、上郡徒各、卢水胡八百余落。尽附为民。高宗以拨清平有惠绩,赐以衣服。

显祖即位,为北征都将。复为都将,南攻悬瓠,破刘彧将朱湛之水军三千人,拜悬瓠镇将,加员外散骑常侍,进爵安城侯。显祖嘉其声效,复赐衣服。转平南将军、北豫州刺史。后洛州民田智度聚党谋逆。诏拨乘传发豫州兵与洛州刺史丘顿击之,获智度,送京师。拨卒,赠冠军将军,谥敬侯。

陆真,代人也。父洛侯,秦州长史,真少善骑射。世祖初,以真膂力过人,拜内三郎。数从征伐,所在摧锋陷陈,前后以功屡受赏赐。

真君中,从讨蠕蠕,以功赐爵关内侯。后攻悬瓠,登楼临射城中,弦不虚发。刘义隆将王玄谟众数万人寇滑台,真从世祖讨之。夜与数人乘小船突玄谟军，入城抚慰，登城巡行贼营中，乃还渡河。至明，玄谟败走。从驾至江，真再破贼军，拜建武将军、石城子。还攻盱眙，真功居多。迁给事中，典太仓事。

高宗即位，拜冠军将军，进爵都昌侯。迁散骑常侍，选部尚书。时丁零数千家寇窃并、定，真与并州刺史乞伏成龙自乐平东入，与定州刺史许崇之并力讨灭。从驾巡东海，以真为宁西将军。寻迁安西将军、长安镇将。假建平公。胡贼帅贺略孙聚众千余人叛于石楼。真击破之，杀五百余人。是时，初置长蛇镇，真率众筑城，未讫，而氐豪仇傉檀等反叛，氐民咸应，其众甚盛。真击平之，杀四千余人。卒城长蛇而还。

东平王道符反于长安，杀雍州刺史鱼玄明，关中草草。以真为长安镇将，赐爵河南公。长安兵民，素伏威信，真到，慰之，皆怡然安静。咸阳民赵昌受刘彧署龙骧将军，扇动鄠、盩质二县，聚党数百人据赤谷以叛。真与雍州刺史刘邈讨平之，昌单骑走免。后鄠县民王稚兄弟，聚二千余人，招引赵昌。始平、石安、池阳、灵武四县人皆应之，众至五千，据治谷堡。时诏南郡王李惠等领步骑六千讨昌。真以大军未至，虑昌滋蔓，与雍州刺史刘邈讨昌。昌出营拒战，真击破之，斩昌及贼首三千余级，传首京师，并诛其党与七百余人，获男女一千余口。雍州民夷，莫不震伏。在镇数年，甚著威称。延兴二年卒。归葬京师，谥曰烈。

子延，字契胡提。颇有气干，袭爵河南公。累迁历长安镇将，拜安南将军、济州刺史。例降，改封汝阳侯。京兆王愉为徐州刺史，以延为愉府司马，带彭城内史。正始初，除武川镇将。入除太仆卿。都督沃野、武川、怀朔三镇诸军事、安北将军、怀朔镇大将，加散骑常侍。正光初，拜金紫光禄大夫，复除太仆卿。受使绥慰秀容，为牧子所害。

弟什夤，太府卿、平东将军、光禄大夫。建义初，拜都官尚书。卒于平南将军、光禄大夫。

吕洛拔，代人也。曾祖渴侯，昭成时率户五千归国。祖肥，濮阳太守。父匹知，世祖时，为西部长、荥阳公。洛拔以壮勇知名，高宗末，为平原镇都将。刘彧徐州刺史薛安都归诚请援，诏遣尉元率众救之，洛拔随元入彭城，彧将张永遣将王茂之领兵五千向武原，援其运车。元遣洛拔率骑诣武原击之。格战二日，手杀九人，夺贼运车二百余乘，牛二百五十头，仍共击张永，大败之。赐爵成武侯，加建义将军。年五十六，卒。

长子文祖，显祖以其勋臣子，补龙牧曹奏事中散。以牧产不滋，坐徙于武川镇。后文祖以旧语译注《皇诰》，辞义通辩，超授阳平太守。未拜，辅为外都曹奏事中散。后坐事伏法。

史臣曰：仁人之言，必有博利。参合之役，威罚实行，盖王建之罪欤？安同异类之人，智识入用，任等时俊，当有由哉。颉擒赫连昌，摧义隆众，遂为名将，未易轻也。楼伏连、丘、堆、娥清，俱以壮勇，征伐四克。刘尼忠国翼主，岂徒骁猛之用乎？奚眷将略致位，不能以功名自终。车伊洛自远宅心，异凡戎矣。宿石等并忠勤勇略，有将帅之才，自致青云，岂徒然也。

魏书卷三一
列传第一九

于栗磾

于栗磾，代人也。能左右驰射，武艺过人。登国中，拜冠军将军，假新安子。后与宁朔将军公孙兰领步骑二万，潜自太原从韩信故道开井陉路，袭慕容宝于中山。既而车驾后至，见道路修理，大悦，即赐其名马。及赵魏平定，太祖置酒高会，谓栗磾曰："卿即吾之黥彭。"大赐金帛，进假新安公。

太祖田于白登山，见熊将数子，顾谓栗磾曰："卿勇干如此，宁能搏之乎？"对曰："天地之性，人为贵。若搏之不胜，岂不虚毙一壮士？自可驱致御前，坐而制之。"寻皆擒获，太祖顾而谢之。永兴中，关东群盗大起，西河反叛。栗磾受命征伐，所向皆平，即以本号留镇平阳。转镇远将军，河内镇将，赐爵新城男。栗磾抚导新邦，甚有威惠。

刘裕之伐姚泓也，栗磾虑其北扰，遂筑垒于河上，亲自守焉。禁防严密，斥候不通。裕甚惮之，不敢前进。裕遗栗磾书，远引孙权求讨关羽之事，假道西上，题书曰："黑槊公麾下。"栗磾以状表闻，太宗许之，因授黑槊将军。栗磾好持黑槊以自标，裕望而异之，故有是语。奚斤之征虎牢也，栗磾别率所部攻德宗河南太守王涓之于金墉，涓之弃城遁走。迁豫州刺史，将军如故，进爵新安侯。洛阳虽历代所都，久为边裔，城阙萧条，野无烟火。栗磾刊辟榛荒，劳来安集。德刑既设，甚得百姓之心。太宗南幸盟津，谓栗磾曰："河可桥乎？"

栗磾曰："杜预造桥，遗事可想。"乃编次大船，构桥于冶坂。六军既济，太宗深叹美之。

世祖之征赫连昌，敕栗磾与宋兵将军、交趾侯周几袭陕城。昌弘农太守曹达不战而走。乘胜长驱，仍至三辅。进爵为公，加安南将军。平统万，迁蒲坂镇将。时弘农、河内、上党三郡贼起，栗磾讨之。转虎牢镇大将，加督河内军。寻迁使持节、都督兖相二州诸军事、镇南将军、枋头都将。又为外都大官，平刑折狱，甚有声称。卒，年七十五。赐东园秘器、朝服一具、衣一袭，赠太尉公。

栗磾自少治戎，迄于白首，临事善继，所向无前。加以谦虚下士，刑罚不滥，世祖甚悼惜之。

子洛拔，袭爵。少以功臣子，拜侍御中散。有姿容，善应对，恭慎小心。世祖甚加爱宠，因赐名焉。车驾征讨，恒在侍卫，擢领监御曹事，从征凉州，既平，赐奴婢四十口，转监御曹令。恭宗之在东宫，厚加礼遇，洛拔以恭宗虽则储君，不宜逆自结纳，恒畏避屏退，左转领候宫曹高。顷之，袭爵。

出为使持节、散骑常侍、宁东将军、和龙镇都大将、营州刺史。以治有能名，进号安东将军。又为外都大官。会陇西屠各王景文等恃险窃命，私署王侯。高宗诏洛拔与南阳王惠寿督四州之众讨平之，徙其恶党三千余家于赵、魏。转拜侍中、殿中尚书。迁尚书令，侍中如故。在朝祗萧，百僚惮之。太安四年卒，时年四十四。洛拔有六子。

长子烈，善射，少言，有不可犯之色。少拜羽林中郎，迁羽林中郎将。延兴初，敕领宁光宫宿卫事。迁屯田给纳。

太和初，秦州刺史尉洛侯，雍州刺史、宜都王目辰，长安镇将陈提等，贪残不法，烈受诏案验，咸获脏罪，洛侯、目辰等皆致大辟，提坐徙边。仍以本官行秦、雍二州事。迁司卫监，总督禁旅。

从幸中山，车驾还次肆州，司空苟颓表沙门法秀玄惑百姓，潜谋不轨。诏烈与吏部尚书阙丞祖驰驲讨之。会秀已平，转左卫将军，赐爵昌国子。迁殿中尚书，赐帛三千匹。于时高祖幼冲，文明太后称制，烈与元丕、陆睿、李冲等各赐金策，许以有罪不死。加散骑常侍，迁前将军，进爵洛阳侯。寻转卫尉卿。从驾南征，加镇南将军。

及迁洛阳，人情恋本，多有异议。高祖问烈曰："卿意云何？"烈曰："陛下圣略渊远，非愚管所测。若隐心而言，乐迁之与恋旧，唯中半耳。"高祖曰："卿既不唱异，即是同，深感不言之益。宜且还旧都，以镇代邑。"敕留台庶政，一相参委。车驾幸代，执烈手曰："宗庙至重，翼卫不轻，卿当祗奉灵驾，时迁洛邑。朕以此事相托，顾非不重也。"烈与高阳王雍奉迁神主于洛阳，高祖嘉其勋诚，迁光禄卿。

十九年，大选百僚，烈子登引例求进。烈表曰："臣上或近臣，下不决引一人，疑而恩出分外，冀荷荣禄。当今圣明之朝，理应谦让，而臣子登引人求进，是臣素无教训，请乞黜落。"高祖曰："此乃有识之言，不谓烈能办此。"乃引见登，诏曰："朕今创礼新邑，明扬天下，卿父乃行谦让之表，而有直士之风，故进卿为太子翊军校尉。"又加烈散骑常侍，封聊城县开国子，食邑二百户。

及穆泰、陆睿谋反旧京，高祖幸代，泰等伏法。赐烈及李冲玺书，述金策之意。语在《陆睿传》。是逆也，代乡旧族，同恶者多，唯烈一宗，无所染预。高祖嘉其忠操，益器重之。叹曰："元俨决断威恩，深自不恶。然而为臣尽忠猛决，不如烈也。尔日烈在代都，必即斩其五三元首耳。烈之节概，不谢金日磾也。

诏除领军将军。以本官从征荆、沔，加鼓吹一部。

高祖谓彭城王勰曰："烈先朝旧德，智勇兼有，军之大计，宜共参决。"宛邓既平，车驾还洛，论功加散骑常侍、金紫光禄大夫。二十三年，萧宝卷遣其太尉陈显达入寇马圈，高祖舆疾赴之，执烈手曰："都邑空虚，维捍宜重。可镇卫二宫，以辑远近之望。"显达破走。高祖崩于行宫，彭城王勰总一六军，秘讳而返，称诏召世宗会驾鲁阳，以烈留守之重，密报凶问。烈处分行留，神色无变。

世宗即位，宠任如前。咸阳王禧为宰辅，权重当时，曾遣家僮传言于烈曰:“须旧羽林虎贲执仗出入,领军可为差遣。”烈曰:“天子谅闇,事归宰辅,领军但知典掌宿卫,有诏不敢违,理无私给。”奴惘然而返,传烈言报禧。禧复遣谓烈曰:“我是天子儿,天子叔,元辅之命,与诏何异?”烈厉色而答曰:“向者亦不道王非是天子儿、叔。若是诏,应遣官人,所由遣私奴索官家羽林,烈头可得,羽林不可得!”禧恶烈刚直,遂议出之,乃授使持节、散骑常侍、征北将军、恒州刺史。烈不愿藩授,频表乞停。辄优答弗许。烈乃谓彭城王勰曰:“殿下忘先帝南阳之诏乎?而逼老夫乃至于此。”遂以疾固辞。

世宗以禧等专擅,潜谋废之。会二年正月初祭,三公并致斋于庙,世宗夜召烈子忠,谓曰::“卿父忠允贞固,社稷之臣。明可早入,当有处分。”忠奉诏而出。质明,烈至,世宗诏曰:“诸父慢怠,渐不可任,今欲使卿以兵召之,卿其行乎?”烈对曰:“老臣历奉累朝,颇以干勇赐识。今日之事,所不敢辞。”乃将直阁已下六十余人,宣旨召咸阳王禧、彭城王勰、北海王详,卫送至于帝前。诸公各稽首归政。以烈为散骑常侍、车骑大将军、领军,进爵为侯,增邑三百户,并前五百户。自是长直禁中,机密大事,皆所参焉。

太尉、咸阳王禧谋反也,武兴王杨集始驰于北邙以告。时世宗从禽于野,左右分散,直卫无几,仓卒之际,莫知计之所出。乃敕烈子忠驰觇虚实。烈时留守,已处分有备,因忠奏曰:“臣虽朽迈,心力犹可。此等猖狂,不足为虑。顾缓跸徐还,以安物望。”世宗闻之,甚以慰悦。及驾还宫,禧已遁逃。诏烈遣直阁叔孙侯将虎贲三百人追执之。

顺后既立,以世父之重,弥见优礼。八月,暴疾卒,时年六十五。世宗举哀于朝堂,给东园第一秘器,朝服一具,衣一袭,赐钱二百万,布五百匹。赠使持节、侍中、大将军、太尉公、雍州刺史。追封巨鹿郡开国公,增邑五百户,并前千户。烈有五子。

长子祚,字万年。太和中,为中散。稍迁恒州别驾。袭父爵。除假节、振威将军、沃野镇将。贪残多所受纳。坐免官,以公还第。卒,赠平州刺史。

祚子若,袭爵。多酒过,为叔父景所挝杀。

子顺,袭。卒,子馥,袭。

祚弟忠,字思贤,本字千年。弱冠拜侍御中散。文明太后临朝,刑政颇峻,侍巨左右,多以微谴得罪。忠朴直少言,终无过误。太和中,授武骑侍郎,因赐名登。转太子翊军校尉。

世宗即位,迁长水校尉,寻除左右郎将,领直寝。

元禧之谋乱也,车驾在外,变起仓卒,未知所之。忠进曰:"臣世蒙殊宠,乃心王室。臣父领军,付留守之重计,防遏有在,必无所虑。"世宗即遣忠驰骑观之,而烈分兵严备,果如所量。世宗还宫,抚背曰:"卿差强人意。"赐帛五百匹。又曰:"先帝赐卿名登,诚为美称。朕嘉卿忠款,今改卿名忠。既表贞固之诚,亦所以名实相副也。

父忧去职。

未几,起复本官。迁司空长史。于时太傅、录尚书、北海王详亲尊权重,将作大匠王遇多随详所欲而给之。后因公事,忠于详前谓遇曰:"殿下国之周公,阿衡王室,所须材用,自应关旨,何至阿谀附势,损公惠私也。"遇既不宁,详亦惭谢。迁征虏将军,余如故。以平元禧功,封魏郡开国公,食邑九百户。寻迁散骑常侍,兼武卫将军。每以鲠气正辞,为北海王详所忿,面责忠曰:"我忧在前见尔死,不忧尔见我死时也。"忠曰:"人生于世,自有定分。若应死于王手,避亦不免;若其不尔,王不能杀。"详因忠表让之际,密劝世宗以忠为列卿,令解左右,听其让爵。于是诏停其封,优进太府卿。

正始二年秋,诏忠以本官使持节、兼侍中,为西道大使,刺史、镇将赃罪显暴者,以状申闻;守令已下,便即行决。与抚军将军、尚书李崇分使二道。忠劾并州刺史高聪赃罪二百余条,论以大辟。还,除平西将军、华州刺史。遭继母忧,不行。服阕,授安北将军、相州刺史。又为卫尉卿、河南邑中正。诏忠与吏部尚书元晖、度支尚书元匡、河南尹元苌等,推定代方姓族。高肇忌其为人,欲密出之,乃言于世宗,称中山要镇,作捍须才,以忠器能,宜居其位。于是出授安北将军、定州刺史。世宗既而悔之，复授卫尉卿，领左卫将军、恒州大中正。密遣中使诏曰："自比股肱褫落，心膂无寄。方任虽重，比此为轻。故辍兹外任，委以内务。当勤夙无怠，称朕所寄也。"

延昌初，除都官尚书，加平南将军，领左卫中正如故。又加散骑常侍。当因侍宴，赐之剑仗，举酒属忠曰："卿世秉贞节，故恒以禁卫相委。昔以卿行忠，赐名曰忠。今以卿才堪御侮，以所御剑杖相赐。循名取义，意在不轻。其出入周旋，恒以自防也。"忠顿首陈谢。迁侍中、领军将军。忠面陈让云："臣无学识，不堪兼文武之任。"世宗曰："当今学识有文者不少，但心直不如卿。欲使卿劬劳于下，我当无忧于上。

及世宗崩，夜中与侍中崔光遣右卫将军侯刚，迎萧宗于东宫而即位。忠与门下议：以萧宗幼年，未亲机政；太尉、高阳王雍属尊望重，宜入居西柏堂，省决庶政；任城王澄明德茂亲，可为尚书令，总摄百揆。奏中宫，请即敕授。御史中尉王显欲逞奸计，与中常侍、给事中孙伏连等厉色不听，寝门下之奏。宫阙侍中、黄门，但牒六辅姓字赍来。孙伏连等密欲矫太后令，以高肇录尚书事，显与高猛为侍中。忠即于殿中收显，杀之。忠既居门下，又总禁卫，遂秉朝政，权倾一时。

初，太和中，军国多事，高祖以用度不足，百官之禄四分减一。忠既擅权，欲以惠泽自固，乃悉归所减之禄，职人进位一级。旧制：天下之民绢布一匹之外，各输绵麻八两。忠悉以与之。忠白高阳王雍，自云世宗本许优转。雍惮忠威权，便顺其意，加忠车骑大将军。忠自谓新故之际，有安社稷之功，讽动百僚，令加已赏。于是太尉雍、清河王怿、广平王怀，难违其意，议封忠常山郡开国公，食邑二千户。百僚咸以为然。忠又难于独受，乃讽朝廷，同在门下者皆加封邑。尚书左仆射郭祚、尚书裴植以忠权势日盛，劝雍出忠。忠闻之，逼有司诬奏其罪。郭祚有师傅旧恩，裴植拥地入国，忠并矫诏杀之。朝野愤怨，莫水切齿，王公已下，畏之累迹。又欲杀高阳王雍，侍中崔光固执，乃止，遂免雍太尉，以王还第。自此之后，诏命生杀，皆也于忠。

既尊灵太后为皇太后，居崇训宫，忠为仪同三司、尚书令，领崇训卫尉，侍中、领军如故。灵太后临朝，解忠侍中、领军、崇训卫尉，止为仪同、尚书令，加侍中。忠为令旬余，灵太后引门下侍官于崇训宫，问曰："忠在端右，声听何如?"咸曰："不称厥位。"乃出忠使持节、都督冀定瀛三州诸军事、征北大将军、冀州刺史。

太傅、清河王等奏曰："窃惟先帝升遐之初，皇上登极之始，四海谧然，宇内晏清。至于奉迎乘舆，侍卫省闼，斯乃臣子之常节，职司之恒理，不容以此为功，妄开井邑。臣等前议所以广建茅士者，正以畏迫威权，苟免暴戾故也。是以中议之际，以十三日夜入为无勋，唯以拒违矫令，抑黜奸回，微可褒叙。以前侍中臣忠总摄文武，侍中臣光久在枢密，赞同其意，故唯赏二人。今尚书臣昭等无涯上诉，奉敕重议。案王阴结奸徒，志为不逞；高肇远同凶逆，遥构祸端。无将之罪，事合污戮。而忠等征罪，唯以厥身，不至孥戮，又出罪人，穷治不尽。案律准宪，事在不轻。暨皇上纂历，圣后别宫，母子隔异，温清道绝，皆忠等之咎。过方厥勋，功微罪重。又忠专权之后，擅杀枢纳，辄废宰辅，令朝野骇心，远近怪愕。功过相除，悉不合赏。请悉追夺。"灵太后从之。

熙平元年春，御史中尉元匡奏曰："臣闻事主不以幽贞革心，奉上不以趣舍亏节。是以倚秦宫而恸哭，复楚之功已多；陟卢龙而树勤，广魏之勋不浅。而申包避赏，君子于是义之；田畴拒命，良史所以称美。窃唯宫车晏驾，天人位易，正是忠臣孝子致节之秋。前领军将军臣忠不能砥砺名行，自求多福，方因矫制，擅相除假，清官显职，岁月隆崇。臣等在蕃之时，乃心家国，书诮往来，愤气成疢。伤礼败德，臣忠即主。谨案臣忠世以鸿勋盛德，受遇累朝，出入承明，左右机近。幸国大灾，肆其愚戆，专擅朝命，无人臣之心。裴、郭受冤于既往，宰辅黜辱于明世。又自矫为仪同三司、尚书令、领崇训卫尉，原其此意，便欲无上自处。既事在恩后，宜加显戮。请御史一人、令史一人，就州行决。崔光与忠虽同受召，而谓光既儒望，朝之礼宗，摄心虚远，不关世务。但忠以光意望崇重逼光，光若不同，又有危祸。伏度二圣钦明，深垂昭恕。而自去岁正月十三日世宗晏驾以后，八月一日皇太后未亲览以前，诸有不由阶级而权臣用命，或发门下诏书，或由中书宣敕，擅相拜授者，已经恩宥，正可免其叨窃之罪。既非时望，朝野所知，冒阶而进者，并求追夺。”灵太后令曰：“直绳所纠，实允朝宪。但忠事经肆宥，又蒙特原，无宜追罪。余如奏。”又诏曰：“忠以往年大讳之际，开崇邑土，然酬庸理乖，有司执夺。岂宜一谬，弃其余勋也。但忠厥任禁要，诚节皎然，宜褒锡山河，以安厥望。可灵寿县开国公，邑五百户。”

初，世宗崩后，高太后将害灵太后。刘腾以告侯刚，刚以告忠。忠请计于崔光，光曰：“宜置胡嫔于别所，严加守卫，理必万全，计之上者。”忠等从之，具以此意启灵太后，太后意乃安。故太后深德腾等四人，并有宠授。忠以毁之者多，惧不免祸，愿还京师，欲自营救。灵太后不许。二年四月，除尚书右仆射，加侍中，将军如故。

神龟元年三月，复仪同三司，疾病未拜，见裴、郭为祟。忠自知必死，表曰：“先帝录臣父子一介之诚，昭臣家世奉公之节，故申之以婚姻，重之以爵禄，至乃位亚三槐，秩班九命。自大明利见之始，百官总已之初，臣复得猥摄禁戒，缉宁内外，斯诚社稷之灵，兆民之福，臣何力之有焉。但陛下以睿明御寓，皇太后以圣善临朝，衽席不遗，簪屦弗弃，复乃宠穷出内，荣遍宫闱，外牧两河，入参百揆。顾服知妖，省躬识戾。而臣将慎靡方，致兹疴疚。自去秋苦痢，缠绵迄今，药石备当，日增无损。又今年已来，力侯转恶，微喘绪息，振复良难。鸿慈未酬，伏枕涕咽。臣薄福无男，遗体莫嗣，贪及余生，谨陈宿抱。臣先养亡第四弟第二子司徒掾永超为子。犹子之念，实切于心，乞立为嫡，传此山河。”灵太后令曰：“于忠表如此。既诚勋宜录，又无子可矜。临危所祈，不容致夺，可特听如请，以彰殊效。”忠薨，年五十七。给东园秘器、朝服一具、衣一袭、钱二十万、布七百匹、蜡三百斤，赠侍中、司空公。有司奏：“太常少卿元端议，忠刚直猛暴，专戆好杀，案谥法刚强理直曰‘武’，怙威肆行曰‘丑’，宜谥武丑公。太常卿元修义议，忠尽心奉上，剪除凶逆，依谥法除伪宁真曰‘武’，夙夜恭事曰‘敬’，谥武敬公。二卿不同。”事奏，屡太后令曰：“可依正卿议。”

于氏自曾祖四世贵盛，一皇后，四赠三公，领军、尚书令，三开国公。忠性多猜忌，不交胜已，唯与直阁将军章初瑰、千牛备身杨保元为断金之交。李世哲求宠于忠，私以金帛宝货事初瑰、保元，初瑰、保元谈之，遂被赏爱，引为腹心。忠擅昧进，为崇训之由，皆世哲计也。忠后妻中山王尼须女，微解《诗书》，灵太后临朝，引为女侍中，赐号范阳郡君。

永超名翻，袭爵。寻卒。

子世衡，袭。齐受禅，例降。

忠弟景，字百年。自司州从事，稍迁步兵校尉、宁朔将军、高平镇将。坐贪残受纳，为御史中尉王显所弹，会赦免。忠薨后，景为武卫将军。谋废元叉，叉黜为征虏将军、怀荒镇将。及蠕蠕主阿那瑰叛乱，镇民固请粮廪，而景不给。镇民不胜其忿，遂反叛。执缚景及其妻，拘守别室，皆去其衣服，令景著皮裘，妻著故绛袄。其被毁辱如此。月余，乃杀之。

烈弟敦，自中散迁骁骑将军。景明中，假节，行并州事。除征虏将军、恒州刺史。卒官，赠使持节、平北将军、恒州刺史。

子昕，员外郎，直后，主衣都统，扬烈将军，怀朔、武川镇将，中散大夫。孝昌中，使蠕蠕，与阿那瑰擒逆贼破洛汗听明、出六斤等。转辅国将军、北中郎将、恒州大中正。又迁抚军将军、卫尉卿。出为镇东将军，殷、恒州刺史。还拜征东将军，领左右。天平中卒。赠都督冀定州诸军事、卫将军、尚书仆射、仪同三司，谥曰文恭。

长子扬仁。武定中，勃海太守。

扬仁弟义罗，字仲纲。中军将军、光州刺史。

义罗弟子荣，鲁郡太守。

敦弟果，严毅直亮，有父兄之风。自中散，稍迁光禄大夫，守尚书，赐爵武城子。太和中，历朔、华、并、恒四州刺史。

子砾，袭。太子舍人、通直散骑常侍。卒，赠右将军、洛州刺史，谥曰哀。

子晖，征东将军、金紫光禄大夫。

晖弟道扬，仪同开府咨议参军。

砾弟只，卒于司徒掾。赠镇远将军、朔州刺史，谥曰悼。

只子元伯，中散大夫。

果弟劲，事在《外戚传》。

劲弟须，中散。迁长水校尉，稍迁武卫将军、太府卿、镇南将军、肆州刺史。卒，赠侍中、车骑大将军、尚书右仆射、仪同三司。缺冀州长史。卒，赠征南将军、燕州刺史，谥曰武。

子翊，太尉从事中郎、燕州刺史。

子长文，字士端。武定中，尚书考功郎。

须弟文仁，太中大夫。

史臣曰：魏定中原，于栗磾有武功于三世。兼以虚已下物，罚不滥加，斯亦诸将所希矣。拔任参内外，以著能名。烈气概沉远，受任艰危之际，有柱石之质，殆御侮之臣。忠以鲠朴见亲，乘非其据，遂擅威权，生杀自已。苟非女主之世，何以全其门族？其不诛灭，抑天幸也。

魏书卷三二
列传第二〇

高湖　崔逞　封懿

高湖，字大渊，勃海蓨人也。汉太傅裒之后。祖庆，慕容垂司空。父泰，吏部尚书。湖少机敏，有器度，与兄韬俱知名于时，雅为乡人崔逞所敬异。少历显职，为散骑常侍。

登国十年，垂遣其太子宝来伐也，湖言于垂曰："魏，燕之与国。彼有内难，此遣赴之；此有所求，彼无违者。和好多年，行人相继。往求马不得，遂留其弟，曲在于此，非彼之失。政当敦修旧好，刈宁国家，而复令太子率众远伐。且魏主雄略，兵马精强，险阻阴艰难，备当之矣。太子富于春秋，意果心锐，轻敌好胜，难可独行。兵凶战危，愿以深虑。"言颇切厉。垂怒，免湖官。既而宝果败于参合。宝立，乃起湖为征虏将军、燕郡太守。宝走和龙，兄弟交争，湖见其衰乱，遂率户三千归国。太祖赐爵东阿侯，加右将军，总代东诸部。世祖时，除宁西将军、凉州镇都大将，镇姑臧，甚有惠政。年七十，卒。赠镇西将军、秦州刺史，谥曰敬。有四子。

第三子谧，字安平，有文武才度。天安中，以功臣子召入禁中，除中散，专典秘阁。肃勤不倦，高宗深重之，拜秘书郎。谧以坟典残缺，奏请广访群书，大加缮写。由是代京图籍，莫不审正。显祖之御宁光宫也，谧恒侍讲读，拜兰台御史。寻转治书，掌摄内外，弹纠非法，当官而行，无所畏避，甚见称赏。延兴二年九月卒，时年四十五。太昌初，追赠使持节、侍中、都督青徐齐济兖五州诸军事、骠骑大将军、太尉公，青州刺史，谥武贞公。妻叔孙氏，陈留郡君。

长子树生，性通达，重节义，交结英雄，不事生产，有识者并宗奇之。蠕蠕侵掠，高祖诏怀朔镇将阳平王颐率众讨之，颐假树生镇远将军、都将，先驱有功。树生气侠，意在浮沉自适，不愿职位，辞不受赏，论者高之。居宅数有赤光紫气之异，邻伍惊恐，佥谓怪变。宅不可居。树生曰："可往非善。"安之自若。雅好音律，常以丝竹自娱。孝昌初，北州大乱，诏发众军，广开募赏，以树生有威略，授以大都督，令率劲勇，镇捍旧蕃。二年卒，时年五十五。太昌初，追赠使持节、都督冀相沧瀛殷定六州诸军事、大将军、太师、录尚书事、冀州刺史，追封渤海王，谥曰文穆。妻韩氏，为勃海王国太妃。永熙中，后赠假黄钺、侍中、都督中外诸军事，加后部羽葆鼓吹，余如故。长子即齐献武王也。

王弟琛，字永宝。天平中，骠骑大将军、开府仪同三司、御史中尉、南赵郡开国公。

子睿，袭。武定末，太子庶子。

树生弟翻，字飞雀，亦以器度知名。卒于侍御中散。元象中，赠假黄钺、使持节、侍中、都督冀定洛瀛并肆燕恒云朔十州诸军事、大将军、太傅、太尉公、录尚书事、冀州刺史，谥曰孝宣。

子岳，武定末，侍中、太傅公、清河郡开国公。

谧长兄真，有志行。兄弟俱至孝，父亡，治丧墓次，甘露白雉降集焉。有司以闻，诏标闾里。自泾州别驾，稍迁安定太守，甚著声绩。卒，赠龙骧将军、泾州刺史。

带，金城太守。神龟初卒。太昌元年，赠使持节、侍中、都督定相殷三州诸军事、票骑大将军、仪同三司、定州刺史，谥曰武康。

子仁，正光中，卒于河州别驾。太昌初，赠使持节、侍中、都督青齐济三州诸军事、仪同三司、青州刺史，谥曰明穆。

子贯，字小胡。永兴末，通直散骑常侍、金紫光禄大夫、尚食典御。

拔弟猪儿，美容貌，膂力过人，尤善弓马。显祖时，羽林幢将。皇兴中,主仗令。高祖初,给事中,累迁散骑常侍、内侍长。坐事死。(传无拔事,而载拔弟猪儿。不知拔何人也。)

子慎,字明珍,有器尚。初除侍御史,拜奉朝请、员外散骑侍郎。与叔徽俱使西域,还至河州,遇贼攻围,城陷,见害。太昌初,赠使持节、都督冀沧二州诸军事、征东将军、翼州刺史。永熙中,重赠侍中、都督青徐光三州诸军事、骠骑大将军、仪同三司、青州刺史,谥曰文景。

子永乐,兴和中,骠骑大将军、仪同三司、济州刺史、阳川县开国公。

永乐弟弼,武定中,安西将军、营州刺史、安陵县开国男。

猪儿弟徽,字荣显,小字苟儿。聪敏有气干,为任城王澄所知赏。景明中,起家奉朝请。延昌中,假员外散骑常侍,使于哌哒,西域诸国莫不敬惮之,破洛侯、乌孙并因之以献名马。还,拜冗从仆射。神龟中,迁射声校尉、左中郎将、游击将军。又假平西将军、员外散骑常侍,使哌哒。还至枹罕,属莫折念生反于秦陇。时河州刺史元祚为前刺史梁钊息景进等,招引念生攻河州,祚以忧死。长史元永平、治中孟宾、台使元湛,共推徽行河州事,绥接有方,兵士用命。别驾乞伏世则潜通景进,征杀之。征兵于吐谷浑,吐谷浑率众救之。景进败,退走,奔秦州。景进寻率羌夷复来攻逼,徽遣统军六景相驰表请师,诏徽仍行河州事。久无援救,力屈城陷,为贼所害。永熙中,丧还洛阳。赠使持节、侍中、都督冀定相瀛沧五州诸军事、司徒公、冀州刺史,谥曰文宣。

子归义,有志烈。初除奉朝请,加威烈将军。与父徽俱使西域。还都,稍迁龙骧将军、中散大夫、西征都督,每有战功。后没于阵。太昌初,赠侍中、骠骑大将军、仪同三司、雍州刺史,谥曰孝贞。

子普,武定末,安南将军、太子左卫率。

归义弟归彦,武定末,骠骑大将军、开府仪同三司、徐州刺史安喜县开国男。

真弟各拔,广昌镇将。卒,赠燕州刺史。

子猛虎，鄯善镇录事。及居丧，以至性称，遂绝宦情。

子元国，早卒。

次显国，武定末，抚军将军、汶阳男。

显国弟达，武定中，骠骑将军、行沧州事。

达弟永国，征虏将军、中散大夫。

永国弟子国，武卫将军。

各拔少子盛，天平中，侍中、太尉公、广平郡开国公。

子子瑗，武定末，兼武卫将军。

谧弟稚，字幼宁。薄骨律镇将，营州刺史。

子陀，字难陀。泼野镇长。卒，赠琅邪太守。

子雍，字景云，司徒从事。后与少子思义俱奔萧衍，卒于江南。元象初，丧还，特赠使持节、散骑常侍、都督冀定瀛沧幽五州诸军事、骠骑大将军、尚书令、司徒公、冀州刺史。

子思宗，武定末，中军将军、仪同三司、兖州刺史、上洛郡开国男。思义，特赠使持节、散骑常侍、都青兖齐三州诸军事、车骑大将军、尚书仆射、仪同三司、青州刺史。

陀弟兴，早卒。

兴子贵孙晋州刺史。

湖弟恒，字叔宗，慕容垂巨鹿太守。太祖时，率郡降，赐爵泾县侯，加龙骧将军，仍守巨鹿。卒，赠安东将军、幽州刺史，谥曰惠。

子道，字始愔，袭爵。拜都牧令，迁镇南将军、相州刺史。未及之职。卒。仍以为赠，谥曰庄。

子干，字干奴。好学，宽厚有雅度。袭爵泾县侯，后例降为伯。历南青州征虏府司马、威远将军、鄯善镇远府长史。仍转汾州后军府长史、白水太守。所在以廉平著称。太昌初，卒。赠使持节、都督秦雍二州诸军事、车骑大将军、司空公、雍州刺史，谥曰孝穆。

子侃，字伯欣，袭。除南秦州长史。卒，赠辅国将军、凉州刺史，谥曰宣。

子绍，字广祖，袭爵。兴和初，征虏将军、沧州刺史。

侃弟腾，辽伏兴。卒于安东将军、光州刺史、襄城县开国公。

子陟，字祖迁。司空中郎、太尉主簿。

陟弟憬，通直郎。

憬弟翙，袭父爵。

腾弟隆之，武定末，太保、尚书令、平原郡开国公。

崔逞，字叔祖，清河东武城人也，魏中尉琰之六世孙。曾祖谅，晋中书令。祖遇，仕石虎，为特进。父瑜，黄门郎。

逞少好学，有文才。遭乱，孤贫，躬耕于野，而讲诵不废。

慕容暐，郡举上计椽，补著作郎，撰《燕记》。迁黄门侍郎。及苻坚并慕容暐，以为齐郡太守。坚败，司马昌明以逞为清河、平原二郡太守。为翟辽所虏，授以中书令。慕容垂灭翟钊，以为秘书监。慕容宝东走和龙，为留台吏部尚书。及慕容驎立，逞携妻子亡归太祖。张衮先称美逞，及见，礼遇甚重。拜为尚书，任以政事，隶三十六曹，别给吏属，居门下者。寻除御史中丞。

太祖攻中山，未克，六军乏粮，民多匿谷，问群臣以取粟方略。逞曰："取椹可以助粮。故飞鸮食椹而改音，《诗》称其事。"太祖虽衔其侮慢，然兵即须食，乃听以椹当租。逞又曰："可使军人及时自取，过时则落尽。"太祖怒曰："内贼未平，兵人安可解甲仗入林野而收椹乎？是何言欤！"以中山未拔，故不加罪。天兴初，姚兴侵司马德宗襄阳戍，戍将郗恢驰使乞师于常山王遵，遵以闻太祖。诏逞与张衮为遵书以答。初，恢与遵书云，"贤兄虎步中原"，太祖以言悖君臣之体，敕逞、衮亦贬其主号以报之。逞、衮乃云："贵主"。太祖怒曰："使汝贬其主以答，乃称贵主，何若贤兄也"！遂赐死。

后司马德宗荆州刺史司马休之等数十人为桓玄所逐，皆将来奔，至陈留南，分为二辈，一奔长安，一归广固。太祖初闻休之等降，大悦，后怪其不至，诏兖州寻访，获其从者，问故，皆曰："国家威声远被，是以休之等咸欲归阙，及闻崔逞被杀，故奔二处。"太祖深悔之。自是士人有过者，多见优容。

逞七子，二子早亡，第三子义，义弟湮，湮弟祎，祎弟严，严弟颐。逞之内徙也，终虑不免，乃使其妻张氏与四子留冀州，令归慕容德，遂奔广固。逞独与小子颐在平城。及逞之死，亦以此为谴。

赜，字泰冲。初为太子洗马，后稍迁散骑尚书，赐爵清河侯。后世祖闻刘义隆以湮为冀州刺史，乃曰："义隆知用其兄，我岂无冀州也。"乃以赜为平东将军、冀州刺史。又为大鸿胪，持节策拜杨难当为南秦王。奉使数返，光扬朝命，世祖善之。及骠骑大将军、乐平王丕等督诸军取上邽，使赜赍诏于丕前喻难当奉诏。后与方士韦文秀诣王屋山造金丹，不就。真君初卒。赜五子。

长子秉，字公礼。早终，无子。

秉弟广，字公渊，袭爵。拜平东将军。

子法度，早终。

广弟轨，字公则。太子中舍人、镇南司马。

轨弟穆，字公和。早终。

穆弟睿，字哲，小字男季。高祖初，以交通境外，伏诛。从兄景真以子思叔继睿。

思叔，少为中书学生，迁中书博士。世宗时，历上党、锯鹿太守。自逞之死，至督之诛，三世积五十余年而在北一门尽矣。

初，三齐平，祎孙相如入国，以才学知名。举冀州秀才，早卒。

相如弟彧，在《术荫传》。

逞兄适，字宁祖，亦有名于时。慕容垂尚书左丞，范阳、昌黎二郡太守。

适曾孙延寿，冀州主簿。轻财好施，甚收乡曲之誉。

延寿子隆宗，简率爱友，居丧以孝闻。历位冀州别驾，兰陵、燕郡二郡太守，司空咨议参军，冀州中正，中军大将军府长史。仁信待物，出于至诚，故见重于世。卒，赠前将军。齐州刺史，谥曰孝。

子敬保，员外散骑侍郎、冀州仪同府从事中郎。卒，赠冀州刺史。

子子恒，官至征虏将军、鲁郡太守。早卒。

子恒弟子安，冠军将军、西兖州司马。

子安弟子升，开府参军。武定中，坐连元瑾事，兄弟并伏法。

封懿，字处德，勃海蓨人也。曾祖释，晋东夷校尉。父放，慕容晞吏部尚书。兄孚，慕容超太尉。懿俊伟有才气，能属文，与孚虽器行有长短，然名位略齐。仕慕容宝，位至中书令、民部尚书。宝败，归阙，除给事黄门侍郎、都坐大官、宁朔将军、章安子。太祖数引见，问以慕容旧事。懿应对疏慢，废还家。太宗初，复征拜都坐大官，进爵为侯。泰常二年卒。姿撰《燕书》，颇行于世。

子玄之，坐与司马国璠、温楷等谋乱，伏诛。临刑，太宗谓之曰："终不令绝汝种也，将宥尔一子。"玄之请曰："弟虔之子磨奴，字君明，早孤，乞全其命，"乃杀玄之四子，而赦磨奴。

磨奴被刑为宦人。崔浩之诛也。世祖谓磨奴曰："汝本应全，所以致刑者，事由浩之故。"后为中曹监，西使张掖，赐爵富城子，加建威将军、给事中。久之，出为冠军将军、怀州刺史。太和七年卒。赠平东将军、冀州刺史、勃海公，谥曰定。以族子叔念为后，高祖赐名回。

回父鉴，即慕容晞太尉弈之后也。回，皇兴初为中书学生。袭爵富城子，累迁太子家令。世宗即位，以回行华州事。回在州鞭中散大夫党智孙，为尚书左丞韦绩纠奏，免。寻除镇远将军、安州刺史。山民愿朴，父子宾旅，同寝一室。回下车，勒令别处，其俗遂改。征为太尉长史，频行定州、徐州事，寻除后将军、汾州刺史。

肃宗初，转凉州刺史，加右将军，固辞不拜。仍授平北将军、瀛州刺史。时大乘寇乱之后，加以水潦，百姓因乏。回表求赈恤，免其兵调，州内甚赖之。又为度支尚书，寻转都官尚书、冀州大中正。荣阳郑云谄事长秋卿刘腾，货腾紫缬四百匹，得为安州刺史。除书旦出，幕往诣回，坐未定，谓回曰："我为安州，卿知之否？彼土治生，何事为便?"回答之曰::"卿荷国宠灵,位至方伯,虽不能拔园葵,去织妇,宜思方略以济百姓,如何见造而问治生乎?封回不为商贾,何以相示。"云惭愧失色。

灵太后临朝,召百官问得失,群臣莫敢言。回对曰:"昔孔丘为司寇,十日而诛少正卯,鲁国肃然,欺巧自息。姬旦行戮,不避兄弟,周道用隆。徐偃专行仁义,其国乃灭。自古及今,未有不厉威刑而能治者。顷来颇由长吏宽怠,侵剥百姓,盗贼群起。请肃刑书,以惩未犯。"太后意纳之,而不能用。转为七兵尚书,领御史中尉。尚书右仆射元钦与从父兄丽妻崔氏奸通,回乃劾奏,时人称之。除镇东将军、冀州刺史。

肃宗末,征为殿中尚书。频表逊职,以为右光禄大夫。庄帝初,遇害于河阴,时年七十七。赠侍中、车骑大将军、司空公、定州刺史,谥曰孝宣。

长子隆之,武定中,开府仪同三司、齐州刺史、安德郡开国公。

子子绘,武定中,勃海太守。

隆之弟兴之,字祖胄。经明行修,恬素清静。起家太学博士、员外郎。出为瀛、冀二州平北府长史,所历有当官之誉。孝昌中卒。天平中,追赠散骑常侍、抚军将军、雍州刺史。寻重赠殿中尚书,谥曰孝。

子琬,字子倩。武定末,开府中郎。

子琬弟孝琰,秘书郎。

兴之弟延之,字祖业。天平中,骠骑大将军、青州刺史、剡县开国子。

磨奴鉴既以回为后,请于显祖,赠鉴宁远将军、沧水太守。

鉴长子琳,字彦宝。显祖末,本州表贡,拜中书博士。高祖初,大军南讨,琳参镇南军事。后为河南七州大使。还,拜中书侍郎。与侍中、南平王冯诞等议定律令,赐布帛六百匹、粟六百石、马牛各一。迁太尉长史,转司宗下大夫,有长者之称。行东兖州事。及改定百官,除司空长史。出为立忠将军、南青州刺史、兼散骑常侍、持节、西道大使。还,为长兼太中大夫,转广平内史,又为光禄大夫。世宗末,除后将军、夏州刺史。征为安东将军、光禄大夫。神龟二年卒。赠使持节、抚军将军、相州刺史。

子元称。

元称弟子盛,并早卒。

子盛弟子施,武定末,沛郡太守。

琳子肃,在《文苑传)。

懿从兄子恺,字思悌,弈之孙也。父劝,慕容垂侍中、太常卿。恺,给事黄门侍郎、散骑常侍。后入代都,名出懿子玄之右,俱坐司马氏事死。恺妻,卢玄姊也。恺子伯达弃母及妻李氏,南奔河表,改婚房氏。显祖未,伯达子休杰内入,祖母卢犹存,垂百岁矣,而李已死。休杰,高祖时,以归国勋为河间太守,兼冀州咸阳王府咨议参军。

休杰从弟灵佑,仕刘义隆为青州治中、勃海太守。慕容白曜平三济。灵佑率二百人诣白曜降,赐爵下密子。后除建威将军、勃海太守。卒。

子进寿,袭爵。肃宗时,为扬州治中,以失义州为刺史元志所杀。事具《志传》。

子子游,武定中,开府中兵参军。

进寿弟蚌,卒于冀州别驾。

蚌弟粲,起家荆州长流参军。司空水曹参军、殿中侍御史。累迁征东将军、广卅长史。还,除光禄大夫。卒,赠卫将军、冀州刺史。

回族叔轨,字广度。沉谨好学,博通经传。与光禄大夫武邑孙惠蔚同志友善,惠蔚每推轨曰:“封生之于经义,非但章句可奇,其标明纲格,统括大归,吾所弗如者多矣。”善自修洁,仪容甚伟。或曰:“学士不事修饰,此贤何独如此?”轨闻,笑曰:“君子整其衣冠,尊其瞻视,何必蓬头垢面,然后为贤。”言者惭退。

太和中,拜著作佐郎,稍迁尚书仪曹郎中。兼员外散骑常侍,衔命高丽。高丽王云恃其偏远,称疾不亲受诏。轨正色诘之,喻以大义,云乃北面受诏。先是,契丹虏掠边民十余口,又为高丽拥掠东归。轨具闻其状,移书征之,云悉资给遣还。有司奏轨远使绝域,不辱朝命,权宜晓尉慰,边民来苏,宜加爵赏。世宗诏曰:"权宜征口,使人常体,但光扬有称,宜赏一阶,"转考功郎中,除本郡中正。

勃海太守崔休入为吏部郎,以兄考事干轨。轨曰:"法者,天下之平,不可以旧君故亏之也。"休叹其守正。轨在台中,称为儒雅。奏请遣四门博士明经学者,检试诸州学生。诏从之。寻除国子博士,加扬武将军。假通直散骑常侍,慰劳汾州山胡。

司空、清河王怿表修明堂辟雍,诏百僚集议。轨议曰:"明堂者,布政之宫,在国之阳,所以严父配天,听朔设教,其经构之式,盖已尚矣。故《周官·匠人职》云夏后氏世室,殷人重屋,周人明堂,五室、九阶、四户、八窗。郑玄曰:'或举宗庙,或举王寝,或举明堂,互之以见同制。'然则三代明堂,其制一也。案周与夏、殷,损益不同,至于明堂,因而弗革,明五室之义,得天数矣。是以郑玄又曰:'五室者,象五行也。然则九阶者,法九士;四户者,达四时;八窗者,通八风。诚不易之大范者,有国之恒式。若其上圆下方以则天地,通水环宫以节观者,茅盖白盛之质饰,赤缀白缀为之户牖,皆典籍所具载,制度之明义也。在秦之世,焚灭五典,毁黜三代,变更先圣,不依旧宪。故吕氏《月令》见九室之义,大戴之《礼》著十二堂之论。汉承秦法,亦未能改,东西二京,俱为九室。是以《黄图》、《白虎通》,蔡邕、应劭等,咸称九室以象九州,十二堂以象十二辰。夫室以祭天,堂以布政。依天而祭,故室不过五;依时布政,故堂不逾四。州之与辰,非所可法,九与十二,其用安在?今圣朝欲尊道训民,备礼化物,宜则五室,以为永制。至如庙学之嫌,台沼之杂,袁准之徒已论正矣,遣论具在,不复须载。"

寻以本官行东郡太守。迁前军将军、行夏州事。好立条教,所在有绩。转太子仆,迁廷尉少卿,加征虏将军。卒,赠右将军、济州刺史。

初,轨深为郭祚所知,祚常谓子景尚曰:"封轨、高绰二人,并干国之才,必应远至。吾平生不妄进举,而每荐此二公,非直为国进贤,亦为汝等将来之津梁也。"其见重如此。轨既以方直自业,高绰亦以风概立名。尚书令高肇拜司徒,绰送迎往来,轨竟不诣。绰顾不见轨,乃遽归,曰:"吾一生自谓无愆规矩,今日举措,不如封生远矣。"轨以务德慎言,修身之本,奸回谗佞,世之巨害,乃为《务德》、《慎言》、《远佞》、《防奸》四戒,文多不载。

轨长子伟伯,字君良。博学有才思,弱冠除太学博士,每朝廷大议,伟伯皆预焉。雅为太保崔光、仆射游肇所知赏。太尉清河王怿辟参军事,怿亲为《孝经解诂》,命伟伯为《难例》九条,皆发起隐漏。伟伯又讨论《礼》、《传》、《诗》、《易》疑事数十条,儒者咸称之。寻将经始明堂,广集儒学,议其制度。九五之论,久而不定。伟伯乃搜检经纬,上《明堂图说》六卷。正光末,尚书仆射萧宝夤以为关西行台郎。及宝夤为逆,伟伯乃与南平王冏潜结关中豪右韦子粲等谋举义兵。事发见杀,年三十六,时人惜之。永安中,追赠散骑常侍、征虏将军、瀛州州刺史,听一子出身。伟伯无子,转授第三弟翼。伟伯撰《封氏本录》六卷,并诗诗赋碑诔杂文数十篇。

伟伯弟业,字君修。奉朝请,领殿中侍御史。早卒。

业弟翼,字君赞。美容貌,腰带十围。以兄伟伯立节之勋,除给事中。后加扬烈将军。武定初,卒。

翼弟述,字君义。武定末,廷尉少卿。

述弟询,字景文。尚书起部郎。

史臣曰:高敬侯才鉴明远,见机而作,身名俱劭,世载人英,天所赞也。崔逞文学器识,当年之俊,虑远忽微,俱以为祸。赜有兹休烈,厥世不延。封懿获全为幸。回乃克光家,世不乏人矣。

魏书卷三三
列传第二一

宋隐　王宪　屈遵　张蒲　谷浑　公孙表　张济　李先　贾彝　薛提

宋隐，字处默，西河介休人也。曾祖奭，晋昌黎太守。后为慕容廆长史。祖活，中书监。父恭，尚书、徐州刺史。慕容俊徙邺，恭始家于广平列人焉。

隐性至孝，年十三，便有成人之志，专精好学，不以兵难易操。仕慕容垂，历尚书郎、太子中舍人、本州别驾。

太祖平中山，拜隐尚书吏部郎。车驾还北，诏隐以本官辅卫王仪，镇中山。寻转行台右丞，领选如故。屡以老病乞骸骨。太祖不许。寻以母丧归列人。既葬，被征，固辞以病，而州郡切以期会。隐乃弃妻子，间行避焉。后匿于长乐之经县，数年而卒。临终，谓其子侄等曰："苟能入顺父兄，出悌乡党，仕郡幸而至功曹史，以忠清奉之，则足矣，不劳远诣台阁。恐汝不能富贵，而徒延门户之累耳。若忘吾言，是为无若父也，使鬼而有知，吾不归食矣。"有五子。

第三子温，世祖时征拜中书博士。卒，追赠建威将军、豫州刺史，列人定侯。

温弟演，显祖初，从征彭城有功，拜明威将军、济北太守。

演子鲔，字伯鱼。州别驾。

隐弟辅，字处仁。少慷慨有大操，博览群书。州辟别驾。早卒。

隐叔父洽，为慕容垂尚书。太祖之围中山也，洽率所领专守北围。当洽所统，官军多被伤杀，太祖特深忿恨。及城平，遂杀之。子顺、训并下腐刑。

洽第四子宣，字道茂，时年数岁，亲人窃逃以免。后与范阳卢玄、勃海高允及从子愔俱被征，拜中书博士。寻兼散骑常侍，使刘义隆。加冠军将军，赐爵中都侯，领中书侍郎，行司隶校尉。真君七年卒，赠司隶，谥简侯。

子谟，字乾仁，袭爵。卒，于辽西太守。

子鸾，字珍和，袭爵。东莞太守。

鸾弟琼，字普贤。少以孝行称，母曾病，季秋之月，思瓜不已。琼梦想见之，求而遂获，时人称异。母终，州郡屡辟，皆不就。卒于家。

子仲美，武定末，尚书水部郎。

王宪，字显则，北海剧人也。祖猛，苻坚丞相。父休，河东太守。宪幼孤，随伯父永在邺。苻丕称尊号，复以永为丞相。永为慕容永所杀，宪奔清河，匿于民家。皇始中，舆驾次赵郡之高邑，宪乃归诚。太祖见之，曰："此王猛孙也。"厚礼待之，以为本州中正，领选曹事，兼掌门下。

世祖即位，行廷尉卿。出为上谷太守，加中垒将军，赐爵高唐子。清身率下，风化大行。寻拜外都大官，后为中都。历任二曹，断狱称旨。进爵剧县侯，加龙骧将军。出为并州刺史，加安南将军，进爵北海公，境内清肃。及还京师，以宪元老，特赐锦绣布帛绵采珍羞礼膳。天安初卒，年八十九。赠镇南将军、青州刺史，谥曰康。

子崇，袭。早卒。

子仲智，袭。历中书侍郎、安西将军、幽州刺史。有清平之称。

崇弟嶷，字道长。少以父任为中书学生，稍迁南部大夫。高祖初，出使巡察青、徐、兖、豫，抚慰新附，观省风俗。还，迁南部尚书，在任十四年。时南州多事,文奏盈几,讼者填门。嶷性儒缓,委随不断,终日在坐,昏睡而已。李欣、邓宗庆等号为明察,勤理时务,而二人终见诛戮,余十数人或黜或免,唯嶷卒得自保。时人为之语曰:"实痴实昏,终得保存。"加散骑常侍、右将军,赐爵东平侯。末几,拜安东将军,进爵乐安公。出为持节、镇西将军、秦州刺史。改为华山公,散骑常侍如故。后入为内都大官。卒。

子祖念,袭爵。官至东平太守。例降爵为侯。卒,赠宁朔将军、光州刺史。

子庆钟,袭爵。给事中。贪秽无行,坐事爵除。

祖念弟云,字罗汉,颇有风尚。自尚书郎,入为中书舍人。转司州别驾、光禄少卿,改授卫尉少卿。出为冠军将军、尚书、兖州刺史,寻进号征虏将军。在州坐受所部荆山戍主杜虞财货,又取官绢,因染割易,御史纠劾,付廷尉。遇赦免。熙平二年卒官。赠平南将军、豫州刺史,谥曰文昭。有九子。

长子昕,字元景。武定末,太子詹事。

昕弟晖,字元旭。早称机悟。历尚书仪曹郎、中书舍人。赠散骑常侍、镇军将军、兖州刺史。

晖弟旰,字仲明。秘书郎、司徒主簿。天平中,为盗所害。

屈遵,字子皮,昌黎徒河人也。博学多艺,名著当时。为慕容永尚书仆射、武垣公。永灭垂,以为博陵令。太祖南伐,车驾幸鲁口,博陵太守申永南奔河外,高阳太守崔玄伯东走海滨,属城长吏率多逃窜。遵独告其吏民曰:"往年宝师大败,今兹垂征不还,天之弃燕,人弗支也。魏帝神武命世,宽仁善纳,御众百万,号令若一,此汤武之师。吾欲归命,尔等勉之,勿遇嘉运而为祸先。"遂归太祖。太祖素闻其名,厚加礼焉。拜中书令,出纳王言,兼总文诰。中原既平,赐爵下蔡子,丛驾还京师。卒,时年七十。

子须袭。除长乐太守,加镇远将军,进爵信都侯。卒,赠宁北将军、昌黎公,谥曰恭。

少子处，珍，袭爵。处珍卒，

子车渠，袭爵。高祖初，出为东阳镇将。卒，赠青州刺史，谥曰庄。

须长子垣，字长生，沉深有局量。少纂家业，尤善书计。太祖初，给事诸曹。太宗世，迁将作监，统京师诸署。世祖即位，稍迁尚书右仆射，加侍中。以破平凉功，赐爵济北公，加平南将军。后转中领军。恭宗在东宫，垣领太子少傅。后督诸军东伐，进号镇东大将军。师次和龙，冯文通致牛酒以犒军，献甲三千。垣责其不送侍子，数之以王命，遂掠男女六千口而还。垣在宫公正，内外称其平当。世祖信任之，委以大政。车驾出征，常居中留镇。与襄城公卢鲁元俱赐甲第，世祖数临幸，赏赐隆厚。真君四年，坠马卒，时年五十五。时世祖幸阴山，恭宗遣使乘传奏状，世祖甚悼惜之，谓使人曰："汝等杀朕良臣，何用乘马！"遂令步归。赠征西大将军，谥曰成公。

长子观，早卒。世祖愍之，赐其子男爵。

观弟道赐，袭祖爵。道赐，少以父任，内侍左右。稍迁主客，进为尚书，加散骑常侍。善骑射，机辩有辞气，世祖甚器之。从征盖吴，迁尚书右仆射，加侍中。还至雁门，暴疾卒。谥曰哀公。

子拔，袭爵。

拔少好阴阳学。世祖追思其父祖，年十四，以为南部大夫。时世祖南伐，擒刘义隆将胡盛之，以付拔。拔酒醉不觉，盛之逃去。世祖大怒，命斩之。将伏锧，世祖怆然曰："若鬼而有知，长生问其子孙，朕何以应之？"乃赦拔，免为散大夫。后显祖以其功臣子，拜营州刺史。卒。

子永兴，袭爵。

张蒲，字玄则，河内修武人。本名谟，后改为蒲。汉太尉延之后。父攀，慕容垂御史中丞、兵部尚书，以清方称。蒲少有父风，颇涉文史，以端谨见知。为慕容宝阳平、河间二郡太守，尚书左丞。

太祖定中山，宝之官司叙用者，多降品秩。既素闻蒲名，仍拜为尚书左丞。天兴中，以蒲清谨方正，迁东部大人。后拜太中大夫。太宗即位，为内都大官，赐爵泰昌子。参决庶狱，私谒不行，号为公正。

太常初，丁零翟猛雀驱逼吏民入白涧山，谋为大逆。诏蒲与冀州刺史长孙道生等往讨。道生等欲径以大兵击之，蒲曰："良民所以从猛雀者，非乐乱而为，皆逼凶威，强服之耳。今若直以大军临之，吏民虽欲返善，其道无由。又惧诛夷，必并势而距官军，然后入山恃阻，诳惑愚民，其变未易图也。不如先遣使喻之，使民不与猛雀同谋者无坐，则民必喜而俱降矣。"道生甚以为然，具以奏闻。太宗诏蒲军前尉喻。乃下数千家，还其本属，蒲皆安集之。猛雀与亲党百余人奔逃。蒲与道生等追斩猛雀首，送京师。

后刘裕寇窃河表，以蒲为南中郎将、南蛮校尉，隶平南大将军长孙嵩往御之。裕入长安，乃还。后改为寿张子，与安平公叔孙建将兵自平原东渡，徇下刘义符青兖诸郡。诏加陈兵将军、济州刺史。又与建攻青州，不克而还。

世祖即位，以蒲清贫，妻子衣食不给，乃出为相州刺史。扶弱抑强，进善黜恶，教化大行。始光三年，卒于州，年七十二。吏民痛惜之。蒲在谋臣之列，屡出为将，朝廷清论，常为称首。赠平东将军、广平公，谥曰文恭。

子昭，有志操。天兴中，以功臣子为太学生。太宗即位，为内主书。后袭父爵。神䴥中，从征蠕蠕，以功进爵修武侯，加平远将军。延和二年，出为幽州刺史、开府，加宁东将军。时幽州年谷不登，州廪虚罄，民多菜色。昭谓民吏曰："何我之不德而遇其时乎？"乃使富人通济贫乏，车马之家籴运外境，贫弱者劝以农桑。岁乃大熟。士女称颂之。在任三年，卒。

子昶，袭爵。早卒。

昶弟灵符，真君八年，补中书博士。和平中，咸阳郡民赵昌聚党作逆，百姓骚动。诏灵符宣旨慰喻，民乃复业。天安初，迁中书侍郎，赐爵昌国子。延兴中，使南豫州，观察风俗。太和四年，除建威将军、广平太守。还为尚书左丞、司州大中正。后除镇远将军、齐州刺史。

十六年,转光州刺史,加立忠将军。卒。

谷浑,字元冲,昌黎人也。父衮,膂力兼人,弯弓三百斤,勇冠一时。仕慕容垂,至广武将军。

浑少有父风,任侠好气,以父母在,常自退抑。晚乃折节受经业,遂览群籍,被服类儒者。

太祖时,以善隶书,为内侍左右。太宗世,迁前锋将军,从幸河南。还,以选给事东宫。世祖即位,为中书侍郎,加振威将军。从征赫连昌,为骁骑将军。迁侍中、安南将军,领仪曹尚书,赐爵濮阳公。

浑正直有操行,性不苟合,趣舍不与已同者,视之蔑如也。然反重旧故,不以富贵骄人,时人以此称之。在官廉直,为世祖所器重,诏以浑子孙十五以上,悉补中书学生。延和二年春,卒。世祖悼惜之,亲临其丧。赠赐丰厚,谥曰文宣。

子阐,字崇基,小字长命,袭爵。少侍东宫,稍迁平南将军、相州刺史。入为外都大官。延兴四年卒。谥曰简公。

阐弟季孙,袭爵。中书学生,入为秘书中散,迁中部大夫。出为吐京镇将。

阐子洪,字元孙。少受学中书。世祖以洪机敏有祖风,令入授高宗经。高宗即位,以旧恩为散骑常侍、南部长。迁尚书,赐爵荥阳公。洪性贪奢,仆妾衣服锦绮,资累千金,而求欲滋剧。时显祖舅李峻等初至京师,官给衣服,洪辄截没。为有司所纠,并穷其前后脏罪,坐以伏法。

子颖,青州、征东大将军、广陵王羽田曹参军,员外散骑侍郎,给事中,尚书郎,加威远将军。除员外散骑常侍,寻转中散大夫。大军伐蜀时,益州刺史傅竖眼出为别将,以颖权行州事。后除假节、镇远将军、凉州刺史,不行。改授太府少卿,又加前将军。神龟二年卒。赠平东将军、营州刺史,谥曰贞。

长子纂,字灵绍,颇有学涉。解褐太学博士,领侍御史。稍迁著作郎、司州治中、黄门郎、散骑常侍。又为侍中、兼殿中尚书。迁骠骑大将军、左光禄大夫、营州大中正。纂前为著作，又监国史，不能有所缉缀。

纂弟士恢，字绍达。少好琴书。初为世宗挽郎，除奉朝请。正光中，入侍，甚为肃宗宠待。元叉之出，灵太后反政，绍达预有力焉。迁谏议大夫，俄转通直散骑常侍、直阁将军、鸿胪少卿，封元城县开国侯，邑七百户。太后嬖幸郑俨，惧绍达间构于帝，每因言次，导绍达为州。绍达耽宠，不愿出外。太后诬其罪而杀之。

公孙表，字玄元，燕郡广阳人也。游学为诸生。慕容冲以为尚书郎。慕容垂破长子，从入中山。慕容宝走，乃归阙。以使江南称旨，拜尚书郎。后为博士。初，太祖以慕容垂诸子分据势要，权柄推移，遂至亡灭，且国俗敦朴，嗜欲寡少，不可启其机心，而导其巧利，深非之。表承指上《韩非书》二十卷，太祖称善。

太宗初，表参功劳将军元屈军事，讨吐京叛胡，为胡所败。表以先谏止屈，太宗善之，赐爵固安子。河西饥胡刘虎聚结流民，反于上党，南寇河内。诏表讨虎，又令表与姚兴洛阳戍将结期，使备河南岸，然后进军讨之。时胡内自疑阻，更相杀害，表以其有解散之势，遂不与戍将相闻，率众讨之。法令不整，为胡所败，军人大被伤杀。太宗深衔之。

及刘裕征姚兴，兖州刺史尉建闻寇至，弃滑台北走，诏表随寿光侯叔孙建屯枋头。泰常七年，刘裕死，议取河南侵地。太宗以为掠地至淮，滑台等三城自然面缚。表固执宜先攻，太宗从之。于是以奚斤为都督，以表为吴兵将军、广州刺史。斤等济河，表攻滑台，历时不拔。太宗乃南巡，为之声援。表等既克滑台，引师西伐，大破刘义隆将翟广等于王楼，遂围虎牢。车驾次汲郡，始昌子苏坦、太史令王亮奏表置军虎牢东，不得利便之地，故令贼不时灭。太宗雅好术数，又积前忿，及攻虎牢，士卒多伤，乃使人夜就帐中缢而杀之。时年六十四。太宗以贼未退，秘而不宣。

初，表与勃海封恺友善，后为子求恺从女，恺不许，表甚衔之。

及封氏为司马国璠所逮，太宗以旧族欲原之，表固证其罪，乃诛封氏。表为人外和内忌，时人以此薄之。表本与王亮同营署，及其出也。轻侮亮，故至于死。

第二子轨，字元庆。少以文学知名。太宗时，为中书郎。出从征讨，补诸军司马。世祖平赫连昌，引诸将帅入其府藏，各令任意取金玉。诸将取之盈怀，轨独不探把。世祖乃亲探金赐之，谓轨曰："卿可谓临财不苟得，朕所以增赐者，欲显廉于众人。"

后兼大鸿胪，持节拜氐王杨玄为南秦王。及境，玄不郊迎，轨数玄曰："昔尉他跨据，及陆贾至，匍匐奉顺，故能垂名竹帛。今君王无肃恭之礼，非蕃臣也。"玄使其属赵客子对曰："天子以六合为家，孰非王庭，是以敢请入国，然后受谒。"轨答曰："大夫入境，尚有郊劳，而况王命者乎？请奉策以还。"玄惧，诣郊受命。轨使还，称旨，拜尚书，赐爵燕郡公，加平南将军。

及刘义隆将到彦之遣其部将姚纵夫济河，攻冶坂。世祖虑更北入，遣轨屯壶关。会上党丁零叛，轨讨平之。出为虎牢镇将。初，世祖将北征，发民驴以运粮，使轨部诣雍州。轨令驴主皆加绢一匹，乃与受之。百姓为之语曰："驴无强弱，辅脊自壮。"众共嗤之。坐征还。真君二年卒，时年五十一。

轨既死，世祖谓崔浩曰："吾行过上党，父老皆曰：公孙轨为受货纵贼，使至今余奸不除，轨之咎也。其初来，单马执鞭，返去，从车百两，载物而南。丁零渠帅乘山骂轨，轨怒，取骂者之母，以矛刺其阴而杀之，曰：'何以生此逆子！'从下到擘，分磔四支于山树上，以肆其忿。是忍行不忍之事。轨幸而早死，至今在者，吾必族而诛之。"

轨终得娶于封氏，生二子，斌、睿。

斌，袭爵。拜内都大官。正光二年卒。赠幽州刺史。

睿，字文叔。初为东宫吏，稍迁仪曹长，赐爵阳平公。时显祖于苑内立殿，敕中秘群官制名。睿曰："臣闻至尊至贵，莫崇于帝王；天人挹损，莫大于谦光。伏惟陛下躬唐虞之德，存道赜神，逍遥物外，宫居之名，当协睿旨。臣愚以为宜曰‘崇光’。奏可，后卒于南部尚书。赠安东将军、幽州刺史，谥曰宣。

睿妻，崔浩弟女也，生子良，字尊伯。聪明好学，为尚书左丞。雅有干用，为高祖所知遇。

良弟衡，字道津。良推爵让之，仕至司直。良以别功，赐爵昌平子。

子崇基，袭。

轨弟质，字元直。有经义，颇属文。初为中书学生，稍迁博士。世祖征凉州，留宜都王穆寿辅恭宗。时蠕蠕乘虚犯塞，侯骑至于京师，京师大震。寿雅信任质，以为谋主。质性好卜筮，卜筮者咸云寇必不来，故不谋备。由质，几致败国。后深自督厉。屡进谠言，超迁尚书。真君九年卒。追赠中护军将军、光禄勋、幽州刺史、广阳侯，谥曰恭。

第二子邃，字文庆。初为选部吏，以积勤，稍迁南部长。敷奏有称，迁南部尚书，赐爵范阳侯，加左将军。高祖诏邃与内都幢将、上谷公张鲦，率众讨萧赜舞阴戍。

后高祖与文明太后引见王公以下，高祖曰：“比年方割畿内及京城三部，于百姓颇有益否？”邃对曰：“先者人民离散，主司猥多，至于督察，实难齐整。自方割以来，众赋易辩，实有大益。”太后曰：“诸人多言无益，卿言可谓识治机矣。”诏醴阳被掠之兵，有得还者，赐绢二十匹。邃奏为贵贱等级，高祖称善。依例降侯，改为襄平伯。出为使持节、安东将军、青州刺史。

以邃在公遗迹可纪，下诏褒述。加镇东将军，领东夷校尉，刺史如故。

太和十九年，卒于官。高祖在邺宫，为之举哀。时百度唯新，青州佐吏疑为所服。诏曰：“今古时殊，礼或隆杀。专古也。理与今违；专今也，大乖曩义。当斟酌两途，商量得失，吏民之情，亦不可苟顺也。主簿，近代相丞服斩，过葬便除，可如故事。自余无服，大成寥落，可准诸境内之民，为斋哀三月。”

子同始,袭爵。卒于给事中。

同始弟同庆,笃厚廉慎。为司徒田曹参军,李崇骠骑府外兵参军。随崇北征,有方直之称。

邃、睿为从父兄弟,而睿才器小优,又封氏之生,崔氏之婿;邃母雁门李氏,地望县隔。巨鹿太守祖季真多识北方人物,每云:“士大夫当须好婚亲,二公孙同堂兄弟耳,吉凶会集,便有士庶之异。”

张济,字士度,西河人也。父千秋,慕容永骁骑将军。永灭,来奔。太祖善之,拜建节将军,赐爵成纪侯。随从征伐,累著功绩。登国末,卒。

济涉猎书传,清辩,美仪容。太祖爱之,引侍左右,与公孙表等俱为行人,拜散骑侍郎,袭爵

先是,姚兴遣将攻洛阳,司马德宗雍州刺史杨佺期遣使乞师于常山王遵,遵以状闻,太祖遣济为遵从事中郎报之。济自襄阳还,太祖问济江南之事,济对曰:“司马昌明死,子德宗代立,所部州镇,迭相攻击,今虽小定,君弱臣强,全无纲纪。臣等既到襄阳,佺期问臣:‘魏初伐中山几十万众?’臣答:‘三十余万。’佺期曰:‘魏国被甲戎马,可有几匹?’臣答:‘中军精骑十有余万,外军无数。’佺期曰:“以此讨羌,岂足灭也。’又曰:‘魏定中山,徙几户于北?’臣答:‘七万余家。’佺期曰:‘治在何城?’臣答:‘定都平城。’佺期曰:‘有如许大众,亦何用城为?’又曰:‘魏帝为欲久都平城,将复迁乎?’臣答:‘非所知也。’佺期闻朝廷不都山东,貌有喜色,曰:‘晋魏通和,乃在往昔,非唯今日。羌寇狡猾,频侵河洛,夙夜忧危。今此寡弱,仓库空竭,与君便为一家,义所无讳。洛城救援,仰恃于魏,若获保全,当必厚报。如其为羌所乘,宁使魏取。’臣等欲分向扬州。佺期曰:‘蛮贼互起,水行甚难。魏之军马,已据滑台,于此而还,从北道东下,乃更便直。晋之法制,有异于魏。今都督襄阳,委以外事,有欲征讨,辄便兴发,然后表闻,令朝廷知之而已。如其事势不举,亦不承台命。’太祖嘉其辞顺,乃厚赏其使,许救洛阳。

后迁谒者仆射，报使姚兴。以累使称旨，拜胜兵将军。频从车驾北伐，济谋功居多。赏赐奴婢百口、马牛数百、羊二十余口。天赐五年卒，

子多罗，袭爵。坐事除。

李先，字容仁，中山卢奴人也。本字犯高祖庙讳。少好学，善占相之术，师事清河张御，御奇之。仕苻坚，尚书郎。后慕容永闻其名，迎为谋主。先劝永据长子城，永遂称制，以先为黄门郎、秘书监。垂灭永，徙于中山。

皇始初，先于井陉归顺。太祖问先曰："卿何国人？"先曰："臣本赵郡平棘人。"太祖曰："朕闻中山土广民殷，信尔以不？"先曰："臣少官长安，仍事长子，后乃还乡，观望民士，实自殷广。"又问先曰："朕闻长子中有李先者，卿其是乎？"先曰："小臣是也。"太祖曰："卿识朕不？"先曰："陛下圣德膺符，泽被八表，龙颜挺特，臣安敢不识。"太祖又问曰："卿祖父及身官悉历何官？"先对曰："臣大父重，晋平阳太守、大将军右司马。父樊，石虎乐安太守、左中郎将。臣，苻丕尚书右主客郎，慕容永秘书监、高密侯"。太祖曰："卿既宿士，屡历名官，经学所通，何典为长？"先对曰："臣才识愚闇，少习经史，年荒废忘，十犹通六。"又问："兵法风角，卿悉通不？"先曰："亦曾习读，不能明解。"太祖曰："慕容永时，卿用兵不？"先曰："臣时蒙显任，实参兵事。"

太祖后以先为丞相卫王府左长史。

从仪平邺，到义台，破慕容驎军，回定中山。先每一进策，所向克平。车驾还代，以先为尚书右中兵郎。太祖谓先曰："今蠕蠕屡来犯塞，朕欲讨之，卿以为何如？"先曰："蠕蠕不识天命，窜伏荒朔，屡来偷窃，惊动边民。陛下神武，威德遐振，举兵征之，必将摧殄，"车驾于是北伐，大破蠕蠕。赏先奴婢三口、马牛羊五十头。

转七兵郎，迁博士、定州大中正。

太祖问先曰："天下何书最善，可以益人神智？"先对曰："唯有

经书。三皇五帝治化之典,可以补王者神智。”又问曰:“天下书籍,凡有几何?朕欲集之,如何可备?”对曰:“伏羲创制,帝王相承,以至于今,世传国记,天文秘纬不可计数。陛下诚欲集之,严制天下诸州郡县搜索备送,主之所好,集亦不难。”太祖于是班制天下,经籍稍集。

太祖之讨姚兴于柴壁也,问先曰:“兴屯天渡,平据柴壁,相为表里。今欲殄之,计将安出?”先对曰:“臣闻兵以正合,战以奇胜。如闻姚兴欲屯兵天渡,利其粮道。及其未到之前,遣奇兵先邀天渡、柴壁左右,严设伏兵,备其表里。以陛下神策,观时而动,兴欲进不得,退又乏粮。夫高者为敌所栖,深者为敌所囚,兵法所忌而兴居之,可不战而取。”太祖从其计,兴果败归。

太宗即位,问左右旧臣之中为先帝所亲信者有谁。时新息公王洛儿对曰:“有李先者,最为先帝所知,”太宗召先引见,问曰:“卿有何功行,而蒙先宗所识?”先对曰:“臣愚细,才行无闻,适以忠直奉上,更无异能。”太宗曰“卿试言旧事。”先对曰:“臣闻尧舜之教,化民如子;三王任贤,天下怀服。今陛下躬秉劳谦,六合归德,士女能言,莫不庆抃。”俄而召先读《韩子连珠》二十二篇、《太公兵法》十一事。诏有司曰:“先所知者,皆军国大事,自今常宿于内。”赐先绢五十匹、丝五十斤、杂彩五十匹、御马一匹。拜安东将军、寿春侯,赐隶户二十二。

诏先与上党王长孙道生率师袭冯跋乙连城,克之,悉虏其众。乃进讨和龙。先言于道生曰:“宜密使兵人人备青草一束,各五尺围,用填城堑。攻其西南,绝其外援,勒兵急攻,贼必可擒。”道生不从,遂掠民而还。

后出为武邑太守,有治名。

世祖即位,征为内都大官。神䴥二年卒,年九十五。诏赐金缕命服一袭,赠定州刺史、中山公,谥曰文懿。

子冏,袭爵。为京兆、济阴二郡太守。卒。

子钟葵,袭爵。降为子。

钟葵弟凤子，凤子弟虬子，并中书博士。

凤子子预，字元恺。少为中书学生。聪敏强识。涉猎经史。太和初，历秘书令、齐郡王友。出为征西大将军长史，带冯翊太守。积数年，府解罢郡，遂居长安。每羡古人餐玉之法，乃采访蓝田，躬往攻掘。得若环璧杂器形者，大小百余，稍得粗黑者。亦箧盛以还，而至家观之，皆光润可玩。预乃椎七十枚为屑，日服食之，余多惠人。后预及闻者更求于故处，皆无所见。冯翊公源怀等得其玉琢，为器佩，皆鲜明可宝。

预服经年，云有效验，而世事寝食下禁节，又加之好酒损志，及疾笃，谓妻子曰："服玉屏居山林，排弃嗜欲，或当大有神力，而吾酒色不绝，自致于死，非药过也。然吾尸体必当有异，勿便速殡，令后人知餐服之妙。"时七月中旬，长安毒热，预停尸四宿，而体色不变。其妻常以玉珠二枚含之，口闭。常谓之曰："君自云餐玉有神验，何故不受含也？"言讫齿启，纳珠，因嘘属其口，都无秽气。举敛于棺，坚直不倾委。死时犹有遗玉屑数斗，橐盛纳诸棺中。

初，天兴中，先子密问于先曰："子孙永为魏臣，将复事他主也？"先告曰："未也。国家政化长远，不可卒穷。"自皇始至齐受禅，实百五二十余岁矣。

贾彝，字彦伦，本武姑臧人也。六世祖敷，魏幽州刺史、广川都亭侯，子孙因家焉。父为苻坚巨鹿太守，坐讪谤系狱。彝年十岁，诣长安讼父获申，远近叹之，佥曰："此子英俊，贾谊之后，莫之与京。"弱冠，为慕容垂骠骑大将军、辽西王农记室参军。

太祖先闻其名，当遣使者求彝于垂。垂弥增器敬，更加宠秩，迁骠骑长史，带昌黎太守。垂遣其太子宝来寇，大败于参合陂，执彝及其从兄代郡太守润等。

太祖即位，拜尚书左丞，参预国政，加给事中。于邺置行台，与尚书和跋镇邺，招携初附。久乃召还。天赐末，彝请诣温汤疗病，为叛胡所拘执，送于姚兴，积数年，遁归。又为屈丐所执，与语悦之，拜秘书监。年六十一卒。世祖平赫连昌，子秀迎其尸柩，葬于代南。

秀，历中书博士，迁中书侍郎、太子中庶子、扬烈将军，赐爵阳都男，本州大中正。恭宗崩，以爵还第。既而掌吏曹事。高宗以秀东宫旧臣，进爵阳都子，加振威将军。

时丞相乙浑擅作威福，多所杀害。浑妻庶姓而求公主之号，屡言于秀，秀默然。浑曰："公事无所不从，我请公主，不应何意？"秀慷慨大言，对曰："公主之称，王姬之号，尊宠之极，非庶族所宜。若假窃此号，当必自咎。秀宁死于今朝，不取笑于后日。"浑左右莫不失色，为之震惧，而秀神色自若。浑夫妻默然含忿。他日，乃书太医给事杨惠富臂作"老奴官悭"字，令以示秀。浑每欲伺隙陷之。会浑伏诛，遂得免难。秀执正守志，皆此类也。

时秀与中书令勃海高允，俱以儒旧见重于时，皆选拟方岳，以询访见留，各听长子出为郡守。秀辞曰："爰自愚微，承乏累纪，少而受恩，老无成效，恐先草露，无报殊私。岂直无功之子，超齐先达。虽仰感圣慈，而俯深惊惧。乞收成命，以安微臣。"遂固让不受。

自始及终，历奉五帝，虽不至大官，常掌机要。而廉清俭约，不营资产。年七十三，遇疾，给医药，赐几杖。时朝廷举动及大事不决，每遣尚书、高平公李敷就第访决。皇兴三年卒。赠本将军、冀州刺史、武邑公，谥曰简。

子俊，字异邻，袭爵。拜秘书中散、军曹令。出为显武将军、荆州刺史。依例降爵为伯。先是，上洛置荆州，后改为洛州，在重山中，民不知学。俊乃表置学官，选聪悟者以教之。在州五载，清靖寡事，吏民亦安。迁洛后，俊朝京师，赏以素帛。景明初卒。赠本将军、光州刺史。

子叔休，袭爵。除给事中。卒。

子兴，袭爵。

兴弟宾，历尚书郎，以清素称。出为黎阳太守。卒官。

润曾孙祯，字叔愿。学涉经史，居丧以孝闻。太和中，为中书博士，副中书侍郎高聪使于江左。还，以母老患，辄过家定省，坐免官，久之，征为京兆王愉郎中令，行洛阳令。转治书侍御史、国子博士，加威远将军，行鲁阳太守。清素，善抚接，得百姓情。稍迁司徒咨议参军、通直散骑常侍，加冠军将军。正光中卒。赠平北将军、齐州刺史。

子子儒，司空田曹参军。

祯兄子景俊，亦以学识知名，奉朝请。迁京兆王愉府外兵参军。愉起逆于冀州，将授其官，景俊不受，愉杀之。永平中，赠东清河太守，谥曰贞。

景俊弟景兴，清峻鲠正。少为州主簿，遂栖迟不仕。后葛荣陷冀州，为荣所虏，称疾不拜。景兴每扪膝而言曰："吾不负汝。"以不拜葛荣故也。

薛提，太原人也。皇始中，补太学生，拜侍御史。累迁散骑常侍、太子太保，赐爵历阳侯，加晋兵将军。出为镇东大将军、冀州刺史，进爵太原公。所在有声绩。征为侍中，治都曹事。世祖崩，秘不发丧。尚书左仆射兰延、侍中和匹等议，以为皇孙幼冲，宜立长君，征秦王翰置之秘室。提曰："皇孙有世嫡之重，民望所系。春秋虽少，令问闻于天下，成王、孝昭所以隆周、汉。废所宜立，而更求君，必不可。"延等犹豫未决。中常侍宗爱知其谋。矫皇后令征提等入，遂杀之。

提弟浮子。高宗即位，以提有谋立之诚，诏袭兄爵太原公，有司奏降为侯。皇兴元年卒。

提孙令保，太和中，袭爵历阳侯。

史臣曰：宋隐操行贞白，遗略荣利。王宪名祖之孙，老见优礼。屈遵学艺知机，垣乃局量受遇。张蒲、谷浑，文武为用，人世仍显。公孙表初则一介见知，终以轻薄致戾。轨始受授金之赏，末陷财利之征。鲜克有终，固不虚也。张济使于四方，有延誉之美。李先学术嘉谋，荷遇三世。贾彝早播时学，秀则不畏强御。薛提正议忠谋，见害奸阉，悲夫！此《传》全写《高氏小史》，疑收书亡而后人补之。史臣语亦悉出《北史》诸论，合而成文。然颇详备，与本史它卷略同。岂非《小史》全载本史乎？

魏书卷三四
列传第二二

王洛儿 车路头 卢鲁元 陈建 万安国

王洛儿，京兆人也。少善骑射。太宗在东宫，给事帐下，侍从游猎，夙夜无怠。性谨愿，未尝有过。太宗当猎于灅南，乘冰而济，冰陷没马，洛儿投水，奉太宗出岸。水没洛儿，殆将冻死，太宗解衣以赐之。自是恩宠日隆。

天赐末，太宗出居于外，洛儿晨夜侍卫，无须臾违离，恭勤发于至诚。元绍之逆，太宗左右唯洛儿与车路头而已。昼居山岭，夜还洛儿家。洛儿邻人李道潜相奉给，晨昏往复，众庶颇知，喜而相告。绍闻，收道斩之。洛儿犹冒难往返京都，通问于大臣，大臣遂出奉迎，百姓奔赴。太宗还宫，社稷获刈，洛儿有功焉。

太宗即位，拜散骑常侍。诏曰："士处家必以孝敬为本，在朝则以忠节为先，不然，何以立身于当世，扬名于后代也?散骑常侍王洛儿、车路头等，服勤左右，十有余年，忠谨恭肃，久而弥至，未当须臾之顷，有废替之心。及在艰难，人皆易志，而洛儿等授命不移，贞操逾恳。虽汉之樊灌，魏之许典，无以加焉。勤而不赏，何以奖劝将来为臣之节？其赐洛儿爵新息公，加直意将军。"又追赠其父为列侯，赐僮隶五十户。

永兴五年卒。赠太尉、建平王，赐温明秘器，载以辒辌车，使殿中卫士为之导从。太宗亲临哀恸者数四焉。乃鸩其妻周氏，与洛儿合葬。

子长成,袭爵。卒,无子。

弟德成,袭爵。徙为建城公,加镇远将军。官至散骑常侍,典作长安。真君十一年卒。

子定州,袭爵,降为建阳侯、安远将军。后定州弟升为侍御中散,有宠于显祖,以祖父洛儿著勋先朝,诏复定州爵为公。高祖初,为长安镇将。卒。

子陵,袭升爵。承明初,迁监御长,赐爵始新子,加宁朔将军、员外散骑常侍。卒。

车路头,代人也。少以忠厚选给东宫,为太宗帐下帅。善自修立,谨慎无过。天赐末,太宗出于外,路头随侍竭力。及太宗即位,拜为散骑常侍,赐爵金乡公,加忠意将军。后改为宣城公。太宗性明察,群臣多以职事遇谴,至有杖罚,故路头优游不任事,侍宿左右,从容谈笑而已。

路头性无害,每至评狱处理,常献宽恕之议,以此见重于朝。太宗亦敬纳之,宠待隆厚,赏赐无数,当时功臣亲幸莫及。泰常六年卒。太宗亲临哀恸。赠侍中、左卫大将军、太师、宣城王,谥曰忠贞。丧礼一依安成王叔孙俊故事。陪葬金陵。

子眷,袭爵。

卢鲁元,昌黎徒河人也。曾祖副鸠,仕慕容垂为尚书令、临泽公。祖父并至大官。鲁元敏而好学,宽和有雅度。太宗时,选为直郎。以忠谨给侍东宫,恭勤尽节,世祖亲爱之。及即位,以为中书侍郎,拾遗左右,宠待弥深。而鲁元益加谨肃,世祖逾亲信之,内外大臣莫不敬惮焉。

性多容纳,善与人交,好掩人之过,扬人之美,由是公卿咸亲附之。鲁元以工书,有文才,累迁中书监,领秘书事。赐爵襄城公,加散骑常侍、右将军。赐其父为信都侯。从征赫连昌。世祖亲追击之，入其城门，鲁元随世祖出入。是日，微鲁元，几至危殆。从征平凉，以功拜征北大将军，加侍中。后迁太保、录尚书事。世祖贵异之，常从征伐，出入卧内。每有平殄，辄以功赏赐僮隶，前后数百人，布帛以万计。世祖临幸其第，不出旬日。欲其居近，易于往来，乃赐甲第于宫门南。衣食车马，皆乘舆之副。

真君三年冬，车驾幸阴山，鲁元以疾不从。侍臣问疾，送医药，传驿相属于路。及薨，世祖甚悼惜之。还，临其丧，哭之哀恸。东西二宫命太官日送奠，晨昏哭临，讫则备奏钟鼓伎乐。舆驾比葬，三临之。丧礼依安成王故事，而赠送有加。赠襄城王，谥曰孝。葬于崞山，为建碑阙。自魏兴，贵臣恩宠，无舆为比。子统，袭爵。

少子内，给侍东宫，恭宗深昵之，常与卧起兴衣。父子有宠两宫。势倾天下。内性宽厚，有父风，而恭顺不及。正平初，宫臣伏诛，世祖以鲁元故，唯杀内，而厚抚其兄弟。

统以父任，侍东宫。世祖以元舅阳平王杜超女，南安长公主所生妻之。车驾亲自临送，太官设供具，赐赉以千计。高宗即位，典选部、主客二曹。兴安二年卒。赠襄城王，谥曰景。无子。

弟弥娥，袭爵。拜北镇都将。卒，赠襄城王，谥曰恭。

子兴仁，袭爵

陈建，代人也。祖浑，太祖末，为右卫将军。父阳，尚书。建以善骑射，擢为三郎。稍迁下大夫、内行长。世祖讨山胡白龙，意甚轻之，单将数十骑登山临崄，每日如此。白龙乃伏壮士十余处，出于不意，世祖堕马，几至不测。建以身捍贼，大呼奋击，杀贼数人，身被十于创。世祖壮之，赐户二十。

高宗初，赐爵阜城侯，加冠军将军。出为幽州刺史，假秦郡公。高宗以建贪暴懦弱，遣使就州罚杖五十。

高祖初，征为尚书右仆射，加侍中，进爵赵郡公。建与侍中尚书、晋阳侯元仙德，殿中尚书、长乐王穆亮，比部尚书、平原王陆睿密表曰:“皇天辅德,命集大魏。臣等祖父翼赞初兴,勤过蜀汉,誓固山河,享兹景福,宠辱休戚,与国均焉。臣以凡近,识无远达,阶藉先庞,遂荷今任,彼己之讥,播于群口。仰感生成,俯自策厉,顾省驽钝,终于无益。然饮冰惊寐,实怀惭负。至于愿,天高地厚,何日忘之。自永嘉之末,封豕横噬,马睿南据,奄有荆楚。及桓、刘跋扈,祸难相继。岱宗隔望秩之敬,青、徐限见德之风。献文皇帝髫龀龙飞,道光率土,干戚暂舞,淮海从风,车书既同,华裔将一。昊天不吊,奄背万邦。窃闻刘昱夭亡,权臣杀害,思正之民,翘想罔极。愚谓时不再来,机宜易失,毫分之差,致悔千里。天与下取,反受其咎,所谓见而不作,过在介石者也。宜简雄将,号令八方。义阳王臣昶,深悟存亡,远同孙氏。苟历运响从,则吴会可定;脱事有难成,则振旅而返。进可以扬义声于四海,退可以通德信于遐裔。宜乘之会,运钟今日,如合圣听,乞速施行。脱忤天心,愿存臣表,徐观后验,赏罚随焉。”高祖嘉之。

迁司徒、征西大将军,进爵魏郡王。高祖与文明太后频幸建第,赐建妻宴于后庭。太和九年薨。

子念,袭爵。为中山守,坐掠良人,为御史中尉王显所弹。遇赦,免,爵除。

万安国,代人也。祖真,世为酋帅,恒率部民从世祖征伐,以功除平西将军、敦煌公,转骠骑大将军、仪同三司。父振,尚高阳长公主,拜驸马都尉。迁散骑常侍、宁西将军、长安镇将,赐爵冯翊公。安国少明敏,有姿貌。以国甥,复尚河南公主,拜附马都尉,迁散骑常侍。显祖特亲宠之,与同卧起,为立第宅,赏赐至巨万。超拜大司马、大将军,封安城王。安国先与神部长奚贾奴不平,承明初,矫诏杀贾奴于苑中。高祖闻之,大怒,遂赐安国死。年二十三。

子翼,袭王爵。太和十五年薨。高祖以其父受宠先朝,特赠并州刺史。

子纂,字辅兴,袭依例降为公。世宗时,起家司徒仓曹参军。迁南秦平西府司马、护军长史，加右军将军。正光二年卒。赠假节、征虏将军、荆州刺史。

子金刚，袭。武定末，开府祭酒。齐受禅，爵例降。

有奚拔者，世为纥奚部帅。其父根，皇始初，率众归魏。太祖嘉之。尚昭成女，生子拔。卒于尚书令。拔尚华阴公主，生子敬。元绍之逆也，主有功，超授敬大司马、大将军，封长乐王。薨。

子护，袭爵。拜外都大官。太和中，诏以护年迈，既未致仕，令依旧养老之例。卒，子彦嗣。根事迹遗落，故略附云。

史臣曰：王洛儿、车路头、卢鲁元、陈建，咸以诚至发衷，竭节危难，苟非志烈过人，亦何能以若此？宜其生受恩遇，殁尽哀荣。至如安国，贵宠异于数子哉。

魏书卷三五
列传第二三

崔 浩

崔浩，字伯渊，清河人也，白马公玄伯之长子。少好文学，博览经史，玄象阴阳，百家之言，无不关综，研精于理，时人莫及。弱冠为直郎。天兴中，给事秘书，转著作郎。太祖以其工书，常置左右。太祖季年，威严颇峻，官省左右，多以微过得罪，莫不逃隐，避目下之变。浩独恭勤不怠，或终日不归。太祖知之，辄命赐以御粥。其砥直任时，不为穷通改节，皆此类也。

太宗初，拜博士祭酒，赐爵武城子，常授太宗经书。每至郊祠，父子并乘轩轺，时人荣之。太宗好阴阳术数，闻浩说《易》及《洪范》五行，善之，因命浩筮吉凶，参观天文，考定疑惑。浩综核天人之际，举其纲纪，诸所处决，多有应验。恒与军国大谋，甚为宠密。是时，有兔在后宫，验问门官，无从得入。太宗怪之，命浩推其咎征。浩以为当有邻国贡嫔嫱者，善应也。明年，姚兴果献女。

神瑞二年，秋谷不登，太史令王亮、苏垣因华阴公主等言谶书国家当治邺，应大乐五十年，劝太宗迁都。浩与特进周澹言于太宗曰："今国家迁都于邺，可救今年之饥，非长久之策也。东州之人，常谓国家居广漠之地，民畜无算，号称牛毛之众。今留守旧都，分家南徙，恐不满诸州之地。参居郡县，处榛林之间，不便水土，疾疫死伤，情见事露，则百姓意沮。四方闻之，有轻侮之意。屈丐、蠕蠕必提挈而来，云中、平城则有危殆之虑，阻隔恒、代千里之险，虽欲救援，赴之甚难，如此则声实俱损矣。今居北方，假令山东有变，轻骑南出，耀威桑梓之中，谁知多少？百姓见之，望尘震服。此是国家威制诸夏之长策也。至春草生，乳酪将出，兼有菜果，足接来秋，若得中熟，事则济矣。”太宗深然之，曰：“唯此二人，与朕意同。”复使中贵人问浩、澹曰：“今既糊口无以至来秋，来秋或复不熟，将如之何？”浩等对曰：“可简穷下之户，诸州就谷，若来秋无年，愿更图也。但不可迁都。”太宗从之。于是分民诣山东三州食，出仓谷以禀之。来年遂大熟。赐浩、澹妾各一人，御衣一袭，绢五十匹，绵五十斤。

初，姚兴死之前岁也，太史奏：荧惑在匏瓜星中，一夜忽然亡失，不知所在。或谓下入危亡之国，将为童谣妖言，而后行其灾祸。太宗闻之，大惊，乃召诸硕儒十数人，令与史官求其所诣。浩对曰：“案《春秋左氏传》说神降于莘，其至之日，各以其物祭也。请以日辰推之，庚午之夕，辛未之朝，天有阴云荧惑之亡，当在此二日之内。庚之与未，皆主于秦，辛为西夷。今姚兴据咸阳，是荧惑入秦矣。”诸人皆作色曰：“天上失星，人安能知其所诣？而妄说无征之言。”浩笑而不应。后八十余日，荧惑果出于东井，留守盘游，秦中大旱赤地，昆明池水竭；童谣讹言，国内宣扰。明年，姚兴死，二子交兵，三年国灭。于是诸人皆服曰：“非所及也。”

泰常元年，司马德宗将刘裕伐姚泓，舟师自淮泗人清，欲溯河西上，假道于国。诏群臣议之。外朝公卿咸曰：“函谷关号曰天险，一人荷戈，万夫不得进。裕舟船步兵，何能西入？脱我乘其后，还路甚难。若北上河岸，其行为易。扬言伐姚，意或难测。假其水道，寇不可纵，宜先发军断河上流，勿令西过。”又议之内朝，咸同外计，太宗将从之。浩曰：“此非上策。司马休之之徒扰其荆州，刘裕切齿来久。今兴死子劣，乘其危亡而伐之，臣观其意，必欲入关。劲躁之人，不顾后患。今若塞其西路，裕必上岸北侵，如此则姚无事而我受敌。今蠕蠕内寇，民食又乏，不可发军。发军赴南，则北寇进击；若其救北，则东州复危。未若假之水道，纵裕西入，然后兴兵塞其东归之路，所谓卞庄刺虎，两得之势也。使裕胜也，必德我假道之惠；令姚氏胜也，亦不失救邻之名。纵使裕得关中，县远难守，彼不能守，终为我物。今不劳兵马，坐观成败，斗两虎而收长久之利，上策也。夫为国之计，择利而为之，岂顾婚姻，酬一女子之惠哉？假令国家弃恒山以南，裕必不能发吴越之兵，与官军争守河北也，居然可知。”议者犹曰：“裕西入函谷，则进退路穷，腹背受敌；北上岸，则姚军必不出关助我。扬声西行，意在北进，其势然也。”太宗遂从群议，遣长孙嵩发兵拒之，战于畔城，为裕将朱超石所败，师人多伤。太宗闻之，恨不用浩计。

二年，司马德宗齐郡太守王懿来降，上书陈计，称刘裕在洛，劝国家以军绝其后路，则裕军可不战而克。书奏，太宗善之。会浩在前进讲书传，太宗问浩曰：“刘裕西伐，前军已至潼关。其事如何？以卿观之，事得济不？”浩对曰：“昔姚兴好养虚名，而无实用。子泓又病，众叛亲离，裕乘其危，兵精将勇，以臣观之，克之必矣。”太宗曰：“刘裕武能何如慕容垂？”浩曰：“裕胜。”太宗曰：“试言其状。”浩曰：“慕容垂乘父祖世君之资，生便尊贵，同类归之。若夜蛾之赴火，少加倚仗，便足立功。刘裕挺出寒微，不阶尺土之资，不因一卒之用，奋臂大呼而夷灭桓玄，北擒慕容超，南摧卢循等，僭晋陵迟，遂执国命。裕若平姚而还，必篡其主，其势然也。秦地戎夷混并，虎狼之国，裕亦不能守之。风俗不同，人情难变，欲行荆、扬之化于三秦之地，譬无翼而欲飞，无足而欲走，不可得也。若留众守之，必资于寇。孔子曰：善人为邦百年，可以胜残去杀。今以秦之难制，一二年间岂裕所能哉？且可治戒束甲，息民备境，以待其归，秦地亦当终为国有，可坐而守也。”太宗曰：“裕已入关，不能进退，我遣精骑南袭彭城、寿春，裕亦何能自立？”浩曰：“今西北二寇未殄，陛下不可亲御六师。兵众虽盛，而将无韩、白。长孙嵩有治国之用，无进取之能，非刘裕敌也。臣谓待之不晚。”太宗笑曰：“卿量之已审矣。”浩曰：“臣当私论近世人物，不敢不上闻。若王猛之治国，苻坚之管仲也；慕容玄恭之辅少主，慕容暐之霍光也；刘裕之平逆乱，司马德宗之曹操也。”太宗曰：“卿谓先帝如何？”浩曰：“小人管窥悬象，何能见玄穹之广大。虽然，太祖用漠北醇朴之人，南入中地，变风易俗，化洽四海，自与义、农齐列，臣岂能仰名。”太宗曰：“屈丐何如？”浩曰：“屈家国夷灭，一身孤寄，为姚氏封殖。不思树党强邻，报仇雪耻，乃结忿于蠕蠕，背德于姚兴，撅竖小人，无大经略，正可残暴，终为人所灭耳。”太宗大悦，语至中夜，赐浩御缥醪酒十觚，水精戎盐一两。曰：“朕味卿言，若此盐酒，故与卿同其旨也。

三年，彗星出天津，入太微，经北斗，络紫微，犯天棒，八十余日，至汉而灭。太宗复召诸儒术士问之曰：“今天下未一，四方岳峙，灾咎之应，将在何国？朕甚畏之，尽情以言，勿有所隐。”咸共推浩令对。浩曰：“古人有言，夫灾异之生，由人而起。人无衅焉，妖不自作。故人失于下，则变见于上。天事恒象，百代不易。《汉书》载王莽篡位之前，彗星出入，正与今同。国家主尊臣卑，上下有序，民无异望。唯僭晋卑削，主弱臣强，累世陵迟，故桓玄逼夺，刘裕秉权。彗孛者，恶气之所生。是为僭晋将灭，刘裕篡之之应也。”诸人莫能易浩言，太宗深然之。

五年，裕果废其主司马德文而自立。南镇上裕改元赦书。时太宗幸东南泻卤池射鸟，闻之，驿召浩，谓之曰：“往年卿言彗星之占验矣，朕于今日始信天道。”

初，浩父疾笃，浩乃前爪截发，夜在庭中仰祷斗极，为父请命，求以身代，叩头流血，岁余不息，家人罕有知者，及父终，居丧尽礼，时人称之。袭爵白马公。朝廷礼仪、优文策诏、军国书记，尽关于浩。

浩能为杂说，不长属文，而留心于制度、科律及经术之言。作家祭法，次序五宗，蒸当之礼，丰俭之节，义理可观。性不好《老庄》之书，每读不过数十行，辄弃之，曰：“此矫诬之说，不近人情，必非老子所作。老聃习礼，仲尼所师，岂设败法文书，以乱先王之教？袁生所谓家人筐箧中物，不可扬于王庭也。”

太宗恒有微疾，怪异屡见。乃使中贵人密问于浩曰：“《春秋》：星孛北斗，七国之君皆将有咎。今兹日蚀于胃昴，尽光赵代之分野。朕疾弥年，疗治无损，恐一旦奄忽，诸子并少，将如之何？其为我设图后之计。”浩曰：“陛下春秋富盛，圣业方融，德以除灾，幸就平愈。且天道悬远，或消或应。昔宋景见灾修德，荧惑退舍。愿陛下遣诸忧虞，恬神保和，纳御嘉福，无以暗昧之说，致损圣思。必不得已，请陈瞽言。自圣化龙兴，不崇储贰，是以永兴之始，社稷几危。今宜早建东宫，选公卿忠贤陛下素所委仗者，使为师傅，左右信臣简在圣心者以充宾友。入总万机，出统戎政，监国抚军，六柄在手。若此，则陛下可以优游无为，颐神养寿，进御医药。万岁之后，国有成主，民有所归，则奸宄息望，旁无觊觎。此乃万世之令典，塞祸之大备也。今长皇子讳寿，年渐一周，明睿温和，众情所击，时登储副，则天下幸甚。立子以长，礼之大经。若须并待成人而择，倒错天伦，则生履霜坚冰之祸。自古以来，载籍所记，兴衰存亡，鲜不由此。”太宗纳之。

于是，使浩奉策告宗庙，命世祖为国副主，居正殿临朝。司徒长孙嵩、山阳公奚斤、北新公安同为左辅，坐东厢西面；浩与太尉穆观、散骑常侍丘堆为右弼，坐西厢东面。百僚总已以听焉。太宗避居西宫，时隐而窥之，听其决继，大悦，谓左右侍臣曰：“长孙嵩宿德旧臣，历事四世，功存社稷；奚斤辩捷智谋，名闻遐迩；安同晓解俗情，明练于事；穆观达于政要，识吾旨趣；崔浩博闻强识，精于天人之会；丘堆虽无大用，然在公专谨。以此六人辅相，吾与汝曹游行四境，伐叛柔服，可得志于天下矣。”群臣时奏所疑，太宗曰：“此非我所知，当决之汝曹国主也。”

会闻刘裕死，太宗欲取洛阳、虎牢、滑台。浩曰：“陛下不以刘裕欻起，纳其使贡，裕亦敬事陛下。不幸今死，乘丧伐之，虽得之不令。《春秋》晋士丐帅师侵齐，闻齐侯卒，乃还。君子大其不伐丧，以为恩足以感孝子，义足以动诸侯。今国家亦未能一举而定江南，宜遣人吊祭，存其孤弱，恤其凶灾，布义风于天下，令德之事也。若此，则化被荆、扬，南金象齿羽毛之珍，可不求而自至。裕新死，党与未离。兵临其境，必相率拒战，功不可必，不如缓之，待其恶稔。如其强臣争权，变难必起，然后命将扬威，可不劳士卒，而收淮北之地。”太宗锐意南戎，诘浩曰："刘裕因姚兴死而灭其国，裕死我伐之，何为不可？"浩固执曰："兴死，二子交争，裕乃伐之。"太宗大怒，不从浩言，遂遣奚斤南伐。议于监国之前曰："先攻城也？先略地也？"斤曰："请先攻城。"浩曰："南人长于守城，苻氏攻襄阳，经年不技。今以大国力攻攻其小城，若不时克，挫损军势，敌得徐严而来，我怠彼锐，危道也。不如分军略地，至淮为限，列置守宰，收敛租谷。滑台、虎牢反在军北，绝望南救，必沿河东走。若或不然，即是囿中之物。"公孙表请先图其城。斤等济河，先攻滑台，经时不拔，表请济师。太宗怒，乃亲南巡。

拜浩相州刺史，加左光禄大夫，随军为谋主。

及车驾之还也，浩从太宗幸西河、太原。登憩高陵之上，下临河流，傍览川域，慨然有感，遂与同僚论五等郡县之是非，考秦始皇、汉武帝之违失。好古识治，时伏其言。天师寇谦之每与浩言，闻其论古治乱之迹，常自夜达旦竦意敛容，无有懈倦。即而叹美之曰："斯言也惠，皆可底行，亦当今之皋繇也。但世人贵远贱近，不能深察之耳。"因谓浩曰："吾行道隐居，不营世务，忽受神中之诀，当兼修儒教，转助泰平真君，继千载之绝统。而学不稽古，临事暗昧。卿为吾撰列王者治典，并论其大要。"浩乃著书二十余篇，上推太初，下尽秦汉变弊之迹，大旨先以复五等为本。

世祖即位，左右忌浩正直，共排毁之。世祖虽知其能，不免群议，故出浩，以公归第。及有疑议，召而问焉。浩纤妍洁白，如美妇人。而性敏达，长于谋计。常自比张良，谓已稽古过之。既得旧第。因欲修服食养性之术，而寇谦之有《神中录图新经》，浩因师之。

始光中，进爵东郡公，拜太常卿。

时议讨赫连昌。群臣皆以为难，唯浩曰："往年以来，荧惑再守羽林，皆成钩已，其占秦亡。又今年五星并出东方，利以西伐。天应人和，时会并集，不可失也。"世祖乃使奚斤等击蒲坂，而亲率轻骑袭其都城，大获而还。及世祖复讨昌，次其城下，收众伪退。昌鼓噪而前，舒阵为两翼。会有风雨从东南来，扬沙昏冥。宦者赵倪进曰：

"今风雨从贼后来,我向彼背,天不助人。又将士饥渴,愿陛下摄骑避之,更待后日。"浩叱之曰:"是何言欤!千里制胜,一日之中,岂得变易?贼前行不止,后已离绝,宜分军隐出,奄击不意。风道在人,岂有常也!"世祖曰"善"。分骑奋击,昌军大溃。

初,太祖诏尚书郎邓渊著《国记》十余卷,编年次事,体例未成。逮于太宗,废而不述。神䴥二年,诏集诸文人撰录国书,浩及弟览、高谠、邺颖、晁继、范亨、黄辅等共参著作,叙成《国书》三十卷。

是年,议击蠕蠕,朝臣内外尽不欲行,保太后固止世祖,世祖皆不听,唯浩赞成策略。尚书令刘洁、左仆射安原等,乃使黄门侍郎仇齐推赫连昌太史张渊、徐辩说世祖曰:"今年己巳,三阴之岁,岁星袭月,太白在西方,不可举兵。北伐必败,虽克,不利于上。"又群臣共赞和渊等,云渊少时当谏苻坚不可南征,坚不从而败。今天时人事都不和协,何可举动!"

世祖意不决,乃召浩令与渊等辩之。

浩难渊曰:"阳者,德也;阴者,刑也。故日蚀修德,月蚀修刑。夫王者之用刑,大则陈诸原野,小则肆之市朝。战伐者,用刑之大者也。以此言之,三阴用兵,盖得其类,修刑之义也。岁星袭月,年饥民流,应在他国,远期十二年。太白行仓龙宿,于天文为东,不妨北伐。渊等俗生,志意浅近,牵于小数,不达大体,难与远图。臣观天文,比年以来,月行奄昂,至今犹然。其占:三年,天子大破旄头之国。蠕蠕、高车,旄头之众也。夫圣明御时,能行非常之事,古人语曰:'非常之原,黎民惧焉。及其成功,天下晏然。'愿陛下勿疑也。"渊等惭而言曰:"蠕蠕,荒外无用之物,得其地不可耕而食,得其民不可臣而使,轻疾无常,难得而制,有何汲汲而苦劳士马也?"浩曰:"渊言天时,是其所职,若论形势,非彼所知。斯乃汉世旧说常谈,施之于今,不合事宜也,何以言之?夫蠕蠕者,旧是国家北边叛隶,今诛其元恶,收其善民,令复旧役,非无用也。漠北高凉,不生蚊蚋,水草美善,夏则北迁。田牧其地,非不可耕而食也。蠕蠕子弟来降,贵者尚公主,贱者将军、大夫,居满朝列。又高车号为名骑,非不可臣而畜也。夫以南人追之，则患其轻疾，于国兵则不然。何者？彼能远逐，与之进退，非难制也，且蠕蠕往数入国，民吏震惊。今夏不乘虚掩进，破灭其国，至秋复来，不得安卧。自太宗之世，迄于今日，无岁不惊，岂不汲汲乎哉！世人皆谓渊、辩通解数术，明决成败。臣请试之，问其西国末灭之前有何亡征。知而不言，是其不忠；若实不知，是其无术。"时赫连昌在座，渊等自以无先言，惭赧而不能对。世祖大悦，谓公卿曰："吾意决矣。亡国之师，不可与谋，信矣哉。"而保太后犹难之，复令群臣于保太后前评议。世祖谓浩曰："此等意犹不伏，卿善晓之令悟。"

既罢朝，或有尤浩者曰："今吴贼南寇而舍之北伐。行师千里，其谁不知？若蠕蠕远遁，前无所获，后有南贼之患，危之道也。"浩曰："不然。今年不摧蠕蠕，则无以御南贼。自国家并西国以来，南人恐惧，扬声动众以卫淮北。彼北我南，彼劳我息，其势然矣。比破蠕蠕，往还之间，故不见其至也。何以言之？刘裕得关中，留其爱子，精兵数万，良将劲卒，犹不能固守，举军尽没。号哭之声，至今末已。如何正当国家休明之世，士马强盛之时，而欲以驹犊齿虎口也？设令国家与之河南，彼必不能守之。自量不能守，是以必不来。若或有众，备边之军耳。夫见瓶水之冻，知天下之寒；尝肉一脔，识镬中之味。物有其类，可推而得也。且蠕蠕恃其绝远，谓国家力不能至，自宽来久，故夏则散众放畜，秋肥乃聚，背寒向温，南来寇抄。今出其虑表，攻其不备。大军卒至，必惊骇星分，望尘奔走。牡马护群，牝马恋驹，驱驰难制，不得水草，末过数日则聚而困敝，可一举而灭。暂劳永逸，长久之利，时不可失也。唯患上无此意，今圣虑已决，发旷世之谋，如何止之？陋矣哉，公卿也！"诸军遂行。

天师谓浩曰："是行也，如之何，果可克乎？"浩对曰："天时形势，必克无疑。但恐诸将琐琐，前后顾虑，水能乘胜深人，使不全举耳。"

及军入其境，蠕蠕先不设备，民畜布野，惊怖四奔，莫相收摄。于是分军搜讨，东西五千里，南北三千里，凡所俘虏及获畜产车庐，弥漫山泽,盖数百万。高车杀蠕蠕种类,归降者三十余万落。虏遂散乱矣。也祖沿弥水西行,至逐邪山,诸大将果疑深入有伏兵,劝世祖停止不追。天师以浩曩日之言,固劝世祖穷讨,不听。后有降人,言蠕蠕大檀先被疾,不知所为,乃焚烧穹庐,科车自载,将数百人入山南走。民畜窘聚,方六十里中,无人领统。相去百八十里,追军不至,乃徐徐西遁,唯此得免。后闻凉州贾胡言,若复前行二日,则尽减之矣。世祖深恨之。大军既还,南贼竟不能动,如浩所量。

浩明识天文,好观星变。常置金银铜铤于酢器中,令青,夜有所见即以铤书画纸作字以记其异。世祖每幸浩第,多问以异事。或仓卒不及束带,奉进蔬食,不暇精美。世祖为举匕箸,或立当而旋。其见宠爱如此。于是引浩出入卧内,加侍中,特进,抚军大将军,左光禄大夫,赏谋谟之功。世祖从容谓浩曰:"卿才智渊博,事朕祖考,忠著三世,朕故延卿自近。其思尽规谏,匡予弼予,勿有隐怀。朕虽当时迁怒,若或不用,久久可不深思卿言也。"因令歌工历颂群臣,事在《长孙道生传》。又召新降高车渠帅数百人,赐酒食于前。世祖指浩以示之曰:"汝曹视此人,尫歼懦弱,手不能弯弓持矛,其胸中所怀,乃逾于甲兵。朕始时虽有征讨之意,而虑不自决,前后克捷,皆此人导吾令至此也。"乃敕诸尚书曰:"凡军国大计,卿等所不能决,皆先咨浩,然后施行。"

俄而南藩诸将表刘义隆大严,欲犯河南。请兵三万,先其未发逆击之,因诛河北流民在界上者,绝其乡导,足以挫其锐气,使不敢深入。诏公卿议之咸,言宜许。浩曰:"此不可从也。往年国家大破蠕蠕,马力有余,南贼震惧,常恐轻兵奄至,卧不安席,故先声动众,以备不虞,非敢先发。又南土下湿,夏月蒸暑,水潦方多,草木深遂,疾疫必起,非行师之时。且彼先严有备,必坚城固守。屯军攻之,则粮食不给;分兵肆讨,则无以应敌。末见其利。就使能来,待其劳倦,秋凉马肥,因敌取食,徐往击之,万全之计,胜必可克。在朝群臣及西北守将,从陛下征讨,西灭赫连,北破蠕蠕,多获美女珍宝,马畜成群。南镇诸将闻而生羡,亦欲南抄,以取资财。是以披毛求瑕,妄张贼势，冀得肆心。既不获听，故数称贼动，以恐朝廷。背公存私，为国生事，非忠臣也。”世祖从浩议。

南镇诸将复表贼至，而自陈兵少，简幽州以南戍兵佐守，就漳水造船，严以为备。公卿议者佥然，欲遣骑五千，并假署司马楚之、鲁轨、韩延之等，令诱引边民。浩曰：“非上策也，彼闻幽州已南精兵悉发，大造舟船，轻骑在后，欲存立司马，诛除刘族，必举国骇扰，惧于灭亡，当悉发精锐，来备北境。后审知官军有声无实，恃其先聚，必喜而前行，径来至河，肆其侵暴，则我守将无以御之。若彼有见机之人，善设权谲，乘间深入，虞我国虚，生变不难，非制敌之良计。今公卿欲以威力攘贼，乃所以招令速至也。夫张虚声而召实害，此之谓矣。不可不思，后悔无及。我使在彼，期四月前还。可待使至，审而后发，犹未晚也。且楚之之徒，是彼所忌，将夺其国，彼安得端坐视之。故楚之往则彼来，止则彼息，其势然也。且楚之等琐才，能招合轻薄无赖，而不能成就大功。为国生事，使兵连祸结，必此之群矣。臣尝闻鲁轨说姚兴求入荆州，至则散败，乃不免蛮贼掠卖为奴，使祸及姚泓，已然之效。”

浩复陈天时不利于彼，曰：“今兹害气在扬州，不宜先举兵，一也；午岁自刑，先发者伤，二也；日蚀灭光，昼昏星见，飞鸟堕落，宿值斗牛，忧在危亡，三也；荧惑伏匿于翼轸，戒乱及丧，四也；太白未出，进兵者败，五也。夫兴国之君，先修人事，次尽地利，后观天时，故万举而万全，国安而身盛。今义隆新国，是人事未周也；灾变屡见，是天时不协也；舟行水涸，是地利不尽也。三事无一成，自守犹或不安，何得先发而攻人哉？彼必听我虚声而严，我亦承彼严而动，两推其咎，皆自以为应敌。兵法当分灾迎受害气，未可举动也。”

世祖不能违众，乃从公卿议。浩复固争，不从。遂遣阳平王杜超镇邺。琅邪王司马楚之等屯颍川。于是贼来遂疾，到彦之自清水入河，溯流西行，分兵列守南岸，西至潼关。

世祖闻赫连定与刘义隆悬分河北，乃治兵，欲先讨赫连。群臣曰：“义隆犹在河中，舍之西行，前寇未可必克，而义隆乘虚，则失东州矣。”世祖疑焉，问计于浩。浩曰：“义隆与赫连定同恶相招，连结冯跋，牵引蠕蠕，规肆逆心，虚相唱和。义隆望定进，定待义隆前，皆莫敢先入。以臣观之，有似连鸡，不得俱飞，无能为害也。臣始谓义隆军来当屯住河中，两道北上，东道向冀州，西道冲邺。如此，则陛下当自致讨，不得徐行。今则不然，东西列兵，径二千里，一处不过数千，形分势弱。以此观之，伫儿情见，止望固河自守，免死为幸，无北度意也。赫连定残根易摧，拟之必仆。克定之后，东出潼关，席卷而前，则威震南极，江淮以北无立草矣。圣策独发，非愚近所及，愿陛下西行勿疑。”

平凉既平，其日宴会，世祖执浩手以示蒙逊使曰：“所云崔公，此是也。才略之美，当今无比。朕行止必问，成败决焉，若合符契，初无失矣。”后冠军将军安颉军还，献南俘囚，说南贼之言云义隆敕其诸将，若北国兵动，先其未至，径前入河，若其不动，住彭城勿进。如浩所量。世祖谓公卿曰：“卿辈前谓我用浩计为谬，惊怖固谏。常胜之家，始皆自谓，逾人远矣，至于归终，乃不能及。”迁浩司徒。

时方士祁纤奏立四王，以日东西南北为名，欲以致祯吉，除灾异。诏浩与学士议之。浩对曰：“先王建国以作蕃屏，不应假名以为其福。夫日月运转，周历四方，京都所居，在于其内，四王之称，实奄邦畿，名之则逆，不可承用。”先是，纤奏改代为万年，浩曰：“昔太祖道武皇帝，应天受命，开拓洪业，诸所制置，无不循古。以始封代土，后称为魏，故代、魏兼用，犹彼殷商。国家积德，著在图史，当享万亿，不待假名以为益也。纤之所闻，皆非正议。”世祖从之。

是时，河西王沮渠牧犍，内有贰意，世祖将讨焉，先问于浩。浩对曰：“牧犍恶心已露，不可不诛。官军往年北伐，虽不克获，实无所损。于时行者内外军马三十万匹，计在道死伤不满八千，岁常羸死，恒不减万，乃不少于此。而远方承虚，便谓大损，不能复振。今出其不意，不图大军卒至，必惊骇骚扰，不知所出，擒之必矣。且牧犍劣弱，诸弟骄恣，争权从横，民心离解。加比年以来，天灾地变，都在秦、凉，成灭之国也。”世祖曰：“善，吾意亦以为然。”命公卿议之。弘农王奚斤等三十余人皆曰:“牧犍西垂下国,虽心不纯臣,然继父职贡,朝廷接以蕃礼。又王姬厘降,罪未甚彰,谓宜羁縻而已。今士马劳止,宜可小息。又其地卤斥,略无水草,大军既到,不得久停。彼闻军来,必完聚城守,攻则难拔,野无所掠。”于是尚书古弼、李顺之徒皆曰:“自温圉河以西,到于姑臧城南,天梯山上冬有积雪,深一丈余,至春夏消液,下流成川,引以既灌。彼闻军到,决此渠口,水不通流,则致渴乏。去城百里之内,赤地无草,又不任久停军马。斤等议是也。”

世祖乃命浩以其前言与斤共相难抑。诸人不复余言,唯曰“彼无水草”。浩曰:“《汉书·地理志》称:‘凉州之畜,为天下饶。’若无水草,何以畜牧?又汉人为居,终不于无水草之地筑城郭、立郡县也。又雪之消夜,才不敛尘,何得通渠引漕,溉灌数百万顷乎?此言大诋诬于人矣。”李顺等复曰:“耳闻不如目见,吾曹目见,何可共辨!”浩曰:“汝曹受人金钱,欲为之辞,谓我目不见便可欺也!’。世祖隐听,闻之乃出,亲见斤等,辞旨严历,形于神色。群臣乃不敢复言,唯唯而已。于是遂讨凉州而平之。多饶水草,如浩所言。

乃诏浩曰:“昔皇祚之兴,世隆北土,积德累仁,多历年载,泽流苍生,义闻四海。我太祖道武皇帝,协顺天人,以征不服,应期拨乱,奄有区夏。太宗承统,光隆前绪,厘正刑典,大业惟新。然荒域之外,犹未宾服。此祖宗之遗志,而贻功于后也。朕以眇身,获奉宗庙,战战兢兢,如临渊海,惧不能负荷至重,继名丕烈。故即位之初,不遑宁处,扬威朔裔,扫定赫连。逮于神䴥,始命史职注集前功,以成一代之典。自尔已来,戎旗仍举,秦、陇克定,徐、兖无尘,平逋寇于龙川,讨萨竖于凉域。岂朕一人获济于此,赖宗庙之灵,群公卿士宣力之效也。而史阙其职,篇籍不著,每惧斯事之坠焉。公德冠朝列,言为世范,小大之任,望君存之。命公留台,综理史务,述成此书,务从实录。”浩于是监秘书事,以中书侍郎高允、散骑侍郎张伟参著作。续成前纪。至于损益褒贬,折中润色,浩所总焉。

及恭宗始总百揆,浩复与宜都王穆寿辅政事。时又将讨蠕蠕,刘洁复致异议。世祖逾欲讨之，乃召问浩。浩对曰："往击蠕蠕，师不多日，洁等各欲回还。后获其生口，云军还之时，去贼三十里。是洁等之计过矣。夫北土多积雪，至冬，时常避寒南徙。若因其时，潜军而出，必与之遇，则可擒获。"世祖以为然，乃分军为四道，诏诸将俱会鹿浑海，期日有定，而洁恨计不用，沮误诸将，无功而还。事在《洁传》

世祖西巡，诏浩与尚书、顺阳公兰延都督行台中外诸军事。世祖至东雍，亲临汾曲，观叛贼薛永宗垒，进军围之。永宗出兵欲战，世祖问浩曰："今日可击不？"浩曰："永宗未知陛下自来，人心安闲，北风迅疾，宜急击之，须臾必碎。若待明日，恐其见官军盛大，必夜遁走。"世祖从之。永宗溃灭。车驾济河，前驱告贼在渭北。世祖至洛水桥，贼已夜遁。诏问浩曰："盖吴在长安北九十里，渭北地空，谷草不备。欲渡渭南西行，何如？"浩对曰："盖吴营去此六十里，贼魁所在。击蛇之法，当须破头，头破则尾岂能复动。宜乘势先击吴。今军往，一日便到。平吴之后，回向长安，亦一日而至。一日之内，未便损伤。愚谓宜从北道。若从南道，则盖吴徐入北山，卒未可平。"世祖不从，乃渡谓南。吴闻世祖至，尽散入北山，果如浩言，军无所克，世祖悔之。

后以浩辅东宫之勤，赐缯絮布帛各千段。

著作令史太原闵湛、赵郡郄标素谄事浩，乃请立石铭，刊载《国书》，并勒所注《五经》。浩赞成之。恭宗善焉，遂营于天郊东三里，方百三十步，用功三百万乃讫。

世祖搜于河西，诏浩诣行在所议军事。浩表曰："昔汉武帝患匈奴强盛，故开凉州五郡，通西域，劝农积谷，为灭贼之资。东西迭击。故汉未疲，而匈奴已弊，后遂入朝。昔平凉州，臣愚以为北贼未平，征役不息，可不徙其民，案前世故事，计之长者。若迁民人，则土地空虚，虽有镇戍，适可御边而已。至于大举，军资必乏。陛下以此事阔远，竟不施用。如臣愚意，犹如前议，募徙豪强大家，充实凉土，军举之日，东西齐势，此计之得者。"

浩又上《五寅元历》，表曰："太宗即位元年，敕臣解《急就章》、《孝经》、《论语》、《诗》、《尚书》、《春秋》、《礼记》、《周易》，三年成讫。复诏臣学天文、星历、《易》、式、九宫，无不尽看。至今三十九年，昼夜无废。臣禀性弱劣，力不及健妇人，更无余能。是以专心思书，忘寝与食，至乃梦共鬼争义。遂得周公、孔子之要术，始知古人有虚有实，妄语者多，真正者少。自秦始皇烧书之后，经典绝灭，汉高祖以来，世妄造历术者有十余家，皆不得天道之正，大误四千，小误甚多，不可言尽。臣愍其如此。今遭陛下太平之世人，除伪从真，宜改误历，以从天道。是以臣前奏造历，今始成讫，谨以奏呈。唯恩省察，以臣历术宣示中书博士，然后施用。非但时人，天地鬼神知臣得正，可以益国家万世之名，过于三皇五帝矣。"事在《律历志》。

真君十一年六月诛浩。清河崔氏无远近，范阳卢氏、太原郭氏、河东柳氏，皆浩之姻亲，尽夷其族。初，郄标等立石铭刊《国记》，浩尽述国事，备而不典。而石铭显在衢路，往来行者咸以为言，事遂闻发。有司按验浩，取秘书郎吏及长历生数百人意状。浩伏受赇，其秘收郎吏已下尽死。

浩始弱冠，太原郭逸以女妻之。浩晚成，不曜华采，故时人未知。逸妻王氏，刘义隆镇北将军王仲德姊也，每奇浩才能，自以为得婿，俄而女亡，王深以伤恨，复以少女继婚。逸及亲属以为不可，王固执与之，逸不能违，遂重结好。浩非毁佛法，而妻郭氏敬好释典，时时读诵。浩怒，取而焚之，捐灰于厕中。及浩幽执，置之槛内，送于城南，使卫士数十人溲其上，呼声嗷嗷，闻于行路。自宰司之被戮辱，未有如浩者，世皆以为报应之验也。初浩构害李顺，基萌已成，夜梦秉火爇顺寝室，火作而顺死，浩与室家群立而观之。俄而顺弟息号哭而出，曰："比辈，吾贼也！"以戈击之，悉投于河。寤而恶之，以告馆客冯景仁。景仁曰："此真不善也，非复虚事。夫以火爇人，暴之极也。阶乱兆祸，复已招也。《商书》曰：'恶之易也，如火之燎于原，不可向迩，其犹可扑灭乎？"且兆始恶者有终殃，积不善者无余庆。厉阶成矣，公其图之。"

浩曰："吾方思之"，而不能悛，至是而族。

浩既工书，盖人多托写，急就《章》。从少至老，初不惮劳，所书盖以百数，必称"冯代强"，疑以示不敢犯国，其谨也如此。浩书体势及其先人，而妙巧不如也。世宝其迹，多裁割缀连以为模楷。

浩母卢氏，谌孙也。浩著《食经叙》曰："余自少及长，耳目闻见，诸母诸姑所修妇功，无不蕴习酒食。朝夕养舅姑，四时祭祀。虽有功力，不任僮使，常手自亲焉。昔遭丧乱，饥馑仍臻，饘蔬糊口，不能具其物用，十余年间不复备设。先妣虑久废忘，后生无知见，而少不习业书，乃占授为九篇，文辞约举，婉而成章，聪辩强记，皆此类也。亲没之后，值国龙兴之会，平暴除乱，拓定四方。余备位台弦，与参大谋，赏获丰厚，牛羊盖泽，资累巨万。衣则重锦，食则梁肉。远惟平生，思季路负米之时，不可复得。故序遗文，垂示来世。"

始浩与冀州刺史颐、荥阳太守模等年皆相次，浩为长，次模，次颐。三人别祖，而模、颐为亲。浩恃其家世魏晋公卿，常侮模、赜。模谓人曰："桃简正可欺我，何合轻我家周儿也。"！浩小名桃简，赜小名周儿。世祖颇闻之，故诛浩时，二家获免。浩既不信佛、道，模深所归向，每虽粪土之中，礼拜形像。浩大笑之，云"持此头颅不净处跪，是胡神也。"

史臣曰：崔浩才艺通博，究览天人，政事筹策，时莫之二，此其所以自比于子房也。属太宗为政之秋，值世祖经营之日，言听计从，宁郭区夏，遇既隆也，勤亦茂哉。谋虽盖世，威未震主，末途邂逅，遂不自全。岂鸟尽弓藏，民恶其上？将器盈必概，阴害贻祸？何斯人而遭斯酷，悲夫！

魏书卷三六
列传第二四

李 顺

李顺,字德正,赵郡平棘人也。父系,慕容垂散骑侍郎,东武城令,治有能名。太祖定中原,以系为平棘令。年老,卒于家。赠宁朔将军、赵郡太守、平棘男。顺博涉经史,有才策,知名于世。神瑞中,中书博士,转中书侍郎。始光初,从征蠕蠕。以筹略之功,拜后军将军,仍赐爵平棘子,加奋威将军。

世祖将讨赫连昌,谓崔浩曰:"朕前北征,李顺献策数事,实合经略大谋。今欲使总摄前驱之事,卿以为何如?"浩对曰:"顺智足周务,实如圣旨。但臣与之婚姻,深知其行,然性果于去就,不可专委。"世祖乃止。初,浩弟娶顺妹,又以弟子娶顺女,虽二门婚媾,而浩颇轻顺,顺又弗之伏也。由是潜相猜忌,故浩毁之。

至统万,大破昌军,顺谋功居右,转拜左军将军。后征统万,迁前将军,授之以兵。昌出逆战,顺督勒士众,破其左军。及克统万,世祖赐诸将珍宝杂物,顺固辞,唯取书数千卷。世祖善之。至京论功以顺为给事黄门侍郎,赐奴婢十五户,帛千匹。又从击赫连定于平凉。三秦平,迁散骑常侍,进爵为侯。加征虏将军,迁四部尚书,甚见宠待。

沮渠蒙逊以河西内附,世祖欲精简行人。崔浩曰:"蒙逊称蕃,款著河右,若俾遐域流通,殊荒毕至。宜令清德重臣奉诏褒慰,尚书李顺即其人也。"世祖曰::"顺纳言大臣,固不宜先为此使。若蒙逊身执玉帛而朝于朕，复何以加之？”浩曰：“邢贞使吴，亦魏之太常。苟事是宜，无嫌于重。尔日之行，岂吴王入觐也。”世祖从之，以顺为太常，策拜蒙逊为太傅、凉王。使还，拜使持节、都督秦雍梁益四州诸军事、宁西将军、开府、长安镇都大将，进爵、高平公。未几，复征为四部尚书，加散骑常侍。

延和初，复使凉州。蒙逊遣中兵校郎杨定归白顺曰：“年衰多疹，旧患发动，腰脚不随，不堪拜伏。比三五日，消息小差，当相见。”顺曰：“王之年老，朝廷所知。以王祗执臣礼，别有诏旨，岂得自安不见上使也。”蒙逊翌日延顺入，至庭中，而蒙逊箕坐隐几，无动起之状。顺正色大言曰：“不谓此叟无礼乃至于是！今则覆亡之不恤，而敢陵侮天地！魂神逝矣，何用见之。”将握节而出，蒙逊使定归追顺于庭曰：“太常既雅恕衰疾，传云朝廷有不拜之诏，是以敢自安耳。若太常曰：‘尔拜尔跽，而不祗命。’斯乃小臣之罪矣。”顺益怒曰：“齐桓公九合诸侯，一匡天下，周王赐胙，命曰：‘伯舅无下拜。’而桓公奉遵臣节，降而拜受。今君虽功高勋厚，未若小白之勤朝廷，虽相崇重，未有不拜之诏。如便偃蹇自大，此乃速祸之道，非图久安之计。若朝廷震怒，遂相吞灭，悔何及哉！”蒙逊曰：“太常规之以古烈，惧之以天威，敢不翘悚，敬听休命。”遂拜伏尽礼。

礼毕，蒙逊曰：“夫恃德者昌，恃力者亡。朝廷须来征伐屡克，境宇已博，但当循理此民，亦足兴治。然专务讨击，恐不可常胜。”顺曰：“昔太祖郭定洪基，造有区夏。太宗承统，王业惧新。自圣上临御，志宁四海。是以戎车屡驾，亲冒风霜，灭赫连于三秦，走蠕蠕于漠北。辟土开边，隶首不纪；僵死截馘，所在成观。除荡暴虐，存恤黎庶，威震八荒，声被九域。自古以来，用兵之美，未有今日之盛。是以遐方荒俗之氓，莫不翘足抗手，敛衽屈膝。天兵四临，昭德罚罪，何云恃力？夫圣王之用兵也，征南蛮则北狄怨，讨西戎则东夷恨，天子安得已哉？”蒙逊曰：“诚如来言，则凉士之民，亦愿魏帝远至，何为复瞬遽驿告警，不舍昼夜？意君之所言，殆为虚事。”顺曰：“苗民叛帝舜而亲暴君，有扈违后启而从逆主。咸慑逼于近地，牵制于凶威，自古而然，岂独凉民也。”

顺既使还，世祖问与蒙逊往复之辞，及蒙逊政教得失。顺曰：“蒙逊专威河右三十许年，经涉艰难，粗识机变；又绥集荒陬，远人颇亦畏服，虽不能贻厥孙谋，犹足以终其一世。前岁表许十月送昙无谶，及臣往迎，便乖本意。不忠不信，于是而甚。礼者，身之舆；敬者，行之本。未有无礼不敬，而能久享福禄。以臣观之，不复周矣。”世祖曰：“若如卿言，则效在无远，其子必复袭世，袭世之后，早晚当灭？”顺对曰：“臣略见其子，并非才俊，能保一隅。如闻敦煌太守牧犍，器性粗立，若继蒙逊者必此人也。然比之于父，佥云不逮。殆天所用资圣明也。”世祖曰：“朕今方事于东，未暇营西。如卿所言，三五年间不足为晚。且停前计，以为后图。”既而蒙逊死问至，世祖谓顺曰：“卿言蒙逊死，今则验矣；又言牧犍立，其何妙哉。朕克凉州，亦当不远。”于是赐绢千匹，厩马一乘，进号安西将军。宠待弥厚，政之巨细无所不参。崔浩恶之。

顺凡使凉州十有二返，世祖称其能。而蒙逊数与顺游晏，颇有勃慢之言，恐顺东还泄之朝廷，寻以金宝纳顺怀中，故蒙逊罪衅得不闻彻。浩知之，密言于世祖，世祖未之信。太延三年，顺复凉使州。及还，世祖曰：“昔与卿密图，期之无远，但以顷年东伐，未遑西顾，荏苒之间，遂及于此。今和龙既平，三方无事，比缮甲治兵，指营河右，扫荡万里，今其时也。卿往复积发，洞鉴废兴，若朕此年行师，当克以不？”顺对曰：“臣畴日所启，私谓如然。但民劳既久，未获宁息，不可频动，以增劳悴。愿待他年。”世祖从之。五年，议征凉州。顺议以凉州乏水草，不宜远征，与崔浩庭诤。浩固执以为宜征。世祖从浩议。及至姑臧，甚丰水草。世祖与恭宗书，以言其事，颇衔顺。后谓浩曰：“卿昔所言，今果验矣。”浩曰：“臣之所言，虚实皆如此类。”

初，蒙逊有西域沙门昙无谶，微有方术。世祖诏顺令蒙逊送之京邑。顺受蒙逊金，听其杀之。世祖克凉州后，闻而嫌顺。凉土既平，诏顺差次群臣，赐以爵位。顺颇受纳，品第不平。凉州人徐杰发其事。浩又毁之,云:“顺昔受牧犍父子重赂,每言凉州无水草,不可行师。及陛下至姑臧,水草丰足。其诈如此,几误国事。不忠若是,反言臣谗之于陛下。”世祖大怒,真君三年遂刑顺于城西。

顺死后数年,其从父弟孝伯为世祖知重,居中用事。及浩之诛,世祖怒甚。谓孝伯曰:“卿从兄往虽误国,朕意亦未便至此。由浩谮毁,朕忿遂盛。杀卿从兄者,浩也。”皇兴初,顺子敷等贵宠,显祖追赠顺侍中、镇西大将军、太尉公、高平王,谥曰宣王,妻邢氏曰孝妃。顺四子。

长子敷,字景文。真君二年,选入中书教学。以忠谨给侍东宫。又为中散,与李欣、卢遐、度世等,并以聪敏内参机密,出人诏命。敷性谦恭,加有文学,高宗宠遇之。迁秘书下大夫,典掌要切,加前军将军,赐爵平棘子。后兼录南部,迁散骑常侍、南部尚书、中书监,领内外秘书。袭爵高平公。朝政大议,事无不关。

及刘彧徐州刺史薛安都、司州刺史常珍奇以彭城、县瓠降附,于时朝议,谓彼诚伪未可信保。敷乃固执必然,曰:“刘氏丧乱,衅起萧墙,骨肉内离,藩屏外叛。今以皇朝之灵,兵马之力,兼并之会,宜在于今。况安都、珍奇识机归命,奉诚万里,小民元元,企仰皇化。今之事机,安可复失?”于是众议乃同,遣师接援。淮海宁辑,敷有力焉。

敷既见待二世,兄弟亲戚在朝者十有余人。弟弈又有宠于文明太后。李欣列其隐罪二十余条,显祖大怒。皇兴四年冬,诛敷兄弟,削顺位号为庶人。敷从弟显德、妹夫广平宋叔珍等,皆坐关乱公私,同时伏法。敷兄弟敦崇孝义,家门有礼,至于居丧法度,吉凶书记,皆合典则,为北州所称美。既致斯祸,时人叹惜之。

敷长子伯和。次仲良,与父俱死。伯和走窜岁余,为人执送,杀之。伯和有庶子孝祖,年小藏免。后敷妻崔氏得出宫,养之。至平凉太守。

敷弟式,字景则。学业知名。历散骑常侍、平东将军、西兖州刺史，濮阳侯。式自以家据权要，必虑危祸，常敕津吏；台有使者，必先启告，然后渡之。既而使人平晓卒至，津吏欲先告式，使者绐云："我须南过，不停此州，不烦令刺史知也。"津人信之，与使俱渡。使者既济，突入执式赴都，与兄俱死。

式子宪，字仲轨。清粹，善风仪，好学，有器度。太和初，袭爵，又降为伯。拜秘书中散，雅为高祖所赏。稍迁散骑侍郎，接对萧衍使萧琛、范云。以母老乞归养。拜赵郡太守。赵修与其州里，修归葬父母也，牧守以下畏之累迹，推宪不为之屈，时人高之。转授骁骑将军、尚书左丞、长兼吏部郎中。迁长兼司徒左长史、定州大中正，寻迁河南尹。参议新令于尚书上省。永平三年，出为左将军、兖州刺史。四年，坐事除名。后以党附高肇，为御史所劾。事具《高聪传》。正光二年二月，肃宗讲于国子堂，召宪预听，又以子骞为国子生。四年，拜光禄大夫，复本爵濮阳伯。五年，除持节、安西将军、行雍州刺史。寻除七兵尚书，加抚军将军。

孝昌初，元法僧据徐州反叛。诏宪为使持节、假镇东将军、徐州都督，与安丰王延明、临淮王彧等讨之。会萧衍遣其豫章王综据彭城，俄而综降。徐州既平，诏遣兼黄门侍郎常景诣军慰劳，赐宪骅骝马一匹，仍除征东将军、扬州刺史、淮南大都督。二年，萧衍遣其平北将军元树、右卫将军胡龙牙、护军将军夏侯亶等来寇寿阳。树等从下蔡军于城之东北，亶从黎浆而屯于城南。宪谓不先破元树等，则夏侯亶无由可克，乃遣子长钧率众逆战。军败，长钧见执。树等乘之，宪力屈，以城降。因求还国，衍听归。既至，敕付廷尉。三年秋，宪女婿安乐王鉴据相州反。灵太后谓鉴必怀劫胁，遂诏赐宪死，时年五十八。永熙中，赠使持节、侍中、都督定冀相殷四州诸军事、骠骑大将军、仪兴三司、尚书令、定州刺史，谥曰文静。

子希远，字景冲。早卒。

子祖悛，袭祖爵。齐受禅，例降。

希远兄长钧，兴和中，梁州骠骑府长史。

希远第二弟希宗，字景玄。出后宪兄，性宽和，仪貌雅丽，涉猎书传，有文才。起家太尉参军事，转直后，领侍御史，迁通直散骑常侍。寻为东南道行台邸珍右丞，与诸军讨贼于彭、沛，克之，转齐献武王大行台郎中。迁散骑常侍、中军大将军、金紫光禄大夫。献武王擢为史外府长史，为齐王纳其第二女。希宗以人望兼美，深见礼遇，出行上党太守。寻而遘疾，兴和二年四月卒于郡，年四十。赠使持节、都督定冀沧瀛殷五州诸军事、骠骑大将军、司空公、殷州刺史，谥曰文简。

长子祖升，武定末，太子洗马。

希宗弟希仁，字景山。武定末，国子祭酒、兼给事黄门侍郎。

希仁弟骞，字希义。博涉经史，文藻富盛。年十四，国子学生，以聪达见知。历大将军府法曹参军、太宰府主簿，转中散大夫，迁中书舍人，加通直散骑常侍。

曾为《释情赋》，曰：

单阏之年，无射之月，余承乏摄官，直于本省。对九重之清切，望八袠之峥嵘，感代序以长怀，观爽气而轸虑。笼樊之念既多，寥廓之想弥切。含毫有思，斐然成赋。犹潘生之《秋兴》，王子之《登阁》也。厕郑璞于周宝，编鱼目于随珠，末敢自同作者，盖亦各言尔志云。

荷峻极之层构，导积石之洪流。有马形而谟舜，亦龙德而史周。爰相赵之鸿烈，逮藩魏之优游。为衢樽于上叶，号木铎于前修。若豢龙之不陨，似穷叶之世济。故抱玉而怀珠，且滋兰而树蕙。或舟楫以匡时，或栖迟以卒岁。尚无忝于先人，谅贻厥于来裔。书金册以葳蕤，布银绳而昭晰。清风忽其面邈，启皇祖于庚寅，李伯仁《上东门铭》曰："上东少阳，厥位在寅。修风动物，月值孟春。"王武子诗曰："于显我王，缉乘斯民。俊明有德，严恭惧夤。"逢轩教之方洽，遇周命之惟新；譬龙虎其有合，信山川而降神。若胜庭之五杰，似不速之三人。协嗜欲于将至，岂物色而方臻。荷天宠以来仪,步康衢而骋力。如乾元之利贞,若坤四之方直。内弼谐于本朝,外辟土于殊域。乘紫氛以厉羽,负青天而鼓翼。既公侯之必复,亦庆绪之所融。绩并树于八凯,道俱升于二宫。遂遵流以至海,且因岳而为嵩。同羽仪于班氏,均载德于杨公。可日月之逾迈。引寒暑而相终。委晋会于弱齿,遗堂构于微躬。

嗟蒙昧之无取,故告舍而不及。已濩落而少成,又拥肿而无立。愧精坚于百练,惭忠信于十邑。非圭璋之特达,讵芳菲之易袭。未砥砺以自进,宁琢磨而成章。乖宋子之万字,异应生之五行。不请观于石室,岂借书于晋皇?求班庄而不遂,况蔡文之可望。参四科其未获,入三选而谁许。本无声于梁、魏,故未闻于陈、汝。居玉石以多迷,宅显晦而乖所。既无怀于四至,安有情于再举。虽衣冠之末胄,而世禄之绪余。等渤澥之乘雁,类九罭之逃鱼。处江淮而不变,对朝市而闲居。空阖门以靖轨,非论道而修书。少宾客于季彦,谢朋交于太初。

在正光之御历,实明皇之拱已。曾问政于上学,著为君而我齿。叫阍人以望予,遂陟降于庭止。同崔骃之谒帝,若谢兼之来仕。逮孝庄之入统,乃道丧而时昏。水群飞于溟海,火载燎于中原。延胶船而越水,若朽索而乘奔。玉羊失而无御,金鸡亡而不存。天步忽其多难,横流且其云始。既云扰而海沸,亦岳立而棋峙。睇三纲之日紊,见四维之不理。顾茂草以伤怀,视匪车而思起。虽风雨之如晦,亮胶喈而不已。自牵役于宰朝,实有怀于胥耻。在下僚而栖屑,愿奋迅于泥宰。眷故乡以临睨,怅有动于思归。越来流以鼓枻溯北风而结騑。入成都之旧宅,反观津之故扉。乃曲肱而不闷,信抱瓮而无机。且耕而食,且蚕而衣。恒一日以自省,亦三月而无违。游仁义之肴核,采坟素之精微。诚因闲而养拙,亦有乐于嘉肥。

及勾芒御节,姑洗之首。散迟迟于丽日,发依依于弱柳。鸟间关以呼庭,花芬披而落牖。听乃越于笙簧,望有逾于新妇。袭成服以逍遥，愿良辰而聊厚。乃席垅而踞石，遂啸俦而命偶。同浴沂之五六，似禊洛之八九。或促膝以持肩，或援笙而鼓缶。宾奉万年之觞，主报千金之寿。各笑语而卒获，传礼仪于不朽。斯盖先民之所乐，而余心之所守也。

至于少昊为帝，庚辛处躔，视墟里之萧萧，过寒夜之绵绵。积霜霭于近援，起沈寥于远天。思多端以类长，若临水而登山。幸出游之或写，冀观涛之可蠲。遂杖策缓步，或渔或田。弋凫雁于清溪，钓鲂鲤于深泉。张广幕，布长筵。酌浊酒，割芳鲜。起《白雪》于促柱，奉《绿水》于危弦。赋《湛露》而不已，歌《骊驹》而未旋。旋跌荡世俗之外，疏散造化之间。人生行乐，聊用永年。

悟柱下之称工，闻首阳之为拙。既有惜于莀悬，且自悲于井渫。访郑詹之格言，求季主之高说。去衡门以策驷，望象魏而投辙。服毳衣以从务，乘大车而就列。比汗海而无纪，喻江河而有缺。眷重地而惧深，念索米而惭结。

运有折于玉斗，时忽亡于金镜。始蒙尘以播荡，卒流彘而居郑。彼上天之降鉴，实下民之请命。因艰难以隆基，据殷忧而启圣。调《南风》以负扆，居北辰而为政。创彝伦于九畴，班平章于百姓。喻绳契以论踪，援成昭而比盛。酌徙镐之故典，究迁亳之遗令。奄四海以为家，开七百而增庆。睹礼乐之方隆，信光华之始映。百揆郁以时序，四门穆其惟清。如得人于汉世，比多士于周庭。有一匡以作相，或十乱而为桢。各秉文而经武，故天平而地成。伊余身之忝秽，得再入于承明。执纶言之犹绋，戴会弁之如星，非巡渍以窥井，信夕惕而怀惊。

承周任之有言，揽老子之知足。奉炯诫以周旋，抱微猷而与属。每有偃于唯尘，恒兴言于宠辱。思散发以抽簪，愿全真而守朴。眷疏傅以徘徊，望申公而踯躅。冀鄙志之获展，庶微愿之逢时。歌致命而可卜，咏归田而有期。揖帝城以高逝，与人事而长辞。击壤而颂，结草而嬉。援巢父以戏颍，追许子而升箕。供暮餐于沆瀣，给朝饵于琼芝。同糟醨而无别，混名实而不治。放言肆欲，无虑无思。何鵩鸮之可赋，鸿鹄之为诗哉。

寻加散骑常侍、殷州大中正、镇南将军、尚书左丞。仍以本官兼散骑常侍使萧衍。后坐事免，论者以为非罪。

骞尝赠亲友卢元明、魏收诗曰："幽栖多暇日，总驾萃荒埛。南瞻带宫雉，北睇拒畦瀛。流火时将末，悬炭渐云轻。寒风率已厉，秋水寂无声。屡阴蔽长野，冻雨暗穷汀。侣浴浮还没，孤飞息且惊。三褫俄终岁，一丸曾未营。闲居兴同涘，归身款武城。稍旅原思藿，坐萝尹勤荆。监河爱斗水，苏子惜余明。益州达反趣，廷尉辩交情。岂若欣蓬荜，收志偶沉冥。"

后诏兼太府少卿。寻除征南将军、给事黄门侍郎。死于晋阳。所著诗赋碑诔，别有集录。赠本将军、太常、殷州刺史。齐受禅，重赠使持节、侍中、都督殷沧二州诸军事、车骑大将军、仪同三司，仍殷州刺史，谥曰文惠。

骞弟希礼，字景节。武定末，通直散骑常侍。

希远庶长兄长剑，兴和中，梁州骠骑府长史。

式弟弈，字景世。美容貌，有才艺。早历显职，散骑常侍、宿卫监、都官尚书，安平侯。与兄敷同死。太和初，文明太后追念弈兄弟，及诛李欣，存问宪等一二家，岁时赐以布帛。

弈别生弟冏，字道度。少为中散，逃避得免。太和中，拜下大夫、南部给事。出为龙骧将军、南豫州刺史。还，拜冠军将军。寻除光禄大夫，守度支尚书。二十一年，高祖幸长安，冏以咸阳山河险固，秦汉旧都，古称陆海，劝高祖去洛阳而都之。后高祖引见，笑而谓之曰："卿一昨有启，欲朕都此。昔娄敬一说，汉祖即日西驾。尚书今以西京说朕，仍使朕不废东辕，当是献可理殊，所以今古相反耳。"冏对曰："昔汉祖起于布衣，欲藉崄以自固，娄敬之言，合于本旨，今陛下百世重光，德洽四海，事同隆周，均其职贡。是以愚臣献说，不能上动。"高祖大悦。其年冏卒。赐钱二十万，布百匹，朝服一具，衣一袭。冏性鲠烈，敢直言，常面折高祖，弹驳公卿，无所回避，百僚皆惮之。高祖常加优礼，故车驾巡幸，恒兼尚书右仆射，虽才学不及诸兄，然公强当世，堪济过之。

子佑，字长禧。笃穆友于，见称于世。历位给事中、尚书祠部郎、相州抚军府长史、司空从事中郎、博陵太守。所在亦以清干著称。

佑弟太，字季宁。涉历书传。太尉行军员外郎。

顺弟修基，陈留太守。卒。

子探幽。

探幽兄子洪鸾，河间太守。

洪鸾孙希杰，乐陵太守，武定中，以贪污赐死。

修基季弟恽，字善祖，小字药囊。少有高名，为中书侍郎。从世祖征凉州，战没。时人咸惜焉。

初顺与从兄灵、从弟孝伯，并以学识器业见重于时，故能砥砺宗族，竞各修尚。灵与族叔诜、族弟熙等俱被征。事在高允《高士颂》。

诜，字令孙。京兆太守。诜后继。阙

秀林，小名榼。性强直。太和中，自中书博士为顿丘相，豪右畏之。景明初，试守博陵郡，批强扶弱，政以威严为名。以母忧去职。后为太尉咨议参军，假节，行荆州事。拜司徒司马，加冠军将军、定州大中正、太中大夫。正光中卒，年六十三。赠左将军、齐州刺史。

子裔，字徽伯。出后秀林兄凤林。裔初除汝南王悦常侍，稍迁定州别驾。孝昌中，为定州镇军长史，加辅国将军，带博陵太守。于时逆贼杜洛周侵乱州界，寻假平北将军，防城都督。贼既围城，裔潜引洛周，州遂陷没。洛周僭窃，特无纲纪，至于市令驿帅，咸以为王，呼曰市王、驿王，乃封裔为定州王。洛周寻为葛荣所灭，裔仍事荣。永安初，尒朱荣既擒葛荣，遂絷裔及高敖曹、薛修义、李无为等于晋阳。从荣至洛。荣死，乃免。普泰初，以裔为持节、散骑常侍、安北将军、兼给事黄门侍郎、尉劳山东大使。永熙中，除镇东将军、金紫光禄大夫、齐献武王大丞相咨议参军。天平初，以预定策之功，封固安县开国伯，食邑四百户，加征东将军。车驾迁邺，为大行台右丞，留在洛阳，监修宫殿。寻除使持节、大将军、陕州刺史。四年八月，宇文黑獭攻陷州城，被执见害，年五十。诏赠使持节、都督定冀瀛殷四州诸军事、骠骑大将军、尚书令、司徒公、定州刺史。

子直，袭。武定末，司徒属。齐受禅，例降。

裔弟景义，大司马咨议参军、殷州大中正。

景义弟伯穆，武定末，合州刺史。

秀林从弟焕，字仲文，小字丑环。有干用。少与郦道元俱为李彪所知。自给事中转治书侍御史。恒州刺史穆泰据伐都谋反，高祖诏焕与任城王澄推治之。焕先驱至州，宣旨晓喻，仍诛泰等。景明初，迁司空从事中郎。萧宝卷豫州刺史裴叔业以寿春归附，诏焕以本官为军司，与杨大眼、奚康生等率众迎接。焕至淮西，叔业兄子植遣使送质。焕等济师，入城抚慰，民咸欣悦。仍行扬州事，赐爵容城伯。军还，行河内郡事。拜司徒右长史。以荆蛮扰动，敕焕兼散骑常侍慰劳之，降者万余家。除辅国将军、梁州刺史。时武兴氐杨集起举兵作逆，令弟集义邀断白马戍。敕假焕平西将军，督别将石长乐、统军王佑等与军司荀金养俱讨之，大破集起军。会秦州民吕苟儿反，焕仍令长乐等由麦积崖赴援。属都督元丽至，遂共平之。时氐王杨定进犹据方山，与苟儿影响，焕密募氐赵芒路斩定进。还朝，遇患卒，时年四十四。赠征虏将军、幽州刺史，谥曰昭。

子密，武定中，襄州刺史。

秀林族子肃，字彦邕。历奉朝请，清河王怿郎中令。稍迁洛阳令、步兵校尉、员外常侍。初谄附侍中元晖，后以左道事侍中穆绍。常裸身被发，画腹衔刀，于隐屏之处为绍求福，故绍爱之。延昌四年，荐肃为黄门郎，加光禄大夫。肃为性酒狂，熙平初，从灵太后幸江阳王继第，肃时侍饮，颇醉，言辞不逊，抗辱太傅、清河王怿，为有司弹劾。灵太后怒之，出为章武内史。岁余，迁右将军、夏州刺史。卒，赠左将军、齐州刺史。

肃从弟暾，字景林。有学识。初除奉朝请，太学博士、司空主簿。以母忧去职。服阕，拜左军将军。正光中，元叉以其弟罗为青州刺史，暾为罗平东府长史。迁廷尉少卿、殷州大中正。孝昌二年冬，卒，年五十七。赠平东将军、齐州刺史。谥曰宣。

子慎，武定中，东平太守。

暾从弟仲琁，奉朝请、定雍二州长史、太尉咨议、中散、太中大夫、东郡汲郡二郡太守、司徒左长史、弘农太守。先是，宫牛二姓阻崄为害，仲琁示以威惠，并即归伏。还除卫将军、金紫光禄大夫。仍除北雍州刺史，将军如故。转车骑将军、左光禄大夫。天平初，迁都于邺，以仲琁为营构将作，进号卫大将军。出除车骑大将军、兖州刺史。仲琁以孔子庙墙宇颇有颓毁，遂修改焉。还，除将作大匠。所历并清勤有声。年六十六，卒。赠骠骑大将军、仪同三司、青州刺史。

子希良，侍御史。

诜从子善，犯孝静讳。赵郡太守。

子显进，州主簿。

显进子映，字辉道。南安王国常侍、光州征虏府主簿、相州治中、宁朔将军、步兵校尉。孝昌三年冬卒，年四十二。天平中，赠通直散骑常侍、辅国将军、殷州刺史。

子普济，武定中，北海太守。

映弟育，字仲远。奉朝请。稍迁扬烈将军、奉车都尉、都督相州防城别将。以拒葛荣之勋，赐爵赵郡公。后除征东将军、金紫光禄大夫。天平四年夏卒，年五十七。赠骠骑大将军、都官尚书、定州刺史，谥曰贞。

子惜，袭。武定末，齐文襄王大将军府记室参军。齐受禅，爵例降。

显进弟恃显，位至左中郎将。卒，赠中垒将军、安州刺史。恃显养京兆王愉妾杨氏为女，愉改杨姓为李，而亲念恃显恃。显子道舒与愉同逆。愉败，走免。

第三子道琚，武定末，范阳太守。

道琚弟道瓘，少以父谴被刑，位至中常侍。

恃显弟晔，字季显。涉历书史。司徒行参军。稍迁济州辅国府长史。坐兄事免。后除尚书中兵郎，迁冠军、中散大夫。正光二年，南荆州刺史桓叔兴驱掠城民，叛入萧衍。衍资以兵粮，令筑谷陂城以立洛州，逼土山戍。诏晔持节、兼尚书左丞为行台，督诸军讨叔兴，大破之。乘胜拔谷陂，叔兴退走。军还，仍除尚书左丞。出除洛州刺史，将军如故。未拜，卒。赠左将军、齐州刺史

子晖宾，美容貌，宽和沉雅。太学博士。

晖宾弟山儒，少而清立，学涉群书。山儒少弟大盖。并早卒。

晔族弟孝怡，字悦宗。中书学生、相州高阳王雍主簿、广陵王羽掾、新蔡汰守、别将萧宝夤长史。从中山王英破萧衍临川王萧宏于梁城。除朔州安北府长史。又为中坚将军、相州镇北府长史。迁冠军将军、魏郡太守。相州刺史、中山王熙据邺起兵也。孝怡阴结募城民，与熙长史柳元章、别驾游荆之等，率众擒熙，赏爵昌乐伯。灵太后反政，以孝怡乂党，除名为民。后安乐王鉴镇邺，起孝怡为别将。永安初，除左将军、太中大夫，仍为防城都督。以拒葛荣之勋，赐爵赵郡公，拜抚军将军、光禄大夫。永安三年，行殷州事。迁骠骑大将军、左光禄大夫。武定六年卒，八十。

子思道，仪同开府中兵参军，武城县公。

熙，字仲熙。神麚中，与高允等俱被征，拜中书博士，转侍郎。以使沮渠有功，赐爵元氏子，加中垒将军。卒，赠镇东将军、豫州刺史。谥曰庄。

子季主，袭。卒，赠青州刺史，谥曰贞。

子遗元，袭。初除冀州赵郡王干东阁祭酒。累转尚书左民郎中、冀州京兆王愉功曹参军，带扶柳令。为愉所亲，逼与同反。愉败，遗元逃窜，会赦乃雪。复除兖州平东府长史。后拜中坚将军、殷州征北将军长史。卒，年六十三。赠征北将军、定州刺史。

子恃宁，以父事被刑。武定末，官至中尹。

恃宁弟子宁，袭爵。开府默曹参军。齐受禅，爵例降。

熙族孙兰和，自右军将军历平阳、渤海二郡太守。

兰和弟兰集，平昌太守。

熙族孙同轨，体貌魁岸，腰带十围。学综诸经，多所治诵，兼读释氏，又好医术。年二十二，举秀才，射策，除奉朝请，领国子助教。转著作郎，典仪注，修国史。迁国子博士，加征虏将军。

永熙二年，出帝幸平等寺，僧徒讲说，敕同轨论难，音韵间朗，往复可观，出帝善之。三年春，释菜，诏延公卿学官于显阳殿，敕祭酒刘廞讲《孝经》，黄门李郁讲《礼记》，中书舍人卢景宣解《大戴礼·夏小正》篇。时广招儒学，引令预听。同轨经义素优，辩析兼美，而不得执经，深为慨恨。太平中，转中书侍郎。兴和中，兼通直散骑常侍，使萧衍。衍深耽释学，遂集名僧于其爱敬、同泰二寺，讲《涅盘大品经》，引同轨预席，衍兼遣其臣并共观听。同轨论难久之，道俗咸以为善。

卢景裕卒，齐献武王引同轨在馆教诸公子，甚嘉礼之，每旦入授，日幕始归。缁素请业者，同轨夜为解说，四时恒尔，不以为倦。武定四年夏卒，年四十七，时人伤惜之。齐献武王亦殊嗟悼，赙襚甚厚。赠骠骑大将军、瀛州刺史，谥曰康。

同轨兄义深，武定中，齐州刺史。

同轨弟幼举，安德太守。武定中，以在郡贪污，辄召部曲还京师，弃市。

幼举弟之良，有干用。前将军、尚书金部郎。卒。

之良弟稚谦，武定末，并州仪同开府长史。

史臣曰：李顺器宇才识，一时推重，谋宣中国，气折外蕃。所以世祖垂心，而崔浩侧目。敷式兄弟，位望普高。宪风度恢雅，夙重朝列，而遭随有命，报施俱爽。呜呼！以兹盛德，克广其猷，宗绪扶疏，人位盛显，可谓李虽旧族，其世唯新矣。

魏书卷三七
列传第二五

司马休之　司马楚之
司马景之　司马叔璠
司马天助

司马休之，字季豫，本河内温人，晋宣帝季弟谯王逊之后也。司马睿僭立江南，又以逊子孙袭封。至休之父恬，为司马昌明镇北将军、青兖二州刺史。

天兴五年，休之为司马德宗平西将军、荆州刺史。为桓玄逼逐，遂奔慕容德。刘裕诛玄后，还建邺，裕复以休之为荆州刺史。休之颇得江汉人心，刘裕疑其有异志。而休之子文思继休之兄，尚之为谯王，谋图裕，裕执送休之，令自为其所。休之表废文思，并与裕书陈谢，

神瑞中，裕收休之子文宝、兄子文祖，并杀之，乃率众讨休之。休之上表自陈于德宗，与德宗镇北将军鲁宗之、宗之子竟陵太守轨等起兵讨裕。裕军至江陵，休之不能敌，遂与轨奔襄阳。裕复进军讨之。太宗遣长孙嵩屯河东，将为之援。时姚兴征虏将军姚成王、冠军将军司马国璠亦将兵救之，不及而还。休之遂与子文思及宗之等奔于姚兴。

裕灭姚泓，休之与文思及德宗河间王子道赐，辅国将军温楷，兖陵内史鲁轨，荆州治中韩延之、殷约，平西参军桓谧、桓璲及桓温

孙道度、道子，勃海刁雍，陈郡袁式等数百人，皆将妻子诣嵩降。月余，休之卒于嵩军。诏曰："司马休之率其同义，万里归诚，雅操不遂，中年殒丧，朕甚愍焉。其追赠征西大将军、右光禄大夫，谥始平声公。"

文思与淮公国璠、池阳子道赐不平，而伪亲之，引与饮宴。国璠性疏直，因酒醉，遂语文思，言已将与温楷及三城胡酋王珍、曹栗等外叛，因说京师豪强可与为谋数十人。文思告之，皆坐诛。以文思为廷尉卿，赐爵郁林公。善于其职，听讼断狱，百姓不复匿其情。刘义隆遣将裴方明击杨难当于仇池，世祖以文思为假节、征南大将军，进爵谯王，督洛豫诸军南趣襄阳，邀其归路。还京，为怀朔镇将。兴安初薨。

子弥陀，袭爵。以选尚临泾公主，而辞以先取毗陵公窦瑾女。与瑾并坐祝诅伏诛。

司马楚之，字德秀，晋宣帝弟太常馗之八世孙。父荣期，司马德宗梁益二州刺史，为其参军杨承祖所杀。楚之时年十七，送父丧还丹杨。值刘裕诛夷司马戚属，叔父宣期、兄贞之并为所杀。楚之乃亡匿诸沙门中济江。自历阳西入义阳、竟陵蛮中。及从祖荆州刺史休之为裕所败，乃亡于汝、颍之间。

楚之少有英气，能折节待士，与司马顺明、道恭等所在聚党。及刘裕自立，楚之规欲报复，收众据长社，归之者常万余人。刘裕深惮之，遣刺客沐谦害楚之。楚之待谦甚厚。谦夜诈疾，知楚之必自来，因欲杀之。楚之闻谦病，果自赍汤药往省之。谦感其意，乃出匕首于席下，以状告之曰："将军为裕所忌惮，愿不轻率，以保全为先。"楚之叹曰："若如来言，虽有所防，恐有所失。"谦遂委身以事之。其推诚信物，得士之必，皆此类也。

太宗末，山阳公奚斤略地河南。楚之遣使请降，因表曰："江淮以北，闻王师南首，无不抃舞，思奉德化。而逼于寇逆，无由自致。臣因民之欲，请率慕义为国前驱。今皆白衣，无以制服人望。若蒙偏禅之号，假王威以唱义，则莫不率从。”于是假楚之使持节、征南将军、荆州刺史。奚斤既平河南，以楚之所率户民分置汝南、南阳、南顿、新蔡四郡，以益豫州。

世祖初，楚之遣妻子内居于鄴，寻征入朝。时南藩诸将表刘义隆欲入为寇，以楚之为使持节、安南大将军，封琅邪王，屯颍川以拒之。其长史临邑子步还表曰：“楚之渡河百姓思旧，义众云集。汝颍以南，望风翕然，回首革面。斯诚陛下应天顺民，圣德广被之所致也。”世祖大悦，玺书劳勉，赐前后部鼓吹。

义隆将到彦之溯河而西，列守南岸，至于潼关。及彦之等退走，楚之破其别军于长社。又与冠军将军安颉攻滑台，拔之，擒义隆将朱修之、李元德及东郡太守申谟，俘万余人。上疏曰：“臣奉命南伐，受任一方，而智力浅短，诚节未效，所以夙夜忧惶，忘寝与食。臣屡遣人至荆扬，所在陈说，具论天朝盛化之美，莫不欣承圣德，倾首北望。而义隆兄弟知人情摇动，遣臣私储顺为司州刺史，统淮北七郡，代垣苗守悬瓠。自巩、洛、滑台败散已来，义隆耻其败北，多加罪罚。到彦之削位，退同卒伍，杀姚纵夫于寿春，斩竺灵秀于彭城，王休元托疾，擅道济斥放。凡在腹心，悉怀疑阻。民怨臣猜，可谓今曰。臣闻平殄寇逆，必乘战胜之威；建立功勋，亦因离贰之势。伏惧陛下圣德膺符，道光四海，神旌所指，莫不摧服。其未宾者，义隆而已。今天纲遐举，殊方仰德。固宜扫清东南，齐一区宇，使济济之风，被于江汉。”世祖以兵久劳，不从。以散骑常侍征还。

从征凉州，以功赐隶户一百。义隆遣将裴方明、胡崇之寇仇池。以楚之为假节，与淮阳公皮豹等督关中诸军从散关西入，击走方明，擒崇之，仇池平而还。

车驾伐蠕蠕，诏楚之与济阴公卢中山等督运以继大军。时镇北将军封沓亡入蠕蠕，说令击楚之等以绝粮运。蠕蠕乃遣奸觇入楚之军，截驴耳而去。有告失驴耳者，诸将莫能察。楚之曰：“必是觇贼截之以为验耳，贼将至矣。”即使军人伐柳为城，水灌之令冻，城立而贼至，冰峻城固，不可攻逼，贼乃走散。世祖闻而嘉之。

寻拜假节、侍中、镇西大将军、开府仪同三司、云中镇大将、朔州刺史，王如故。在边二十余年，以清俭著闻。和平五年薨，时年七十五。高宗悼惜之，赠都督梁益秦宁四州诸军事、征南大将军、领护西戎校尉、扬州刺史，谥贞王，陪葬金陵。

长子宝胤，与楚之同入国。拜中书博士、雁门太守。卒。

楚之后尚诸王女河内公主，生子金龙，字荣则。少有父风。初为中书学生，入为中散。显祖在东宫，擢为太子侍讲。后袭爵。拜侍中、镇西大将军、开府、云中镇大将、朔州刺史。征为吏部尚书。太和八年薨。赠大将军、司空公、冀州刺史，谥康王。赠绢一千匹。金龙初纳太尉、陇西王源贺女，生子延宗，次纂，次悦。后娶沮渠氏，生徽亮，即河西王沮渠牧犍女，世祖妹武威公主所生也。有宠于文明太后，故以徽亮袭，例降为公。坐连穆泰罪失爵，

延宗，父亡后数年卒。

子裔，字承业。世宗时，悦等为裔理嫡，还袭祖爵。位至后将军。卒，赠征虏将军、洛州刺史。

子藏，袭。齐受禅，例降。

纂，字茂宗，中书博士。历司州治中、别驾。河内邑中正。永平元年卒。赠镇远将军、南青州刺史，谥曰肃。

子澄，字元镜。司州秀才，司空功曹参军、给事中。卒，赠龙骧将军、夏州刺史。

澄弟仲粲，武定中，尚书左丞。

悦，字庆宗。自司空司马出为立节将军、建兴太守，转宁朔将军、司州别驾。迁太子左卫率、河北太守。世宗初，除镇远将军、豫州刺史。

时有汝南上蔡董毛奴者，赍钱五千，死在道路。郡县疑民张堤为劫，又于堤家得钱五千。堤惧拷掠，自诬言杀。狱既至州，悦观色察言，疑其不实。引见毛奴兄灵之，谓曰："杀人取钱，当时狼狈，应有所遗，此贼竟遗何物？"灵之云："唯得一刀鞘而已。"悦取鞘视之，

曰："此非里巷所为也。"乃召州城刀匠示之，有郭门者前曰："此刀鞘门手所作，去岁卖与郭民董及祖。"悦收及祖，诘之曰："汝何故杀人取钱而遣刀鞘？"及祖款引，灵之又于及祖身上得毛奴所著皂襦，及祖伏法。悦之察狱，多此类也。豫州于今称之。

悦与镇南将军元英攻义阳，克之。诏改萧衍司州为郢州，以悦为征虏将军、郢州刺史。萧衍遣其豫州刺史马仙琕，左军将军、永阳戍主陈可等率众一万，于三关南六十里因山起城，名为竹敦；遣其辅国将军、济阴太守蓟沛精卒二千以戍之。后于关南四十里麻阳旧栅起城，仙琕轻骑东西为之节度。关南之民，多怀两望。悦令西关统军诸灵凤掩击，败之，尽燔其城楼储积，擒蓟沛及其辅国将军、军主刘灵秀。诏曰："司马悦首谋义阳，征略有捷。且违京既久，屡请入朝。可遂此志，听其赴阙。"

寻诏以本将军为豫州刺史。论义阳之勋，封渔阳县开国子，食邑三百户。

永元元年，城人白早生谋为叛逆，遂斩悦首，送萧衍。既而邢峦复悬瓠，诏曰："司马悦暴罹横酷，身首异所，国戚旧勋，特可悼念。主书董绍，衔命公行，囚漂殊域，事可矜愍。尚书可量贼将齐苟儿等四人之中分遣二人，敕扬州为移，以易悦首及绍，迎接还本。用慰亡存。"赠平东将军、青州刺史，赐帛三百匹，谥曰庄。子朏袭爵。

朏，尚世宗妹华阳公主，拜驸马都尉。特除员外散骑常侍，加镇远将军。正光五年，公主薨。月余，朏卒。赠左将军、沧州刺史。

子鸿，字庆云。性粗武。袭爵，位至都水使者。坐与西贼交通赐死。

子孝政，袭。齐受禅，爵例降。

金龙弟跃，字宝龙。尚赵郡公主，拜驸马都尉。代兄为云中镇将、朔州刺史，假安北将军、河内公。跃表罢河西苑封，与民垦殖。有司执奏："此麋鹿所聚，太官取给，今若与民，至于奉献时禽，惧有所阙。"诏曰："此地若任稼穑，虽有兽利，事须废封。若是山涧，虞禁何损？寻先朝置此，岂苟藉斯禽，亮亦以俟军行薪蒸之用。其更论之。"

跃固请宜以与民，高祖从之。还为祠部尚书、大鸿胪卿、颍川王师，以疾表求解任。太和十九年卒。赠金紫光禄大夫，赐朝服一具、衣一袭、绢一千匹。楚之父子相继镇云中，朔土服其威德。

司马景之，字洪略，晋汝南王亮之后。太宗时，归阙，爵苍梧公，加征南大将军。清直有节操，太宗甚重之。卒，赠汝南王。

子师子，袭爵。

景之兄准，字巨之。以太常末，率三千余家归国。时太宗在虎牢，授宁远将军、新蔡公、假相州刺史。随驾至京。出除广宁太守。悦近来远，清俭有称。世祖嘉之，赐布六百匹。后降号为平远将军，改为密陵侯。兴光初卒。

子安国，袭爵。

司马叔璠，晋安平献王孚之后也。父昙之，司马德宗河间王。桓玄、刘裕之际，叔璠与兄国璠北奔慕容超。后西投姚兴。刘裕灭姚泓，北奔屈丐。世祖平统万，兄弟俱入国。国璠赐爵淮南公。卒，无子，爵除。叔璠，安远将军、丹杨侯。卒。

长子灵寿，神䴥中，与弟道寿俱来归国。灵寿，冠军将军、温县侯；道寿，宁朔将军、宜阳子。灵寿出除陈郡太守。刘义隆侵境。诏灵寿招引义士，得二千余人，从西平公安颉破虎牢、滑台、洛阳三城，徙五百余家入河内。又从讨蠕蠕，西征凉州，所在著功。出为辽西太守，治有清俭之称。太和九年卒。赠怀州刺史，谥曰靖。灵寿娶太宰、顿丘王李峻女，与妇父雅不相善，每见抑退，故位不大至。

子惠安，高祖时袭爵。历恒州别驾、桑乾太守、太尉咨议参军事。卒。

子祖珍，年十五，举司州秀才。解褐员外散骑侍郎。年十八，先父卒。

祖珍弟宗庞，世宗时，父惠安以久病启以爵转授。解褐安定王府骑兵参军，洛州龙骧府司马。善射，未曾自伐。性闲淡，少所交游。

识者云其淳至。永安中卒。

子嵩亮，袭。

惠安弟直安，历位尚书郎、济北济南二郡太守、员外散骑常侍。萧宝夤征钟离，引为长史。坐军退，免官加刑，以疾得免。寻除东平原太守。还京，为中散大夫，加征虏将军、太中大夫，迁左将军，正光四年卒。赠大将军、济州刺史。

子龙泉，沧州开府长史。

道寿长子元兴，袭父爵。

子景和，给事中，稍迁扬州骠骑府长史、清河内史。正光元年卒。赠左将军、平州刺史。

元兴弟仲明，侍御史、中书舍人。以谨敏著称。稍迁卫尉少卿。仍领舍人。出为征虏将军、凉州刺史。坐贪残，为御史所弹，遇赦免，积年不叙。后娶灵太后从姊为继室，除武卫将军、征虏将军。转光禄大夫，武卫如故。迁大司农卿，加安东将军、散骑常侍。出为安北将军、恒州刺史，常侍如故。正光五年卒。

子彦邕，有风望。正员郎。稍迁相州刺史、骠骑大将军、左光禄大夫。天平四年卒。赠散骑常侍、都督怀洛二州诸军事、骠骑大将军、仪同三司、怀州刺史。

司马天助，自云司马德宗骠骑将军元显之子。刘裕自立，乃来归阙。除平东将军、青徐二州刺史、东海公。天助招率义士，欲袭裕东平、济北二郡及城戍，又破裕将间万龄军，前后多所虏获。拜侍中、都督青徐兖三州诸军事、征东将军、青兖二州刺史，公如故。真君三年，与司马文思等南讨。还，又从驾北征。在阵殁。

子元伯，字归都。袭爵，后降温县子。太和中，为建威将军、泰山太守。

史臣曰：诸司马以乱亡归命。楚之风概器略，最可称乎？其余未足论也。而以往代遗绪，并当位遇。可谓幸矣。

魏书卷三八
列传第二六

刁雍　王慧龙　韩延之　袁式

刁雍，字淑和，勃海饶安人也。高祖攸，晋御史中丞。曾祖协，从司马睿渡江，居于京口，位至尚书令。父畅，司马德宗右卫将军。初，畅兄逵以刘裕轻狡薄行，负社钱三万，违时不还，执而征焉。及裕诛桓玄，以嫌故先诛刁氏。雍为畅故吏所匿，奔姚兴豫州牧姚绍于洛阳，后至长安。

雍博览书传，姚兴以雍为太子中庶子。

泰常二年，姚泓灭，与司马休之等归国。上表陈诚，于南境自效，太宗许之，假雍建义将军。雍遂于河济之间，招集流散，得五千余人，南阻大，阙扰动徐兖，建牙誓众，传檄边境，刘裕遣将李嵩等讨雍，雍斩之于蒙山。于是众至二万，进屯固山。七年三月，雍从弟弥亦率众人京口，规共讨裕，裕遣兵破之。六月，雍又侵裕青州，雍败，乃收散卒保于马耳山。又为裕青州军所逼，遂入大乡山。

八年，太宗南幸邺，朝于行观。问："先闻卿家缚刘裕，于卿亲疏？"雍曰："是臣伯父。"太宗笑曰："刘裕父子当应惮卿。"又谓之曰："朕先遣叔孙建等攻青州，民尽藏避，城犹未下。彼既素惮卿威，士民又相信服，今欲遣卿助建等，卿宜勉之。"于是假雍镇东将军、青州刺史、东光侯，给五万骑，使别立义军。建先攻东阳，雍至，招集义众，得五千人。遣抚慰郡县，土人尽下，送租供军。

是时，攻东阳，平其北城三十许步。刘义符青州刺史竺夔于城内凿地道，南下入渑水涧，以为退路。雍谓建曰："此城已平，宜时入取，不者走尽。"建惧伤兵士，难之。雍曰："若惧伤官兵者，雍今请将义兵先入。"建不听。夔欲东走，会义符遣其将檀道济等救青州。雍谓建曰："贼畏官军突骑，以锁连车为函阵。大岘已南，处处狭隘，不得方轨。雍求将义兵五千，要崄破之。"建不听，曰："兵人不宜水土，疫病过半。若相持不休，兵自死尽，何须复战。今不损大军，安全而返，计之上也。"建乃引还。

雍遂镇尹卯固。又诏令南入，以乱贼境。雍攻克项城。会有敕追令随机立效，雍于是招集谯、梁、彭、沛民五千余家，置二十七营迁镇济阴。延和二年，立徐州于外黄城，置谯梁、彭、沛四郡九县，以雍为平南将军、徐州刺史赐爵东安侯。在镇七年。太延四年，征还京师，频岁为边民所请。世祖嘉之，真君二年复授使持节、侍中、都督扬豫兖徐四州诸军事、征南将军、徐豫二州刺史。

三年，刘义隆将裴方明寇陷仇池，诏雍与建兴公古弼等十余将讨平之。五年，以本将军为薄骨律镇将。至镇，表曰：

臣蒙宠出镇，奉辞西藩，总统诸军，户口殷广。又总勒戎马，以防不虞，督课诸屯，以为储积。夙夜惟忧，不遑宁处。以今年四月末到镇，时以夏中，不及东作。念彼农夫，虽复布野，官渠乏水，不得广殖。乘前以来，功不充课，兵人口累，率皆饥俭。略加检行，知此土稼穑艰难。

夫欲育民丰国，事须大田。此土乏雨，正以引河为用。观旧渠堰，乃是上古所制，非近代也。富平西南三十里，有艾山，南北二十六里，东西四十五里，凿以通河，似禹旧迹。其两岸作溉田大渠，广十余步，山南引水入此渠中。计昔为之，高于水不过一丈。河水激急，沙土漂流，今日此渠高于河水二丈三尺，又河水浸射，往往崩颓。渠溉高悬，水不得上。虽复诸处按旧引水，水亦难求。今艾山北，河中有洲渚，水分为二。西河小狭，水广百四十步，臣今求入来年正月于河西高渠之北八里、分河之下五里，平地凿渠，广十五步，深五尺，筑其两岸，令高一丈。北行四十里，还入古高渠，即循高渠而北，复八十里，合百二十里，大有良田。计用四千人，四十日功，渠得成讫。所欲凿新渠口，河下五尺，水不得入。今求从小河东南岸斜断到西北岸，计长二百七十步，广十步，高二丈，绝断小河。二十日功，计得成毕，合计用功六十日。小河之水，尽入新渠，水则充足溉官私田四万余顷。一旬之间，则水一遍，水凡四溉，谷得成实。官课常充，民亦丰赡。

诏曰："卿忧国爱民，知欲更引河水，劝课大田。宜便兴立，以克就为功，何必限其日数也。有可以便国利民者，动静以闻。"

七年，雍表曰：

奉诏高平、安定、统万及臣所守四镇，出车五千乘，运屯谷五十万斛付沃野镇，以供军粮。臣镇去沃野八百里，道多深沙，轻车来往，犹以为难，设令载谷，不过二十石，每涉深沙，必致滞陷。又谷在河西，转至沃野，越度大河，计车五千乘，运十万斛，百余日乃得一返，大废生民耕垦之业。车牛艰阻，难可全至，一岁不过二运，五十万斛乃经三年。

臣前被诏，有可以便国利民者，动静以闻。臣闻郑、白之渠，远引淮海之粟，溯流数千，周年乃得一至，犹称国有储粮，民用安乐。今求于牵屯山河水之次，造船二百艘，二船为一舫，一船胜谷二千斛，一舫十人，计须千人。臣镇内之兵，率皆习水，一运二十万斛。方舟顺流，五日而至，自沃野牵上，十日还到，合六十日得一返。从三月至九月三返，运送六十万斛。计用人功，轻于车运十倍有余，不费牛力，又不废田。

诏曰："知欲造船运谷，一冬即成，大省民力，既不费牛，又不废田，甚善。非但一运，自可永以为式。今别下统万镇出兵以供运谷，卿镇可出百兵为船工，岂可专废千人？虽遣船匠，犹须卿指授，未可专任也。诸有益国利民如此者，续复以闻。"

九年，雍表曰："臣闻安不忘乱，先圣之政也。况绥服之外，带接边城，防守不备，无以御敌者也。臣镇所绾河西，爰在边表，常惧不虞。平地积谷，实难守护。兵人散居，无所依恃。脱有妖奸，必致狼狈。虽欲自固，无以得全。今求造城储谷，置兵备守。镇自建立，更不烦官。又于三时之隙，不令废农。一岁、二岁不讫，三岁必成。立城之所，必在水陆之次。大小高下，量力取办。"诏许之。至十年三月，城讫。诏曰："卿深思远虑，忧勤尽思。知城已周讫，边境无不虞之忧，千载有永安之固，朕甚嘉焉。即名此城为刁公城，以旌尔功也。"

兴光二年，诏雍还都，拜特进，将军如故。和平六年，表曰：

臣闻有国有家者，莫不礼乐为先。故《乐记》云：礼所以制外，乐所以修内。和气中释，恭敬温文。是以安上治民，莫善于礼；易俗移风，莫善于乐。且于一民一俗，尚须崇而用之，况统御八方，陶钧六合者哉？故帝尧修五礼以明典章，作咸池以谐万类，显皇轨于云岱，扬鸿化于介丘。令木石革心，鸟兽率舞。包天地之情，达神明之德。夫感天动神，莫近于礼乐。故大乐与天地同和，大礼与天地同节。和，故百物阜生；节，故报天祭地，礼行于郊，则上下和肃。肃者，礼之情；和者，乐之致。乐至则无怨，礼至则不违。揖让而治天下者，礼乐之谓欤？

唯圣人知礼乐之不可以已，故作乐以应天，制礼以配地。所以承天之道，治人之情。故王者治定制礼，功成作乐。虞、夏、殷、周，易代而起。及周之末，王政陵迟。仲尼伤礼乐之崩亡，痛文武之将坠，自卫返鲁，各得其中。逮乎秦皇，剪弃道术，灰灭典籍，坑烬儒士，盲天下之目，绝象魏之章，箫韶来仪，不可复矣。赖大汉之兴，改正朔，易服色，协音乐，制礼仪，正声古礼，粗欲周备。至于孝章，每以三代损益，优劣殊轨，叹其薄德，无以易民视听。博士曹褒睹斯诏也，知上有制作之意，乃上疏求定诸仪，以为汉礼。终于休废，寝而不行。及魏晋之日，修而不备。

伏惟陛下无为以恭已，使贤以御世，方鸣和鸾以陟岱宗，陪群后以升中岳，而三礼阙于唐辰，象舞替于周日。夫君举必书，古之典也。柴望之礼，帝王盛事。臣今以为，有其时而无其礼，有其德而无其乐。史阙封石之文，工绝清颂之飨，良由礼乐不兴，王政有缺致也。臣闻乐由礼，所以象德；礼由乐，所以防淫。五帝殊时不相沿，三王异世不相袭。事与时并，名与功偕故也。臣昧儒先，管窥不远，谓宜修礼正乐，以光大圣之治。

诏令公卿集议，会高宗崩，遂寝。

皇兴中，雍与陇西王源贺及中书监高允等，并以耆年特见优礼，锡雍几杖，剑履上殿，月致珍羞焉。

雍性宽柔，好尚文典，手不释书，明敏多智。凡所为诗赋颂论并杂文，百有余篇。又泛施爱士，怡静寡欲。笃信佛道，著教诫二十余篇，以训导子孙。太和八年冬卒，年九十五。赐命服一袭，冒帛五百匹，赠仪同三司、冀州刺史，将军如故，谥曰简。

雍长子纂，字奉宗。中书侍郎。早卒。

纂弟遵，字奉国，袭爵。

遵弟绍，字奉世。武骑侍郎、汝阴王天赐凉州征西府司马。

绍弟献，字奉章。秘书郎。

融弟融，字奉业。汝阴太守。

献弟肃，字奉诚。中书博士。

遵少不拘小节，长更修改。太和中，例降为侯。景明中，除相州魏郡太守。还为太尉咨议参军。年七十，志力不衰。尝经笃疾，几死，见神明救免，言是福门之子，当享长年。延昌三年，迁司农少卿。寻拜龙骧将军、洛州刺史。遵招诱有方，萧衍新化太守杜性、新化令杜龙振、平阳令杜台定等，率户三千据地内附。熙平元年七月卒，年七十六。赠平东将军、兖州刺史，谥曰惠侯。有子十三人。

长子楷，字景伯。州举秀才，少早卒。

子冲，字文助。在《儒林传》。

楷弟尚，字景胜。本州治中，早卒。

尚弟整，字景智。少有大度，颇涉书史。郡功曹。太和十五年，奉朝请。高祖都洛，亲自临选，除司空法曹参军。

高祖南讨，以广阳王嘉镇荆州，整为嘉外兵参军事。寻转太尉、咸阳王禧外兵参军。景明中，除给事中，领本州中正。寻除尚书左中兵郎中。正始中，萧衍江州刺史王茂先来寇南境，平南将军杨大眼讨之，诏整持节为大眼军司，大破茂先，斩衍辅国将军王花等。永平初，以军功除员外散骑常侍，仍除郎中。延昌三年秋，世宗亲选百官于朝堂，拜右军将军，仍除郎中。寻转骁骑将军。未几，丁父忧。

相州刺史、山阳王熙在邺起兵，将诛元叉等。事败，传首京师，熙之亲故莫敢视。整弟妇即熙姊，遂收其尸藏之，后乃还熙所亲。叉闻而致憾，因以熙弟略南走萧衍，诬整将叛，送整与弟宣及子恭等幽系之。赖御史王基、前军将检事使魏子建理雪，获免。后自征虏将军出除范阳太守。时已兵乱，整郡获全。去郡之后，寻被陷没。灵太后反政，除安南将军、光禄大夫。元略曾于整坐泣谓黄门王诵、尚书袁翻曰："刁公收敛我家，卿等宜知。"

整以母老，河北丧乱，时整族弟双为西兖州刺史，整遂携家依焉。永安初，拜金紫光禄大夫。二年，兼黄门。元颢入洛，用为沧州刺史。庄帝还朝，坐免官。后归乡里。及庄帝杀尔朱荣，就除镇东将军、行沧州事。普泰初，假征东大将军、沧冀瀛三州刺史、大都督，将军如前。寻加车骑将军、右光禄大夫。逢本乡贼乱，奉母客于齐州。加卫大将军。天平四年，卒于邺。赠司空公，谥曰文献。整解音律，轻财好施，交结名胜，声酒自娱。然贪而好色，为议者所贬。

初雍与从弟宝惠俱入国。宝惠，字道明，太祖以为上客。卒，有六子，

子连城，为冀州开府掾。

刁氏世有荣禄，而门风不甚修洁，为时所鄙。

雍族孙双，字子山。高祖薮，晋齐郡太守。薮因晋乱，居青州之乐安。父道履，皇兴初，除平原太守。至双，始还本乡，双少好学，兼

涉文史，雅为中山王英所知赏。拜西河太守。

正光初，中山王熙之诛也。熙弟略投命于双，双护之周年。时购略甚切，略乃谓双曰："我兄弟屠灭已尽，唯我一身漏刃相托。卿虽厚恩，久见容蔽，但事留变生，终恐难保，脱万一发觉，我死分也，无事相累卿。若送吾出境，便是再生之惠。如其不尔，辄欲自裁。"双曰："人生会有一死，死所难遇耳。今遭知已，视死如归，愿不以为虑。"略后苦求南转，双乃遣从子晶送达江左。

灵太后返政，知略因双获免。征拜光禄大夫。时略姊饶安公主，刁宣妻也，频诉灵太后，乞征略还朝廷。乃以徐州所获俘江革、祖暅二人易之。以双与略有旧，乃令至境迎接略。

肃宗末，除西兖州刺史。时贼盗蜂起，州人张桃弓等招聚亡命，公行劫掠。双至境，先遣使谕桃弓，陈示祸福，桃弓即随使归罪，双舍而不问。后有盗发之处，令桃弓追捕，咸悉擒获，于是州境清肃。庄帝初，行济州刺史，以功封曲城乡男。出帝衬，迁骠骑大将军、左光禄大夫。兴和三年卒。赠车骑大将军、仪同三司、齐州刺史，谥曰清穆。

王慧龙，自云太原晋阳人，司马德宗尚书仆射愉之孙，散骑侍郎缉之子也。幼聪慧，愉以为诸孙之龙，故名焉。

初，刘裕微时，愉不为礼，及得志，愉合家见诛。慧龙年十四，为沙门僧彬所匿。百余日将慧龙过江，为津人所疑，曰"行意忽忽徬徨，得非王氏诸子乎？"僧彬曰："贫道从师有年，止西岸，今暂欲定省，还期无远，此随吾受业者，何至如君言。"既济，遂西上江陵，依叔祖忱故吏荆州前治中习辟强。时刺史魏咏之卒，辟强与江陵令罗修、前别驾刘期公、土人王腾等谋举兵，推慧龙为盟主，克日袭州城。而刘裕闻咏之卒，亦惧江陵有变，遣其弟道规为荆州，众遂不果。罗修将慧龙，又与僧彬北诣襄阳。司马德宗雍州刺史鲁宗之资给慧龙，送渡江，遂自虎牢奔于姚兴。其自言也如此。

泰常二年，姚泓灭，慧龙归国。太宗引见与言，慧龙请效力南讨，言终，俯而流涕，天子为之动容。谓曰："朕方混一车书，席卷吴会，卿情计如此，岂不能相资以众乎？"然亦未之用。后拜洛城镇将，配兵三千人镇金墉。既拜十余日，太宗崩。世祖初即位，咸谓南人不宜委以师旅之任，遂停前授。

初，崔浩弟恬闻慧龙王氏子，以女妻之。浩既婚姻，及见慧龙，曰："信王家儿也。"王氏世䶊鼻，江东谓之鼻䶊王。慧龙鼻大，浩曰："真贵种矣。"数向诸公称其美。司徒长孙嵩闻之，不悦，言于世祖，以其叹服南人，则有讪鄙国化之意。世祖怒，召浩责之。浩免冠陈谢得释。及鲁宗之子轨奔姚兴，后归国，云慧龙是王愉家竖，僧彬所通生也，浩虽闻之，以女之故，成赞其族。慧龙由是不调。

久之，除乐安王范传，领并荆扬三州大中正。

慧龙抗表，愿得南垂自效，崔浩固言之，乃授南蛮校尉、安南大将军左长史。及刘义隆荆州刺史谢晦起兵江陵，引慧龙为援。慧龙督司马卢寿等一万人拔其思陵戍，进围项城。晦败，乃班师。后刘义隆将王玄谟寇滑台，诏假慧龙楚兵将军，与安颉等同讨之。相持五十余日，诸将以贼盛，莫敢先。慧龙设奇兵大破之。世祖赐以剑马钱帛，授龙骧将军，赐爵长社侯，拜荥阳太守，仍领长史。在任十年，农战并修，大著声绩。招携边远，归附者万余家，号为善政。

其后，刘义隆将到彦之、檀道济等频顿淮颍，大相侵掠，慧龙力战，屡摧其锋。彦之与友人萧斌书曰："鲁轨顽钝，马楚粗狂，亡人之中，唯王慧龙及韩延之可为深惮。不意儒生懦夫，乃令老子讶之。"刘义隆纵反间，云慧龙自以功高而位不至，欲引寇入边，因执安南大将军司马楚之以叛。世祖闻曰："此必不然，是齐人忌乐毅耳。"乃赐慧龙玺书曰："义隆畏将军如虎，欲相中害，朕自知之。风尘之言，想不足介意也。"刘义隆计既不行，复遣刺客吕玄伯，购慧龙首，二百户男、绢一千匹。玄伯伪为反间来，求屏人有所论。慧龙疑之，使人探其怀，有尺刀。玄伯叩头请死。慧龙曰："各为其主也。吾不忍害此人。"左右皆言义隆贼心未已，不杀玄伯，无以制将来。慧龙曰："死生有命，彼亦安能害我。且吾方以仁义为干卤，又何忧乎刺客。"

遂舍之。时人服其宽恕。

慧龙自以遭难流离，常怀忧悴，乃作《祭伍子胥文》以寄意焉。生一男一女，遂绝房室。布衣蔬食，不参吉事，举动必以礼。太子少傅游雅言于朝曰："慧龙，古之遗孝也。"撰帝王制度十八篇，号曰《国典》。真君元年，拜使持节、宁南将军、虎牢镇都副将。未至镇而卒。临没，谓功曹郑晔曰："吾羁旅南人，恩非旧结，蒙圣朝殊特之慈，得在疆场效命。誓愿鞭尸吴市，戮坟江阴。不谓婴此重疾，有心莫遂。非唯仰愧国灵，实亦俯惭后土，修短命也，夫复何言。身殁后，乞葬河内州县之东乡，依古墓而不坟，足藏发齿而已。庶魂而有知，犹希结草之报。"时制，南人入国者，皆葬桑乾。晔等申遗意，诏许之。赠安南将军、荆州刺史，谥穆侯。吏人及将士共于墓所起佛寺，图慧龙及僧彬象赞之。吕玄伯感全宥之恩，留守墓侧，终身不去。子宝兴袭爵。

宝兴少孤，事母至孝。尚书卢遐妻，崔浩女也。初，宝兴母及遐妻俱孕，浩谓曰："汝等将来所生，皆我之自出，可指腹为亲。"及婚，浩为撰仪，躬自监视，谓诸客曰："此家礼事，宜尽其美。"及浩被诛，卢遐后妻，宝兴从母也，缘坐没官。宝兴亦逃避，未几得出。卢遐妻，时官赐度河镇高车滑骨。宝兴尽卖货产，自出塞赎之以归。州辟治中从事、别驾，举秀才，皆不就。闭门不交人事。袭爵长社侯、龙骧将军。卒，子琼袭爵。

琼，字世珍。高祖赐名焉。太和九年，为典寺令。十六年，降侯为伯。高祖纳其长女为嫔，拜前军将军、并州大中正。正始中，为光州刺史。有受纳之响，为中尉王显所劾，终得雪免。神龟中，除左将军、兖州刺史。去州归京，多年沉滞。所居在司空刘腾宅西，腾虽势倾朝野，初不候之。腾既权重，吞并邻宅，增广旧居，唯琼终不肯与。以此久见抑屈，

琼女适范阳卢道亮，不听归其夫家。及女卒，哀恸无已。琼仍葬之别所，冢不即塞，常于圹内哭泣。久之乃掩。当时深怪，疑其秽行。加以聋疾，每见道俗，乞丐无已。造次见之，令人笑愕。道逢太

保、广平王怀，据鞍抗礼，自言马瘦。怀即以诞马并乘具与之。尝诣尚书令李崇，骑马至其黄阁，见崇子世哲，直向继伯在否。崇趋出。琼乃下。崇俭，而好以纸帖衣领，琼哂而掣去之。崇小子青肫，尝盛服。阙宠势亦不足恨。领军元叉使奴遗琼马，并留奴。王诵闻之，笑曰："东海之风，于兹坠矣。"孝昌三年，除镇东将军、金紫光禄大夫、中书令。时琼子遵业为黄门郎，故有此授。卒，年七十四。赠征北将军、中书监、并州刺史。自慧龙入国，三世一身，至琼始有四子。

长子遵业，风仪清秀，涉历经史。位著作佐郎，与司徒左长史崔鸿同撰《起居注》。迁右军将军，兼散骑常侍，尉劳蠕蠕。乃诣代京，采拾遗文，以补《起居》所阙。与崔光、安丰王延明等参定服章。及光为肃宗讲《孝经》，遵业预讲，延业录义，普应诏作《释奠侍宴诗》。时人语曰："英英济济，王家兄弟。"转司徒左长史、黄门郎、监典仪注。遵业有誉当时，与中书令陈郡袁翻、尚书琅琊王诵并领黄门郎，号曰"三哲"。时政归门下，世谓侍中、黄门为小宰相。而遵业从容恬素，若处丘园，尝著穿角履，好事者多毁新履以学之。以胡太后临朝，天下方乱，谋避地，自求徐州。太后曰："王诵罢幽州始作黄门，卿何乃欲徐州？更待一二年，当有好处分。"遵业兄弟，并交游时俊，乃为当时所美。及尔朱荣入洛，兄弟在父丧中，以于庄帝有从姨兄弟之亲，相率奉迎，俱见害河阴。议者惜其人才，而讥其躁竞。赠并州刺史。著《三晋记》十卷

《遵业子松年，尚书库部郎。

韩延之，字显宗，南阳赭阳人，魏司徒暨之后也。司马德宗平西府录事参军。刘裕率伐司马休之，未至江陵，密使与延之书招之。延之报曰："闻亲率戎马，远履西畿，阖境士庶，莫不怪骇。何者？莫知师出之名故也。司马平西体国忠贞，款爱待物，当于古人中求耳。刘裕足下，海内之人，谁不见足下此心，而复欲欺诳国士，天地所不容，在彼不在此矣。今伐人之君，啖人以利，真可谓处怀期物，自有由来者矣。以平西之至德，宁无授命之臣乎？假令天长丧乱，九流

浑浊，当与臧洪游于地下，不复多言。”裕得书叹息，以示诸佐曰：“事人当应如此。”刘裕父名翘，字显宗，于是延之字显宗，名子为翘，盖示不臣刘氏也。

后奔姚兴。太常二年，与司马文思来入国，以延之为虎牢镇将爵鲁阳侯。初，延之曾来往柏谷坞省，鲁宗之墓，有终焉之志。因谓子孙云：“河洛三代所都，必有治于此者。我死不劳向北代葬也。即可就此。”及卒，子从其言，遂葬于宗之墓次。延之死后五十余年，而高祖徙都，其孙即居于墓北柏谷坞。

延之前妻罗氏生子措，措随父入国。又以淮南王女妻延之，生道仁。措推道仁为嫡，袭父爵，位至殿中尚书。进爵西平公。

袁式，字季祖，陈郡阳夏人，汉司徒滂之后。父渊，司马昌明侍中。式在南，历武陵王遵咨议参军。与司徒马文思等归姚兴。太常二年归国，为上客，赐爵阳夏子。与司徒崔浩一面，便尽国士之交。是时，朝仪典章，悉出于浩。浩以式博于古事，每所草创，恒顾访之。性长者，虽羁旅飘泊，而清贫守度，不失士节。时人甚敬重之，皆呼曰袁咨议。延和三年，卫大将军、乐安王范为雍州刺史，诏式与中书侍郎高允俱为从事中郎，辞而获免。

式沉靖乐道，周览书传，至于诂训、《仓》、《雅》，偏所留怀。作《字释》，未就，以天安二年卒。赠豫州刺史，谥肃侯。

子济，袭。位魏郡太守，政有清称，加宁远将军。子侄遂居颍川之阳夏。

史臣曰：刁雍才识恢远，著声立事，礼遇优隆，世有人爵堂构之义也。王慧龙拔难自归，颇历夷险，抚人督众，见惮严敌。世珍实有令子，克播家声。韩延之报书刘裕，国体在焉。袁式赞礼崔浩，时称长者，一时有称，信为美哉。

魏书卷三九
列传第二七

李宝

李宝,字怀素,小字衍孙,陇西狄道人,私署凉王皓之孙也。父翻,字士举,小字武强,私署骁骑将军,祁连、酒泉、晋昌三郡太守。宝沉雅有度量,骁勇善抚接,伯父歆为沮渠蒙逊所灭,宝徙于姑臧。岁余,随舅唐契北奔伊吾,臣于蠕蠕。其遗民归附者稍至二千。宝倾身礼接,甚得其心,众皆乐为用,每希报雪。

属世祖遣将讨沮渠无讳于敦煌,无讳捐城遁走。宝自伊吾南归敦煌,遂修缮城府,规复先业。遣弟怀达奉表归诚,世祖嘉其忠款,拜怀达散骑常侍、敦煌太守,别遣使授宝使持节、侍中、都督西垂诸军事、镇西大将军、开府仪同三司、领护西沙校尉、沙州牧、敦煌公,仍镇敦煌,四品以下听承制假授。真君五年,因入朝,遂留京师,拜外都大官。转镇南将军、并州刺史。还,除内都大官。高宗初,代司马文思镇怀荒,改授镇北将军。太安五年薨,年五十三。诏赐命服一袭,赠以本官,谥曰宣。有六子:承、茂、辅、佐、公业、冲。公业早卒,冲别有《传》。

承,字伯业。少有策略。初,宝欲谋归款,民僚多有异议。承时年十三,劝宝速定大计,于是遂决。仍令承随表入质。世祖深相器异,礼遇甚优,赐爵姑臧侯。后遭父忧,居丧以孝闻。承应传先封,以自有爵,乃让弟茂,时论多之。承方裕有鉴裁,为时所重。高宗末,以姑臧侯出为龙骧将军、荥阳太守。为政严明，甚著声称。延兴五年卒，时年四十五。赠使持节、本将军，雍州刺史，谥曰穆。

长子韶，字元伯，学涉，有器量。与弟彦、虔、蕤并为高祖赐名焉。韶又为季父冲所知重。延兴中，补中书学生。袭爵姑臧侯，除仪曹令。时修改车服及羽仪制度，皆令韶典焉。迁给事黄门侍郎。后例降侯为伯。兼大鸿胪卿，黄门如故。

高祖将创迁都之计，诏引侍臣访以古事。韶对："洛阳九鼎旧所，七百攸基，地则土中，实均朝贡，惟王建国，莫尚于此。"高祖称善。迁太子右詹事，寻罢左右，仍为詹事、秦州大中正。出为安东将军、兖州刺史。高祖自邺还洛，韶朝于路，言及庶人恂事。高祖曰："卿若不出东宫，或未至此。"

世宗初，征拜侍中，领七兵尚书。寻除抚军将军、并州刺史。以从弟伯尚同元禧之逆，在州禁止，征还京师。虽不知谋，犹坐功亲，免除官爵。久之，起兼将作大匠，敕参定朝仪、律令。

吕苟儿反于秦州，除抚军将军、西道都督、行秦州事。与右卫将军元丽率众讨之。事平，即真。玺书劳勉，复其先爵。时陇右新经师旅之后，百姓多不安业。韶善抚纳，甚得夷夏之心。征还，行定州事。寻转相州刺史，将军如故。

肃宗初，入为殿中尚书，行雍州事。后除中军大将军、吏部尚书，加散骑常侍。韶在选曹，不能平心守正，通容而已，议者贬之。出为冀州刺史。清简爱民，甚收名誉，政绩之美，声冠当时。肃宗嘉之，就加散骑常侍，迁车骑大将军，赐剑佩、貂蝉各一具，骅骝马一匹，并衣服寝具。

韶以年及悬车，抗表逊位，优旨不许。转定州刺史，常侍如故。及赴中山，冀州父老皆送出西境，相聚而泣。二州境既连接，百姓素闻风德，州内大治。正光五年四月，卒于官，年七十二。诏帽帛七百匹，赠侍中、持节、散骑常侍、车骑大将军、司空公、雍州刺史，谥曰文恭。既葬之后，有冀州兵千余人戍于荆州，还经韶墓，相率培冢，数日方归。其遗爱如此。初，韶克定秦陇，永安中追封安城县开国伯，邑四百户。

长子玙，字道璠，袭。武定中，骠骑大将军、东徐州刺史。

玙弟瑾，字道瑜。美容貌，颇有才学，特为韶所钟爱。清河王怿知赏之，怿为司徒，辟参军。转著作佐郎，加龙骧将军。稍迁通直散骑侍郎，与给事黄门侍郎王遵业、尚书郎卢观典领仪注。临淮王彧谓瑾等曰："卿等三俊，共掌帝仪，可谓舅甥之国。"王卢即瑾之外兄也。肃宗崩，上谥策文，瑾所制也。庄帝初，于河阴遇害，年四十九。赠冠军将军、齐州刺史。

长子产之，字孙侨。容貌短陋，而抚训诸弟，爱友笃至，年四十九，亡。

产之弟茜之，武定末，司空主簿。

瑾弟瓒，字道璋，少有风尚。辟司徒参军事。神龟中卒。赠汉阳太守。

子修年，大将军开府士曹参军。早亡。

韶弟彦，字次仲。颇有学业。高祖初，举司州秀才，除中书博士。转谏议大夫。后因考课，降为元士。寻行主客曹事，徙郊庙下大夫。时朝仪典章咸未周备，彦留心考定，号为称职。

高祖南伐，彦以蕞尔江闽，不足亲劳銮驾，频有表谏。虽不从纳，然亦嘉其至诚。及六军次于淮南，征为广陵王羽长史，加恢武将军、西翼副将军。还，除冀州赵郡王干长史。转青州广陵王羽长史，带齐郡太守。征为龙骧将军、司徒右长史，转左长史、秦州大中正。出行扬州事，寻征拜河南尹。还至汝阴，复敕行徐州事。转平北将军、平州刺史。还，平东将军、徐州刺史。

延昌二年夏，大霖雨，川渎皆溢。彦相水陆形势，随便疏通，得无淹渍之害。朝廷嘉之，频诏劳勉。入为河南尹。迁金紫光禄大夫、光禄勋卿，转度支尚书。出为抚军将军、秦州刺史。

是时，破落汗拔陵等反于北镇，二夏、豳、凉所在蜂起。而彦刑政过猛，为下所怨。城民薛珍、刘庆、杜超等因四方离叛，遂潜结逆谋。正光五年六月，突入州门，擒彦于内斋，囚于西府，推其党莫折大提为帅，遂害彦。永安中，追赠侍中、骠骑大将军、司徒公、雍州刺史，谥曰孝贞。

子燮，字德谐，少有风望。解褐司徒参军。著作佐郎、司徒祭酒，辅主簿。卒，赠转国将军、太常少卿。

燮弟德广，终于中散大夫。

德广弟德显，太尉行参军。稍迁散骑侍郎。卒，赠辅虏将军、东秦州刺史。

德显弟德明，秘书郎。

彦弟虔，字叔恭。太和初，为中书学生，迁秘书中散。转冀州骠骑府长史、太子中舍人。

世宗初，迁太尉从事中郎。出为清河太守。属京兆王愉反，虔弃郡奔阙。世宗闻虔至，谓左右曰："李虔在冀州日久，恩信著物，今拔难而来，众情自解矣。"乃授虔别领军前慰劳事。事平，转长乐太守。延昌初，冀州大乘贼起，令虔以本官为别将，与都督元遥讨平之。迁后将军、燕州刺史。还为光禄大夫，加平西将军，兼大司农卿。出为散骑常侍、安东将军、兖州刺史。追论平冀州之功，赐爵高平男。还京，除河南邑中正，迁镇军将军、金紫光禄大夫，孝庄初，授特进、车骑大将军、仪同三司，加散骑常侍。又进号骠骑大将军、开府仪同三司。永安三年冬薨，年七十四。赠侍中、都督冀定瀛三州诸军事、骠骑大将军、太尉公、冀州刺史，男如故，谥曰宣景。

长子暧，字仁明。解褐司空行参军，稍迁尚书左外兵郎。孝庄初，于河阴遇害，年四十。赠安东将军、度支尚书、青州刺史。

子褒，武定中，太师法曹参军。

暧弟昞，字仁曜。起家高阳王雍常侍，员外散骑侍郎、太尉录事参军。孝庄初，与兄暧同时遇害，年四十八。赠散骑常侍、左将军、兖州刺史。

子为，武定中，司空长流参军。

昞弟昭，字仁照。卒于散骑侍郎，赠征虏将军、凉州刺史。

子士元、操，武定中，并仪同开府参军事。

昭弟晓，字仁略，武定末，太尉咨议参军。

虔弟蕤，字延宾。历步兵校尉、东郡太守、司农少卿。卒，赠龙骧将军、豫州刺史。长子咏，字义兴，有干局。起家太学博士。领殿中侍御史，稍迁东郡太守。庄帝初，迁安东将军、济州刺史。转广州刺史，加散骑常侍。前废帝时，与第三弟通直散骑常侍义真，第七弟中书侍郎、太常少卿义邕，同时为尔朱仲远所害，义邕，庄帝居蕃之日，以外亲甚见亲昵，及有天下，特蒙信任。尔朱荣之诛，义邕与其事，由是并及于祸。出帝初，赠咏侍中、骁骑将军、吏部尚书、冀州刺史，义真赠前将军、齐州刺史，义邕赠安东将军、青州刺史。

咏次弟义慎，司空属。第四弟义远，国子博士。庄帝初，并于河阴遇害。义慎赠散骑常侍、征东将军、雍州刺史。

承弟茂，字仲宗。高宗末，袭父爵，镇西将军、敦煌公。高祖初，除长安镇都将。转西兖州刺史，将军如故。入为光录大夫，例降为侯。茂性谦慎，以弟冲宠盛，惧于盈遂，托以老疾，固请逊位。高祖不夺其志，听食大夫禄，还私第，因居定州之中山。自是优游里舍，不入京师。景明三年卒，时年七十一，谥曰恭侯。

子静，字绍安，袭。解褐太尉参军事。定州别驾、东平原太守。神龟三年卒，年五十五。

子遐，字智远。有几案才。起家司空行参军，袭爵。稍迁右将军、尚书驾部郎中。出为河内太守。尔朱荣称兵向洛，次其郡境，庄帝潜济河北相会。遐既闻荣推奉庄帝，遂开门谒侯，仍从驾南渡。及河阴，为乱兵所害，时年四十二。事宁，追赠散骑常侍、车骑大将军、尚书右仆射、秦州刺史。以侯驾之功，封卢乡县开国伯，邑三百户。

子孝儒，袭。齐受禅，爵例降。

静弟孚，字仲安。恭顺笃厚，起家镇北府功曹参军。定州别驾，汝阳、汝南、中山三郡太守。孝庄初，以外亲，超授抚军将军、金紫光禄大夫。出除镇东将军、沧州刺史，加散骑常侍。普泰元年卒，年六十二。有五子。

长子惠昭,太傅开府城局参军。

惠昭弟惠谌,武定中,齐州别驾。

孚弟敬安,奉朝请。早亡。

敬安弟季安,粗涉书史。解褐彭城王行参军。稍迁宁朔将军、步兵校尉。出为徐州北海王颢抚军府长史。正光末,颢为开西都督。复引为长史。委以戎政。寻加骁骑将军。孝昌三年,卒于军,时年五十三。赠征虏将军、凉州刺史。

子处默,少清惠。起家青州彭城王府主簿。稍迁通直散骑常侍、安东将军、光禄大夫、抚军将军、广州开府长史。天平初卒,年三十九。

茂弟辅,字督真,亦有人望。解褐中书博士,迁司徒议曹掾。太和初,高祖为咸阳王禧纳其女为妃,除镇远将军、颍川太守,带长社戍。辅绥怀招集,甚得边和。六年,卒于郡,年四十七。赠征虏将军、秦州刺史、襄武侯,谥曰惠。

长子伯尚,少有重名。弱冠,除秘书郎。高祖每云:"此李氏之千里驹。"稍迁通直故骑侍郎,敕撰《太和起居注》。寻迁秘书丞。世宗初,兼给事黄门侍郎。景明二年,坐与咸阳王禧谋反诛,时年二十九。

伯尚弟仲尚,仪貌甚美,少以文学知名。二十,著《前汉功臣序赞》及季父《司空冲诔》,时兼侍中高聪、尚书邢峦见而叹曰:"后生可畏,非虚言也。"起家京兆王愉行参军。景明中,坐兄事赐死,年二十五。

仲尚弟季凯,沉敏有识量。坐兄事,与母弟俱徙边。久之,曾赦免,遂寓居于晋阳,沉废积年,孝昌中,解褐太尉参军事,加威远将军。寻除并州安北府长史。肃宗崩,尔朱荣阴图义举,季凯豫谋。庄帝践阼,征拜给事黄门侍郎,封博平县开国侯,邑七百户。寻加散骑常侍、平东将军。转秘书监,进号中军将军。普泰元年七月,尔朱世隆以荣之死,谓季凯通知,于是见害,年五十五。出帝初,追赠侍中、骠骑将军、吏部尚书、定州刺史。

子统，字基伯，袭。武定末，太尉刑狱参军。齐受禅，爵例降。

季凯弟延庆，孝昌中，解褐定州镇北城局参军。稍迁奉车都尉、陈留太守。迁镇东将军、金紫光禄大夫。永熙二年卒，年五十二。赠本将军、雍州刺史。

子惠矩，武定中，仪同开府参军事。

延庆弟延度，武定中，卫将军，安德太守。

辅弟佐，字季异，有文武才干。高祖初，兼散骑常侍，衔命使高丽。以奉使称旨，还拜常山太守，赐爵真定子。迁冠军将军、怀州刺史，赐爵山阳侯。寻加安南将军、河内公。转安东将军、相州刺史。所在有称绩。

车驾南讨，拜安南将军，副大司马、咸阳王禧为殿中将军。寻被敕与征南将军、城阳王鸾，安南将军卢渊等军攻赭阳。各不相节度。诸军皆坐甲城下，欲以不战降贼。佐独勒所部，晨夜攻击。属肃鸾遣其太子右卫率垣历生率众来援，咸以势弱不敌，规欲班师。佐乃简骑二千逆贼，为贼所败。坐徙瀛州为民。

车驾征宛邺，复起佐，假平远将军、统军。萧鸾新野太守刘忌凭城固守，佐率所领攻拔之。以功封泾阳县开国子，邑三百户。沔北既平，广阳王嘉为荆州刺史，仍以佐为嘉镇南府长史。加辅国将军，别镇新野。及大军凯旋，高祖执佐手曰："沔北，洛阳南门。卿既为朕平之，亦当为朕善守。"

高祖崩，遗敕以佐行荆州事，仍本将军。佐在州，威信大行，边民悦附，前后归之者二万许家。寻正刺史。世宗初，征兼都官尚书。景明二年卒，年七十一。赠征虏将军、秦州刺史，谥曰庄。子遵袭。

遵，爽俊有父风。历相州治中，转别驾、冀州征北府长史、司空司马。卒，赠龙骧将军、洛州刺史。孝庄初，以外戚超赠车骑大将军、仪同三司、定州刺史。

子果，袭。司空咨议参军。武定中，坐通西贼伏诛。

遵弟柬，字休贤。郡辟功曹。以父忧去职，遂终身不食酒肉，因屏居乡里。肃宗初，司空、任城王澄嘉其操尚，以为参军事。寻转司徒外兵参军。历任城、济北二郡太守。孝庄初，迁镇远将军、济州刺史。卒，赠安北将军、殿中尚书、相州刺史。

子经，司徒咨议参军、行豫州事。兴和初，坐妖言赐死。

柬弟神俊，小名提。少以才学知名，为太常刘芳所赏。释褐奉朝请，转司徒祭酒、从事中郎。顷之，拜骁骑将军、中书侍郎、太常少卿。出为前将军、荆州刺史。

时四方多事，所在连兵。萧衍遣将曹敬宗来寇，攻围积时。又引水灌城，城不没者数万。神俊循抚兵民，戮力固守。诏遣都督崔暹，别将王罴、裴衍等赴援，敬宗退走。时寇贼之后，城外多有露骸，神俊教令收葬之。征拜大司农卿。

肃宗末，除镇军将军、行相州事。于时葛荣南逼，神俊忧惧，乃故坠马伤脚，仍停汲郡，有诏追还。庄帝纂统，以神俊外戚之望，拜散骑常侍、殿中尚书。追论固守荆州之功，封千乘县开国侯，邑一千户。转中书监、吏部尚书。

神俊意尚风流，情在推引人物，而不能守正奉公，无多声誉。有巨鹿人李炎上书，言神俊之失。天柱将军尔朱荣曾补人为曲阳县令，神俊以阶县不用。荣闻大怒，谓神俊自树亲党，排抑勋人。神俊惧，启求解官。乃除卫将军、左光禄大夫。寻属尔朱兆入京，乘舆幽执，神俊遂逃窜民间。出帝初，始来归阙，拜散骑常侍、骠骑大将军、左光禄大夫，仪同三司。孝静初，行并州事，寻除骠骑大将军、肆州刺史。入为侍中，兴和二年薨，年六十四。赠都督雍秦泾三州诸军事、骠骑大将军、尚书左仆射、司徒公、雍州刺史，侍中、开国公如故。

神俊风韵秀举，博学多闻，朝廷旧章及人伦氏族，多所谙记。笃好文雅，老而不辍。凡所交游，皆一时名士。汲引后生，为其光价，四方才子，咸宗附之。而性通率，不持检渡，至于少年之徒，皆与亵，狎，不能清正方重，识者以此为讥，神俊丧二妻，又欲娶郑严祖妹，神俊之从甥也。卢元明亦将为婚，遂至纷竞，二家阋于严祖之门。郑卒归元明，神俊惆怅不已，时人谓神俊凤德之衰。神俊无子，从弟延度以第三子容儿后之。

韶从弟元珍，小名大墨。起家奉朝请，太尉录事参军，卒于步兵校尉。

元珍弟仲遵，有业尚。彭城王勰为定州，请为开府参军。累转员外散骑常侍、游击将军、太中大夫。出为京兆内史。大将军、京兆王继西伐，请而咨议参军。寻除左将军、营州刺史。时四方州镇谋逆，叛乱相续，营州城内，咸有异心。仲遵单车赴州，既至，与大使卢同以恩信怀诱，率皆怡悦。后肃宗又诏卢同为行台，北出慰劳。同疑彼人情难信，聚兵将往。城民刘安定等先有异志，谓欲图已，还相恐动，遂执仲遵。二子清石、阿罕，寻亦见杀。唯兄子徽仁得免。

韶从叔思穆，字叔仁。父抗，自凉州渡江左，仕刘骏，历晋寿、安东、东莱三郡太守。思穆有度量，善谈论，工草录，为当时所称。太和十七年，携家累自汉中归国，除步兵校尉。遭母忧解任。起为都水使者。及车驾南伐，以本官兼直阁将军，从平南阳，以功赐爵为伯。寻除司徒司马。彭城王勰为定州，请为司马，带巨鹿太守。勰徙镇扬州，仍请为司马。府解，除征虏将军、太中大夫。出为京兆内史，在郡八年，颇有政绩。征拜光禄大夫。肃宗初，除平北将军、中山太守，未拜，迁安北将军、营州刺史。卒于位，时年六十一。赠安西将军、华州刺史。永安中，子奖为庄帝所亲待，复超赠思穆卫将军、中书监、左光禄大夫，谥曰宣惠。有子十四人。

嫡子斌，袭。官至散骑侍郎。早卒。

斌兄奖，武定末，司徒左长史。

李氏自初入魏，人位兼举，因冲宠遇，遂为当世盛门。而仁义吉凶，情礼浅薄，期功之服，殆无惨容，相视窘之，不加拯济，识者以此贬之。

史臣曰：李宝家难流离，晚获归正，大享名器，世业不殒，诸子承基，俱有位望。韶清身履度，声绩洽美矣。神俊才尚风流，殆民望也，贞粹之地，君子或未许焉。

魏书卷四〇
列传第二八

陆俟

陆俟，代人也。曾祖干，祖引，世领部落。父突，太祖时率部民随从征伐。数有战功，拜厉威将军、离石镇将。天兴中，为上党太守、关内侯。

俟少聪慧，有策略。

太宗践阼，拜侍郎，迁内侍，袭爵关内侯。转龙骧将军、给事中，典选部兰台事。当官而行，无所屈桡。世祖亲征赫连昌，诏俟督诸军镇大碛，以备蠕蠕。车驾还，复典选部兰台事。与西平公安颉督诸军攻虎牢，克之，赐爵建业公，拜冀州刺史，仍本将军。时考州郡治功，唯俟与河内太守丘陈为天下第一。转都督洛豫二州诸军事、本将军、虎牢镇大将。平凉休屠金崖、羌狄子玉等叛，复转为使持节、散骑常侍、平西将军、安定镇大将。既至怀柔，羌戎莫不归附。追讨崖等，皆获之。征还，拜散骑常侍。

出为平东将军、怀荒镇大将。未期，诸高车莫弗讼俟严急，待下无恩，还请前镇将郎孤。世祖诏许之，征俟还京。既至，朝见，言于世祖曰："陛下今以郎孤复镇，以臣愚量，不过周年，孤身必败，高车必叛。"世祖疑谓不实，切责之，以公归第。明年，诸莫弗果杀郎孤而叛。世祖闻之，大惊，即召俟问其知败之意。俟曰："夫高车上下无礼，无礼之人，难为其上。臣所以莅之以威严，节之以宪网，欲渐加训导，使知分限。而恶直丑正，实繁有徒，故讼臣无恩，称孤之美。孤获还镇，欣其名誉必加恩于百姓，讥臣为失，专欲以宽惠治之，仁恕待之。无礼之人，易生陵傲，不过期年，无复上下，然后收之以威，则人怀怨怼，怨怼既多，败乱彰矣。”世祖笑曰：“卿身乃短，虑何长也。”即日复除散骑常侍。

世祖征蠕蠕，破凉州，常随驾别督辎重。又与高凉王那渡河南，略地至济南东平陵，徙其民六千家于河北。

又以俟都督秦雍二州诸军事、平西将军、长安镇大将。与高凉王那击盖吴于杏城，大破之，获吴二叔。诸将欲送京师，俟独不许，曰：“夫长安一都，险绝之土，民多刚强，类乃非一。清平之时，仍多叛动，今虽良民，犹以为惧，况其党与乎？若不斩吴，恐长安之变未已。吴一身藏窜，非其亲信，谁能获之？若停十万之众以追一人，非上策也。不如私许吴叔，免其妻子，使自追吴，擒之必也。”诸将咸曰：“今来讨贼，既破之，获其二叔，唯吴一人，何所复至。”俟曰：“吴之勃逆，本自天性。今若获免，必诳惑愚民，称王者不死，妄相扇动，为患必大。诸君不见毒蛇乎？断其头犹能为害，况除腹心疾，而曰必遗其类，其可乎？”诸将曰：“公言是也。但得贼不杀，更有所求，遂去不返，其如罪何？”俟曰：“此罪我与诸君当之。”高凉王那亦从俟计，遂遣吴二叔与之期。及吴叔不至，诸将各咎于俟。俟曰：“此未得其便耳，必不背也。”

后数日，果斩吴以至，皆如其言。俟之明略独决，皆此类也。

迁内都大官。安定卢永刘超等聚党万余以叛，世祖以俟威恩被于关中，诏以本官加都督秦雍诸军事，镇长安。世祖曰：“秦川险绝，奉化日近，吏民未被恩德，故顷年已来，频有叛动。今超等恃险，不顺王命。朕若以重兵与卿，则超等必合而为一，据险拒战，未易攻也；若以轻兵与卿，则不制矣。今使卿以方略定之。”于是俟单马之镇，超等闻之大欣，以为无能为也。既至，申扬威信，示以成败，诱纳超女，外若姻亲。超犹自警，初无降意。俟乃率其帐下往见超，观其举措，设掩袭之计。超使人逆曰：“三百人以外，适当以弓马相待；三百人以内，当以酒食相供。”俟乃将二百骑诣超，超设备甚严。俟遂纵酒尽醉而还。后谓将士曰:“超可取也。”乃密选精兵五百人,陈国恩德,激厉将士,言至垦切。士卒奋勇,各曰:“以死从公,必无二也,”遂伪猎而诣超,与士卒约曰:“今会发机,当以醉为限。”俟于是诈醉,上马大呼,手斩超首。士卒应声纵击,杀伤千数,遂平之。世祖大悦,征俟还京师,转外都大官,散骑常侍如故。

高宗践阼,以子丽有策之勋,拜俟征西大将军,进爵东平王。太安四年薨,年六十七,谥曰成。有子二人。

长子馥,多智,有父风。高宗见馥而悦之,谓朝臣曰:“吾常叹其父智过其躯,是复逾于父矣。”少为内都下大夫,奉上接下,行止取与,每能逆晓人意,与其从事者无不爱之。

兴安初,赐爵聊城侯,出为散骑常侍、安南将军、相州刺史,假长广公。为政清平,抑强抚弱。州中有德宿老名望重者,以友礼待之,询之政事,责以方略,如此者十人,号曰“十善”。又简取诸县强门百余人,以为假子,诱接殷勤,赐以衣服,令各归家,为耳目于外。于是发奸擿伏,事无不验。百姓以为神明,无敢劫盗者。在州七年,家至贫约。征为散骑常侍,民乞留擿者千余人。显祖不许,谓群臣曰:“擿之善政,虽复古人何以加之?”赐绢五百匹、奴婢十口。擿之还也,吏民大敛布帛以遗之,擿一皆不受,民亦不取。于是以物造佛寺焉,名长广公寺。后袭父爵,改封建安王。

时刘彧司州刺史常珍奇以悬瓠内附,而新民犹怀去就。擿衔旨抚慰,诸有陷军为奴婢者,擿皆免之。百姓欣悦,民情乃定。蠕蠕犯塞,车驾亲讨,诏擿为选部尚书,录留台事,督兵运粮,一委处分。

显祖将禅位于京兆王子推,任城王云、陇西王源贺等并皆固谏,擿抗言曰:“皇太子圣德承基,四海属望,不可横议,干国之纪。臣请刎颈殿庭,有死无贰。”久之,帝意乃解,诏曰:“擿,直臣也,其能保吾子乎!”遂以擿为太保,与太尉源贺持节奉皇帝玺绂,传位于高祖。

延兴四年薨,赠以本官,谥曰贞王。馥有六子,琇、凯知名。

琇,字伯琳,馥第五子。母赫连氏,身长七尺九寸,甚有妇德,馥有以爵传琇之意，琇年九岁，馥谓之曰："汝祖东平王有十二子，我为嫡长，承袭家业。今已年老，属汝幼冲，讵堪为陆氏宗首乎？"琇对曰："苟非斗力，何患童稚。"馥奇之，遂立琇为世子。馥薨，袭爵。琇沉毅少言，雅好读书，以功臣子孙为侍御长、给事中。迁黄门侍郎，转太常少卿、散骑常侍、太子左詹事、领北海王师、光禄大夫。转祠部尚书、司州大中正。会从兄睿事免官。景明初，试守河内郡。咸阳王禧谋反，令子昙和与尹仵期、薛继祖等先据河内。琇闻禧败，斩昙和首。时以琇不先送昙和，禧败始斩首，责其通情，征诣廷尉。廷尉少卿崔振穷治罪状，按琇大逆，陆宗大小，咸见收捕。会将赦，先薨于狱。琇弟岂凯仍上书诉冤。世宗诏复琇爵。

子景祚，袭。

凯，字智君，谨重好学。年十五，为中书学生，拜侍御中散，转通直散骑侍郎，迁太子庶子、给事黄门侍郎。凯在枢要十余年，以忠厚见称，希言屡中，高祖嘉之。后遇患，频上书乞骸骨，诏不许，敕太医给汤药。除正平太守，在郡七年，号为良吏。初，高祖将议革变旧风，大臣并有难色。又每引刘芳、郭祚等密与规谟，共论时政，而国戚谓遂疏已，快快有不平之色。乃令凯私喻之曰："至尊但欲广知在前事，直当问其古式耳，终无亲彼而相疏也。"国戚旧人意乃稍解。咸阳王禧谋逆，凯兄陷罪，凯亦被收，遇赦乃免。凯痛兄之死，哭无时节，目几失明，诉冤不已，备尽人事。至正始初，世宗复琇官爵，凯大喜，置酒集诸亲曰："吾所以数年之中抱病忍死者，顾门户计耳。逝者不追，今愿毕矣。"遂以其年卒。赠龙骧将军、南青州刺史，谥曰惠。

长子炜，字道晖，与弟恭之并有时誉。洛阳令贾祯见其兄弟，叹曰："仆以老年，更睹双璧。"又当兄弟共侯黄门郎孙惠蔚，惠蔚谓诸宾曰："不意二陆复在座隅，吾德谢张公，无以延誉。"炜起家司徒行参军，太尉西阁祭酒，兼尚书右民、三公郎，坐事免。后除伏波将军。正光中卒，赠司州治中。孝昌中，重赠冠军将军、恒州刺史。炜拟《急就篇》为《悟蒙章》，及《七诱》、《十醉》章，表数十篇。炜与恭之晚不睦，为时所鄙。

子元规，武定中，尚书郎。

恭之，字季顺，有操尚。释褐侍御史、著作佐郎。建义初，除中书侍郎，领著作郎，寻除河北太守，转征虏将军、殷州刺史。前废帝初，拜廷尉卿，加镇西将军。所历并有声绩，后坐事免。孝静初，还复本任。出除征南将军、东荆州刺史。天平四年卒。赠散骑常侍、卫将军、史部尚书、定州刺史，谥曰懿。恭之所著文章诗赋凡千余篇。

子晔，开府中兵参军。

馥弟石跋，泾州刺史。

石跋弟归，东宫舍人、驾部校尉。

归弟尼，内侍校尉、东阳镇都将。

尼弟丽，少以忠谨入侍左右，太武特亲昵之。举动审慎而无愆失，赐爵章安子，稍迁南部尚书。

太武崩，南安王余立，既而为中常侍宗爱等所杀。百僚忧惶，莫知所立。丽以高宗世嫡之重，民望所系，乃首建大义，与殿中尚书长孙渴侯、尚书源贺、羽林郎刘尼奉迎高宗于苑中，立之。社稷获安，丽之谋矣。由是受心膂之任，在朝者无出其右。

兴安初，封平原王，加抚军将军。丽辞曰："陛下以正统之重，承基继业，至于奉迎守顺，臣职之常，岂敢冒昧以干大典。"频让再三，诏不听。丽乃启曰："臣父历奉先朝，忠勤著称，今年至西夕，未登王爵。臣幼荷宠荣，于分已过，愚款之情未申，犬马之效未展。愿裁过恩，听遂所请。"高宗曰："朕为天下主，岂不能得二王封卿父子也。"乃以其父俟为东平王。丽寻迁侍中、抚军大将军、司徒公，复其子孙，赐妻妃号。丽以优宠既频，固辞不受，高宗益重之。领太子太傅。

丽好学爱士，常以讲习为业。其所待者，皆笃行之流，士多称之。性又至孝，遭父忧，毁瘠过礼。

和平六年，高宗崩。先是丽疗疾于代郡温泉，闻讳欲赴，左右止之曰："宫车晏驾，王德望素重，奸臣若疾民誉，虑有不测之祸。愿少迟回，朝廷宁静，然后奔赴，犹为未晚。"丽曰："安有闻君父之丧，方虑祸难，不即奔波者！"遂便驰赴。乙浑寻擅朝政，忌而害之。初，浑勃傲，每为不法，丽数诤之，由是见忌。显祖甚追惜丽，谥曰简王，陪葬金陵。高祖追录先朝功臣，以丽配飨庙庭。丽二妻，长曰杜氏，次张氏。长子定国，杜氏所生；次睿，张氏所生。

定国在襁抱，高宗幸其第，诏养宫内，至于游止常与显祖同处。年六岁，为中庶子。及显祖践阼，拜散骑常侍，特赐封东郡王，加镇南将军。定国以承父爵，频辞不许，又求以父爵让弟睿，乃听之。俄迁侍中、仪曹书，转殿中尚书。前后大驾征巡，每擢为行台录都曹事，超迁司空。定国恃恩，不修法度，延兴五年，坐事免官爵为兵。太和初，复除侍中、镇南将军、秦益二州刺史，复王爵。八年，薨于州。赠以本官，谥曰庄王，赐命服一袭。

子昕之，字庆始，风望端雅。袭爵，例降为公。尚显祖女常山公主，拜驸马都尉。历通直郎。景明中，以从叔琇免官。寻以主婿，除通直散骑常侍。未几，迁司徒司马，加辅国将军，出为兖州刺史。寻进号安东将军，治有名绩，仍除青州刺史。在州著宽平之称，转安北将军、相州刺史。永平四年夏卒。赠镇东将军、冀州刺史，谥曰惠。

初，定国娶河东柳氏，生子安保；后纳范阳卢度世女，生昕之。二室俱为旧族，而嫡妾不分。定国亡后，两子争袭父爵。仆射李冲有宠于时，与度世子泉婚亲相好。冲遂左右申助，昕之由是承爵尚主，职位赫弈。安保沉废贫贱，不免饥寒。

昕之容貌柔谨，高祖以其主婿，特垂昵眷。世宗时，年未四十频抚三蕃，当世以此荣之。昕之卒后，母卢悼念过哀，未几而亡。公主奉姑有孝称，神龟初，与穆氏顿丘长公主并为女侍中。又性不妒忌，以昕之无子，为纳妾媵，而皆育女。公主有三女无男，以昕之从兄道第四子子彰为后。

子彰，字明远，本名士沈。年十六出后，事公主尽礼。丞相高阳王雍尝言曰："常山妹虽无男，以子彰为儿，乃过自生矣。"

正光中，袭爵东郡公，寻除散骑侍郎，拜山阳太守。

庄帝即位，征拜给事黄门侍郎。子彰妻即咸阳王禧女。禧诛，养于彭城王第，庄帝亲之，略同诸姊。建义初，尔朱荣欲修旧事，庶姓封王，由是封子彰濮阳王，食邑七百户。寻而诏罢，仍复先爵。除安西将军、洛州刺史。还，拜征东将军、金紫光禄大夫，领广平王赞开府咨议参军事。天平中，拜卫将军、颍州刺史。以母忧去职。元象中，以本将军除齐州刺史，又加骠骑将军，行怀州事。转北豫州刺史，仍除徐州刺史，将军并如故。一年历三州，当世荣之。还朝，除卫大将军、左光禄大夫。又行瀛州事。寻拜侍中。复行沧州事。进号骠骑大将军，行冀州事。除侍读、兼七兵尚书。行青州事。子彰之为州，以聚敛为事，晚节修改，自行青、冀、沧、瀛，甚有时誉，加以虚已纳物，人敬爱之。武定八年二月，除中书监。三月卒，年五十四。赙帛一百匹，追赠都督青光齐三州诸军事、骠骑大将军、开府仪同三司、青州刺史，公如故，谥曰文宣。

子彰崇好道术，曾婴重疾，药中须桑螵蛸，子彰不忍害物，遂不服焉。其仁恕如此。教训六子，雅有法度。

子昂，武定中，中书舍人。

昂弟骏，太子洗马

骏弟杳，尚书仓部郎。

睿字思弼。其母张氏，字黄龙，本恭宗宫人，以赐丽，生睿。丽之亡也，睿始十余岁，袭爵抚军大将军、平原王。沉雅好学，折节下士。年未二十，时人便以宰辅许之。娶徐州刺史博陵崔鉴女，鉴谓所亲云："平原王才度不恶，但恨其姓名殊为重复。"时高祖未改其姓。睿婚，自东徐还，经于邺，见李彪，甚敬悦之，仍与俱趋京师，以为馆客，资给衣马僮使，待之甚厚。为北征都督，拜北部长，转尚书，加散骑常侍。

太和八年正月，睿与陇西公元琛并持节为东西二道大使，褒善罚恶，声称闻于京师。五月，诏赐睿夏服一具。后以睿为北征督，击蠕蠕，大破之。迁侍中、都曹尚书。时蠕蠕又犯塞，诏睿率骑五千以讨之，蠕蠕遁走，追至石碛，擒其帅赤河突等数百人而还。加散骑常侍，迁尚书左仆射，领北部尚书。

十六年，降五等之爵。以丽勋著前朝，封睿巨鹿郡开国公，食邑三百户。寻为使持节、镇北大将军，与阳平王颐并为都督，督领军将军斛律桓等北征三道诸军事，步骑十万，以讨蠕蠕。睿以下各赐衣物布帛。高祖亲幸城北，训誓群帅。除尚书令、卫将军。睿大破蠕蠕而还。寻以母忧解令。

高祖将有南伐之事，以本官起之，改授征北将军。睿固辞，请终情礼。诏曰："睿犹执私痛，致讳往旨，金革方驰，何宜曲遂也。加领卫尉。可重敕有司，速令敦喻，"后除使持节、都督恒肆朔三州诸军事、本将军、恒州刺史，行尚书令。高祖大考百官，夺睿尚书令禄一周。

十九年，睿表曰：

臣闻先天有弗违之略，后天有顺时之规。今萧鸾盗有名目，窃据江左，恶盈罪稔，天人弃之。取乱攻昧，诚在兹日。愚以长江浩荡，彼之巨防，可以德招，难以力屈。又南土昏务，暑气郁蒸，师人经夏，必多疾病。而鼎迁草创，庶事甫尔，台省无论政之馆，府寺靡听治之所，百僚居止，事等行路，沉雨炎阳，自成疠疫。且兵徭并举，圣王所难。今介胄之士，外攻仇寇；羸弱之夫，内动土木；运给之费，日损千金。驱罢弊之兵，讨坚城之虏，将何以取胜乎？陛下往冬之举，政欲曜武江汉，示威衡湘，自春几夏，理宜释甲。愿櫜旌卷旆，为持久之方；崇成帝居，深重本之固。圣怀无内念之虞，兆庶休斤板之役，修礼华区，讽风洛浦。然简英略之将，任猛毅之雄，南取荆湘，据其要府，则梁秦以西睹机自服，抚附振威，回麾东指，则义阳以左驰声可制。然后布仁化以绥近，播恩施以怀远，凡在有情，孰不思奋？

还遣慕德之人，效其余力，乘流而下，势胜万倍，蕞尔闽瓯，敢不稽颡！岂必兹年，竞斯寸尺。惟愿顾存近敕，纳降而旋，不纡鉴舆，久临炎暑。

高祖从之。睿表请车驾还代，亲临太师冯熙之葬，坐削夺都督三州诸军事。寻除都督恒、逆二州诸军事，进号征北大将军。以有顺迁之表，加邑四百户。

时穆泰为定州刺史，辞以疾病，土温则甚，请恒州自效。高祖许之。乃以睿为散骑常侍、定州刺史，将军如故。睿未发，遂与泰等同谋构逆，赐死狱中，听免孥戮，徙其妻子为辽西郡民。诏仆射李冲、领军于烈曰："陆睿、元丕，早蒙宠禄，位极人臣。自与卿等同受非常之诏，朕许以不死之旨，思得上下齐信，以保大义。朕于卿等常忘短弃瑕，务相含养。岂谓陆睿无心之甚，一至于斯。乃与穆泰结祸，数图反噬。以朕迁洛，内怀不可，拟举诸王，议引子恂，若斯之论，前后非一。始欲推故南安王，次推阳平王，若不肯从，欲逼乐陵王。讪谤朝廷，书信炳然。事既垂就，睿以洛都休明，劝令小缓，于是之后，两人复竞。然犹隐而弗闻。赖阳平王忠贞奋发，获泰之言，便尔驰表，得使王人纠慝，恒岳无尘。是以睿之愆失，处入门诛。朕谛寻前旨，许不尽法。反逆之志，自负幽冥，违誓在彼，不关朕也。反心逆意，既异余犯，虽欲矜恕，未如之何。然犹忆先言，兼以未颇异议，听自死别府，免厥孥戮其门，子孙永世不齿。元丕二子一弟，首为贼端，其父无人明证，理在可睹。但以言无炳灼，隐而弗穷，以连坐应死，特恕为民。朕本期有终，而彼自弃。卿等之间，忽及今日，违心乖念，一何可悲。故此别示，想无致怪也。谋反之外，皎如白日耳。"

冲、烈表曰："臣等邀逢幸会，生遇昌辰。才非利用，坐班位列；功无汗马，猥受山河。叨忝之宠，终古无比；莫大之施，万殒靡酬。而睿、丕识乖犬马，心同枭獍，潜引童稚，构兹妖逆，违勃天常，罪逾万殒。睿结衅在心，阴构不息，间说戚蕃，拟窥乾象。虽睹休平，未怀疑惑，何尝片辞，披露宿志，原心语迹，实为贼首。丕之二子，从恶累年，交扇东西，规扰并、夏，测观此状，无容不知。虽圣慈含育，恕其生命，其若天地何！其若神祇何！夫效诚尽节，为下之恒分；刑兹无舍，在上之常法。况曲蒙莫大之恩，奖以忠贞之义，而更违天背道，包藏奸逆，求情推理，罪乃常诛。而慈造宽渥，更流恩贷，续睿三断之骸，还丕已绝之魄，二三纵宥，实亏宪典。犹复上延天眷，言念畴日。不以臣等背负余党，别垂明诏，再申齐信之恩，重喻皎日之旨，伏读悲惭，惟深愧惕。”

睿长子希道，字洪度。有风貌，美须髯。历览经史，颇有文致。初拜中散，迁通直郎，坐父事，徙于辽西。于后得还，从征自效。以军功拜给事中，迁司徒民室、司空主簿。征南将军元英攻萧衍司州，以希道为副。及克义阳，以功赐爵淮阳男，拜谏议大夫。以学关今古，参议新令。转廷尉少卿。加龙骧将军、南青州刺史。以本将军转梁州刺史。希道频表辞免。又除东夏州刺史，不拜。转北中郎将，迁前将军、郢州刺史。希道善于驭边，甚有威略，转平西将军、泾州刺史，正光四年卒官。赠抚军将军、定州棘史。希道有六子。

士懋，字元伟。天平中，以其曾祖丽有翼戴之勋，诏特复巨鹿郡开国公，邑三百户，令士懋袭。武定中，平东将军、营州刺史。

士懋弟士宗，字仲产。尚书左外兵郎中。

士宗弟士述，字幼文。符玺郎中。士宗、士述，建义初，并于河阴遇害。

士述弟士沈，出继从叔昕之。

士沈弟士廉，字季修。建州平北府长史。永安末，为尔朱世隆攻陷州城，见害。

士廉弟士佩，字季伟。武定中，安东将军、司州治中。

希道弟希悦，尚书外兵郎中、骠骑咨议参军、通直散骑常侍、平南将军、光禄大夫。遇害于河阴。赠散骑常侍、卫将军、相州刺史。

希悦弟希谧，太尉参军，早卒。

希谧弟希静，字季默。司徒默曹，稍迁邵郡太守。

希静弟希质，字幼成。起家员外郎，领侍御史，稍迁散骑侍郎、阳城太守。孝庄初，除龙骧将军、胶州刺史。萧衍遣将率众数万从郁洲浮海据岛，来侵州界，希质讨破之。转建州刺史，将军如故。尔朱荣之死也，世隆率众北还晋阳，希质固守拒之，城陷，儿子被害。希质妻元氏，荣妻之儿孙，由是获免。天平初，给事黄门侍郎，迁魏尹，转太常卿、卫大将军、都官尚书。武定七年夏卒，年五十八。赠骠骑大将军、中书监、青州刺史，谥曰文。希质名家子，位宦又通，不能平心于物，唯与山伟、宇文忠之等共为朋党，排毁朝俊，有识者薄之。

子珣，字子琰。开府参军。

次瑾，字子瑜。性并粗险，乃为劫盗，珣、瑾俱死。

瑾弟瓘，字子璧。次悉达。武定中，并仪同开府参军。

丽弟颓，早卒。□，字清都。性机巧，历位长水校尉，赐爵广牧子。迁龙骧将军、游击将军、北中郎将。转南中郎将，带鲁阳太守，进号前将军。卒，赠本将军、夏州刺史谥曰顺。

颓弟陵成，中校尉、河间太守、秘书中散、新城子。

陵成弟龙成，有父儿之风。少以功臣子为中散，稍迁散骑常侍，赐爵永安子。加平远将军，出为安南将军、青州刺史，假乐安公。爱民恤下，百姓称之。卒。

子昶，字细文，袭爵。正始中，为太尉属，加宁远将军，以本官行荥阳郡事。被劾，会赦免。久之，进号广武将军，迁司空司马，寻拜光禄大夫。昶无他才能，唯饮酒为事。出为平西将军、京兆内史，固辞不拜。转平北将军、肆州刺史。入为卫将军、大鸿胪卿，仍除车骑将军、左光禄大夫。天平中，进号骠骑大将军，加散骑常侍、领左右、兼给事黄门侍郎，仍兼太仆卿。复以本将军为东徐州刺史。寻卒。赠本将军、卫尉卿、青州刺史。

龙成季弟骐驎，侍郎中散，转侍御长。太和初，新平太守、银青光禄大夫，以彭城勋，除夏州刺史。

子高贵，孝昌中，兖州镇东府法曹参军。

子操，武定末，度支尚书。

操弟楚。

高贵弟顺宗，员外郎、秘书中散。

子概之，武定末，东莞太守。

俟族弟宜，云中镇将。

子隽，高宗世，历侍中、给事。显祖初，侍御长。以谋诛乙浑，拜侍中、乐部尚书。迁散骑常侍、吏部尚书，赐爵安乐公，甚见委任。寻拜尚书令。后除安东将军、定州刺史。转征东大将军、相州刺史。政尚宽惠，民吏安定。卒，谥贞公。

子登，澄城太守。

子匡，司空仓曹参军。

登弟子景元，元象初，卫将军、仪同三司、南青州刺史。

史臣曰：陆俟威略智器有过人者，馥识干明厉，不替家风。丽忠国奉主，为时梁栋，蹈忠履义，制于一竖。惜哉！睿、琇以沉雅显达，而衅逆陷祸。深山大泽，实有龙蛇。希道风度有声，子彰令终之美也。

魏书卷四一
列传第二九

源　贺

源贺，自署河西王秃发傉檀之子也。傉檀为伏炽磐所灭，贺自乐都来奔。贺伟容貌，善风仪。世祖素闻其名，及见，器其机辩，赐爵西平侯，加龙骧将军。谓贺曰："卿与朕源同，因事分姓，今可为源氏。"

从击叛胡白龙，又讨吐京胡，皆先登陷陈。进号平西将军。世祖征凉州，以贺为乡导。诏问攻战之计，贺对曰："姑臧城外有四部鲜卑，各为之援。然比皆是臣祖父旧民，臣愿军前宣国威信，示其福祸，必相率归降。外援即服，然后攻其孤城，拔之如反掌耳。"世祖曰："善。"于是遣贺率精骑历诸部招慰，下三万余落，获杂畜十余万头。及围姑臧，由是无外虑，故得专力攻之。凉州平，迁征西将军，进号西平公。

又从征蠕蠕，击五城吐京胡，讨盖吴诸贼，皆有功。拜散骑常侍。从驾临江，为前锋大将。贺为人雄果，每遇强寇，辄自奋击。世祖戒之曰："兵凶战危，不宜轻犯，卿可运筹处分，勿恃身力也。"贺本名破羌，是役也，世祖曰："人之立名，宜其得实，何可滥也。"赐名贺焉。

拜殿中尚书。南安王余为宗爱所杀也，贺部勒禁兵，静遏外内，与南部尚书陆丽决议定策，翼戴高宗。令丽与刘尼驰诣苑中，奉迎高宗，贺守禁中为之内应。俄而丽抱高宗单骑而至，贺乃开门。高宗即位，社稷大安，贺有力焉。转征北将军，加给事中。以定策之勋，进爵西平王。高宗即位，班赐百僚，谓贺曰："朕大赉善人，卿其任意取之，勿谦退也。"贺辞，固使取之，贺唯取戎马一匹而已。

是时，断狱多滥，贺上书曰："案律：谋反之家，其子孙虽养他族，追还就戮，所以绝罪人之类，彰大逆之辜。其为劫贼应诛者，兄弟子侄在远，道隔关津，皆不坐。窃惟先朝制律之意，以不同谋，非绝类之罪，故特垂不死之诏。若年十三已下，家人首恶，计谋所不及，愚以为可原其命，没入县官。"高宗纳之。出为征南将军、冀州刺史，改封陇西王。

贺上书曰："臣闻人之所宝，莫宝于生全；德之厚者，莫厚于宥死。然犯死之罪，难以尽恕，权基轻重，有可矜恤。今就寇游魂于北，狡贼负险于南，其在疆场，犹须防戍。臣愚以为自非大逆、赤手杀人之罪，其坐赃及盗与过误之愆应入死者，皆可原命，谪守边境。是则已断之体，更受全生之恩；徭役之家，渐蒙休息之惠。刑措之化，庶几在兹。《虞书》曰'流宥五刑'，此其义也。臣受恩深重，无以仰答，将违阙庭，豫增系恋，敢上瞽言，唯加裁察。"高宗纳之。已后人死者，皆恕死徙边。久之，高宗谓群臣曰："源贺劝朕宥诸死刑，徙充北番。诸戍自尔至，今一岁所活殊为不少，生济之理既多，边戍之兵有益。卿等事朕，致何善意也？苟人人如贺，朕治天下复何忧哉！顾忆诚言，利实广矣。"群臣咸曰："非忠臣不能进此计，非圣明不能纳此言。"

贺之临州，鞫狱以情，徭役简省。武邑郡奸人石华告沙门道可与贺谋反，有司以闻。高宗谓群臣曰："贺诚心事国，朕为卿等保之，无此明矣。"乃精加讯检，华果引诬，于是遣使者诏贺曰："卿以忠诚款至，著自先朝，以丹青之洁，而受苍蝇之污。朕登时研检，已加极法，故遣宣意。其善绥所莅，勿以器谤之言致损虑也。"贺上书谢。书奏，高宗顾谓左右曰："以贺之忠诚，尚致其诬，不若是者，可无慎乎！"时考殿最，贺治为第一，赐衣马器物，班宣天下。贺上表请代，朝议以贺得民情，不许。在州七年，乃征拜太尉。

蠕蠕寇边，贺从驾追讨，破之。显祖将传位于京兆王子推，时贺都督诸军屯漠南，乃驰传征贺。贺既至，乃命公卿议之。贺正色固执不可。即诏贺持节奉皇帝玺绶以授高祖。

是岁，河西敕勒叛，遣贺率众讨之，降二千余落，倍道兼行，追贼党郁朱于等至枹罕，大破之，斩首五千余级，虏男女万余口、杂畜三万余头。复追统万、高平、上邽三镇叛敕勒，至于金城，斩首三千级。贺依古今兵法及先儒耆旧之说，略采至要，为《十二陈图》以上之。显祖览而嘉焉。

贺以年老辞位，诏不许。又诏都督三道诸军，屯于漠南。是时，每岁秋冬，遣军三道并出，以备北寇，至春中乃班师。贺以劳役京都，又非御边长计，乃上言："请募诸州镇有武健者三万人，复其徭赋，厚加赈恤，分为三部。二镇之间筑城，城置万人，给强弩十二床，武卫三百乘。弩一床，给牛六头；武卫一乘，给牛二头。多造马枪及诸器械，使武略大将二人以镇抚之。冬则讲武，春则种殖，并戍并耕，则兵末劳而有盈畜矣。又于白道南三处立仓，运近州镇租粟以充之，足食足兵，以备不虞，于宜为便。不可岁常举众，连动京师，令朝庭恒有北顾之虑也。"事寝不报。又上书称病笃，乞骸骨，至于再三，乃许之。

朝有大议，皆就询访，又给衣药珍羞。太和元年二月，疗疾于温汤。高祖、文明太后遣使者屡问消息，太医视疾。患笃，还京师。贺乃遗令敕诸子曰："吾顷以老患辞事，不悟天慈降恩，爵逮于汝。汝其毋傲吝，毋荒怠，毋奢越，毋嫉妬。疑思问，言思审，行思恭，服思度。遏恶扬善，亲贤远佞，目观必真，耳属必正。诚勤以事君，清约以行已。吾终之后，所葬时服单椟，足申孝心，刍灵明器，一无用也。"三年秋薨，年七十三。赠侍中、太尉、陇西王印绶，谥曰宣。赙杂采五百匹，赐辒辌车及命服、温明秘器，陪葬于金陵。

长子延，性谨厚，好学。初以功臣子拜侍御中散，赐爵武城子，西治都将。卒，赠凉州刺史、广武侯，谥曰简。

子鳞袭。

延弟思礼，后赐名怀，谦恭宽雅，有大度。高宗末，为侍御中散。父贺辞老，诏怀受父爵，拜征南将军。寻为持节、督诸军，屯于漠南。还，除殿中尚书，出为长安镇将、雍州刺史。清俭有惠政，善于抚恤，劫盗息止，流民皆相率来还。岁余，复拜殿中尚书，加侍中，参都曹事。又督诸军征蠕蠕，六道大将咸受节度。迁尚书令，参议律令。后例降为公。除司州刺史。从驾南征，加卫大将军，领中军事。以母忧去职，赐帛三百匹、谷千石。

十九年，除征北大将军、夏州刺史，转都督雍岐东秦诸军事、征西大将军、雍州刺史。景明二年，征为尚书左仆射，加特进。时有诏："以奸吏犯罪，每多逃遁，因眚乃出，并皆释然。自今已后，犯罪不问轻重，而藏窜者悉远流。若永避不出，兄弟代徙。"怀乃奉曰："谨按条制，逃吏不在赦限。窃惟圣朝之恩，事异前宥，诸流徙在路，尚蒙旋反，况有未发而仍遣边戍？按守宰犯罪，逃走者众，禄润既优，尚有兹失，及蒙恩宥，卒然得还。今独苦此等，恐非均一之法。如臣管执，谓宜免之。"书奏，门下以成式既班，驳奏不许。

怀重奏曰："臣以为，法贵经通，治尚简要，刑宪之设，所以网罗罪人。苟理之所备，不在繁典；行之可通，岂容峻制？此乃古今之达政，救世之恒规。伏寻条制，勋品已下，罪发逃亡，遇恩不宥，仍流妻子。虽欲抑绝奸途，匪为通式。谨按事条，侵官败法，专据流外，岂九品已上，人皆贞白也？其诸州守宰，职任清流，至有贪浊，事发逃窜，而遇恩罪。勋品已下，独乖斯例。如此，则宽纵上流，法切下吏。育物有差，惠罚不等。又谋逆滔天，轻恩尚免，吏犯微罪，独不蒙赦，使大宥之经不通，开生之路致壅，进违古典，退乖今律，辄率愚见，以为宜停。"书奏，世宗纳之。

其年，除车骑大将。军凉州大中正。怀奏曰："南贼游魂江扬，职为乱逆，肆厥淫昏，月滋日甚；贵臣重将，靡有孑遗，崇信奸回，昵比阉竖，内外离心，骨肉猜叛。萧宝融僭号于荆郢，其雍州刺史萧衍勒兵而东袭，上流之众已逼其郊。广陵、京口各持兵而怀两望，钟离、淮阴并鼎峙而观得失。秣陵孤危，制不出门。君子小人，并罹灾祸，延首北望，朝不及夕。斯实天启之期，吞并之会。乘厥萧墙之衅，藉其分崩之隙。东据历阳，兼指瓜步，缘江镇戍，达于荆郢。然后奋雷电之威，布山河之信，则江西之地，不刃自来；吴会之乡，指期可举。昔士治有言，皓若暴死，更立贤主，文武之官，各得其任，则劲敌也。若萧衍克就，上下兴心。非直后图之难，实亦扬境危逼。何则？寿春之去建邺，七百而已，山川水陆，彼所谙利。脱江湘无波，君臣效职，藉水凭舟，倏忽而至，寿春容不自保，江南将若之何？今宝卷邑居有土崩之形，边城无继援之兆，清荡江区，实在今日。臣受恩既重，不敢不言。"诏曰："不君不臣，江南常弊，有粟不食，其在斯矣。上天将欲亡之，诸蕃又愿取之，人事天道，执云匪会？但以养害，仁者不为。且十月五日，衍军已达大航，其大伤小亡之势，久应有决。假令天罚宝卷，衍兵获进，则衍之主佐，又是乱亡遗孽，皇灵其能久祐之乎？今之所矜者，正以南黔企德，边书继至，殄悴之氓，理须救接。若尔者，扬州兵力，配积不少，但可速遣任城，委以处分，别加慰勉，令妙尽边算也。"以衍事克，遂停。

怀又表曰："昔世祖升遐，南安在位，出拜东庙，为贼臣宗爱所弑。时高宗避难，龙潜苑中，宗爱异图，神位未定。臣亡父先臣贺与长孙渴侯、陆丽等表迎高宗，纂徽宝命。丽以扶负圣躬，亲所见识，蒙授抚军大将军、司徒公、平原王。兴安二年，追论定策之勋，进先臣爵西平王。皇兴季年，显祖将传大位于京兆王。先臣时都督诸将，屯于武川，被征诣京，特见顾问。先臣固执不可，显祖久乃许之，遂命先臣持节授皇帝玺绶于高祖。至太和十六年，丽息睿状私书，称其亡父与先臣援立高宗，朝廷追录，封巨鹿郡开国公，臣时丁艰草土，不容及例。至二十年，除臣雍州刺史，临发奉辞，面奏先帝，申先臣旧勋。时敕旨但赴所临，寻当别判。至二十一年，车驾幸雍，臣复陈闻，时蒙敕旨，征还当授。自宫车晏驾，遂尔不白。窃惟先臣远则援立高宗，宝历不坠；近则陈力显祖，神器有归。如斯之勋，超世之事。丽以父功而获河山之赏，臣有家勋，不沾茅社之赐。得否相悬，请垂裁处。"诏曰："宿老元丕，云如所诉，访之史官，颇亦言此。可依比授冯翊郡开国公,邑百户。”

又诏为使持节,加侍中、行台,巡行北边六镇、恒、燕、朔三州,赈给贫乏,兼采风俗,考论殿最,事之得失,皆先决后闻。自京师迁洛,边朔遥远,加连年旱俭,百姓困弊。怀衔命巡抚,存恤有方,便宜运转,有无通济。时后父于劲势倾朝野,劲兄于祚与怀宿昔通婚,时为沃野镇将,颇有受纳。怀将入镇,祚郊迎道左,怀不与语,即劾祚免官。怀朔镇将元尼须与怀少旧,亦贪秽狼藉,置酒请怀,谓怀曰:“命之长短,由卿之口,岂可不相宽贷?”怀曰:“今日之集,乃是源怀与故人饮酒之坐,非鞫狱之所也。明日公庭,始为使人捡镇将罪状之处。尼须挥泪而已,无以对之。怀既而表劾尼须。其奉公不挠,皆此类也。

怀又表曰:“景明以来,北蕃连年灾旱,高原陆野,不任营殖,唯有水田,少可菑亩,然主将参僚,专擅腴美,瘠土荒畴给百姓,因此困弊,日月滋甚。诸镇水田,请依地令分给细民,先贫后富,若分付不平,令一人怨讼者,镇将已下连署之官,各夺一时之禄,四人已上夺禄一周。北镇边蕃,事异诸夏,往日置官,全不差别。沃野一镇,自将已下八百余人,黎庶怨嗟,佥曰烦猥。边隅事鲜,实少畿服,请主帅吏佐五分减二。”诏曰:“省表具恤民之怀,已敕有司,一依所上,下为永准。如斯之比,不便于民,损化害政者,其备列以闻。”时细民为豪强陵压,积年枉滞,一朝见申者,日有百数。所上事宜便于北边者,凡四十余条,皆见嘉纳。

正始元平九月,有告蠕蠕率十二万骑六道并进,欲直趋沃野、怀朔,南寇恒代。诏怀以本官,加使持节、侍中,出据北蕃,指授规略,随须征发,诸所处分皆以便宜丛事,又诏怀子直寝徽随怀北行。诏赐马一匹、细铠一具、御矟一枚,怀拜受讫,乃于其庭跨鞍执矟,跃马大呼,顾谓宾客曰:“气力虽衰,尚得如此。蠕蠕虽畏壮轻老,我亦未便可欺。今奉庙胜之规,总骁捍之众,足以擒其酋帅,献俘阙下耳。”时年六十一,怀至云中,蠕蠕亡遁。

怀旋至恒、代,案视诸镇左右要害之地,可以筑城置戍之处,皆量其高下，揣其厚薄，及储粮积仗之宜，犬牙相救之势，凡表五十八条。表曰："蠕蠕不羁，自古而尔。游魂鸟集，水草为家，中国患者，皆斯类耳。历代驱逐，莫之能制。虽北拓榆中，远临瀚海，而智臣勇将，力算俱竭，胡人颇遁，中国以疲。于时贤哲，思造化之至理，推生民之习业。量夫中夏粒食邑居之民、蚕衣儒步之士，表茹毛饮血之类、乌宿禽居之徒，亲校短长，因宜防制。知城郭之固，暂劳永逸。自皇魏统极，都于平城，威震天下，德笼宇宙。今定鼎成周，去北遥远。代表诸蕃北固，高车外叛，寻遭旱俭，戎马甲兵，十分阙八。去岁复镇阴山，庶事荡尽，遣尚书郎中韩贞、宋世量等检行要险，防遏形便。谓准旧镇东西相望，令形势相接，筑城置戍，分兵要害，劝农积粟，警急之日，随便剪讨。如此，则威形增广，兵势亦盛。且北方沙漠，夏乏水草，时有小泉，不济大众。脱有非意，要待秋冬，因云而动。若至冬日，冰沙凝厉，游骑之寇，终不敢攻城，亦不敢越城南出，如此北方无忧矣。"世宗从之。今北镇诸戍东西九城是也。迁骠骑大将军。时武兴氐王杨绍先叔集起反叛，诏怀使持节、侍中、都督平氐诸军事以讨之，须有兴废，任从权计。其邢峦、李焕并禀节度。三年六月卒，年六十三。诏给东园秘器、朝服一具、衣一袭、钱二十万、布七百匹、蜡三百斤，赠司徒、冀州刺史。兼吏部尚书卢昶奏："太常寺议谥曰，怀体尚宽柔，器操平正，依谥法，柔直考终曰'靖'，宜谥靖公。司徒府议，怀作牧陕西，民余惠化，入总端贰，朝列归仁。依谥法，布德执义曰'穆'宜谥穆公。二谥不同。"诏曰："府、寺所执，并不克允，爱民好与曰'惠'，可谥惠公。"

怀性宽容简约，不好烦碎，恒语人曰："为贵人，理世务当举纲维，何必须太子细也。譬如为屋，但外望高显，楹栋平正，基壁完牢，风雨不入，足矣。斧斤不平，斫削不密，非屋之病也。"又性不饮酒而喜以饮人，好接宾友，雅善音律。虽在白首，至宴居之暇，常自操丝竹。怀有七子。

长子规，字灵度。中书学生、羽林监，袭爵。年三十三卒。

子肃，袭。卒。

子绍，袭。景明初，诏复王爵。寻除陇西郡开国公。卒于光禄大夫。赠度支尚书、冀州刺史，谥曰文。

子文远，袭。齐受禅，例降。

规弟荣，字灵并。年三十二，卒于司徒掾，赠光州刺史。

荣弟徽，字灵祚。年二十八，卒于直阁将军，特赠洛州刺史，谥曰质。

徽弟玄谅，出后怀弟奂。卒，赠代郡太守。

玄谅弟子雍，字灵和。少好文雅，笃志于学。推诚待士，士多归之。自秘书郎，除太子舍人、凉州中正。肃宗践阼，以宫武例转奉车都尉，迁司徒属。转太中大夫、司徒司马。除恒农太守。迁夏州刺史。

时沃野镇人破落汗拔陵首为反乱，所在蜂起，统万逆胡，与相应接。子雍婴城自守，城中粮尽，煮马皮而食之。子雍善绥抚，得士心，人人戮力，无有离贰。以饥馑转切，欲自出求粮，留子延伯据守。僚属佥云："今天下分析，寇贼万重，四方音信，莫不断绝，俄顷之间，变在不意，何宜父子如此分张？未若弃城俱去，更展规略。"子雍泣而谓众曰："吾世荷国恩，早受藩寄，此是吾死地，更欲何求！然守御以来，岁月不浅，所患乏粮，不得制胜。吾今向东州，得数月之食，还与诸人保全必矣。"遂自率羸弱，向东夏运粮。延伯与将士送出城外，哭而拜辞，三军莫不呜咽。

子雍行数日，为朔方胡帅曹阿各拔所邀，力屈见执。子雍乃密遣人赍书，间行与城中文武云："大军在近，努力固守，必令诸人福流苗裔。"又敕延伯令共固守。子雍虽被囚执，雅为胡人所敬，常以民礼事之。子雍为陈安危祸福之理，劝阿各拔令降，阿各拔将从之，未果而死。拔弟桑生代总部众，竟随子雍降。时北海王颢为大行台，子雍具陈贼可灭之状。颢给子雍兵马，令其先行。时东夏合境反叛，所在屯结。子雍转斗而前，九旬之中凡数十战，仍平东夏，征税租粟，运于统万。于是二夏渐宁。

及萧宝夤等为贼所败，贼帅宿勤明达遣息阿非率众邀路。华州白水被围逼，关右骚扰，咫尺不通。时子雍新平黑城，遂率士马并夏州募义之民，携家席卷，鼓行南出。贼帅康维摩拥率羌胡守锯谷，断罂棠侨，子雍与交战，大破之，生禽维摩。又攻贼帅契官斤于杨氏堡，破之。子雍出自西夏，渐至于东，转战千里，至是，朝廷始得其委问。除散骑常侍、使持节、假抚军将军、都督、兼行台尚书。复破贼帅纥单步胡提于曲沃堡。肃宗玺书劳勉之。子雍在白水郡复破阿非军，多所斩获。诏遣侍中、尚书令、城阳王徽于潼关宣旨尉劳。除中军将军、金紫光禄大夫、给事黄门侍郎，封乐平县开国公，邑一千户。还洛，以葛荣久逼信都，诏假子雍征北将军，为北讨都督。

时相州刺史安乐王鉴据邺反，敕子雍与都督李神轨先讨之。子雍行达汤阴，鉴遣弟斌之夜袭子雍军，不克，奔败而返。子乘机继进，径围邺城，与裴衍、神轨等攻鉴，平之。改封阳平县开国公，增邑千五百户，进号镇东将军。遂与裴衍发邺以讨葛荣，而信都城陷。除子雍冀州刺史，余官如故。子雍以冀州不守，上书曰："贼中甚饥，专仰野掠。今朝廷足食，兵卒饱暖，高壁深垒，勿与争锋，彼求战则不得，野掠无所获，不盈数旬，可坐制凶丑。"时裴衍复表求行，诏子雍与衍速进。子雍重表固请，如谓不可，乞令裴衍独行。若不赐解，求停裴衍。苟逼固行，取败旦夕。诏不听，遂与衍俱进。至阳平郡东北漳曲，荣率贼十万来逼官军。子雍战败被害，年四十。朝野痛惜之。赠车骑大将军、仪同三司、雍州刺史，公如故。永安中，重赠司空，谥曰庄穆。

长子延伯，出后从伯。

次子士则，早亡。

士则弟士正、士规，并坐事死。

次楷，字士质，小字那延，袭。武定中，齐文襄王府参军。齐受禅，例降。

延伯，初为司空参军事。时南秦民吴富反叛，诏以河间王琛为都督，延伯叔父子恭为军司。延伯为统军，随子恭西讨，战必先锋。

子恭见其年幼,常诃制之而不能禁。子雍在夏州,表乞兵援,诏延伯率羽林一千人赴之,城斗野战,勇冠三军。子雍之向东夏,留延伯城守,付以后事。延伯与兵士共分汤菜,防固城隍。及子雍为胡所执,合城忧惧。延伯乃人人晓喻曰:"吾父吉凶不测,方寸焦烂,实难裁割。但奉命守城,所为处重,若以私害公,诚孝并阙,诸君幸得此心,天亏所寄。"于是众感其义,莫不励愤。

朝廷闻而嘉之,除龙骧将军,行夏州事,封五城县开国子,食邑三百户。卒能固守。及后刺史至,延伯率领义众还赴子雍,共平黑城。在罂棠桥战,先锋陷陈,身擒维摩。及至白水,首摧阿非。

随子雍至都,进爵浮阳伯,增封百户,为谏议大夫。假冠军将军、别将,随子雍北讨。与葛荣战殁,时年二十四。赠持节、平北将军、凉州刺史,开国如故。

子孝孙袭。齐受禅,爵例降。

子雍弟子恭,字灵顺,聪惠好学。初辟司空参军事。司徒祭酒、尚书北主客郎中摄南主客事。

萧衍亡人许周自称为衍给事黄门侍郎,朝士翕然,咸共信待。子恭奏曰:"徐州表投化人许团并其弟周等,究其牒状,周列云已萧衍黄门侍郎。又称心存山水,不好荣宦,屡曾辞让,贻彼赫怒,遂被出为齐康郡。因尔归国,愿毕志嵩岭。比加采访,略无证明;寻其表状,又复莫落。案牒推理,实有所疑。何者?昔夷齐独往,周王不屈其志;伯况辞禄,汉帝因成其美,斯实古先哲王,必有不臣之人者也。萧衍虽复崎岖江左,窃号一隅,至于处物,未甚勃礼。岂有士辞荣禄而苟不听之哉?推察情理,此则孟浪。假萧衍皆狂,不存雅道,逼士出郡,未为死急,何宜轻去生养之土,长辞父母之邦乎?若言不好荣官,志愿嵩岭者,初屈之日,即应杖策寻山,负帙沿水,而乃广寻知已,遍造执事,希荣之心已见,逃宦之志安在?昔梁鸿去乡,终佣吴会;逢萌浮海,远客辽东。并全志养性,逍遥而已。考之事实,何其悬哉?又其履历清华,名位高达,计其家累,应在不轻。今者归化，何其孤迥？设使当时忽遽，不得携将，及其来后，家赀产业应见簿敛，尊卑口累亦当从法。而周兄弟怡然，尝无忧戚。若无种族，理或可通；如有不坐，便应是衍故遣，非周投化，推究二三，真伪难辩，请下徐扬二州密访，必令获实，不盈数旬，玉石可睹。”于是诏推访，周果以罪归阙，假称职位，如子恭所疑。

河州羌却铁忽反，杀害长吏。诏子恭持节为行台，率诸将讨之。子恭严勒州郡及诸军，不得犯民一物，轻与贼战，然后示以威恩，两旬间悉皆降款。朝廷嘉之。正光元年，为行台左丞，巡行北边。转为起部郎。

明堂、壁雍并末建就，子恭上书曰：“臣闻辟台望气，轨物之德即高；方堂布政，范世之道斯远。是以书契之重，理冠于造化；推尊之美，事绝于生民。至如郊天飨帝，盖以对越上灵；宗祀配天，是用酬膺下土。大孝莫之能加，严父以兹为大，乃皇王之休业，有国之盛典。窃惟皇魏居震统极，总宙驭宇，革制土中，垂式无外。自北徂南，同卜维于洛食；定鼎迁民，均气候于寒暑。高祖所以始基，世宗于是恢构。按功成作乐，治定制礼，乃访遗文，修废典，建明堂，立学校，兴一代之茂矩，标千载之英规。永平之中，始创雉构，基趾草昧，迄无成功。故尚书令、任城王臣澄按故司空臣冲所造明堂样，并连表诏答、两京模式，奏求营起。缘期发旨，即加葺缮。侍中、领军臣叉，物动作官，宣赞授令。自兹厥后，方配兵人，或给一千，或与数百，进退节缩，曾无定准，欲望速了，理在难克。若使专役此功，长得营造，委成责辩，容有就期。但所给之夫，本自寡少，诸处竞借，动即千计。虽有缮作之名，终无就功之实。爽垲荒茫，淹积年载，结架崇构，指就无兆。仍令肆胄之礼，掩仰而不进；养老之仪，寂寥而不返，构厦止于尺土，为山顿于一匮，良可惜欤！愚谓召民经始，必有子来之歌；兴造勿亟，将致不日之美。况本兵不多，兼之牵役，废此与彼，循环无极。便是辍创礼之重，资不急之费，废经国之功，供寺馆之役，求之远图，不亦阙矣？今诸寺大作，稍以粗举，并可撤减，专事经综，严勒工匠，务令克成。使祖宗有荐配之期，苍生睹礼乐之富。”书奏，从之。除冠军将军、中散大夫,又领治书侍御史。

秦益氐反,诏子恭持节为都督、河间王琛军司以讨之。事平,仍行南秦州事。及六镇反,以子恭兼给事黄门郎,持节慰劳。还,拜河内太守,加后将军,平绛蜀反。丹谷、清廉二路险涩不通,以子恭为当郡别将。俄而,建兴蜀复反,相与连势,进子恭为持节、散骑常侍、假平北将军、征建兴都督,仍兼尚书行台,与正平都督长孙稚合势进讨,大破之。正平贼帅范明远与贼帅刘牙奴,并面缚请降。事平,除平南将军、豫州刺史,寻加散骑常侍、抚军将军。

武泰初,郢州刺史元愿达以城降萧衍,诏征都督尉庆宾还京师,回众隶子恭以讨之。衍将夏侯夔率众数万来寇,远近不安。夔乘势分兵,遂逼新蔡,自攻毛城。子恭随方应援,贼并破走。萧衍豫州刺史夏侯亶复遣四将,率众三万,入围南顿,北攻陈项。子恭遣军御之,贼复奔退。加镇南将军,又兼尚书行台。子恭勒众渡淮,徙民于淮北,立郡县,置戍而还。萧衍直阁将军、军主胡智达等八将,与其监军阎次洪人寇,屯于州城东北四十余里。子恭击破之,斩智达,生擒次洪。

元颢之入洛也,加子恭车骑将军,子恭不敢拒之,而频遣间使参庄帝动静。未几,颢败,车驾还洛,进征南将军、兼右仆射,假车骑将军,后加散参常侍。板桥蛮文石活、石忌粗受萧衍印节,扇诱党类,据险寇窃。子恭躬率将士,径袭其栅,数日之中,歼殆略尽。诸蛮款服,咸求输税。征拜右光禄大夫、给事黄门侍郎,仍本将军。录其前后征讨功,封临颍县开国侯,食邑六百户,加散骑常侍。俄迁侍中。

尔朱荣之死也,世隆、度律据断河桥。诏子恭为都督以讨之,出顿于大夏门北。寻而太府卿李苗夜烧河桥,世隆退走,仍以子恭兼尚书仆射,为大行台、大都督。寻迁卫将军,假车骑将军,率诸将于太行筑垒以防之。既而尔朱兆率众南出,子恭所部都督史仵龙、羊文义开栅降兆。子恭退走,为兆所破。众既退散,兆因入洛。子恭窜于缑氏。仍被执送。俄而见释。

前废帝初，除骠骑将军、左光禄大夫，侍中如故。寻授散骑侍郎、都督三州诸军事、本将军、假车骑大将军、行台仆射、荆州刺史。以与定策之勋，封临汝县开国子，食邑三百户。时叛蛮雷乱清受萧衍兖州刺史章绶，入为寇掠，诸蛮从之，置立郡县。子恭讨平之。永熙中，入为吏部尚书，加骠骑大将军。以子恭前在豫州战功，追赏襄城县开国男，食邑二百户。又论子恭余效，封新城县开国子，食邑四百户。子恭寻表请转授第五子文盛，许之。

天平初，除中书监。三年，拜魏尹。又为齐献武王军司。元象元年。卒。兴和二年，赠都督徐兖二州诸军事、骠骑大将军、尚书左仆射、司空公、兖州刺史，谥曰文献。

子彪，字文宗。子恭存日，转授临颍县开国侯。武定末，太子洗马。

彪弟文瑶，武定中，袭襄城县开国男。齐受禅，爵并降。

子恭弟纂，字灵秀。员外散骑侍郎，累迁征虏将军、通直散骑常侍、凉州大中正，转太府少卿。建义初，遇害河阴，年三十七。赠散骑常侍、征北将军、定州刺史。

怀弟奂，字思周。少而谨密。初为中书学生。随父讨敕勒，有斩获之功，迁中散。前后使检察州镇十余所，皆有功绩。除长乐太守，以母老解官归养。卒，无子。

史臣曰：源贺堂堂，非徒武节而已，其翼戴高宗，庭抑禅让，殆社稷之臣也。怀干略兼举，出内有声，继迹贤考，不坠先业。子雍效立夏方，身亡冀野，惜乎！